小洞风云
XiaoDong FengYun
——红色革命史

上册

中共小洞村委员会 编

·广州·

版权所有　翻印必究

图书在版编目（CIP）数据

小洞风云：红色革命史 / 中共小洞村委员会编 . —广州：中山大学出版社，2021.10

ISBN 978-7-306-07334-1

Ⅰ.①小… Ⅱ.①中… Ⅲ.①乡村—革命史—佛山 Ⅳ.① K290.655

中国版本图书馆 CIP 数据核字（2021）第 196507 号

XIAODONG FENGYUN：HONGSE GEMINGSHI

出　版　人：王天琪

策划编辑：王延红　陈俊婵
责任编辑：王延红
封面设计：曾　婷
责任校对：吴政希
责任技编：何雅涛
出版发行：中山大学出版社
电　　话：编辑部　020-84111946，84111996，84111997，84113349
　　　　　发行部　020-84111998，84111981，84111160
地　　址：广州市新港西路 135 号
邮　　编：510275　　　　　传　真：020-84036565
网　　址：http://www.zsup.com.cn　　E.mail：zdcbs@mail.sysu.edu.cn
印　刷　者：广州一龙印刷有限公司
规　　格：787mm×1092mm　1/16　44 印张　600 千字
版次印次：2021 年 10 月第 1 版　2021 年 10 月第 1 次印刷
定　　价：128.00 元（上下册）

如发现本书因印装质量影响阅读，请与出版社发行部联系调换

谨 以 本 书

纪念中国共产党成立一百周年

前言

　　小洞是红色革命根据地,是中共高明地方组织、地方武装、地方政权的策源地。它有一段光辉的革命斗争史,经历过土地革命战争、抗日战争和解放战争三个历史时期,走过了18年艰难曲折的斗争道路。

　　小洞人民革命斗争萌芽于大革命时期。1926年,这里已成立了农民协会和农民自卫军,90%的农民加入了农会组织,开展了轰轰烈烈的农民运动。1927年蒋介石在上海发动的"四一二"反革命政变波及全国,使这里的农民革命运动中途夭折。

　　1932年下半年,陈耀聪、陈励生、叶琪、黄之锦四名进步青年成立了"激鸣社"组织,自发地向土豪劣绅、贪官污吏开火。1934年4月,他们找到了"三小"地下党组织,把共产党的旗帜扛到小洞,点燃了小洞人民革命斗争的火种。1935年9月,"三小"力社组织在此落地生根,小洞人民革命斗争日益兴起。1936年起,小洞人民肩负党的重托,为实现建据点、办基地目标而努力奋斗。

　　1937年七七事变爆发,小洞人民高举抗日民族统一战线旗帜,迅速投入到抗日救亡运动中。抗日进步力量不断

壮大，涌现出大批先进分子。1938年12月26日，中共小洞支部在抗战的关键时期诞生。从此，小洞人民有了主心骨。

1939年1月8日，广东省抗日先锋队130队进驻小洞，帮助小洞培养了一大批革命骨干和积极分子。小洞的抗日力量迅速壮大，农民的思想觉悟不断提高，这加快了小洞抗日根据地的形成。3月底，具有历史意义的中共高明县第一次代表会议在小洞文选楼胜利召开，会上产生了县委，适应了抗日斗争的需要。同年5月，日寇逼近高明，为了迎接战斗，中共高明县委率先在小洞成立了一支有30多人的抗日武装队伍——小洞抗日先锋队，培养锻炼了一批武装斗争骨干。

1939年年末至1944年8月，国民党反动派掀起了反共高潮，反共逆流袭向高明。在县委的直接指导下，小洞人民坚持抗战，反对投降，反对倒退，奋勇、坚决地抗击逆流；并开展了近三年的"抗租保佃，誓死保卫佃耕权"斗争，在经济上、政治上取得了双胜利。转移到新兴县水台地区的陈耀聪、叶衍基站稳脚跟后，大力发展党组织，把杜村建成了抗日根据地。

1944年9月后，小洞抗战达到了高潮。日寇过境高明，小洞人民高举抗日大旗，成立了抗日武装自卫大队。日军过境后，小洞人民创建了一支脱产的武装常备队。10月，小洞人民参加了声势浩大的"倒钟"运动，小洞武装常备队和自卫队的队员参与了攻打高明县府所在地——明城的战斗，赶跑了反动县长钟歧。

11月10日，以小洞武装常备队为基础的高明人民抗日游击队第三大队在小洞成立，先后有50多名小洞青壮年加入了这支队伍。

12月22日至25日，高明县第二区人民行政委员会代表会议在小洞胜利召开，建立了小洞人民盼望已久的抗日民主政权。

12月30日（农历十一月十六日），国民党反动派对皂幕山抗日根据地实施第一期进攻的第三次"扫荡"行动，抽调正规军158师473团及高要、高明、鹤山地方团队共2000余人，对小洞发动了疯狂进攻，企图一举歼灭第三大队和摧毁小洞抗日根据地。小洞人民进行了英勇的抗击，掩护群众迅速撤离疏散，保护了人民群众的利益，使国民党军队的进攻落空。

1945年5月中旬至1947年年初，小洞笼罩在白色恐怖之中，革命进入低潮。在这段时间里，小洞遭到国民党正规军及地方团队的轮番"清乡""扫荡"，达数十次之多。小洞人民饱受摧残和折磨，付出了惨重的代价。然而，英勇顽强的小洞人民，在刀光剑影的凶险环境下，面对张牙舞爪的敌人，毫不畏惧，从不退缩，以坚强的意志、坚定的信心与国民党反动派展开了殊死的斗争，顽强地度过了这段黑暗的日子，迎来了曙光。

1946年九十月间，中共高明县特派员郑靖华来到小洞，恢复了中共小洞支部与上级党组织的联系。小洞支部重整旗鼓，充分做好了迎接新的斗争的准备。

1947年三四月间，中共广东区委发出的"恢复公开武装斗争、实行小搞、准备大搞"的战斗号角传到小洞，小洞人民立即投入战斗，积极开展反"三征"开仓分粮斗争。下半年，协助县"穷人求生队"捕捉恶霸陈佐登，粉碎了国民党反动派推行的"抽丁联防剿共计划"。

在二区率先成立了农会和建立了民兵组织。

1948年2月,按上级部署,小洞人民放手大搞,开展了"借粮救荒、借枪自卫"运动。夏收时,小洞被上级定为施行《新高鹤双减条例》工作试点,小洞人民提出了适合高明情况的"双减"合理建议;下半年,均按照高明颁布的"双减"条例,全面铺开减租减息运动。另外,同年入春以来,中共小洞支部还全力支持部队建设,发动青年参军,先后把几十名青壮年输送到人民解放军新高鹤总队和中区其他部队。

1949年3月,小洞党支部把重心转移到巩固老区工作和政权建设上。5月下旬,小洞按自然村建立了村级政权,选出了村长,同时成立各村妇女会,选出了妇女会会长。紧接着全面清理田亩,清理债务、账目及契约,实行了废债,砸碎了强加在人民头上的物质和精神枷锁。10月初,着手支前准备工作,为南下大军筹备了充足的粮草给养。10月19日上午,小洞党支部组织村民热烈迎送途经小洞的第二野战军40师一部。至此,小洞人民翻开了历史新的一页。

在18年的革命斗争中,小洞人民坚信只有共产党才能救中国的真理,不计得失、不怕杀头,始终忠贞不渝地跟党走,时刻与党同呼吸、共命运,一同浴血奋战,进行了艰苦卓绝的斗争,用生命和鲜血谱写了一曲可歌可泣的动人篇章,他们的英雄事迹值得永载史册。

不忘初心,砥砺前行。我们要铭记光辉历史,传承红色基因,在新的起点上把革命先辈开创的伟大事业不断推向前进。

目 录

风云篇

小洞概况	03
"激鸣社"	11
"三小"明灯	14
建据点、办基地	18
自卫中队	30
坚强支部	33
130队进驻	38
党代表会	42
抗先武装	45
封江夺粮	48
抗击逆流	51
站稳脚跟	58
抗租保佃	64
创常备队	72
"倒钟"轶事	78

揭竿起义	90
第三大队	94
交通总站	100
二区政权	104
冬月"十六"	107
铲恶除奸	120
建新据点	123
向外扩展	128
血雨腥风的日子	133
甲友遇险	145
坚持斗争	149
智取警所	151
大展拳脚	156
公开"小搞"	164
公开"大搞"	174

回忆篇

抗日战争时期中共小洞支部斗争事迹 …… 189

关于新兴、高明、鹤山交界处的革命斗争情况 …… 194

"三小"是培养革命干部的场所 …… 199

革命活动回忆 …… 202

陈三娥在纪念抗战胜利70周年时的回忆 …… 205

陈革历险记 …… 220

关于中共罗丹支部遭到破坏("罗丹事件")的说明 …… 223

李灼口述罗丹事件经过(节录) …… 225

"倒钟"琐忆 …… 227

"倒钟"记 …… 232

高明地下交通站网点情况 …… 237

合水、更楼、明城等地的交通站和联络点 …… 239

革命活动琐忆 …… 242

为革命要尽心尽责 …… 244

我全力支持梁金为革命搞交通工作 …… 248

黄仕聪团长被捕的一些情况 …… 250

梁扳谈选保长和被捕的一些情况 …… 252

我们没停止过武装斗争 …… 255

战争年代的小洞妇女 ………………………………… 258

革命低潮时的一段经历 ………………………………… 264

北撤后留下同志及办小农场的经过 ……………………… 265

回忆解放战争时期在漠南一带的收税工作 …………… 268

陈少的一些事迹 …………………………………………… 272

小洞革命事迹点滴 ………………………………………… 274

小洞革命事迹回忆 ………………………………………… 276

陈少、梁好口述 …………………………………………… 280

高明更楼区掀起开荒生产热潮，小洞军屯村响起头炮，卅余村组织生产合作 …………………………………… 284

打死我，我也要去参加游击队 ………………………… 286

军民鱼水情 ………………………………………………… 287

坦然直剖胸臆 ……………………………………………… 289

手不释卷、努力求学、寻求真理 ……………………… 294

任何情况下，立场始终不变 …………………………… 299

我没有迷失方向 …………………………………………… 307

少年英雄黄福 ……………………………………………… 310

坚决站在农民一边，保护群众利益 …………………… 312

我是为了人民得解放而去参加游击队的 ……………… 314

文物篇

文选楼 ··· 317
    附一 文选楼重修记 ·· 321
    附二 有关《文选楼重修记》的说明 ·················· 323
梁氏宗祠 ··· 326
革命烈士纪念堂 ··· 329
    附三 革命时期小洞历年被捕（害）人员名单 ······ 332
革命烈士纪念碑 ··· 333
大奎阁 ··· 334
明晖堂 ··· 336
震兴庙 ··· 338

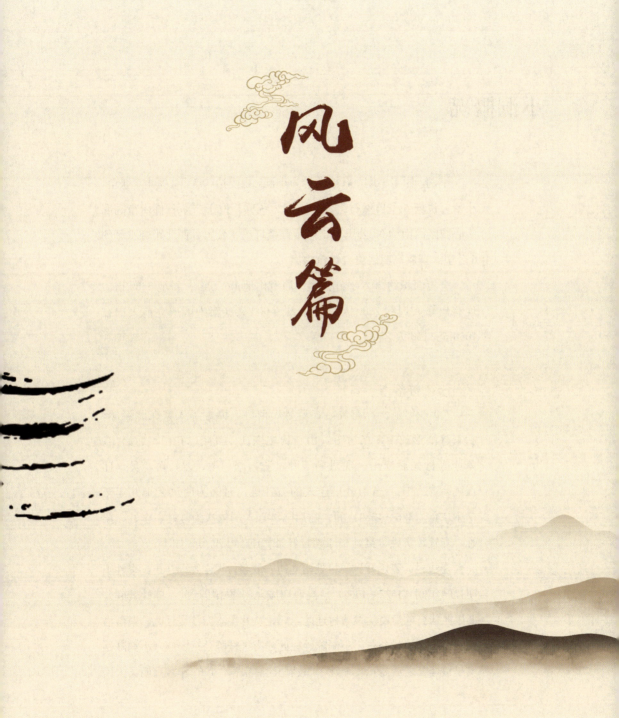

风云篇

小洞概况

小洞，原名小峒，后被讹传为小洞。由麦边、盘石、军屯、塘角、小新、悦塘6个自然村组成，小洞为统称。位于广东省佛山市高明中心城区西南约38公里处，东距更楼圩约4公里，西北距合水圩约6公里。现属高明区更合镇管辖。

全境面积约20.6平方公里，原有山地1.6万亩，耕地3380亩。现有户籍人口约2600人，常住人口900人（新中国成立前人口在1050至1150人之间）。

一、村落

700多年前，已有麦姓、曾姓、何姓、谭姓等人家在此聚居，后来逐渐形成十多条村落。由于历史变迁，都陵、孔山、后岗山、莲塘等村先后迁出，现只剩下叶、陈、李、梁、麦、黄、吴、邝八姓六条村庄。当中最早迁入的有叶姓，时间为明洪武十九年至二十二年(1386—1389)间，随后陆续迁入的依次为陈姓、李姓、梁姓、麦姓、黄姓、吴姓和邝姓。各条村庄的状况大致如下。

麦边村，麦姓开村，村处山之边，故名，现麦姓已迁走。李姓于明嘉靖年间（1522—1566）从高明明城北门重和里迁此。陈姓赞庭公四子兆佳公的后裔从悦塘村迁此。邝姓从开平水口沙堤迁此。聚落沿西北山麓呈块状分布。小洞陈姓在此建有植桂陈公祠一座（小洞陈姓均是植桂公之后裔）。李姓、邝姓均建有宗祠。1957年被高明县人民政府确认为"抗日革命根据地"。

盘石村,原名深巷,旧名棋盘石。曾姓始建村,因名曾巷,粤语中"曾"与"深"音近,因而被讹传为深巷。随后,村民在掘井时挖出一块石板,上刻有棋盘,故改村名为棋盘石,简称盘石,据说此棋盘石还深埋于鱼塘基边。明洪武十九年(1386)间,叶姓从明城木田村迁此。黄姓于清道光年间(1821—1850)从番禺沙头北海来官洞圩做生意,后来落籍此地。麦姓于明崇祯年间从肇庆麦仔园迁来,聚落沿西南东北走向东南侧山麓呈长方块状分布。1957年被高明县人民政府确认为"抗日革命根据地"。

军屯村,原名街边,因与官洞圩相接,故得名。明万历末年(约1610)梧冈梁公受两广总督派遣镇守官洞圩时建村开基。国祯梁公在1860年左右来官洞圩做生意,简居山顶山,民国初年应邀迁入街边居住。清朝末年(约1900)官府屯兵街边捕盗,因此缘由,村民把街边改名为军屯村。全村只有梁姓,聚落在高地塘南侧,东西走向,呈长方块状。村东侧建有二进祠堂(2010年被列入高明区文物保护单位),下关甲位有震兴庙一座。1957年被高明县人民政府确认为"抗日革命根据地"。

塘角村,原名塘凤村,何姓始建村,初因水塘形似凤,因而得名,后何姓迁出。明万历年间(1573—1619),翼庭陈公后裔从悦塘迁入,定居在池塘角处,故改名塘角村。聚居沿南北走向东侧山麓呈长方块状分布。全村只有陈姓,建有翼庭陈公祠一座。清宣统年间(1910年前后)在村东北侧建炮楼一座,1932年改称"文选楼"(2006年被列入佛山市文物保护单位),1957年被高明县人民政府确认为"抗日革命根据地"。

小新村,原名新溪(一说凤尾)村,董姓从悦塘迁此建村。清康熙末年(1720前后)赞庭陈公长子汝新、次子汝悭后裔从悦塘迁此,改名新村。1987年核村名时,因不合地名规范改今名。吴姓约在1870年从更楼平塘西门迁来,寄居于现纪念堂西侧,后被陈姓兄弟邀入村内居住,聚落沿东西走向北侧山麓呈块状分布。1957年被高明县人民政府确认为"抗日革命根据地"。

悦塘村,原名月塘,因村前有一鱼塘,形似一弯新月,故名月塘,后觉新月有未圆之意,欠吉祥,而"悦"与"月"谐音,故改名悦塘,取喜悦之意。黄姓始建村,随后董姓迁入。约在明景泰年间(1450—1457),植桂陈公从新兴坝村迁此开基。聚落沿东南西北走向西南侧山麓呈方块状分布。全村只有陈姓。1957年被高明县人民政府确认为"抗日革命根据地"。

二、地形

小洞位于粤中新(会)高(明)鹤(山)地区北部山区,在西江南岸靠近高要县交界处,东南与皂幕山相交,南与宅梧、合成、新兴水台相连,西与老香山相接。在这广阔的地域里,连绵起伏的丘陵山地、崇山峻岭连在一起,河流、山川、密林广布,小洞就深藏其中,地形得天独厚,环境十分优美,是开展革命活动较为理想的地域之一。

小洞地形的主要特征是四周高,中间低,天工造物,自然形成一个约有20平方公里的小盆地。

四周部位高突,围蔽成一个环形,以大奎阁为界,依顺时针方向,以北偏东回马岭做始点,经过的主峰有:东面观音座、南面禾仓岗、西南黄金坑、西面棉花山、西北飞鹰岭、北面鸡啼岭,以红背岭为终点,绕行一圈。山与山之间曲折连绵,相互环抱,高山峻岭、丘陵山包、峭壁陡坡、沟壑断崖、河流山川夹杂其中。北偏东方向,回马岭与企岗之间有一道二三百米宽的天然缺口,先人在建造大奎阁时,就在南地段水口山栽种了100多亩林木,经过100多年的生长,这些林木成了参天大树,林内野藤攀缘,密不见天,有如原始森林,封闭住整个缺口,把小洞围蔽成一个大环形。中间部位凹下,成了一个聚宝盆,盆中央有几座躺卧着的小山,俯瞰像一只栩栩如生的"金凤凰"。六条村庄分别坐落在这只"金凤凰"的周围。盆内还有四支溪流滋润着盆中大地,一支由禾仓岗自南向北注入,一支由黄金坑自西南向东北注入,一支由落塘自西向东注入,一支由鸡啼岭自北向南注入,最后,四水汇聚,流向大奎阁旁的出水口,再经瑶村汇入沧江河奔流而去。

此外,环形圈内,高大的林木长满了大小山岗,低矮的灌木林、草丛爬满了山坡,茂盛的簕竹林围着各条村庄。茅草布满了河基溪边,还有蜿蜒崎岖的小道及各式各样的民居、其他建筑物及其附着物等交织在一起,形成一张宽大的网。

复杂的地貌,多样的地物,使小洞天然拥有十分隐蔽的地形,为革命斗争提供了一个有利的活动场所。

三、代表性历史人物

小洞是一个钟灵毓秀、人杰地灵的地方,一方水土养育了叶、陈等多姓人家,几百年来孕育出上百位英雄豪杰。其中明、清时期,有麦奇、叶贞等12人;抗日战争、解放战争时期,涌现出了陈耀聪(陈光)、陈革、叶琪、陈定、陈妹等约90人,除此之外,还有六七十名堡垒户(为革命做过贡献的人员)。

麦边村,过去是一个不足百人的小村庄,历史人物只有4个。早在明永乐二十一年(1423)就出了个癸卯科举人麦奇,任程县知县,这是自小洞开村以来的首位历史人物。抗日战争、解放战争时期,有李开、李胜、陈沃初,他们参加了地下党组织和游击队。该村大部分村民拥护和支持革命,经常掩护革命人士到该村隐蔽。

盘石村,是一个只有百人左右的小村庄,历史人物有10人(其中烈士1人、女青年1人)。明宣德十年(1435)乙卯科举人叶贞是比较有名的历史人物之一,他先后任广西浔州、安徽凤阳、广西庆远同知,1459年农历二月二十八日,偕子公荣、侄官庆率领民众擒贼时战死沙场（子、侄同时遇难），年仅49岁。被赠为朝列大夫、广西布政参议，与海瑞合称"海南双璧"的丘濬为叶贞撰写了墓志铭，小洞乡民还为他建了一座忠义大夫祠。他的家国情怀和精忠报国的好家风，在叶氏家族中一代一代传承了下来。抗日战争时期，叶琪为抗击日军入侵，率先举旗在小洞建起抗日武装，这支武装成为高明人民抗日游击队第三大队的奠基石。在新中国成立后的和平年代里，叶铁强立志参军报国，奔赴对越自卫反击战战场，为国捐躯，被追记三等功。该村还有一位只有十多岁的少年英雄黄福，在皂幕山战斗中身负重伤，以顽强的意志战胜了死神。1948年年初，他再次归队，参加了消灭国民党反动军队的战斗，得以报仇雪恨。

军屯村，是一个有200多人的大村庄，历史人物共有39人（其中女青年3人）。明万历末年（约1610年），梁凤鸣奉两广总督府之命，到小洞捕盗擒贼，镇守官洞圩，保一方平安。清嘉庆、道光年间，梁士亮历任惠州府、韶州府守备。抗日战争和解放战争时期，全村37人参加革命队伍，其中铁骨铮铮的梁景光、梁锐和梁波先后被俘入狱。他们正气凛然，保持革命节操，严守党的秘密，经受住了严峻的考验。从事地下交通工作13年的"铁脚交通王"梁金，他风里来雨里去，来回穿梭在交通线上，出色地完成了各项任务。梁光明，对党无限忠诚，信仰、初心从来没有动摇过，无论是耕田种地，还是做敌后群众工作，抑或带兵打仗，都取得了优异成绩。

塘角村，是一个有200多人的大村庄，历史人物有32人（其中烈士2人、女青年6人）。清朝监生陈琼柱，捐资修路筑桥，在唐花村界建起下阙桥一座，给村民出入带来了方便。清咸丰、同治年间（1854—1867），高明发生了长达14载的"土客之争"，陈隆骁勇善战，带领村民抵御外来入侵，保护村民的生命财产。抗日战争、解放战争时期，全村有30多人参加革命队伍。"三小"骨干、宣传工作的得力干将陈励生（陈革），把党的旗帜扛回小洞，充分发挥政治宣传的威力，发动群众跟党走,起来闹革命,在小洞打下扎实牢固的群众基础,建成了小洞抗日革命根据地。小洞人民的楷模、革命意志坚定的陈定,引导全村30多名青年走上了革命道路,发动小洞群众同敌人展开殊死斗争。在临刑之际,面对敌人的屠刀,他气定神闲,视死如归,浩然之气溢于颜面。陈松、陈励在战争中学习战争,由无知的青少年,锻炼成长为独当一面的战斗指挥员。巾帼英雄、白衣天使陈少,一直活跃在战地护理岗位上,时任广东人民抗日解放军参谋长谢立全在《挺进粤中》一书"白鸽"章节里,赞扬陈少在护理岗位上"踏踏实实、埋头苦干"。

小新村,是一个不足百人的小村庄,历史人物只有5人(其中烈士1人)。清朝贡生陈锡铨,在乾隆五十四年(1789)时,捐资在更合通衢罗丹村界建石坡桥一座,给村民出入带来了方便。陈耀聪(陈光)是中共小洞首任支部书记,是一位深谋远虑、理想远大的实干家,他倡议结盟成立"激鸣社",自发向旧的社会制度开火,在"三小"找到党组织后,更加如鱼得水,潜心致力于培养革命骨干,注重根据地建设,为小洞、杜村造就了大批人才,为建立小洞、杜村抗日革命根据地付出了很多心血。热血青年陈镜湖,弃笔从戎,积极投身抗战,参加陈汝棠主持举办的第四路军看护干部训练班,1938年年末,在广州遭日军轰炸,赍志而殁。

悦塘村,是个不足百人的小村庄,历史人物有7人(其中烈士1人、女青年6人),一个小小的村庄就有6名女青年参加革命,这在高明地区很少见。年龄最小的陈妹和五位姐妹一起,破除封建迷信,顶住流言蜚语的压力,坚持入读和平学校夜校、接受革命思想教育,进而投身革命洪流,历经磨炼和考验,加入中国共产党,为小洞妇女解放事业做出榜样。

莲塘村,在明朝末年曾出现3位人物,谭乔桂为广西临桂主簿、署兴业县事,谭论为江西吉水典史,谭济为王府典膳。该村村民在遭遇"土客之争"劫难之后(1867年农历六月以后),离开小洞迁往别处居住。

详情见表一、表二。

表一 小洞历史人物（一）

村庄	时期	姓名	生卒年月	学历	任职地	官职	附注
麦边村	明	麦奇	不详	永乐二十一年癸卯科举人	程县	知县	—
盘石村	明	叶贞，字梦吉，号确斋	1410年—1459年二月	宣德十年乙卯科举人	广西浔州 安徽凤阳 广西庆远	同知	叶贞墓在大罂山。在小洞建有忠义大夫祠一座，祀叶贞、侄官庆、侄公荣，光绪十五年迁至明城木田村
	明	叶公荣	?—1459年二月	—	广西庆远	—	—
		叶官庆	?—1459年二月	—	广西庆远	—	—
军屯村	新中国	叶铁强	1955年3月—1979年2月	高中	42军125师374团9连	班长	在对越自卫反击战中光荣牺牲，被追记三等功
	明	梁凤鸣，字兆吉，号梧冈	1578年六月—1643年八月	—	肇庆两广总督府广西苍梧县	奏厅、巡检、县丞、知县	官名献策
		梁土亮，字楚瑜	约1768年—?	—	惠州、韶州府	把总、守备	—
塘角村	清	陈琼柱	不详	监生	—	—	捐资建下暾桥一座
	清	陈隆	不详	贡生	更楼民团	总教头	"土客之争"中率村民御外来入侵
小新村	清	陈锡铨	不详	初中	—	—	捐资建石坡桥一座
	抗日战争	陈镜湖	不详	—	—	—	弃笔从戎，参加陈汝棠主持举办的第四路军看护干部训练班
莲塘村		谭乔桂	不详	—	广西临桂主簿	署兴业县事	"土客之争"之后，该村迁离小洞（即1867年之后迁走）
	明	谭论	不详	—	江西吉水	典史	
		谭济	不详	—		王府典膳	

表二　小洞历史人物（二）

村庄	1934年	1935年	1937年	1938年—1939年	1942年—1943年	1944年—1945年	1947年	1948年	1949年	小计
麦边村	—	—	—	—	—	李开、李胜	—	—	陈沃初	3
盘石村	叶衍基	—	黄荣	—	—	黄福、黄来仔	—	麦三、陈月娥	—	6
军屯村	—	梁清贵、梁培、梁才、梁扳、梁炳新、梁光明、梁六、梁波、梁金	梁景光、梁端	—	梁奴	梁锐、梁欧新、梁汝扳、梁锡祥	梁植森、梁就、罗瑞莲、梁二英、梁星	许珍彩、梁湛、梁拉、梁娥、梁国元、梁义新、梁庆恩、梁敬、梁秋、梁芳	梁水棠、梁连、梁庆祥、梁荣枝、梁照	37
塘角村	陈励生	陈定、陈会群	陈松、陈荫、陈意、陈灶、陈庆	仇炎真	陈荣、陈苟、陈虾、陈翰	陈励、陈少、陈柏、陈新（大）、陈添	陈庚、陈元基、陈新（小）、陈淼、陈田	陈开南、陈贵、陈兰、陈应才	陈清、陈明、陈恒	30
小新村	陈耀聪	—	—	—	—	陈根	—	陈登、陈容	—	4
悦塘村	—	—	陈二娥、陈三娥、陈五妹、陈挖	陈妹、梁莉	—	—	—	—	陈财	7
合计	3	11	12	3	5	14	10	19	10	87

注：更楼平塘村的黄之锦未统计在内。

"激鸣社"

公元1907年至1909年（清朝末年），在高明偏远的山村小洞和平塘村，有一批婴儿呱呱坠地，赶在中国最后一个帝制王朝行将覆没之前来到了这个世界。在这批婴儿中，有塘角村的陈励生（陈革）、新村的陈耀聪（陈光）、盘石村的叶琪（叶衍基）和平塘村北门的黄之锦。这几个孩子聪明伶俐，像四只小老虎一样活泼可爱。家长们喜上眉梢，对他们百般呵护。待到上学年龄时，各家都竭尽全力供他们上学读书识字。这几个小男孩天资聪颖，好学上进。在家乡念完私塾后，都考取了高明县立第一高级小学（东洲书院）。陈励生学习尤其用功，以优异的成绩进入肇庆的广东省立第七中学，后又考入广东省立第四师范学校。在校读书期间，他们受到了孙中山三民主义思想的熏陶，成为有志向、有理想的进步青年。他们年龄相仿，既是同乡又是同窗，志趣相投、志同道合，因而很早就称兄道弟结为好友。1925年，他们陆续走出校门步入社会。

他们步入社会之时，正是社会大动荡、大变革的时代。1924年1月孙中山先生改组国民党，实行联俄、联共、扶助农工三大政策，为中国共产党营造了公开宣传和组织工农群众的环境，促进了工农运动的蓬勃发展。1925年3月至4月间，在广州参加农民运动的阮贞元回到高明，在家乡蛇塘村成立了高明第一个农民协会，领导农会开展"打倒列强、除军阀"的宣传活动，在"平均地权"的口号下，进行反对土豪劣绅，反对苛捐杂税，反对高利贷，要求减租减息等斗争，大革命的浪潮席卷城乡。同年5月，中共西江组织和广东农民协会先后派出冯从龙、陈殿钊到高明加强工农运动的领导，并开展党建工作,将更楼、合水地区的农民运动推向了新的高潮。更合各乡纷纷成立了农会和农民自卫军组织。素有革命斗争精神的小洞人民,在陈完的带领下,90%的农民加入了小洞农会,有200人参加了农民自卫军(会址设于塘角村文选楼)。从此,小洞的农民抬起了头,挺起了腰,看到了光明。

正当工农革命运动风起云涌之时,蒋介石公然叛变革命,于1927年4月12日发动了反革命政变,大肆搜捕、杀害共产党员和革命志士。同年5月,国民党高明当局奉旨强令解散农会和农民自卫军,大量捕捉共产党人和农会骨干。高明更合地区的农会失去了领导骨干,农会和农军随之被逐步瓦解。小洞的农会和农军也随之解散,广大的贫苦农民又回到了暗无天日的状态。这场革命虽然归于失败,但是目睹了这场革命斗争的进步青年陈励生、陈耀聪、叶琪、黄之锦认清了国民党右派的反动本质,他们的心中燃起了打倒列强、打倒军阀、打倒土豪劣绅的坚定信念。陈励生、陈耀聪、叶琪、黄之锦四个热血青年并没有被反动派的嚣张气焰所吓倒,他们时常聚在一起,努力探索铲除土豪劣绅、消灭人剥削人的现象的办法,结合社会实际采取大胆行动,打击腐败的国民党当局和土豪劣绅。

1931年,陈耀聪被聘到鹤山县四堡小学任教。其间独霸一方的劣绅学董刘某,随意欺压百姓,杀害无辜群众,引起了当地百姓的怨恨。百姓纷纷前来学校向陈耀聪痛陈刘某的罪恶行径,极力要求陈耀聪出来主持公道,打击刘某的嚣张气焰。陈耀聪为了解救百姓于水火之中,找来曾参加广州起义失败后回到小洞家乡务农的陈定,和当地百姓商量,决定借用山贼之力对学董刘某的儿子实行"剽心"。最后"剽心"行动取得了成功,令学董刘某再也不敢胆大妄为及欺压百姓,陈耀聪的这次行动为当地百姓出了一口气。

1932年,小洞陈姓人家决定由公尝①出资,在塘角村炮楼(更营)办起学校,

---

① 解放前在部分城镇乡村有该姓族或祖宗上代留下的或众人捐集的公共财产,俗称"公尝"。公尝大体有两类:一类是祖传公尝,即该姓族或本房上代祖公给后代分财产时,留下一部分作为公尝财或尝田;另一类是捐捡公尝,即由该宗族房姓各户捐集的财立做尝财。

乡亲一致推举陈耀聪担任校长。陈耀聪立志要为家乡培养人才，爽快地接下聘书走马上任。提议将炮楼改名为"文选楼"，校名定为"和平学校"。

当时，高明二区地方官员十分腐败，一些权重人物和地方土豪劣绅互相勾结，横行霸道，鱼肉百姓，激起民愤，引起了不少进步人士和进步教师的不满，也激起了陈耀聪等四人的愤怒。为了铲除土豪劣绅，陈耀聪凭着在鹤山四堡小学教书时积累的打击恶霸的经验，萌生了以和平学校为平台实行"桃园结义"的想法，向陈励生、叶琪、黄之锦提出结社倡议，得到了陈励生、叶琪、黄之锦的一致赞同。几个人商议后，决定结盟，成立"激鸣社"。还按年龄大小排定座次：陈励生为大哥、陈耀聪为二哥、叶琪为三哥、黄之锦为四弟。随后，他们拟定：团结民众，反土豪劣绅、反苛捐杂税；揭露国民党当局贪污腐败、鱼肉百姓的罪行；必要时不惜以"暗杀""剽心"等手段打击反动人物的行动纲领。"激鸣社"成立后，他们立即采取积极行动，以当局的腐败、苛捐重赋、劣绅横行等作为题材，自拟题目，自编内容。利用标语、口号、漫画等载体，在更楼、合水的大街小巷，以及各个乡村以张贴大小字报、散发传单等形式进行宣传活动。他们经常半夜三更出动，神出鬼没地把宣传品分头散发到各个地方。有一次，叶琪把讽刺漫画用鸡蛋白贴在更楼圩的一个篮球架板上，使漫画显得格外醒目。他们所散发的宣传品引起不少人围观，得到了老百姓的支持和赞扬，收到了一定的效果。但这种组织形式影响力有限，始终没有办法将广大民众组织起来，团结一致对抗旧的社会制度。

1933年，社会经济萧条加剧，许多人失业，以教师为职业的陈耀聪、黄之锦也在其中。叶琪因病离职回家休养。在失去经济支持的情况下，他们积极想办法，合伙办起农业组织，在小洞塘角村高塘坑种起瓜菜，筹钱做活动经费，支撑"激鸣社"的运作。但祸不单行，这一年叶琪因父亲的去世而债台高筑，"激鸣社"完全陷入被动的局面。1933年下半年，"激鸣社"不得已停止了活动。

"三小"明灯

1928年,国民党左派人士陈汝棠在其挚友、共产党人陈勉恕(又名陈儒森,广西贵县人,中共南宁支部创建者)的授意下,趁任西北绥靖区西江治安督导专员兼高明地方督导队编练专员、带领进步青年学员回高明推进自治之机,积极联络当地热心教育事业的黎子成、阮贞元、廖秀岩、李家球、陈殿钊、麦广贤等人冲破重重阻力,筹办起高明县立第三小学(下称"三小"),并于1929年春建成开学。陈汝棠亲任校长,聘请挚友陈此生(又名陈勉勤,陈勉恕胞弟)、共产党员陈殿钊等一批进步知识分子为教师,以兴办教育的形式,为开展革命活动提供场所,建立革命据点,培养革命骨干。"三小"积极贯彻"实行新文化教育,灌输反帝反封建思想,培养革命种子"的办学宗旨,很快便培育出了一批革命骨干。

1932年,受全国抗日救亡运动的影响。陈汝棠又委托阮贞元、曾统、杨锦虹、陈殿钊在"三小"创办力社,以半工半读的形式,指导学生学习革命理论和文化知识。次年又开设了军事训练课程,指导学生学习军事知识,实行劳武结合,继续培养能文能武的革命骨干。

为了筑牢"三小"革命据点,加快恢复重建中共高明地方组织步伐,1934年夏秋之间,受陈勉恕的指派,李守纯(原名宋耀宏,1908年生于广东花县狮岭黎村。1925年加入中国共产党,曾在中共广东区委担任机要交通员,为了便于工作,1932年改名为李守纯)

通过陈汝棠的关系来到"三小"。李守纯以高度的责任感承担起了革命的重任,以教学为掩护,以力社做基础,积极主动地指导力社开展工作,进一步宣传反帝反封建、反法西斯的革命道理,并把抗日救亡运动推向社会。

"三小"的革命活动逐渐向周边不断扩散,影响力不断扩大,声望不断提高,引起了更合地区及邻县有识之士、进步青年和进步教师的关注。1934年春,小洞"激鸣社"的四兄弟十分彷徨,尤其是三哥叶琪的心情非常苦闷。有一天,他漫无目的地溜达到了合水圩,走到圩场时遇见一位青年正情绪激昂地在宣传抗日救国的道理,叶琪一头扎进人堆里驻足静听。这位青年说得头头是道,讲得句句在理,叶琪感到很新鲜,听得入了迷。青年演讲完毕后掌声立即响了起来,叶琪还觉得意犹未尽,于是,拨开人群径直走向演讲者,与他攀谈起来。通过互报姓名,方知这位演讲者是来自"三小"的毕业生、力社社员、平塘的黄仕聪。他们虽初次见面,却一见如故,无所不谈,聊了很长时间。到了要分手的时间,黄仕聪叮嘱叶琪一定要抽空到"三小"走一走,看一看。后来叶琪有空就往"三小"跑,找黄仕聪聊天谈心,向黄仕聪请教,探索革命道理。而黄仕聪每一次总是不厌其烦地给叶琪讲解很多革命道理,使叶琪慢慢地打开了心扉,他们之间也成了知心朋友。叶琪每一次来"三小",黄仕聪都把很多进步书籍介绍给叶琪阅读,叶琪看后受到很大的启发和鼓舞。叶琪在自传中写道:"黄仕聪介绍我看了许多新书籍,我发现以前未曾见到、未曾听闻过的新事物和新言论。"叶琪说,在看了孙俍工的《生命底伤痕》和《光慈遗集》之后,"……使我对社会有了新的认识,思想开始往新的方向发展,从这时开始,我就和'三小'的学生、先生(老师)密切交往了。"叶琪将自己在"三小"的所见所闻告诉了二哥陈耀聪、四弟黄之锦,将自己的快乐和喜悦及时与兄弟分享,且力邀二哥、四弟同去"三小"学习革命知识,接受先进思想教育。陈耀聪、黄之锦两人经过一段时间到"三小"的体察浸润,也一致认定"三小"所走的路是一条光明正确的道路,认为共产党是光明的指路灯,随后他们两人也成了"三小"的常客。四兄弟中,大哥陈励生远在鹤山县白米田、横水小学教书,上半年很少回家乡,对"三小"的事情知之甚少。陈耀聪、叶琪、黄之锦三人商量后,让黄之锦去做大哥陈励生的思想工作,介绍"三小"的所见所闻。这年的暑假到了,有一天,四弟黄之锦专程从平塘村来到小洞塘角村,找到了正在休假的大哥陈励生,两人进行了一次长时间的促膝谈心,他们在一起谈时局论形势,谈社会论制度,谈前途论人生。黄之锦把"三小"的所见所闻一五一十全部告诉了陈励生,把苏联苏维埃制度如何优越说了一遍,把国民党政府如何腐败透顶说了一通。黄之锦还对陈励生说,我们应该努力学习革命理论和革命知识,要成为一个爱国的好青年,等等。两人一席长谈之后,陈励生陷入了沉思,思想渐渐地起了变化。暑假还未结束,陈励生主动约黄之锦一起去了"三小"一趟,亲身感受"三小"的革命氛围,"从那时候起,自己开始要求进步了"(陈励生语)。在横水的聘期结束后,陈励生想尽办法应聘到离"三小"较近的鹤山县合成双石乡洋坑小学教书,每到礼拜天便与在相距不远的新兴台安乡(水台)南村教书的叶琪,一同前往"三小"借书还书和了解新动态。当他借来《光慈遗集》和《一条战线》两本书阅读后,陈励生说:"自己思想门户洞开,对人生观有了明确的认识。"陈励生除教好书外,总是抓紧时间阅读从"三小"借来的进步书籍,认真钻研革命理论,从革命书本中汲取养分,提高自己的理论水平及领导组织能力。这一年是"激鸣社"四兄弟脱胎换骨的一年,他们认准了革命道路,义无反顾地投入了共产党的怀抱,完全融入了"三小"这个集体,一切服从李守纯的领导和安排,积极主动地参加"三小"力社组织的办夜校、宣传抗日救亡、反苛捐杂税、反压迫剥削等一系列活动。

1935年夏,在香港从事秘密革命活动,曾授意陈汝棠创办"三小"的陈勉恕时刻关心和注视着"三小"的革命活动情况,风尘仆仆地来到"三小",指导"三小"力社开展革命活动。他经过深入调查研究,总结了力社的经验教训。在肯定力社成绩的同时，指出"三小"力社不能只停留在"三小"学校的圈子里，提出要深入到农村去发动和组织农民，扩大组织，推进抗日救亡运动的主张。又着手整顿力社，纠正了"左"的倾向，重新拟订力社章程，设立总务部、组织部、宣传部、妇女部和民校部等机构。接着召集附近及邻县周边农村小学召开教师会议，号召大家积极参加力社组织，要求大家各自返回学校所在地的乡村成立力社分社。陈励生、陈耀聪、叶琪、黄之锦、梁佐明、陈耀基等小洞教师参加了这次会议，积极报名加入了力社组织。陈励生、叶琪、黄之锦还被选入"三小"力社的有关部门任职。会议结束后，以陈励生、陈耀聪、叶琪、黄之锦为首的小洞教师把"三小"力社这面旗帜扛回了小洞，由陈耀聪牵头，陈励生、叶琪、梁佐明等辅助，把力社小洞分社办了起来，几天之内就发展了30多名力社社员。陈励生、叶琪、黄之锦又分别赶回鹤山县合成洋坑教学点、新兴县台安乡（水台）南村教学点，并在这两个教学点迅速办起了力社分社，以合法、公开的形式办起夜校。

"激鸣社"四兄弟觉得能够融入力社的活动是十分光荣和自豪的事，他们对陈勉恕、李守纯两人的学识、能力、远见、魄力以及工作能力十分钦佩。领导的榜样力量，给予了他们巨大的鼓舞和信心，给予了他们坚定的信念。他们处处以领导作为榜样，忘我地投入到革命事业中，拼劲十足、兢兢业业地埋头工作。叶琪说："（自己）工作起来浑身是劲，哪怕是通宵达旦地去做，也不感到疲劳。"他还说："觉得不去反苛捐杂税，不去宣传抗日救亡，则像无事可做一样。"

建据点、办基地

一、肩负使命

1935年夏,在香港从事秘密革命活动的陈勉恕(陈儒森)来到"三小",推进抗日救亡运动,把力社组织扩展到了广大农村。以陈耀聪、陈励生、叶衍基、黄之锦为首的小洞教师,积极响应党的号召,迅速在小洞成立了力社小洞分社,几天之内发展了30多名力社社员。

不久,"三小"地下党领导人李守纯深入小洞实地考察,听取了陈耀聪、陈励生等有关力社小洞分社的发展和活动情况汇报,了解到小洞有一批像陈耀聪、陈励生、叶衍基、黄之锦等一样组织能力强、群众威信高、具有号召力的骨干队伍;小洞人民勤劳、勇敢、朴实、富有革命斗争精神;加之小洞的地理环境优越,地形复杂、隐蔽安全等有利因素,认为在小洞开展革命活动是比较理想的。

同年年底,李守纯经过反复考虑和权衡后,召集了陈耀聪、陈励生、叶衍基、黄之锦开会,向他们布置了在小洞建据点、办基地的任务。会上,李守纯向大家介绍了革命据点的地位和作用,强调建立革命据点的重要性和必要性,并同大家一起分析了在小洞建据点、办基地的有利条件和不足的地方,研究了建好据点、办好基地的具体做法。他指出,小洞在多年的革命斗争实践中,已形成了一个坚强的领导核心,在客观上具备比较理想的地理位置。虽然经过多年的努力,培养了一定数量的骨干队伍,打下了一定的群众基础,但是远未达到要求,希望大家在培养骨干队伍和筑牢群众基础两个方面继续下足工夫，尽快把小洞建成据点、办成基地。李守纯考虑到陈励生、叶衍基、黄之锦在1936年度已分别受聘于新兴合成洋坑、南村，合水高村教书，只有陈耀聪一人在小洞，显得力量不足，于是指示陈励生回小洞和平学校任教，同陈耀聪一道担负起建据点、办基地的主要任务。叶衍基、黄之锦要积极配合做好工作。同时，还要求大家执行每周一汇报制度。陈耀聪等四人接受了这一光荣而又艰巨的任务。

陈耀聪、陈励生、叶衍基、黄之锦领受任务后，立即进行了认真讨论，统一了思想，达成了共识，一致认为必须紧紧围绕培养大批革命骨干，扩大骨干队伍和广泛宣传动员群众，提高群众的思想觉悟，打好扎实牢固的群众基础两个方面开展工作。在工作中，应该根据斗争形势发展，结合实际情况，灵活采取各种形式，坚持不懈地进行艰苦、细致的工作。他们还具体研究了做法，明确了分工。由陈耀聪带领陈定、陈会群、梁清贵、梁培、梁扳等侧重抓好培养骨干方面的工作。陈励生、叶衍基、黄之锦、梁佐明等侧重抓好宣传群众、发动群众、提高群众觉悟方面的工作。大家还表示要做到团结协作、互相配合、共同奋斗，争取尽快实现建成据点、办成基地的目标。

二、培育人才

陈耀聪稳重睿智，是一个深谋远虑、乐于同群众打交道的人，在群众中享有很高的威望。他秉承"十年树木，百年树人"的古训，一贯乐育人才，从1925年在军屯村宏育学校教书开始，他便以独到的眼光，用10年的工夫，育出了十多名革命苗子。其间，他还广交朋友，与十多名年龄不等却志同道合的人结为至交，令他们团结在自己的周围。当党向各地发出成立力社分社号召时，小洞已经水到渠成，在几天之内就发展30多名社员，这也是能在短时间内成立了力社小洞分社的主要原因之一。

1936年春节前,陈耀聪按照分工,及时召集了陈定、陈会群、陈松、梁清贵、梁培、梁才、梁扳、梁甲友、梁六、梁炳新等骨干开会,认真研究培养骨干、扩大骨干队伍的措施。会上,陈耀聪同大家交流了自己长期培养骨干的心得体会及方法,要求大家积极主动接触群众,深入到群众中及时发现积极分子,抓住时机大胆培养。要求大家做青少年的朋友,加强对青少年的思想教育,把绝大部分青少年争取过来。同时要求大家从思想上做好长期动员的准备,做到坚持不懈、耐心地培养发展骨干。会上,指定陈定、陈会群、陈松等负责在塘角村、新村和悦塘村的发展培养工作;梁清贵、梁培、梁扳等负责在军屯村、盘石村和麦边村的发展培养工作,并布置了当前的主要工作任务,要求加大发展吸收力社社员的力度,争取年内力社社员人数达到50人左右。同时,要求塘角村、军屯村的同志大力协助陈励生和梁佐明开办夜校工作。

这次会议让大家明确了奋斗目标,增强了培养骨干的信心,大家决心团结在党的周围,努力为建立据点、培养大批革命骨干而奋斗。

1936年,陈耀聪、陈励生组织发动小洞人民进行了反苛捐杂税、反抽壮丁、反钉门牌、反催粮等斗争,将力社发展到50多人(其中骨干十多人)。

1937年,叶衍基、黄之锦组织的"饥民请愿"运动和陈励生组织沧江剧团小洞宣传队进行抗日救亡的宣传活动,培养了20多名骨干分子。

1938年,民众抗日自卫团小洞中队和小洞青抗会,培养了十多名骨干(积极分子未算在内)。同年12月,成立中共小洞支部,党员12人。

1939年1月,广东省抗先队130队进驻小洞,帮助小洞支部大力培养革命骨干约40多人(其中入党对象16人),壮大青、妇抗会,吸收了100多名男女青年入会。

小洞党支部经过三年的不懈努力,在革命斗争中先后培育出了50~60名骨干,基本达到了扩大骨干队伍的目标,为建立小洞抗日根据地打下了坚实的基础。

三、开办夜校

陈励生毕业于广东省立第四师范学校,善于宣传和发动群众,以宣传工作见长。他在校读书时,已对旧社会不满,十分痛恨人剥削人、人压迫人的社会。毕业后,曾自发开展反土豪劣绅、反贪官污吏以及反抗旧社会制度的斗争。1934年找到"三小"党组织后,常常到"三小"借阅进步书籍,潜心研究革命理论。他将理论与实践相结合,在斗争实践中迅速提高自己的思想和理论水平,确立了新的人生观。他"不但在口头上信仰共产主义,而且在行动上、职业上都服从地下党领导人陈儒森、李守纯的领导"。当李守纯派他回小洞和平学校教书,建据点、办基地时,他毫无怨言,坚决服从党组织的安排,勇敢地挑起革命重担。按照分工,马上制订出分两步走开展动员群众的工作计划。

1936年春节前,陈励生回到小洞,立即实施第一步计划,着手筹备开办夜校工作,从聘请教师、置办教具、书本到招收学生,均一一落实。春节期间,他还走访了村中所有适龄入学的贫困青少年的家庭,反复动员他们入读和平学校夜校,宣布了免费招收子弟入读夜校的做法和规定,打消了家长对经济困难的顾虑,受到了群众的普遍欢迎,当即有20多名子弟表示愿意入读夜校。为了打破封建思想束缚,使女孩子也有入学受教育的机会,陈励生还做通了堂哥的工作,让侄女陈意带头报名入读夜校。在陈意的带动下,陈灶、陈庆两个女青年也报了名。

春节过后,和平学校的夜校顺利开班,男女学生共30多人。过了不久,陈励生授意陈意、陈灶、陈庆三个女生到悦塘村女仔屋串联,给陈二娥、陈三娥、陈五妹、陈趁讲读书识字的好处。悦塘村的几个女孩子觉得好玩,也跟着陈意听了几节课。她们读书的兴趣变浓,愿意留下来。后来,陈妹、梁莉知道陈三娥等到夜校读书,也跟着参加了和平学校的夜校读书活动。这九个女青年成为小洞有史以来首批入学受教育的女性,她们不怕流言蜚语,顶住了种种压力,一直坚持下来,最后均走上了革命道路。

军屯村宏育学校校长梁佐明,在陈耀聪、陈励生的指导和梁清贵等的大力协助支持下,也招收了30多名(其中10名女生)农家子女,办起了夜校,还在1936年3月12日举办了一次孙中山逝世11周年纪念活动,在学生中产生深刻的影响。这个班开学一个多月,即遭到村里一伙封建思想顽固分子的反对,说梁佐明让女孩子读书识字,破坏了"三从四德"的规矩,败坏了社会风气。这些女学生受到前所未有的压力,不得不离开了夜校。这次风波反而使村里女青年要求进步、要求读书识字的愿望更加强烈。

四、轰轰狮队

陈励生在和平学校的夜校工作走上正轨后,便腾出手来开始实施下一步宣传计划,在塘角村组织成立了轰轰狮队,实际上是一支醒狮表演队。

当地醒狮属地道的南狮,是融武术、舞蹈、音乐于一体的民间传统艺术,在地方长盛不衰、广泛流传。其风格套路丰富、技艺高、难度大,讲究技巧和功底,具有灵活、传神、多变、配合默契等特点;其观赏性强,深受广大群众喜爱,是一项雅俗共赏的娱乐活动。

在旧社会,醒狮在当地不仅是一项娱乐活动,还曾经起到过防盗、防贼、护村、抵御外来入侵的作用。例如,在清朝咸丰年间,高明发生了土客之争,塘角村武功高强的陈隆率领村民护村自卫。一次在中山坪的对阵中,陈隆骁勇善战,大败客军,一举成名,被推举为更楼民团总教头。后来,村民在他的督率下刻苦习武,形成了习武的风气,代代相传,延续下来。

为了收到良好的宣传效果,陈励生专门对本地醒狮活动做过详细的了解和研究,从中找到了向群众传播革命道理的途径和方法,决定将塘角村醒狮习武的传统发扬光大,运用醒狮活动这一载体,采用寓教于乐的形式,在醒狮表演过程中,穿插一些短小精悍的如演讲、小品、故事、民(歌)谣等内容来达到宣传的目的。

　　武功是狮队之魂，狮队一定要有自己的看家本领。陈励生精心挑选出陈安、陈本、陈章、陈荣、陈松、陈柏、陈先、陈大新等十多名身强力壮、动作灵敏、功底扎实的青少年组成醒狮队后，马上投入到严格的习武训练中。经过十多天的反复训练，这支队伍的基本功上了一个新台阶，陈励生这才安排这支队伍到乡村巡回表演。这支经过严格训练的轰轰狮队在表演中动作娴熟，气势如虹，他们精彩的表演吸引了不少观众，博得了满堂喝彩；加之陈励生诙谐生动的演说，也使百姓听得津津有味，从中受到了教育，因而，每次表演都收到良好的效果。后来，轰轰狮队走出小洞，受邀到过更楼的罗丹、平塘、屏山，合成的双合、洋坑等地演出，当地群众无不拍手称赞。

　　盘石村有个嗜武如命的黄荣（黄四），眼看塘角村的狮队搞得热火朝天，出尽了风头，心里痒痒的，按捺不住，便找叶根、黄金、黄坚商量，也想组织一支狮队，可是因人手不足而落了空。他们的想法被在盘石村教书的陈耀聪知道了，陈耀聪点拨他们去麦边村找人联合组队。黄荣如梦初醒，央求陈耀聪一起前往麦边村"搬兵"，得到了陈波、陈次、李开、李新等五六人的积极响应，他们联合组成了一支狮队。争强好胜的黄荣经常向轰轰狮队下战书，两队经常你来我往进行比武竞技，切磋技艺，热闹非常。陈耀聪也常常随队助兴，上场讲些民间故事，启发村民提高觉悟。

　　军屯村的青年看见塘角、盘石、麦边的狮队搞得十分活跃，再也坐不住了，纷纷要求组队。在梁清贵、梁培、梁扳等的大力支持下，军屯村狮队的大旗也扯了起来。陈励生因势利导，集合三支狮队，每隔三五天便组织一次比武活动，把气氛搞得十分热烈。

　　1936年秋，国民党广东第三区行政督察专员李磊夫从肇庆来到合水，勒令"三小"力社马上解散，随后，撤去陈汝棠的"三小"校长职务。在这种形势下，中共"三小"支部向各地发出了借乳虎醒狮团的名义开展活动的指示。陈励生按"三小"党组织的部署,把小洞三支狮队整合起来,组成了有30人左右的乳虎醒狮二团(合水为一团,水井洞为三团),经常和叶衍基、黄之锦一起,带领这支队伍活跃在更楼、合水、合成、新兴水台等地乡村,开展革命宣传活动。

五、反催缴粮

1937年2月上旬(即农历丙子年十二月下旬),农历新年即将来临,国民党征粮大队长谢子明带领12名荷枪实弹的兵丁,气势汹汹地闯到小洞驻扎下来,天天出动到各村,挨家挨户上门催交公粮。声言欠粮者必须如数交足,否则捉人兼封屋。

这一年秋收,大部分农户早已被高利贷及各种苛捐杂税层层盘剥,所剩无几,不少家庭已断粮断炊,哪里还有什么多余的粮食可交?时值年关,这本来就是穷苦农民难以跨越的坎儿,还来了一群吃肉不吐骨的催粮恶狗,这粮如何交?这命如何活?农民被逼得走投无路,只好又往火坑里跳——去借高利贷。

谢子明这帮恶狗张牙舞爪,天天催、日日逼。陈励生、陈耀聪、梁佐明、陈耀基等小洞的教师们看在眼里,急在心上。他们认为国民党当局在这个时候来催缴公粮是在摧残农民,很是愤怒,决心要替穷苦农民做主。他们商量后,派陈励生到合水"三小",向地下党领导人李守纯同志汇报,请示解决办法。李守纯听完汇报后,对陈励生说:"穷苦农民年关时节都已没法吃饱穿暖,还能拿什么缴纳公粮呢?你们回去向农民宣传,不要借高利贷来缴纳公粮,只能从祖尝中抽取部分缴纳……"

陈励生赶回小洞,把李守纯的意见向陈耀聪、梁佐明、陈耀基等做了传达。大家表示一定要按照党的指示,坚决为贫苦农民撑腰做主,并把握好这次机会,揭露当局的催粮实质就是一种压迫行为,引导广大农民看清当局的本质,通过组织农民起来进行反催粮、反压迫斗争,提高广大农民群众的思想觉悟。他们召集了力社小洞分社所有骨干分子开会,传达了地下党领导人李守纯的意见,要求各村骨干深入各家各户,动员农民坚决不借高利贷缴纳公粮,讲解借高利贷的危害,避免借了高利贷,因"利滚利"而无法偿还,导致家破人亡的后果;要向农民群众强调团结就是力量的道理,引导大家团结一心,坚决不借高利贷,抵制催粮;要鼓舞农民群众的士气,大力宣传坚持就是胜利的信念,坚定农民群众斗争到底的信心。同时,要求各村骨干与各房族长商量,做通族长的工作,说服族长从祖尝中抽取部分缴纳公粮,配合反催粮斗争。

会后,各村的力社骨干分子立刻行动起来,深入农户广泛宣传"不借高利贷缴纳公粮"的主张。广大穷苦农民觉得有共产党为他们做主,有共产党为他们撑腰,纷纷表示坚决不借高利贷缴纳公粮。各村族长十分理解农民的疾苦,积极配合反催粮的行动,愿意从祖尝中抽取部分粮食,做好缴纳公粮的准备。

陈励生亲自出马,走在反催粮斗争的最前面,带领群众跟催粮头目谢子明交涉,展开了针锋相对的斗争。陈励生申述,穷苦农民面临年关,已没钱没粮过年,又哪里有钱缴纳公粮呢?如要农民借高利贷纳公粮,就等于在农民的脖子上架了一把刀,将农民逼入绝境,会搞得无数人家破人亡。在场的群众也积极进行配合,与谢子明论理。谢子明根本听不进这些道理,见没有收到一粒谷、一分钱,还碰了一鼻子灰,便恼羞成怒,诬陷陈励生煽动群众闹事,反对政府征收公粮,下令将陈励生五花大绑,押到区公所拘禁起来。谢子明蛮横无理,无端捉人,引起了小洞农民群众的强烈不满和极大的愤慨,决心与国民党反动当局抗争到底,坚决不交一分钱、一粒谷。

后来,国民党当局见小洞贫苦农民没有一户借高利贷缴交公粮,怕将事情闹大不好收场,同意小洞从祖尝中缴纳部分,并把陈励生放了出来。

这次反催粮斗争,是在中共高明地下党的支持下,小洞革命骨干分子第一次有组织地领导农民起来反抗压迫的尝试。它取得了胜利,团结了群众,达到了提高广大农民觉悟的目的。

六、"饥民请愿"

1935年至1936年间,高明更合地区连续两年遭遇大旱灾,庄稼连年失收。到1937年五六月间,又大闹春荒,稻禾正值青黄不接之时,贫苦的百姓早已断粮断炊,无米下锅了。野外田间的野菜、黄狗头、土茯苓之类可以果腹的东西也已基本被挖光,穷苦百姓陷入了绝境。小孩叫,大人愁,乞丐满街走,饿殍遍城乡,处处呈现一派凄惨的景象。

然而,国民党当局却视而不见、充耳不闻。国民党当局的这种消极态度,引起了社会各界的强烈不满,纷纷要求当局发放粮食赈灾救民,可是国民党当局仍然十分冷漠,置之不理。直至1937年6月上旬,仍不见当局有一点动静,在这种情况下,中共"三小"党组织抓住这个机会,由阮海田、黄之锦、黄之祯、叶琪为主要领导,在更楼、合水地区发起了一场声势浩大的"饥民请愿"的反饥饿运动。他们通过公开、合法的形式,广泛宣传、引导广大群众与国民党当局进行面对面的抗争。阮海田、黄之锦、黄之祯、叶琪等主要领导人,四处奔走,分头深入更合各乡村庄的农户中串联,进行广泛的宣传和发动工作。在短短20多天的时间里,他们走遍了80多条乡村,得到了3000多名村民的热烈响应。

陈耀聪为使小洞人民的思想觉悟在斗争实践中得到锻炼提高,主动配合中共"三小"党组织发起的这次反饥饿运动,一连四五个晚上按时组织集合群众,由在云良村教学的叶琪回小洞,向群众讲解宣传"三小"党组织发起"反饥饿"运动的原因、目的、做法、意义等,动员小洞群众积极投入到"反饥饿"运动中去,得到了小洞500多名村民的拥护和支持,加入了反饥饿运动的队伍。

为了达到更广泛的宣传效果,扩大反饥饿运动的影响。黄之锦、黄之祯、叶琪等与各村集体商议,选出了23名代表(其中,小洞派出了陈定、梁培、梁金、陈苟、梁清贵)组成以叶琪为团长、黄之锦为副团长的"饥民请愿团",代表3000多名更合地区村民,于7月1日到明城县府请愿。出发当天上午,"饥民请愿团"代表先行到更楼圩忠义祠集中,先举行了有300多人参加的动员誓师大会,为"饥民请愿团"壮行。国民党当局却如临大敌,派出了大批武装警员包围会场,监视誓师大会的一举一动。誓师大会开始,黄之锦、黄之祯、叶琪和各村代表先后在大会上发言,痛诉当局不顾老百姓的死活,眼看百姓失去生命而不顾,只知搜刮民脂民膏,残酷剥削人民的丑恶行径,痛斥当局的反动暴政,当场激起了百姓对当局的极大义愤。

誓师大会结束后,叶琪、黄之锦、黄之祯率领"饥民请愿团"的代表,高举请愿团的旗帜,威风凛凛地向高明县府所在地明城奔去。请愿团到了县衙门却受到了当局的百般阻拦,被挡在门口,请愿团则堵在县府门前高喊口号:"饥民要吃饭!饥民要活命!"很快聚集了大批前来声援及看热闹的人们。慑于群众的压力,当局只好同意让请愿团入内,黄之锦随即递上请愿书,与当局进行交涉,要求当局赈灾救济,尽快调拨粮食到更楼、合水地区接济饥民渡过难关。可是,当局官员千方百计进行搪塞,说:"现在县府粮库没有存粮,没有办法调拨粮食救济,要请愿团返回原地解决。"尽管请愿团代表们磨破了嘴皮,当局仍不答应调粮救急,令代表们十分失望。

叶琪、黄之锦、黄之祯等代表返回更楼圩后,当晚继续前往安太乡乡公所,要求面见乡长陆秉礼,促请乡公所发粮救济饥民,可是陆秉礼却躲在乡公所里不敢出来。这时,乡公所前又来了一大片群众,把安太乡公所围得水泄不通,黄之锦乘势向群众宣传国民党当局不关心民众疾苦,痛骂乡长陆秉礼不顾人民的死活,历数国民党当局的种种卑劣行径,揭露国民党的反动本质,使人民群众认清了国民党反动派的真正面目。

这场"反饥饿"请愿斗争运动虽然没有促成当局发粮救济,却使广大人民群众看清了反动当局的嘴脸,受到了教育,扩大了共产党在群众中的影响和威信,使小洞人民群众认识到不能指望国民党当局的施舍,只有跟着共产党才有出路的道理。

七、抗战宣传

1937年7月7日，日本帝国主义制造了震惊中外的卢沟桥事变，发动了全面侵华战争。在中华民族处于生死存亡的危急关头，中国共产党通电全国，号召全民族团结抗战。在中国共产党的推动下，国民党被迫接受了共产党团结抗日的主张，以第二次国共合作为基础的抗日民族统一战线正式形成，全民族抗战进入一个崭新的阶段。在全国抗战的形势下，中共高明县工委积极贯彻抗日民族统一战线政策，推动高明抗日运动的开展。同年秋，在中共高明县工委书记李守纯的策划下，合水成立了沧江剧团，广泛开展抗日救国宣传活动，以唤醒民众，发动群众积极参加抗日救国运动。

合水沧江剧团主要负责人之一陈励生和主要成员叶琪、黄之锦积极行动起来，赶回小洞和陈耀聪一起商量，讨论成立沧江剧团小洞宣传队的事宜，得到了大家的一致赞同，并推举陈励生全面负责这项工作。陈励生毫不推辞，勇挑重担，以满腔热情，立即投入到组队工作中去。

陈励生经过细致考虑后，做出具体的组队计划和安排。先从乳虎醒狮二团中挑出十多个功夫过硬、技术娴熟的队员做班底，再从各村一些优秀青年、和平学校女生中，选出一些思想活跃、觉悟高、立场稳，有一定文化基础、头脑灵活、记忆力强、能吃苦、能吃亏、身体壮、力气足的队员，组成既能表演剧目又能表演醒狮和武术的队伍。这支队伍共有20多人，男队员有陈荫、陈松、陈荣、陈安、陈本、陈章、梁清贵、梁甲友、梁炳新、梁波、梁端、梁锐、梁芬、黄荣、黄金等，女队员有陈意、陈五妹、陈二娥、陈三娥、陈趁、陈灶、陈庆等。

在宣传演出剧目的内容安排上，紧紧围绕抗日民族统一战线的总方针，以中国共产党抗日救国的主张、政策、策略及揭露日本侵略者的野心和罪行为主，结合反土豪劣绅、反苛捐杂税和抗战形势，以前线消息、抗战事迹等为题材，编成各类小品、剧目，通过口头演讲、歌咏、独幕剧等形式唤醒民众，激发群众的抗战热情。

在排练时间、地点和外出演出的日期上，根据队员白天需要参加工作或参加生产劳动的实际情况做出了合理安排。排练节目的地点选在较为僻静、不受干扰，又不影响村民及方便悦塘几个女青年出行的和平学校进行。排练时间一般每周安排三至四个夜晚，主要由陈励生指导。由于陈励生集领队、编导于一身，且远在合水界村县立第15短期小学（用庚子赔款开办的学校）担任校长兼教员，为了不耽误指导排练，他不辞劳苦，每遇排练，他都会在下午放学后，走六七公里的山路赶回和平学校，次日一早又赶去界村给学生们上课。有时则由在更楼罗丹村小学教书的陈耀聪或在更楼云良宏灿小学教书的叶琪回来组织排练。陈励生在指导排练节目时十分耐心，一句一句地给队员们讲戏，手把手地教会他们每一个动作。无论是排练节目或是演出节目，他都十分严格，要求队员每做一个动作都要进入角色，感情要真挚。

  演出日期一般安排在周六或周日晚上。每到外面演出时，叶琪、黄之锦（在合水高村小学教书）都会赶回来，与宣传队一同前往演出地参加演说，协助陈励生组织演出工作。宣传队每次到达演出地后，不顾疲劳，立即摆开阵势，敲锣打鼓暖场，吸引观众，待群众有六七成时，开始表演武术，接着舞狮、唱歌、演说、小品等陆续登场，压轴戏则是表演话剧。

  几年来，这支队伍在下乡宣传中演唱了大量革命歌曲，演出了《投奔抗日队伍》《失足恨》《沧江儿女》《五奎桥》《特别快车》《放下你的鞭子》等话剧及小品。由于组织严谨，队员们熟悉曲目，每次演出都十分成功，收到了较好的效果。

  几年来，他们去过更楼、合水、合成、新兴水台、高要南部等二三十条村庄演出，最远的是水台南村一带，单程有25至30公里。

  这支队伍一直坚持奔走在抗日救国宣传第一线，直到1940年年初抗日团体被国民党反动当局勒令解散为止。

自卫中队

日本发动了全面侵华战争后，全国迅速掀起了抗战热潮。小洞人民在中国共产党的领导下，积极行动起来，投入到抗日救国运动中，成立了民众抗日自卫团普训大队小洞中队，做好随时抗击日寇侵略的准备。

民众抗日自卫团普训大队小洞中队是在抗日民族统一战线的旗帜下成立的一支乡村民众抗日自卫救国队伍。1938年春，广东省民众抗日自卫团统率委员会（简称"省统委会"）成立，高明也相应建立了对口的高明县民众抗日自卫团统率委员会（简称"县统委会"）机构。三四月间，梁钟琛（中共党员）受组织安排，以省统委会特派员的名义来到高明担任中尉政训员，指导高明当局开展抗日工作。6月，高明统委会在梁钟琛的协助下，成立了高明县民众抗日自卫团，分别在第一、二、三区设立第一、二、三普训大队。县统委会并下发公文，要求以各乡村为单位，成立民众抗日自卫组织。

同月，县统委会副主任阮贞元来到小洞，帮助指导小洞组织成立民众抗日自卫团小洞中队。小洞地下党组织负责人陈耀聪、陈励生坚决执行抗日民族统一战线方针政策，主动配合阮贞元的工作，广泛发动群众，号召青年积极加入抗日救国行列，加入民众抗日自卫团小洞中队，投入到抗战的热潮中去，得到了全小洞热血青年的积极响应，他们纷纷踊跃报名，要求加入民众抗日自卫团小洞中队。阮贞元、陈耀聪、陈励生从报名人员中挑选了80多名身强力壮的爱国青年，组成了民众抗日自卫团小洞中队。经过选举，大家推选陈明普（陈虾）担任中队长，梁扳担任副中队长。这支队伍的队员绝大多数都是小洞地下组织两年多来培育出来的积极分子，其中20多人是青抗会的会员。这支队伍虽然是一支不脱产的民众抗日自卫组织，但是并不影响队员们的抗战热情，他们积极备战，抽出一定时间进行军事训练和政治学习：安排时间练习队列、射击、投弹、单兵战术、防空等科目，掌握一些必要的基础军事常识；同时安排时间学习抗日民族统一战线的方针政策，揭露日本侵略者的野心和罪行。通过训练和学习，他们明白了抗日救国的道理，提高了思想觉悟，增强了抗日的决心。

叶琪、陈耀基是我党有组织、有计划、有步骤地安排一部分骨干到高明县民众抗日自卫团任职的人员之一。省统委会派担任政训员的梁钟琛一到高明，县工委书记李守纯就专门指定叶琪与梁钟琛联系，进行不间断的沟通联络，以保证党的指示能够在高明县民众抗日自卫团得到贯彻执行。叶琪还受党的派遣，同时担任更楼安太乡民众抗日自卫大队副大队长职务。为了培养军事干部，尽快提高我党干部骨干的军事组织能力，县工委派出叶琪等十多名骨干，于同年7月至10月初参加由国民党军第七教导队在肇庆举办的民众抗日自卫队干部集训。

广州沦陷后，日军相继占领了九江、三水一带，直逼西江西岸的高明。同年10月下旬，高明统委会将三个普训大队改为集结大队，薛定球为总队长兼前线总指挥，下辖三个中队，部署在西江高明河段沿岸执行防守任务。中共高明县工委为了掌握高明县民众抗日自卫团集结大队的动向和部分指挥权，及时与梁钟琛取得联络，将叶琪、陈耀基、黄仕聪、谭秉国、陈山等一批我党骨干，安排到集结大队一、二、三中队，分别担任中队长、指导员和分队长等职务。小洞的叶琪担任第一中队中队长，陈耀基担任第二中队中队长。这两个中队部署在苏村、灵龟塔、海口村、三洲地域，担任正面防御日军任务。第三中队中队长是谢汉生，指导员陈山驻于范洲，担任富湾、苏村、三洲一带的防守任务，该中队归属国民党第155师指挥。

1939年1月,国民党召开五届五中全会,制定"溶共、防共、限共、反共"的方针,掀起反共逆流。国民党高明县长邓公烈顽固执行反共政策,排斥共产党。为了剥夺共产党在民众抗日自卫团集结大队的指挥权,将集结大队改编成高明县国民兵团,以各种理由撤去了叶琪中队长、黄仕聪分队长等人的职务,把这支民众抗日武装队伍完全变成了压迫人民的工具。第二中队中队长陈耀基没有暴露身份,有一定的军事组织指挥能力,则继续留任,为后来共产党派遣黄之锦、黄峰等打入国民兵团内部成立党支部,及时掌握敌军动态等军事情报提供了方便。

坚强支部

中共小洞支部在抗日烽火里诞生,在暴风雨中成长,一直站在斗争的最前列,起着中流砥柱的作用,深受小洞人民的爱戴和拥护。

小洞支部在抗日战争和解放战争中,走过了一段极不平凡的战斗历程,在艰难险阻中,历经磨难、屹立不倒,队伍不断壮大,党员人数达59人(抗日战争期间有32人,解放战争期间有27人;其中女党员14人)。此外,陈耀聪、叶衍基、梁景光等在外地建立了罗丹、云良、杜村、界村四个支部,发展党员几十人,为党组织的发展壮大做出了一定成绩。

1938年3月15日,中共中央发出的《关于大量发展党员的决议》指出:"为了担负起扩大与巩固抗日民族统一战线,以彻底战胜日本帝国主义的神圣任务,强大的党组织是必要的,大量的十百倍地发展党员,是党目前迫切与严重的任务。"8月21日,中共广东省委召开第三次执委扩大会议,提出:"发展一万个新党员""建设强而大的群众性的广东党"的任务。8月下旬,中共高明县工委召开扩大会议,贯彻中共中央和广东省委执委扩大会议精神,并做出了具体部署,会上,指派黄之锦任二区组织干事,负责二区党组织的发展工作。

县工委扩大会议结束后,黄之锦马上来到小洞,首先发展吸收了有文化、思想进步、威信高的陈耀聪入党,同时和陈耀聪、陈励生、叶衍基一起商量在小洞及二区发展党员和建立党组织大计,立即以

"大量发展党员,建立党组织为中心,以收获组织果实"为目的,积极开展工作。

同年9至10月,陈耀聪以敏锐的眼光,在他最熟悉的军屯村吸收了梁清贵、梁培、梁才、梁扳、梁甲友、梁炳新、梁六七人加入了党组织。10月后,在罗丹教学点发展吸收了李灼、梁继荣等七八人入党(次年年初,建立了罗丹支部)。

8月底,叶衍基在高明县民众抗日自卫团集结大队吸收了谭秉国入党;9月后,回到原教学点更楼云良村吸收了叶金、叶榕、叶锡、叶余芳、叶相、叶林六人入党(次年年初,建立了云良支部)。

10月,经受了一连串考验的陈励生,由谭宝荃介绍,经县工委书记李守纯约谈后,加入了党组织。10月下旬,陈励生介绍了罗超入党,12月在塘角村介绍了陈定、陈会群入党,并在他领导的沧江剧团小洞宣传队里培养入党对象。

至12月下旬,小洞参党人数已有12人。26日夜,是一个伸手不见五指的夜晚,二区组织干事黄之锦召集陈耀聪、陈励生、梁清贵于军屯村对面小山岗高地塘的一个高脚禾秆堆下开会,宣布县工委批准成立中共小洞支部的决定。会上,大家研究决定支部分设军屯、塘角两个党小组;随后,选出了陈耀聪为支部书记,陈励生、梁清贵为支部委员,梁扳为军屯党小组组长,陈励生兼塘角党小组组长。

1939年2月,中共高明县工委为加快小洞抗日根据地建设的步伐,调整了小洞党支部班子,派谭宝荃负责小洞支部工作,陈耀聪因在罗丹教书,不便开展工作,改任支部委员,陈励生、梁清贵仍为支委。同月,吸收了梁景光、梁波、陈耀基三人入党。

3月底,陈耀聪、陈励生、叶衍基、黄之锦出席了中共高明第一次代表会议。

6月,谭宝荃调离,陈励生接任支部书记,陈耀聪、梁清贵任支部委员。

10月,中共高明设立区委机构,陈励生调任中共更楼区委委员,陈耀聪接任支部书记,梁清贵为支部委员,陈定为塘角党小组组长。

11月,吸收了陈松、梁金、陈意、陈二娥、陈五妹五人入党。

12月，为加强小洞党支部的管理工作，把陈耀聪从罗丹小学调回和平学校。

1940年2月，在反共逆流来袭的情况下，吸收了梁端、仇羡真、陈三娥、陈趁、陈灶、陈庆六人入党。6月，增补梁景光为支部委员。

1940年8月，反共逆流猖獗，中共高明县委采取"政治上反击，组织上撤退"的策略和应变措施，先后把已暴露的陈励生、叶衍基、陈耀聪、梁景光、梁清贵等转移到外地。小洞党支部的工作由塘角小组长、军屯小组长直接与县委书记黄文康、陈春霖、郑桥单线联系。

1940年9月，叶衍基转移到新兴南村教书。在那里，他积极发展组织，物色培养了八名入党对象，后发现有一人动摇，为了避免在水台地区发展党组织、建立抗日游击区的设想受影响，因而取消了在该村发展吸收党员的计划。

1941年3月，陈耀聪（改名为陈光）转移到新兴杜村教书，站稳脚跟后，开始物色培养发展党员。1942年2月，吸收了冯耀、冯南兴、冯金顺参党，成立了党小组，小组长为陈光。1944年4月，吸收冯汉、冯章盛入党，成立了党支部，书记为冯耀（后为冯汉）。8月，吸收了冯珍、冯松生入党，把杜村建成了抗日根据地。

1942年夏，城狐社鼠的高明县县长钟歧上任不久，勾结鳌云书院、清平堡、永义堂，改变一贯的收租惯例，企图取消永佃权。在这节骨眼上，县委书记郑桥把已转移到新兴三叉坑隐蔽的梁景光调回小洞负责支部工作，增补了陈定、梁扳、陈会群为支部委员，带领小洞人民开展"抗租保佃，誓死保卫佃耕权"的斗争。

1942年6月和1943年5月，分两批将在抗租保佃斗争表现出色的骨干分子陈荫、梁奴、陈苟、陈虾、陈翰五人吸收进党组织。

1943年3月，梁景光调到屏山村，加强中共屏山支部工作，中共小洞支部的工作由三名支委负责。

1945年6月，追认被国民党杀害的陈妹为中共正式党员。

至此，在抗日战争期间，中共小洞支部发展党员 32 名，其中女党员 10 人。

1945 年 11 月，部队分散活动，陈励在两阳（阳江、阳春）坚持斗争中加入了党组织。

1946 年 5 月，革命处于低潮，全县地方党组织处于不正常状态，小洞党支部与上级组织失去了联系。

9 至 10 月间，中共高明特派员郑靖华来到小洞接收组织关系，恢复了中共小洞支部活动，健全了组织，改选了支部，梁扳任支部书记，陈松、陈会群为支部委员。

1947 年 6 至 8 月，分别吸收了罗瑞莲、梁就入党。

1948 年 1 月，吸收了梁植森入党。2 月，梁景光被派到界村教书，并发展党组织。4 月，吸收了罗邦、罗仲辉、罗学殷入党，成立了党小组，后又吸收了多人入党。8 月，成立了中共界村支部。

下半年，小洞党支部从反"三征"破仓分粮、借粮救荒、借枪自卫、减租减息运动涌现出来的一批积极分子中，分批吸收了七人入党组织，分别是：6 月，陈祐；9 月，陈添、陈大新；11 月，李开、陈新、陈森、陈元基。

同年，恢复公开武装斗争实行"大搞"，中国人民解放军新高鹤总队成立，小洞热血青年踊跃报名参军，他们作战勇敢、杀敌英勇，部分表现突出的指战员光荣地加入了党组织，在部队担任中队长的陈松、梁光明大胆发展英勇顽强的战士入党，为支部建在连上、提高部队的战斗力做出了一定成绩。在部队入党的小洞籍指战员有：陈荣、陈少、梁星、梁娥、陈财、麦三、陈兰、梁拉、梁国元、梁秋、梁庆祥、梁芳、陈容、陈登、陈恒、梁照 16 人。

至此，在解放战争期间，小洞参党的人数有 27 名，其中女党员 4 名。如表三所示。

表三 新中国成立前小洞加入中国共产党人员一览

村庄	抗日战争时期 32 人（其中女 10 人）						解放战争时期 27 人（其中女 4 人）				合计
	1937 年	1938 年	1939 年	1940 年	1942 年	1943 年	1945 年	1947 年	1948 年	1949 年	
麦边村	—	—	—	—	—	—	—	—	—	麦三	1
盘石村	叶琪	—	—	—	—	—	—	—	李开	—	2
军屯村	—	梁培六、梁溥贵、梁甲友、梁才、梁炳新	梁景光、梁波、梁金	梁端	—	梁奴	—	梁就、罗瑞莲	梁植棻	梁娥、梁国元、梁秋、梁芳祥、梁星、梁拉、梁照	23
塘角村	—	陈励生、陈定、陈会群	陈松、陈意	仇羡真、陈壮、陈庆	陈荫	陈苟、陈虾、陈翰	陈励	—	陈荣、陈柘、陈森、陈添、陈新、陈大、陈元基	陈少兰、陈恒	23
小新村	—	陈耀聪	—	—	—	—	—	—	—	陈容、陈登	3
悦塘村	—	—	陈二娥、陈五妹、陈耀基	陈三娥、陈趁	—	—	陈妹	—	—	陈财	7
小 计	1	11	8	6	1	4	2	2	9	15	59

中共小洞支部历任书记名单：第一任陈耀聪（1938年12月—1939年1月），第二任谭宝荃（1939年2月—1939年5月），第三任陈励生（1939年6月—1939年9月），第四任陈耀聪（1939年10月—1941年2月），第五任梁坂（1946年10月—1950年1月）。

130 队进驻

1938年10月底,李利(冲)队长兼党支部书记,以广东省动员委员会战时工作队(即"广东青年抗日先锋队",下称"省抗先队")130队的名义来到高明,在国民党高明县党部特派员陈汝芳的支持和协助下,进行抗日救亡宣传活动,不久后与中共高明地下组织领导人李守纯接上了关系。

他们见面后,互相介绍了情况,一起分析了当前形势。在谈到日军夺取广州后,下一步的进攻目标可能是西江一带时,李守纯强调,二区(更楼、合水)是高明的后方基地,一定要抓好,一旦敌人入侵,就能在后方基地的支持下开展抗日游击战争,打击敌人。在谈到工作分工时,李守纯要求省抗先队130队马上调到二区(更楼、合水)一带,加大力度,发动群众,激发群众的抗日热情。谈话后,李冲马上把130队开到了合水。在阮贞元、李家球及"三小"师生的支持下,130队很快就和二区青、妇抗会打成一片,把合水的抗日气氛搞得相当浓厚。

1939年1月8日,130队按照李守纯的要求,队长李利、副队长洪文亮带领队员邓宝、邓宝钻、邓宪、刘丽群等十多人和合水妇抗会黎进友、阮柳梧会合,由陈励生引路,高举抗日旗帜,敲锣打鼓、高唱战歌、意气风发地从更楼圩开进小洞,受到了小洞人民的热烈欢迎和热情接待。省抗先队130队被安排在文选楼住了下来。

小洞党支部对省抗先队130队进驻小洞十分高兴,他们借省抗

抗日先锋队队旗

先队130队的东风,以积极的态度,密切配合130队大张旗鼓地在小洞开展抗日救亡宣传活动,借以进一步提高小洞人民群众的抗战热情及思想觉悟,与130队一起,以只争朝夕的精神,向着李守纯提出的"争取时间把后方基地建设好"的目标忘我地工作。把130队安顿好以后,向130队介绍小洞建设据点的情况。针对目前小洞革命队伍不够强大和骨干力量不足等问题,同130队商量研究。经过讨论,决定以开办识字班、成立歌咏队的形式开展大规模宣传活动,大力发展青、妇抗会组织和大力培养骨干四项工作,早日达到把小洞建成抗日根据地的目标。

(1)办识字班,扩大招生范围。在原有夜校的基础上,另外分别在文选楼和明晖堂两处,增开识字班,大力增加招收入读识字班的人数,让所有男女青年甚至是中年男人、家庭妇女都能够有机会读书识字。这个消息很快就传开来了,那些渴望读书识字已久的男女青年欢呼雀跃。党支部还来不及动员,各村的男女青年已争先恐后地前往各点报名了。文选楼点不到两天就有六七十人报了名。其中,在陈意、陈三娥等女青年的积极鼓动下,有十七八个女青年积极报了名。陈珍、陈毛、陈乌、陈妹、陈业稔、陈业赖等最积极,她们打响了报名的头炮。明晖堂点,第一天就有40多人报名,因明晖堂比较窄小,容纳不下那么多人,暂停了报名工作。没有报到名的女青年很有意见,她们怕失去识字读书的机会,夜里就在女仔屋联合了十多人,选出代表第二天向有关领导人反映情况,表达了参加识字班读书的迫切愿望。她们的强烈愿望引起了小洞党支部和130队的重视,为了满足她们的要求,小洞党支部和130队马上同军屯党小组商量,做出了调整,抽调人力,派出130队女队员邓宝、邓宝钻、刘丽群和阮柳梧,分别安排在梁赐、梁尺的两间女仔屋设点开班,专门指导军屯村30多名女青年的学习。后来,该村的家庭妇女黎丽英、陈肖、麦秀、阮香等冲破封建传统的束缚,也加入这两间女仔屋的识字读书活动中。由于小洞党支部和130队组织较好,引导得法,两个点参加识字班的人数超过130人。

（2）成立歌咏队,以歌唱的形式宣传群众,教育群众。小洞党支部和130队认识到,用歌唱的形式进行宣传,有着简便直观、影响面广、收效甚大等好处,更为重要的是,可以起到激励斗志、鼓舞人心、振奋精神的作用,是开展抗日救亡宣传的好武器。他们不失时机地运用这一武器,把现有沧江剧团小洞演出队的有利条件和130队队员、妇抗会员组合在一起,组建了一支由20多人组成的歌咏队。通过晚会进行歌咏表演,大唱抗日歌曲。利用各种机会到各村的男仔屋、女仔屋以及街头巷尾教唱抗日歌曲,让歌声响彻每一个角落,深入每一个人的心中,让群众在歌声中学到知识,懂得道理。歌咏队在小洞20多天的活动,把小洞的抗战气氛搞得热火朝天,把群众的抗战热情充分调动了起来,老百姓的精神面貌发生了很大的变化。

（3）发展青、妇抗会组织,扩大青、妇抗会规模。青抗会（青年抗敌同志会）、妇抗会（妇女抗敌同志会）是1938年初春,由李守纯策划,谭天度出面,于3月份在一区（明城）诞生的。这是中共高明地下组织在抗日民族统一战线旗帜下,以公开的形式建立起来的、由共产党直接领导的高明抗日团体。

同年5月,二区（更楼、合水）青、妇抗会在合水相继成立（会址设在合水圩庆南街）。陈励生、叶琪、黄之锦等被选为合水青抗会执委。合水青抗会成立后不久,陈励生就已经回到小洞发展了30多名青抗会会员。这次小洞党支部和130队认为小洞青抗会队伍的人数太少,应该大力发展小洞青、妇抗会组织,扩大青、妇抗会规模,争取团结所有男女青年投入到抗日运动中去,壮大小洞的抗日力量。小洞党支部全体党员,130队全体队员和合水青、妇抗会会员一齐出动,深入各村进行全面发动工作,得到绝大多数男女青年的热烈响应,他们纷纷加入了小洞青、妇抗会组织,人数100多人(其中青抗会70多人、妇抗会30多人),达到了壮大队伍的预期目的。

(4)加大力度,培养骨干。陈耀聪、陈励生、叶琪、黄之锦自接受把小洞建成革命据点的任务起,就十分重视青年骨干的培养工作。经过几年的努力,已在小洞培养了一批革命的积极分子和中坚分子。1938年下半年,已将这些骨干分子中的12人吸收进中国共产党组织。小洞党支部和130队深感党员数量还比较少,力量还不够足,远没有达到抗日形势的要求。他们以这次开展抗日救亡宣传活动为契机,继续加大力度加倍发展党员和培养更多的革命青年骨干分子。他们特别注意到,必须在妇女中发展一定数量的女党员,以推动妇女解放事业。他们明确分工,深入到群众中去,又物色了十多名新的入党对象,并抓紧时间对这些对象做好培养工作。利用个别谈话、集中上党课等方式进行党的知识教育,使这些入党对象在思想上逐步成熟。经过严格的锻炼和考验,先后吸收了19人(其中有6名女青年)入党,为小洞党支部注入了新鲜血液,为把小洞建成革命据点打下了坚实基础。

广东省动员委员会战时工作队130队,在小洞开展了轰轰烈烈的抗日宣传活动,帮助小洞开展各项工作,取得了显著的成绩:人民群众的思想觉悟普遍得到了提高,革命的力量进一步壮大,加快了小洞建立据点的进程。

党代表会

1934年夏和1935年夏，共产党人李守纯、陈勉恕先后来到高明县立第三小学任教。1936年8月，他们在这所培养革命骨干的"摇篮"里，发展了一批师生成为中国共产党党员，成立了中共"三小"支部，重建了中共高明地方组织。

1937年七七事变后，抗日战争全面爆发。正当日军发动侵华战争之际，中共高明县工作委员会成立，肩负起领导高明人民开展抗日斗争的责任。随着抗战形势的

文选楼（和平学校）原貌

发展，高明县工委深感党的力量不足，远跟不上抗日形势的发展需求，因而决心以大力发展党员和基层党组织工作为重心，坚决贯彻落实中共中央《关于大量发展党员的决议》，长江局"猛烈地十倍地发展党组织"的指示和广东省委提出"大力发展党组织""发展一万个新党员""建立强而大的群众性的广东党"的任务，经过一年多的努力，在抓紧培养、吸收新党员工作方面取得明显的成效。到1939年年初，全县已有10个基层党支部，80多名党员。一个适应抗战形势的领导集体初现雏形。

1939年年初，中共中区特委及时向中共高明县工委发出关于选举产生中共高明县委员会的指示。指示认为：一是当前抗战形势需

要,在战斗环境下,要有一个强的集体领导核心;二是高明已有80多名党员,为更快地发展党的事业,应该建立县委会。县工委书记李守纯和工委一班人及李冲等遵照上级指示,集中主要精力,立即投入到中共高明第一次代表会议的筹备工作中去。其间,中区特委常委、组织部部长陈春霖帮助工作并做了具体指导。李守纯对这次党代会做出了决策性的安排,决定:会议代表由各支部推选产生;会议时间定于1939年3月底或4月初召开,会期3~5天;会议地点选在更楼小洞文选楼。经过两个多月紧张有序的团结奋战,筹备工作一切就绪。

1939年3月底,中共高明县第一次代表会议如期在更楼小洞文选楼举行。出席会议的代表有:李守纯、黄之祯、李冲、李洪、黄纪合、黄仕聪、黄之锦、谭宝荃、陈励生、叶衍基、陈耀聪、黎进友、谭德、黎树泉、严权发、李参、李合等约20人。中共中区特委书记罗范群、组织部部长陈春霖、武装部部长冯扬武、妇女部部长谭本基等上级领导到会指导。

会议由李守纯主持,会议议程安排为:①李守纯做高明形势及工作报告。②罗范群在会上传达中共中央六届六中全会精神,做了政治形势报告,讲述当前国际国内形势,强调积蓄力量,搞好抗日武装斗争,发展自己,做好统战工作等。③分组讨论。部分代表做了重点发言。大家结合高明的具体情况,围绕如何贯彻上级指示和完成当前任务进行了热烈的讨论。④酝酿县委人选,选出了县委委员和候补委员,产生了中共高明县委员会。李守纯当选县委书记;县委常委黄之祯分管组织工作;县委常委李冲分管宣传和青年工作;县委委员李洪分管武装工作;县委委员黄纪合分管妇女工作;县委候补委员为严权发、李合。会议还推选黄仕聪、叶衍基、陈励生、谭宝荃、黎进友、陈汝强等为各部门干事。会议开了3天,圆满结束。

中共高明县第一次代表会议是高明党史上一次具有重要意义的会议,它起到了积极作用,产生了深远影响。会议的召开说明中共高明党组织日益壮大,发展

到了一个更加成熟的阶段。它使"三小"完成了从10年培养革命骨干阶段向抗日救国斗争实践阶段的转变，适应了独立自主领导抗日战争新形势的要求，使中国共产党势力跳出了"三小"，以更楼圩、平塘、屏山、合水圩、水井、布社、明城、冲坑坪等为主要据点，在高明站稳了脚跟，逐步开辟高明更楼、合水，鹤山合成，新兴水台，高要南部鳌头等地区，并使之连片成为抗日游击区。培养出众多立场坚定的共产党员、骨干分子，造就了一大批优秀干部，为担负起领导高明人民抗日的使命打下了坚实的基础。

中共高明县第一次代表会议在文选楼召开的前前后后，中共小洞支部组织人力、物力，全力做好会议的一切保障工作，从迎接、护送上级领导、代表，到食宿、安全、交通联络等各方面都考虑得十分细致，安排得非常周到，保证了会议顺利召开。

抗先武装

小洞抗日先锋队,是中共高明地方组织根据抗日形势发展,从一切为了打仗出发,由我党直接指挥的一支人民抗日武装队伍。

1938年10月,广州沦陷。11月,日军相继占领了南海、顺德、三水等县。盘踞在西江东岸南海九江至三水河口一带的侵华日军,先后多次渡过西江,侵犯高明海口、富湾、鹤山古劳、朱六合等地,大有进逼高明、入侵西江、经高明进攻肇庆的可能,高明已成为抗日前线,形势十分严峻。

大敌当前,中共高明地方组织从一切为了打仗出发,把争取时间建好后方基地,掌握抗日斗争主动权当作头等大事来抓。工委书记李守纯经常深入小洞,具体指导和帮助小洞人民搞好抗日根据地的建设,一再强调"争取时间把后方基地建设好,一旦敌人入侵,才能在基地的支持下,开展抗日游击战争,打击敌人"。

1939年1月8日,专门派出省抗先队130队进驻小洞,帮助小洞加快抗日后方基地的建设步伐。中共高明县委成立后,马上召开县委会议,专门研究高明的形势,特别讨论了搞好小洞、平塘基地的建设,经营好山区阵地的问题。会后,派出县委常委李冲与分管武装工作的县委委员李洪和负责小洞支部工作的谭宝荃进驻小洞,把主要精力集中到加强和巩固小洞抗日基地的建设上来。其间,李守纯经常和李冲、李洪在一起,用大量时间具体领导小洞开展武装斗争工作。

1939年3月底，占领南海九江、龙江、龙山一带的日军22师团第86联队出动1000多人，偷渡西江，进攻鹤山，占领沙坪。4月，再次入侵古劳，逼近高明。日军进攻粤中、西江的可能性更大，高明的抗日形势急剧变化，战争气氛日趋紧张。

　　5月，在战争迫在眉睫的时候，中共高明县委决心领导高明人民拿起枪杆子抗击日本侵略军。为了迎接战斗，决定先在群众基础好、抗战热情高涨的小洞成立一支抗日武装队伍，在讨论有关这支队伍的名称时，考虑到当前仍是国共合作的统一战线阶段，党还没有在高明取得合法领导抗日武装的地位，故只能用取得合法公开抗日的抗日先锋队的名义将其定为"小洞抗日先锋队"。

　　县委做出决定后，队伍的组建工作由已接任县委书记的李冲挂帅，分管武装工作的县委委员李洪具体负责组织，抽调被撤去高明集结大队1中队长职务的叶衍基协助，马上筹组队伍。叶很快从小洞的共产党员、革命骨干分子中挑选出30多名健壮的青年组成了一支精干队伍。在中共小洞支部的密切配合下，他也很快搞到了20支枪和一批弹药（其中，一些枪支从各村的自卫武器中抽取，另外一些枪支是在"封江夺粮"斗争时，把截获得来的稻谷折款卖去一部分购回的），小洞抗日先锋队正式诞生。小洞抗先队成立后马上投入紧张的备战工作中，叶衍基负责带领这支队伍进行三个多月的军事训练。

　　后来，日军没有进攻高明，而国民党顽固派却掀起了反共高潮。国民党高明当局积极推行反共政策，打击抗日进步力量，勒令解散各种抗日团体。小洞抗先队的活动因引起了国民党当局的注意而受到限制，李洪、李冲两人因身份暴露被先后调走。在高明局势进一步恶化的情况下，为了保存骨干力量，这支队伍执行上级"政治上反击，组织上撤退"的应变策略，暂时偃旗息鼓，转入地下隐蔽起来。

　　小洞抗日先锋队的成立，是中共高明地方组织拿起枪杆子，学会武装，掌握武装的初次尝试，存在的时间虽然较为短暂，却产生了深远影响，为党组织武装斗争积累了经验,培养了干部;也为中共小洞支部和小洞青年提供了一次很好的锻炼机会,使小洞的党员认识到拿起枪杆子掌握武装的重要性,增强了他们的战备意识和纪律观念,培养了青年们的组织能力,为后来建立小洞抗日武装队伍培养了一批骨干。

封江夺粮

1939年5至6月间（农历四月），正是稻禾青黄不接之时，高明出现了大饥荒。许多贫苦农民已无米下锅，挣扎在生死之间。这种严重的事态在不断地蔓延，引起了社会恐慌、混乱和动荡。国民党高明县政府慑于民愤，不得不提出对粮食实行"封江"的口号。然而，那些财主豪绅却不顾农民的死活，乘人之危，大放高利贷，有些还把粮食远途外运销售，从中牟取暴利。更楼的杏春园、同泰号等土豪也蠢蠢欲动，欲将囤积在悦塘村陈佐登谷仓的稻谷外运。小洞的革命群众得知消息后，立即报告小洞地下党领导同志，并纷纷要求制止大米外运。

根据上述情况，小洞党支部经过研究，为帮助贫苦农民渡过饥荒，保障人民生命，决定借用县府"封江"的口号，以小洞人民的名义发出布告，领导小洞人民进行封江自救的斗争。经请示，县委同意小洞党支部领导这一斗争。党支部及时贴出了布告，布告声明：凡凫存在小洞的粮食，须按本地价格卖给农民，或借给缺粮户，一律不得外运牟取暴利，违者严惩不贷，予以没收。

小洞党支部未雨绸缪，充分估计到那些土豪不会乖乖就范，必定会铤而走险，做出偷运粮食出境的行为，于是及早做出了组织群众抢粮的反击部署。支部委员陈励生、陈耀聪、叶衍基等反复商量决定，由陈定、梁扳、陈松具体负责组织实施抢粮行动。陈定首先安排陈二娥、陈三娥姐妹，对囤在悦塘恶霸陈佐登处的稻谷仓库进行严密监视，要求她们发现情况及时报告。陈定、梁扳、陈松分头在军屯村、塘角村和新村等村庄，暗中物色了100多名骨干做好抢夺粮食的准备，要求大家听到锣响立即出动。另外，为了防备陈佐登作恶，挑选10名抗先队队员携带武器，随抢粮群众行动，确保抢粮群众安全及抢夺粮食成功。在陈定、梁扳、陈松等的严密组织下，抢粮准备工作已安排妥当，一切就绪。

那些贪得无厌的杏春园、同泰号老板，果然置若罔闻，偷偷摸摸地暗中指使悦塘恶霸陈佐登雇请一些不明真相的群众，准备将全部（约几万斤）稻谷，分批次搬运到瑶村，再用船运到三洲等地出售。一天早上，陈佐登唤来十多人装好稻谷，然后，陆陆续续挑着稻谷，经沙田走出小洞，向镇江庙、瑶村方向慢慢行进。陈佐登的如意算盘早被发觉，监视陈佐登的陈二娥、陈三娥及时报告了陈定。陈定闻讯后，立即鸣锣。听见锣响，早已心中有数的百多名群众手持扁担，倾巢而出，到新村会合。看见挑谷的人已过沙田，盛怒之下的群众，在陈定、陈松的带领下奔向镇江庙，追上那些挑担的人。陈定一声怒吼，斩钉截铁地喝道："站住！给我统统放下！"小洞群众也异口同声地喊："站住！统统放下！"挑担的人不知道怎么回事，只能乖乖地停下来。那些押运的喽啰，站在原地面面相觑，不敢反抗。陈定指挥群众把稻谷抢了过来，坚定地说："走！"上百名群众按照陈定的令旗，挑着抢夺回来的粮食，兴高采烈地朝小洞军屯祠堂走去，大家边走边私下议论："共产党真大胆！"

翌日，同泰号老板黎木源怀着忐忑不安的心情前来交涉，党支部派出陈励生、梁扳、陈定约见了他。当面指出他违反县府"封江"的禁令，揭露他不顾农民死活，偷运粮食的证据，指出其搞乱社会秩序、破坏社会稳定的罪责。这个黎老板在事实面前自知理亏，频频点头。为了使这次虎口夺粮斗争合法化，陈励生提出："这一次，我们就不没收你的粮食了，希望你把这批稻谷的一部分分给缺粮户，其余部分折款借给小洞抗日先锋队购买枪支弹药，用作抗战之用。"起初黎木源并不愿意，陈励生则动之以情，晓之以理，向其宣传抗日主张和道理。在场围观群众中有人高喊"保家卫国，匹夫有责"；有人插话："黎老板，你刮了我们那么多，要你那么一丁点，你都唔舍得？"围观的小洞人民越来越多，群情开始涌动起来。此时的黎老板胆战心惊，在众目睽睽之下，极不情愿地同意把稻谷卖给小洞百姓，然后，垂头丧气地离去了。后来，小洞党支部将部分粮食分给了缺粮户，将另一部分稻谷卖掉，购回了一批枪支弹药装备小洞抗日先锋队。在1944年11月高明人民抗日游击队第三大队成立时，小洞党支部将这批枪弹悉数交给了第三大队。

事后，黎木源与人谈及此事时，还心有余悸地说："当时拳头在近，官府在远，能活着回来就好，算了！算了！命仔要紧呀！"

小洞党支部领导小洞人民最终夺得了这场斗争的彻底胜利。当时粤中区委评价："小洞抗粮外运的胜利是政治斗争和经济斗争的胜利。"县委书记李冲总结这次胜利时说："中共小洞支部紧密团结、依靠群众、方法得当，坚持用说理及自卫斗争的方法，取得了斗争的胜利。这一行动锻炼了党支部和革命群众，也是对小洞青年武装组织的一次考验。"县委委员李洪（觉民）评价说："小洞乡抗粮外运的胜利，使共产党在高明县群众中的威信提高了……"

抗击逆流

1939年1月,国民党五届五中全会提出以"防共反共"为中心,制定"溶共、防共、限共、反共"的方针,开始推行消极抗日积极反共的反动政策。同年11月的五届六中全会上进一步确定以军事反共为主,政治反共为辅的方针。是年12月起至1943年,在全国接连掀起了三次反共高潮。

1939年3月,国民党顽固派反共逆流开始向高明袭来,国民党高明当局蓄意破坏抗日统一战线,公开制造事端,到处查禁进步书刊,勒令解散青、妇抗会,暗地里开列共产党员和进步人士的黑名单,秘密搜捕抗日民主人士,搞起了白色恐怖。中共高明县委坚决执行对国民党顽固派"政治上反击,组织上撤退""坚持团结,反对分裂;坚持抗战,反对投降;坚持进步,反对倒退"的应对政策和措施,在组织机构及人事等方面做出了相应的调整。实行组织工作与群众工作转变的策略,妥善应对复杂的局势,将轰轰烈烈的群众抗日救亡运动转变为"隐蔽精干,积蓄力量",使高明党组织免受破坏,保存了党的力量。

1939年10月,中共高明县委根据斗争形势的需要,设立了更楼、合水、明城三个区委组织。其中,中共更楼区委由黄仕聪担任区委书记,叶琪、陈励生为区委委员,叶琪兼管屏山、云良党支部和平塘党小组的工作。陈励生兼管小洞、罗丹党支部的工作。中共更楼区委在黄仕聪的领导下,同国民党顽固派反共逆流展开了坚决的斗争。为了警惕可能的突发事端,同月,黄仕聪、叶琪、陈励生按照上级关于地方党组织的领导要有职业掩护的要求,在更楼圩办起"群利源"运馆。聘请叶献做伙计,搞起了运输托运的工作,以公开、合法的身份进行秘密活动。"群利源"正式开办不久,县委派黄仕聪到东江抗日游击区学习军事(至1940年6月才返回)。此时,县委增补叶琪为县委候补委员、更楼区委书记,负责中共更楼区委的工作。这样,"群利源"因人力不足、资金不够,加上货源短缺、经营不得法等原因,再也难以继续运作下去。按照上级组织的意见,1940年3月将"群利源"运馆撤销关闭。叶琪被调回小洞和平学校教书,陈励生一时找不到工作,只好归家在"广记"杂货店帮忙。

1940年年初,国民党顽固派反共逆流出现了新的动向,高明当局开始秘密缉捕共产党员。有鉴于此,合水青抗会执委陈励生于1940年春节前指示,在合水圩担任防空哨的青抗会队员梁景光撤退回家乡隐蔽。梁景光于2月4日回到了家乡。2月5日,明城恶霸罗学鹏怀疑军屯村的人劫走了他的财物,请了合水警察进村包围了村内一间烟馆。馆内有一人看到势头不对,就迅速爬上屋顶,攀过几间房顶后落地,跑了几百米远,在一间房屋的拐角处被警察击毙。村里的青年听见枪声,纷纷跑了出来,一打听,说是合水警察打死了人,就武装包围了警察,并缴了警察的武器。

村里在短时间内突发这一事件,军屯小组觉得事态严重,马上找到陈励生,一同去和平学校向县委书记黄文康请示处理办法。可是,黄文康外出了,只好等他回来再说。

合水警察被围攻,罗学鹏心有不甘。2月6日,他跑到明城向县警察局报案。县警察局听到军屯村村民竟敢造反,缴警察的枪,当即答应罗学鹏派兵到军屯村去算账,捉拿肇事者。2月7日(除夕)晚上,县局警察、合水警察约40人在合水区长罗家区的带领下,杀气腾腾地开进了军屯村,将在村里的男人(三四十人)

赶到梁氏祠堂逐一审问。罗家区看见合水青抗会队员梁景光也在场，一口咬定梁景光督率子弟殴打警察，是有组织的行为，以此诬名抹黑青抗会。罗家区的这一定性，提醒了县警当局。他们怀疑是否有"共党"在背后指使，当即将梁景光拘捕，接着把村里一些有文化、有见识的如梁志伦（景光父亲）、梁任、梁潮、梁光、梁润晚、梁锡祥、梁儒林、梁义昌、梁学燊、梁芬等共16人捆绑起来。2月8日（年初一），将上述16人押解到明城监狱坐牢。

这本是一宗刑事案件，现却被县警察局往共产党的头上摊，定为对抗性事件，尤其是在反共逆流猖獗时刻，军屯村这班乡亲可能会凶多吉少，若不想办法将他们救出来，恐怕会严重挫伤群众的革命积极性，甚至会使小洞人民革命斗争半途而废。中共小洞支部充分认识到这次事件的严重性。经过认真分析，反复商量，大家认为必须坚决抗击反共逆流，以军屯村的名义出面同罗学鹏打官司，洗脱当局诬陷强加的罪名。军屯党小组坚决执行小洞支部决定，发动全村群众，聘请律师，与罗学鹏打了两个多月官司后取得了胜利，使坐了3个多月牢的16个乡亲全部无罪释放。

梁景光出狱后，向县委书记黄文康做了汇报，通过了组织审查，恢复了组织关系。黄文康赞扬了中共小洞支部用打官司的办法，粉碎了敌人的阴谋，挫败了反共逆流的进攻，还说："他们打死了人，我们有理，官司肯定会赢。"

军屯村16人被抓入狱，是国民党高明当局向共产党开刀的一种警示。中共高明县委及时采取相应的措施，把已暴露的以及有可能发生危险的革命骨干安排转移，其中就有小洞的陈励生。陈励生在反苛捐杂税、反土豪劣绅斗争和抗日救亡宣传等方面都是主力，在小洞和平学校办夜校，办力社小洞分社和乳虎醒狮团，他都是主要的组织者。1939年五六月领导小洞人民"封江抢粮"斗争时，他就已引起了国民党当局的注意，被列入了黑名单。时任县委书记黄文康为了保护陈励生的安全，决定派陈励生到西江特委工作。同年8月中旬，陈励生到封开县向牛哥（即梁嘉，时任西江特委组织部长）报到，被安排到广宁县县城南街白沙坑短期小学教书,开展革命活动。陈励生到达广宁县木格镇黄竹塘村时,不料遇到一伙盗贼打劫,东西全被抢光。后来又因迷路,被当地竿哈塘村村民董三妹收留,由董三妹护送回到家乡,此时,已是10月上旬(农历九月)了。

陈励生被安排转移到西江特委后,中共更楼区委只剩叶琪一个人,原陈励生分管小洞、罗丹党支部的工作全移交给了叶琪负责。1940年9月8~9日在合水水井洞召开的一次县委会议上,西江特委负责人梁嘉批评叶琪接管罗丹支部工作已几个月了,还没有开过一次支部会议。会议结束后,9月13日晚,叶琪主持召集罗丹支部在罗丹桥高田坪(花生地)召开会议。结果被国民党更楼区分部负责人梁子珍发现,梁带着狗腿子梁桂芬循迹而来。散会后,李灼(罗丹支部书记)在回家的路上被捉到梁子珍的炮楼进行审问。罗丹党支部受到破坏(叶琪称之为"罗丹事件")。

同年10月6日,黄仕聪在平塘村紧急约见叶琪,黄仕聪对叶琪说:"新圩岳塘小学有一位教师(共产党员)失踪3天了,现在情况不明。"他们两人分析了当前形势,交换看法,认为国民党当局已正式向共产党开刀了,为了避免不必要的牺牲,黄仕聪安排叶琪立即到别处躲避。到哪里去呢?叶琪说:"1934年至1936年间,我曾在新兴县台安乡(今水台镇)南村教学,在那里有一定的群众基础。"黄仕聪听后,觉得南村处在四县的交界,是个四不管的地方,叶琪在南村又有群众基础,是比较安全的,就同意了叶琪的看法,并催促叶琪当晚就走,叶琪连夜去了新兴县台安乡的南村。结果不出所料,叶琪走后不到半个月,10月中旬的一天,林玩(时任中共高明县委委员、组织部部长)来到小洞和平学校商量完工作后,刚一离开,国民党更楼区分部一队人马便蜂拥而至,来到和平学校进行搜查,企图捉拿叶琪,结果扑了空。

1941年1月,国民党顽固派制造"皖南事变",掀起了第二次反共高潮。国民党高明当局更加嚣张,大肆搜捕共产党人和进步人士。在这种险恶环境下,为确保革命干部、骨干的安全,中共高明县委加快了转移暴露身份的干部和骨干的工作，小洞的陈励生、陈耀聪和梁清贵、梁景光等先后被转移到外地。此举保存了小洞革命的骨干力量。

陈励生从广宁返回家乡后，人身安全仍处于危险之中，县委及时联系中共新兴县地方组织，通过新兴县政府教育科督学余雁宾（中共党员）、教育科长林汝冀（进步人士）和教育界知名人士陈作楫（中共党员）等的关系，于1941年2月，安排陈励生到新兴县西睦乡舍村培英小学担任校长。

陈励生起程前，已经知道陈耀聪即将前往新兴杜村教书的消息，当他前往舍村途经南村时，在叶琪处住了下来，深入了解当地社情民意，并考察水台地区的社会状况。和叶琪一起探讨开辟新区，建立新据点的可能性，鼓励叶琪与陈耀聪团结一致，在水台地区站稳脚跟，逐步打开局面，为建立新据点而奋斗。一段时间后，他才到舍村报到，隐蔽下来（此时，他把自己的名字改作陈敬超）。来到舍村后，他才知道高明县委委员、妇女部长黄纪合同志已先于他来到这里。

陈耀聪是小洞革命的主要领导者和组织者之一。从1932年在和平学校成立"激鸣社"开始，连续多年在小洞开展革命活动，早已被小洞反动恶霸陈佐登一伙盯上，被国民党列为搜捕的重点目标之一。又因陈耀聪发展的罗丹党支部受到破坏（"罗丹事件"），黄仕聪认为陈耀聪的处境比较危险，应该尽快把陈耀聪调离，于是促请叶琪在新兴县台安乡物色教师职位。叶琪对陈耀聪的安全也早已有所考虑，已通过各路人脉关系到处联系。

杜村的族长听说不久前南村来了一位教书的叶先生（叶琪），不少人对叶先生的评价很高，说他为人正派，和群众打成一片，教学好，深受学生、家长欢迎。这位族长正在为杜村找一位教学水平高的教书先生费尽了脑筋，他想何不去南村探个虚实，见识一下这位叶先生呢？一来看看这位叶先生是否像别人说的那样，二来试试能否让叶先生介绍一位好老师。想到这儿，他便趁新春佳节（1941年春节）之际，专程来到南村拜访叶先生，受到了叶琪的热情接待。谈话间，族长觉得叶先生忧国忧民、坦率正直、待人诚恳,断定这位叶先生是个好人,当即要求叶先生介绍一位像他一样的教书先生到杜村教书。叶琪闻讯后大喜过望,高兴地一口答应,不假思索地介绍了陈光的情况,族长得到叶先生这么快的明确答复,立马兴奋起来,想不到找寻一位好老师的事情能这样全不费功夫就解决了,他对叶先生表示十分感谢。最后,他们敲定了陈光到任的时间。春节刚过不久,3月的一天,叶琪依时把陈光送到杜村正式走马上任。

梁景光是小洞年轻一代的革命骨干,1937年至1939年就读于"三小",是学生中的积极分子,参加了合水青抗会组织,负责青抗会的后勤工作,除参加抗日救亡宣传活动外,还担负防空哨的任务。在国民党反共逆流袭来时,青抗会被迫解散,梁景光奉组织的指示撤退回乡。1940年春节时,警察入村捉人,梁被反动区长以"督率子弟殴打警员"的莫须有罪名抓到明城监狱坐了3个多月的牢,已经引起了国民党的注意,被列入黑名单。梁景光出狱后,在军屯村宏育学校教书(时任小洞党支部宣传委员),同时接触群众,做群众工作。1941年2月,奉命到古城村教学,秘密发展组织工作。1941年下半年,反共逆流来得更加凶猛,国民党高明当局到处捕捉革命青年。7月的一天,上级获悉国民党当局要捉拿梁景光,马上派出交通员于下午放学后,火速赶到了古城村,通知梁景光立即撤离,到新兴县集成乡吊马塱小学。当晚,梁景光离开古城村摸黑去了新兴。到达吊马塱小学时,中共新兴县委组织部冯庆波(又名冯华)接待了他,经介绍才知道这里又叫三叉坑新民小学,是中共新兴县委机关所在地。原来谭宝荃已经被转移到新民小学隐蔽了,不久高明的谢冰也被转移到了这里。

支部委员梁清贵也因身份暴露被转移到了外地,但直到今天,去了哪里,是生是死,都没人知道。

此后,在国民党疯狂的反共逆流冲击下,时局发生逆转,革命处于低潮。中共小洞支部书记陈耀聪,委员陈励生、叶琪、梁景光、梁清贵等已先后被调离本地。在这种情况下,经过实践锻炼考验的军屯村党小组组长梁扳和立场坚定、无私无畏的塘角村党小组组长陈定两人勇敢地站了出来,接过领导小洞党支部的担子,主动联系住在小洞的县委书记黄文康(先)、郑桥(后),与上级党组织建立了单线联系。他们在县委书记的直接领导下,坚决贯彻中共中央"隐蔽精干,积蓄力量,长期埋伏,以待时机"的方针,执行县委把党的力量保存下来的基本目标和任务。1942年5月,发生"粤北省委事件"后,他们按照县委领导"没有解散支部,停止组织生活的必要"的意见,把过去由集体过组织生活改为单线联系的形式,加强对党员进行气节教育、形势教育和保密教育,教导如何当好一名共产党员的道理,增强党员的坚定信念,使留在小洞的共产党员没有一个迷失方向,保持了党员队伍的稳定,从而把小洞共产党员的力量完整地保存了下来。

在革命处于低潮这段时间,县委及上级领导陈春霖、黄文康、郑桥等同志都较长时间住在和平学校和塘角村内,领导全县开展抗击反共逆流的斗争。小洞党支部把上级领导的安全和生活当作保存党的力量的重要事情。为了解决上级领导的活动经费,小洞党支部筹钱购买了5亩"鬼田"①,另加陈定自己的1亩,共6亩田由陈定耕种,将收入所得全部补贴给上级作为活动经费。为了上级领导的安全,陈定考虑得十分周全,亲自到更楼安太乡为陈春霖冒领了一个叫陈旺的身份证。不久,也为中共高明特派员郑桥冒领了一个陈安的身份证(塘角村确实有一名叫陈安的青年,该青年的个子、年龄与郑桥相仿,且还写得一手好字),让郑桥特派员有了一个合法的身份做掩护开展革命工作。为了解决陈春霖爱人黄志超育婴之急需,陈定号召塘角党小组筹钱捐物。仇羡真、陈意、陈五妹、陈二娥、陈三娥、陈趁六名女共产党员最积极,她们想方设法筹钱捐物,帮黄姐他们渡过育儿难关。小洞党支部同上级党组织同呼吸共命运,一直保持着紧密的联系,共同渡过了革命低潮。

---

① 为死去的人单独留下的小块田地。民间认为不吉利,谁种谁倒霉。

站稳脚跟

在国民党顽固派反共逆流的冲击下,1940年9月13日,更楼区发生了"罗丹事件",罗丹党支部遭到破坏,叶琪身份暴露,负责发展罗丹党支部的陈耀聪也受到牵连,安全受到威胁。中共更楼区委书记黄仕聪为了制止事态发展,有效地保护干部,采取了得力的措施,妥善应对,及时把叶琪调离小洞,转移到新兴南村进行隐蔽工作。经叶琪介绍,1941年3月,陈耀聪也被调离小洞,被转移到新兴杜村隐蔽。

杜村、南村,一南一北相距约20里,属新兴县台安乡(今称水台镇)的两条偏僻山村,位于新兴、高明、鹤山、开平四县交界处。在组织关系上,先后隶属于中共高明地方组织、中共新高鹤区工委、中共新恩开中心县委和中共新兴县委领导。其中,以中共高明地方组织领导时间最长,从1935年力社时算起,至1948年10月中共新恩开中心县委接管为止,长达12年。

1934年下半年,叶琪在南村教书时,已带领当地群众开展反苛捐杂税的斗争;1935年9月后,在南村一带成立"力社分社"组织,播下了革命火种,打下了一定的群众基础。1936年中秋节期间,离南村不远的合成吉塘村(1933年、1935年陈励生曾在当地教书,成立"力社分社"组织,宣传抗日救亡运动,带领当地群众反苛捐杂税斗争,播下了革命火种)来了十多名国民党武装税警,无理勒索民财,蛮横举枪威逼农民。有了一定觉悟的愤怒群众一拥而上,缴了税警的枪,把他们驱逐出合成。此事震动了四邑,在台安乡产生了很大的影响。国民党四邑教导师第三团团长梁公福(台安乡人),生怕自己的家乡也如此闹事,即派得力助手返回台安乡,预防"暴民"闹事,责成查办合成事件对台安地区的影响,追查台安乡是否有"共匪"从中挑拨。

南村有个专管村中公尝账目的人,名叫陈伟太,人称"师爷秤"。他对追查十分害怕,生怕祸及自身,觉得叶先生(叶琪)在村中的所作所为不妥,似是在"赤化"村民。为了免遭祸患,殃及自己,于是散布流言蜚语,说什么"大家要注意啦!叶先生要赤化南村了!"并煽动大家把夜校的油印课本全部烧掉。

为了保存革命力量,避免无谓的牺牲,1936 年年底叶琪撤出了南村。1937 年去了更楼云良宏灿小学任教。直到这次回到南村,离开已近 4 年了,还没有党的组织在台安乡一带活动,所以台安乡仍然是一块有待开发的新区。

"我们一定要在这里站稳脚跟。"这是叶琪、陈光、陈励生的共识,陈光把它一直记在心上,反复思考如何开展工作。县委书记李守纯同志"建立据点,办好后方基地"的嘱托也时常在脑海中浮现,他问自己:"在这里站稳脚跟,是否可以建立一个新的据点?"他认为有如下有利因素:

第一,杜村在四县交界的接合部,远离国民党辖各县的统治中心区,是国民党统治和管理最为薄弱的地方,有利于我党在该地区开展秘密活动。

第二,台安乡的位置在新兴县东边突出部,像个孤岛,三面被高明的合水,鹤山的合成、宅梧,开平的龙胜包围。北面是老香山抗日游击根据地和合水游击区,东面是合成、更楼、宅梧抗日游击区和皂幕山抗日游击根据地,如果占领了台安乡这块阵地,可以把皂幕山和老香山两个抗日游击根据地连起来,与上述抗日游击区相连成片,扩大抗日游击区的地盘,增加抗日游击的活动范围。

第三,1934 年至 1936 年间,叶琪在南村播下了革命的火种,建立了一定的群众基础。1937 年秋至 1940 年春,陈励生、叶琪、黄之锦曾多次带领沧江剧团小洞演出队到台安乡一带开展抗日救亡宣传活动，这里的群众对共产党的方针、政策、主张有一定的了解和认识。

同时也存在一些不利因素，主要是党较少在台安乡活动，群众基础还比较薄弱。经过比对，陈光认为有利因素大于不利因素，经过努力，在台安乡开辟新区，站稳脚跟，建立一个新的据点是完全有可能的。

陈光把自己的想法和打算告诉叶琪，叶琪听后觉得二哥的分析透彻，想法合理。在如何实施的问题上，他们进行了慢斟细酌。他们回顾和总结在小洞建立抗日游击根据地的经验，检讨和吸取了罗丹支部受挫的原因及教训，提出了"稳扎稳打，稳步向前，慎重推进"的策略。根据"隐蔽精干，积蓄力量，长期埋伏，等待时机"的方针，拟定了分三步走的设想和两根轴同时转的做法。三步走的内容是：

本书编写组在桂芬书屋前留影

第一步，用两年左右的时间，站稳脚跟打好基础。

第二步，继续用两年左右的时间物色党员对象，发展吸收党员，成立党的组织，把抗日游击根据地建立起来。

第三步，在巩固提高的基础上，向外推进扩展，不断扩大范围，把台安乡建成游击区。

两根轴的内容是：

第一根轴是向群众宣传、教育群众，提高群众思想觉悟，打好群众基础。

第二根轴是大量培养骨干和积极分子，发挥骨干的先进作用。把这两项工作同时贯穿到整个过程中。

为了确保成功开辟新区，暂时将南村和杜村分成两个片区分开实施，两地互不联通，人员互不来往，预防一旦遭到破坏时，避免两地同时受挫。分工后，叶琪主管南村片区，侧重向布凌、布冷、布茅、白田等村庄发展；陈光主管杜村片区，侧重向良田、岗尾、谷村等村庄发展。待最后条件成熟了，力量壮大了，再把两地连成片，联结成台安乡革命中心地带。商定后，他们各自分头开展工作。

4年前，叶琪在南村播下了革命火种，已打下了一定的群众基础，这次重回南村，能否站得稳脚跟呢？他不敢怠慢，更不敢掉以轻心，而是重新开始扎扎实实地从宣传入手，继续以夜校为阵地，开展抗日救国和阶级教育。在课堂上，他想方设法，用生动的语言、活泼的形式，深入浅出地讲解革命道理，以忧国忧民的陈词打动群众，引起群众的浓厚兴趣。他的每一次讲课都让群众听得津津有味，令他们开了眼界。"叶先生的课讲得真好"的信息慢慢地传遍附近乡村，吸引了附近乡村不少群众来到南村听叶琪讲课。单是布冷村就来了20多人，革命道理慢慢在群众中扎下了根。叶琪这次重来南村认真吸取了"罗丹事件"的教训，十分注重调查研究工作，不断了解新情况，研究新问题，做到了如指掌。他平时密切注意每个学员的表现情况，从中物色了十多名积极分子作为入党的发展对象,然后逐个找这些对象谈心,对他们进行革命理想教育和党的知识教育,使他们很快成为南村的骨干。叶琪在南村片的工作十分出色,在群众中的声望很高。

1942年年初,布冷、布茅、白田不少青年纷纷要求叶琪到布冷开办夜校。叶琪果断做出决定,在布冷也办起了夜校,每周两晚上课,这个点吸引了白田、新坑、布冷、布凌、布茅等地40多名男女青年加入夜校读书。叶琪还在布冷村建起了联络点,定期召集一些进步青年集中学习,讨论时事形势,交流学习心得体会等,使这些青年进步很快。在这个点上,叶琪物色了陈康林、陈拜、陈棠、伍业华、伍计等骨干,作为入党的培养对象。

1942年下半年,叶琪正想把南村8名已培养好的骨干吸收入党时,发现其中一个人的思想产生了动摇,叶琪从全盘计划的角度考虑,暂停了在南村发展党员,待进一步加强培养和严格考验后,另行打算。

同年10月,叶琪因夜以继日地工作,疲劳过度,旧病复发。也正在这个时候,上级传达"粤北省委事件"的消息,要求各地基层党组织停止活动。中共中区特委、组织部部长陈春霖决定让叶琪回家乡养病,黄之锦也劝诫叶琪:"身体是革命的本钱,养好身体了才能更好地为党工作。"1943年年初,叶琪只好回家乡养病,只留下陈光一个人在台安乡工作。

陈光进入杜村第一年,以办好学校为切入点,重点打好基础,专心教好每一个学生,使学生在知识方面有所长进。他还利用上门家访等机会,访贫问苦,与家长促膝谈心,广泛接触农民群众,用渐进的方法向家长灌输革命道理,取得了民心。

几个月后,陈光逐步接近一些有志青年,给这些骨干指派一些工作任务,从工作中去考察、培养、锻炼发展对象。他经常带领冯耀、冯汉、冯南兴、冯金顺等去宅梧、合成或水台圩开展联系工作,甚至带他们回到家乡探亲,让他们开阔眼界,增长见识,锻炼胆量。这一年,陈光教出的学生大有长进,深得家长的信任和尊重。他在杜村初步打开了局面，建立了一定的根基。

第二年，陈光再接再厉，下足工夫办民众夜校，开足马力培养骨干。春节刚过，他就在杜村办起了夜校，吸收了村中40多名男女青年入学读书。陈光负责上课，有时请叶琪来帮忙，在小学生中挑些年龄稍大的学生如冯耀、冯汉、冯南兴做辅导员。让村中男女青年一边学习文化知识，提高文化素质；一边学习抗日救国道理，了解党的方针政策，提高思想觉悟。陈光还以各种宣传形式唤起民众抗日热情，进村不久便在该村学校桂芬书屋外墙，写上比人高的"抗日救国"四个醒目大字，以故事会形式讲述工农红军二万五千里长征的故事和其他爱国将领抗日的英勇事迹。以歌咏的形式，教村民学会200多首抗日歌曲，鼓舞了民心和斗志。以办墙报、贴标语、发传单的形式团结民心，派出多批学生到良田、岗尾、谷村、下村、水台圩等地散发宣传品，扩大影响。陈光在开办民众夜校不久，就着手发展党组织工作，将已接受了近一年教育，经过一定考验和锻炼，已具备入党条件的青年学生冯耀、冯南兴、冯金顺吸收进党组织，成立了杜村党小组，陈光担任小组长。台安乡由此有了第一个党组织。杜村党小组成立后，陈光加快了步伐，抓紧对入党对象冯汉、冯章盛、冯珍、冯松生等积极分子的培养工作。正准备在年底或来年初分期分批地吸收他们入党，扩大党员队伍的时候，因发生"粤北省委事件"，中共南方局发出"凡国统区的党组织一律停止活动"的指示。杜村党小组执行中共高明地方组织的决定，以单线联系进行活动，停止了发展党员的工作。

陈光、叶琪来到台安乡两年，实现了第一步在台安乡站稳脚跟的目标，为下一步建立抗日游击根据地打下了牢固的根基。

抗租保佃

新中国成立前,小洞总共有3340亩耕地,其中外乡地主有2338亩,占70%,本乡地主和公尝有668亩,占20%,自耕地只有330亩,占10%,当时小洞总人口约1040人。从这组数字可知,小洞绝大多数的农民是没有自己土地的,他们都是靠租种地主土地来维持生计的佃户。佃户租种土地的权利就叫作佃权,即佃户有权处理所耕的租田,而田主则无权起耕。也可以这样理解:田主虽然有田地的业权,但一经给佃户耕种,就不能任意把田地批给别人耕种,这是旧社会形成的一种不成文的规定或者惯例。这种惯例来之不易,是农民佃户长期以来通过顽强斗争取得的一种权利。此种惯例的主要内容包括:

(1) 议租,又称临田议租。每当稻禾成熟时,由田主和佃户双方到田头,按当季的丰歉情况议定交租额,实行三堆分办法,佃户得两堆,田主得一堆(即按实际收成的约33%交租)。

(2) 湿谷过秤。稻谷收割完毕不经晒干,立即过秤(即交湿谷)。

(3) 登门收租。交租部分不用佃户将稻谷送交给田主,而是由田主到佃户处收走交租部分的稻谷。

当时,由豪绅把持下的清平堡,又称永义堂,在更楼占有800多亩地产,其中500多亩分布在小洞、平塘。国民党顽固分子,反共悍将钟歧一到高明,便看中了更楼一带的田产,企图从中捞取一笔油水。

在 1942 年夏，钟歧勾结清平堡的豪绅，以县政府的名义，定出新的规章制度，把以往收租惯例"临田议租、登门收租、湿谷过秤"改为"定租、送租、干谷过秤"，并声称如有违反这三项规定，则收回佃权，批给新的佃户耕种，如有违抗者则剥夺永佃权。这是钟歧向广大农民开刀的计策，实质是要打破惯例，取消永佃权，这是钟歧的一条十分阴险的毒计。

本来，佃农按以往惯例交租已是苦不堪言了，因为除此之外，多如牛毛的赋税让农民喘不过气来。每年收成，除了交租交税外，绝大多数农户都不能持有半年的口粮。钟歧这一招，招致广大佃户的强烈不满和激烈反对。佃户纷纷要求地下党组织为他们撑腰做主，为他们伸张正义。梁扳、陈定收集了群众意见和要求，及时向高明县特派员郑桥同志做了汇报。郑桥认为佃耕是耕户的命脉，保护佃权的要求合情合理，保护佃户的切身利益是大事，领导人民群众开展反夺佃权的斗争刻不容缓。于是，他果断地从新兴县集成乡三叉坑小学急调梁景光回到小洞主持党支部工作，增补梁扳、陈定、陈会群为支部委员，重组小洞党支部，领导小洞人民进行抗租保佃斗争。

梁景光回到小洞后，立即到佃户家中倾听群众的意见，做深入的调查，掌握第一手资料。然后，同党支部一班人一起反复研究，拟出了一些可行的做法和措施。他们认为：

一要充分发挥共产党员的骨干作用。小洞 20 多名共产党员是在斗争中成长起来的，他们在宣传政策、做群众工作方面经验丰富，在群众中享有很高的威望，是这场斗争的中坚力量。充分调动党员的积极性，发挥共产党员的作用是取得胜利的关键。

二要紧紧地依靠群众，特别是佃农。小洞 90% 以上的农户，或多或少都租佃了地主的田地，这是一支基本队伍，紧紧地依靠这支力量，带动中间层，争取落后层，团结一切可以团结的力量，是取得斗争胜利的法宝。

三要请保长、甲长出面担大旗，以党支部做后盾。每年一任的保长、甲长由各保、甲的村民选出比较信得过的人轮流担任，所以这些保长、甲长的立场基本都站在农民一边，维护农民利益，只要有党做他们的坚强后盾就不会屈服于国民党当局的压力，不会向恶势力低头。1942年至1943年度，上三村的保长梁志正义心较强，下三村的保长正好是陈定，请他们出面担大旗，以合法身份领导抗租保佃斗争名正言顺。

四要以说理为原则，以理服人，运用法律手段，讲究斗争策略，做到有理、有利、有节，达到维权的目的。

五要理直气壮地郑重地公开申明，佃户不是不肯交租，而是应该按照惯例交租。

支部一班人对取得斗争胜利充满信心，但又充分认识到这是一场长期的、复杂的、尖锐的斗争。党支部做好了坚持到底的思想准备。为了鼓舞广大农民群众的信心和斗志，党支部还喊出了"誓死保卫佃耕权""宁愿灶头生草，也不按新例交租"等口号。小洞党支部所采取的措施和做法得到了上级的肯定和支持。一场历时近三载，反复、激烈地争夺永佃权的群众性斗争正式在小洞拉开了序幕。

党支部主张的做法和措施，通过20多名共产党员在群众中的广泛宣传，很快传到每一个佃户那里，得到了热烈的拥护和支持。党支部还派出专人分别做通了各村保、甲长的工作，这些保长、甲长挺身而出，带领佃户进行了斗争。这年的秋收，小洞的佃户得到了共产党撑腰，团结一致，顶住压力，打响了斗争的第一炮，没有一户按新例交过一粒租谷。

1943年4月（农历三月），高明二区区公所再也忍耐不住了，带领一班兵来到军屯祠堂，召集各村保长、甲长开会，商议交租事宜。保长、甲长们说："农民只愿意按过去惯例交租。"协商不成，竟把保长陈定、甲长黄杰和敢于出头的梁佐明捉去关押起来。他们三人受到了责难：为什么不交租？是否要造反？是谁的主意?陈定三人气定神闲,据理力争。"我们不是不肯交,而是应该按惯例交。""我们受乡亲之托向政府讲句公道话,为什么要扣人?"小洞党支部一边派人与阮贞元联系,一边组织群众到区政府要求放人,谴责区公所无理扣人。几天后,区公所慑于群情激愤,无可奈何地把陈定等三人放了。

同年8月(农历七月),泽河大地主豪绅曾襄廷串通黎启荣、曾作节、何维等清平堡、永义堂十多人,坐着轿子,带着帮凶,大摇大摆地来到小洞,摆出咄咄逼人的架势,到处游说:"新例交租,是上头旨意,是党国利益……不按新例交租就是对抗政府。"尽管这班家伙摇唇鼓舌游说半天,施展各种伎俩,却没有多少人理睬他们那一套陈词滥调,反而招来不少群众的顶撞和蔑视,令这班恶棍十分尴尬,他们气得暴跳如雷,终于撕破脸皮,露出狰狞的面目,施展恐吓手段,丢下一句恶狠狠的话:"例开必行,你死你事。"然后,扬长而去。

同年秋后,出任1943年至1944年度的上三村保长梁锐、下三村保长陈苟受小洞人民委托,代表小洞人民到县府请愿,要求县政府在田租的问题上,尊重以往的惯例,结果受到当局的冷遇。请愿、讲理没有效果,更激起了广大佃户的愤怒,广大群众抗新例的决心更加坚定,大家团结一致,这年的租谷一粒也没有交。

1944年3月(农历二月),区公所又召集各乡保长会议,就按新例交租,专门整治田租的问题,向各乡村继续施加压力。会上乡长伍炳枢恶狠狠地指着保长梁锐说:"小洞三造没人交租,你咃(你们)对抗政府,想死还是想生?"梁锐申辩说:"小洞人民主张按惯例交租,若按新例,农民确实没有办法办到。"伍炳枢当即恐吓梁锐:"你要以人头担保,保证你咃小洞按新例交租。"以后的几个月里,小洞人民没有给这个乡长任何回音。

一计不成,又生一计。当局加紧了对小洞人民的要挟、恐吓。1944年5月(农历四月)县府派征稽处主任姚某,带领30多名荷枪实弹的兵丁,闯到小洞军屯祠堂,企图用武力征服小洞人民。一面派兵传令保长梁锐、陈苟召集群众到祠堂开会,一面派人到塘角、新村强迫群众为他们捕鱼、煮饭。梁锐赶紧把情况向梁扳做了汇报。梁扳立即找来陈定、黄之锦、叶衍基、梁佐明等来排兵布阵。决定：①通知所有群众不要开工，静观待命。②由梁锐、陈苟负责组织群众在高地塘、大角、蛇山嘴、各村村口要冲和空旷地集结。③要求军屯老耕队镇守中间塘基的闸口。群众听说来了兵，要解决按新例交租的问题，纷纷按布置依时到达预定的集合点。一些有见识、有胆量的佃户干脆涌入祠堂，占据有利位置，准备与姚某这班人斗争到底。姚某一伙酒足饭饱回到军屯祠堂，已经是下午一点多了。梁扳、梁锐、陈苟在群众的簇拥下也一起走进了祠堂，陈定、黄之锦、叶衍基、梁佐明等则在明晖堂密切关注事态发展。

会议开始，姚主任一开口就恶语训人，骂道："小洞有奸匪煽动佃户闹抗租，欠交租谷三造，政府不饶！我今日到此重申政府颁布的新租法，令各乡遵照执行，并补交所欠租谷。"

盘石村的黄坚按捺不住接过话题，气愤地大声说："鬼叫你哋唔来收，唔系我哋唔肯交，而系你哋个班无厌足的契弟，唔理农民的死活，硬要实行新例，我哋几大都唔肯。"①群众跟着你一言我一语地申辩："系啰！你哋出台新例，又唔同佃户商量，硬系要咁做，佢哋就系想要我哋的命嘛。"②

姚主任见状，挥舞手中的左轮枪，凶神恶煞地说："唔准嘈！无得商量。边个敢作乱，小心呢个（吃子弹）。"③群众哪管他嚷嚷，照旧议论不断，姚某提高嗓门："边个仲嘈？唔征服你班穷鬼，我唔姓姚！"④并举高左轮枪，凶神恶

---

① "鬼叫你们不来收，不是我们不肯交，而是你们这班不知足的家伙，不理农民的死活，硬要实行新例，我们无论如何都不愿意。"

② "是呀！你们出台新例，又不跟佃户商量，硬要这样做，他们就是想要我们的命嘛！"

③ "不准吵！没得商量。谁敢作乱，当心吃子弹。"

④ "谁还吵？不征服你们这些穷鬼，我不姓姚。"

煞地盯住黄坚。

"你叫乜嘢名？"①

"我叫'天人'，点样？！"②

"混账！你个傻仔！你想搞苏维埃吗？"

"我哋小洞无人姓苏，瑶村那边才有……"

"轰！"滑稽的对话，引来祠堂内发出阵阵大笑。此时，这个姚主任哭笑不得，又十分气恼，竟然抛出绳索："将佢绑住！"黄坚一手挡开，双手叉腰，怒视姚某。

"绑人啦！""唔准佢绑！""系个度几时轮到佢恶？！""打鸠佢！""缴佢枪！"③祠堂内发出一阵阵怒吼，声势如洪，轰然震荡如雷霆，吓得姚某一伙赶紧缩手，连大气都不敢喘一下，呆若木鸡，不敢蛮横了。

过了一会儿，狡猾的姚主任缓过气来，装作要到外边买烟，刚走出祠堂门口，看见鱼塘对面的菜园、大角、中间塘基都站满了密密麻麻的人，他倒吸了一口凉气，不禁大吃一惊，手脚都有些颤动起来。这时，突然有人大喊："走鸡啦！""唔准佢走！""做佢世界！"④群众的吼声此起彼伏。姚某不由自主地缩回祠堂内，全身抖动得筛糠一般，冷汗直冒，不知如何应对这个群情激愤的场面。紧张、凝重的气氛笼罩着整间祠堂，时间一分一秒地过去。下午三点多了，姚主任见势不妙，害怕了。只好低声下气地说："算了！算了！我哋系奉上司之命啫，既然大家唔比面，我哋走就系啦。"⑤踌躇了片刻又说："你哋咁多人喊打喊杀，系

---

① "你叫什么名字？"

② "我叫'天人'，怎么样？！"

③ "不准他绑人""在这里几时轮到他逞凶""打倒他""缴了他的枪。"

④ "他跑啦！""不准他跑！""要了他的命"。

⑤ "……我们是奉上司之命而行，既然大家不给面子，我们走就是了。"

唔系派几个人送我哋出更楼呀？"①为免节外生枝，中途发生不测，梁锐对他说："你哋自己走吧！"于是，群众连轰带喊："快滚！"姚主任带领这班喽啰走卒如丧家之犬，灰溜溜地走了。

时间过得飞快，转眼间又要到夏收了，但还没有看见当局派人来提收租的事。一些父老乡亲（一些佃户）感到事关重大，不免担心起来。害怕当局会下更大的毒手。这个时候，黄之锦献上了一条锦囊妙计，提出"民告官"，聘请律师与当局打官司。黄之锦说："这样做可以达到一石二鸟的目的。一来可以缓解与当局的尖锐矛盾，二来可以消除父老乡亲的疑虑，稳定军心。"黄之锦进一步解释了打官司的有利之处：其一，料定打"官司"不会赢，但可以在法庭上充分说理，陈述我们的理由、主张和要求，使我们站在舆论的制高点上取得主动权。其二，能对当局造成一定的压力，不敢明目张胆下毒手，对于缓解矛盾有一定的帮助。其三，可以分化瓦解上层的不同意见，使一部分人知道农民并不是不肯交租，并不是不讲道理。小洞党支部采纳了黄之锦提出运用法律手段、聘请律师打官司的建议，派陈松、叶初、梁伙仔等人到新兴腰古（今属云浮）请来律师，与当局打起了"官司"。一来二去经过一个多月的诉讼，官司始终没有奏效。不过，这种摆事实、讲道理，据理力争等做法得到了社会的广泛同情和支持，让更多的人更加看清楚反动当局欺诈压迫百姓的丑恶面目，这并非一件坏事。这一年夏收完毕，不见有人来收租，佃户还是一粒谷也没有交。

正当小洞人民为争取抗租保佃斗争胜利，做长期打算的时刻，传来日寇进犯高明的消息，高明当局再也无力顾及按新例收租的事情了。日寇过境后，高明人民进行了"倒钟"运动，赶走了钟歧。随后，高明人民抗日游击第三大队、高明二区人民行政委员会相继在小洞成立，进而动摇了反动当局的统治。地主豪绅有

---

① "你们那么多人喊打喊杀，是不是派几个人送我们去更楼呀？"

所收敛,再也不敢提及按"新例"收租的事了。这场由中共高明地方组织指导下的小洞党支部带领小洞人民进行长达近三年的抗租保佃的斗争,终于取得了巨大的胜利。近三年的斗争,切实地维护了群众的利益,锻炼了党员,教育了群众,在政治上影响深远。

创常备队

1944年，侵华日军为打通大陆交通线，以支援太平洋孤立无援的日军，于9月开始发动桂柳会战，以其主力第11军沿湘桂线向桂林推进；以驻广州、南海等地的另一主力第23军，沿西江两岸西进向梧州进攻。

9月10日夜，黄仕聪获悉占领九江、龙山、龙江一带的日军第22师团，部分已强渡西江，进至西岸、三洲地带，准备经大沙、明城、新圩到合水与驻开平之日军会合后向肇庆进犯。11日早晨，黄仕聪来到小洞，向在军屯村教书的黄之锦通报敌情后，一起去盘石村找到正在乌石坑中耕地除草的叶衍基，三人就在田头研究起如何对付日军侵犯的对策。经商量，他们决定分别在平塘、小洞两地发动群众，组织武装抵抗，决心保卫家园。战情危急，他们立即分头行动，叶衍基把黄仕聪、黄之锦送到文选楼，分手后直接到塘角村，找到陈定，一起去军屯村与梁扳商量。叶衍基把日军犯境的消息以及与黄仕聪、黄之锦商谈的结果告诉了陈定和梁扳，提议晚上在军屯村祠堂召开群众大会，成立小洞抗日武装自卫队，得到了陈定、梁扳的赞同和支持。

下午，由陈定主持，召集保长、甲长、族长及一些有名望的老人召开了通气会议，向他们通报日军犯境的情况，征询他们对成立小洞抗日武装自卫队的做法和意见，统一了大家的看法。会后，保长、甲长回到各村通知村民，晚上8点准时到军屯村梁氏祠堂参加会议。

　　天刚入黑，得知成立小洞抗日武装自卫队消息的群众陆续走向会场，涌入祠堂内，很快坐满了位置，迟来的群众只好站在门口的空地上。据粗略统计，参会的群众有500多人，其中青壮年占绝大多数，上了年纪的老人也不少，还有一部分女青年也到场，气氛十分热烈。

　　当晚的会议由陈定、梁扳、陈会群主持。8点，陈定宣布会议开始，首先由叶衍基发表动员讲话。他向大家通报了日军的动向，告诉大家目前日军正沿着三洲、大沙、明城、新圩向合水进军，是否会进入小洞祸害群众还是个未知数。他话锋一转，铿锵有力、不畏强暴地说："我们不当亡国奴，不能任由日寇踩躏和宰割。""我们要奋起抗击，誓死保卫家园。"接着阐述了组织成立抗日武装队伍的迫切性和必要性。叶衍基简短的动员，令全场群情激愤，个个义愤填膺，谴责日军侵略的声浪此起彼伏。

　　叶衍基演讲完毕，马上开始报名登记。满腔热血的青年们争先恐后，排成了几条长龙，一个接着一个庄重地登记了自己的名字。不到半个时辰名额就满了。陈定报出有300多人登记报名的数字，宣布小洞武装自卫大队正式成立。接下来，大家一致推选叶衍基为大队长，梁芬为副大队长。此时，会场气氛达到了高潮，场内外响起了一阵阵掌声和欢呼声。

　　富有组织经验和指挥才能的叶衍基趁热打铁，马上进行了编队。他根据报名人数，编成了五个分队（塘角村、军屯村各组成两个分队，其他四条村庄组成一个分队），指定了各分队正、副分队长名单。会场再次欢腾起来，又一次响起了热烈的掌声。陈定高兴地大声宣布："预期目的已经达到，散会！"

　　人们散去以后，支部委员，正、副大队长，各分队正、副分队长留了下来，进一步研究工作，进行了具体分工，明确了当前各项工作任务。在接下来的日子里，小洞抗日武装自卫大队按轻重缓急，有条不紊地开展了以下几项工作：

（1）各村派出队员巡逻、放哨，加强警戒。

（2）自卫大队派出人员，分别到合水、瑶村、古城等地侦察敌情。

（3）组织村民疏散，进入大山沟的深山老林里隐蔽。

（4）派出一队人马夜袭犁壁塘，缴了藏在该处的更楼警察所及联防队的枪械。

（5）组织勘察地形、构筑防御工事（塘角村、新村、悦塘村负责观音座，军屯村负责飞鹰岭，盘石村负责狮子岭）。

（6）组织军事训练，学些基本的军事常识，特别加强射击和单兵利用地形地物等基础训练。

当晚，小洞党支部考虑到成立抗日武装队伍是一件大事，应该及时向上级汇报，取得上级的帮助和指导。但此时，处在国民党统治区的中共高明地方组织，因受"粤北省委事件"的影响，遵照南方局的指示，暂停了党组织活动，与基层组织只保持单线联系。上级领导人是谁？住在什么地方？大家都不知道。该怎么办呢？大家认为，事关大局，一定要设法找到组织，取得与上级的联系。于是，支部派叶衍基去完成这个任务。叶衍基几经周折，最后通过政治交通员，在合水水井洞找到了中区副特派员郑锦波，汇报了小洞成立抗日武装的具体情况。郑锦波十分赞同小洞的做法，并和叶衍基商量如何防止国民党官属粮仓粮食落入日军手中。经仔细研究，郑锦波指示叶衍基回去与黄仕聪、黄之锦一起，组织发动群众把平塘官属粮仓打开，留一部分做军粮，其余分给群众；同时，要求小洞继续做好抗击日军入侵的准备工作。

日军取道合水，住了几天便急急向广西开去了。小洞则因偏于合水东南角约6公里处而幸免于难，没有受到任何损失，但成立抗日武装对小洞党支部和群众都是一次锻炼和考验，大大地增强了小洞人民拿起枪杆子进行武装斗争的观念。

日军过境后，300多人的抗日武装自卫队怎么办？是保留还是解散呢？这时存在多种意见,一时间议论纷纷,多数人主张保留下来继续整训,一旦有事可以随时把队伍拉出来应对,保住家园是最重要的。有一种意见认为,农民以耕田为生,经常集中训练会影响农活,田种不好,农民吃什么呢?主张没有必要留下这么庞大的队伍,保留少数人就行了。还有一种意见认为,日军已经远离高明去广西了,再也没有必要把这支队伍留下来了。几种意见都有一定道理,一时间难以定夺。

叶衍基为了这件事专程跑去新兴县水台杜村和陈光商量,派人带信到新兴县和平乡中心小学征求陈励生的意见。陈励生得到消息后,立即辞职,连夜携家眷从新兴县和平乡和胜堂村回到家乡,和叶衍基等人交换意见。陈励生认为,日本鬼子向西江进攻后,西江南岸很多县份都被日本鬼子践踏。基于这样的形势,这就是我党组织武装进行抗战的好时机,这符合上级精神,也符合人民群众的利益。陈励生与叶衍基、陈光的意见不谋而合,代表大多数人的意见,他们认为:饭要吃,敌要防,把吃饭和防敌两者统一起来才是好出路。小洞党支部经过充分讨论,一致赞同他们的意见,决定将小洞抗日武装自卫大队加以调整:

(1) 保留抗日武装自卫大队原有建制,主要任务是搞好生产,农忙时做农活,农闲时抽时间进行必要的训练;遇到重要任务或在紧急情况下,可以调动一定数量的队员应急。

(2) 从自卫队中挑选部分共产党员以及一些思想过硬、吃得进苦、身强力壮的年轻人建立一支常备武装队伍,做到随时出动,应付一切突发事件。大家把这支新建立的队伍定名为"小洞武装常备队"。

(3) 推举叶衍基任队长,负责军事工作,陈励生负责政治工作,抓政治思想教育,建设一支思想作风过硬,具有一定军事素质的队伍。

会后,由叶衍基、陈励生负责,立即挑选队员,原则上采取自愿报名和支部审批的办法,很快选出了陈定、陈松、梁甲友、梁端、梁锐、陈荣、梁金仔(细金)、梁常、梁虾仔(泽良)、陈本、陈安、陈祯、梁食、梁炳新、叶根、梁学、梁志才、陈柏等共 21 人，编为两个小队，陈松、梁甲友为小队长。

中共中区副特派员郑锦波知道中共小洞支部建立了一支武装常备队的做法后，大加赞赏，十分重视。后来，从中区纵队专门请来了军事教官黄江和马仔指导这支队伍的军事训练。中共高明特派员冯华知道后，也十分高兴，称赞中共小洞支部建立武装常备队是一个创举，并提出"干脆把这支队伍办成军事学校的样子，进行全脱产训练，培养军事干部，为日后开展武装斗争打好基础"。这支队伍开始进行全脱产训练后，郑锦波和冯华同志十分关心这支队伍的成长，经常过问队伍的各种情况，多次给这支队伍上政治课。

上级指示小洞武装常备队要全脱产训练，办成军校的样子。但解决 21 人的吃饭成了大问题，没有经费怎么办？为了落实县领导的指示，小洞党支部走群众路线，依靠群众想办法，他们分头深入各村庄找族长和村民商量。各房族的族长深明大义，表示大力支持，从公尝中抽取一些粮食和资金，支付常备队全脱产训练的最低生活费用，常备队队员的吃饭问题迎刃而解。

9 月下旬，一支 21 人的常备队正式开始训练。村前屋后、大街小巷、田峒山间，到处可以看到他们日夜操练的身影。他们迈着矫健的步伐，喊着"一、二、三、四"的口令，唱着歌，雄赳赳、气昂昂，给小洞带来了一股全新的气息。这支队伍最初在军屯村的明晖堂驻训，后来，明晖堂成为"倒钟"司令部，他们就移到了塘角村的群秀书屋驻训。

这支来自老百姓的队伍，保持艰苦奋斗的本色，在全脱产训练期间，为了减轻小洞老百姓的负担，他们节衣缩食，每天只吃两顿饭；为了节省资金，吃的菜是轮流到队员家菜园里采摘的，但还是免不了经常吃白饭，生活条件十分艰苦，可是他们的练兵情绪十分高涨，这些不利条件一点也没有影响他们的积极性，没有动摇他们练好兵的信心。

脱产训练期间，中区纵队军事教官对这支队伍进行了科学的管理和合理的安排。他们把军事训练与政治学习互相穿插,战术与技术、近战与夜战、进攻与防御互相搭配。经过严格训练,这21个年轻力壮的后生仔逐渐从老百姓向军人蜕变,显得虎虎生威,政治和军事素质都大有长进。10月23日、24日,在"倒钟"运动中大显神威,在攻打更楼警察所和攻打明城县府战斗中,冲锋在前,充当主力军,经受了实战的锻炼和考验。

10月23日,沈鸿光率领原国民党江防大队三中队(又称水雷队)起义,将30多名起义官兵拉入小洞。小洞武装常备队同起义官兵一起并肩训练至高明人民抗日游击队第三大队成立为止,全脱产训练历时近两个月。

这支队伍人数虽少,训练时间虽短,却是一支由中国共产党直接领导的人民抗日武装队伍,是中共高明地方组织建立抗日武装的一次尝试,成为高明人民抗日游击队第三大队的基石。

"倒钟"轶事

作为"倒钟"运动的组织者之一,小洞陈励生回忆:"1944年10月23日、24日(农历九月初七、初八)两天,高明人民在中共地下党组织的号召下攻打国民党高明县政府,赶跑了县长钟歧,这是高明人民历史上一件惊天动地的大事件。"又说:"打倒钟歧这事件不是偶然的,不是自发的,更不是乌合之众的举事,而是在中共地方组织的领导下,早就觉醒了的高明人民有组织、有领导地进行的。"

一、苛捐杂税,多如牛毛;

二、包烟包赌,坑害人民;

三、贩卖鸦片,囤积居奇;

四、抽丁勒索,中饱私囊;

五、任人唯亲,欺压百姓;

六、刮削教育经费,摧残教育事业;

七、日军入侵,弃城逃跑;

八、借口失物,索赔巨款;

九、清乡为名,殃害人民;

十、清奸为名,滥杀无辜。

上述是倒钟委员会成员黄仕聪、黄之锦、曾日东、陈励生、叶衍基等共产党员在"倒钟"期间的10月17日综合整理、归纳的钟歧十大罪状。从内容可以看出，群众对钟歧恨之入骨，钟歧的种种恶行是引发声势浩大"倒钟"运动的重要原因。钟歧是反共反人民的国民党顽固派的悍将，是个彻头彻尾的贪赃枉法的大污吏，他深得国民党第35集团军总司令邓龙光的赏识，当上了高明县县长。1942年6月一上任就扬言"左手要钱，右手要人"，用极端高压的手段，残酷地镇压人民。

他杀气腾腾地把更楼合水地区定为"危险地带"，血腥镇压抗日运动，密令抓捕革命青年和爱国人士，把许多革命青年和无辜群众投进监狱。为了控制更合地区，还委任他的族弟钟振东为二区（辖更楼、合水）区长，勾结布练村的土豪廖湘洲充当帮凶"以策万全"。

他借口征兵抗日，大发国难财。凡属适龄壮丁，不愿应征者，一律要缴交2000斤稻谷由当局请人顶替，逼得不少家庭倾家荡产，家破人亡。

他借口物价飞涨，强令实行新赋税，改旧例推新规。他首先取消高明的惯例：改变佃耕权制度，把"议租"改为"定租"、把上门收租改为送租、把交湿谷改为交干谷，若有违反规定则取消佃耕权。另外，把以币代物交税的规定改为以物代币征收，把1元的税额改征稻谷为1市斗，并逐渐递增，最后升至1元税额征至8市斗。收税时又以斗代秤，大斗进、小斗出。放贷时，却以小斗当大斗，把90斤当作100斤。总之，用各种手段欺压盘剥百姓。他想尽办法增添税项，苛捐杂税比牛毛还多，人们讥讽咒骂钟歧"万物皆征税，独有屁无捐"。在他的统治时期样样都要收费，什么保甲费、门牌费、身份证费、房主保护费、耕牛保护费、军衣费等等，甚至连警察用的蚊帐也要征收"蚊帐捐"。

钟歧的暴政使得高明人民民不聊生，处于水深火热之中，其罪恶行径早已让高明人民切齿痛恨，"倒钟"思潮在人民群众中慢慢积聚并日渐强烈。小洞人民进行了近三年不屈不挠的"抗租保佃，誓死保卫佃耕权"斗争，预示着"倒钟"运动的到来，成了"倒钟"的前奏曲。

钟歧不思悔改，又接连犯下大忌：在全国人民热火朝天地进行抗战之时，他不但不抗日反而弃城逃跑，丢下人民群众不管。更可气的是，他还不准人民抗日，由此引燃了高明人民"倒钟"运动的导火索。下面就是"倒钟"运动的缘起及发展过程。

　　就在日军铁蹄即将践踏高明的紧要关头，钟歧却指使其族弟钟振东以二区区长的名义贴出遏制抗日的布告："近日发现汉奸谣言，说日军犯境……蛊惑人心……如今后再有造谣者，一经察觉，一律按汉奸论处，绝不宽恕。"钟歧得知日军就要犯境时，则惊恐万状，没有组织民众进行抵抗，而是紧急调用18艘民船装载物资、文档、枪械等，溯沧江而上，西去老香山的大山密林躲藏。

　　1944年9月3日，船至瑶村河段搁浅，钟歧在心急如焚之际，又得快马来报，说日军已渡西江窜至三洲，快要逼近明城了，时值日军飞机又在头顶上空盘旋，钟歧吓得面如土色，六神无主，在师爷的一再提醒下，才缓过神来想到先将物资、文档、枪械等藏起来。无可奈何地下令将所有东西卸下，分批搬到瑶村藏好，令兵役科科长留下来负责看管，自己则带着家眷、心腹飞似的向西逃去了。这个兵役科科长看见自己的主子跑了，也只留下几个警兵把守，带着其他人向滩底村的方向溜走了。

　　瑶村人民见钟歧畏敌如虎，不敢也不愿抗日，当晚就将钟歧的枪支弹药拿了过来，随即武装自己：组成壮丁队准备抗击日军。次日（9月4日），清点了钟歧逃跑时留下的物资，一把火烧掉了所有文档、税册等，同时派人缉拿并枪决了兵役科科长。9月5日，将壮丁队进行了编队，增设岗哨，加强警戒，严防日军的侵犯。

　　9月10日晚，黄仕聪获悉驻南海九江的日军即将渡江进犯高明的确切消息。11日清早就从平塘村赶到小洞找黄之锦、叶衍基商量，决定分别在平塘、小洞两地成立抗日武装自卫队，坚决抗击日军犯境，当夜小洞成立了有300多人组成的自卫队，更合的一些乡村也先后成立了自卫队，准备抵抗日军过境。

9月11日、12日，驻南海九江的日军连续两天沿三洲、明城、新圩到合水，驻开平三埠日军沿合成田村到合水。

9月13日，叶衍基通过政治交通员在水井村找到中区副特派员汇报工作，后奉命找黄仕聪、黄之锦，商量如何处理官属粮仓问题。为了不让粮食落入日军的手里，于是发动平塘、小洞及周边的群众抢了平塘粮仓的稻谷。后来的几天之内，白石、利村、塱锦、泽河、大幕、良村、歌乐等的官属粮仓的存粮被闻风而动的群众统统打开分光。

9月17日，两股日军离境，向西继续进犯肇庆、梧州。

日军过境所到之处奸、杀、烧、抢、掳，无恶不作，惨遭日军铁蹄蹂躏的高明，十室九空，生灵涂炭。

9月17日，钟歧下山，以"凯旋"的姿态"光复失城"，举行"祝捷"。但当听到东西被抢、军械被缴时，他被气得青筋突起，暴跳如雷，一口咬定是共产党所为。

9月17日夜，小洞抗日武装自卫队夜袭犁壁塘，收缴了躲藏在此处的更楼警所警察的枪械。

9月18日，钟歧下令肃清"奸党"，召开"治安问题"会议，由国民党高明县党部书记长谢子明做"更合地区匪情猖獗"的报告，提出"清乡""清奸"计划。其主要内容为：①清乡，强迫所有参加分掉粮食者要赔偿全部粮食；②清奸，将参与抢物资、抢粮食的为首组织者（包括黄仕聪、黄之锦、叶衍基在内）及缴警械的为首分子一律缉拿归案，黑名单中列有110多人（注：9月18日黄之锦获悉此情报。后来水雷队起义时，在合水区公所搜到一份黑名单，此事得到证实）。

高明人民惨遭日寇蹂躏的怒气未消，又迎来了钟歧在人民头上架起的屠刀。高明的上空顿时乌云压顶，处于山雨欲来风满楼之势，钟的举动更激起了高明人民的愤恨，人们的愤怒到了极点。

中共高明地下组织密切关注局势的发展,在钟歧准备举刀砍杀高明人民的关键时刻,立即召开党的会议,分析研究当前的形势和特点,部署"倒钟"斗争。大家一致认为,如果钟歧的阴谋得逞,广大群众就要遭殃,各村的人民抗日武装就要被解散,大批革命群众和干部就要被杀害,高明的共产党组织就要遭受严重破坏,整个地区的革命就要被镇压下去,大家认为必须保护人民的利益。在会议中,大家分析了形势,认为我方有三个有利条件:

一是中共高明地下组织已成立了5年多时间,经过锻炼,比较成熟,是一个坚强的战斗核心。在基层已发展了十多个坚强的党支部及党小组,有100多名革命意志坚定的共产党员和一大批革命骨干分子,并有不少具有一定组织能力的干部。

二是高明人民具有光荣的革命传统,广大人民群众富有反抗精神,高明人民在中国共产党的教育下觉悟不断提高。中国共产党在广大群众中享有很高的威望,特别在更合地区有很好的群众基础。

三是有一支由中国共产党直接指挥的人民抗日武装——小洞常备队和各基层组织领导的800多人的抗日武装自卫队。所以,我方有足够的力量与钟歧相抗衡,也有足够的能力领导人民群众打倒钟歧。

会上当机立断,决定抓住钟歧"清乡""清奸"这一严重事件,因势利导,动员、组织群众,酝酿一场以打倒钟歧为重点,反对分裂,反对倒退,坚持抗日爱国的大规模反迫害斗争。一场以郑锦波、冯华坐镇小洞领导指挥,由黄之锦、黄仕聪、叶衍基、陈励生等组织的"倒钟"运动正式拉开大幕。

会后,共产党员黄仕聪、黄之锦、叶衍基、陈励生、谭宝荃等,分别深入平塘、瑶村、白石、利村、大幕、塱锦、泽河、良村、歌乐等村庄,宣传抗日形势,揭露钟歧"清乡""清奸"的罪恶阴谋,了解和摸清了群众想法,并同群众商量,找出对付的办法。

9月20日前后,小洞党支部把小洞抗日武装自卫大队进行调整,组建成一支由21人参加的常备队伍，进行全脱产训练。这支队伍是中共高明地下组织直接领导的第一支抗日武装力量，在"倒钟"进攻明城时成了主力军。

9月22日，钟歧指派教育科科长麦戒欺闯入瑶村，责令该村交还枪械、文档等物品。初始，他狮子大开口勒索1200万元，并进行恐吓，后又假惺惺地要为瑶村说情，但至少要交800万元才可免除祸患，否则就要铲平瑶村。遭受威胁和勒索的瑶村炸开了锅。他们算了一笔账：800万元折谷为26000担，瑶村才200户人家，摊分到每户要赔130担，大多数群众即使是倾家荡产也赔不起。以黄家荣为代表的广大群众主张坚决不赔，反正都赔不了，只好拼了，说不定拼一下还能有条生路。而以苏心欢为首的士绅，则不敢得罪上峰，主张赔一些，幻想当局开恩以避过祸患，在苏心欢的妥协下，乡民向当局赔了一些，怎知当局不依，且加快了追缴的步子。在此期间，黄家荣想到了地下党组织，多次来到小洞联络。叶衍基、陈励生受党组织派遣也多次来到瑶村，反复做群众工作，为瑶村的群众打气撑腰，表示小洞人民是瑶村人民的坚强后盾。叶衍基、陈励生还专门找苏心欢等人做思想工作，劝诫他们丢掉幻想。经叶、陈两人耐心的分析教育，苏心欢等人在事实面前折服了，表示站在群众一边，坚决与当局对着干。后来，当局了解到瑶村不肯赔偿的原因主要是有小洞在背后支持。钟歧一伙便放话，威吓夜袭犁壁塘的小洞人民，扬言同时要铲平小洞。

9月24日晚，经过多日深入平塘、泽河、大幕、塱锦等地调查了解，掌握更楼等地大量情况的黄之锦来到小洞塘角村，向郑锦波同志汇报日军离境后更合地区的情况和钟歧"清乡清奸"的阴谋。黄之锦汇报时说各乡村不少群众提建议组织农民抗暴，分析了组织农民抗暴的可行性，认为取胜的把握较大。黄之锦说："首先把瑶村、小洞、平塘、泽河四条大村的群众发动起来，搞联合统一战线，互相照应，共同抵抗钟歧，然后再把更楼、合水、新圩地区的群众发动起来，事情就好办了。"郑锦波基本同意了黄之锦的主张。

9月25日早上,郑锦波找叶衍基进一步商量,听取叶衍基的意见,叶衍基说搞联合抗衡钟歧是一条妙计,提出要发动这几条大村搞联合,关键是泽河村;要"搞掂"泽河村,最关键的是做通曾襄廷的工作。泽河村的曾襄廷当了多年县立第四小学的校长,是地方教育界的知名人士,在更楼地区有不少学生,还掌握清平堡公尝,有钱、有枪、有一定的威望。他虽思想守旧,但为人秉直,并倾向抗日,热心公益,在更楼一带颇有影响力。叶衍基认为比较有把握将曾襄廷争取过来,四村联盟就不愁搞不起来。再说,黄之锦对泽河村的情况比较了解,陈玉田是曾襄廷的学生,派黄之锦和陈玉田去做工作较为有利。郑锦波采纳了叶衍基的意见,派黄之锦和陈玉田去泽河做曾襄廷的工作。

当日,黄之锦愉快地接受了任务,约陈玉田到了泽河村。他们首先找陈玉田的老同学曾日东(后来才知道,他在1938年已加入了共产党),黄之锦向曾日东说明来意,很快,三人取得了一致意见,遂一同去找曾襄廷。因为陈玉田和曾日东都是曾襄廷的学生,就开门见山说明来意,强调了钟歧"清乡""清奸"的阴谋,特别指出,钟歧勒令所有分了官府粮仓谷物的要全部赔偿,泽河也开了仓,不知要赔多少。曾襄廷越听越火,拍着桌子大骂钟歧。他想了想,问道:那怎么办?黄之锦以个人的名义提出了地下党的主张:"目前形势紧迫,大敌当前,只有大家联合起来,互相照应,如果钟歧派兵来'清乡''清奸',就拿起武器同他干。"黄之锦接着提出搞四村联盟,首先把泽河、平塘、小洞、瑶村联合起来,齐心协力,一起对付钟歧,四条村搞起来了,其他村就会跟着起来。曾襄廷不断点头说:"好是好,但……"黄之锦见他还有顾虑,便说:"过去泽河一条村也敢于对付钟歧,何况现在四条村联合起来呢?"曾襄廷听了黄之锦的建议,又听了曾日东和陈玉田的见解,考虑再三,同意了黄之锦的意见。

9月26日,曾襄廷在泽河村克仁祖祠堂召集本村父老商量对付钟歧的办法。经过权衡利弊,大家一致认为,如果钟歧来"清乡",只有同他拼了,别无他法。

9月27日,四村联盟会议在小洞文选楼召开,参加会议的有平塘黄之锦、小洞陈励生,泽河曾日如,瑶村黄家荣、苏汝霖,会议由黄之锦、陈励生主持。经认真商讨后订立了协约,做出了四村正式联盟的决定。协约的主要内容是:一村遭受迫害,四村联合对付;一村锣响,四村皆出;有枪出枪,有钱出钱,互相支持,患难与共。最后,各村代表还在四村联盟的协约上签了字。

四村结成联盟取得成功,在广大人民群众中影响很大,百姓深受鼓舞,这大大地增强了倒钟的信心和决心。中共高明地方组织及时召开会议,做出了进一步扩大统一战线的范围、团结一切可以团结的力量等决定。郑锦波、冯华下达任务,派黄仕聪、黄之锦、叶衍基、陈励生、谭宝荃等分别深入各村逐一做好各乡村头面人物的统战工作,结果大幕村的罗燊南(国民党县府职员),陀程村的黎启荣(国大代表),马律村的彭锦芬(东南乡乡长)、何维等都一一被争取过来,因此,倒钟形势发展得比预想的要好,比预期的要快,"倒钟"的条件也日趋成熟。

9月28日,谢子明带领保安队开到更楼执行"清乡""清奸"任务,闯入瑶村声称捉拿奸细,正式开出失物清单,责令瑶村赔偿800万元。

10月16日,按照中共高明地方组织的预定部署,由曾襄廷出面,在更楼圩永栈酒米铺召集更楼、新圩地区的东南、六乡、崇义、文储、崇会等乡的地方实力派、开明士绅和社会知名人士开会。黄之锦介绍了当前高明的形势,曾襄廷介绍了四村联盟协约的情况,要求"全区联合起来,打倒钟歧"等,黄之锦根据党组织确定的斗争策略,在会上建议成立一个"打钟歧委员会",曾襄廷则提出对外称为"联防委员会",最后一致通过定为"联防委员会",而实质就是"倒钟委员会"。会议当即选出曾襄廷、曾日东(中共党员)、黄之锦(中共党员)、陈励生(中共党员)、罗燊南、何鉴泉、苏汝霖、黎启荣、彭锦芬、何维、黄作禧、黄佐周、何炽光共13个委员,几个党员提名曾襄廷任委员会主席,获得一致通过。倒钟委员会下设自卫总队,黄之锦等8位党员建议由泽河实力派曾日如任总队长,黄仕聪任副总队长也被一致通过。委员会下设组织、宣传、情报、财务四个机构开展工作。会上还要求大家回去后迅速扩大宣传，组织队伍，收集武器弹药，准备粮草，时刻准备出发。

次日，"倒钟"委员会在平塘新厅正式办公。黄仕聪、黄之锦、曾日东、陈励生、叶衍基等共产党员综合归纳了钟歧的十大罪状，作为声讨钟歧的依据，广为散发。

10月16日，钟歧指令国民党民团副团长潘维尧率领县自卫队和西江江防大队第三中队进驻合水圩，当晚闯入蛇塘村，勒索巨款，刣鸡杀鸭、宰狗杀猪，甚至抢劫，并抓走了两个村民。

10月21日，中共中区副特派员郑锦波、中共高明县特派员冯华到田村小学，亲自主持召开合水四乡"倒钟"会议，到会的有共产党员、进步人士、革命知识分子三四十人。会议主题是：团结起来，共同倒钟。内容是：①传达16日的更楼"倒钟"会议精神。②动员群众，集中一切力量，共同"倒钟"。③指定各乡"倒钟"的召集人。联安乡：陈汝菁、陈勉群；仁安乡：黎一飞、黎洪平、黎定中；常安乡：李林泉、李连松、李家球、陈学勤、谭宝荃、罗学殷；永安乡：阮贞元、彭社。④决定鸣锣为号。⑤确定"倒钟"基本队伍，以自卫队、壮丁队为主力。⑥确定枪械武器的来源等。

10月21日至23日，沈鸿光率领国民党西江江防掩护大队第三中队（又称水雷队）起义，给予钟歧以沉重一击，有力地支持了"倒钟"行动。

10月22日晚，在更楼十三乡会址召开各村骨干会议，在黄仕聪、陈励生、叶衍基的主持下，分析了"倒钟"的发展态势，决定23日早上先端掉更楼警察所，下午在新圩集结，24日攻打县府所在地明城。

10月23日5时，黄仕聪、罗敏聪带领平塘、泽河自卫队50多人，叶衍基带领小洞常备队、自卫队各50多人，共100多人的先遣队，同时向驻更楼忠义祠警察所发起攻击,更楼的警兵被这突如其来的袭击吓得面如土色,不敢抵抗,服服帖帖地被俘。驻新圩的高明国民兵团自卫队30多人,听闻更楼警所被端,吓得四散夺路逃命,逃到高要县平合峡企岭后,陷入新圩农民武装的重重包围之中,不得不举手投降,束手就擒。至此,明城外围之敌全被消灭,为"倒钟"清除了后顾之忧。

10月23日午后,更楼、新圩地区锣声齐鸣,震撼大地,响彻云霄,锣响声声急,征战阵阵催,"打呀!打呀!打到明城去……"各路武装队伍整装出征。有背七九的(步枪的一种),有拿驳壳枪、鸟枪的,有抬土炮的,有手执大刀、长矛、剑戟的,还有手持禾叉棍棒的,齐齐上阵,形成一支支铁流。

叶衍基、陈励生领着小洞常备队等200多名精兵强将打头阵,黄仕聪、曾日如领着自己的队伍陆续出发,浩浩荡荡东进奔向新圩集结,然后安营扎寨,枕戈待旦。当天晚上,各路"倒钟"队伍领队集中在大源铺头临时指挥部研究攻城计划,经研究决定,部署如下:

第一路由黄仕聪指挥,在城东向白鹳村一带展开,在天后庙附近抢渡沧江河,占领潭边,堵截钟歧向东及东北的退路,并由东向西攻击明城县府。

第二路由陈励生、曾日如指挥,在城南木田村一带展开,战斗打响后强渡沧江河,正面攻击县府。

第三路由叶衍基指挥,从西向东挤压占领新市,堵截钟歧向西逃跑,战斗打响后配合第二路直扑县府。

第四路由谢谷、何维指挥,在明城北侧向东运动急进抢占乌石岗,控制制高点,切断钟歧向东北方向撤退的退路。

水雷队蔡忠分队作为预备队,镇守城西北约2公里处的福鼠岗,随时准备支援战斗。

10月24日(农历九月初八)终于来临,当天秋风阵阵,晴空万里。9时左右,各路"倒钟"大军共3000余人,像洪水般涌向明城县府,快到明城附近时,由陈殿钊、谭宝荃率领的合水地区700多人赶到，被编入列。11时许，完成了对钟歧巢穴——明城的包围。

11点多，叶衍基率领的队伍在抢占新市时首先与敌人接火，前哨战正式打响，踞守在壕基村的国民党兵团几十名士兵，用轻机枪、步枪向我方乱扫一通。叶衍基令全队集中火力重点压制敌人的轻机枪火力点，把敌人打得抬不起头来，在密集的火力掩护下，我方的常备队和自卫队队员奋力冲锋，迅速迫近敌阵，敌人见势不妙则且战且退，丢弃阵地。我方的常备队员则乘胜追击，协同第二路陈励生的队伍猛攻县府。

当新市的枪声响起时，黄仕聪率领的一路也进入战斗状态。敌人用猛烈的火力射向白鹳村村前的开阔地，企图阻止我部接近沧江河河堤，但英勇的自卫队队员灵活运用地形地物很快靠近了堤围进行隐蔽，待敌人的火力渐渐弱下来的时候，队员们突然跃起抢渡沧江河。在涉水渡河时，埋伏在天后庙前面竹林的敌人突然开火，用机枪向我方扫射，冲在前面的黄基等几名战士中弹负伤。黄仕聪见状，立刻组织几门土炮对准竹林之敌，集中火力实施开炮还击，"轰隆隆"，炮弹准确地炸中了竹林的敌人，敌人的机枪火力点被炸哑了，机枪也被炸成两截。这时，黄仕聪大喊"冲呀！"英勇的自卫队队员跃上堤围冲过河猛向竹林扑过去，只见敌人伤的伤、死的死、逃的逃。接着，黄仕聪命令一部分人赶去潭边村堵截敌人，另一部分冲向县府。由于这一路的攻击面较宽，当攻城战斗刚一打响，还来不及占领天后庙的时候，县府的卫兵就逃到距离县城1公里的乌石岗死守了。钟歧也放弃了县府逃到城东的潭边村躲了起来。

谢谷、何维指挥的一路人马，虽然全力向乌石岗急进，但他们赶到乌石岗的山脚时，发现敌人已抢先一步占了乌石岗。谢谷、何维曾组织了几次冲锋，但都没有办法拿下乌石岗。

陈励生、曾日如指挥的一路，担任正面攻击夺取县府的重要任务，11时已在木田村一线展开,正准备开始组织进攻。木田村与县城之间横亘着一条沧江,此江段水深齐腰。这个方向也是敌人重点布防的地段,敌人在江的北岸一线及竹林处都构筑了工事,布下了重兵,企图顽固死守。当新市方向的枪声一响,狡猾的敌人便马上拆毁了木田桥,企图阻挡我"倒钟"大军顺利通过,又不断以猛烈的火力向沧江对岸射击,压制我方前进,阻止我方渡江。陈励生看见这种状况,于是指挥组织几门土散炮(俗称"台炮")反制,炮弹发发命中敌人阵地,打得敌人哇哇叫。同时,又指挥几挺机枪和20多名步枪手,以河堤作为依托,集中火力专门对付竹林的敌人,枪声炮声连绵不断,吓得敌人抱头鼠窜,丢下阵地一个劲地往后撤,我常备队和自卫队队员则乘胜涉水抢渡过江,一路追赶弃甲丢枪之敌,然后和叶衍基指挥的一路直捣县府,蜂拥而入,砸开监仓,解救出50多名"犯人",打开粮仓赈济贫苦农民。

天渐渐地暗下来,快要入黑了,我各路人马在城内文昌塔下胜利会师。为防备敌人的反扑,各路"倒钟"队伍连夜撤出明城回到新圩宿营,等待次日(25日)再攻明城,兴师讨伐钟歧。

钟歧这个恶贯满盈的家伙,当"倒钟"队伍扑向他的时候,惊恐万状,自感厄运将至,便携家眷、亲信、卫兵等300多人,仓皇逃到潭边村。这家伙料定"倒钟"大军不会罢休,为了保住自家性命,又在星夜如丧家之犬偷偷地开溜了,不知去了什么地方。

10月25日清早,"倒钟"大军在黄仕聪总指挥的率领下,再下明城兴师讨伐,结果,不但钟歧的鬼影没有见到,连国民党的一兵一卒也见不到了。钟歧平时作威作福,貌似强大,在"倒钟"大军面前却不堪一击。11月23日,国民党广东省政府不得不发布"钟歧贪污成性,激起公愤,应予撤职"的公告。

10月25日夜,"倒钟"大军又回到新圩住了一夜。26日天亮后,"倒钟"大军才满怀胜利的喜悦踏上返回家乡的路。

揭竿起义

驻小洞的中共中区、中共高明县领导及核心成员,正在紧锣密鼓地酝酿部署威震南粤的"倒钟"运动策略的时候,突然,从合水传来了水雷队(即国民党西江江防司令部江防掩护大队第三中队)起义的消息,使所有人都兴奋起来。

10月21日上午(农历九月初五),钟歧下令进驻合水清乡的水雷队血洗瑶村。在这紧急关头,水雷队官兵不忍看到老百姓遭殃,在少尉排长沈鸿光的策动下,看准时机率领官兵果断起义并取得了成功。他们先后拘捕了二区区长——钟歧的族弟钟振东,自卫大队长兼稽征处主任姚某、县国民兵团副团长潘维尧、江防掩护大队队长黄某。解救了被囚禁在合水区公所的14名蛇塘村民,接着又控制了纱帽岗,并且贴出布告,借以引起中共地下党的注意。

水雷队起义的消息霎时传遍合水圩的大街小巷,传进了合水圩邻近的蛇塘村,村民四处奔走相告,欣喜若狂。村民阮辜带得知消息的第一反应是要赶紧告知在小洞的地下党。他连中午饭都顾不上吃,就立即赶去小洞,可是他也不知谁是地下党,只好到麦边村找亲戚李标,让他想办法找到地下党,可李标也不知道谁是地下党,只好一起到军屯村祠堂打听。他们走进祠堂正好遇到在军屯村宏育学校教书的黄之锦,阮辜带便一五一十向黄之锦讲述了水雷队起义的情况。黄之锦听完后,交代阮辜带回去继续搜集水雷队起义的进展情况,如遇紧要事情随时来通报。

黄之锦觉得水雷队起义的消息十分重要，关系重大。他马上找来叶衍基、陈励生和梁佐明商量，经分析研究。他们初步判断水雷队起义的目的存在三种可能：

第一种是水雷队内部有我们自己的同志，是真心起义，投奔中共游击队；

第二种是自愿起义，趁机脱离国民党队伍，另立山头；

第三种是利用反间计，大放烟幕弹，借武装起义之名，引诱我们上钩，伺机将我们消灭。

大家一致认为，为了摸清情况，必须深入虎穴，到合水弄清实情，然后采取灵活的对策。片刻后，派黄之锦向中共中区副特派员郑锦波报告。郑锦波听完汇报后，认为黄之锦等的分析判断很有道理，同意派人员去合水打探消息。郑锦波心想："在水雷队起义的消息还没有得到证实，还没有完全弄清楚起义的真正目的情况下，派谁去呢？如果派小洞的同志去，容易暴露我党在小洞的（武装）力量，黄之锦尚未暴露身份，不如派他去看一看。"因而决定将这一重任交给黄之锦。黄之锦领受任务后，又一次找叶衍基、陈励生和梁佐明商量下一步的行动。大家认为，要搞清情况争取主动，宜早不宜迟，当晚就去合水打探消息。另外，为防备不测，再派梁佐明陪同黄之锦一同前往，叶衍基还在常备队中抽调了七八名队员实行武装护卫，时刻准备接应。

当晚入黑，黄之锦、梁佐明在七八名常备队员的护卫下直奔蛇塘村。他们找到阮辜带，进一步了解水雷队起义后新的进展情况，再由阮辜带领路去区公所。到了区公所附近，黄之锦指挥常备队队员在暗处占据有利位置包围区公所。同时要求队员沉住气，不得轻举妄动，然后和梁佐明进入区公所，进到里边只见到劳光。劳光弄清来意之后，领着黄之锦、梁佐明到茶楼去见沈鸿光。劳光向沈鸿光耳语了几句，沈鸿光便高兴地招呼黄之锦、梁佐明返回区公所楼上倾谈。坐定之后，黄之锦首先表明来意，接着沈鸿光主动详细说明了起义的目的和经过，并介绍自己的经历等。当沈鸿光谈到自己在东江游击队的情况时，黄之锦插话，说我们有几位同志在东江参加打游击。当说到其中有一位叫阮海田时,沈鸿光眼前一亮,高兴地说:"是有一位叫阮海天的,他当中队长,我当中队副。"

黄之锦解释说:"阮海天即阮海田,1936年我们同在高明二区高村小学教书。我们是同事,我了解他。"

沈鸿光说:"好啰!我找了很久都没有找到(革命队伍),以前我们驻在高要、鹤山沙坪、高明杨梅等处,到处打探消息,结果都没有找到,今天总算找到了。"并问:"你们这里有游击队吗?""有。"黄之锦给了他一个肯定的回答。

根据谈话的情况,黄之锦、梁佐明判明沈鸿光是一个真心起义的革命同志,就直截了当地提出要沈鸿光加入我们的队伍,沈鸿光也当即表示同意。黄之锦、梁佐明见情况已了解清楚,目的已经达到,并且夜已深了,便起身告辞,赶回小洞向郑锦波汇报。

当郑锦波得知确有此事(指水雷队起义)和沈鸿光愿意加入我们的队伍时说:"我们要设法把这支队伍争取过来,壮大我党的武装力量。"并趁热打铁,第二天便派梁景光、陈玉田两人到合水与沈鸿光联系。

10月22日(农历九月初六),梁景光、陈玉田带着郑锦波写给沈鸿光的字条来到合水。为了避开人多口杂的地方,双方约定在纱帽岗山脚下的一条土基会面。大家见面寒暄几句,梁景光将字条递给了沈鸿光,沈鸿光过目后,顾虑消去了大半,谈话气氛也融洽起来。沈鸿光表示,同意把队伍拉进小洞,接受共产党的领导。梁景光见时机成熟,向沈鸿光介绍了"倒钟"的进展情况,并说了明天(23日)"倒钟"队伍就要向新圩集结,24日攻打明城的计划,希望沈鸿光部24日一同攻打钟歧。可是沈鸿光还是有些顾虑,心想:打钟歧是好事,但还是信不过,没有答应把全部队伍拉去,只同意派蔡忠带一个排去。

郑锦波了解到沈鸿光还存在思想顾虑时,为了使他放下包袱,将这支队伍拉过来,决定亲自出马。10月23日(农历九月初七),郑锦波带领黄之锦、梁景光、梁波、梁甲友等人到合水，也约定在纱帽岗山脚下的一条土基处见面。梁景光逐一向大家做了介绍，郑锦波取出了中区纵队政治委员罗范群的亲笔信交给沈鸿光，沈鸿光接过信，看到信上罗范群说"我在东江开会时见过你……"之后，显得十分激动，吃了定心丸。接着，郑锦波与沈鸿光深入地交换意见，他们相谈甚欢，像久别的战友一样。通过谈话，沈鸿光彻底打消了顾虑，压在他心头上的大石终于落了地，答应即日就将队伍拉进小洞。下午3时，沈鸿光率领起义官兵，在郑锦波的带领下，迈着轻松的步伐开进了小洞，回到了人民的怀抱。沈鸿光率领水雷队起义的壮举受到了小洞人民的热烈欢迎。当晚小洞军民召开了联欢晚会，同起义的官兵进行联欢，表达了小洞军民对水雷队的慰问。

10月24日（农历九月初八），是"倒钟"大军攻打明城县府的关键时刻，为了彻底打垮钟歧，取得"倒钟"的胜利，郑锦波建议沈鸿光把水雷队开到明城，增援黄仕聪的倒钟大军，加入攻打明城的战斗。沈鸿光坚决服从命令，11时由小洞盘石村黄荣带路，从小洞起程，开到明城"倒钟"战场。

10月25日以后，水雷队驻扎在小洞，和小洞武装常备队一起抓紧军事训练和接受政治教育，直到高明人民抗日游击队第三大队成立，水雷队编入了第三大队。

第三大队

原国民党军158师473团副团长黄韬远，被捕后交代该团在1944年12月30日（农历十一月十六日）疯狂进攻小洞时说："进入小洞时，就在我们团部住的地方（指军屯村万通祖），捡到一个装过肥皂的木箱，装满了没有雷管的黄色药块几百个。根据这点，我判断这不是一般地方游击队的装备。"黄韬远所说"想象不到的"这支共产党军队，指的就是高明人民抗日游击队第三大队。

高明人民抗日游击队第三大队于1944年11月10日诞生于小洞，是中国共产党领导、指挥的人民抗日武装，这支队伍从无到有，从小到大，从弱到强，经历了一个长期、曲折的发展过程。

1937年7月7日，日军发动全面侵华战争。8月，中共高明县工作委员会成立，还没有建立自己的武装。10月，全国抗日民族统一战线形成，第二次国共合作开始，县工委书记李守纯已意识到建立自己武装的重要性。1938年5月，当高明民众抗日自卫团统率委员会要求各地以乡村为单位成立自卫大队、自卫中队时，他就抓住这个契机，大力培养党的军事干部，有计划有步骤地安排一批骨干到各级自卫大队、自卫中队任职。同时，还派出叶衍基、黎兆波、罗初清等十多人到国民党第七教导队参加自卫团干部集训，以提高他们的军事素质，培养他们的组织指挥能力。

10月，通过党派到高明县民众抗日自卫团统率委员会担任中尉政训员梁钟琛的关系，县工委派黄仕聪、叶衍基、谭秉国、陈耀基等共产党员打入高明民众抗日自卫团集结大队任职（叶衍基任第一中队中队长、陈耀基任第二中队中队长、谭秉国任分队长后任副中队长、黄仕聪任小队长）。让他们在海口村至苏村沿岸防线抵御日军入侵的实战中锻炼，掌握指挥作战的能力。

1939年3月，高明县民众抗日自卫团前线总指挥、集结大队总队长薛定球奉当局之命，在集结大队内"清理门户"，黄仕聪、叶衍基等以"不像军官相"的理由被免职，失去了继续学习锻炼的机会。

1939年5月，日军再次侵犯鹤山古劳、朱六合一带，并有侵犯西江沿岸的企图。为迎接战斗，中共高明县工委决定，首先在小洞以小洞抗日先锋队的旗

高明人民抗日游击队第三大队旧址

号,建起了一支 30 多人有 20 支枪的武装队伍,由叶衍基带领进行了三个月的军事训练。与此同时,黄仕聪根据县委指示,在更楼圩组织起 30 多人的自卫武装队伍。这是中共高明地方组织建立武装队伍的初次尝试,开始有了自己的抗日武装力量。可是不久后,国民党顽固派破坏抗日民族统一战线,掀起反共高潮,勒令解散一切抗日团体。县委执行上级"政治上反攻,组织上退却"的策略,暂时解散了这两支队伍,命它们转入地下秘密活动。这两支队伍虽然规模小,存在时间短,但这是对培养起来的军事干部的一次检验,为日后建立武装积累了经验。另外,对小洞、平塘青年也是一次锻炼和考验,加强了他们的战备观念,增强了他们的组织观念和纪律观念,培养了一批军事骨干。

同年 10 月,按照组织预先安排,黄仕聪到东江游击区学习军事,历时半年。黄之锦、黄峰也先后打入高明国民兵团第二中队,并任职。

1944 年 9 月 10 日,侵华日军西进,过境高明,为中共高明地方组织建立抗日武装创造了机会。11 日,黄仕聪、黄之锦、叶衍基商定,决心抓住时机组织自卫武装奋起反击。当晚,小洞成立了 300 多人的抗日自卫大队。12 日,平塘组成了 60 多人的自卫队。随后的几天之内,各地也陆续成立了抗日自卫队,人数达 800 多人(其中屏山 40 多人、水井洞 160 多人、布社 80 多人、高要鳌头 30 多人)。日军过境后,小洞从自卫大队中挑选 21 人组成了小洞武装常备队,脱产训练了三个月。水井洞聘请了陈耀基任军事教官,开展了经常性的军事训练活动。

同年 10 月,日军西进后,"凯旋"的反动县长钟歧,杀气腾腾,大举"清乡""清奸",对惨遭日军蹂躏的人民实行残酷迫害。中共高明地方组织果断领导人民拿起枪杆子,对抗国民党反动派统治。在钟歧挥刀向人民头上砍去的关键时刻,中共中区副特派员郑锦波和中共高明特派员冯华当机立断,领导高明人民掀起了一场"倒钟"运动。黄之锦、黄仕聪、陈励生、叶衍基、谭宝荃等具体组织了这场运动,他们正确贯彻党的抗日民族统一战线政策,对整场运动进行了精心策划和严密组织安排。在决胜的关键时刻，黄仕聪、陈励生、叶衍基各率一路主力大军；23日扫清了更楼、新圩的外围障碍；24日以排山倒海之势直捣明城，一举攻占了县府，赶跑了钟歧，取得了"倒钟"运动的胜利。

两个月来，从各地建立抗日武装到攻克县府，赶跑钟歧，说明经过长期培养的军事干部已经逐渐成熟，他们有胆识、有智慧，有很强的组织指挥能力；证明了高明人民群众听党话、跟党走，蕴藏着一股巨大的力量。党在高明建立一支人民抗日武装队伍的时机已经到来了。

10月25日，中共中区副特派员郑锦波去新会大泽向挺进粤中的中区纵队司令部汇报高明"倒钟"运动的情况时，提出建立高明抗日武装队伍的请示，得到司令部的及时批复。司令部同意以"高明人民抗日游击队第三大队"做番号组建部队，并派出军事督导员郭大同等几名军事干部随郑锦波来到小洞。他们立即紧锣密鼓地开始组建第三大队的工作，很快拟出以小洞为中心据点，以中共高明地方组织长期培养的军事干部和中区纵队派来的干部搭起架构，在小洞武装常备队的基础上，抽调各地部分党员干部，加上水雷队起义官兵，以及发动各地自卫队队员、"倒钟"积极分子参加的组队方案，在各地基层组织党员骨干的密切配合下，仅用十多天工夫，方案就得到一一落实。

11月9日，郑锦波、黄仕聪在更楼圩忠义祠召开干部大会，宣布成立高明人民抗日游击队第三大队。第三大队的序列及任命名单如下：

大队长：黄仕聪

政委：郑锦波

督导员：郭大同

副大队长：沈鸿光

参谋长：劳光

副官：谢冰

政工队长：陈励生

一连（长江连）连长：谭秉国

指导员：梁景光

副连长：李磊峰

二连（黄河连）连长：叶衍基

指导员：陈全

副连长：蔡忠

注：全队140多人，有美制水龙重机枪1挺，日式、捷克式轻机枪各一挺，步枪100余支，短枪10余支。

11月10日，高明人民抗日游击队第三大队成立大会在小洞梁氏宗祠胜利召开。各地参队的青年携带武器，在亲人的簇拥下，兴高采烈地聚集在小洞梁氏宗祠报到入列。更楼、合水地区的共产党员、干部、部分自卫队员及小洞群众参加了成立大会。郑锦波在大会上庄重宣布：高明人民抗日游击队第三大队正式成立，第三大队司令部设于小洞军屯梁氏宗祠。

高明人民抗日游击队第三大队在小洞成立时，小洞人民节衣缩食，千方百计为部队筹粮，献枪捐物，捐钱捐粮一大批。如，梁扳、梁奴甚至把自己家的耕牛卖掉，将所得款全部交给部队购买枪支弹药。小洞把"封江夺粮"斗争时购来的十多支枪和弹药全部交给了第三大队，军屯村村民把用于护村的五六支枪捐给了部队。一幕幕妻子送夫从军、父母送子女当兵的动人场景随处可见，全小洞加入部队的人数有50多人。其中，有女青年陈妹、梁莉、陈少三人。年龄最大的有陈定(57岁)、梁汝扳(55岁)、梁欧新(52岁)、梁锡祥(51岁)、黄荣(45岁)五人，年龄最小的有黄福（不足11岁）、黄来仔（13岁）。

1945年1月20日，广东人民抗日解放军公开发出成立通电。高明人民抗日游击第三大队于28日从小洞开往鹤山宅梧，29日在靖村参加了广东人民抗日解放军成立大会，奉命改编为广东人民抗日解放军第三团（简称"第三团"）。序列如下：

团长：黄仕聪

政委：郑锦波、陈春霖（后）

副团长：沈鸿光

参谋长：劳光

一连连长：谢汝良

指导员：邓英华

副连长：贺金龙、李磊锋

副指导员：伍真

二连连长：谭秉国

指导员：陈全

副连长：蔡忠、张剑峰

副指导员：谭文

注：全团200余人，有美制水龙重机枪1挺，日式、捷克式轻机枪各1挺，步枪100余支，短枪10余支。

1945年4月，第三团总人数为400多人，新建了第三连和一个干部训练班。三连连长为李磊锋，指导员为陈作楫。

交通总站

1944年11月10日，高明人民抗日游击队第三大队（简称"第三大队"）成立后，为了迅速开展抗日武装斗争，打击日寇，在中区纵队军事督导组的帮助下，第三大队先后在小洞、水井洞、布社、石岩底、屏山、平塘、冲坑坪、大简、杜村、金鸡坑、长岗等地建起了一批交通站和医疗站网点。

小洞是第三大队的大本营，司令部设于梁氏祠堂内，小洞交通站是直接归属司令部领导的一个大站。梁金（下称"金伯"）为主要负责人，交通站设在梁金的家里。金伯，小洞军屯村人。1937年开始从事交通工作，长期战斗在隐蔽的交通线上，有着丰富的斗争经验。经过多年的锻炼和考验，他具有思想觉悟高、立场坚定、责任心强、头脑灵活、反应迅速、警惕性高等优点。同时，对周围环境非常熟悉，对当地社会状况了如指掌，是交通站负责人的合适人选。金伯不负众望，勇敢地挑起了这副重担，把小洞交通站的工作搞得有声有色。

他领受任务后，全身心地投入到交通站的建设中去，和陈定一起，按照上级的意图，根据客观条件和实际情况，认真分析，缜密考虑，在选人、配置、路线、分工等方面做出了合理布局和安排，拟出了建立情报传递组和情报搜集组的方案，上报经批准后，按拟定的方案分轻重缓急，一件件抓紧落实。

金伯的第一步工作是把情报传递组建立起来。上级分派陈定专门担任第三大队司令部与中区纵队司令部机关的联系工作（被中共高明县特派员冯华同志称作政治交通员）。梁才专门负责与第三大队领导人的联络工作。陈励（先）、陈荫（后）、梁汝扳、梁莉（女）等为交通站固定交通员，与各地交通站联络。另外，还挑选了一批可靠的、信得过的同志作为后备交通员，这些后备交通员有梁木、梁兆、梁北海、梁银（女）等十多人。金伯负责交通站的全面工作，直接与司令部联络，若有绝密情报或特别紧急的信件，则亲自出马处理。

第三大队被改编为第三团后，为适应战事需要，扩充了一批交通站和医疗站网点，从高明境内延伸至新高鹤地区的鹤山宅梧、合成，新兴水台、高要鳌头等地。后来，需传递信件的点多了，路程远了，又因陈励受到敌人通缉，被调去部队，梁莉被抽调到抗日解放军司令部工作，人手少了，工作任务重了，金伯及时做出了人员调整，充实送信队伍。上级从新兴坝塘调来了崔婵协助金伯负责情报站的管理和情报抄写工作。其间，金伯时常亲自上阵，披星戴月，奔波在三四十个交通站之间。副团长沈鸿光看见金伯不要命地拼搏在交通线上，感慨地送给金伯一个"铁脚交通王"的称号。

妻子罗灶是金伯的贤内助，是一名不脱产的编外交通站工作人员，为交通站分担了不少工作。罗灶虽然没有什么文化，识的字也不多，但她明事理、识大局，也懂得革命的道理。为了减轻交通人员的负担，她尽快熟悉了业务，得到各地交通员的信任，他们放心地把情报、信件交到她的手上，由她处理，她也成了交通站的一把好手。

情报传递组的全体人员对党忠诚，视交通站的工作比自己的生命还重要，没有一个因贪生怕死而暴露党的秘密。他们怀着对革命高度负责的精神，日夜奋战在交通线上，任凭风吹雨打，机智地闯过了一道道险关，圆满地完成了每一次任务。

金伯的第二步工作是建立情报搜集组。为了及时掌握敌人的动向，获取更多、更准确、更有价值的情报，金伯运筹帷幄，费了一番心思，很快就在国民党高明二区党部的眼皮下,建起了一个由他直接掌握的绝密情报搜集点。

这个点设在更楼圩的四邑旅店。店主梁欧新,1892年出生,时年52岁,是金伯的同宗兄弟。他交游广、熟人多,认识不少军界、政界及地方的头面人物,甚至一些丐帮人士、"捞家"、"大天二"都是他的朋友。金伯将他侠胆义肝、守信用的性格都了解得一清二楚,认为搜集情报需要这种人。金伯找了梁欧新做工作,把情报搜集的目的向他和盘托出来,与他商量,让他帮助解决。梁欧新深明大义,向金伯做出了正面回应,愿意为革命出力。金伯考虑到梁欧新只会说、不懂写的情况,提出让同村兄弟梁锡祥到旅店当店员,负责笔录,帮忙书写情报工作,梁欧新连连点头叫好。

店员梁锡祥,1887年出生于佛山,时年57岁。其父亲在佛山一粤剧戏班子里司职鼓乐手。梁锡祥自小在父亲的督促下用功读书,虽然只读了几年书,但能写会算,字写得特别漂亮。1938年年底,佛山沦陷,梁锡祥为逃避战火回到家乡,在更楼圩开了一间名叫灼利的肉档,靠卖猪肉、牛肉养家糊口。他为人诚实,见过世面,是个明白人。回到家乡后,受革命思想影响,同情革命,支持革命。当金伯找他谈话,说明情况后,他马上明白过来,甘愿为革命出力,立刻接受金伯交给他的任务,愉快地到四邑旅店当起了伙计。

在更楼圩设据点的关键问题已经得到解决,只缺一名到四邑旅店取情报的角色了。其实,金伯早已心中有数,此人便是麦边村一个叫李胜的年轻小伙子。李胜,麦边村人,1927年8月出生,时年17岁,金伯看着他长大。他年少丧父,11岁已挑起家庭的担子,在军屯村做了两年长工。13岁,又到塘角村打了两年长工。15岁时,用四年打长工攒来的工钱购置了两亩六分土地,自己回家种起了田来。金伯观察到这个小伙子有理想、有骨气、能吃苦、诚实可靠,能够胜任到四邑旅店取情报的任务。李胜由于长期受小洞人民开展革命斗争的影响,也具有一定的阶级觉悟,当金伯向他说明情况,布置任务时,他十分乐意地接受了这项光荣的任务。从此，他以给四邑旅店送粮、送蔬菜、送柴草等为借口，在梁锡祥处取了情报后偷偷地带回家里，等到晚上金伯去麦边村的甘蔗园过夜时再交给金伯。这个情报搜集组在金伯的精心组织下，很快展开了工作，陆续为部队收集到了大量情报。梁欧新不辱使命，多次完成金伯交给他的任务，还机警地从台山、开平、赤溪及中山等地区购回了不少部队所需的武器弹药，为支援部队打击敌人做了不少工作。

1946年年初，革命进入低潮阶段，按上级指示精神，为了保存实力，小洞交通站暂时停止了活动。除金伯因受到国民党当局通缉而转移到高要躲避敌人追捕外，其他人员都在家乡潜伏下来，等待恢复斗争的那一天的到来。

二区政权

1944年10月底,中区纵队遵照中共中央、广东省临时委员会(简称"临委")、军政委员会关于广东的抗日武装斗争应按向西发展的战略意图,胜利挺进粤中,抵达鹤山县云乡,11月7日到达宅梧镇。

为了实现省临委、军政委员会关于中区纵队主力挺进粤中后,"以四邑为基地,逐步向西江、南路推进"的战略部署,第一步目标,中区纵队首先以宅梧为中心,迅速派出部队深入农村,广泛宣传发动群众,大力开展统战和加紧抗日民主政权的建设工作,努力开辟新(会)高(明)鹤(山)皂幕山和老香山抗日游击根据地。在短短一个多月的时间里,先后在新会十区、十五区、鹤山二区、三区、四区建起了五个区级抗日民主政权,并在上述地区及开平水井建起了八个乡级抗日民主政府。建立高明二区的抗日民主政权问题,早已被列为中区纵队的下一个重要目标。

高明二区(辖今高明区更合镇,鹤山市双合镇的合成片,新兴县水台镇东片和高要区活道镇的鳌头、横江一带),位于皂幕山抗日游击活动基地的一翼,与宅梧地区的西部和西北部山连山、水连水,处于皂幕山与老香山之间的广阔地带,是开展抗日游击活动十分理想的地域。从地理位置看,是我党我军必争之地,所以,在高明二区建立抗日民主政权有着十分重要的战略意义。

高明二区具有光荣的革命斗争传统,是大革命以来广东地区较早恢复党组织的地区之一。从 1935 年 8 月起，"三小"力社组织遍及各乡村。1939 年 3 月，中共高明县委在此成立，该地区是抗日活动区。1944 年 9 月，两路日军过境高明二区时，多条村庄成立了抗日武装，抗击日军入侵，抗日运动在二区达到了高潮。随着声势浩大的"倒钟"运动的胜利，高明人民抗日游击队第三大队成立了。党基本控制了二区的大部分地方，人民群众的觉悟日益提高，人民当家作主的呼声空前高涨。在二区建立抗日民主政权有着广泛的民意基础，政治条件业已成熟。

中区纵队、中共高明地方组织，根据抗战形势发展的需要和人民群众的迫切愿望，及时把握时机，决定以建党早、群众基础好、地理条件优越的小洞为中心，建立高明县抗日民主政权——第二区人民行政委员会。

同年 12 月 22 日，中共高明地方组织在中区纵队政治部的指导下，高明二区人民行政委员会成立大会在小洞军屯梁氏宗祠隆重开幕。出席大会的有各乡村代表和社会各界各阶层抗日爱国民主人士代表 200 多人。中区纵队政治部主任刘田夫，中共中区副特派员、高明人民抗日游击队第三大队政治委员郑锦波，中共高明县特派员冯华也到会出席了会议。刘田夫同志主持起草了施政纲领，并在会上做了报告。经大会代表们讨论，一致通过了以"抗日、团结、民主和进步"为中心的施政纲领和第二区人民行政委员会的组织章程；决定军屯梁氏宗祠为第二区人民行政委员会会址；大会选举产生了人民行政委员会主席（区长）阮贞元、副主席（副区长）陈殿超和黄之锦、陈励生、谭宝荃、黄懋忠等十多名委员。大会从 12 月 22 日开始，到 25 日胜利结束。

高明二区人民行政委员会代表大会期间，处处洋溢着一派欢乐的节日气氛。当时的情景正如原中区纵队副司令员谢立全在《挺进粤中》一书中所描述的那样：在高明二区建立人民政权那天，真是隆重和热闹异常。会场设在小洞梁氏祠堂。祠堂门口竖起各色彩旗，迎风招展。会场里四壁上贴满了标语，正中央悬挂着一条巨幅标语，上面写着闪闪发光的金字："庆祝二区人民政府成立"。各乡选出的代表像过年一样，穿着自己最好的衣服，敲锣打鼓，鸣放爆竹，聚集在梁氏祠堂会场。

这一天，群众头一次享受到当家作主的民主权利。经过代表们的讨论，选举结束后，群众继续联欢。为了庆祝人民政府成立，他们还舞了狮子和演出文艺节目，一直欢腾到深夜。

大会召开期间，小洞人民热情周到地招待四方来客。妇女们烧水做饭，搞好后勤工作，男士们打鱼杀猪，安排代表食宿。青年民兵协助游击队员日夜站岗放哨，做好安全保卫工作，保证了大会顺利召开至圆满结束。

冬月"十六"

1944年12月30日（农历十一月十六日），是小洞人民刻骨铭心的日子。

一、大军压境

1944年12月22日至25日，高明县第二区人民行政委员会代表会议在小洞军屯村梁氏宗祠胜利召开，当小洞抗日根据地的军民还沉浸在欢庆二区人民行政委员会成立的大喜日子的时候，国民党反动当局正在酝酿着一个极大的阴谋。在国民党第七战区第35集团军总司令邓龙光的授意下，实施对皂幕山抗日根据地第一期进攻计划中的第三次扫荡行动。为此，国民党广东省党部西江办事处、国民党第64军158师等部门军政要员在新兴县密谋策划召开了一次"围剿""扫荡"小洞抗日游击根据地的作战会议。会议决定调集国民党军第64军158师473团、高要自卫大队、驻鹤山白水带的黄柏森部和高明国民兵团共2000余人，于12月30日对抗日游击根据地、高明县第二区人民政权所在地的小洞实施大规模的围剿行动，企图彻底消灭高明人民抗日游击队第三大队，摧毁小洞抗日游击根据地。158师前进指挥所根据会议定出的四面包围、分进合击的策略和战术意图，拟出作战计划，做出具体周密的作战部署。其具体兵力部署是：

（1）158师473团辖三个步兵营，每营有三个步兵连，每连装备轻机枪9挺，一个重机枪连（有4挺重机枪），约1200人担任主力,从西南至西北方向包围小洞。团长黄道遵率领团直属队及一营(欠第三连)、三营从合水进入塘花后迫近小洞,占领飞鹰岭、骡顶高地一线,防止游击队向西北方向撤走。该团二营到达吉田后转入水井洞进到田村,以两个连的兵力取道高汉、万屋,占据偷鸡坳截击游击队西撤。以一个连的兵力从田村进入半天洞,翻过落塘岭顶沿藻坑直插小洞坑,到达都陵形成一道扇形封锁线,阻止游击队向西南方向转移。

(2)廖强率高要县自卫大队三个中队和驻在白土的李少雄为大队长的县府第二自卫大队、梁恩为大队长的县府特务大队500多人(因为余汉谋是高要当地人,因此,该县的武装在人员、装备上比一般县的都好得多),担任小洞北面的包围任务,从滩底方向登山,抢占鸡啼岭,阵设红背岭,封锁回马岭等高地,防止游击队向北突围。

(3)黄柏森团队约200人担任封锁小洞东面一线,进入观音座抢占控制各个制高点,防止游击队向东突破。

(4)高明县国民兵团100余人,由军事科长、兵团副团长潘维尧率领,担任小洞南面中山村一线的封锁任务,占据禾仓岗一带的制高点,阻击游击队南撤。

(5)由158师473团团长黄道遵担任前线总指挥。

(6)各部在12月29日傍晚行动,12月30日9点半前到达预定地点集结待命。

(7)总攻信号:在鸡啼岭点燃大火后,开始大举进攻,进行清剿扫荡。

国民党当局作战会议刚一结束,立即调兵遣将,令各部进入战斗状态(离我二区人民行政委员会代表会议结束不到五天就采取了军事行动)。12月29日大清早,158师派出参谋人员,带着行军和作战命令赶赴高明、高要、鹤山等地下达督战令。敌473团团长黄道遵则在12月29日上午到新兴县师部领受任务后,又马不停蹄赶回腰古的团部驻地。直接到各营布置任务,要求团部有关人员马上进行补给,发放枪械弹药,令全团做好行军作战准备,并下达了当天晚饭后连夜行军向小洞进发的命令。高明、高要、鹤山等县国民兵团自卫大队亦不敢怠慢，做好各项战斗准备。晚饭后，各部开始扑向小洞。

二、紧急转移

12月29日，夜晚10点多，辛苦劳作了一天的小洞军民大都已经进入梦乡。突然，合水万利药铺的彭龙风尘仆仆地赶到小洞交通站，见到金伯说："特急件，快交给司令部。"金伯旋即把彭龙带到第三大队司令部，将一封特急机密件交给参谋长劳光。劳光打开信件一看，信上赫然写着"敌158师800多人，已到达横江，明天进攻小洞"。劳参谋长马上向大队长黄仕聪、政委郑锦波、副大队长沈鸿光报告。沈鸿光听到此消息后，凭经验判断，敌人的此次行动是一次大规模的军事行动。为弄清敌人的真实意图，他要求彭龙把所知道的情况详细说一遍。彭龙称："此消息来自高要鳌头交通站，据报，敌158师800多人，晚上8点多到达横江村一带驻扎，团部驻在东横江的和庆堂。不久，该团通知乡长、保长及士绅召开会议，这一消息被鳌头地下党负责人伍子高得悉，指示该村伍鉴衡以保长的身份参加会议。伍鉴衡在会上获悉敌人次日上午四面包围小洞，向小洞大举进攻的军事行动。会后，敌人强迫伍鉴衡去找人当向导，他便乘机回到交通站汇报了敌人动向。伍子高听后，果断派伍栋才立即向合水联络站（即万利药铺）报信。伍栋才马上出发，机警地绕过了敌军的封锁线，飞奔赶到药铺，把特急情报交给了我，并把取得情报的情况告诉了我。我马上抄近路，经金城庙交通点，飞速赶到小洞。"听完彭龙的情况介绍后，几位领导商议吩咐通知有关人员召开紧急会议。

就在这一刻，又有一位香山脚井坑的交通员拍马赶到，将一封特急情报递交给参谋长，此情报称"侦悉国民党军158师473团300～400人已从新兴县进入到高明县境，现正向吉田村方向移动"。这两份来得十分及时的情报，给第三大队的首长们做出正确判断提供了非常可靠的依据。

参加会议的人员很快齐集司令部,参谋长向大家通报了敌情,让大家发表意见。经过分析研究,大家的判断比较一致,主要归纳为:

第一,敌人此次军事行动的意图,是想一举歼灭第三大队和摧毁高明二区人民政权。

第二,预料敌军会四面包围小洞,重点在东、西、北三个方向进攻。

第三,估计敌军兵力较强,除473团外,可能还会有其他团队参与,总兵力起码十倍于我军。我军不适宜与敌纠缠硬拼,应避其锋芒和锐气,连夜撤离小洞。

第四,估计敌军在南面部署的兵力会比较薄弱,我军应该向南转移到蛟塘村。南面的山势虽不高,但林密且一山接着一山连绵不断,向南可通往皂幕山,地域广阔,回旋余地大。

第五,挺进粤中的中区纵队司令部已经到达宅梧一带活动,向中区纵队靠拢,可以相互策应,集中兵力对付敌军。

大队首长听取了大家的发言,判明了敌情,果断发出第三大队及二区行政委员会的工作人员立即向更楼蛟塘转移的命令。各连队接到命令马上收拾行装静悄悄地撤出小洞,连夜向蛟塘进发。在小洞已经集训了20多天的中区妇女骨干训练班的40多名学员,由谭本基带领也撤离小洞,跟随井坑的交通员避开敌人,转移到高村去。

在这次紧急会议上,第三大队首长十分关心小洞群众的安危,特别交代叶衍基、陈励生带领部分小洞武装常备队队员留下来,同小洞党支部一起组织群众撤离,掩护群众疏散。完成任务后带领常备队员跳出包围圈,赶去蛟塘与第三大队会合。

三、拦截阻击

部队刚走,叶衍基、陈励生二人与小洞党支部立刻召开紧急会议进行部署:

（1）根据敌军不善夜战的特点和敌人还未来得及完成包围圈，估计敌军当夜还不敢进村。为避免引起群众的恐慌，暂时不向群众通报敌情，只通知各村暗中派出人员加强巡逻警戒。

（2）连夜组成四路人马，次日早晨从四个方向阻击敌人，拖延敌人的行动，赢取时间掩护群众撤离。具体分工是：东路由陈松、陈苟负责带领塘角村的武装队员陈定、陈虾、陈本、陈安、陈祯、陈章、陈应才、陈新，新村的陈赖枝、陈浩、陈柏、吴全，悦塘的陈开森、陈有、陈祥、陈财等，出佛坳占领观音座等制高点。

西北路由梁扳负责带领军屯村的梁常、梁细金、梁学、梁泽良、梁汝扳、梁培（了哥培）等越过分水坳，占领飞鹰岭、骡顶、登山等制高点，并在滩底岭顶设瞭望哨。

西路由黄荣负责带领盘石村、麦边村的武装队员黄坚、黄金、叶根、李开、李新、陈次等，进入落塘，占领偷鸡坳等有利位置，扼守要点。

西南路由黄朝、叶文负责带领盘石村几个武装人员登上狮子岭，监视西南方向的敌军行动。

（3）指定各村负责人组成指挥小组，在第二天天亮后向村民通报敌情和组织引导村民迅速疏散撤离。

（4）估计敌军在南面的兵力较为薄弱，建议各村群众向南疏散躲避。

国民党军各路通宵行军，执行预定部署连夜赶路，按规定在次日上午9点半赶到集结地点。

158师473团从新兴腰古驻地出发，团长黄道遵率团指挥所、直属队及一营（缺第三连）、三营经活道到横江宿营，30日经过合水时，高要的廖强上前向黄道遵报告情况（原来廖强已先于473团到达洞口集结）。黄道遵部通过合水时已经天亮，在黄的指挥下分几路逐步向小洞探索前进。473团的二营到达吉田后转入水井洞进至田村、高汉、万屋后生火做饭，吃完饭就地休息，待天亮后，再进入小洞地界的落塘、偷鸡坳。

高要廖强部分别从驻地出发，抢占了滩底至瑶村一线。

　　黄柏森团队从白水带出发，经塘肚、云良，顺利地通过更楼圩进入东面的观音座地带。

　　潘维尧率领高明县国民兵团从明城出发，经龙虎迳通过更楼，7点钟左右到达平塘三进庙，准备向中山村进发时，突然遭到平塘村武装自卫队的迎头痛击，被猛烈的火力拦住了去路无法通过，潘维尧部不得不掉转头来窜到更楼，找更楼联防队谢锡芬带路，去和黄柏森部在观音座会合。这样，给小洞的南面留下了一个大缺口，为小洞老百姓南撤留出了一条通道。

　　30日早晨6点钟前，小洞派出的四路人马已静悄悄地进入各个阵地，警惕地注视着敌人的一举一动。约7点半，守候在观音座、飞鹰岭、偷鸡坳的小分队先后发现了敌人的动向，均派出了队员飞快地赶回村里报告敌情。各村的负责人接报后，及时通知村民，边走边大声喊叫"国民党进村了，快点走啰！"催促村民收拾东西尽快向南撤离。

　　8点前后，观音座、飞鹰岭和偷鸡坳的三路人马先后同敌军接上了火。最先同敌军开火的是把守偷鸡坳的小分队。

　　偷鸡坳是一座较高的大山，坐落于小洞西边约4公里与高汉、万屋的交界处。此山有一个山隘，是高汉、万屋通往小洞的唯一通道，地势险要，易守难攻，是一道"一夫当关、万夫莫开"的天然屏障。

　　把守在这个关口的是由黄荣率领的盘石村和麦边村组成的小分队。他们早上6点多已经进入该阵地了。7点多，听到万屋方向传来人马嘈杂声，大家马上警觉起来，分散进入阵地，屏住呼吸等待敌军靠近。

　　50米、40米、30米……473团二营的尖兵排终于过来了。黄荣一声令下，从各个方向射出的子弹集中飞到了隘口处，打得尖兵排晕头转向。过了十多分钟，敌军用猛烈的火力向我方阵地射击，实施火力侦察。黄荣下令不准还击，不要上当,以免暴露目标。敌军找不到我方小分队所处的具体位置,又不敢通过隘口,这样对峙了许久。半个多小时后,敌军100多人在山脚下一线散开,小心翼翼地从下往上,慢慢搜索上来。黄荣看见敌军人多势众,不敢恋战,下令队员往落塘方向撤退。

小分队的行动被敌军发现,遭到了100多敌兵的追赶。为了摆脱敌人的追击,黄荣下令小分队队员化整为零,分散躲藏在各条山坑的密林深处,队员们得以脱离危险。

扼守在观音座阵地的小分队,与敌人争夺观音座的战斗尤为激烈,他们两次挫败了敌人的进攻。观音座距小洞悦塘村只有1500米左右,南侧200米左右有几个小山岗,观音座与几个小山岗之间有一条通往更楼圩的小路,是防御敌人进入小洞的咽喉要地。日军过境高明时,小洞自卫队已在观音座上构筑了一些防御工事。

早上6点,陈松、陈苟带领的小分队按时进入该阵地,占领了这几处制高点,做好了依托工事阻击敌人通过,掩护群众疏散的准备。将近8点钟时,观音座的观察哨发现东边远处的山坡旁出现了一队人马,向我方阵地走来。陈松发出信号,要求队员注意隐蔽,等敌人靠近了再打。黄柏森部队排成一路纵队,慢吞吞地穿过高田坪的花生地,越过罗丹桥,靠近观音座山脚,此举被在高处的小分队队员一览无余。

此时,敌人派出40人,拱肩缩背往观音座的山顶爬,到了半山腰时,陈松大喊一声:"开火!"霎时,猪仔炮、七九枪、火药枪齐鸣。40多名敌人被打懵了,吓得抱头鼠窜,退回山脚隐蔽。黄柏森不曾料到在这里中了埋伏,他的去路被挡住了。为了通过此处进入小洞,必须抢夺观音座高地的控制权。于是,黄柏森组织100多人实施了第二次进攻,结果又被英勇顽强的小分队打退。

正当黄柏森无计可施的时候,由更楼联防队副队长谢锡芬引路的高明国民兵团赶到。谢锡芬看见黄柏森陷入了被动,便向黄柏森提出采用迂回包抄的战术夺取观音座的建议。黄柏森采纳了谢锡芬的建议,派高明兵团迂回到观音座的北侧进行攻击。派100多人攻击观音座南侧山头,得手后,由谢锡芬带路插到香坳和佛坳,堵死我方的退路,由他指挥100人实施正面攻击。部署完毕后,左右两翼开始行动。

敌人向左右两侧运动的动向,陈松看得十分清楚,并判断敌人实施的是迂回包围战术。9点多钟,他估计老百姓已疏散得差不多了,掩护群众撤离的目的已经达到,于是当机立断,下令撤出了战斗,跳出了敌人的包围圈。

9点半,鸡啼岭上火光冲天,浓烟四起,敌军发出了进攻的信号。各路敌军才慢吞吞地向观音座、飞鹰岭、偷鸡坳压过来。小洞派出的几路小分队凭着熟悉的地形,不断变换位置对敌人实施射击,敌人只好走走停停,不敢大胆前进。但终因敌军人多势众,武器精良,派出的几路人马只好撤出战斗,趁机钻进密林,返回安全地带。在狮子岭的黄朝、叶文等看见都陵方向有上百敌军气势汹汹地压过来,也撤出战斗。

四、疯狂占领

敌军因受到我方几个方向的拦截阻击,担心遭到埋伏,不敢贸然进入村庄,经过试探,直到10点多才陆陆续续进入各村。这个时候各条村庄已是空荡荡的,大部分村民已经撤至罗丹、中山、蛟塘、泽河等地,远的已去到横村、陇村和屏山村,但有一小部分村民只是躲藏在附近的山岭上。因为事发突然,村民都走得很急,大多数村民只是随身带了少许衣物和粮食,谁又会料想到158师473团及廖强部在小洞一占就是五天呢?流落在荒山野岭的小洞老百姓只好忍饥挨饿、受寒受冷,受尽身体和内心的双重煎熬。

158师473团团长率领团直属队及一营包围了军屯村,在高地塘架设了机枪,封锁闸口,强占了祠堂,在万通祖开设了团部临时指挥所。二营占领了盘石村、麦边村，三营占领了塘角村，廖强部进占了新村和悦塘村。

过了不久，高明国民兵团副团长兼军事科长潘维尧率领县团队来向黄道遵报到，说各村家家户户都关门闭户，空无一人，没有见到共产党和游击队的踪影。黄道遵听完报告后，十分懊丧，没有抓到一个"老八"（指八路军），继而火冒三丈，严令各部挨家挨户搜查。其部属领命后，里里外外翻箱倒柜、刣猪杀牛、捉鸡拉羊、糟蹋农具，无恶不作，把小洞搞得乌烟瘴气。

"剿共"的第一天徒劳无功，一个"老八"也抓不到，黄道遵心里很不是滋味，不甘罢休。当晚，他思来想去，下定决心要找到隐藏在山上的游击队，并予以全部歼灭。

第二天，黄道遵下令部队休息一天，养足精力。他趾高气扬地到各条村庄巡视一番，当去到盘石村见到有座黄家祠堂时，触景生情、思绪纷繁，仗着是"黄埔系"的"后起之秀"，得到邓龙光的赏识，再加上自己指挥的部队装备精良，根本不把游击队放在眼里。认为那些没有经过"正规训练"的小游击队只是些"乌合之众"罢了，实属不堪一击，自己的胜利必能唾手可得。想到这里，便十分自负地在该祠堂的墙壁上随手写上"祠堂虽老，做事还不如童"的字句。黄道遵手下副团长黄韬远在第三大队司令部搜到一箱（几百块）没有雷管的黄色炸药，做出"这不是一般的地方游击队"和"想不到高明突然有共产党的军队"的判断。不过黄韬远怕影响黄道遵歼灭游击队的决心，没有对他说；同时也想看看他出洋相、闹笑话。

第三天，元旦（1945年1月1日）早上，黄道遵命令副团长黄韬远率二营和高要廖强一部沿左侧小路，向瑶村、白石、更楼方向搜索，他自己则率一、三营，团直属队及廖强一部，沿右侧小路向平塘村、中山村、蛟塘村方向搜索前进，探明共产党部队。

五、巧布伏兵

话分两头。话说第三大队撤到蛟塘村后,派出梁景光赶到驻在宅梧的中区纵队司令部,将敌军围攻小洞和第三大队安全撤至蛟塘等情况向纵队首长梁鸿钧、连贯、罗范群、谢立全、刘田夫等首长做了详细汇报。汇报完毕,中区首长们围在作战地图前,你一言我一语地议论起来。副司令员谢立全说:"金岗战斗后,我们已料到敌人不甘心失败,短期之内将会卷土重来,所以早有准备。"有的说:"估计敌军围剿小洞扑了个空,没有达到歼灭第三大队的目的,肯定不会死心,必定会四处搜索。""这次黄道遵送上门来了,我们来一个将计就计,在更楼马律后山癫狗山一带设伏,集中主力大队和第三大队给予敢于冒死闯来的黄道遵以狠狠打击,灭一灭敌人的嚣张气焰。"很快中区纵队首长们形成了统一意见,确定在癫狗岭设下埋伏,与158师473团决一死战。

1944年12月31日夜,中区纵队副司令员谢立全率领主力大队冒着凛冽的北风,由梁景光领路,从宅梧驻地出发,翌日凌晨4点钟抵达了蛟塘与第三大队汇合。谢立全副司令员马上召集有关人员迅速做出了伏击战的部署。在1945年新年第一天的拂晓时分,中区纵队主力大队和第三大队的战斗人员悄悄地进入伏击阵地埋伏,严阵以待,准备痛击敌人。为了引蛇出洞和减轻小洞人民的压力,天亮后,派出陈励生带领一支小分队到小洞滋扰敌军,引诱敌军上钩。上午9时许,小洞与平塘之间的路段忽然枪声大作,陈励生率领的小分队与敌473团的先头尖兵分队打了起来。陈励生领着小分队佯装失败且战且退。敌473团的先头分队则穷追不舍,追了一山又一山,一直追到我军布下的伏击圈内。敌473团的后续部队也跟着进入了伏击圈。"敌军中计了!敌军上钩了!"战士们顿时兴奋异常,高兴得差一点跳起来。这时,梁鸿钧、罗范群、连贯和刘田夫已攀上谢立全副司令员所在的山头。谢立全把望远镜递给了梁鸿钧,梁鸿钧端起了望远镜向敌人方向看了一会儿说:"现在敌人大约有一个营的兵力已进入伏击圈内了,打吧!"

谢立全随即下令开火。霎时，机关炮、迫击炮、掷弹筒和轻重机枪一齐轰鸣，枪炮声响成一片，敌人被这突如其来的袭击吓得趴在地下，不敢动弹，癫狗山战斗正式打响了。不久后，黄道遵率领的后续部队也急匆匆地赶来，进入我军布下的伏击圈内。黄道遵赶到后，兵分三路组织了六七次冲锋，均被我军顽强击退。激烈的战斗一直持续到太阳西沉。晚上7点多，天黑了，黄道遵泄气了，再也不敢恋战，于是收兵，缩回了小洞。

此战，敌473团不但没有剿灭游击队，反而损兵折将，伤亡了30多人。黄道遵那嚣张气焰一落千丈，神色十分黯淡。

六、狼狈退却

后来的两天，黄道遵带领部队龟缩在小洞再也不敢轻举妄动，不敢出去找游击队寻衅滋事了。但仍然在小洞为非作歹、残害百姓、搜刮民财。到了第五天（即元月3日）的早上，黄道遵在团部召集各营营长开会，宣布共产党部队已经撤走，目前找不到游击队的去向，没有必要在小洞继续住下去了，拟于当天晚上撤出小洞退回合水圩，以后等待师部命令行动。随后，叫副团长黄韬远拟个命令，由他签名，发至各营、连执行。

黄道遵"剿共"落空，还遭受损兵折将的打击，心有不甘，怒气未消，竟把失败的怒火撒向小洞人民的头上。会后，他把心腹林秉刚和廖强留下，面授火烧小洞的旨意。及后，林秉刚奉旨找到小洞反动恶霸陈佐登一伙，商讨火烧小洞的做法。陈佐登向来仇恨共产党，早就想把共产党赶尽杀绝了，见到有报复的机会，便操起大棒，为林秉刚出谋划策，主张要将所有参加游击队的人，所有参加活动的共党分子及其亲属的房屋一律烧掉。陈佐登把陈耀聪、陈励生看作共党头子，视作眼中钉，咬牙切齿、声嘶力竭地大叫，一定要铲平这两个人所在的村庄（新村和塘角村）。在谈到具体如何执行时，陈佐登提出先由他们一伙在要烧的房屋门前做上记号,后由军队士兵往做了记号的房屋内堆满柴草,当军队撤离时,再用火点燃的馊主意。林秉刚边听边频频点头,向陈佐登竖起了大拇指,吩咐按陈佐登说的分头行动。陈佐登一伙特别卖力,分头到各条村庄无一遗留地做上了记号。林秉刚则回去集合部队向士兵训话,丧心病狂地号召士兵"每人都要点火烧屋";又口出狂言恶语,声言"不给共产党留下任何物品";还丧尽天良地纵容士兵往老百姓家里的米缸、粉缸、酱坛、酸菜坛里撒尿拉屎。

七、不赀之损

当天入黑,敌473团按计划撤离小洞,担任后卫营营长的林秉刚执行黄道遵的命令,在小洞各村庄全面放火焚烧。顷刻,全小洞火光冲天,浓烟四起,成了一片火海,火光把整个天空都染得通红。躲在附近山岭的群众看见火光后,都匆匆地赶回来拼命扑救。可是,在这风高物燥的季节里,火哪能扑得灭呢?这场大火整整烧了一夜。待第二天躲在各地的大多数群众归来时,到处还冒着青烟,映入人们眼帘的处处都是残垣断壁,街头巷尾布满了禽畜的毛血,一片凄楚悲惨的景象。

以158师为首的"围剿"行动给小洞人民造成了惨重损失。这场浩劫夺去了11条生命。塘角村的陈大添在村里被射杀,麦边村的陈标在佛坳被枪杀,新村的梁丁香被敌兵轮奸至死后丢弃在粪池里,麦边村李开的女儿和军屯村梁奴的女儿被大火烧死,六个外乡人被捆绑关押在新村的一间书屋内,有四人被活活烧死(两人在敌军射杀时枪声一响便立即倒下才得以逃生,其中一位是瑶村的苏镜),军屯村梁宣的女儿失踪,悦塘村的陈水生被殴打至重伤后死亡。据不完全统计,全小洞被烧房屋共300余间,尤其是新村和塘角村被烧的最多,新村50多间房屋烧得只剩三间,塘角村八成房屋150～180间被烧,军屯村50多间,盘石村12～14间,悦塘村十五六间,麦边村五六间。被宰杀和被抢走的禽畜不计其数，其中耕牛26头，生猪300多头，鸡、鹅、鸭被宰杀得不留踪影，猫、狗几乎绝迹。国民党军队还捉来挑夫抢粮食，挑走的稻谷、大米超过大半，挑不走的全部被大火烧成了灰烬。这班家伙还抢走了犁、耙、锹、锄等农具，连农民家中的锅、瓢、碗、筷也全部打碎砸烂。这股国民党军如同禽兽，所犯下的罪行罄竹难书，小洞人民痛骂其为"158贼"。

劫后两天，中区纵队派出政治部扬基同志、第三大队派出政工队长陈励生同志带领工作队前来小洞做善后安抚工作。他们带来了钱、粮、肉和一批物品，派出了医疗组为百姓治病，也带来了共产党的温暖，慰问劫后的小洞人民。后来还派来了两名教师，免收学费，帮助小洞恢复学校教育。坚强的小洞人民没有被敌军气势汹汹的"围剿"所吓倒，而是振作精神，重整旗鼓，更坚定地同共产党一起，勇敢地投入到生产自救的工作中去。

铲恶除奸

1944年12月30日,国民党158师473团及地方部队2000余人大举扫荡小洞,在五天的疯狂洗劫中,使小洞损失极为惨重。

敌军撤出后,小洞人民进行劫后重建工作。在统计损失时发现,被烧毁的房屋绝大部分都是游击队员和革命积极分子的家。这一情况引起了大家怀疑,估计是小洞一些反动势力向国民党当局通风报信引来的后果。

第三大队(1945年1月29日,改称"第三团")得到报告后,马上派保卫人员和小洞除奸队一起,对小洞的一些与反动势力有关的人员进行了初步排查。从群众反映的情况中,比较集中在梁磷(化名)的身上,大家结合梁磷平时的表现,认为他作案的嫌疑较大。梁磷,曾在国民党军队服役,上过军校,当过排长,退役后,在家乡开碾米加工作坊。他经常巴结国民党更合二区上层人物,与梁子珍、曾襄廷、廖湘洲、黎启荣、何维等一班横行乡里的反动头目为伍,和小洞恶霸陈佐登一伙沆瀣一气,欺负百姓,十分仇视革命,多次打击村中的进步人士。

为了查清事实真相,除奸队把梁磷列为重点调查对象。经过近两个月的深入取证调查,掌握了梁磷三个方面的确凿证据:

其一是158师在小洞驻扎期间,他不辞劳苦为该师部队效劳,不遗余力日夜加班加点给国民党军加工粮食,把大米送到敌军的炊事班去。

其二是 158 师撤离小洞当天,充当放火烧屋的马前卒,带领国民党士兵,在游击队员、革命积极分子的家门前做记号。

第三是大量收集我方情报,经常以下乡收购稻谷碾米做借口,暗中窥视我部队的行动,打探我部队的消息。小洞武装常备队、第三大队在麦边村驻训期间,他几乎天天到麦边的李家祠堂部队炊事班讨水喝,找战士拉家常,问这问那,趁机刺探军情,诡秘地打听游击队的人数、武器、队员名单,甚至连炊事员的名字都准确记录在案,细心得连盘石村李润好家什么时候住过多少个女游击队宣传员都记录得清清楚楚。

事实和证据充分证明梁磷充当了国民党奸细,危害了革命利益。第三团决定采取果断措施,迅速把这个奸细抓捕归案。1945 年 2 月 12 日(除夕)夜,派出武装人员监视其居所,13 日(大年初一)凌晨,入屋将他抓获,逮押到第三团临时驻地泽河村审问。在审讯过程中,一开始,梁磷的态度十分顽固,几天后,他才在事实面前低下头来,避重就轻地做了一些交代:承认接受国民党更楼区负责人梁子珍的派遣,收集小洞根据地和部队的情报;承认 158 师撤出小洞当天,负责在军屯村、盘石村和麦边村的游击队队员家门前做记号:"1945 年 1 月 3 日上午,158 师营长林秉刚,召集陈佐登和我们开会,研究执行黄道遵团长有关火烧小洞命令的具体细节。陈佐登提出先在游击队员的家门前做上记号,然后,派士兵往屋内堆放柴草,部队撤离时点火的馊主意,被林秉刚采纳了,林秉刚派我负责上三村做记号的任务。"

2 月 20 日(大年初八),广东人民抗日解放军司令部率主力部队挺进恩平、阳春,建立云雾山根据地,来到小洞集结,准备当夜出发前往新兴。第三团接到命令,从临时驻地泽河村押着奸细回到小洞盘石村宿营。第三团向上级请示了如何处置奸细的问题。上级鉴于梁磷充当国民党奸细期间,积极收集我方情报,协助国民党军放火烧毁上三村 70 多间房屋,给小洞人民造成了严重损失,罪责难逃,罪大恶极,尤其是他的认罪态度恶劣,不知悔改,指示第三团立即将他处决,除去后患。当夜,部队星夜从小洞出发,按上级指示,毫不手软地惩办了奸细。

小洞人民得知共产党处决了奸细,为民除了一害,无不拍手称快,很多人为此松了一口气,不少人议论纷纷,提出很多假设和反问。譬如,假如十一月十六日那天,游击队没有获得情报,或没有及时组织群众疏散撤离,小洞肯定会血流成河,遭到灭顶之灾,会有不少革命志士人头落地,游击队员家属会被斩尽杀绝。有很多人说:"把奸细杀了,解除了对革命的威胁,革命人士、游击队员及家属的生命安全得到了保障,再也不用担惊受怕了。"也有人说:"把奸细除掉,会起到杀一儆百的作用,有力地把反动势力的嚣张气焰压下去,估计再也没有人敢明目张胆地去充当国民党的奸细了。"

建新据点

陈光进入杜村，经过近两年的努力，实现了在杜村站稳脚跟的目标。1942年10月初，陈光将计划在杜村建立抗日根据地的设想和建议提交给党小组进行研究，并向党员介绍根据地必须具备的"有牢固的群众基础；有一个坚强的党支部；有一支武装自卫队；有一个政权性质的权力组织"等要件，讲解根据地在革命斗争中的作用等有关知识。通过参加党小组的学习、讨论、研究活动，大家充满信心，认为完全有把握用两年左右的时间把杜村建成抗日根据地；一致认为关键要提高群众的思想觉悟，扎实地打好群众基础。同时还要培养大量骨干，抓紧对入党对象的教育工作，吸收思想觉悟高、立场坚定的骨干加入党组织。这两方面的工作做好了，其他两个要件就好办得多了。这次活动使党员统一了思想认识，增强了信心，明确了下一步工作的奋斗目标。

10月底，粤北省委受到破坏的真相和中共中央南方局有关指示传达到基层。南方局指示，要求国统区的党组织一律停止活动，党员实行隐蔽埋伏，上下级不发生组织关系，支部暂时不开会，也不收党费，坚持"隐蔽精干，积蓄力量，长期埋伏，以待时机"的方针，开展勤学、勤业、勤交友的"三勤"活动。中共高明县委领导人陈春霖、郑桥根据高明党的基层支部是以自然村为单位建立起来的，党员土生土长、朝夕相处、社会关系单纯的特点，经过商量后，决定不解散党的基层支部和停止组织生活，但必须贯彻执行隐蔽、埋伏的方针,积极开展"三勤"活动,把党的力量保存下来。陈光结合杜村党小组成立时间不长、群众基础还不够牢固的实际,放慢了发展党员的步子,暂停发展吸收新党员的做法。按照上级指示,采取单线联系的方式,对党员和入党对象加强理想、信念、纪律和保密方面的教育,继续在站稳脚跟上做好文章,专心地用更多的时间到农民家中"串门",广泛同农民兄弟结交朋友,着重在打牢群众基础上狠下工夫。

1943年5月,中共高明特派员郑桥面对当时严峻的政治形势,随机应变,指示各地基层组织,尝试打入国民党内部地方乡、甲、保基层政权中去,利用国民党当局的政策、法令及其内部矛盾,掩护党组织开展革命活动并进行对敌斗争。陈光认为,派党员打入国民党内部,控制乡村政权,把乡村的实权掌握在我党手中,这种办法好,这样做能起到阻止坏人利用保长、甲长身份欺压百姓,保障农民群众利益的作用。更大的好处是搬开了阻碍革命的绊脚石,可以放开手脚开展革命活动。他和党小组商量后,派出共产党员冯金顺出任村的副保长。冯金顺一心一意为百姓着想,得到了绝大多数村民的信赖和拥护,实际起到了保长的作用,把这个保的权力控制在我党小组手中。此后,这个保挂的是国民党的牌子,对国民党那一套却只敷衍了事。1944年2月,杜村保长换届,村民一致推选冯金顺出任保长,党小组借此完全控制了这个保的权力,使党的各项工作在杜村开展得更加畅顺。

1943年夏秋间,陈光分析了目前的形势,认为杜村这个保已掌握在党组织的手中,群众基础较之前更牢固,群众思想觉悟更高,党员队伍纯洁,骨干分子素质好。反共逆流对水台乡的影响较小,应该把握时机将工作重心转移到发展吸收党员的工作上来,尽快壮大党员队伍,争取早日成立党支部。在这个基础上,进一步推动组建武装自卫队和乡村抗日民主政权的建设。他的这些想法得到了广大党员的赞同,大家分头加紧对入党对象的培养工作。1944年4月,把经过培养考察、锻炼合格的青年冯汉、冯章盛吸收入党；同时成立了党支部，支部书记由冯耀担任。同年8月，又吸收了条件成熟的冯珍、冯松生入党。至此，一个党员素质高、队伍精干、朝气蓬勃的战斗集体在杜村诞生了。

6月，在陈光的推动下，杜村的更夫队和农民协会相继成立。具有民兵性质的更夫队成立在先，队长由支部委员冯南兴担任，副队长是冯珍，队员有十多人，其中党员5人，枪支8支（其中短枪5支、长枪3支）。更夫队的主要任务是维护治安，保护村民的生命和财产安全，必要时对付敌人的入侵。更夫队刚成立不久，接着杜村农民协会成立，选出了会长冯芳、副会长冯添福，委员冯章盛（兼会计）、冯南兴（兼出纳）、冯伙生、冯发。农会成立后，在陈光的指导下，开展减租减息活动，冯芳会长带领群众与富户进行合理合法的斗争。首先以大户水台圩的永合隆老板作为突破口，与永合隆老板反复交涉，晓以民族大义，进行多次说服工作，最后说服永合隆同意按25%减租。在永合隆的带动下，其他富户也都按25%的规定减租。村农会把减租减息所得稻谷，10%归农民受益，15%留作农会储备。同年冬，农会又带领农民与国民党新兴县府进行了一场"保佃"与"抽佃"斗争。在党支部的有力支持下，农会带领农民坚决保佃，团结一致，最后保住了100多亩佃田，取得了保佃斗争的胜利。

陈光平时非常注意体察民情，关心百姓疾苦。他目睹了村中一些家庭因办理婚丧嫁娶之事，欠下了一笔永远还不清的沉重债务，而被压得喘不过气的情况。为了抵制高利贷的盘剥，解救民众于水火之中，陈光建议党支部和农会在村中成立一些互助组织，为群众排忧解难。党支部和农会十分重视陈光的建议，本着一心为民的宗旨，马上与村民商量，根据群众的意愿很快起草了"婚姻互助会""长生会"和"永寿会"三个群众互助组织方案的初稿。每个方案列明入会原则、条件、积谷办法，低息（不高于10%）贷款规定、条例等项。经反复征求村民意见，几经修改完善后，得到了绝大多数村民的认可赞同。同年初冬，三个互助组织先后成立,村民对这些做法十分满意。

杜村党支部主持成立的更夫队、农民协会和三个群众互助组织,一切为村民着想,一心为村民办实事,杜村村民看在眼里,喜在心上,他们的心同共产党贴得更紧了。两年来,陈光和杜村党支部,把杜村人民群众团结在党的旗帜下,同心同德地把杜村建成抗日游击根据地,工作取得很大突破。

10月20日,中区纵队领导机关及主力大队近500人,在纵队领导林锵云、罗范群、谢立全、谢斌、刘田夫的率领下,从中山五桂山根据地出发挺进粤中。10月底抵达鹤山县云乡。11月7日进驻皂幕山区重镇宅梧,以宅梧为基地,开辟建立以新(会)高(明)鹤(山)皂幕山和老香山为中心的抗日游击根据地,抽调了大批军政干部,分别派到皂幕山和老香山周围的新会、鹤山、高明、新兴、开平等县边界广大地区宣传发动群众:一方面深入农村调查了解情况;另一方面宣传我党我军抗日救国的方针、政策,揭露国民党顽固派的反动本质。

11月中旬,中区领导得知离宅梧约17公里的台安乡杜村有个党支部建立了抗日游击根据地的情况。罗范群、谢立全、刘田夫等领导带领中区纵队机关及主力大队500多人进入杜村进行了多天活动,实地考察了村党支部和杜村抗日游击据点,勘察杜村的地形地貌、地理位置等。杜村给中区领导留下了深刻的印象,中区领导赞扬了杜村党支部工作做得出色;赞扬了杜村群众的革命精神可嘉;特别对杜村党支部能够在皂幕山和老香山之间的中心地带建起这个具有战略意义的抗日游击据点赞不绝口。中区纵队由杜村党支部书记冯耀、保长冯金顺、农会会长冯芳组织接待,他们发动全村群众热情招待子弟兵,从农会备粮中取出2000多斤稻谷碾成大米支援部队,妥善解决了部队的食宿问题。

11月下旬,中区纵队在杜村设立了交通站,代号叫土木站,站长由陈光担任(后由冯耀、冯汉担任,直到当地解放)。陈光带领党支部委员反复察看地形选址,最后选在离杜村后山只有20米远的冯汉家中。该站处于连通皂幕山和老香山之间中段位置，起着联结两地的纽带作用。因而该站联系面广，作用大，不但沟通新（兴）高（明）鹤（山），还联通恩（平）开（平）与两阳（阳江、阳春）等地。该站除担负接送情报工作外，还担负支援部队战斗、抢救伤员和护送革命同志等任务。

1945年10月后，国民党158师473团疯狂地在高明展开了大规模的"扫荡"行动。国民党高明当局更加嚣张，发布通缉令，悬红缉拿共产党分子，并派出地方团队四处出动大肆搜捕，高明形势十分紧张。在这紧要关头，陈光充分利用以杜村据点为中心的水台地区的有利条件，紧急组织布置南村、布凌、云罗窝等骨干秘密安置和掩护第三团一部分分散活动的干部战士，以及来自高明的叶琪、陈励生、黄之锦等多名被通缉的"要犯"，使这些同志躲避了国民党反动派的通缉。

1946年春节的一天，广东人民抗日解放军司令部一名交通员，带着一笔伙食款，从新兴县和平乡出发，准备转交给在老香山的第三团，途经开平县的齐洞至白村路段时，遭到强盗、土匪打劫，交通员的衣服全被剥光，伙食款也全被抢走。杜村党支部知道后，陈光发动群众捐款，并通知在南村、合成躲避通缉的叶琪和陈励生。叶琪、陈励生两人立即分头到南村、布茅等村庄发动农民借款、借粮。在台安乡群众的大力支持下，陈光、叶琪、陈励生用了两天时间就筹足了粮款，送到老香山第三团的手中，解决了第三团战士们春节无米下锅的窘境。

陈光胼手胝足地工作，与杜村群众休戚与共、肝胆相照，杜村的革命新区方兴未艾。杜村抗日游击根据地建成后，陈光带领杜村党支部以此为依托，支持配合部队行动，一直发挥着积极的作用。

向外扩展

陈光进入杜村，经过四年的努力，初步实现了在杜村建立抗日游击根据地的目标。按原定设想，下一步将要实施向水台地区推进的扩展计划，争取实现把水台地区建成抗日游击区的目的。

1945年春节前，在陈光的指导下，杜村党支部召开了会议，研究向外推进扩展工作，做出了具体安排。决定由支部书记冯耀带领两个小组，分别向水台圩为界的东西两个片区同时推进扩展。支部委员冯南兴带一个小组向东区扩展，争取用一年左右的时间，把东区连成一片，变成抗日游击活动区。支部委员冯金顺带领另一个小组向西区扩展，争取用一年半到两年左右的时间，打开西区局面，打牢根基，逐步把西区变成抗日游击活动区。

春节过后，杜村党支部乘着广东人民抗日解放军成立的东风，借着新高鹤地区已经掀起了抗战热潮的时机，正式派出党员向整个水台地区推进扩展。冯南兴带领的一个组重点向东区的良田、岗尾、谷村扩展，并与叶琪前几年在南村、布凌、布冷、布茅、白田等村培养的骨干分子联系，和他们一起加大力度，深入到群众中去，宣传发动群众，培养革命骨干，扎实地做好群众基础工作。冯南兴还和布凌村的骨干陈康林一起，向北推进，到达东区最北端的石龙岗、黄塘等村庄开展革命活动，建立了黄塘联络站。

多年以来，由于我党的地下工作者已经在东区进行抗日救亡宣传活动及开展秘密活动，群众普遍接受过宣传教育，有了一定的觉悟。经过杜村党支部再次组织开展宣传教育活动，重新点燃革命火种，群众抗日的积极性迅速被调动起来，形成了抗战热潮。东区很快连成一片，初步形成了抗日游击活动区。

西区的革命形势与东区不同。过去我党在西区的活动甚少，群众基础还比较薄弱。陈光进入杜村后，将主要精力集中于在杜村站稳脚跟、建立杜村抗日游击根据地上，还没有时间和力量顾及在西区开展革命活动。但他早就意识到，为日后革命发展的需要，必须在西区各地物色一些人作为革命的种子。

1945年之前，陈光已布置杜村党员骨干，以个人名义，通过熟人、亲戚朋友等关系，抓住时机，瞄准机会在各村物色一些正直的、有革命倾向的进步人士，结交同情革命的朋友。杜村支部的党员、骨干按照陈光的布置，几年来先后在西区结识了高地村的吴苟、吴亚六、吴进喜，彭山村的蓝荣仔、蓝瑞麟，棠下村的邓细、邓连弟、邓庚荣，三合村的梁庆林、梁南法、梁毛，水岭村的梁三龙、梁福、梁时佳、梁寿生、梁友以及苏荣等多条村庄的20多名进步人士。冯金顺带领的这个小组，与上述村庄的这些进步人士逐个接触，与他们取得联系，先做好这批人的思想工作，引导他们走上革命道路，把他们培养发展成革命骨干；再通过他们宣传发动群众，影响群众，带动群众，渐渐扩大活动范围。这个小组专门派出冯松生，通过梁时佳、梁寿生的关系，打入封建势力相当顽固的反动堡垒村——奄村开展秘密革命活动，培养了梁时佳、梁寿生、梁友、梁金培等多名革命骨干分子。这个小组在冯金顺的带领下，做了大半年的工作，基本在这些村庄站稳了脚跟，取得了较好的成绩。

同年11月，革命形势发生了变化，国民党新兴县当局加强了对水台地区的控制。陈光根据这些变化，结合杜村党支部向外扩展的工作情况，及时地做出了相应的调整。安排支部委员冯南兴带领东区的骨干分子，主要负责做好安置和掩护第三团部分分散活动人员和来自高明方面躲避国民党通缉人员的工作。其他党员转到西区,加快向西区推进扩展的步伐。陈光还特别提醒每个党员,在恶劣的环境下要注意隐蔽,切实做好保密工作。向西区的推进扩展工作一直持续到1946年6月部队北撤时,才暂时停止活动。此时,他们在西区建立了较好的群众基础,已基本打开了西区的革命局面。

一年半以来,杜村党支部派出的党员,足迹遍及整个水台地区的大部分村落,先后在黄塘、南村、布冷、布凌、岗尾、谷村、三合、彭山等村庄建立了联络点。

杜村党支部深深地影响着水台地区,教育了水台人民群众,提高了人们的思想觉悟,为将水台地区发展成为游击活动区打下了坚实的群众基础。

1945年这一年,陈光留在杜村教书,主要负责交通站的工作。进入5月份,风云突变,国民党反动派对根据地实施第二期进攻,调集了一万余兵力,疯狂对皂幕山、老香山等抗日根据地展开大规模"围剿"行动。

5月中旬,第三团在皂幕山战斗中失利,部队严重受挫,新高鹤地区的革命形势迅速恶化,波及水台地区。国民党新兴县当局加强了对水台地区的管控,派出兵力实施清查"共匪"行动,危及杜村根据地的安全,刚建立不久的抗日游击根据地有可能遭到破坏。问题摆在了陈光的面前,经过观察考虑,他认为有必要在杜村以外再建立一个后备活动基地,争取长期在水台地区站稳脚跟。

这个基地选在哪里合适?陈光对多处地方做了比较,觉得在良田村比较合适。良田村有三方面的优势:

第一,良田在水台地区是一条较大的陈姓大族村庄,人口多,在本地区有很大的影响。这条村庄的群众普遍同情革命,非常痛恨国民党反动派的统治。

第二,良田人素有重视文化教育的好传统。他们求贤若渴,曾三番四次邀陈光到良田教书(陈光在杜村教书质量好,口碑极佳,早已声名远扬。不少外乡人冲着陈光的好名声,把子弟送到杜村陈光的名下念书,良田子弟陈志荣就是其中的一个)。陈光在良田有很高的威望,已取得了良田人的信任,与良田人建立了良好的关系。

第三,良田距离杜村不远,只有不足四里的路程,陈光可以白天去良田给学生上课及开展革命活动,做群众工作,晚间返回杜村与杜村党支部商量研究工作,一举两得,两地兼顾。

同年11月,斗争形势越来越险恶,陈光再建良田基地的决心更加坚定。他把自己打算来年应聘到良田小学教书、再建基地的想法同杜村党支部认真地商量,深入地交换了看法,得到大家的一致赞同。

1946年春节刚过,陈光便到设于学典陈公祠内的良田小学上任。不久,中共中区临委派出负责新高鹤工作的新任特派员梁文华来到杜村接收党组织关系。当得知陈光在良田教书、再建基地的情况,对陈光的做法十分赞赏,并与陈光一起商量研究建好良田基地的长远发展大计,明确表示全力支持陈光的工作。陈光得到上级的信任和支持,受到了极大的鼓舞,信心百倍地扎根良田小学,开展再建良田基地的活动。

陈光应聘到良田小学,一到任便将良田小学的学习环境布置一番,营造新的气象,亲手在学典陈公祠大门口两侧墙上分别写上"礼义""廉耻"四个大字,教育学生首先学会做人,和学生一齐动手把世界地图和中国地图挂在祠堂内右侧连廊的墙上,并在世界地图内标出"苏维埃社会主义共和国联盟"的所在位置,教育学生为建设新社会而学习。在宗祠后堂的前两支顶梁石柱上,用醒目的蓝颜色写上自己作的对联:"几千岁有封建颓形旧制技术未改造,数十年来潮流进步新科文化要推行",教育学生要打破旧的社会制度,跟上社会新潮流,立志推行改革,为创立新中国而努力,激励学生发奋读书,做一个革命者。

在这一年里,陈光费尽心思,花大力气投入再建良田的基地上。他从家访入手,广泛接触村民,经常走家串户访贫问苦,了解乡情民意,与村民交心,并结成朋友。和村民攀谈时不忘启发群众,向村民讲解革命道理,灌输革命思想。他认真贯彻党的抗日统一战线政策,团结一切可以团结的力量,争取绝大多数群众的支持,无论是大户、富户,或是小户、穷户,都一视同仁,几乎家家户户都走了个遍,同整条村的村民结下了深厚的情谊。良田村的村民都把陈光看作信得过的自家兄弟,逢年过节,婚丧嫁娶,生日满月,村民都必定约请陈光,邀他吟诗作对,书写对联。陈光有请必到,毫不推辞,为村民写字作帖分文不取。陈光就是这样,从细微处着手而得到村民的爱戴和尊敬,赢得了民心。陈光还特别用心留意物色人才,培养骨干。在村中有十多人成了他的拜把兄弟,其中一名叫陈志荣的是他的得意门生,还有一位名叫陈天宝的村民一直跟随他的左右,保护他的安全。陈光用他的办法在良田建起了扎实而又牢固的群众基础。

梁文华时刻关心良田基地的建设,多次来到良田小学指导工作。同年五六月,在贯彻部队北撤精神时,他专程来到良田,指示陈光仍留在杜村隐蔽,一要抓好良田基地的建设,二要配合双合成为基地,配合坚持斗争的叶琪武工组开展工作。同时,指示黄之锦临时到新兴坝塘小学隐蔽,等待时机,随时回到良田协助陈光建好基地。8月,中共中区临委对各县特派员做了调整,梁文华专职负责部队工作,并且从阳江调郑靖华来高明担任特派员,负责地方的党组织工作。黄之锦接到指示,到开平三埠接郑靖华到双合后,前往阳江接替郑靖华搞工运工作。后来,为加快良田基地的建设,梁文华派崔婵等人来到良田小学协助陈光建起了交通站,良田小学成了新高鹤地区革命活动的大本营之一。

血雨腥风的日子

1945年春节过后,国民党第七战区司令长官余汉谋及第35集团军副司令朱晖日直接部署和下达作战计划。由朱晖日和158师师长刘栋才统一指挥,调动上万兵力,向驻粤中的广东人民抗日解放军发起了新的更大规模的第二期进攻。其中,左路纵队以158师为主,配备江防大队及新兴、云浮、高要、高明、鹤山、开平等六个县大队,重点进袭皂幕山与老香山抗日根据地,同时向抗日游击区的村庄展开凶猛的"扫荡"行动。国民党反动派视小洞人民如洪水猛兽,每每集中力量来对付小洞人民。

从1945年5月中旬起,直到1947年年初,小洞处处笼罩在一片白色恐怖中,时常遭到国民党158师(后期为156师)、陈坤的保八队、梁鹤洪的更楼联防队、曾日如的泽河联防队及高要团队、省保警二师的疯狂"扫荡"及血腥镇压。在近一年半的时间里,小洞人民饱受摧残与折磨,损失甚大,付出了很大的代价,先后有25人被捕入狱(其中陈三苟、陈定、陈妹被残忍杀害,陈家死于狱中,陈江、陈良出狱后不到两个月死亡)。他们分别被投进158师473团珠塘临时监狱和明城、新兴、江门、肇庆、广州等地监狱。短则三几个月,长则两年四个多月,有100多人被羁押审讯、拷问、毒打,十多人被致重伤,还有大批财物被掠夺。

然而,经历了地下斗争锻炼的中共小洞支部和真心实意支持革命的小洞人民,在刀光剑影、血溅大地的凶险环境下毫不惧怕,以坚强的意志、坚定的信心，与敌人展开了不屈不挠的斗争，始终没有向敌人低头，经受住了考验，度过了那段黑暗艰难的日子，迎来了曙光。

一、刀光剑影

1945年5月13日，第三团在皂幕山战斗中失利后，部队被打散，158师473团伙同保八队，更楼、泽河联防队，四处搜捕第三团的失散战士和伤病员，三天两头窜到小洞搜捕失散人员，捉拿"共匪"和革命人士。17日，当局大开杀戒，首先拿小洞人民开刀，拿革命群众的头颅祭旗，霎时间，小洞狼烟四起，弥漫在刀光剑影中。

5月13日，塘角村陈三苟到更楼圩卖谷换钱买油盐，被更楼联防队认出是游击队员陈荣的三哥。他们竟然在光天化日之下，在大街上指名道姓叫嚷捉住陈三苟。在多名联防队员的追赶下，陈三苟被捉走。塘角村党小组获悉后，立即派人前往要求担保放人。当局却以陈三苟是游击队员的亲属为由拒绝放人，扬言"要拿三苟的人头祭旗"。17日，当局果然把无辜的陈三苟押到吉受大坪残忍杀害。

在这个时候，小洞反动恶霸陈佐登一伙活跃起来，主动配合国民党当局的"剿匪"行动，积极承担侦察任务，派出暗哨，专门紧盯陈定、梁金等革命人士的行踪。

5月25日晚上，陈佐登的密探来到军屯村本兴祖的喜燕大屋，假装看大戏，实则在窥探金伯的一举一动，紧紧地盯住金伯不放。约晚10时许，跟踪金伯到了麦边村井田的甘蔗园，发现金伯在该处的茅棚里过夜（金伯自当了交通站负责人后，几乎每个晚上都到这里过夜），随即赶到更楼圩向国民党当局报告。26日凌晨4点半至5点，密探带领四五十名更楼联防队员登上离茅棚约500米的大顶山上。在顺着崩崖（土名称崩岗）往下滑，准备向茅棚迂回时，被按金伯嘱咐每一个小时起来巡查一次的陈惠枝发觉。陈森、陈惠枝、邝继来、李秋等催促金伯快去躲藏，由他们四个人留下来对付敌人。金伯按照陈森的指点，顺着甘蔗林向西跑到约 200 米远的疯佬墩，钻进长满了茅草的旧炭窑里藏匿起来。就在这个时候，更楼联防队已经把蔗园的茅棚团团围住，敌人一边大声呵斥："不准动！"一边将陈森四人捆绑起来，然后里里外外翻了个底朝天，甚至连尿桶也踢翻，结果一点东西也没搜到。为了向上交差，联防队以"私藏共匪"为借口，把陈森等四个年轻人押解到更楼交差。当快要经过军屯村大众山时，被闻讯赶来的麦边村邝苟、李标等一班群众追上。他们与联防队理论，要他们拿出真凭实据，并向联防队求情和担保，好说歹说，费尽口舌，说得联防队理屈词穷。联防队自知理亏，只好把陈森等四人放回家。

5 月下旬，第三团政治交通员陈定以帮人砌墙建屋的名义，以万屋村为收容点，负责收容第三团失散的战士和伤病员。28 日，被陈佐登派出的密探侦悉，向更楼联防队报告。29 日早晨，更楼联防队包围了万屋村、石贝村，陈定虽已冲到村外，但因转移不及时，在万屋与石贝之间的山坑被捕。敌人把陈定押到更楼珠塘村 158 师 473 团临时指挥所，和先前被捕的屏山村罗湛源、罗临关在同一个监仓。

就在陈定被捕的同一天，更楼联防队还在塘角村捉了陈骚，先押到更楼联防队审问了几小时，后押至珠塘村 158 师 473 团的临时监狱，和先前被抓的吴文耀，平塘村的黄全、罗烃仔、罗新枝及沙村的彭焕兄弟俩关在另一间监仓。

5 月 31 日凌晨，国民党当局出动保八队、更楼联防队、泽河联防队，对小洞展开了一次大搜捕行动。他们在同一时间分别包围封锁了军屯、塘角和悦塘三条村庄。

谢锡芬带领负责搜查悦塘村的更楼联防队，天一亮，冲入村内挨家挨户搜查，结果一无所获。搜不到人，联防队吹响集合号，队伍已列队完毕，正要离开时，反动恶霸陈佐登急匆匆赶来，走到谢锡芬面前耳语，手指陈妹藏身的地方。由于他的出卖，陈妹不幸被捕。

负责在军屯村搜捕的保八队，天亮后入村，先将村民赶到祠堂集中，然后挨家挨户搜查。梁景光因执行收容失散战士的任务，没有出村外隐蔽，躲在一间闲置的房屋过夜，被敌兵黄保清搜出逮捕。

负责包围搜查塘角村的泽河联防队，天亮后进村，首先将全村人赶到祠堂，然后展开搜查，甚至连茅厕也不放过，陈文躲在一间草屋里被逮捕。

敌人还派出士兵到了麦边村，专门把陈次也抓了起来。

陈妹、梁景光、陈文、陈次四人被押到更楼联防队，几小时后，再被押送到珠塘 158 师 473 团的临时监狱，与陈骚等关在同一间监仓。一次，梁景光趁敌人哨兵不注意，靠近陈妹，低声说："你和我都要保守党的秘密，要死只能死自己。"

在随后的几天里，小洞群众陈昌、陈南、陈稔、陈元、陈良、陈达元、陈凤海、陈棠八人也先后被抓，并被送到珠塘临时监狱关押。

敌军还在蛟塘村抓到了十多岁的游击队通信员曾虾，想屈打成招，强逼他指认被抓到的人。所幸，被抓的小洞人，他一个都不认识。

敌军对所有被抓到的人，使用先恐吓、行刑，再审问，后核查等手段，企图让这些"犯人"屈服，可是经过多年教育的小洞人，严守秘密，没有一个出卖组织、出卖同志、出卖革命。

这次被捕的 14 名小洞人中，陈定因被泽河联防队指认为"共党分子"，于 6 月 6 日，在更楼珠塘大坪遭枪杀。陈妹因被恶霸陈佐登出卖，于 6 月 7 日下午，在更楼吉受大坪遭枪杀。梁景光、陈文被作为嫌疑犯，同罗湛源、吴文耀等十多人一起被羁押在新兴监狱。他们于 6 月 10 日从珠塘村出发，途经小洞，在合水高村住了一晚；次日，在新兴枫洞住了一晚；第三天才到达新兴监狱。到了新兴监狱，他们看到李参、潘应中、黄全、黄岳等高明籍共产党员、第三团战士和在蕉山战斗被捕的梁莉也在此坐牢。陈骚、陈昌等十人，因查无证据，且交足了保释金，先后被释放回家。

6 月中旬的一天，158 师 473 团进入小洞搜捕时，采取软硬兼施的手段，把所有老人集中在一起,假惺惺地给老人发五元"利是"钱,玩弄起收买、笼络人心的把戏,用攻心战术企图瓦解这些老人的意志,说什么"游击队要败北啦!""算啦,今后不要再乱搞了!""耕家嘛,安分守己耕好田,纳好租就得了!"这些老人没有一个上当,更没有人向国民党军队透露任何消息。

后来,国民党当局把种种罪名强加在小洞人民的头上,说什么"前段时间小洞有不少人暗中支持游击队,损害了党国利益,理当罚款,赔偿损失",变本加厉地从小洞人民的身上榨取了价值1000多斤猪肉的款项。

面对敌人突如其来的袭击以及气势汹汹的疯狂"扫荡",中共小洞支部首先稳住党员队伍的阵脚,稳定民心,要求共产党员、骨干分子坚定立场,发挥中流砥柱的作用,不惧威迫利诱,绝不向敌人屈服,为群众树立榜样。同时在这段时间里做好群众思想工作,安抚民心,稳定群众情绪。对被敌人杀害而壮烈牺牲的陈三苟、陈定、陈妹三位烈士,及时组织殓尸安葬,做好善后工作。对被捕入狱的人员,想方设法担保,争取释放。为保护骨干力量,安排已经暴露身份的党员、骨干暂时离开本地,转移到外地隐蔽。同时,提醒尚未暴露的同志,提高警惕,不要在村内住宿过夜,防止敌人袭击,避免不必要的损失。

二、斗智斗法

约在6月底,国民党当局为了有效遏制共产党的活动,企图迅速扑灭革命烈火,采取了一系列强化管理的措施。他们以重新整顿区乡保甲制度做借口,用限制老百姓人身自由的办法,阻断老百姓与共产党和解放军的联系,以期达到彻底消灭革命力量的阴谋。国民党高明当局派出了反共得力干将何汝凡坐镇小洞,伙同反动恶霸陈佐登一伙监督整顿落实保甲制度。

何汝凡一到任,就立刻把火烧起来。首先推行"五户联保"制,实行联保联坐,宣布以五户为一组,互相监督,保证"不藏匪""不通共",否则,一人犯事,五家受罚。接着强迫各村围村筑闸，并建起出入登记和报告手续，防范"共匪"进出；且三令五申，要求百姓若见到游击队员回村，一定要报告，如发现知情不报者，一律斩首。继而发布通缉令，"悬红"张贴通缉名单，这份名单有：陈励生、叶衍基、黄之锦、梁金、陈松、陈励、陈荣、陈安、黄荣（黄四）、梁甲友、梁波、梁佐明、梁端、梁芬等十多人。

当何汝凡知道上三村一年多来没有保长时，当众大发雷霆，强令要在限期内选出保长，并威吓百姓说："你们要不要安家落户，如果要，就马上选出保长来，不然你们休想过安宁的日子。"他的这番话，立即引起一阵骚动，在全小洞炸开了，有些人不以为然，有些人忧心忡忡，有些年轻人说："不要听国民党那套鬼话，有没有保长都一样，走为上计，敌人来围村，大不了上山躲就是了！"但大多数人尤其是一些老者认为："敌人三天两头进村'扫荡'，这样来回地走不是长久之计，老人、妇女、小孩天天跟着出去躲，哪里受得了呢？"

中共小洞支部注意到大多数百姓要求过安宁日子的心声，予以高度重视，认为不能与敌人硬碰硬，但必须粉碎敌人的阴谋诡计，让群众过上安宁的日子。支部委员梁扳、陈会群分别与多名共产党员交换意见，多方找群众商量后，想出了用两手策略对付国民党的两全妙计。表面上按何汝凡的要求尽快选出保长，抓紧时间围村筑闸，执行出入登记、报告的规定，但实际做法是选出了群众威信较高的梁扳当上三村保长。下三村的保长仍然由受群众拥护和支持的陈江担任，防止保长这个职位落入敌人手中，保证了由自己人控制话语权。

围村筑闸时，两个保长均到达现场勘察指挥，专门交代施工人员在隐蔽地方巧妙设置若干个秘密洞口，方便游击队员自由进出。抽调一些责任心强的村民轮流值班守闸，装模作样地做好登记，应付"上头"检查，但其主要任务则是监视敌人的动向，及时发出警报，起到提前发现敌人突然进村"扫荡"，通知游击队员提早撤退、提醒村民做好准备的预警作用。自从采取两全对策和两手准备后，虽然遭到敌人经常性的不定期突然袭击,但是游击队员仍能自如活动,自由出入,没有发生游击队员被捕的情况。老百姓再也不像往日那样,一进一出,提心吊胆地跟着出外躲避了,稍稍过上了安宁的日子。

三、罪不容诛

1945年8月,抗战胜利结束。广州行营主任张发奎秉承蒋介石的意旨,为了独吞抗战胜利的果实,在《双十协定》墨迹未干之时,就集中兵力向广东境内的人民武装发起了猖狂进攻,全力抢占重要城市和战略要地。

10月22日,国民党64军156师及6个县的地方反动武装共3000余人,意图一举歼灭在恩平塱底整训的广东人民抗日解放军。仍在老香山坚持斗争的第三团,获悉广东人民抗日解放军司令部在塱底被困的消息,决定急驰塱底救驾解围。24日,到达新兴里洞风门坳时,突遇国民党64军156师467团700余人的袭击,激战数小时后才摆脱了敌人,继续向司令部靠拢。此时,三团黄仕聪团长因病不能随队行动,由警卫员陈荣等八九名干部、战士护送回新兴北鹤金鸡坑医疗站治病。25日,回到新兴森村附近的一座名叫山猪岃的大山时,突然又遭遇156师467团某营袭击。护卫队伍被打散,困于大山中。入夜后,黄仕聪摸黑撤出大山,因天黑辨不清方向,误入森村,被守闸口的反动联防队员莫少青、陈子生、李连基碰上,莫少青等三人企图抢夺黄仕聪的左轮手枪。黄仕聪转身逃走,莫少青一边向天开枪,一边追赶黄仕聪,黄仕聪因脚肿跑不快不幸被俘。莫少青把黄仕聪交给了当地地主李范辉。李范辉在押送黄仕聪去区公所的路上,碰上了156师467团某营士兵,这样,黄仕聪便落到156师467团某营的手上,被押到了更楼某营的营部受审(后来被押解到江门64军军部)。

黄仕聪被捕后,形势骤然变得紧张起来,国民党当局加大了对老香山地区的封锁,进行了大规模拉网式的"扫荡""清剿"。由代理团长吴新带领回到老香山石岩底村附近隐蔽的三团，只能昼伏夜出，生活十分困难。为了保存有生力量，三团领导决定，劝解一些外地人员和伤病员暂时离队回家隐蔽，将部队分成若干小组，分散到各地活动。

11月初的一天晚上，梁甲友（梁光明）奉命带领一个由五人组成的武工组从石岩底回到小洞界内一条名叫水坪山的山坑，夜宿坑内的烟寮里。次日清晨约5时，甲友起来解手，发觉被曾日如带领的泽河联防队包围。五名队员向山上冲出去，四人突围成功（其中梁甲友被乱枪击伤头部），而另一队员牛王就（绰号）被敌人活捉。

牛王就在敌人的严刑拷打下，变节自首，供出了梁甲友受伤等情况。敌人连续多天出动大批暗哨密探布控小洞，在村前村后，村里村外四处搜寻梁甲友的踪影，折腾了多天，仍然没有办法查出梁甲友的下落。继而将梁甲友的两个兄弟捉到祠堂门口，把大哥乙友绑在大石柱上边拷打边审问，乙友只是摇摇头说："不知道。"敌人见审了大半天，毫无结果，只得失望地走了。

当局捉不到梁甲友，并不死心。过了几天，又派出大批军警和联防队，突然包围封锁了军屯村，逐家逐户地搜查梁甲友的踪影，把村中四五十个男人驱赶到祠堂逐一审问，企图从这些人的口中得到梁甲友的蛛丝马迹。审问从上午约10时开始，至下午5时许才放人，但有七八个人被连续审问到夜晚8点多。敌人在审讯中使尽各种花招，但就是问不出什么东西，得不到任何结果，不得不又一次失望地走了。

牛王就变节后，做了敌人的走狗。11月中旬左右，带领156师467团某营进入小洞。一部分人马包围了塘角村，把群众全部赶到祠堂集中。牛王就则带领另一部分人马直接到盘石村捉叶衍基和黄荣（当时他们两人都在外地隐蔽），未果，随即转到军屯村逮捕了梁锐、梁扳（时任保长受牵连）。然后，折返塘角村，经指认逮捕了陈玉田和受"五户联保"牵连的陈江、陈家、陈良、陈超元。敌人把捉到的七个人押到更楼467团营部审讯了三天后，除梁扳被保释外，其他六个人先后被押到宅梧团部、单水口师部、江门64军军部羁押审讯。在江门审了一个多星期，没有审出任何结果，只好把他们解回高明明城监狱处置。他们六个人足足被关押了一年零一个月。1946年11月中，塘角村以40担稻谷、10头耕头才把他们保释出狱。在狱中，陈家不堪忍受虐待和百般折磨，未等到出狱这一天，就于1946年清明节前死于监狱中。陈江、陈良虽然出了狱，但是精神上受到了强烈刺激，身心受到了严重的摧残，在出狱后不到两个月也先后离世。

12月上旬，敌人再次利用牛王就这张牌，祭出了欲擒故纵的诡计，妄图通过跟踪交通站金伯来达到抓人、破坏交通站、截获情报，从而一网打尽的目的。此时的牛王就已经死心塌地投靠了国民党，心甘情愿充当国民党的走卒，干起为国民党做鹰犬的勾当。他带着敌人的便衣特务，天天盯紧金伯，日夜监视金伯的行踪。

有一天，金伯如往常一样，送情报到老香山脚下的井坑交通站，当快要进入老香山地界时，发现有形迹可疑的人在尾随，就向井坑另外方向兜兜转转，机智地摆脱了敌人。这帮便衣特务眼看金伯消失得无影无踪，便命令牛王就带路径直扑向金鸡坑交通站，在牛王就的指认下抓走了该站站长叶六（新兴人，以种田为生，兼做木壳售卖，同时以此作为掩护为部队传送情报及收集情报，部队战士亲切地称他为"木壳六"。被捉一个月后，在新兴稔村惨遭敌人杀害），然后，这伙人去了吉田村找饭吃。金伯看见敌人的便衣特务从金鸡坑下山去了吉田村后，才转回井坑徐基家，此时方知"木壳六"被捕的消息。金伯在徐基家吃过晚饭，托着一支竹星（担杆），带着一个席包走回小洞向组织汇报。

12月中旬，上级领导指示中共小洞支部彻查金鸡坑交通站受破坏的事件。小洞党支部经过几个月的调查，基本弄清楚了牛王就三番四次出卖组织，给革命造成很大损失的情况。而牛王就在被调查的日子里，丝毫没有察觉死到临头，他认为在敌军的庇护下就可以安枕无忧。

不久，156师换防调走，牛王就被交给了国民党更楼当局。更楼当局见牛王已经失去了利用价值,更不想背这个包袱,决定把牛王就放回家,并一再要求小洞一定要保护牛王就的性命安全。

1946年7月,上级认为,牛王就随时都在威胁我党人员的安全。为了保护革命同志,以免造成更大的损失,下令处决这个叛徒。同月13日夜晚,牛王就罪不容诛,被处以极刑。

14日早晨,有群众在高地塘北侧的小山窝发现了他的尸体。这一消息一时间传遍了小洞的每一个角落,有人说他"行窃"被斩,有人说他"投奔老八"被击毙。总之,谣传满天飞,有人到更楼警所报案。上午10时许,警所派人来到小洞追查,被谣传搞得晕头转向,也弄不清到底是什么原因,拖了很久,只好不了了之。恶有恶报,这就是叛徒罪有应得的下场。

四、黔驴技穷

1946年年初,国民党广东当局对《双十协定》和"停战协议"根本不予理睬,矢口否认广东有中共的部队,胡说广东只有"专事扰乱治安的土匪"、在广东只有"剿匪",不存在执行停战令的问题。7月,在东江纵队北撤后,当局不顾北撤协议中关于保证复员人员安全的诺言,在全省各地召开"治安会议",布置"绥靖""清乡"行动,限期肃清各地的"共匪"。

在高明,国民党高明当局设立了"清乡"机构。组织陈坤的保八队、梁鹤洪的更楼联防队和曾日如的泽河联防队,以及驻肇庆的省保警二师,四处出动,大肆围剿坚持隐蔽斗争的中共武装人员和复员人员,到处设立关卡,出"花红"、张贴"奸匪自首令",强令中共武装人员和复员人员前去登记自首,威迫群众供出"共匪",残害革命人士和复员人员家属等。

此次,国民党高明当局又把小洞作为"清乡"的重点,把陈励生、叶衍基、黄之锦、梁甲友、梁波、梁金、陈松、陈荣、梁端、陈少、黄荣等十多名通缉对象作为主要目标,持续展开了新一轮的搜剿行动。然而,小洞的复员人员和被"通缉"人员没有一个去登记"自首",小洞的群众也没有一个人去供出所谓的"共匪"。当局费尽九牛二虎之力,却连一个"共匪"也抓不到。黔驴技穷之时,拿出杀手锏,直接把矛头指向了"通缉"对象的家属。他们特别对叶衍基、陈励生、金伯的眷属使用了各种手段,进行了百般残忍的迫害。

叶衍基一直以来被国民党当局视作眼中钉,他早在1940年就是国民党高明当局的通缉首犯了。当局始终把他当作心腹大患,这次"清乡"行动,自然不会放过他。于是想尽了一切办法,施行了种种伎俩,企图将他缉捕归案。先是派出泽河联防队拉走了他家的大水牛;还通过反动恶霸廖湘洲之子廖之衮与叶衍基的连襟关系,让叶衍基的妻子吹枕边风,说什么"只要叶衍基放弃革命,不与当局作对,就既往不咎";还说"给2000斤稻谷作为补偿",企图以此来软化叶衍基的立场。叶衍基斩钉截铁地对妻子说:"国民党放火烧了我家大屋,牵走了我家的大水牛,这怎么算呢?现在想用2000斤谷叫我放弃革命,唔使谂(没门儿)!你告诉他们,给再多也是白搭。"国民党当局见软的不行,便来硬的。

7月的一天早晨,曾日如带着泽河联防队出现在叶衍基的家门口,里里外外看了个遍,就去找盘石村的甲长叶青,弄得叶衍基的妻子莫名其妙,一头雾水。原来,曾日如逼着叶青带他们去"佬仔屋"(也叫男仔屋)。去"佬仔屋"叫醒还在熟睡的孩子,逐个盘问是谁家的孩子,这时,叶青才恍然大悟,暗中向叶衍基的两个儿子(叶殷华8岁、叶兴华5岁)递眼色。当联防队问到叶殷华时,叶青抢先回答,并将叶兴华拉到身边,说这两个是自己的儿子。泽河联防队走后,叶青觉得事情严重,料想当局要加害叶衍基的两个儿子,就把叶殷华、叶兴华两兄弟带上山藏起来,并立即赶到军屯村向梁扳报告,梁扳马上去找陈松商量。陈松当机立断,把叶衍基的两个儿子带到合成月山排,安置在一户老农的家里寄养,使叶衍基的两个儿子免于落入敌人的魔掌,保护了革命同志的后代,令国民党的阴谋落空。

几个月来,国民党高明当局抓不到一个"共匪"要犯,便想出了在同一天捉拿通缉犯家眷的阴险毒计。1946年9月8日白露(农历八月十三)这一天,同时出动几批人马分别到合水蛇塘村捉阮贞元妻子叶三,到更楼小洞捉陈励生妻子仇羡真和梁金妻子罗灶。

　　当天,敌人一进入小洞,一队人马迅速直奔塘角村陈励生的家,去捉仇羡真,结果不见仇羡真的影子。原来陈励生在5月19日听完了北撤精神传达及接到北撤命令后,被其中"估计到北撤后,留在广东的复员人员随时有可能被国民党军队以'土匪'的罪名'围剿'"一句警醒,他想,"自己是当局出50万元花红通缉的要犯,当局捉不到自己会甘心吗?国民党阴险狡猾,心狠手辣,什么手段都会使得出来,很有可能会对家眷下毒手"。因此,应该立刻采取行动,做好应对措施。于是,在北撤临行前,把妻儿送去了鹤山县合成川塘村,安置在李丁伯家隐蔽,因而敌人此次捉仇羡真扑了个空。可是,估计不到的是敌人还有另外一手,当捉不到仇羡真后,立即转去捉他的三嫂黎四、五哥陈棠来顶替,甚至连只有十四五岁的侄女陈兰也不放过。他们把陈兰关在军屯村祠堂审问了三天。同时封了黎四的屋,贴上封条,令他三哥陈能有家归不得,只能从瓦背顶掀开瓦面钻入家中,取了几件行李到别处避难。

　　另一队人马直奔军屯村梁金家,不由分说把金婶罗灶捆绑起来,此时她的两个只有5～7岁的儿子大声哭喊,大的紧紧地扯住她的衣衫,小的抱住她的大腿,一大一小护着妈妈,不让敌人捉走。那可恶的敌人恶狠狠地推倒两个小孩,兄弟俩爬起来扑向妈妈不肯放松。当金婶被推出门口那一刻,两个小孩发出了一阵阵撕心裂肺的凄惨哭声,哭声惊动了四邻,让人耸然动容。第二天晚上,金伯偷偷回到家里,才知道妻子被捉去了明城监狱,留下了两个儿子没有人照顾,只好托兄弟阿贵把两个儿子送到更楼横村的岳父家里。

　　敌人将金婶罗灶拖到塘角村,连同黎四、陈棠一齐押到更楼圩,转换搭乘运载稻谷的小艇到了明城,投进了监狱。

甲友遇险

1945年10月,广东人民抗日解放军和地方组织领导人在恩平塱底召开会议,总结中区一年多来的武装斗争工作,并根据中共中央及中共广东区委指示,结合中区的实际情况,决定把工作重点转移到城市、平原和交通要道,准备进行合法的民主斗争;武装部队由较多的集中活动改为分散活动;成立中共中区临时特委,统一领导武装和地方党组织。

11月初,代理团长吴新带领第三团回到老香山后,执行中共中区临委决定,按照分散、坚持的方针,把三团分成若干个武工组,分散到各地活动。

一个组由吴新带领在老香山三县交界周围村庄活动,留在该组的有小洞的梁波、陈松、陈荣等人。

其间,1946年春节前一天,上级派遣新任的中共新高鹤特派员梁文华来到老香山上任,部队派出梁波担任梁文华的警卫员兼联络员工作,陪同梁文华到高明各地接收党的组织关系。

一个组在鹤山合成与新兴水台交界附近的村庄活动。在这里分散活动的有陈励生、叶衍基、黄之锦等三团的部分干部、战士。而陈励生、叶衍基、黄之锦三人是国民党高明当局通缉的要犯,他们过去曾经在该地区开展革命活动,对这一带的情况比较熟悉,对他们三人的安全比较有利,又便于他们开展工作。其间,1946年春节前夕,陈励生曾随吴新团长到开平三埠接新任新高鹤特派员梁文华安全抵达老香山上任。

其他第三团的小洞籍的大部分干部、战士,按照上级安排,已提早安全回到家乡或转移到其他地方分散活动了。只有梁甲友(梁光明)奉命带领一个由五人组成的武工组回到小洞执行分散隐蔽任务时,却遇到了危险。

11月初的一天傍晚,梁甲友带领这个武工组从老香山石岩底出发,途经高汉、万屋,越过偷鸡坳,回到小洞界内的一条叫水坪山的山坑。时已入黑,他们就夜宿在水坪山李旺存放、晾晒烟叶的烟寮里。

次日凌晨5时许,梁甲友起来解手,发现不远处的草丛在晃动,他马上警觉起来,定神细心观察,确认自己没有看错,即做出了"我们已被敌人包围"的判断,便马上唤醒同伴,命令大家立刻往山上突围。队员们以最快的速度冲出烟寮,拼命向山顶方向飞奔,但敌人紧紧咬住,穷追不舍,还不断举枪胡乱射击。当他们冲到大半山时,梁甲友被敌人乱枪射出的子弹擦伤了左耳旁的头部,顿时鲜血直流。梁甲友忍着疼痛,不顾一切地继续往上冲,跃上了牛路(牛在山上走的路),情急之下看见坎上长着一丛比人高的很大的蕨林,他拼尽全身力气爬了上去,迅速钻进蕨林里,刚藏好身子,敌人就追了上来,在离蕨林只有二三尺远的地方,边喘气边搜索,搜了几分钟,不见有什么动静,就快速顺着往上的山梁向棉花山方向追赶。武工组其他四名队员除牛王就因体力不济被敌人逮住外,另三名队员都脱离了危险。

过了一段时间,敌人的吆喝声渐渐远去,梁甲友藏身的地方恢复了原来样子,周围有几只鸟雀"叽叽喳喳"欢快地歌唱起来。梁甲友才敢把头探出来,四处张望,发现南面不远处有一队人马沿泽河村的方向走去,这时才明白来包围捉人的敌人原来是曾日如的泽河反动联防队。梁甲友从蕨林里爬了出来,悄悄地沿着原来上山的方向往下爬去,歇歇停停,花了三四个时辰,才爬到山脚下的一个水坑边躲起来。过了很久,梁甲友看见远处有人牵着牛慢慢地走来,当此人靠近时，才看清是同村兄弟梁义新。梁甲友召唤义新来到身边，简述自己受伤的情况，让梁义新回家通知弟弟梁庚友过来。梁义新一路小跑赶回村里，把梁甲友负伤的情况告诉了梁庚友、梁端、梁奴、梁胜端。梁庚友等人一口气跑到了水坪山找到梁甲友，立即采摘了些山草药，帮助梁甲友敷伤口止血，然后抬着梁甲友回到村前几百米远的河边的竹林里藏起来。

梁甲友回到河边竹林养伤的第二天，小洞的各条村庄、田峒都出现了一些陌生人在到处乱窜。这些人鬼鬼祟祟，四处游荡。这些情况引起了梁甲友的哥哥梁乙友的警觉，梁乙友把这些情况告诉了梁甲友，梁甲友判定这是敌人的密探，是来查找自己的，认为这里不能久留，应尽快转移。怎么办呢？梁乙友提议在岗缅魕自己家的菜园里挖一个"棺材窿"藏身比较稳妥，梁甲友认为这是一条妙计，就依哥哥说的办。事不宜迟，梁乙友马上回家，叫来儿子梁敬，带上铁锹、锄头等工具赶到菜园，拿出做泥瓦匠的功夫，左瞧右看，算度着"棺材窿"的方位、走向、出入口的位置等。接着抡起锄头，挥动铁锹，先挖好底洞，扛来数根松木，架在上面做横梁起支撑作用，铺上松木板钉牢固定，最后，在上面填上一层厚厚的泥土压紧，种上蔬菜。他们父子连续奋战，用了一天多的时间，终于把"棺材窿"搞好。完工后的当天深夜，梁乙友搀扶着负伤的弟弟悄悄地转移到了这个新建的"家"，安心养伤。在家人的悉心照料下，两个多月后，梁甲友伤口痊愈，回到武工组继续战斗。

自梁甲友奉命带领武工组回小洞执行分散活动任务遇险后，当局天天派出军队、联防队来到小洞搜捕负伤的梁甲友和三名脱险的队员以及其他被通缉的人员，形势十分紧张，一些已分散回到家乡的战士，因暴露身份和受到通缉的人员再也不能在小洞立足了，纷纷转移到外地隐蔽，躲避敌人的追捕。如早已转移到棉花山石厂隐蔽的金伯，于1946年3月不得不出走，去了高要县闸坡村当种烟工。9月回到小洞时，形势依然险恶，只好到禾仓岗山场长期驻扎下来，坚持斗争。

黄荣（黄四）回到家乡遭到追缉，先去香港谋生，结果生活陷入困境，站不住脚，只得回到家乡，长期在深山老林里的藻坑开荒种地。梁端回到家乡，同样遭到敌人的追捕，被迫去了广州西关，帮助九记卖菜。7个多月后回到家乡仍无法立足，也只好到荒郊野岭的莲滩石茅棚长住，靠耕田过日子。

第三团战士梁佐明、梁芬、陈根等也到广州打工。还有陈安、吴全、陈毛、梁星等一些积极分子，受到当局的通缉和迫害，也先后离开，或去广州打工，或去新兴避难。

坚持斗争

根据《双十协定》和《北撤协定》，国民党当局不得不承认广东有中共武装力量的存在。为了尽快争取实现和平，党同意把部队从靠近国民党统治区的八个游击区撤出，广东是其中之一。1946年3月，中共广东区委按照党中央指示，经过与国民党反复激烈的谈判，于5月达成了北撤烟台的协议，但国民党当局只承认东江纵队为合法武装，而不承认海南、中区与广东其他地区的中共部队。

中共中区临时特委根据中共广东区委北撤会议决定，迅速做出了部署和安排。5月19日，中区临委派出李进阶同志来到三团驻地老香山传达北撤会议精神，宣布三团北撤、复员、坚持人员名单及安排。

北撤会议精神的要点有：

（1）北撤。抽调部分骨干，包括少数暴露的地方领导干部，随东江纵队北撤。

（2）坚持。留下少数精干的武装人员，以"灰色"面目出现，同群众结合，坚持斗争；必要时利用绿林豪侠的名义或形式进行活动，总之，一切为了生存，为日后恢复公开的武装斗争保留一批革命种子。

（3）复员。北撤、坚持都只能是部分和少数，大多数人员只能复员，复员也是一种方式的坚持。复员的人员按各人的条件，可以读书、耕田、做工、任教、做生意……军事干部、战士尽可能以参加地方团队等方式保存骨干力量。

第三团参加北撤的人员有：吴新、谢汝良、伍真、谭光、谢玉婵、彭仕英、谭汉杰、胡达权、罗煊、罗敏聪、陈学勤、李松等，小洞的陈励生也在北撤的名单中。他们分头于6月29日抵达宝安县（今属深圳市龙岗区葵涌镇），在沙鱼涌集中，次日登船经水路在7月5日安全到达山东烟台的解放区。

第三团留下来坚持斗争的只有13个人，他们是：梁文华、叶衍基、朱养、阮明、梁光明、梁波、黎斌、黎荣德、黎康杰、黄就、胡珠林、罗连贵、许飞，其中，叶衍基、梁光明、梁波是小洞人。留下坚持斗争的由梁文华、叶衍基负责，梁波管财粮。他们很快组织起来，在5月下旬依托三个基地积极开展活动，其中叶衍基带领黄就、黎荣德、许飞、胡珠林、罗连贵组成一个武工组，以合成为基地，在新兴水台，高明更楼，鹤山宅梧、白水带、双桥等地活动；梁光明、梁波负责带领一个武工组，以开平水井为基地，在开平东河，鹤山云乡、址山等地活动。

第三团小洞籍复员人员有：在老香山活动的陈松、陈荣，在新兴车岗医疗站的陈少和前期（1945年11月）已分散回乡隐蔽的干部、战士。陈松、陈荣接到复员通知后，回到禾仓岗隐蔽，坚持斗争。陈少料想到回家乡也不能立足，就先后辗转于开平、台山的同事、亲友家，一段时间后回到家乡，却遭到国民党当局的疯狂追杀，不得已离开家乡，到广州打工以躲避敌人的追缉。

智取警所

  1946年6月,部队还未来得及北撤,国民党就肆无忌惮地大搞清乡联保,悬赏缉拿,强迫自新等迫害革命群众的行动,环境日益恶劣。在敌人的淫威下,不少群众产生了惧怕情绪,因怕受到牵连,不敢同留下来坚持斗争的武工队队员接触,不敢借粮、卖粮给武工队队员们吃,甚至还有部分群众埋怨共产党,不欢迎留下来坚持的武工队到他们那里活动。这给留下坚持的同志们造成很大的压力和经济困难。留下来坚持的同志们虽然采取了自力更生的办法,但只是杯水车薪,根本解决不了问题,每人每天不到三两米下肚,有时还没吃的。为了解决留下来坚持斗争的13个人的生存问题,梁文华派出梁光明、梁波两人回到小洞找党组织,依靠革命根据地的党组织和群众帮助,解决了留下来坚持的同志们的吃饭问题。

  6月上旬的一天,梁光明、梁波奉命秘密回到小洞,找到了中共小洞支部委员梁扳等几个共产党员,一起商量如何解决留下来同志的粮食问题。会上有的同志认为:眼下正值青黄不接时节,大多数农民连饭都吃不上,哪还有粮食借得出来呢?向个别富户借,也许可以,但终究不是长久的办法。也有的同志提议:去向更楼警察所索要。此言一出,马上引起了大家兴趣,在"行得通吗?""有没有把握?"的热议中你一言,我一语,展开了热烈的讨论,有的说:"更楼警察所的警员多数是农民出身,没有经过训练,业务水平极低,警惕性和纪律性极差,存在严重的麻痹大意的思想,突然给他们一个袭击,应该可以得手。"有人补充说:"军屯村的梁根在警所里当差,做通他的工作,由他做内应,里应外合,应该行得通。"讨论到这里时,梁扳插话说:"向更楼警察所要吃的,不但行得通,而且把握性很大。"梁扳便一五一十地把梁根安插到更楼警察所当差的经过说了一遍。

梁扳说:"今年2月,我还在当保长时,接到更楼警察所招收警员的通知,要求每个保派两个人到更楼警察所当差,我意识到,在警所里安插一颗'钉子'做内应,说不定日后会起作用。正在酝酿派谁去的时候,梁根来自荐,要求到更楼警所当差。我觉得梁根出身贫苦,老实可靠,有一定的思想觉悟,还当过兵,掌握一定的军事技术,就答应了他的要求,举荐了他去当差。但我也向他提出了两个条件:一、进入警所后不能随便欺负老百姓;二、如日后用得着时,一定要帮忙。梁根都一一做出了保证。"经过梁扳介绍情况后,大家更有信心了,都认为采用智取的办法比较恰当。

为了智取更楼警察所能获得成功,关键要取得梁根的密切配合。会后,梁光明、梁波两人及时去找从小一起玩到大的同村兄弟梁根做思想工作。

梁根(绰号独九旅),男,约于1917年出生在小洞军屯村的一个穷苦农民家庭,因交不起学费,只读了两年书就回家耕田了。后来,梁根在回忆他的经历以及配合做内应智取更楼警所时说:"1943年春,国民党来小洞抽壮丁,塘角村的一户人家被抽中,提出由我去冒名顶替。当时我家里穷得叮当响,就答应替别人去当猪仔兵,被分派到国民党第35集团军驻防在阳山的独立第九旅某连。后来,因不满国民党军队的腐败黑暗,也不想替国民党军队当炮灰,就找了一个机会逃回了家乡。""我到更楼警所报到前,考虑一旦当上警员,怕上峰逼自己做对不起老百姓的事,也怕警队值勤时间密,出动多,不够自由,又不能抽时间多回家照顾家庭,因此报到时,我极力要求当了一名伙夫。"又说:"有一天,同村兄弟梁光明、梁波两人来找我,说他们武工队准备向更楼警所动手,要我做内应。我一听,吓得目瞪口呆。后来经他们反复说明情况后,我才答应做内应,并向他们坦白一旦我遇到不测,父母妻儿没人赡养的顾虑。梁波说回去请示领导后再答复我。过了两天,黄之锦、梁扳来找我,他们对我的担心和顾虑表示完全理解,并向我表态:如若有什么三长两短,党组织一定会把我的父母妻儿负责赡养到底。这样才打消了我的一切顾虑。"

梁光明、梁波得知黄之锦、梁扳最后做通了梁根的思想工作后,去找回到平塘隐蔽的黄海,交代黄海密切注意更楼警察所的动态,如有重要变化,立即到合成月塘村报告。二人又赶去合成基地月塘村,向梁文华、叶衍基汇报了中共小洞支部提出智取更楼警察所的建议,以及做通了在更楼警察所做内应的梁根的工作和掌握了更楼警察所的详细情况。梁文华、叶衍基听取汇报后,认为智取更楼警察所意义重大,不但可以解决留下坚持的人员的吃饭问题,还可以提高士气,打破沉闷的局面,鼓舞人民群众对敌斗争的信心。接着,在梁文华的主持下,留在合成基地的人员一起具体研究了智取更楼警察所的详细作战计划。拟定由叶衍基指挥,率领梁光明、梁波、黄就、许飞、黄海等六个人,于6月13日(农历五月十四日)零时过后实施行动。

拟订作战计划后,11日早晨,叶衍基派出梁光明、梁波提前回到小洞,进一步查明更楼警察所的敌情变化和明确接应事项。

当天,梁光明、梁波再次找到梁根和黄海碰头联系,商量落实取得"口令"的方法。

梁根介绍说:"近日,警察所里边的情报如往常一样,没有多大变化,但所里有规定,每天的'口令'要在当天的下午6点半至7点左右才往下传给全体人员知道。这样吧,我在明天晚上7点左右弄到'口令'后,以需要照顾家庭为借口请假回家,在途经罗丹桥附近会面,将'口令'交给你们。"

黄海听后提醒梁根说:"你请假的时候,一定要说清楚你当晚零时左右,或最迟在天亮前回到警队煮早餐呀!"

梁根连忙说:"对,对,对!我以前晚上请假回家时,都是这样说,这样做的。我特别注意一是问清楚口令,二是交代回队时间,不然搞不好会给子弹崩掉的。不过,值岗的警员都知道我经常晚饭后回家照顾家庭的,都已习以为常啦!"

梁光明接过话题与梁根商量说:"明天晚上7点半,我与黄海在罗丹桥附近路边的竹林等你的'口令'。为了使你不被卷进来受到牵连,你后天(13日)天亮前再赶回警队好吗?"又转过头来对梁波说:"你明天赶回月塘村汇报,建议依原计划不变。"

最后,大家对这样的安排没有异议,分别按商定的计划执行任务。

第二天(12日)晚上7点刚过,梁根顺利地弄到了"口令",请了假,亲口交代岗哨回队时间后就兴奋地离开了警队。7点半到达了约定地点,将"口令"告诉了梁光明、黄海,就回家去了。梁光明、黄海则在原地的竹林里休息,等到深夜11点多才到更楼圩旁的小河西边小山岗等候。

6月12日上午,梁波则带着新情况及时赶回合成月塘村汇报,梁文华、叶衍基商量,认为敌情变化不大,决定按原定的计划行动。12日晚上,快到8时,精干的武工组在叶衍基的率领下,从合成月塘村出发,翻过牙鹰寨、飞雁山,经过黄金坑、小洞,大约在11时30分到达了更楼圩旁的小河西边小山岗,与梁光明、黄海会合。他们进行了分工,明确了任务。

13日,零时刚过,他们偷偷地接近通往更楼圩的桥头,梁光明、黄就摸过桥去,到闸门处,梁光明模仿梁根的语气叫门,对上口令,敌人哨兵误以为是梁根回来便打开闸门。就在这一刹那,黄就一个箭步冲向前制服了哨兵,其他人员迅速冲过桥。叶衍基指挥梁波把守横街东出口;黄海押着敌哨兵把守西闸口;梁光明、许飞、黄就三人冲入敌营房内,他们眼疾手快,先收缴了12支枪,接着把12名警察逐个捆绑起来,然后展开搜查,清查物资,查获了几两黄金,几万元法币及一批粮食和物品。整个过程不到一个小时,不费一枪一弹就结束了战斗。武工组的队员们扛着战利品按原路安全地返回了合成月塘村营地。

当晚的上半夜,梁根一直在小洞的家中焦虑地度过。梁根后来回忆说:"武工组摸更楼警察所那天晚上,我回了家,茶饭不思,在家里踱来踱去,焦急地等待。下半夜快两点时,我去与梁光明约好的地方见了面,等来了好消息,我才放下心来。因为是高兴,也因为想着回到警所如何应付,这一晚我都没合上一眼。第二天天刚蒙蒙亮,我若无其事地回到更楼警所,看见那些警员哭丧着脸,个个都像落水狗一样,我装出一副大惊失色的样子,大骂劫贼大胆张狂,并安慰那些警员,人没有事就好,便去煮早餐了。吃过早餐不久,区长点名要我到他家,我在去区长家的路上,忖度着是否'穿煲'(露馅)了呢?到区长家时,只见区长笑盈盈的样子,非常客气,还给了我一杆枪,说要辛苦我一趟,送他两公婆到明城去。我估计区长是给昨天晚上的事吓怕了,肯定是带上金银细软等贵重物品到明城躲灾去。为了不被怀疑,我只好屈从区长的安排,陪伴区长两公婆经龙虎迳安全到了明城。后来,更楼警察所被劫一事渐渐地淡了下来,没人再追究了。"

大展拳脚

1946年6月26日,国民党反动派言而无信,公然撕毁《双十协定》和"停战协定",悍然大举进攻解放区,发动全面内战。同年11月6日,中共中央给南方各省党组织发出"凡有可能建立游击根据地者,应立即建立公开的游击根据地……"的指示。据此,中共广东区委做出了恢复公开武装斗争的决定,提出"长期打算,积蓄力量,实行小搞,准备大搞"的方针。

1947年2月,新高鹤地方组织根据广东区委的指示精神,梁文华迅速将分散在三个基地坚持武装斗争的人员集中起来,动员复员人员归队,起回掩埋的武器枪支弹药,组成一支由50多人组成的武装基干队伍,公开以"高鹤人民抗征自卫大队"的名义,开展以反"三征"为中心的武装斗争活动。

陈光带领杜村党支部积极贯彻上级的指示,在水台地区吹响了恢复公开武装斗争的号角。继续执行原定向外扩展,将水台地区建成游击区的计划,及时派出党员深入各乡村宣传党恢复公开武装斗争的决定,动员隐蔽的武装人员归队。发动青年参军,号召广大群众迅速行动起来,为推翻国民党反动派的统治,争取自身的解放而斗争。水台人民渴望已久的日子终于到来了!奄村的梁友、高地村的吴苟等复员战士立即归队,南村的陈福、三合村的陈志等青年农民踊跃参军,群众的情绪日益高涨。

1947年3月下旬起,中共高明地方组织从"保卫群众的利益,求得群众的生存"的目的出发，决定策动农民拿起枪杆子，攻打水台粮仓，实行开仓分粮，帮助人民进行渡荒斗争。陈光和杜村党支部积极配合，全力协助特派员郑靖华的工作，在这场破仓分粮中发挥了重要作用。

中共高明地方组织领导农民拿起了枪杆子，开仓分粮的经过分为组织策划、行动准备和攻打开仓三个阶段。

组织策划阶段

3月下旬，中共高明特派员郑靖华办完党员训练班后，在听取汇报时，了解到农民的不满情绪非常强烈，农村中出现了"现在农民无得吃，要去抢谷仓"的说法，求粮之心十分迫切，意识到"求得农民群众的生存是当前的头等大事，积极地领导农民拿起枪杆子开仓分粮，帮助农民渡过饥荒，解决农民的生存问题是责无旁贷的"。去江门请示中区特派员谢永宽同意后，回来立即与陈光、黎洪平等商量，一起组织策划开仓分粮的有关事宜。他们经过深入调查，反复研究，确定了如下几个事项：

（1）马上秘密组成一支不脱产的武装队伍，队伍的名称采纳了黎洪平的建议，定名为"穷人求生队"。队员由各地动员复员的战士归队和青年骨干组成。

（2）选择离新兴县城较远，国民党新兴当局统治薄弱，周围群众思想觉悟高、基础好、容易发动起来的新鹤边界的水台粮仓作为开仓目标。

（3）为了保护新成立的穷人求生队长期隐蔽，避免过早暴露在敌人面前而受到摧残，防止国民党当局秋后算账，拿水台的人民出气，决定挑选离水台地区较远的武装基干队和穷人求生队担任攻打水台粮仓任务。

（4）组成一支挑粮队伍。为使较大范围的群众普遍能够得到救济，避免只有一地得益，决定发动离开仓目标方圆50里范围内的群众参加。为了便于组织指挥，确保开仓分粮能够顺利进行，挑粮队伍的人数控制在300人左右（包括穷人求生队队员）。

（5）为了调动广大群众的积极性，付给群众一定的酬劳。制定分配的办法（按武装部队和群众的比例）：10里路内对半分；10～20里内四六分；20～30里内三七分；30～40里内二八分；40里以上全归群众所得。穷人求生队的粮食由各村骨干代收。

（6）开仓时间，暂定在6月中旬，具体开仓日期视准备工作进展而定。

（7）为了保证行动的隐蔽性和突然性，全体人员（包括担任攻打的主力部队、穷人求生队、挑粮队伍）在攻打的当天黄昏到达某一地点集合。

（8）具体的开仓目标、开仓时间和集合地点，到攻打的当天派人通知。

行动准备阶段

在做出了开仓分粮的决定和确定事项后，郑靖华带领陈光、黎洪平等随即进入紧张的行动前准备工作，积极组织发动参加开仓分粮范围内的群众，以开仓分粮为中心，具体布置，分步落实各项行动计划：

（1）建立穷人求生队。4月至5月间，高明特派员郑靖华分别给参加分粮工作的基层组织负责人布置任务，要求各地基层组织马上动员复员战士归队，发动青年参队，迅速把穷人求生队建立起来。各地基层组织领受任务后，积极行动起来，仅用一个月左右的时间，各地已秘密成立了武装小组，人数共有40人左右；两个月后，求生队的人数发展到了100多人。

（2）组成挑粮队伍。6月5日，当求生队发展到一定规模时，向各地基层组织的党员进行动员，要求各地开始发动群众参加挑粮。这项工作主要靠各地基层组织和穷人求生队进行，让他们在各地秘密串联，个别联络基本群众，落实到人头上，并让参加挑粮的群众从思想和行动上做好准备，随时出发参加挑粮任务。

（3）郑靖华亲自与负责部队工作的梁文华取得联系，要求派出基干队伍担任攻打水台粮仓的任务。梁文华予以大力支持，同意派出在开鹤边活动的梁文超武工组参加攻打水台粮仓的任务。

（4）选派离水台较远的更楼区穷人求生队，配合开鹤边梁文超武工组，担任攻打水台粮仓的任务。这支队伍是由陈松、罗湛源指挥，抽调平塘、小洞、屏山等村的优秀队员组合而成的。队中不少人是第三团的复员战士，曾经打过仗，有一定的作战经验。

（5）陈光派出复员归队战士吴苟担任侦察任务。吴苟是高地村人，离水台圩只有二三里路，对水台圩的一草一木都十分熟悉。他接受任务后，混进了水台粮仓，利用各种机会仔细了解仓内的情况，把粮仓的方位，各部位的位置、周围环境、谷仓内部设置、护仓人数、仓管人员、武器装备、哨位、营区、住宿区等弄得一清二楚，一一熟记在心，回来后详细地标记在草图上。

（6）战前几天，郑靖华组织陈光、黎洪平、梁文超等听取吴苟介绍水台粮仓及台安乡公所的情况。他们根据收集得来的情报，制定了攻打水台粮仓和台安乡乡公所的战斗方案，决定由梁文超统一指挥作战，明确开仓分粮的日期为6月15日，确定了合成云罗窝村后山为集合地点。

攻打开仓阶段

6月15日清晨，良田交通站派出十多名交通员准时分赴各地，通知当天开仓分粮的决定。这天，陈光派吴苟、陈华英去水台严密监视水台圩的动向，若有变化随时回来报告。

下午6点多，梁文超率领的武工组十多人到达杜村，与陈光、吴苟等一起，进一步研究了战斗方案。

晚上7点刚过，各地的80多名穷人求生队队员和150名挑粮群众，已到达云罗窝后山集合完毕。郑靖华首先召开穷人求生队骨干作战会议（主要是更楼区的穷人求生队），布置具体作战任务，进行战前动员。接着，向全体穷人求生队和挑粮群众宣布当夜攻打水台粮仓和台安乡乡公所的决定，要求大家一切行动听指挥,积极配合部队作战,明确了其他注意事项。

当晚,层云满天、夜色朦胧,好一个夜袭的好时机。8点多,郑靖华一声令下,参加作战的穷人求生队率先出发,挑粮群众队伍静悄悄地紧跟着,途经南村、岗尾、良田向水台圩进发。挑粮队伍走到良田路段附近时,从右侧的山岗斜插一队由杜村党支部负责组织的70多名水台地区挑粮的群众,加入挑粮队伍,一起前往水台圩,走了两个多小时到达三合村停留待命。

梁文超率领的武工组先到达水台圩,与随后赶到的更楼区穷人求生队会合时,恰好遇上执行任务返回路过此地的高鹤基干队陈强等三名队员。陈强问清事情原委后,主动加入攻打水台粮仓的战斗。他们按照战斗方案再次明确任务和分工,然后采取行动。

梁文超按原先部署,首先派出十多名精兵强将去攻占台安乡乡公所,切断敌人与外界的联系,预防敌人搬兵增援。十多名队员迅速向乡公所靠近,剪断了敌人的电话线,极其敏捷地翻过围墙。其中,两名队员眼疾手快,如离弦之箭冲向敌人哨位,俘获了哨兵。其他队员有如神助,突袭乡公所的值班室、营房卧室。所内的警员、乡丁遭此突如其来的打击,猝不及防,乖乖就擒。这次,我方不费一枪一弹,用了不到半个小时,就干净利落地解决了战斗,牢牢控制了台安乡乡公所。

梁文超率领主力队伍攻打水台粮仓。离粮仓约100米时,他们迅速散开,形成包围圈,然后蹑手蹑脚地向粮库靠近,占据了有利位置。此时,守在粮库大门内的哨兵,发现外面有动静,觉得情况不妙,便匆忙举枪,胡乱向外射击。说时迟,那时快,吴苟因熟悉地形,一个箭步闪到大门外侧,瞄准哨兵,一枪把他撂倒,快速取出斧头,连砍带砸,猛劈大门。在吴苟猛劈大门的一瞬间,仓内乡丁向大门方向射击抵抗。跟在吴苟后面的陈华英见状,端起了卡宾枪向大门内的乡丁狂扫,武工队的机关枪也跟着吼叫起来,压制仓内敌人的火力,掩护吴苟劈开大门。不多时,敌人的火力哑了,大门也被劈开了,武工队队员见状冲进粮仓。武工队一部分队员由吴苟引路奔向敌人营区。那些乡丁早已吓得心碎胆裂,浑身颤抖地跪在地上,乖乖地举起双手不敢反抗,而那些仓管员也跪在地上,不停地磕头求饶。另一部分队员,由陈华英引路直奔粮库,当他们冲到各个谷仓时,连个鬼影都没有看到,守谷仓的哨兵早已丢盔弃甲,溜之大吉了。他们抡起大铁锤砸开了几个谷仓的大门,一围围、一堆堆的稻谷呈现在眼前。

梁文超见此情景,马上吩咐穷人求生队骨干组织搬谷,维持秩序,果断地指挥武工队队员在来往新兴县县城方向和粮仓外围派出警戒。布置妥当后,他举起信号枪,向天空打了一发绿色信号弹。

"粮仓打开啦!粮仓打开啦!"暂时隐蔽在离粮仓二里多远三合村附近的300多名挑粮群众,看见天上的绿色信号弹,顿时欢呼雀跃起来,接着一队队挑粮大军浩浩荡荡地涌向水台粮库。一位先进入谷仓的农民,手捧着金灿灿的谷子,饱含着激动的泪水,连声说:"我们有饭吃啦!我们有救了!"

一拨接一拨的挑粮群众满怀喜悦的心情,快速装满谷子,有肩挑的,有背扛的,迅速离开粮仓,他们迈着矫健的步伐,把谷子搬回村去。这次开仓分粮行动把水台粮仓的5万多斤稻谷搬了个精光,还毙敌1人,缴获长短枪4支。

破了水台粮仓这个振奋人心的消息不胫而走,人们奔走相告,轰动了方圆四五十公里的地方,连新兴当局也大惊失色,惊呼水台已经"沦陷"。这次行动灭了敌人的威风,打开了高明革命好转的局面。

打下水台粮仓后,水台人民革命积极性空前高涨。在如火如荼的反"三征"斗争中,涌现出大批积极分子。陈光按照上级关于"恢复整理、慎重发展"的部署,有计划地从这些积极分子中吸收党员,发展党组织。1948年2月,在奄村吸收梁寿生、梁友、梁时佳入党,成立了奄村党小组。3月,在布凌吸收陈康林等四人入党,成立了布凌党小组,壮大了党的力量。

1948年3月，新高鹤区工委成立，书记周天行，委员梁文华、杨德元。区工委对活动区域做了调整，相应成立了开鹤新边区工委，梁文超任书记，水台地区划归开鹤新边区工委领导，陈光为水台区负责人。

  3月27日，新高鹤人民解放军总队在陈光建立的基地良田学典陈公祠内的良田小学成立，总队长梁文华，政委周天行，副总队长叶琪、沈鸿光（兼参谋长），政治部主任杨德元，副主任李法。在成立大会上，部队领导宣布了中共香港分局有关放手大搞武装斗争的决定。

  从此，水台地区进入一个新的发展时期。陈光认真领会放手大搞武装斗争的精神，抓住武装斗争和搞好农民运动两个环节，放手大干。

  在组织开展武装斗争方面，立即在穷人求生队原有的两个武工组基础上扩充队伍。在较短时间内人数扩大到20多人，成立了水台区队。这支队伍成为打击敌人、震慑台安乡国民党当局、配合和支援部队战斗、保护人民利益的重要力量。

  1948年7月16日，陈光组织区队和民兵，主动配合参加了中区部队奄村、棠下、布茅三村战斗，拔除了国民党在水台地区的反动武装据点，瓦解了国民党在水台地区的基层组织，使水台地区的革命形势发生了重大转折。

  同年夏收夏种时，陈光带领杜村武工组和民兵主动出击，智擒了一个排的国民党兵。有一天，民兵向武工组报告，说有一队20多人扛着两挺机枪的国民党兵正向杜村开过来。武工队队员听了都很兴奋，陈光说："好家伙，送上门来了！"迅速组织武工队队员和民兵集中起来，开到敌人将要经过的田边，混在群众之中，有的装着割稻谷，有的假装在犁田。有的在路边显眼的地方摆个茶水档。不一会儿，敌人果真过来了，看见茶水档，都把武器放到一边，蜂拥而至茶水档喝茶。武工队队员们见时机已到，出其不意地冲上去，迅即把敌人的武器缴了，端起枪指向敌人，大喝"不准动"。正当武工队队员冲上去的一刹那，民兵也拿起武器冲了上来，把敌人团团围住。敌人被这突如其来的袭击吓懵了，等到反应过来时,一个个都成了俘虏。

在搞好农民运动方面,着力从建立农民协会组织和民兵组织抓起,大力开展减租减息运动。上半年重点建立农会和民兵组织。至1948年夏,水台地区大部分的农会和民兵组织都建立起来了。全区共建农会28个,入会农户1250多户,占总户数的80%,会员约5000人。民兵组织是随着农会的建立而建立起来的,总人数约450人。下半年开始,从切实维护农民的切身利益出发,把工作重点转到开展减租减息方面来。减租减息政策从原来的"二五"改为"四六",即农民交租时减去原租额的40%,收租者得60%;规定利息不得超过30%,超过部分减去,让农民减轻了赋税,获得了实惠。

同年10月,中共广南分委、军分委决定,对中区部分地区组织和辖区进行了调整,撤销开鹤新边区工委,水台地区划归新成立的新(兴)恩(平)开(平)中心县委领导。

1949年2月,新恩开中心县委被撤销,水台地区划归中共新兴县委管辖的东北区区委领导。

几年间,陈光披肝沥胆,水台区党组织虽历经几次变动,但他仍然被任命为领导人,他的留任对稳定水台地区的局势和巩固老区工作起了重要的作用。

公开"小搞"

自全面内战爆发,在短短的几个月里,人民解放军接连取得了胜利。国民党反动派当局被迫将南方各省的正规军北调,造成了南方各省的兵力空虚,南方各省政治、军事形势起了变化。为此,中共中央于 1946 年 11 月 6 日及时发出指示,要求"凡有可能建立公开游击根据地者,应立即建立公开游击根据地……"

11 月 17 日,中共中央给广东区委领导人的指示中,又进一步明确:"广东敌人兵力空虚,灾荒遍地,国民党又征兵征粮,因此造成了发展与坚持游击战争的客观有利环境……今后党在广东的中心任务即全力布置游击战争。"

中共广东区委根据中共中央的指示,于同月 27 日做出了"恢复武装斗争"的决定。并确定了斗争的总方针,斗争的基本任务和斗争的口号。

总方针是:"长期打算,积蓄力量,实行小搞,准备大搞。"

基本任务是:"保卫群众利益,求得群众的生存,争取群众斗争的胜利,在群众斗争中取得武装斗争胜利和发展。"

斗争口号是:"反三征,反迫害,减租减息,维持治安。"

小洞人民在中共中区及高明地方党组织的领导下,从革命低潮中走了出来,积极主动参加"小搞"斗争,一步一个脚印地开展工作。

一、健全班子

由于革命进入低潮阶段,从分散至北撤后的一段时间里,中共高明地方组织的上下级之间已失去了联系,在领导关系上处于不正常甚至停顿的状态,这令基层支部失去了方向,工作十分被动。

1946年8月,中共中区特派员谢创根据上级的指示,认真采取积极坚持的态度,及时对各县的特派员做出了调整。将地、武分设,建立红、灰两重系统,把郑靖华从阳江调到高明任特派员,负责地方党组织的工作。同月的某天,郑靖华由黄之锦接应,从开平三埠进入合成、双合。次日,梁文华把郑靖华带到合成云罗窝村据点,郑靖华正式到职。梁文华把高明县的地方党组织关系全部交给了郑靖华。郑靖华以高度负责任的态度,全神贯注地投入到接收、恢复全县的基层党组织工作中去。

同年9月的一天,陈三娥按照支部委员梁扳交给的任务,准时到达合水圩接头地点,从水井洞的李同志处接到"表哥"(新任中共高明县特派员郑靖华同志),并秘密带回了家。次日上午,把"表哥"带到了军屯村的明晖堂。这天,郑靖华同志与小洞支部的同志见了面,详细了解了小洞的情况,下午5点多,顺利地接收、恢复了中共小洞支部的组织关系。第三天,"表哥"结束了小洞的行程,由陈三娥送到了更楼圩,与屏山村的罗湛源同志接上了头。

小洞支部委员梁扳、陈会群与上级领导见面后,分头到深山老林找到留在家乡附近坚持地下斗争的十多名共产党员,恢复了正常的组织活动。为了适应斗争形势的需要,根据上级的指示,中共小洞支部进行了改选工作,选出了梁扳为书记,陈会群、陈松为委员的新一届支部班子,新班子带领小洞的共产党员和人民群众与敌人展开了坚决的斗争。

这次上级的接收和支部的改选健全了中共小洞支部,从思想上、组织上给小洞的共产党员注入了强大的精神动力,增强了大家的斗志和信心,为日后迎接新的斗争做好了充分的思想准备。

二、破仓分粮

1947年年初，中共高明县特派员郑靖华把高明各基层党组织关系接收、恢复完毕后，将主要精力放在健全组织机构、加强党的领导、提高党员素质和领导群众斗争、解决群众求生等几个问题上。

健全组织机构、提高党员素质工作方面。先在云罗窝、鳌头举办了三期党员训练班，接着设立了更楼、合水、明城、水台等区的区级党组织机构，其中任命在新兴水台杜村坚持斗争的陈光（耀聪）为中共更楼区负责人。

领导群众斗争，解决群众求生方面。部队北撤后，国民党反动派对高明老区进行了残酷的清乡、扫荡。10月，在国民党正规军北调的同时，国民党广东当局即在全省加紧推行征兵、征粮、征税等反革命政策，到处拉人捉丁，对人民百般敲诈勒索。人民群众饱受国民党"三征"的残害，民不聊生，生活在水深火热之中。此时正值入春，春荒严重，农民无米下锅，无粮填肚，生命受到严重威胁，社会上流行着"无得食，去抢谷仓"的说法。郑靖华认识到"求得群众的生存，是共产党责无旁贷的责任，应该掌握时机，引导群众拿起武器，开仓分粮"。3月，得知中共广东区委做出"关于实行小搞，准备大搞，恢复公开武装斗争"的决定。在征得中区特派员谢永宽同志的同意后，即与陈光、黎洪平等商量研究，决定组织群众，拿起枪杆子开仓分粮；同时，成立穷人求生队。接着进行深入调查，了解敌情，经过分析研究和精心组织策划，拟定出了一个攻打水台粮仓、开仓分粮的行动方案。

5月中旬，陈松接到中共更楼区委负责人陈光的通知，赶到新兴水台良田，在陈光的带领下，到了合成云罗窝村，当面接受中共高明特派员交给中共小洞支部的三项任务。这三项任务是：①迅速恢复交通线的畅顺；②立即组成一支精干的穷人求生队；③在近期内，物色40名群众组成挑粮队，随时参加开仓分粮斗争。

陈松领受任务后，不顾劳累，当天回到小洞，向党支部传达了上级的有关指示。经支部讨论研究：①由金伯负责组织恢复交通站工作；②由陈松负责在塘角村物色人选组成穷人求生队；③由军屯、塘角党小组各负责物色20名群众组成挑粮队；④由陈松全权负责带领穷人求生队和挑粮队参加开仓分粮斗争。

会后，陈松先去找金伯，与金伯共同商量研究恢复交通站的工作。随后，回到塘角村点兵选将，分别找到陈荣、陈苟、陈虾、陈翰、陈新（大）、陈添、陈元基、陈祯等，组成了一支精干的穷人求生队伍。6月5日后的时间里，在党内宣布破仓分粮的决定，调动党员的积极性，发动党员在群众中物色一批力气壮、能吃苦、敢斗争的积极分子组成挑粮队。这两队人马的情绪十分高涨，他们已枕戈待旦，只等一声令下，立即出发。

6月14日傍晚时分，陈松接到了上级发出开仓分粮的指令，果断向两队人马发出于15日下午1点30分，分散各自前往黄金坑集中的通知。

15日中午，陈松带着陈元基提前到达黄金坑等候。下午1点过后，两个队的队员已陆陆续续来到了集合地点。规定时间一到，陈松清点人数，一个不差，即率队出发。经飞雁山、月塘村、双石村，傍晚准时到达合成云罗窝村的后山山坡待命。

入黑后，指挥部首先召开骨干会议（主要是更楼区穷人求生队队员），布置战斗任务，明确了分工。接着由郑靖华向80多名穷人求生队队员和150多名挑粮群众正式宣布攻打水台粮仓和水台区公所的决定，并做了战前动员。

晚8点多，挑粮大部队在水台区武工组的引领下，静悄悄地向水台粮仓疾进。梁文超武工队和更楼区穷人求生队先期到达水台圩，迅速打开了水台粮仓。小洞挑粮队因路途遥远，被安排靠前入仓搬粮。大家以最快的速度装满箩筐撤出谷仓，以便其他挑粮队搬谷。

这次开仓分粮,按照规定从40里外挑得的粮食全归群众所得,但小洞挑粮群众有意见,非要二八分不可。陈松拗不过大家,最终同意九成归群众,一成由指定人员代收。小洞群众除了参加这次开仓分粮斗争外,还参加过宅梧、合水、更楼等多次开仓分粮的斗争,他们每次都自觉地按照规定的分配办法,把粮食如数交到了代收点。

三、恢复交通线

1947年5月,陈松根据中共高明特派员要求小洞党支部恢复交通站的畅顺的指示回到小洞后,向小洞党支部传达了上级指示。接着,马上找到金伯商量恢复小洞交通站事宜,请金伯继续担任小洞交通站的负责人,主持组织恢复小洞交通站的工作,并与金伯详细研究了恢复小洞交通站的具体措施。金伯分析了当前的基本情况,提出了四点建议:

(1) 交通站的原班人马在革命低潮时认真执行上级决定,较好地潜伏隐蔽下来,都没有暴露身份。他们熟悉业务和情况,有工作和斗争经验,召回原班人马即可马上开展工作。

(2) 在交通站原来的情报传递组和情报搜集组的基础上,增加一个情报抄写组。

(3) 补充一批新鲜血液,物色和吸收一些有知识、有文化的新人加入交通站,担任交通传送和誊写工作,实行以老带新,培养骨干,做好长期打算。

(4) 在没有找到新站址之前,交通站仍然暂时设在自己家。

陈松赞同金伯的意见。两人即时提名吸收陈元基、陈庚、梁就、梁植森等人入交通站。陈松与金伯商量妥当后,把剩下的工作交由金伯具体组织落实,自己去抓其他工作。

金伯则按照商定的计划马上开展工作,逐一召回原班人马,逐个与新吸收的人员谈话，重新布置任务和分配工作。仅用了六七天时间就把一切工作安排就绪，情报搜集组、情报抄写组、情报传递组等都进入角色，做好了迎接新的斗争的准备。

8月，交通站的工作开始忙碌起来。9月，来往各地的信件、情报日渐增多，工作量陡然增大，抄写组和传递组应接不暇，大家感觉有点吃不消。金伯果断搬兵，把还在鳌云书院念书的梁庆祥、梁荣枝临时请到交通站帮助抄写情报。把塘角村的陈田仔和上级派来的江仔一起编入传递组，参加情报传送工作。10月，请求上级派来李平（人称"四婶"）协助主持交通站管理兼抄写情报工作。

进入12月，金伯考虑到各地来往交通站的交通人员较多，加上本站工作人员，自己窄小的家里会显拥挤，已不再适合作为交通站了。他看中去了安南（越南）谋生的梁洪的房子，这间房子的地理条件比较理想，坐落在村中最后一排，离后山矮岭只有三四十米，村、岭之间布满野草和灌木林，如遇紧急情况便于撤离隐蔽。后山还有一个长满密密麻麻茅草、杂树遮盖的旧炭窑，炭窑里还可以临时存放一些来不及送出去的信件物品等。金伯觉得把梁洪的房屋设为交通站十分合适，便抓住时机反复做梁洪亲属的工作，最终借来了梁洪的房屋做交通站。

1948年年初，小洞交通站从金伯的家搬迁到梁洪的房屋办公。交通站步入正轨后，中共高明县委抽调金伯参加协助筹办组建高明武装基干队工作。

5月底，中共高明县委书记郑靖华指示金伯回到小洞交通总站任站长。当时武装斗争已进入"大搞"阶段，革命形势发展非常迅速。随着新高鹤人民解放军总队部队不断扩编，小洞交通站的工作更加繁重，同时还要担负起群众运动的一部分工作任务，同时兼管组织兵源，动员青年参军，征筹军粮等。8月，为解决军需来源问题，要在游击区设置税站。上级决定在合水地区设立税务总站，任命陈松为税务总站站长，下设合水分站，范围包括更楼、新圩。临时规定收税工作由属地武工组和交通站负责。因而，小洞交通站还承担了更楼地区的部分收税任务。

1949年10月18日,南下大军抵达高明,国民党高明当局溃败,高明解放,小洞交通站完成了历史使命。交通站人员以自愿为原则,有些被安排到了高明县大队服役。

四、反"剿"捉"霸"

1947年7月至8月间,中共高明县特派员郑靖华在求得群众生存,取得开仓分粮斗争的胜利后,惦记着小洞革命老区开展"小搞"斗争的活动情况。于是专程来到小洞,在陈松父亲陈宽禾仓岗的果园里,一住就是一二十天。他在这里分别向小洞党支部的党员、干部和群众详细了解情况,听取大家意见,提出了先在小洞成立农会的意见。

中共小洞支部遵照上级指示,正在发动群众探讨、摸索成立农会路子的时候,受广州行辕主任张发奎指派的国民党广东省第三区保安司令赵仲荣,到了鹤山县宅梧,成立了新高鹤三县联防指挥所,重点负责进攻三县交界的游击队活动老区。这个"清剿"机构成立后,大量收买当地的土匪、恶霸、流氓、捞家等,加紧扩充反动武装。一贯作恶多端、与人民为敌的小洞头号恶霸陈佐登为首的一小撮反动家伙,自然成为国民党当局网罗的主要对象之一。陈佐登得到上峰的赏识,十分乐意为当局效劳,积极参加到这个反动"清剿"组织中来,充当起急先锋,卖力地在小洞推行"抽丁联防剿匪"计划。

陈佐登一伙在小洞横行霸道,成了阻挡小洞人民成立农会的拦路虎。小洞人民十分气愤,纷纷要求小洞党组织把陈佐登一伙的嚣张反动气焰压下去,并清算陈佐登在1944年农历十一月十六配合敌军放火烧屋和出卖陈妹等滔天罪行。中共小洞支部采纳了群众的意见,在1947年9月中旬(农历七月底)的一天下午,专门召开会议讨论办法。经研究决定,捕捉陈佐登,粉碎他们推行"抽丁联防剿匪计划"阴谋,搬掉这只拦路虎。考虑到陈佐登有国民党当局撑腰,后台强硬,为预防陈佐登反咬一口,招致国民党当局大规模的报复、镇压,伤害到老百姓,大家一致认为,由上级派一支穷人求生队以绿林好汉的面目出现,小洞派人密切配合,一起捕捉陈佐登的计策比较妥当。

为了早日收拾陈佐登这个家伙,支部当即派金伯向上级请示。金伯草草吃过晚饭,翻山越岭,一口气走了四个多小时,到了合成云罗窝村,向郑靖华请示。郑靖华听取汇报后,大力支持小洞提出的意见,当场拍板,要求小洞派人负责侦察工作和提供十个穷人求生队员住宿集结的地点,并商定在9月中旬(农历八月初)抓捕陈佐登。金伯得到上级的指示,随即连夜摸黑赶回了小洞,向等候在军屯村祠堂的梁扳、陈松、梁炳新等传达,他们商量决定,由陈松负责具体组织实施抓捕恶霸陈佐登行动。

陈松接受任务后,回到禾仓岗果园与父亲(陈宽)商量,宽伯十分赞成这次行动,乐意把果园作为穷人求生队的集结地点。至于去悦塘村侦察的事情,陈宽认为陈祐对悦塘村的情况比较熟悉,建议陈松请陈祐来一起商量。陈松采纳了父亲的意见,把陈祐请到了禾仓岗果园,他们三人就如何到悦塘村侦察进行了深入研究。陈祐提议,由他以到悦塘村上门收购稻谷碾米的名义,雇请陈松父子做挑夫,一起前往悦塘村侦察较为名正言顺,可以收到预期效果。宽伯、陈松听后,觉得陈祐经常到各村庄收购稻谷碾米,大家都习以为常了,他大摇大摆地经过陈佐登的家门口,肯定不会引起陈佐登的疑心,用这样的办法蒙骗陈佐登,确实是一妙招,他们商量确定采取这样的办法前往侦察。陈松派通信员把准备的情况送到了云罗窝,几天后,收到了上级的回复。

9月中旬,有一天,十多名穷人求生队队员如期来到了禾仓岗果园集结待命。同一天下午,陈松、陈宽、陈祐一同依计去了悦塘村侦察。晚上,陈松、陈宽、陈祐把侦察的情况一一做了详细介绍,穷人求生队根据侦察得来的情报做了部署。次日,穷人求生队在果园休息隐蔽,养精蓄锐,以逸待劳。晚8点,全副武装的穷人求生队员由陈宽伯做向导,向5里路程的悦塘村扑去,用了不到半个小时到达悦塘村南边的闸口。宽伯将守闸门的陈林叫了出来,说游击队要入村捉恶霸陈佐登。陈林(长期守这个闸口,一贯同情和支持革命。早在抗日战争时期就暗中帮助该村的女青年陈妹、陈二娥、陈三娥、陈五妹、陈趁等开展革命活动。这些女青年因在文选楼上夜校,排练节目,下乡进行抗日救亡宣传活动等,经常至深夜才能回家。陈林从来没有怨言,随时打开闸门让她们回家)立即同意,马上打开闸门,让穷人求生队队员偷偷地闪进村里。穷人求生队在宽伯的引领下,静静地摸到陈佐登家附近,并立刻把陈佐登的家包围。几个队员迅速冲进陈佐登的屋内,用枪口对准了陈佐登及他的儿子。陈佐登被这突如其来的"天兵天将"吓得魂不附体、目瞪口呆。陈佐登额头渗汗,直打哆嗦,不敢吭声。几个队员随即麻利地将他父子俩捆起来往外拖。此时,一名队员警告他的老婆:"不许声张,不许报案,否则,你的老公和儿子就没命回来见你了!"队员们把陈佐登父子押出村口时,用黑布蒙住他们的眼睛,牵着他们消失在茫茫的黑夜中。

　　穷人求生队把陈佐登父子带到了鹤山县合成境内的大雁山、牙鹰寨两座大山之间深处的一间茅房里拘押起来,然后对陈佐登进行了一番教育,指出他一贯恶贯满盈、为非作歹、作恶多端的罪行,道明现在要替天行道,对他进行惩罚,只要他交出价值1.5万斤稻谷的浮财,就不取他狗命,并让他日后改邪归正,不许充当国民党的走狗,专干欺压黎民百姓的勾当等等。陈佐登为了活命,全都一口答应了下来,承诺交出浮财,向老百姓谢罪。交代他儿子回家尽快筹足款项,依时送到指定地点,并反复叮嘱,绝对不能报案,不要声张。穷人求生队见陈佐登态度认真,便放了他儿子回家筹款。他的儿子不敢食言,按他父亲说的办,还卖了两头耕牛,筹够了款项,依时送到了指定地点。9月29日(中秋节)前,穷人求生队用"以观后效"的话语警告陈佐登后,放他回家。

陈佐登被放出来后，对抓他的这帮"武装劫匪"是谁，一点也摸不着头脑。每每想起被抓被关的情景时，他都会惊出一身冷汗，只因怕吃子弹，不敢那么穷凶极恶了，再也不敢提什么"抽丁联防剿匪"计划的事情了。他在小洞那一班小喽啰更不敢胡作非为了。

  共产党教训了恶霸陈佐登，粉碎了国民党推行的"抽丁联防剿匪"阴谋。小洞人民无不拍手称快，群众的士气倍增，对党的信心更强，跟共产党走的自觉性更高了。中秋节过后，中共更楼区委派来了工作队，帮助小洞率先在高明二区成立了农会组织，由会长梁扳、副会长陈虾、委员李开等七人组成。夺取了国民党在小洞的基层政权，初步实现了农民当家作主的目标。与此同时，小洞还成立了由梁端、李开、陈祐等组成的筹粮小组，专门为新高鹤基干队和各地武工队（组）筹措粮饷。小洞在恢复公开武装斗争，实行"小搞"中取得了阶段性的胜利。

公开"大搞"

1947年年底,中共中央香港分局向华南各省发出"放手大搞武装斗争"的指示,并于1948年2月派出周天行、杨德元回到新高鹤地区贯彻执行大搞武装斗争的任务,3月新高鹤区工委成立,新高鹤地区的公开武装斗争进入"大搞"阶段。

在这一阶段,小洞人民在上级的领导下,在"大胆发展,一切为了发展"总方针的指引下,开展借粮救荒、借枪自卫、减租减息、发动青年参军、巩固老区、建立政权等多项工作,取得一个接一个的胜利。

一、借粮救荒

1948年3月,一年一度春季大饥荒又要来临。值此非常时期,中共新高鹤区工委宣告成立,及时在老香山召开第一次会议,就公开武装斗争实行"大搞"的发展总方针、发展的战略、发展的中心环节、军事活动原则和如何充分发挥政策作用等重要问题进行了研究部署。会议强调,农民是开展公开武装斗争的主要依靠力量、主力军。只有把农民发动组织起来,把农民运动搞好,才能把一切工作包括军事、政治、经济等搞好。搞好农民运动绝对离不开农民的支持,应把农民的切身利益列为大发展的中心环节,并当即决定,在大饥荒将要到来的关头,立即发动农民开展大规模的借粮救荒运动。

会后,中共更楼区委立即做出安排,派出工作组奔赴平塘、屏山、小洞、瑶村指导开展借粮运动。小洞党支部按照县工委书记郑靖华关于"解决农民急切问题的最好办法,就是组织农会借粮救荒"的指示,迅速对小洞农会重新做出了调整,以自然村为单位成立六个农会,各村农会会长是:麦边李开、盘石黄生、军屯梁扳、塘角陈虾、新村陈根、悦塘陈明。同时建立各村的民兵组织。紧接着开始大张旗鼓地借粮救荒和借枪自卫运动。一边广泛深入宣传群众,发动群众,使群众明白借粮借枪的意义和目的,提高广大农民群众的积极性和阶级觉悟;一边派出干部、骨干全面摸底调查,搞清基本情况,进行分析,再按政策执行实施。

根据调查摸底掌握的情况分析,大家得出三点基本看法:

(1)历年一到春夏交替之际,必闹饥荒,是农民最难熬的一段日子,饿死人的、卖儿卖女的、借高利贷的现象多有发生。今年的年景如同往年一样,全小洞有八成以上的农户缺粮,其中近两成的农户已经断炊,农民都急切盼望能及时借到粮食渡荒。因此,解决广大农户饥荒问题已成为当务之急。

(2)借粮来源原则上从地主或祖尝中借。估计可借到五六万斤谷,基本可以渡过饥荒。来源之一,从小洞五六户地主借,他们占有土地260亩,共可借到6000斤左右(平均每户1000~1500斤);来源之二,从各村祖尝中借,他们占有土地400亩,共可借到1万斤左右(其中军屯、塘角各2500斤,其他4条小村共5000斤);来源之三,从泽河、布练、陀程、塱锦等外村八九户大、小地主借,他们占有坐落在小洞的土地达2330亩之多,共可借到4万~4.5万斤(平均每户4500斤)。

(3)借粮救荒势必会触及地主的利益,引起他们的抵触情绪,但不会引起他们的反抗。主要原因是运动当头,大势所趋,农民抵抗起来锐不可当。特别是外村的大、小地主受到了1942年至1943年这两年小洞人民抗租保佃时一粒谷租都收不到,以及受1947年恶霸陈佐登被捉被罚事件的影响,为了能够收到谷租,不会因小失大,不敢明目张胆起来抗拒。但是,民兵要做好提防地主破坏闹事的准备;同时要教育农民,切实按照党的政策办事,按规定交租,消除地主的怨气。

小洞党支部和各村农会取得一致看法后,派出一批干部、骨干,在工作队的带领下,分别对各地的地主就各村的公尝、各房的祖尝进行了反复、耐心、细致的说服教育。在工作中,注意工作方法,正确发挥政策的威力,采取"劝借""乐借"相结合的办法,做通各户地主、各村、各房族的思想工作,比较顺利地借到稻谷6万多斤,基本解决了缺粮户的需要,帮助广大农民渡过了饥荒。通过借粮,本年度再也没有农民借高利贷了,再也没有发生饿死人或卖儿卖女的现象了。

小洞党支部在开展借粮救荒工作中,遵照上级指示,积极支援部队建设,从各村抽调一两人加强筹粮工作,把筹粮组扩大为筹粮队,专门为新高鹤解放军总队直属基干队和高明基干队筹集粮饷。小洞农民没有忘记子弟兵,他们建议宁可从借到的粮食中分少点,也一定要给部队留下足够的粮食。筹粮队的同志们采纳了群众的建议,从中抽取了5000多斤稻谷,连同开仓分粮时筹到的粮食一同储备起来,做到有足够的粮食随时保障部队的供给。

在借枪自卫工作方面,中共高明县工委深深地懂得枪杆子里面出政权的道理,于1947年年末就着手在穷人求生队的基础上成立一支县武装基干队。在发动和号召复员战士归队、青年参军的同时,向各支部发出了开展借枪运动的指示。陈松、金伯奉命回到小洞为组建高明武装基干队奔忙,他们两人在小洞支部的大力支持下,在春节后的半个多月里,既动员了一些人参军,又借得了近20支枪,其中把十多支送到了刚成立的高明基干队,留下五六支枪交给了小洞穷人求生队分队,以便在开展借粮救荒工作时提防地主的反攻倒算时使用。小洞的穷人求生队分队在借粮救荒运动中发挥了很大的作用。陈苟、陈虾、陈翰、陈新、陈添等队员多次奉命开进罗丹、马律等村,配合协助中共更楼区派出的工作队,打击恶意阻挠借粮运动的土豪恶霸梁子珍、彭锦芬等人,有力地支持上述各村庄农民顺利开展借粮救荒运动。

二、减租减息

小洞的减租减息（简称"两减"或"双减"）工作是从 1948 年早造收成开始实行的，这是继借粮救荒、借枪自卫后又一次大规模的群众运动。当借粮救荒、借枪自卫运动还在各地蓬勃开展的时候，新高鹤区工委为了进一步维护农民利益、削弱农村封建势力、从根本上巩固老区着眼，已着手筹划下一步开展减租减息运动，预先制定好了《新高鹤双减条例》。在夏收来临之前派发到了群众基础较好的高明合水、更楼，开平水井、东河等革命老区，作为"两减"试点首先推行。

《新高鹤双减条例》中规定，减租按原交租额 25%（即"二五减租"），减息按年利不得超过三分（30%）旧债，凡债务人交息超过原本一倍者，则本息停付等。小洞及更合地区农民认为条例中的"减租按原交租额的 25%"的办法，不适合高明的具体实行情况。高明历来是按三堆开交租，即农民得两堆（66.6%），另一堆（33.3%）交租。农民算了一笔账，譬如，亩产 100 斤谷，按"二五"减租，农民得益只有 33×25%=8.2 斤。提出了三堆开"四六"减租（即三堆开后减 40%）的建议，譬如，亩产 100 斤谷，按"四六"减，则农民得益是 33×40%=13.2 斤，只比外县多了 0.7 斤。意见反映到新高鹤区工委书记周天行处，他十分重视群众的意见，来到更合地区深入实地调查，遍访了小洞群众，同农民兄弟促膝交谈，一起算账，直接掌握了高明的实际情况。他认为农民计算的方法对头，批准了高明把"二五"减租改为"四六"减租的做法。

从夏收开始，高明按"三堆开、四六减"的办法全面开展了"两减"试点。小洞的"两减"工作遇到的阻力较少，开展得比较顺利，农民普遍得到了实惠。本造农民受益总共有 6 万斤左右 [按平均亩产 150 斤计算，20（斤）×2990（亩）=59800（斤）]。

小洞人民在"两减"运动中感受到共产党切切实实地为农民着想,对共产党的感激之情溢于言表。为了表达对党的拥护,很多农民把前方打仗的子弟兵的温饱冷暖挂在心上,主动提出单造每亩拿出 10 斤稻谷作为军粮的倡议,得到全小洞农民的热烈响应:大家都把献军粮当作一件无上光荣的事情,自动自觉地按约定把军粮送到小洞筹粮队处入库。

　　1948 年下半年,《新高鹤双减条例》在全区正式公布实施。小洞农民喝到了"两减"的头啖汤,得到了实惠,积极性更高,千方百计搞好生产,提高产量,晚造收成普遍增产,减租的得益有所增加。随着收益的提升,农民百姓的思想觉悟得到提高,当家作主的意识逐步增强,认为再也不该向国民党当局交纳赋税了。小洞党支部、各村农会支持农民的意见,从此,小洞农民停止了向国民党当局纳粮和缴付一切苛捐杂税的做法。此时,国民党政权已摇摇欲坠,其在小洞基层的保甲制已名存实亡,村乡的政权实际上已为农会掌握,革命老区得到了进一步巩固。

三、参军杀敌

　　1947 年 3 月中下旬,中区根据广东区委关于"恢复武装斗争"的决定,对中区发展武装斗争做出了部署。在拓军建军的问题上,强调"积极发展部队",要求各区"发展一步,巩固一步,最大限度地发展,可以发展多少,就发展多少",在实行"小搞"、准备"大搞"的斗争总方针下,以武工队为主要形式,向建立主力部队的方向发展。

　　中共小洞支部按照上级"恢复公开武装斗争"的决定,坚决贯彻执行中区发展武装斗争部署,持续不断地做好群众运动工作,及时动员复员人员归队,广泛深入发动青年参军,源源不断地为新高鹤发展主力武装,壮大主力队伍,输送了一批又一批兵源。据不完全统计,在解放战争期间,小洞青年参军人数为 90 多人,这些人在各个不同的斗争阶段,先后加入人民解放军新高鹤总队和广阳部队,奔赴中区战场英勇杀敌,为推翻国民党反动派的统治立下了不朽的功勋。

3月,中共新高鹤特派员梁文华率先把三个基地坚持武装斗争的武工队队员迅速集中起来,动员复员人员归队,同时吸收青年参军,起回埋藏的枪支,组织一支50多人的武装基干队伍,公开以"高鹤人民抗征自卫大队"的名义活动。在合成基地的叶琪和在开平水井基地的梁光明成为这支武装基干队的骨干,是自恢复公开武装斗争以来,小洞最早加入武装部队的人员之一。

4月,中共高明特派员郑靖华与陈光、黎洪平等发动群众,拿起枪杆子开仓分粮,在全县组织了一支100多人的不脱产的穷人求生队,陈松受命在小洞成立了穷人求生队分队,人员有陈松、陈苟、陈虾、陈翰、陈新(大)、陈添、陈荣、陈元基等十多人,他们参加了6月15日攻打水台粮仓的战斗。陈松与金伯一起重建交通站(属部队编制),恢复交通线,组成人员有:金伯、梁欧新、梁汝扳、梁锡祥、李胜、梁植森、梁就、陈庚、陈田等。陈光在水台也成立了两个武工组。8月后,梁二英、梁星分别加入了要明边武工组和水台区武工组。

7月下旬,受中共中区香港分局派遣回到中区任副特派员、主管武装斗争工作的郑锦波,马上与中区特派员谢永宽商讨中区武装发展大计,一致认为从地方抽调50%的党员充实到部队,加强对武装的领导;同时以开展以反"三征"为中心的群众运动推动武装斗争。此后,中区各地武装部队迅速兴起,进入一个较快的发展期。

1948年2月,新高鹤区工委成立,积极贯彻"大搞"的方针,立即组建了中共新高鹤统一的人民武装队伍。3月27日,中国人民解放军新高鹤总队在新兴县水台良田小学(学典陈公祠)正式宣布成立。总队长梁文华,政委周天行,副总队长叶琪、沈鸿光(兼参谋长),政治处主任杨德元、副主任李法。4月,为适应大搞武装斗争的形势需要,成立了要明边部队,由叶琪任团长,李法任政委。

同年春节前后,中共高明地方组织在穷人求生队的基础上,着手筹建高明地方武装。4月，高明县基干队在更楼柴塘宣告成立（被编入新高鹤人民解放军总队序列，冠名为信义队），陈松、罗湛源为队长，罗航为指导员。组队期间，陈松、金伯在小洞动员复员人员归队，号召青年参军。陈少、黄荣、陈荣、黄福、黄来仔等热烈响应，迅速归队。陈庚、陈元基、陈登、陈容、陈六等十多名青年踊跃报名，加入了部队。其中，陈荣加入开鹤新武工队；陈登、陈容、陈六等加入了开鹤新水台区队；陈少加入了要明边部队湖南连；陈庚、陈元基、黄荣、黄来仔等加入了高明基干队。他们入伍不久就经受了战火的考验，4月至5月参加了四堡、三洲、石岩头、茶山等多次战斗。6月，共产党员梁植森被抽调到高要二区武工队，参加开辟新区的工作。

7月16日，叶琪率领要明边部队湖南连，协同广南分委直属连、新高鹤总队广东连、广阳支队七团二连联合作战，击垮了水台奄村、棠下、布茅三村的反动武装自卫中队，沉重打击了当地反动势力的统治地位。

8月，要明边县工委和高明县工委合并成要明新县工委。高明基干队的黄福、黄来仔等一部分战士调到了新高鹤人民解放军总队直属广东连，陈庚等小部分战士编入开鹤新（兴）基干队（绿星队），黄荣等大部分战士并入了要明边部队湖南连。

此时，人民解放军在各主要战场上取得了节节胜利，新高鹤部队也打了很多胜仗，部队一天天壮大。小洞的热血青年受到了极大的鼓舞，参军的愿望更加强烈，在接下来的几个月里，他们一批接一批地加入部队，奔赴前方战场参加战斗。

8月，有梁芬、梁拉、梁湛等五六人加入了新高鹤总队直属广东连，许珍彩加入了新兴游击队。

9月，有麦三、黄金水、陈次等七八人相约投奔开鹤新水台区队。30日，在新高鹤总队直属广东连、要明边部队湖南连的小洞籍战士，参加了布辰岭战斗（即塘面伏击战），全歼了敌省保警14团一个加强连。

10月，有陈月娥、陈兰、梁娥等多名女青年入伍，加入了要明边部队湖南连。

陈贵、陈开南加入了开鹤新（兴）水台区队。梁国元、梁恩随国民党军起义加入了人民解放军行列，接着参加了淮海战役。

11月，梁义新、陈应才、梁敬、梁秋、梁芳五人，因家庭缺少劳动力或年龄尚小等原因，家里不同意他们参军。可是，他们参军的愿望十分迫切，就在小洞十年一次的建醮（俗称"做功德"）活动期间，多次串联在一起，商量加入部队的办法。做完功德后的一个夜晚，他们结队偷偷地离开家乡，奔向新兴县水台良田，在陈光的安排下，加入了开鹤新（兴）部队水台区队。

1949年1月，撤销要明新县工委，成立了高明县工委，重建高明武装队伍。2月，高明县大队成立，大队长陈古，政委郑靖华，下辖由合水区组成的延川队（后改为一中队），队长陈北；由更楼区组成的沧江队（后改为二中队），队长梁光（即梁光明，原是开平县东河乡武工队负责人，1948年8月参加粤中区军事干部集训，集训结束调回高明组建沧江队）；由明城区组成的北平队（后改为三中队）队长曾占祥。同月，罗瑞莲参军入伍，被分配到新高鹤人民解放军总队伤兵站休养所工作。

1949年大年初三，陈清登门找到金伯要求参军，金伯随即开具介绍函，让他赶到更楼中山村加入了高明县大队沧江队。梁水棠也跟随回家过春节的梁植森加入了高要二区武工组。陈沃初、梁坤、梁兴、梁盆、梁金庆、邝达文等互相串联，背着家里，相约同去参军。正月十五，他们悄悄地依时赶到了黄金坑集合，由梁二英引路，到了新兴县水台、布冷、布凌加入了水台区队。不久，梁连直接到了新兴，加入了新兴游击独立大队东北区队。已经38岁的陈明也不甘落后，加入了高明县大队沧江队。

2月，中共广南分委、军分委决定对中区地方组织和辖区进行调整，恢复历史传统建制，新兴水台划归新兴县委领导，在新兴水台区队服役的小洞战士，除陈荣、梁二英、陈财、梁连、许珍彩、陈沃初外，其他大部分陆续回到高明县大队，在高要二区的梁水棠也回到了高明县大队。

4月，陈财由陈荣介绍加入了广阳支队七团珠江连。陈恒从小就有去参军为人民翻身获田地而战的想法。16岁时，他背着家人，偷偷跟随回家探亲的陈应才加入了高明县大队。

5月，在小洞交通站帮忙抄写情报的鳌云书院学生梁庆祥、梁荣枝引起了国民党当局的怀疑，受到了通缉。党组织为了他们的安全，把他们二人送去了部队，梁庆祥被安排到了罗林交通站，梁荣枝被安排到高明县大队。

6月，新高鹤人民解放军总队扩编部队，把直属"雄狮连"（原广东连）扩编成直属独一营，辖"雄狮连""飞虎连""金狮连"和"醒狮连"，其中，"醒狮连"是从高明县大队二中队抽调绝大部分战士（只留中队长梁光、通信员、炊事员三人）新组建的连队。同月，梁光重新招兵买马组织队伍，在一个多月的时间里，组成有四五十人枪的队伍，梁照此时加入了这支部队。

7月，经中共中央批准，粤中纵队成立，全称为"中国人民解放军粤中纵队"。原新高鹤人民解放军总队改编为中国人民解放军粤中纵队第六支队，辖18团、19团和第一、三、五、七独立营。高明县大队改编为独七营，营长黄步文、政委郑靖华，辖白豹连（原一中队）、红豹连（原二中队）、黑豹连（原三中队）。

8月1日，粤中临委在高明合水纱帽岗举行庆祝大会，公开宣布中国人民解放军粤中纵队成立，部队、群众几千人到会庆祝，会后进行了阅兵式。

同月，六支队独一营，叶琪率领的18团大鹏连，梁光明率领红豹连和更合400多民兵参加了白石"反扫荡"战斗，粉碎了由张剑峰率领的敌省保警二师800多人进入更楼老区小洞、大幕"扫荡"的阴谋。

10月18日中午，南下大军14军40师先遣团到达合水。六支队司令员吴桐、政委周天行、副政委梁文华、政治部主任杨德元率领独一营到合水与40师先遣团会师。当晚六支队指战员、更合各乡群众3000多人在合水纱帽岗与14军40师举行了热烈隆重的联欢晚会。18团团长叶琪、政委李法和全体官兵及高明县长、副县长等机关干部也参加了联欢晚会。19日，中共高明县委率独七营开进了明城，正式接管高明。

11月底，中共中央军委决定组建中国人民解放军广东军区，将全省各地武装整编为广东军区所辖的八个军分区。粤中纵队六支队驻鹤山、江门、新会、开平的部队编入粤中军分区（后改称第五军分区），驻肇庆、高要的部队编入西江军分区（后改称第七军分区），独七营改称高明县大队划入西江军分区，小洞籍大部分干部战士编入西江军分区第15团，参加了西江流域一带的剿匪行动。部分战士被分配到西江军分区属各县县大队（公安队），还有部分战士被分配到了粤中军分区属县大队，个别战士被派到了粤西军分区。

四、建政做主

1948年下半年，中共新高鹤地委根据形势发展和广大人民群众的迫切愿望，把政权建设提到了重要议事日程，要求各地老区农会健全的乡村着手做好召开人民代表会议，产生行政机构，建立各级政权的筹备工作。1949年3月，在新高鹤人民解放军控制的地区内，在国民党反动政权已完全被摧毁的情况下，地区工委把准时机，及时召开了政权工作会议，具体布置和指导各县、区开展政权建设，明确了政权形式、性质和基础，决定了建政的方针、任务、方法、中心工作、组织制度、政权干部的条件等。

会后，中共高明县工委根据地工委的部署，结合高明境内老区53条村庄已有党的组织，并基本成立了农会和民兵组织，国民党当局在这53条村庄的保甲制已经瘫痪的情况，认为在高明老区建立各级政权的条件已经成熟。随即派出主要力量，集中主要精力投入到政权建设方面。采取了一边建立政权和成立各阶层群众组织，一边健全巩固党支部、农会和民兵组织的方法，由上而下，先县、区，后乡、村的步骤，决心一鼓作气把各级人民政权建立起来。

5月下旬，经粤中人民解放军委员会批准，高明县人民政府成立，县长陈古，副县长阮贞元。紧接着成立了二区、三区人民政府，更楼二区，区长黄之锦，下设六个乡；合水三区，区长阮贞元，下设五个乡。县、区建政完毕后转入乡村政权的建设，更楼二区设立醒民乡、崇民乡、新民乡、联民乡、民安乡、崇会乡。小洞隶属新民乡（下辖小洞、瑶村、古城村和广建村），乡长苏鹤年。小洞分自然村成立了六个村级政权，选出了村长、村干部，同时改选了农会，成立了妇女会，并选出了两会会长。村长及两会会长名单如表四所示。

表四　小洞各村村长及两会会长名单

村　名	村　长	农会会长	妇女会长
麦　边	李　开	李　开（兼）	李三妹
盘　石	黄　生	黄　忠	李润好
军　屯	梁　扳	梁炳新	阮　香
塘　角	陈　虾	陈　新（建基）	廖凤英
小新村	陈　根	陈　根（兼）	黄妹仔
悦　塘	陈　明	陈　明（兼）	陈　省

各村政权选出来的村长、村干部及农会、妇女会的会长、干部各司其职，马上肩负起责任，履行人民赋予的职责。领导各村村民开展减租减息、发展生产、搞好征粮、支援前线、组织民兵、维持治安、办好教育、解放妇女等项工作。

6月，按上级工作部署，组织人力进行了田亩调查，用了一个月的时间，分别按田亩好坏登记在册，搞清楚了准确的资料，为"双减"和征收公粮提供了充分的依据。同月，各村积极响应更楼二区政府为了改善农民生活的号召，掀起了开荒大生产的热潮。军屯村打响了更楼区开荒生产第一炮,塘角村、悦塘村不甘落后,迎头追赶,粤中《人民报》专门报道了这一新闻。塘角村妇女不让须眉,争当先锋,发挥了半边天的作用。同月,小洞党支部派出干部分别到上、下三村的两间小学加强学校的领导和管理,切实办好教育,并着手两校合并的筹备工作,让贫困的家庭儿童都得到入学的机会。

8月1日,中国人民解放军粤中纵队在合水纱帽岗举行成立大会,小洞人民舞起狮子、敲起锣鼓,兴高采烈地抬着八头大烧猪参加了庆祝大会。

同月,接上级实行废债的通知,组织了村干部、农会干部和财会人员彻底清理债务,认真细致地核查历来所有契约、债券,清查出不合理、不合法或过期的契约,当场宣布作废,并当众销毁,解除了多年套在农民脖子上的绳索,砸碎了压在农民头上的精神枷锁,使农民群众彻底翻身做了主人。

9至10月,接上级迎大军南下的通知,小洞人民积极行动起来,全力做好迎军支前工作。小洞党支部统筹安排,各村密切配合,在较短的时间里筹集到大批粮草,随时为大军提供充足的补给,还腾出足够的、条件较好的房屋以备南下大军住宿。10月18日下午,南下大军中国人民解放军第二野战军第14军40师先遣队抵达合水宿营,晚上举行了军民联欢活动。19日上午,二野14军40师一部从合水出发,途经小洞向宅梧方向追击溃败的国民党军。小洞党支部组织群众在高地塘和塘角村村边设茶水站迎送大军,群众取来熟鸡蛋、食品和各种瓜果慰劳子弟兵,场面热闹感人。

20日,中共高明县工委、县政府率独七营在明城开始了全面接管工作,宣告高明全境解放,小洞人民从此告别了动荡不安的日子,逐渐过上了好生活。

回忆篇

抗日战争时期中共小洞支部斗争事迹

梁扳　陈革

抗日战争时期,中共小洞支部领导小洞人民进行了艰苦卓绝的斗争,留下许多可歌可泣的革命斗争事迹。

1935年,合水"三小"组织的力社扩大到农村,"三小"教师李守纯到小洞宣传革命道理。1937年,中共"三小"支部的李守纯、黄之祯、黄仕聪等多次到小洞军屯村秘密组织陈耀聪、梁扳、梁培、梁清桂、梁六、梁甲友、梁炳新等进步青年上党课。1938年8月,黄之锦介绍陈耀聪加入了中国共产党。9月,陈耀聪在军屯村先后介绍梁培、梁清桂、梁六、梁甲友、梁扳、梁才、梁炳新七人加入了中国共产党,陈励生在塘角村介绍了陈定、陈奕加入了中国共产党。同年冬,成立了中共小洞支部,选梁扳为党支部书记(按:书记应为陈耀聪)。军屯村党小组,组长梁扳兼任;塘角村党小组,组长陈定。1939年,党支部发展了陈松、梁景光、梁波、梁金、梁端、仇羡真、陈荫等加入共产党。

中共小洞支部自1938年建立后,就成了小洞人民的靠山,全体共产党员都全心全意为人民服务,时时处处为群众谋利益,深受群众的爱戴和拥护。党支部在各项斗争中都起了核心作用,成为一个坚强堡垒,领导斗争取得了一次又一次胜利。

一、小洞"抗先队"成立和开展抗日救国宣传活动

1938年冬,李利(李冲)率领省抗击队130战时工作队来到合水后,深入小洞宣传抗日救国,协助中共小洞支部办夜校,张贴抗日标语,发动群众,组织青年演革命戏,唱革命歌。演出剧目有《一个乡长》《失足恨》《张家店》等,开展抗日救国宣传活动,小洞群众的抗日情绪进一步高涨。中共小洞党支部因势利导,组织了抗日先锋队小洞分队,有100多人参加;把抗日救国的宣传工作搞得轰轰烈烈、有声有色。

不久,由于国民党高明县政府下令解散抗日组织,抗先队小洞分队被迫解散了。

1939年3月,在小洞和平小学召开中国共产党高明县第一次党员代表会议,中共小洞支部带领党员和原抗先队队员日夜奔忙,做了大量的后勤及保卫工作,确保会议的胜利进行。

1939年冬,中共地下党龙世雄在小洞和平小学校办党员训练班,中共小洞支部梁扳、陈励生、陈定、陈奀参加学习班,党支部还带领党员搞好外勤工作。

二、实行封江自救

1940年3月至4月(按:应为1939年5月至6月),社会上闹饥荒,很多人无米下锅,情况非常严重。国民党高明县政府迫于形势,提出粮食禁止出口,实行封江自救,而一些财主富户却把粮食远途运销,牟取暴利。中共小洞支部针对这种严重情况,经过研究后,针对更楼杏春园、同泰号等富商在悦塘村囤积一大批粮食以图外销牟利的情况,利用高明县政府的"封江"口号,实行封江自救,即以小洞人民的名义贴出布告,声明:凡在小洞的积谷,须在本地市面按一般价格卖出或借给缺粮户,不得外运。

但是,贪得无厌的杏春园、同泰号老板指使悦塘村地主陈佐登带领几十个不

明真相的群众挑谷到瑶村装船运往三洲高价出售。中共小洞支部成员闻讯后,立即鸣锣,集合 100 多名群众,直追至镇江庙,把谷截回(约 2000 斤)。分了一部分给缺粮户,卖了 1000 多斤,得款买了一批弹药用作抗日。后来,高明人民抗日游击队第三大队成立时,小洞支部将弹药全部送给了部队。

三、领导群众开展抗租斗争

1942 年秋,以黎启荣、曾襄廷为首的豪绅操纵着"鳌云书院""清平堡""永义堂"等封建团体的田租(约 800 亩),借口维护团体利益,把以往收租惯例——"临田面议""登门收租""湿谷过秤"改为"定租""送租""干谷交租"。

中共小洞支部在中共高明县委副书记郑桥的领导下,经研究决定,发动群众开展抗租斗争。1942 年秋收后,没有一户农民交租。1943 年 3 月,国民党高明县第二区区政府把陈定、梁佐明、黄杰三人关押了几天,追问小洞人为什么不交租。中共小洞支部派人与阮贞元联系,并到区政府据理力争,后区政府慑于群情汹涌而放人。7 月,豪绅曾襄廷、黎启荣带着帮凶十余人到小洞威逼利诱,要群众按新法交租,中共小洞支部又一次发动群众,统一思想,决心宁愿灶头生草,也不按新法交租。结果秋后又没有一个农户向地主交租。1944 年 4 月,国民党高明县政府有个姓姚的科长带领 30 多名县警兵驻扎小洞,企图用武力胁迫小洞群众交租。中共小洞支部进一步组织发动群众,与其展开针锋相对的斗争,经过几个回合的较量后,那个国民党科长夹着尾巴逃走了。抗租斗争坚持下来,取得了胜利。

四、建立人民抗日武装

1944 年 8 月,日寇进犯高明县前夕,中共粤中特委郑锦波和中共高明县党组织负责人冯华,发动全县群众,组织群众武装,抵抗日寇犯境。中共小洞支部立即行动起来,在小洞军屯村梁家祠召开群众大会,动员组织武装抗日,当即有

300多青壮年报名，即席成立抗日自卫队，推举叶衍基、梁芬等当总指挥，下设五个小队（军屯、塘角村各分设两个小队，其他村设一个小队）。主要任务是放哨，侦察敌情，动员组织群众疏散粮食财物，掩护群众上山隐蔽。中共小洞支部将这个组织向郑锦波汇报，得到郑锦波的肯定。

日寇过境后，中共小洞支部决定精简抗日自卫队人员，采取自愿报名，组织批准的形式，共挑选了叶衍基、陈松、梁甲友、陈定、陈励生等21人，组成武装常备队，叶衍基负责军事训练，陈励生负责政治教育。当时，冯华还提出，要把武装常备队办成军校一样，培养武装斗争的骨干。武装常备队的供给由祖尝解决，除了吃饭外，只发少量零用钱。

小洞武装常备队成立后，郑锦波、冯华等领导非常重视和关心这支农民武装队伍的成长，常来上政治教育课，还派武装干部黄光、马仔等来加强军事训练，派出梁甲友、陈松、梁炳新等队员到鹤山县云乡参加粤中司令部举办的军政训练班学习。

1944年11月10日，广东人民抗日游击队第三大队在军屯村梁家祠堂宣布成立，武装常备队大多数队员都参加了第三大队。

五、参加"倒钟"运动

1944年9月，日寇西进犯高明县境，国民党高明县县长钟歧弃城逃走，将财物、籍册装船溯沧江而上至瑶村河段搁浅后，竟弃船逃往老香山，将籍册辎重遗留在瑶村。日寇过境后，钟歧窜回县城，诬指瑶村村民抢去其财物，派兵勒令村民赔偿巨款，激起民愤。中共小洞支部根据上级指示，派陈励生、叶衍基、梁扳等到瑶村联系，表示支持瑶村的斗争。在郑锦波、冯华等的领导下，小洞派出梁扳、陈励生、叶衍基，平塘村派出黄之锦、黄仕聪，泽河村派出曾日如，瑶村派出苏心欢、黄家荣为代表，在小洞和平小学开会，订立四村联盟。9月下旬，以四村联盟为基础，联合更楼、合水、新圩地区各乡村群众，组成了一支声势浩大的"倒钟"队伍。叶衍基带领武装常备队联合各村群众武装，打下了更楼警察所，打响了"倒钟"第一枪。在"倒钟"斗争中,小洞有100多人参加了战斗。

六、人民抗日游击队之家,共产党的堡垒村——小洞

小洞人民把人民抗日游击队战士作为自己的亲人,梁扳把耕牛卖了支持游击队,村中的枪支弹药也送给游击队。小洞先后有50多人参加了游击队,还在小洞设立交通站,为游击队传送情报、护送过往队员。住在小洞的党政军各级领导和工作人员、战士安全无恙,顺利开展工作。如1938年冬李利(李冲)率130队在小洞搞起了"抗先队";1939年秋(按:应为春)李守纯、罗范群等在小洞召开中共高明县第一次党员代表会议;同年冬,龙世雄在小洞举办党员训练班;1940年7月,刘田夫来高明县检查工作时,住在小洞,当年还有黄文康在小洞和平小学以教书为名开展革命工作;1941年郑桥在小洞指导开展抗租斗争,当年还有陈春霖夫妇住在小洞陈定家;1944年冯华住在小洞。是年秋,郑锦波在小洞领导高明人民进行武装斗争,开展"倒钟"运动。小洞人民在掩护革命同志、照料伤病员等方面做得非常出色。游击队员说:"回到小洞,犹如回到了家里。"

七、在暴风雨中傲然挺立

1944年12月30日上午,国民党158师及高明县国民兵团及鹤山县、高要县的地方团队共2000多人洗劫小洞,中共小洞支部领导群众撤出村外隐蔽。国民党反动军队进村后,实行"三光"政策。在这场洗劫中,据不完全统计,被杀死了7人,烧毁房屋386间,损失耕牛26头,生猪300头,三鸟、粮食、衣物被抢劫一空,劫后的小洞形同废墟。但小洞人民没有被吓倒,更没有屈服,他们在中共小洞支部领导下,顽强战斗,重建家园。从1945年至1946年,小洞人民始终屹立在斗争的前线,毫不畏惧,直至取得最后胜利。

本文摘自中共高明党史研究室《高明党史资料》第二辑(第394页)

关于新兴、高明、鹤山交界处的革命斗争情况

叶琪

1935年7月（农历八月），陈儒森从外地来到高明第三小学（在合水圩）总结办力社的经验教训，召开了附近农村小学教师会议，宣传抗日救国，号召大家参加力社。这年我在南村教学，亦参加了力社。

南村地处鹤山、高明、新兴三县交界，是当时国民党统治势力鞭长莫及的地方，如水台有地顽头子梁公福，"剿匪"团的兵力主要在开平的赤坎，而在本地则没有多大力量。在南村我以公开合法形式办起了夜校，夜校每星期上两晚政治课，课本多数是一些油印小册子，内容大致是："停止内战、一致抗日，反对国民党各种苛捐杂税。"我便根据这些内容，结合当时农村实际，深入浅出地向学员讲述穷人为什么会穷，一生劳劳碌碌还忍饥挨饿等道理，启发他们，因此，我很受贫苦农民的拥护。附近的白田、新坑、布冷、布茅等村有不少人来听课，后来合成、吉塘也办了夜校（是陈励生同志在那里负责的）。通过办夜校开展宣传，群众的觉悟有了很大的提高。到1936年中秋节期间，从宅梧方面来合成的十多名税警，在那里催税勒索，群众起哄围攻，缴了税警的枪弹，取得了反对苛捐杂税斗争的胜利。后来梁公福派人回来追查这件事，南村管公尝的人称"师爷秤"的陈伟太，对本村办夜校宣传群众、组织群众怕祸及南村和自己，说："叶先生要赤化南村。"把夜校的书烧掉。1937

年,为了保存革命力量,我便从南村调回高明云良(陈励生同志亦同时调回)。此后,合成和南村等地暂停活动。同年10月初,我在高明云良加入了党组织。1939年反共逆流到来,1940年农历八月十二日晚,罗丹支部在郊外开会,被敌人发现追踪,我也暴露了,遭敌人监视。九月初六,组织通知我撤离,当时我想,我在南村教过学,在那里有群众基础。黄仕聪同志当即决定要我立即离开小洞到南村去暂住,以待联系。刚好南村当时没有教师,留我任教。九月初九,南村小学正式开课,回到南村后,经过一段时间的活动,本来已培养了8个入党对象,后因其中一个叫陈强的产生了动摇,怕地下活动被泄露,因而发展党员的计划没有实现。

1941年年初,转移活动地区。经党组织决定,通过我的联系,于3月份安排了原在高明罗丹小学任教的党员陈光(原名陈耀聪)同志到水台杜村小学任教。陈光到了杜村,通过办学的形式,紧密依靠群众,并对当地群众初步灌输了革命思想,因而在那里稳住了脚跟。

1942年5月间,粤北省委被破坏。10月份传达指令后停止组织活动,执行"三勤"方针。那段时间我基本没有上课。1943年我因身体有病,粤中区特委陈春霖同志(住在小洞)认为我去教学对身体不利,决定让我在家耕田,做点轻工,休养病体,而陈光仍留在杜村教学。

1944年农历七月二十三日晚,日寇犯境进入高明,农历七月二十四日,我与黄仕聪、黄之锦三人决定在小洞、平塘分别成立抗日武装,我负责小洞,黄仕聪负责平塘,通过动员,很快各自组织起了300多人的队伍。队伍组织起来了怎么做?当时停止了组织活动,各同志自讨生活。谁是领导,住在什么地方,都是不知道的。后来,我们派人去找组织。结果,通过政治交通员在合水水井找到了特委郑锦波同志。我们向他汇报了成立抗日武装的具体情况,他同意我们的决定和做法,并和我们商定,把国民党在平塘粮仓的20多万斤稻谷作为军粮。后来,为了此事，我曾到杜村与陈光联系。我在杜村小学上过两堂课，但当时与陈光无组织关系，只是朋友关系，这时我已发现亚汉、亚耀、南兴等入党对象都很成熟了。据我所知，杜村党支部约于1944年冬或1945年年初成立。1944年年底，高明组织了敌后游击队，杜村也随之成立了交通站，由陈光任站长。

杜村交通站联系面较广，作用较大，不但沟通高鹤、新兴，还联系开平、恩平及两阳，附近相通情报的有黄塘、南村、布冷、岗尾、谷村、白水塱、开平水井等。当时有个交通员叫旺伯（是更楼榄田人），他当时住岗尾，是专负责两阳这条线的。北撤后他回家去了。

1944年冬，我们正式成立敌后抗日游击队。同年农历十一月十六，驻新兴县城的158师和新兴县保警联合到高明围剿小洞。十八日又打更楼区的癞狗山，打了一仗，敌人损失了一个连。后来我们转移到凤凰山的大洞来，当时获悉新兴的县保警一个排住在南村，我们部队转移，路经合成，记得是二十日晚，我与胡达权（长江人）带广东人民抗日解放军司令部一个直属主力连90多人、两挺机枪和掷弹筒等夜袭南村。敌人住在延香堂里，我们进行强攻，很快解决了战斗，击毙了两个敌人，俘虏20余人，只逃脱了一个排长（这个排长刚好去打牌）。二十二日天亮前，我们又从大洞转移到布社，伏击了158师473团黄道遵部，活捉了团长黄道遵。

1945年农历正月初七，我们三团（大约在1945年正月初一改为三团的）与广东人民抗日解放军司令部及主力一团在高明小洞转到吉田，初八进入新兴，准备打驻扎在新兴县城158师师部。我们到达东成时，情况有变化，随即放弃攻打新兴县城，改变行军路线，三团从大稳经黎源转回高要回到老香山，在高明泽河一带扫荡的158师尾随我司令部及主力一团，农历正月初十下午追至蕉山，我部组织突围，发生了蕉山战斗。

1945年农历四月初二日发生皂幕山战斗，三团在这次战斗中，政委陈春霖同志牺牲，损失不少。撤出战斗时，黄仕聪带回不足一个班的人（有很多人分散突出重围，一时集中不回来），只剩下原在老香山活动的一个连和两挺机枪。失利后，三团挺进新会。我们留下的只能组成小型武工组。到1945年6月（农历五月）上旬，一些失散人员陆续归队。三团从新会那边又回到高明来了，力量逐步扩大。部队回来仅三天，又在榄坑与敌人打了一仗，后转入高要活动。国民党知道我们的行踪又来截击我们。我们又转到了新兴县的石龙岗、谷村、岗尾和白水塱一带。部队再次挺进新会，黄德赐在白水塱那里组织了武工队，由于当时武装工作做得不好，联防队到处搜索，黄只得转到几个县交界处的小洞山那一带活动，后来在金鸡仔建立了一个交通站，交通员叫叶六，1945年立冬前，黄仕聪同志在新兴的森村被捕后不久，叶六也被捕，并惨遭杀害。

1945年农历十月间，158师在高明地区"扫荡"，地方反动团队又到处搜捕，给我们造成了极大的困难，我们留下的同志分成两个队，一个在老香山三县交界的村庄，一个在合成、南村、杜村一带活动。当时有的同志搞烧炭，靠群众支持过日子。有一事，我记得很深刻：1946年春节前一天，我们有一个交通员从和平那边带回一些现款（是纵队司令部的），接济三团，路经齐洞、白村地方，被人"打脚骨"①，交通员连衫都被人剥光。为了部队吃的问题，我曾与陈敬超（即陈革）分头到布茅、南村借过粮。

1946年农历四月十九，粤中司令部派李进阶同志到来传达北撤命令，四月二十一第一批正式撤离。北撤后，留下来的骨干有梁文华（主要是负责领导地方党组织的）、叶琪、梁光、黎彬、许飞、黄就等12个人。当时活动地区一是老香山，一是合成区（包括水台），一是水井区（开平县水井），那时武器弹药少而差。恢复武装斗争之后，我们迅速地把分散和没有北撤的同志集中起来，于1947年四

---

① 意思是：被人占了便宜。

月打合水杀两霸、开仓济贫，鼓舞了群众的斗志。同年秋，梁文华、梁文超、贺金龙（可能还在高明，未调恩平）和陈强等同志亦去打了水台开粮仓。这段时间我们与陈全、朱开等同志早就联系上了。

1948年春节前，扬子江同志从外地返回高明，我第一次派人去双桥马踏站接他，并立即把他转移到岭头去。不久，又派人把他护送到恩平、新兴。"大搞"方针传达后，到处开展减租减息，成立农会，成立民兵组织。陈光在杜村那里发动群众参军。1948年农历二月在良田小学成立新高鹤总队，周天行、梁文华、杨德元、冯光等同志在场。梁文华任总队长，叶琪、沈鸿光任副总队长，周天行任政委，杨德元任政治部主任，冯光任组织部部长。

总队成立后，为了扩大影响，打击水台地区的地顽势力，我们袭击了布茅、棠下、奄村几处的敌自卫队。当时六支主力打布茅，自卫队很顽固，双方打得很激烈，进行巷战时伤了一些同志。十八团打奄村，围攻炮楼时有两个同志不幸牺牲，炮楼虽攻不下，但缴获了新成立自卫队的枪支弹药。棠下没有经过大打，很快结束了战斗。

本文选自《新兴革命斗争史资料》第14期

"三小"是培养革命干部的场所

梁景光

"三小"学校自建立以来,培养出了大批人才。陈汝棠已派出了许多共产党员和进步人士到这间学校教学,师资素质很高。"三小"的教师有大学毕业的,有留学的,有高专师毕业的。一般授小学课程,但有些课程如政治课和语文课却是中学的。"三小"学生一般年龄较大,读过几年私塾,文化基础较好。在抗日战争爆发之前,"三小"学校由共产党员陈儒森、李守纯等负责,建立了中共高明地方党组织,"三小"成为恢复时期最早建立党组织的地方。

1937年抗日战争爆发后,容有积就任"三小"校长(中山大学毕业生,曾留学日本),聘请有相当教学经验的黄之祯、刘燕如、黄之锦、陈洪、刘××(刘燕如之妹)、谭家驹、廖汝安等为教师。全校分高、中、低三个年班,我在高年班读书。那时同学们爱好读书,尤其是上抗日政治课时,热情更高。当时,学校出版抗日小报,发到各村和学校。记得那时学校办公处挂着"教、学、做、用"的牌子,以示严肃校风。容校长还经常穿着薯良衫和短裤下乡,深入农村,宣传抗日,教育广大群众不要做亡国奴。为了搞好抗日宣传,我们组织了读书小组,互相学习,共同提高。我们还民主选举梁景光、彭仕英、李芬林、黎定中、徐成德等同学组成了学校膳食委员会。我们这些活跃分子在学校中有一定的威信。中共党组织便把我们作为入党对象加以培养。

1938年夏天，容校长因病需回广州医治。反动头子廖湘洲说"三小"表面上是培养人才，实际上是培养奸匪之场所。这引起我们同学极大的愤怒，要找廖湘洲算账，廖湘洲闻讯便逃到别处躲了一阵。

1938年下半年容校长辞职后，肇庆专员李磊夫委派陈丽明当校长。陈丽明除聘请部分原来的教师外，还请了几个新教师：黄瑞芳、黄瑞徵、韦××（校长妻）。初时，我们同学有情绪，想罢课。后来，李守纯暗中指示我们要讲团结，要注意统战工作，争取使他们进步。陈校长摸清学校的情况后，邀请我们几个同学到校长室开座谈会，征求意见。他同意继续派同学和老师下乡搞抗日宣传工作，还同意学校成立学生会。经过民主选举，选出梁景光、彭仕英、黎定中、李芬林、徐成德等负责学生会，此举使学生的活动更加活跃。

这年秋，国民党高明县府来文提及要防止年龄较大的学生读书逃避服兵役的问题，陈校长即刻执笔回复，认为大力培养人才没有什么不好。据理力争后，服兵役问题得以解决。此后，中共地下党开始发展党的组织，对我们几个入党对象加紧教育，准备先后吸收我们加入共产党。那时国民党也在学校发展组织，吸收了廖之仁、廖之刚等加入。进步的同学不理廖之仁他们的那一套。

1939年上半年，陈丽明辞去了"三小"校长职务，国民党高明县政府派谭祖祐当校长，又来了一批新教师，有罗乃林、谭汉杰、谭之平、李汉生，其他忘记了名字，其中还有两个女教师。他们到任时，有的摆起官架子，罗乃林公开说我们的同学有"赤化"现象，我们同学质问他：什么叫"赤化"？是你"退化"。那些教师与同学都板起面孔，碰撞起来，互不相让，连谭校长出来劝解也不听。开课时，同学们进行罢课，罢了一个星期。校方只好向国民党高明县府反映情况，上面派了一个督学来开会，同学们又不到会。后来，校长找同学们商量，批评罗的不对，罗承认错误后才复课。罗乃林是一个反动分子，他和校内国民党骨干党员李汉生时刻都在监视我们。同时，反动头子廖湘洲派两个侄儿（廖之刚、廖之仁)到"三小"读书,伺机发展国民党组织,到处兜售国民党入党申请表,招摇撞骗。我们揭发他们的阴谋,使大多数人不上他们的当。我们在中共地下党的帮助和支持下,使进步力量取得优势。同时我们不断与青抗会取得联系,有效地开展抗日宣传活动。

本文摘自中共高明党史研究室《高明党史资料》第一辑(第237页)

革命活动回忆

梁景光

合水"三小"是一所革命的学校,是陈汝棠于1928年发起创办的,他是首任校长。我于1937年上半年在"三小"读书,当时共产党组织的负责人李守纯在"三小"任教。那时,"三小"安排一半时间教中学课文,一半时间教小学课文,有时上政治课,进行形势和抗日救亡的宣传教育。"三小"的老师一般是高中毕业生,有些是大学生、留学生。因此,"三小"的学生水平较高。那里培养的不少共产党员,对革命做出了突出贡献。

我们同国民党反动派的斗争是针锋相对的,国民党反动乡长廖湘洲等企图破坏"三小"这块革命根据地,他们说"'三小'是培养共匪的场所",又破坏纱帽岗学生种植的菠萝,有的反动人物还诬蔑我们是托派。由于我们有共产党的坚强领导,有进步师生的支持,加之校长陈励(丽)明是国民党左派,支持进步学生的活动,他同肇庆专员李磊夫关系较好,因而"三小"没有出现重大事故。

1944年9月,日军在入侵高明、西进后,国民党高明县县长钟歧调兵遣将,进行所谓"清乡""剿匪",调江防大队第三中队(又称"水雷队")沈鸿光和高明县国民兵团副团长潘维尧率部进驻合水。钟歧的倒行逆施不仅激起民众反抗,也激起了国民党部队内部官兵的强烈不满。沈鸿光到合水,一看标语口号,知道是共产党搞的,他便同两个排长商量起义。他们巧妙地把高明县国民兵副团长及连长绑起来，并处决了民愤极大的第二区区长钟振东，组织了士兵起义。沈鸿光部起义后，我跟郑锦波同志往合水。党组织派人带沈鸿光拉起义队伍到小洞。沈鸿光起义队伍30多人，有轻机枪3挺、重机枪一批、步枪40多支、驳壳手枪3支及手榴弹一批。

"倒钟"运动时，小洞、平塘、泽河、版村、水井洞、布社、高村、洞心、新圩等参加"倒钟"的群众3000多人，参加这场斗争的共产党员有20人，冯华、郑锦波是"倒钟"运动的领导。"倒钟"后，人民建立了自己的武装，以小洞武装常备队和沈鸿光起义部队为基础，成立高明人民抗日游击队第三大队，大队长黄仕聪，副大队长沈鸿光，政委郑锦波。第三大队属下设黄河连，连长叶衍基；长江连，连长谭秉国，我当指导员。后来，组织上调我到团部搞总务，另派李建章当指导员。

"倒钟"后，我们建立地方武装和政权，成立高明县第二区人民行政委员会，选举阮贞元为主席。

1944年年底，国民党高明县新任县长陈斗宿聚集国民党第64军158师、县国民兵团及邻县地方来小洞等地扫荡。这时，我中区纵队从中山挺进云乡，但如何通过宅梧转入高明呢，我部队做了荷村矮瓜连（罗连）的统战工作，排除了障碍，顺利挺进宅梧。当时，我负责屏山的工作，曾同另一位同志到宅梧找刘田夫同志接任务。我部队在宅梧开了大会，动员群众保卫家乡。翌日，我部又挺进屏山。当时我部队有400多人，派出部分力量迎击顽军。幸好我部队所处地形好，从下午5时战斗到7时，顽军多次冲锋，都被我部队狠狠打下去，击毙击伤顽军40多人，我部队牺牲2人。

1945年3月至4月间，冯华同志叫我回小洞交通站工作。一天，我被国民党军队包围，不幸被捕，关押在新兴。同年冬，我出狱，恢复了党组织关系，组织上安排我当教师。

1946年至1947年，我在军屯教学，我的学生有八成以上参加了革命队伍。1948年上半年，我到界村教学，同年下半年参加新高鹤总队部的工作。

  抗日战争后期，我部队转战各地，积累了经验；但也有教训，主要是部队过于集中兵力，很少分散活动，因而造成损失。解放战争期间，恢复武装斗争后，我部队按照毛主席的军事思想，打大仗时，就集中兵力打歼灭战，打完仗就迅速分散活动，组织武工队深入农村，宣传群众，组织群众，使我部队不断走向胜利。

  随着武装斗争的发展，共产党组织也得到进一步的发展壮大。1948年上半年，我在界村发展了罗邦、罗仲辉、罗学殷等三个党员，建立了党小组。同年8月至9月，我离开了界村。后来，我被调到要明边部队，团长叶琪，团政委李法，我负责中队，开展武装斗争，发展党组织。

1979年5月24日

本文摘自中共高明党史研究室《高明党史资料》第一辑（第224页）

陈三娥在纪念抗战胜利70周年时的回忆

一、党指引我们走上了革命道路

1936年年初,中共高明领导人李守纯指派陈励生回到小洞塘角村和平小学办起了夜校。他动员悦塘村陈二娥、陈三娥、陈五妹、陈趁、陈妹、梁莉,塘角村陈意、陈灶、陈庆和麦边村李满等一班女青年,冲破旧社会封建礼教的束缚,报名入读和平小学夜校,有幸成为小洞有史以来第一批读书识字的妇女。李守纯对和平小学夜校十分重视,常常来到夜校给我们讲课。给我们上课的老师有陈励生、陈耀聪(陈光)、梁佐明、陈耀基等,他们经常向我们宣传反封建、反压迫的道理,不断向我们灌输革命思想,使我们渐渐地懂得了只有一心跟着共产党走,团结起来才能推翻国民党反动派的黑暗统治,才能翻身做主人的道理;并深切地体会到只有共产党才能够救中国的真理。经过几年的锻炼和考验,我们这班女青年中的陈意、陈灶、陈庆、陈五妹、陈二娥、陈三娥、陈趁先后加入了中国共产党,陈妹、梁莉也成为入党培养对象,后来,她们俩参加了抗日游击队和广东人民抗日解放军。我们这些女孩子在党的指引下走上了革命道路,感到十分荣幸和自豪。

二、积极投身到抗日救国运动中去

1937年七七卢沟桥事变后,我们积极投身到抗日救亡运动中去，加入了由陈励生带领的沧江剧团演出队，和小洞乳虎醒狮二团一起，经常深入小洞的各村庄及更楼屏山、平塘，合水水井洞、布社，鹤山合成，新兴水台，高要鳌头等地宣传演出。小洞沧江剧团演出队中，女队员有陈意、陈灶、陈庆、陈二娥、陈三娥、陈五妹、陈趁等；男队员有陈荫、梁甲友、梁波、梁端、梁清贵、陈松、梁锐等。醒狮队队员有陈安、陈章、陈荣、梁炳新（有些人名字记不起来了）等，共20多人，叶琪、黄之锦也经常随队参加演出。我们演出的剧目，大多数都是由陈励生等老师自编自导的。

演出队队员每周用三到四个晚上集中到和平小学排练节目和练唱革命歌曲。我们几个女青年抓紧一切机会熟悉演出剧目，在女仔屋边织席边练唱、背台词，来增强记忆，保证演出效果。我们演出的剧目有《一个乡长》《失足恨》《投奔抗日队伍》《沧江儿女》和《放下你的鞭子》等以及很多首革命歌曲。那时候，我们年轻力壮，从来不怕苦和累，工作起来干劲十足。

外出宣传时，一般下午5点出发，演完节目回到家都已经午夜一两点钟了，如果去远的地方演出，如合成、水台等地，就要提早出门，演完节目回到家已是次日凌晨3点多了。这些我们都习以为常了。

有一次我们还遇上老虎了呢！一天晚上，我们在水井洞演完节目回家，途经偷鸡坳返到大板路段时，迎面碰上了一只老虎。老虎见到我们后，原地趴下来，虎视眈眈地注视着我们的一举一动，十分吓人。在老虎趴下的地方，一边是水稻田，一边靠山边，山边又是一丈多高的土坎。老虎拦住了我们归家的路，我们几个女青年都十分害怕。陈励生叫大家镇定，然后喊"一、二、三"大家一起拍掌呼喊和敲锣打鼓。锣鼓声、呼叫声突然震天响起，吓得老虎吼叫一声，纵身一跃，跳上一丈多高的土坎，一眨眼的工夫就消失得无影无踪了。陈励生乘机对大家说："只要大家齐心协力，团结一致，我们也一定能将日本鬼子赶出中国。"我们这个演出队坚持了大概四年，我记得大约在我入党后（按：1940年2月）没有多久就没有去演出了。

三、积极想办法帮助同志渡难关

1941年4月初左右,中共中区特委陈春霖同志携爱人黄志超及刚出生不久的孩子来到小洞,住在塘角村。由于黄志超产后坐月子,急需补养身体,但缺乏经济来源。塘角村党小组发动群众,希望大家捐助,以解燃眉之急。

有一晚,我上夜校时,仇羡真(陈励生的爱人,中共党员)大姐对我说:"黄姐产后需补养身子,现在她连吃饭都成问题,你们几个回去拿些粮油给她好吗?"我回去后就马上跟二娥、五妹、陈趁商量,第二天我们每人都从家里取了一些粮油、鸡蛋等送给了黄姐。我们知道陈妹的家里十分贫穷,只靠母亲卖柴草换一点米来度日,原不打算将这件事告诉她的,不知道陈妹从哪里得到消息,她干脆将家里准备孵小鸡的鸡蛋全部拿去给黄姐补养身子。陈五妹家中比较富裕,她三天两头便从家里"偷"些油,装些米给黄姐送去。还有一次趁替家里舂米的机会,装满了一大袋米,先放在女仔屋藏好,等晚上去上夜校时再拿到黄姐家里去。

有一天,我送些米给黄姐,顺路去看望仇大姐,仇大姐开门见山对我说:"我正想找你呢!黄姐的小孩开始吃烂饭粥了,需要买些淡菜、柿饼、咸鱼之类做调料,现在缺钱买,三娥你们回去想想办法,弄些钱来怎么样?"夜校放学后,回到女仔屋,我立即跟大家说了这件事,大家你一言我一语地商量开了。"织(草)席卖钱?""对!编织草席可以卖钱。"找到了办法,大家高兴得跳了起来。开始大家商定的是先凑些钱买席芏草回来编织,挣够买席芏草的本钱,大家每织一批草席后,抽取两张卖的钱送给黄姐。但过了两天,陈五妹、陈趁"反悔"了,说要把他们两人编织的除去本钱的所得全部上交。我看见五妹、陈趁这样无私,最后确定:除陈二娥交两张外,大家一样全部上交,但大家表示不收陈妹的。陈妹一听"赌气"了,闹别扭啦!在那里大声说"你们小看人啦!""你们不是我的好姐妹啦"等等。我们看见她态度坚决,拗不过她,只好向她妥协,收了她一张。这样陈妹才高兴起来,再也不跟我们怄气了。事情定下来之后,我们都躲在女仔屋埋头织席,争取多挣一点钱。

这件事被陈励生老师知道了,他对我们竖起了大拇指,不断地赞扬我们,说你们这班女仔有办法,只有你们女仔才能做得到。陈意知道我们这样做后,也加入我们的行列来。

四、掩护"表姐"黄纪合

我的妈妈叫谢务,出生于高要县首岭村,家里相当贫困。因外祖父无力抚养,被卖到高明明城一家谢姓商家做妹仔(丫鬟)。谢家重新给她改名叫谢新妹。此商家有四个儿子,分别在明城、合水开有铺面。在合水圩的南水开有均兴利酱油厂,北水开有杂货铺,西街开有四兴利酒楼。四子在明城东洲书院教书。自从我妈妈进了谢家的门后,几年之间,谢家的生意发了起来。谢家认为是我妈给他家带来了旺气,干脆将我妈收做女儿,像亲骨肉一样看待。我妈按谢家的规矩,排行第六,称作六妹(六姑),只因是妹仔名分,出嫁时只好配给小洞陈桂做填房。

1939年6月左右,中共高明县委组织部把在平塘工作的县委委员、妇女部部长黄纪合调回小洞工作,因临时住处欠安全,对开展工作也有所不便。小洞党支部书记陈励生知道我家有这一社会背景,因而找到我,对我说:"黄纪合同志要在小洞工作一段时间,为了她的安全,党小组决定把她安排到你处居住,你两姐妹和女仔屋的一班女青年都比较进步,让黄纪合跟你们同住在女仔屋,你认她做表姐,对她的安全更有保障些,你回去跟你妈商量一下,好吗?"我接受任务后,回到家跟母亲讲起这件事,她笑了笑说:"你明天就带她来吧!"我知道母亲早就知道我们姐妹参加革命工作了,我只是故弄玄虚罢了。其实,我怕的是父亲知道我带回一个假表姐,不能瞒天过海。但母亲深明大义,说这件事你们不用担心,你父亲只到过明城两三回,根本就不知道舅父有多少个女儿,只认得在合水圩做工的那几个。第二天,我就放心地带黄纪合同志到我家住了下来。黄纪合称我父母为姑丈、六姑,我们姐妹叫她表姐。居住在左右邻居的人以为黄纪合真的是我母亲的亲侄女。

有一天中午,我正在吃午饭,我叔叔陈经走来对我母亲说:"'沙尘鱼'(陈佐登的外号)早上在简底田洞对我讲,阿三(指的是我)带了个外乡女在女仔屋住了两个晚上,问这个女仔是不是共党分子。"我听后暗暗吃了一惊,这个村霸陈佐登起疑心了,必须及早消除他的疑心,免得他到处乱说。我将这个情况告诉了"表姐","表姐"、母亲及我商量好了一套计策,并提前通知五妹做好配合。临近吃饭的时候,我母亲依计先一步去"沙尘鱼"家借筛子。刚好他家准备吃饭,五妹见我妈来借东西,就东拉西扯,说了东又说西,故意拖延时间。"表姐"同我则后走一步去"沙尘鱼"家,"表姐"大声高叫:"六姑回家吃饭了,我跟表妹到处找你呢!"又故作惊讶地说:"五妹原来你住在这里呀!这是你的家父吧?"然后向"沙尘鱼"左一个"阿伯好",右一个"阿伯好"地问候。

"沙尘鱼"看了一眼"表姐",问道:"五嫂(我父亲排行第五,村里人称我母亲为五嫂或五婶),这个女仔是你第几个哥哥的女儿啊?""表姐"立即抢先回答:"我是六姑四哥的女儿,我爸爸在明城东洲书院教书。东洲书院是个好地方,四面环水,中间是一个小岛,环境十分优美,从天后宫庙旁过一座桥就到啦!每年天后诞巡游时,各地都会有很多人来东洲书院游玩的,到时请你和五妹一起来看热闹好吗?"

我见时机已到,便岔开话题,对五妹说:"明天我跟'表姐'去更楼趁圩,你去唔去呀?"

五妹高兴地接上话题说:"去,怎么不去呢,昨天晚上已经跟你表姐讲好啦。"

我"哦"了一声说:"回家吃饭啰,不然菜都凉啦。"我们向"沙尘鱼"讲声再见后就回家了。

通过这次见面,"表姐"每次遇见"沙尘鱼"都跟他打招呼,问声好。这个村霸见我"表姐"是个大家闺秀,知书达理,就慢慢地消除了对"表姐"的怀疑,使黄纪合同志安心地在我家住了下来。

五、秘密接送特派员

1946年9月至10月间的一天,小洞党支部负责人梁扳交给了我一项接送人的任务,要我在合水圩日那天到合水接一位同志,接回来后住在我家。第二天早上将这位同志带到军屯村的明晖堂。工作完成后的第三天,又将这位同志送到更楼圩,交给屏山的罗同志。要求我像接待黄纪合同志一样,以表兄妹相称,并向我交代了具体的接头地点、暗语暗号。还特别叮嘱我要小心行事,做到绝对保密。我当时想,为什么叫我去而不叫交通站的人去接呢,大概是因为我是个姑娘,不会引起别人的注意,不易暴露目标吧。既然组织这么信任我,我必须出色完成这次任务才行。

合水是地处高明、高要、新兴、鹤山四县交界的一个比较大的农贸集市之一,每逢一四七为圩期。每到圩日,方圆三四十里都有不少百姓到这里来赶集趁圩,购买些油、盐、酱、醋等之类物品,或者专程来凑个热闹,所以人员比较集中,人来人往很热闹,这个圩市又以中午至下午三时人最多、市最旺。小洞离合水十三四里,走的是弯弯曲曲的山间小路,十分难行,大约需要一个半小时才能走到。

合水圩日到来那天,我算准了时间,约上同村几位乡亲结伴去趁圩。到达合水圩时已近中午了。我们分手时,约定下午3时在西街四兴利酒楼门口集合,然后再一齐回家。接人的时间到了,我准时到达接头地点时,一眼就看到隔街对面水井洞的李同志(我到水井洞宣传时就认识他,但不知道名字,当年党的纪律规定不准问对方名字),他的旁边站立一位像教书先生的人,这时李同志也看见了我。我首先向对方竖起一个手指,对方竖起两个,我再竖起三个,对方竖起四个左右摆动了两下(一个手指暗语表示我是来接人的,两个手指表示我知道了,三个手指表示我可以带人走吗?四个手指左右摆动两下表示你可以带人走了。)手势暗语对接无误后,我从他们的身边擦肩而过,这位教书先生隔远跟在我们的后头,一直走到僻静处,确定没有人跟踪了,才互相点了头,又继续一前一后往四兴利酒楼走去。进入酒楼安全了,他才热情地打起了招呼来。

我做了自我介绍,我说:"表哥,我叫陈三娥,我的父母都很想见到你。"

表哥回答说:"我也很想念姑姑、姑丈。"

过了一会儿,我领着"表哥"去见了舅舅,介绍他给舅舅认识,说:"这是我更楼千岁村的表哥,也姓谢,他在新兴教书,这次休息回家,顺道经过,来我家看望姑姑和姑丈。"这个舅舅知道我父亲曾娶了千岁村的女人做妻子,病死后才娶他的六妹做填房的。舅舅听完我的介绍,非常客气地安排我们上楼吃饭。

下午3时,我带着"表哥"和乡亲们一起返程,在回家的路上我还向乡亲介绍了"表哥"。明天要到合成收货款,今晚顺便来我家看望我的父母。"表哥"十分活跃,一路上给大家讲了很多笑话。在他的带动下,大家你一言我一语,开心极了。我们在欢声笑语中不知不觉地顺利地回到了家。我们进了门,母亲见我带回一个陌生人,正想开口,"表哥"马上叫了"六姑"一声,母亲就知道是怎么一回事了,便满心欢喜地招呼"表哥",给"表哥"搬凳、倒茶,忙得不亦乐乎。吃完晚饭后,我们在门口空地拉起了家常,邻居阿祥来了,还有一齐趁圩的两位老乡也来了。"表哥"显得非常镇定,问这问那,说起话来头头是道,回答问题对答如流,滴水不漏,大家都觉得他太有学问了。我看见又有几个人走过来,我怕暴露身份,便赶快用木桶装好热水对"表哥"说:"今天走了半天路,快洗个澡,早些休息,明天还要赶路呢。""表哥"十分机灵,马上起来跟着我爹到健忠书屋的洗澡房洗澡去了。"表哥"离去后,我的心才放了下来。

第二天吃完早餐,我对父亲说:"阿妈叫我今天陪'表哥'去合成收货款,路上好有个照应。"

阿爹说:"快去快回,路上要小心啊!"说完,我就领着"表哥"出门了。

经蛇山嘴,避开路上的行人,顺着邓塘的水沟边,绕到军屯村震兴庙后边的稻田,沿着田埂走到明晖堂的后面,钻过簕竹窿,再穿过茂密的野草丛,闪进了明晖堂(小洞党支部所在地)。原来梁扳等人早已在此等候,梁扳叫我先到交通站金伯家休息,待散会后由我带"表哥"回家。中午金婶煮了一大锅地瓜叫我送了过去。下午5点多散会了,我和"表哥"仍然按原路安全回到家里。"表哥"已完成了在小洞的工作。次日,我把"表哥"送到了更楼圩的接头地点,跟屏山村的罗同志(我到屏山宣传时认识他)接上了头,安全地把"表哥"交给了罗同志(后来才得知这是高明特派员郑靖华同志来小洞恢复党的组织工作)。我完成任务后,像燕子般飞快地跑回家乡向梁扳复命。此时我如释重负,大大地松了一口气。

六、刻骨铭心的十一月十六日

国民党反动当局获悉高明人民抗日游击队第三大队和高明县二区人民行政委员会先后在小洞成立,非常震惊,十分恐惧。为了尽快扑灭革命火种,歼灭游击队第三大队,铲除这个红色根据地,国民党当局调来正规军158师473团和高明县兵团、高要县兵团廖强部、鹤山兵团黄柏森部共2000余人,在1944年农历十一月十六日,对小洞展开了大规模的"围剿""扫荡"行动。得悉敌人的"围剿"消息后,为了避开敌人锐气,保存实力,第三大队和人民行政委员会成员连夜撤离,转移到更楼蛟塘。小洞党支部也同时部署群众的疏散撤离工作,派出民兵占领重要山头,进行放哨。十一月十六日上午9点左右,敌人从四面八方扑向小洞,在多个山头放哨的民兵,先后向敌人开火实施阻击,因敌人兵力强,火力猛,放哨的民兵不得不边打边退,撤离阵地,但也为掩护群众疏散赢得了时间。

听到枪声,我村的党员、骨干赶紧组织群众转移,动员群众向北偏东方向撤到猫儿坑去。我在村前村后催促群众尽快离开,反复劝导一些老人必须撤走。为了组织群众撤退,我只好叫妹妹背着年幼的弟弟跟着人群走。我走出村口时,看见新村的人群也向我村的方向涌来,一问才知道北面的山头鸡啼岭、高塘坑等全被廖强部队占领了,因而迫使新村的群众向我村北侧的对面嘴山头走来。这么多人往哪里走呢?我们几个党员、骨干紧急商议,分析了敌情,如沿回马岭、大奎阁、镇江庙北走到瑶村,这条路在廖强部的火力控制范围内,会造成很大的伤亡。如向东撤去更楼,则有鹤山黄柏森部已占据观音座,控制了制高点,封锁了向东的出口,也会伤亡很大。唯一可行的只有向北偏东方向突围到猫儿坑,再冲过小山坳进入罗丹地界,然后去罗丹村投亲靠友。决心定下后,由陈五妹、陈三娥带领一部分群众经松塘去猫儿坑。占据了高塘坑高地的敌人发现了这部分人,就用机关枪向松塘方向猛烈扫射,幸亏松塘路段弯多林密,距离较远,敌人的子弹多半都只打在田里,没有伤及人群。我和陈趁则带领一部分群众从岭背口去猫儿坑。两路群众都安全到达猫儿坑歇息,这时我们才松了一口气。歇息过后,我们分批越过小山坳进入罗丹地界。第一批群众穿越小山坳时,就被南侧观音座的敌人发现,用火力封锁了小山坳,堵住了我们的去路。我们只好带领群众向北走,绕过耀东山塘(小水库)再转到新坑,我们一边躲避敌人的子弹,一路跌跌撞撞,终于在晚上7点多走到了罗丹村。罗丹村的百姓十分同情我们的遭遇,嘘寒问暖,纷纷伸出援手,热情地安排我们的食宿。由于人数比较多,为了减轻罗丹群众的压力,我们又动员组织一部分群众连夜分散到更楼的其他乡村投亲靠友,劝导百姓躲过几天,待敌人撤走后再回家乡。一切安排停当后,我才四处查找我弟、妹的下落,后来遇到我村嫁到该村的群姐,才知道弟、妹已跟随堂嫂去了千岁村的舅父那里了。我这才放下心来,在群姐家住下。

  我在罗丹住了几天,得知国民党军队撤了,马上跟乡亲们奔回家。回到村里只见被烧的房屋仍青烟缭绕,房前屋后都是鸡毛、鸭毛,遍地布满了骨头,处处是血迹斑斑,鱼塘里飘浮着腐烂发臭的猪、狗、牛、鸡、鸭的大肠和内脏,整条村庄被闹得乌烟瘴气,臭气熏天,一片狼藉,不堪入目。回到家里一看,只剩下一个廊头,后面两间被烧得全塌了下来,所有物品被烧得一干二净。父亲和母亲正在扒开瓦片寻找被火烧焦了的稻谷。母亲一看见我,立刻放下手中的活儿,急切地追问:"你的弟、妹呢?"当我把弟、妹去了千岁村舅父家的事告诉她后,她才松了一口气,放下了心来。

  此时,我见母亲双手扶腰,显得很痛苦。我问:"你怎么啦?"她不肯说,在我的再三追问下,她才说出十一月十六日逃难这几天的经历。原来十六日那天,她没有跟着我们走出小洞,而是与小新村的陈锐、陈炳、日利芳、堂三哥及一班妇女躲在禾草坑的密林里过了一个晚上。第二天,几个男人商量派人回家看看。母亲因跟儿女走散,急着想知道儿女的下落,就抢先在几个男人之前走了出来,刚走不远,就看见几个穿着黄色军装的"黄狗仔",她赶紧往回缩,但为时已晚,被黄狗仔发现了。"黄狗仔"大喝:"站住!"另一个黄狗仔则从暗处窜了出来,一前一后拦住了她的去路。跟在母亲后面的那几个男人,看见我母亲被捉,则飞快地钻入密林,消失得无影无踪,这些"黄狗仔"只好向密林开了一阵枪。我母亲被押到新村,路上她不肯走,这班"黄狗仔"则大骂我母亲是"共产婆",不由分说便拳打脚踢,用枪托撞击她的腰部和背部,硬是把她拖到小新村。这时被一个伙夫看到,这个伙夫请求刘排长把她留下来帮忙做饭。刘排长丢下一句话:"别让她跑啦!"伙夫说:"我放她都唔(不)敢走,她快得过我的子弹吗!"

这样我母亲只好屈从，帮这班"黄狗仔"做饭了。在这里做饭的还有一名来探亲戚时被抓的年轻妇女。我母亲还看见离做饭地方不远的另一间屋里关押着十多个男人。

我母亲被捉的第二天（农历十八）早上，这些"黄狗仔"吃完早饭后，只留下一小部分在村里，其他大部分不知道去了哪里。到了晚上，那个刘排长头上包着白纱布来到厨房，对伙夫说："老乡呀！我差一些去见阎罗王啰，再也见不到你了"。顿了一会儿又说："今天我们出动搜索游击队时，原来共军部队设局引我们上钩，让共军牵着我们的鼻子走，使我们上了当，中了埋伏，我们有几个兄弟被打死，还有几个被打伤，其他部队也有伤亡，我就想唔通，点解（为什么）就打唔过共军游击队？"

农历二十日，国民党廖强部声言一点东西也不留给共产党。他们招来了一些外乡人，再次挨家挨户翻箱倒柜，搜去所有稍微值钱的东西，犁、耙、锹、锄等农具，统统掳光。下午，看见那些士兵往每一间屋都塞满了柴草。到晚上撤离时，士兵向所有房屋点火，将新村50多间房屋都烧毁了。我母亲趁"黄狗仔"点火烧屋那一刻，躲进竹林，钻出了篱竹窿，走出了邓塘田洞。这时，看到自己悦塘的家火势非常猛烈，不一会儿的工夫，后座的两间瓦房瞬间就倒塌下来了。但我母亲仍然赶回家，不顾一切奋力扑救，拼命向前座廊头泼水。邻居恩婶不顾自己头破血流也跑过来帮忙一起救火，才使我家前座的廊头保存了下来。火被熄灭后，我母亲帮恩婶包扎伤口时问恩婶为什么头都破了，恩婶说她为了不让"黄狗仔"烧屋，去阻止黄狗仔点火而被"黄狗仔"用枪托打破的。就在这个时候，躲在附近的村民闻知国民党军队已经撤走了，才陆陆续续地赶回家救火，清理家中的物品。

七、陈五妹勇斗反动父亲陈佐登

陈五妹出生于高明县小洞悦塘村一个比较富有的家庭,兄妹六人,五妹排行第五,取名陈五妹。她的父亲陈佐登是小洞的一霸,勾结国民党反动派和土豪劣绅,仗着国民党撑腰,当起了国民党的爪牙和狗腿子;欺压百姓,与人民为敌,仇恨和反对革命。

1936年年初,受中共地下党李守纯的派遣,陈励生在小洞和平小学办起了夜校,吸收进步青年入校读书识字,传授革命道理和培养革命骨干。悦塘村的陈五妹、陈二娥、陈三娥、陈趁等女青年积极报名参加夜校读书。当陈佐登得知自己的女儿上了夜校,就千方百计出来阻拦。有一晚,还预先守在村闸口拦住五妹,把五妹赶回了女仔屋。但陈佐登拦得住陈五妹的人,却拦不住陈五妹坚决要上夜校的心。陈五妹想了个办法,找来弟弟帮忙,叫弟弟在原有供猪狗出入的簕竹林洞口处,修剪成能供人穿过的洞口,她每晚都从这个洞口钻出去,与姐妹们会合,一起去上课。后来她想,读书哪能偷偷摸摸呢?得想个法子制服这个顽固的父亲才行。于是她将自己的想法告诉了姐妹们和定伯,叫他们出谋划策。姐妹们经过几天的苦想,决定用"苦肉计",用"撒泼、分煲、赌气"的办法制造矛盾来达到目的。陈五妹觉得这是一条锦囊妙计,就决定依计行事。第二天回家马上搬来炊具,拿了柴、米、油、盐、酱、醋到女仔屋自己开伙煲食。连续十多天,天天如此,不管谁来叫她回家,她都不理不睬,这可把她妈妈急坏了。五妹见计策开始奏效,便放出话来:"如若父亲一天不答应她上夜校,她就一天都不回家。"开始陈佐登还不将这件事放在心上,后来她的妈妈每到吃饭的时候就跟丈夫吵闹,说让女儿去读书识字是正当事,认几个字有什么不好。别家的女儿都去了,留下自己女儿在家孤零零的。学校离家也不远,大喊一声都能听得到,你怕什么呀等等。由于女儿越闹越凶,磨得陈佐登都烦了起来,陈佐登又没有正当理由反对,经不住老婆天天唠叨,只好屈服了,答应允许女儿去上夜校读书。晚上陈五妹告诉姐妹们,她们在女仔屋哈哈大笑起来。"撒泼、分煲、赌气"这一招果然了得,大家都为五妹的胜利感到十分高兴。

陈五妹和我们坚持在夜校读书,学得越久,懂得的革命道理越多,她跟我们一样,思想上渐渐地起了深刻的变化。通过下乡宣传抗日救亡等多项活动的锻炼和教育,她的立场完全站在劳动人民这一边,对父亲的做法越来越反感。她曾多次规劝父亲不要做国民党的走狗,不要替土豪劣绅恶霸地主收租和保管粮库,不要欺压老百姓,不要做伤天害理的事。可是陈佐登死心塌地跟着国民党反动派,哪里听得进女儿的劝告,反而说这个女儿读了夜校受了共产党宣传的欺骗,中了共产党的毒,居然敢教训起老豆(老爸)来了等等。有一次,还质问陈五妹:"共产党给了你什么好处?"五妹则反唇相讥,大骂陈佐登出卖陈妹,害得她被国民党捉去被枪杀了的事实。陈佐登矢口否认说:"我没有出卖她,我还向国军求情放了牛仔(陈妹的弟弟)呢。"

五妹义正词严当众驳斥陈佐登,揭露陈佐登的罪行,说:"你做贼心虚装好人,全村人都知道了是你指引国民党兵去捉的陈妹,国民党兵本已收队,集合准备撤兵了,你却假装捡猪屎,快步走向敌军官前,用猪屎夹指向陈妹躲藏的地方,你还不认账吗!"五妹说到这里,十分气愤,继续大声地说:"现在陈妹被杀了,你又得到国民党什么好处呢?给你一个团长或给你一个乡长当了吗?共产党起码教会了我做人的道理。"

陈佐登板起了面孔,声色俱厉地说:"你牙尖嘴利,简直就是共产党。"

陈五妹毫不惧怕,坚定地说:"你说对啦,我就是共产党,你去更楼向国民党告发我嘛!说'我家出了一个女共产党'呀!当着全村的人说,'我女儿是共产党嘛!我要大义灭亲,叫国民党捉我去枪毙嘛'!"一串串连珠炮轰得陈佐登脸色惨白,哑口无言。当陈佐登知道自己的女儿确实参加了中国共产党后,却拿陈五妹一点办法也没有。

八、到明城逼陈斗宿归还耕牛去

  1944年农历十月十六日那天一大早,我父亲和陈安一同到了白石坑犁田,约10时,国民党军队大队人马占领了白石坑附近的各个山头。我父亲和陈安觉得情况不妙,就立即放下手中的农活,把牛拴在山边的树林里,迅速躲进山中的密林去。过了不多久,从山上走下了几个国民党兵把牛牵走了。我父亲和陈安在密林一直躲到天黑才敢出来。他俩原本打算回家看看能否找到自己的耕牛,可是快走到佛坳的时候,听见有人在说话和不断的咳嗽声,估计是敌人的哨兵,并判断国民党军队还驻扎在小洞,所以不敢回家,转头去了中山村。过了几天,得知国民党军队已经撤走了,才敢回家,回到家后根本找不到耕牛的踪影。

  小洞被国民党劫掠后,抗日游击队第三大队派出陈励生等回到小洞做群众安抚工作,组织群众重建家园。当陈励生来到悦塘村了解情况时,我向他反映村里被烧了十五六间房屋,我家和陈安的耕牛被抢走等情况。陈励生建议我们到明城去,利用我外公和舅父在明城商界的名望,逼陈斗宿归还耕牛,从而达到揭露国民党军队的暴行、让老百姓都知道国民党反动本质的目的。过了几天,我随父亲约陈安一起,依照陈励生的吩咐去了明城,将我们的耕牛被抢的经过、小洞被国民党军队放火焚烧的遭遇给外公、舅父说了一遍。我外公听后十分气愤,破口大骂:"国民党无恶不作,处处拿老百姓出气,烧了老百姓的房子,叫老百姓住哪里?抢了农民的耕牛,让老百姓怎样耕田呀?简直岂有此理!"接着又说:"明天你们跟我一起到县府找陈县长要牛去。"第二天上午,外公和舅父领着我们去了县府。到了县府大门口,外公对卫兵说:"明城'大蚝'要见县长。"一个卫兵赶紧进去通报。不久,有个当官模样的人走了出来,见到我外公就连忙点头行礼,说些"不知谢老先生到访,有失远迎"之类的客套话,接着走了过来扶着外公向会客室走去。只见那时陈斗宿县长已在会客室门口迎候。坐定后,陈斗宿开口说话:"谢老先生今日到访,不知有何指教?"我外公开门见山,单刀直入历数当局不仁不义,痛斥国民党兵扫荡小洞,放火烧屋、抢劫财物等种种恶劣行为,还将国民党兵烧了女婿的房屋,抢了女婿的耕牛的事说了一遍,要求陈斗宿一定要归还耕牛,赔偿损失。陈斗宿听后站了起来欠欠身子,点头哈腰连声赔不是,并说"陈某人不知老先生的爱女嫁到小洞,如若知道必定不会发生此等事情"之类的道歉的话,并满口答应一定归还耕牛,赔偿损失。说完转身对谭秘书交代,无论如何要帮助谢老先生的女婿找到耕牛,然后客客气气地把我们送出县府。

  我们离开县府后,谭秘书带我和父亲及陈安到了县国民党民团拴牛的地方,找了一圈都没有找到我们的耕牛。谭秘书又带我们去了一趟塘尾村关牛的地方查找,仍然没有找到。经谭秘书多方查询,得到的回答是,从小洞拉来的耕牛已经被宰杀了。谭秘书无奈地两手一摊说:"你们先暂时从这里拉两头牛回去吧,这样我回去才能交差呀!"我们也很无奈,只好按谭秘书的意见,和陈安一起挑选了两头耕牛拉回家去。

本文由陈木生访问记录,梁诚金根据陈三娥口述整理

陈革历险记

1939至1940年，国民党顽固派掀起了第一次反共高潮，反共逆流凶猛地袭向高明。国民党高明当局勒令解散一切抗日团体，下令捕捉共产党人、抗日人士和革命青年。中共高明地方组织采取"政治上反击，组织上撤退"的应变措施和策略，及时把已暴露的同志转移到外地工作。陈革等一批革命人士就是在这种形势下被派到各地继续开展革命活动的。在前往目的地的途中，不少同志遭遇到种种困难和挫折，甚至不测。陈革在这次转移到广宁的途中，就经历了不寻常的惊险一幕。

陈革是在什么地方遭遇不测的呢？广宁县木格镇九应乡竿哈塘村村民廖百妹（女，65岁），在1969年2月4日下午1点～3点，是这样说的：

民国二十九年九月间（公历1940年10月），有一个三十二三岁，戴眼镜的男人，他姓陈，名字我忘了，穿着破烂衣服，经过我家门口，到了下坡水冲洗。当时我的男人董三（乳名董三妹，别人叫他董三记，已故）以为他是上山看看的，后来叫他上来到我家，我们问他是做什么的，从哪里来？他说他从木格来，在路上东西被人抢光，贼人一直追他，他一直跑，跑到一条村庄（按：指黄竹塘）。因为不认识路，走到该村村边时，被一个人（按：指董金兰）叫住。董金兰（按：只有夫妇两人，现已故）叫他进屋里，询问他。董知道事情经过后，拿来破旧衣服给他穿上，送他到清桂大坑，给他指明方向，就返回家了。他一个人走，结果走错了路，到了一个山坑时，听到山上有人打猎的叫喊声，以为又有人追他，所以在口山乱走一通，天黑了就在口山住了一夜。天亮时，准备再返回去找董金兰，于是就出现在我家门口。

我的男人问明情况后，给他一盆水洗干净身体，还将他的头发剪光。由于我们待他好，他还要认我做契妈（干妈）呢！他要求我们不要让别人知道，连小孩也不让知道。住在我家四五天，白天他都不敢出去。

四五天后，我男人借了十元钱，包了一些粽子，准备在送他回家的路上吃。一天天未亮，我男人送他经高要广利到他的家乡。我男人在他家住了两天，由于水土不服，手脚有点肿，就回来了。

为何派陈革到西江去呢？时任中共高明县委书记黄荣（按：指黄文康），于1969年3月27日回忆时这样说：

（1）因当时西江特委需要干部，要高明支持。当时，我研究了一下，高明干部中，陈革是知识分子。

（2）因陈革在抗战宣传活动较多，引起了敌人的注意，而1940年反共逆流在高明有了发展，为了保护干部，经研究，我们决定调陈革到西江去。

（3）去的时间，我记不起来了，大约是1940年夏天，具体时间可能叶衍基记得比较可靠。

（4）陈革回小洞后，叶衍基告诉我，他有病，我曾到他家去看过他，后来安排他到新兴、合成教学。

陈革身份暴露，调到西江特委及去广宁途中被抢，他自己是这样说的：

稻谷外运的时间是1939年上半年（农历四月），当时我在小洞（唐际短期小学）教学，与农民党员陈定、梁扳还有陈松等发动了"封江自救"，所以暴露了身份。

至1940年下半年，党组织负责人黄文康通知我调走，并交代我到德庆县县城找牛哥（即梁嘉，时任中共西江特委组织部部长）联系。我离开小洞是七月（公历8月）中旬，去到德庆找到了牛哥。因三水安排不了，他就安排我到广宁县城南街白沙坑短期小学教书。当走入广宁县境到达木格镇时，遇到一伙贼仔打劫，被贼仔追赶，所有东西被抢得一干二净。由于人生地不熟，走错了路，幸得竿哈塘村董三夫妇收留，并由董三陪同才走出广宁，回到家乡，此时已经是九月上旬（公历10月）了。

本文根据廖百妹、黄文康、陈革等同志回忆资料整理

关于中共罗丹支部遭到破坏（"罗丹事件"）的说明

叶琪

1938年陈耀聪（中共党员）在罗丹教学时发展党员（如李灼等），到1939年年初建立罗丹党支部，李灼当支部书记（直到1940年农历八月十二日暴露止）。1939年年底陈耀聪从罗丹调回小洞。

1939年农历九十月，黄仕聪被上级派到东江纵队学习军事（至1940年农历六月才回来）后，更楼地区由我和陈革（陈革调走后，由我一个人）负责领导。当时我俩的分工是：陈革兼负责领导小洞和罗丹党支部，我兼负责领导平塘党小组与云良、屏山党支部。

1939年年末，我和陈革负责运馆（按：在更楼开设的"群利源"运馆），到1940年3月（清明前）因货物少，组织叫我和陈革不要做运馆了。此时，我被调回小洞文选楼教学兼负责领导罗丹党支部，并同时选为县委候补委员。陈革也同时回到了小洞，没有教学，没有事做，就在他家开的"广记"杂货店帮手做买卖。1940年农历五至六月，陈革被调往西江特委工作，到农历八月底才回来。

1940年农历八月初七、初八，县委在水井（合水水井）召开会议。会上梁嘉（即牛哥）批评我，接手罗丹支部近半年了，连支部会也开不成，于是我回来后考虑召开一次罗丹支部会议。1940年农历八月十一日晚直接到书记李灼家通知他（并所有党员，其中有梁继荣，共七八个人。这天晚上，我还在李灼家吃晚饭），决定1940年农历八月十二日晚在罗丹桥高田坪（花生地）召开党支部会议。

八月十二日晚的会议由我主持（当时我是中共高明县委候补委员兼更楼区委书记），参加人员有七八个人（详细人名记不清了，其中李灼是罗丹党支部书记）。会议内容：讲国际时事、国内战争形势、动员人民参军，还教育同志们提高革命警惕性，严防国民党破坏。八月十二日是圩日，晚上，梁子珍（当时是国民党更楼区分部负责人）找李灼商量生意问题。找不到李灼，有人说了李灼的去向，梁子珍便寻到了我们开会的附近，听见有人说话的声音，想开枪，但不知道我们有多少人，所以不敢开枪（当时梁子珍只带一个人同往）。待散会后，梁子珍截住了李灼一班人。第二天上午，李灼来到小洞文选楼和平小学找我（当时我在和平小学教学），告诉我说："昨天晚上散会后，在回罗丹的路上，梁子珍截住我进行审问，暴露了。"简单说了几句，他就走了。当时黄文康在场，我跟黄文康商量说："毙啦！李灼这个嘢叛变了。"黄文康说："如果叛变，他不会来通知你呀！（他来通知你）算很负责了。"下午我接到梁子珍交给更楼四邑旅店梁欧新带给我的一封信，信上内容大概说"你们不识时务，搞共产党活动……立即停止……"之类恐吓的话。

  同年九月初六，黄仕聪通知我去平塘，说岳塘一教师（党员）失踪三天了，情况不明，叫我立即走。当晚我立即经合成去了水台。我走后，约在九月中旬某一天，林姐（即林玩，时任中共高明县委委员，组织部部长）来和平小学商谈完工作刚走，敌人就赶到和平小学进行搜查了。

本文根据叶琪1969年3月6日、3月11日两次口述回忆整理（有删节）

李灼口述罗丹事件经过（节录）

抗战时期，陈耀聪在罗丹小学教学（学校只有他一个人），发展我和梁继荣入了共产党。当时上级叫我负责发动群众和发展党组织，我没有做过什么发动工作，因自己的文化水平低，怕讲错话。

我参加共产党前就和梁执（梁子珍的同村兄弟）做生意，我做走货（梁的金钱），走水口卖货。当时做些咸鱼、充菜（咸菜）、蓑衣生意。我入党以后，梁子珍平时就很注意我的行动了，经常打探我们的行踪。

我记得有一次（忘记了年月日）是圩日，晚上在罗丹桥高田坪（花生地）开会，内容讲抗战形势，打胜仗，发动群众参加游击队等。散会后，我和梁继荣返回罗丹，行了十多二十丈远，梁子珍和梁桂芬（梁子珍的狗腿子）追来叫住我，说："李灼，不要走咁快，等埋我。"我和梁继荣快步走，但他们走得更快，赶了上来。梁子珍和梁桂芬拿着手枪顶住我和梁继荣，带回他的炮楼进行审问。叫我们公开身份，我和梁继荣死也不公开。梁子珍说："你们不讲我也知道你们搞什么活动了。"我和梁继荣还是不公开身份。梁子珍共审了我三晚，他恐吓我，叫我不要搞，搞了实（一定）死，再搞就不客气了。在第三次审问我的时候，梁子珍拿出一张表，抹去梁继荣的名字，填上我的名字，算是参加国民党。

暴露后，记不清是什么时候，也忘记给谁讲过，只讲："毙咯，被梁子珍识穿了。"看见有人来就马上走开了。那次暴露后,就没有地下党的同志找过我,我也不敢和当时相识的地下党见面。

我只记得罗丹桥高田坪(花生地)开会暴露身份的事情,但时间记不清了(后来补充说:我记忆中是八九月的时候)。想证实情况的话,可向叶衍基、黄之锦和黄四(小洞盘石村人)了解。

本文根据李灼 1969 年 3 月 9 日回忆资料整理

"倒钟"琐忆

黄之锦

  1944年秋,中共高明地方组织发动群众武装斗争,赶走了国民党反动县长钟歧,这就是威震南粤的"倒钟"运动。

  当时,中共中区副特派员郑锦波驻高明县,中共高明县特派员是冯华,我在郑锦波的具体指导下做了一些工作。现凭记忆,做片段追述。

  国民党高明县县长钟歧自1942年上任以来,消极抗战,积极反共,横征暴敛,中饱私囊,为广大人民所切齿痛恨。1944年8月下旬,日本侵略军为了打通湘桂铁路线,从江门、新会、开平分几路进犯高明,其目标直逼肇庆,然后西进广西。钟歧早已风闻,但他不但不组织群众抗击日军,反而公开压制群众的抗日言论。他的族弟、二区区长钟振东曾秉承其意旨,煞有介事地张贴布告,说:"日军进犯,完全是造谣惑众……如今后再有造谣或传谣者,一经察觉,一律按汉奸论处。"在钟歧眼里,连谈谈抗日也是一种莫大之罪了。钟歧对日军怕得要命。日军未犯县境,便与官警携家眷带着枪械、文件和册籍,强征民船,弃城逃跑了。船抵瑶村搁浅时,他又令瑶村群众卸下物资,责令保甲长保管,然后带着随员和家眷往香山脚的高村躲命去了。

  郑锦波得悉日军将犯境时,令中共高明县组织领导群众拿起武器,立即组织进行守土抗日。瑶村当即成立了抗日壮丁队,钟歧丢下的枪支弹药正好成了壮丁队的装备。记得是1944年9月9日,黄仕聪奉命来找我和叶衍基商量,在日军入侵前如何处理政府粮仓的存粮。为了不让粮食落到日军手中,又可以支持抗日武装,我们决定打开平塘粮仓,把7万多斤存粮分给群众。平塘粮仓一开,立即产生了预想的效应,白石、利村、塱锦、泽河、大幕、良村、歌乐等有官属粮仓的村庄里,群众都闻风而动,把粮仓打开,分光存粮。群众手上有了粮,既解决了饥荒问题,又为日后抗日游击活动提供了物质保障。

9月11日,日军进犯高明县境,所到之处,奸抢烧杀掳,人民遭殃。至9月17日,日军才离境西进。此时,惨遭日军铁蹄蹂躏的高明,已是十室九空,一片生灵涂炭的景象。而钟歧却率领他的官警随从和一家大小,威风凛凛地回到明城。面对受难群众,他不思如何安抚,相反,当他得知枪械被群众"盗用",册籍文件被焚毁,政府粮仓被打开,当即暴跳如雷,一口咬定是"共产党所为",即刻下令"清乡""清奸"。"清乡",就是要清理及追回枪械、物资和粮食;"清奸",就是要"肃清奸党",捉拿破仓分粮和"抢走枪械物资"的人,实际是把矛头指向共产党和爱国群众。

1944年9月下旬,钟歧先后派教育科科长麦戒欺和党部书记长谢子明到瑶村责令村民交回政府"丢失"的枪械和物资,开给瑶村一张"赔偿政府失物通知单",声言失物价值800万元(折谷约26000担),限期如数偿还。否则,"全村男女老少,均须问罪"。瑶村不外200多户人家,即使倾家荡产也赔不起这笔"债"。在此高明人民惨遭日军蹂躏的怒火未消,又遭钟歧迫害的严重时刻,中共高明地方组织决定因势利导,组织群众进行反抗斗争。1944年9月24日晚,我往小洞塘角村,向住在那里的郑锦波汇报了日军离境后的社会情况和钟歧准备"清乡""清奸"的阴谋。在谈到组织农民武装抗暴时,我建议把瑶村、小洞、平塘、泽河几条大村的群众发动起来。如果能够使四条大村联合起来,互相照应,抵制钟歧,再把更楼、合水、新圩地区的群众发动起来,就好办了。郑锦波于次日找叶衍基等进一步商量，认为要发动这几条大村，关键在泽河。泽河村的曾襄廷，做了多年县立第四小学的校长，在更楼地区有不少学生，是教育界的知名人士，还掌握了清平堡公尝，有钱、有枪、有一定威望。曾襄廷虽然思想守旧，但为人秉直，倾向抗日，而且热心公益，在更楼一带颇有影响。只要我们正确贯彻共产党的抗日民族统一战线的政策，一定能把他争取过来，四村联盟就不愁搞不起来。9月25日，我奉郑锦波之命约陈玉田一起去泽河，首先找到陈玉田的老同学曾日东。曾日东和曾襄廷的关系比较好，而曾日东的思想很进步（后来才知道他在中山大学附中读书时，即1938年已参加共产党）。我向曾日东说明来意后，三人很快取得一致意见，便一同去找曾襄廷，曾襄廷在书房接见了我们。由于陈玉田和曾日东都是他的学生，我们便开门见山，说明来意，特别强调了钟歧要"清乡""清奸"，所有在日军过境前开仓分了田赋粮的，都要勒令赔偿，泽河也开了仓，不知要赔多少。曾襄廷越听越气，终于拍案而起，痛斥钟歧一番。在谈到实质问题时，他沉思片刻后问我们该怎么办。我以个人名义提出了地下党的主张，说："目前形势紧迫，大敌当前，只有大家联合起来，互相照应方能应对。如果钟歧派警兵来'清乡''清奸'，就拿起武器同他干，实行武装自卫。"说到此，他频频点头说好。我还告诉他，泽河、平塘、各乡村凡有粮仓的都被群众开仓分了谷，并且有的粮已吃了，要赔是赔不了的。只有全区动员起来，共同抵制钟歧才是出路。我们泽河、平塘、小洞、瑶村几条大村，要首先联合起来，搞四村联盟，不管钟歧先搞哪条村，其他三条村都要组织力量去支持，这样，其他村庄也会同我们齐心合力一起对付钟歧了。我还说："过去泽河一条村也敢于对付钟歧，何况现在四村联合起来了？！"曾襄廷听了我的建议，又听了曾日东、陈玉田的见解，再三考虑，同意我们的意见。9月26日，曾襄廷在泽河村克仁祖祠召集本村父老商量如何对付钟歧。经过权衡利弊，大家一致认为：如果钟歧派人来"清乡"，就只有同他拼了，别无他法。最后还决定了9月27日在小洞文选楼召开四村联盟会议。参加这次会议的有平塘黄之锦、小洞陈励生、泽河曾日如、瑶村黄家荣和苏汝霖。会议由我和陈励生主持。经过认真商讨后，做出四村联盟的正式决定，并订立了协约。大意是：一村遭受迫害，四村联合对付；一村锣响，四村皆出；有枪出枪，有钱出钱，相互支持，患难与共。各村代表还在四村联盟协约上签了名。

为了进一步发动全区群众对付钟歧的迫害，进而打倒钟歧，我们请曾襄廷出面，于10月16日在更楼圩的永栈酒米铺召集更楼、新圩地区的东南、六乡、崇义、文储、崇会等乡的地方实力派、开明士绅和社会知名人士开会，由我介绍了当时高明的形势。曾襄廷在会上介绍了十多天前四村代表在小洞文选楼订立四村联盟协约的情况后说："今天请大家来，就是要商量对策，如果各村认为要联合起来对付钟歧的话，我们就全区联合起来，打倒钟歧。"各位代表同意曾襄廷的意见。我根据党组织确定的斗争策略，在会上建议：不管是联防自卫，或是进攻明城，都要有个组织，所以要成立一个"打钟歧委员会"。曾襄廷则提出对外还是称"联防委员会"为好。最后，各村代表一致通过定为"联防委员会"，而实质就是"倒钟委员会"。会议当即选出曾襄廷、曾日东（共产党员）、黄之锦（共产党员）、陈励生（共产党员）、罗燊南、何鉴泉、苏汝霖、黎启荣、彭锦芬、何维、黄佐周、黄作禧、何炽光共13个委员，我们几个党员提名曾襄廷当委员会主席，获得一致通过。倒钟委员会下设自卫总队，我们也建议由泽河实力派曾日如任总队长，黄仕聪任副总队长，均获通过。委员会内设组织、宣传、情报、财务等四个股。会上，我就组织机构的任务做了解释：组织股的任务是组织群众，全区组织自卫总队，大村组织中队，小村几条村联合组织中队；宣传股的任务是运用各种宣传工具揭露钟歧的罪恶，宣传打倒钟歧的道理；财务股的任务是筹集经费；情报股的任务是侦察敌情，搞情报。最后，曾襄廷还做了简单的安排，要求大家回去后要迅速扩大宣传，组织队伍，收集武器，准备弹药和粮食；以响锣为号，时刻准备出发，各村一定要指定专人负责，等等。当晚，又在更楼圩的义昌商号召开倒钟委员会会议,做了具体分工,并决定办公地方在平塘村新厅(一间小祠堂或公用房屋)。

次日,倒钟委员会在平塘新厅正式开始办公,曾襄廷、何鉴泉、黄家荣、曾日东等经常聚在那里。黄仕聪、黄之锦、曾日东、陈励生、叶衍基等共产党员综合了钟歧的十大罪状,由何鉴泉用大红纸抄了好多张贴在更楼圩、新圩和合水圩,作为声讨钟歧的檄文。曾日东还用蜡纸刻印成传单到处散发。现在已找不到檄文的原件了。至于钟歧的十大罪状,凭我的记忆,大意是:

一、苛捐杂税,多如牛毛;

二、包烟庇赌,坑害人民;

三、贩卖鸦片,囤积居奇;

四、抽丁勒索,中饱私囊;

五、任人唯亲,欺压百姓;

六、刮削教育经费,摧残教育事业;

七、日军入侵,弃城逃跑;

八、借口失物,索赔巨款;

九、清乡为名,殃害良民;

十、清奸为名,滥杀无辜。

至于后来打更楼警所和攻打明城,我因另有任务,没有参加。

"倒钟"运动是一场官逼民反的人民武装斗争。它的胜利,是中共抗日民族统一战线的胜利!

本文摘自中共高明党史研究室《高明党史资料》第二辑(第63页)

"倒钟"记

陈 革

1944年农历九月初七、初八两天,高明人民在中共地下党的号召下,组织和攻打国民党高明县政府,赶跑了县长钟歧。这是高明历史上的一件惊天动地的事件。

一、钟歧给高明人民带来的种种灾难和痛苦

钟歧是一个对内压榨,对外投降,阴险腐败的国民党反动派。他自任国民党高明县县长以来,给高明人民带来种种灾难:

(1)税收方面,除征收公粮、屠税、工商业税之外,还征保甲长、身份证等捐税。有一首民谣表达了人民对钟歧的愤怒:"苛捐杂税多名目,保甲也要征稻谷;穷人饿得无了肉,钟歧食得肥碌碌。"

(2)从代征兵中签的人雇一个新兵,就要花2000斤稻谷的代价,高明有不少人因此弄得倾家荡产。这是钟歧在假抗日的背后伸出两只贪得无厌"左手要兵,右手要钱"的魔爪。

(3)钟歧使用唯命是从的一批亲信人物经营粮食买卖,垄断粮食市场,造成粮价不断飞涨,贫苦群众被逼到死亡边缘,甚至有些已饿死。打钟歧的前一天,高明沧江上游在陀柳村附近缴获了两帆船走私大米,这批大米就是钟歧他们在合水、更楼等地低价买来,运出外地高价出售的。

(4)以禁烟禁赌之名,行包烟包赌勒索之实。1944年9月间,

沈鸿光率水雷队起义时，捉拿了高明县国民兵团副团长潘维尧，处决了高明县第二区区长钟振东，还在二区区公所搜获了钟歧他们一伙败类的一大批鸦片烟土和烟膏。

（5）自广州沦陷后，日寇进犯西江。高明位于西江南岸，当日寇侵犯三洲海口村时，钟歧就执行消极抗战、积极反共的反动政策。平时固然不会发动群众抗日，即使在1944年9月，日寇西进时，钟歧明知日寇快要到高明了，也不准备通知人民藏起粮食、耕牛等财物，还反对青壮年组织自卫队保卫家乡。钟振东还公布告示："近来发现有汉奸谣言，说日寇犯境，这完全是造谣惑众，蛊惑人心，凡我民众，不要轻信谣言，各安本分。如今后，再有造谣传谣者，一经查出，一律按汉奸论处，决不宽恕。"

正当高明人民就要遭受日寇犯境的严重灾难时，钟歧却逃到合水老香山附近的高村、白洞等地区躲起来。当时，在群众中流传着一首歌谣："无日讲抗日，有日去匿密，平日枪仔屹屹，专门吓人吓物。"这就生动地描述了钟歧的丑恶面目。日寇过境西进后，钟歧回到县政府，不但没有对遭受灾难的人民进行善后救济工作，反而勒令二区平塘、泽河、塱锦等村庄赔偿损失的粮食，又逼瑶村赔偿枪支子弹、档案簿册等损失费800万元，并派了县国民兵团自卫大队一个中队进驻合水圩。逼得瑶村除部分老年人之外，其余都悲愤交集离开家园，投亲靠友避难而去。

二、高明人民为什么能够起来打倒钟歧？

官逼民反，打倒县长钟歧事件不是偶然发生的，更不是自发的，也不是一群乌合之众的举事，而是在中共地方党组织的领导下，早就觉醒了的高明人民，有组织有领导地进行的。

（1）中共高明地下党的活动使人民政治觉悟提高。高明自1936年恢复中共地方组织后，党的队伍得到了迅速发展，共产党员深入农村宣传教育群众，组织群众，特别是二区的人民群众，他们在共产党的领导教育下，觉悟大大提高。在共产党的直接领导下，还组织了农民抗日武装，这是一支后来打倒钟歧的坚强队伍。

（2）深入开展倒钟的统战工作和宣传鼓动工作。当时，钟歧勒令平塘、泽河、塱锦等村庄赔偿粮谷，瑶村赔偿枪支子弹和档案簿册的损失费。中共地下党针对此情况，对平塘、泽河、塱锦、瑶村四村的群众，特别是对各村的当权派进行宣传鼓动，反对钟歧的压榨。上级领导郑锦波下达任务，派陈革、叶琪、黄仕聪、黄之锦等分别到上述村庄进行教育，说服群众不要赔偿。结果瑶村苏汝霖，泽河曾襄廷、曾日如，塱锦何鉴泉等都不同意赔偿，并由黄仕聪、黄之锦、陈革、叶琪、曾日如、苏汝霖为代表在小洞和平学校开会，成立四村联盟，互相支持，反对钟歧压榨。当时，中共地下党认为成立四村联盟是开始。接着，决定扩大宣传范围，发动全县人民用暴力打倒钟歧。再派员分别做大幕村罗燊南（国民党高明县政府职员）、陀程村黎启荣（国大代表）、马律村彭锦芬（二区东南乡乡长）、何维等的统战工作，结果，群情激昂，"倒钟"条件日趋成熟了。

（3）倒钟委员会的成立。经过一番深入广泛的宣传发动，群众情绪高涨，一致要求成立"倒钟委员会"（会址设在更楼圩），推选曾襄廷、曾日东（中共党员）、黄之锦、陈革、罗燊南、何鉴泉、苏汝霖、黎启荣、彭锦芬、何维、黄佐周、黄作禧、黄××（明城苗村人）为委员，曾襄廷为委员会主席，曾日如为总队长，黄森为财务，统一领导和指挥"倒钟"运动。

由于有了中共地下党的领导，高明人民纷纷起来，一场声势浩大的"倒钟"运动迅速在全县掀起。

三、打倒钟歧事前的工作部署

打倒钟歧事前的工作部署分四方面：一是以小洞、平塘两村的农民抗日武装为打倒钟歧的主力部队；二是黄仕聪、黄之锦、陈革、叶琪、何鉴泉、何维、曾日如、阮贞元、沈鸿光等为武装队伍的带头人；三是以鸣锣为讯号，统一行动，统一指挥；四是以新圩为集结点，统一部署攻打县政府。

四、打钟歧的前夜

为了确保二区后方不受敌人骚扰，以及在我们进攻明城时不受牵制，我们首先把二区国民党的武装力量歼灭。10月23日5时，由小洞、平塘等村的农民武装发起袭击驻更楼圩忠义祠的国民党高明县警察所时，十多名警察官兵看到农民武装队员如龙似虎，个个勇敢，人人气昂，如入无人之境，一直冲进警察所，警兵不敢抵抗，只得服服帖帖地缴械投降。驻新圩国民党高明县自卫队30多人，听闻更楼圩县警察所被歼，在逃至高要县平合峡时被新圩农民武装截击围歼，经几小时的激战，农民武装至天亮时击败敌人。

五、攻打国民党高明县政府，赶跑钟歧

1944年农历九月初七早上，高明大地锣声响彻云霄，参加"倒钟"农民武装闻声纷纷云集新圩，有的拿枪，有的拿禾叉，有的拿大刀。浩浩荡荡的队伍，个个恨不得立即去捉拿反动县长钟歧。我记得，当时我带领小洞农民武装赶到更楼圩附近某村前时，有位六七十岁的老人兴奋地高叫："打呀！打呀！打到明城去……"好像在做宣传鼓动，可见人民群众对钟歧憎恨至极了。各地农民武装队伍在新圩集结后，下午召开各队领导人会议，研究攻城计划。经过研究讨论决定，兵分三路进攻：一路由明城城东天后庙附近渡沧江到潭边，堵住钟歧向东北逃跑的去路；一路由明城城南木田桥附近渡沧江河直攻高明县政府（由我率领）；另一路由明城城西抢夺新市，堵住钟歧西逃出路。起义过来的水雷队作为预备队，仍由原队长沈鸿光率领，镇守距明城约两公里西北面的蝠鼠岗。部署停当之

后，兵分三路进入阵地。

正当各路农民武装队伍进攻明城战斗打响时，敌人即将木田桥拆掉，并在城南竹林里设下机关枪阵地，不断向城南渡河的农民武装队伍猛烈扫射，企图阻止渡河进攻县政府，可是英勇无比的农民武装队伍不但没有被机关枪吓倒，反而用土散炮（当地人称抬炮）向敌机关枪阵地反击，炮声一响，敌人就抱头鼠窜。农民武装马上渡河追击，直插县政府。但是，由于东路农民武装队伍来不及堵截天后庙，攻城战斗一打响，国民党县府卫兵便逃到距明城一公里远的乌石岗了。钟歧也逃到城东的潭边村去了。西路农民武装队伍虽追至乌石岗脚下，却没法冲上乌石岗。天渐渐黑了，各路农民武装队伍在城内文昌塔脚下胜利会师，之后冲进县府，释放50多名无辜犯人，打开粮仓赈济贫苦人民后，连夜撤出明城到新圩集中夜宿。由于缺乏战斗指挥经验，第二天仍兵分三路进攻明城，结果敌人早已逃走了，农民武装队伍又回新圩夜宿，天亮后，人人带着胜利的喜悦返回家乡。

从此之后，钟歧再没有回高明了。打跑了钟歧，搬走了压在高明人民头上的大石头，显示了人民力量的强大。中共地下党领导这次斗争的胜利，使人民深深地体会到党的统一战线工作的重要性及其伟大的现实意义。

本文摘自中共高明党史研究室《高明党史资料》第二辑（第68页）

高明地下交通站网点情况

梁 金

我 1937 年开始负责交通工作，梁扳把信交给我，叫我带信到水井洞给李连松。

1938 年上半年，由梁六带给冲坑坪严权发。1938 年下半年由我带信到冲坑严权发处。

1944 年，由我带信到屏山给罗湛源和罗祥。

1944 年，由我带信到平塘给黄海。

1944 年，由我带信到竹山胡达权处，胡达权走了交任务给胡珠林负责。岸（旱）冲站由何清负责。

1944 年，布社站多是由黎一飞和黎煜常负责的，下午 5 时在布社禾地岗（即现在学校地方）等候接我的信。

1944 年，石岩底村，由朱新法、朱龙负责。

1945 年，月山排，由何朱生负责。

1945 年，河（荷）村有个交通站，设在田垌中间，是搭的茅寮，负责同志的姓名忘记了。

1945 年，陈甲负责大安站。

1945 年，井坑站，我负责。后来花面就（小洞人）带国民党兵捉了金鸡仔木壳六。当时他一心带兵去捉我，而我躲避开了。后来国民党兵走了，去吉田驻防。我便返井坑村找徐基，徐基的爱人煮饭给我吃，当晚 6 时，我拖一支竹星、一个席包走回小洞。

1947 年，我带信到歌乐给潘应中、潘聚、金盛、亚虾、亚启等人。新田联络站由梁信负责。

1948年,黎才支在布社设站。黎才支与黎荣联系。

1948年,郭忠负责址山大塱站。

1948年,白水塱由陈高负责。

1948年,双桥站由罗连桂负责。

1948年,新兴大十里站由梁志文负责。

1948年,新兴杜村近天堂路半山有木屋,由叶仲青负责。

1948年,新会旱塘站,负责人姓名忘记了。

1948年,明城大简,由谭唐、邓家负责。

1948年,壕基,由谭汉杰负责,东门由李可申负责。

1948年,谢家池,由谭荣(谭周池的女儿)负责。

1948年,新圩乌鸡岗站,由冼任负责。

1948年,开平牛仔坑,由谭伯负责(他在开平水井当医生)。我联系最多的是水井洞,其次是明城冲坑坪。

1948年,瑶村站,由苏镜负责。1948年前由黄作、陈良柏负责。

1948年,古城站,由李子才负责。

1948年,蛟塘站,由亚犹负责。

1948年,高汉站,由陈松负责。

1948年,平岗站,由仇德负责。

1948年,石背有联络站,由陆某负责。

1948年,界村情报站,由罗学殷负责。

1948年,4月10日,我由茶山出发回来时,由谭安(在茶山教书,明城人)带我去杨梅圩。

茶山战斗后,郑靖华通知我回小洞负责总站,总站设在小洞。

本文摘自中共高明党史研究室《高明党史资料》第二辑(第343页)

合水、更楼、明城等地的交通站和联络点

梁 金

　　合水地区的交通站和联络点，从1944年至1949年经我联系过的有小洞、瑶村、万屋、大安、布社等交通站。小洞这个站起初是设在小洞我家的，负责人是我。后来配了一个秘书给我，她叫李平（四婶），因我不识字，所有情报都是由李平写的。我既是负责人，又是交通员，有情报由她写好后给我带去。那时，小店和我拍档的有陈田仔（小洞塘角人）、梁运利、梁莉（都是小洞军屯人），江仔（从南海县九江来到更楼榄田村），梁欧新（小洞军屯人），李胜（麦边人）——这两人负责秘密工作，暗中和我联系，协助我；还有灼利（锡祥）——在更楼开旅店作为掩护的。

　　瑶村交通站的负责人是黄作、苏镜，交通员有黄桂、黄成长、黄辉、苏汉、苏苟仔。

　　万屋交通站的负责人是陈松、陈创、陈任长。

　　大安交通站的负责人是陈甲、陈学勤、陈安、朱枢、胡须佬（姓名不详）。

　　布社交通站最早（1944年）联系我的是黎一飞、黎煜荣，联系地点在布社村案沙边山，后来在村内设立，黎康杰联系，交通员黎庚、黎祥，负责侦察工作，以卖糍粑为掩护。

　　徐金泉（八宝坪人）以剪发为掩护，干侦探工作，在新圩搞侦察时，被国民党发现捉拿后枪杀。

大冲坑村联络站，1945年至1946年设立，联络站设在温荣、温华恩的书房，书房后面有个菜园。初时，我带信去交给温荣伯，由他转给部队，解放战争时期由黎洪平驻点多些，温照交通员。

　　鹤嘴村有个交通站，1948年设立，负责人陈粒（高村人）。

　　滩底村交通站，1948年设立，负责人欧佳、高佬（龙湾人）。

　　水井洞联络站，设在官园村。那时，梁扳叫我带信给李连松，后来我又与黄贤生（官园村人）、胡鹤（松坪村人）取得了联系。

　　古城村联络站，1946年设立，初期我是联系李子才的父亲李石的，后来改为联系李伙。

　　屏山村交通站，1944年设立。负责人罗祥、罗湛源，交通员罗志、罗连贵，其中还有一个抽鸦片烟的叫罗高。

　　平塘交通站，初期设在单眼计的屋，交通员亚计、树玲、黄杞、黄烂仔。后来，搬到黄海屋，暴露后，又搬到黄之锦屋。在此期间，经我手在平步湾买了3000发子弹，都是担到黄之锦屋点数的。当时，6斤谷一发子弹；同时，又到布练廖坤处买了3箱子弹，送到大幕村转给小靖去打"忠信队"反动派。

　　歌乐交通站，1944年设立。负责人潘应忠、潘叙（交通员）。1945年再搬到新田村改为联络站，负责人改为梁信、梁忠（新田人）。1947年再搬到大塱村，负责人又改为亚启、虾仔。

　　冲坑坪交通站，1938年由梁六带信给冲坑坪严权发，下半年改我带信给严权发、严日、何德昌。后来，因为我爱人罗灶被国民党兵捉去明城坐牢，所以，我不能再去冲坑坪和他们联系了。于是改派余岐到冲坑坪严权发处做交通员。

　　大简交通站，1945年设立，负责人先是邓少珍（邓始明、邓宽玲，1945年5月19日被捕杀害后被认定为烈士），后为谭棠。

　　合成竹山村交通站，负责人胡达权。他暴露后迁往长岗村胡珠林家，负责人胡珠林。后又转移山排村何球家，负责人何球，这里同时又改为伤兵站，在三云战斗中受伤的战士被抬到这里医治。

云罗嘴交通站，1947年设立。负责人陈礼、石连仔。

旱冲交通站，1948年设立。负责人何清。

1981 年 11 月 1 日

本文摘自中共高明党史研究室《高明党史资料》第二辑（第345页）

革命活动琐忆

梁 金

在我家厕所阁楼，我曾收放过三支枪和一箩子弹。郑靖华来后要去打水台粮仓，派我设法找枪支。那时，我在地主公尝处借来了十多支枪，同时把三支枪拿了出来交给郑靖华。那三支枪是革命低潮时收藏在我那里的。

革命低潮时，我和陈松隐蔽在禾仓岗（近泽河处）陈松父亲的果园里。白天去砍柴担到岗脚，由我爱人罗灶担去卖；晚上我回家拿出几升米和一把盐，又躲回果园里。在我参加了游击队后，我是没有挣钱回家的，家中的生活靠罗灶回她娘家担些谷回来维持。她父亲是支持我参加革命的。罗灶也曾把我拿回家修理的部队的三支枪担到她娘家收藏起来。最初她父亲看见枪很怕，用蓑衣包扎好埋在菜园里；4天后，怕埋在地下的枪支生锈又挖出来，藏在草堆里。罗灶被捉去坐牢，我用部队曾给我的2000斤谷，她父亲将养的一批鸭卖了，又拜托陈革的岳父（他是个乡长）讲情才把她保释出狱。

过去我收惯了税，所以地主看见我的私章就肯借粮、借钱、借枪。接近解放时我盖了私章就可以去赊债。梁文华曾对我说："金伯你这样等于印银纸（印钞票）啦！你咁大胆。"我说："同志们等着急用。我也只能采取这个办法了。"

新中国成立前，我的两个儿子与两个女儿夭折。在革命低潮时，我只顾革命，孩子有病，家里缺粮都无暇顾及，后病死。罗灶对革命可以说是一片忠心,她没有埋怨我,也没有拉我后腿,如果是一些不懂事理的,怎会不拉后腿呢?组织对她也是信任的,有时送情报的找不到我,就把情报交给她,由她转给我。在抗日战争期间,她已经是个不脱产的交通员了。

  坡山简师有几十人在我们交通站住过,他们多是十六七岁的中学生,带来了藤箧,出发时要打背包,便把藤箧留下来,现在还有一个在我家。

  李磊峰生前曾给我一条缴获的日本仔的马褂,我穿着它去送情报,把裤脚都扯烂了。

1985 年 8 月 31 日

本文摘自中共高明党史研究室《高明党史资料》第二辑(第 347 页)

为革命要尽心尽责

罗 灶

我叫罗灶,是高明县合水区小洞人,大家都亲热地叫我金婶。在革命战争年代,我出过微薄之力,做了自己应该做的工作,尽了一点责任。为了教育年轻一代,我谈谈记忆较深的几件事。

一、在敌人监狱的日子里

1946年8月白露那天,国民党158师围剿小洞,捉走了三个人,我就是其中的一个。

敌人把我押到国民党县政府的监狱里,第二天开始审问我。敌人凶神恶煞地问我:"你丈夫到了哪里?"我说:"男人走四方谋生,我怎么知道?""是否去当土匪?""我丈夫不是土匪,他从不偷人家的东西。""我是问你,他去了哪里当老八?""什么老七老八。我不知道。他外出有两三年没有回家了,有人说他去了广州堂大哥处。"敌人又问:"你家是否窝藏过土匪?"我说:"我一个妇女带两个孩子,怎敢藏什么土匪?""还说没有!你那间屋的被窝还是暖的,说明有人在那里睡过,走了不久。"我说:"你千万不要这样说,那是小孩子在睡午觉的,没有折叠被,可能是老猫钻入窝里睡哩!""你牙尖嘴利!"敌人打了我几巴掌,牙血也流出来了,并拔出枪指着我说:"你供不供出来?不讲就毙了你。"我当然知道丈夫梁金到了哪里，我的闲屋昨晚是住过亚江和陈田仔，国民党围村时，我带他们从后山走了，但这些我是绝不能讲的，宁可自己死了也不能供出来。我横下一条心说："肉在砧板上，你要枪毙也没有办法啊！""你嘴好硬！"又是几巴掌。"你好好回去想想。"

过了一天，敌人又提审我，我心里也真有点害怕，上次被打了几巴掌，这次可不知要受什么刑了。出乎意料，坐在堂上审我的那个人，态度好像温和许多，对我说："你讲出你丈夫去了哪里，窝藏过什么人就放你回去，你不心疼两个孩子在家里没人理吗？你讲出来还可以给你一笔钱。"我说："我当然想讲出来啦，但我不知道又怎讲得出来呢？"他们提审我三次，用尽威迫、利诱也捞不到一点油水，可能认为我这个乡下婆也不能再讲出什么来，便再没有提审我了。

我坐监四个月，在国民党的监狱里，日子是十分难熬的，吃的是猪狗食，住的潮湿房子，狱内臭气熏天，虱子、跳蚤满屋都是。皮肉的受苦倒是易受一点，心中的苦楚更难忍受。一闭上眼我就想起被捉那天，两个孩子苦苦地拉着我的衫尾，大哭大叫："妈妈，不要走！不要走！"国民党士兵把他兄弟俩推倒在地，邻居把他们拉起来。我说："妈妈很快就回来，乖乖看着家。"那时两个孩子生活不会自理，家里又没有米了，他们会怎么样？他爸会悄悄地回来看他们吗？每当想起这些，我就忍不住流泪。

过了约半个月，我村有人来探阮贞元妻，告诉我，在我被捉的第二天，有人通知梁金回来，他叫堂兄弟用两只箩将孩子担去横村我娘家，我心头像放下了一块大石头。后来组织给了我丈夫2000斤谷，我父亲又卖了一批鸭，托一乡长才把我保释出来。我出狱时瘦得皮包骨，周身是虱子。人们说我老了，但我的心更青春。四个月的囚犯生活，使我深刻地领略到国民党的腐败无能，残暴凶狠。因此，我革命的决心更加坚定了。

二、像待亲生儿女一样照料同志

1944年11月,国民党烧了我的屋,我只得搬到去了广州的堂大伯梁佐明的屋里住。我家是交通站,交通站是我家。我知道同志们没日没夜地干,自己总想干一点活减轻他们的负担,但我没有文化,又能干些什么呢?在交通站,我负责炊事工作,不但干烧水、煮饭的工作,还把同志们当成自己的亲人,像待自己亲生儿女一样。尤其是女同志,她们出门回来,我就烧热水给她们舒舒服服地洗个澡,换下来的衣服我主动拿去洗,她们把脏衣服藏起来,我也寻出来清洗。她们说:"金婶,怎好意思让你替我们洗衣服呢?"我说:"写字我不会,洗衣服我能做,你们就把精力集中到工作上吧!"她们说:"我们的好金婶,你就像我们的妈妈一样对我们体贴入微。"是的,有的十七八岁的女同志还向我撒娇呢。有些女同志有了病或有点什么不舒服都会告诉我,有的没有胃口,想吃点汤圆之类,我就想法找些糯米粉,满足她们的要求。

1949年年初,严福爱人带了两个孩子跑来避难,住在交通站。他们人生路不熟,福婶又怀孕快要临产了,我便照顾他们,使他们感到就像在自己家里一样方便。如有什么风声。我总是先带他们躲起来,后才顾及自己的孩子。

1948年秋的一天中午,交通站接到打上三个×的特急情报。梁金不在家,他和其他交通员全部出门了。我知道打了三个×的情报是不能逗留的,这封情报送的地方不远,我便叫两个孩子来,嘱咐他们要像大人一样完成一件重要工作,送情报去蛟塘小学黄文华处,如黄文华不在便送去平塘。我把情报夹在竹帽里,要他俩千万不要告诉别人。那天阴雨绵绵,孩子俩带了竹帽和蓑衣便出发了。怎料一直等到天黑了还不见他们回来。我安慰自己是不会出什么问题的。这一晚我未合上眼,我生了六个孩子,由于贫困交迫最后因病两儿两女没有养活,只养得这两个,如果万一出事怎么办呢?我可没有叫他们过夜的啊!第二天清早,他们俩便赶回家了。原来黄文华不在蛟塘,他们又要跑到平塘找黄海,留在平塘过夜。

三、当敌人围村的时刻

记得，1945 年农历六月初九，黄海、梁光明和黄步文三位同志从新兴县金鸡坑回到小洞时已近天亮，在交通站住下。他们跑了整晚路，一上床便呼呼入睡了。国民党往日是一清早围村的，那天却 8 点多来围村，我叫醒黄海，让他们撤离。国民党兵通知各家各户到祠堂门口集中，一户一户地抄屋，眼看差三间屋就要搜到我家了，怎么办？我急得像热锅上的蚂蚁。正好见有一班"老刮"（国民党兵）在塘边捉鱼、捉鸡，我灵机一动，有意把自己的鸡赶到搜屋的几个"老刮"脚边，他们看见鸡便马上去捉，停止了搜屋，我马上去通知黄海三人立即到村后的密林躲避。那时正时禾（稻）熟季节，黄海叫我拿三对禾落让他们三人担着扮作农民去割禾，大摇大摆地离开小洞。"老刮"在塘角村山顶的岗哨看见了，大声地叫："站住！站住！"但不敢开枪。黄海他们装作没有听到，慢条斯理地离开了小洞，一直到了黄金坑隐蔽起来。到了中午，我装作去割草，带饭到黄金坑给他们吃。事后，国民党兵追问"白皮红心"的保长梁扳离村的三个人是谁。他说："不知道。"国民党兵无可奈何，把他打了一顿。我还多次带同志隐蔽，敌人从村前来，我则从村后走上矮岭往蕨塘隐蔽。有一次，敌人围了村我们才发觉，交通站的四嫂（苏国光母亲）来不及隐蔽，我便把她藏在灶边下，用一捆禾草遮着，我站在灶前烧火，敌人抄屋也没有发现，从而掩护她脱了险。

1947 年 6 月间，我丈夫从部队带回三支步枪，放在家里，准备托人修理。刚巧碰上反动军队又来围村，我把枪支藏在屋檐才避过了敌人搜查。后来我想到小洞村经常受"围剿"，家里存放着几支枪确实令人担心，就把这些东西藏在两把席芷里，担到横村我娘家那里收藏。

本文摘自中共高明党史研究室《高明党史资料》第二辑（第 474 页）

我全力支持梁金为革命搞交通工作

罗 灶

梁金当交通员,我是十分支持的。梁金一心扑在革命事业上,一家大小的生活就靠我割草、砍柴、编席来维持。我的外家也是十分支持我的。革命低潮时期,梁金藏在陈松父亲的果园里。他白天都不敢回来,都是晚上回来拿米和番薯再过去。

梁金当上交通员后,我家就成了交通站,有的同志找他,如碰上他出发了,我便接待他们。有的交通员带信来时衣服被淋湿了,我便找来衣服给他们换下,帮他们把湿衣服烤干了,他们再上路。梁金出来闹革命,我的心常牵挂着他,听说哪夜捉了人,我就怕他出事,吃不下,睡不安,直到等他平安回家或有他的消息,我才放下心来。

交通站正式成立是在 1948 年,一开始黄女(崔婵)当交通站站长,后来她调到大塱,隔了三个月左右来了苏国光母亲李平,我们叫她四婶。我不但把她藏在灶边避过了敌人,还替她梳假髻避过敌人。在交通站未成立前,同志们频繁来往的经费是由我筹借回来的。

革命低潮时期,梁金把半箩子弹和三支枪收藏在厕所的阁顶上,用山草盖好。这个楼阁布满蜘蛛网和灰尘,脏乱异常。敌人抄家也不肯看这里边一眼。

敌人围村时,我曾用蓑衣包好文件,藏到山稔园的旧砖瓦窑里,那里长满高过人头的茅草,是藏东西的好地方,还有一大包纸币也曾放在那里。

1947年下半年，交通站已迁去一间安南华侨阿洪的家里。龙葵生了痔疮，龙葵的龙字不知是姓龙的龙，还是耳聋的聋，因为他实际上是耳聋的，讲话大声他才能听到。他来时我已临产了，但他生了痔疮行动不方便，茶饭都要拿到他的床前，给他倒屎倒尿，洗洗擦擦，他十分感激。我一直做到分娩前肚子痛才离开交通站。产后第三天，我又回到交通站，我总挂心（担心）重活没有人干。龙葵曾对我说："你产后三天就回来做重工作，我们那里要30天不准碰生水，你不要累坏身体了。"我说："我们穷人粗生粗养是不介意这套的，百无禁忌。"龙葵用拐杖支撑着，自己勉强能够干的活力争自己干，以便减轻我的工作。我对他说："你不要勉强行动啦，这样对你的痔疮是不好的，更难痊愈。"他的阴疮生了半年。梁金为了方便同志，学懂了一些医治跌打刀伤和疮科的本领。他上山去采药，自制一些药粉给他搽敷，他不在家时便由他的堂侄梁堂给他换药，我则上山采银花藤煲水给他坐盆浸浴，换出来的沾满脓血的衫裤都是我帮他洗的。

  我把同志们看成自己的儿女和亲人一样，同志们出生入死都是为了革命，我尽自己的力做力所能及的事，愿他们早日痊愈归队。我想为革命多出一点力，从未想要得到什么报酬。

  新中国成立后，梁金在医院当治疗疑难杂症的医生，医技是新中国成立前学的。他的捉蛇捉蛤的技术是新中国成立前送递情报为了掩敌人的耳目而学的，如晚上送情报就扮作捉蛇佬。直到离休，他都是一个普普通通的医生，薪水才50多元一个月。

  以前的同志和我们关系很好，如女同志来到交通站，我会特别照顾她们。她们都是年轻人，女同志有很多特殊情况，要克服生理上的不便，我总要烧一大盆烫手的热水给她们冲凉，把她们换下来的衣服拿去洗。她们把衣服收起来，我总能够把她的脏衣服抄出来，洗干净，折叠好放回原处。她们都说金婶你真像我的妈妈啊！讲得我的心里甜滋滋的。

本文摘自中共高明党史研究室《高明党史资料》第二辑（第366页，有删节）

黄仕聪团长被捕的一些情况

梁金同志（小洞军屯村人，时任小洞交通站负责人）回忆：黄仕聪团长被捕的时间大概是 1945 年，当时陈荣任黄仕聪的警卫员。当时被敌军追击，黄仕聪因身体有病叫团部先走，自己带警卫员陈荣和罗祥、陈松，另外还有其他几个步枪组的，准备返北合（鹤）站，但因走错路碰上了敌人，结果黄仕聪及其他几个人就被冲散了。当时我在小洞石厂（隐蔽），晚上得到陈光（三团战士，现在武汉钢铁公司当经理）的情报，说黄仕聪带一班人碰上了敌人。陈荣在陈光返来的第二晚就到小洞我处，并谈及此事，但他未知黄仕聪团长被捕的消息。

莫二同志（新兴县森村人，曾参加游击队）于 1967 年 11 月 2 日回忆：1945 年九月（农历）我父亲亲眼所见，黄仕聪（率部）在（森村附近的）大山（土名：山猪劣）被国民党 156 师打散了。156 师在大山搜索，国民党老差头莫少青、陈子生、李连基（新中国成立后被镇压）三人在村闸口撞见背左轮枪的黄仕聪（黄的面部浮肿，裤脚都湿了），他们三人想夺黄仕聪的枪，而黄立即逃跑。莫少青向天开了一枪，黄因有脚伤跑不快而被捉住。莫少青等三人把黄仕聪送给了李范辉（地主，后逃到香港），李范辉想把黄仕聪押到国民党区公所，但在路上遇到了 156 师，于是就把黄仕聪交给了 156 师，听说 156 师把黄仕聪带往高明去了。

**陈松同志（小洞塘角村人，时任第三团二连特务长）于1969年

2月21日回忆：1945年9月，广东人民抗日解放军司令部在恩平塱底被国民党军包围。我们第三团得知情况后，就由高明开往恩平支援司令部作战。我们开到新兴里洞（风门坳）就遇到国民党追击。当时，黄仕聪团长的脚肿胀，跟不上队伍，黄仕聪和我们（陈荣、黎树泉及我）一起在一个山坑隐蔽煮饭吃。当时有一本地百姓来告知我们，说下面有敌军。因此，我们撤退返高明，共有八九人。回到森村附近时，又遇到国民党军队，我们被打散。晚上，我走到朵角村的一户农民家的腐竹厂。到第二天早上，有个森村的百姓来说，有个红军（按：应为抗日解放军）被捉，直到我返回老香山石岩底的庙时，才知道被捉的人是黄仕聪团长。

陈荣同志（小洞塘角村人，时任黄仕聪团长警卫员）回忆：我们离开大队走回高明时，黄团长说要派出尖兵组，于是派我、陈松等三人做尖兵。我们全部约九个人。

梁芬同志（小洞军屯村人，时在三团当战士）回忆：（在新兴里洞）黄仕聪与我们提前分手了。他们有陈松、陈荣、彭仕英、陈郁、罗祥、祥仔等约十个人。

李四同志（新兴朵角村群众）于1969年3月4日回忆：当时游击队同国民党军队打仗，打仗的地方是森村附近，枪声响得很密。当晚10时左右，陈松来到我处，全身都湿透了，我问他是什么人？为什么来这里？他要求来这里坐坐，不肯说明情况（原因）。当时我想，他一定是打失（散）的游击队员，经过谈话后（他默认了），我收留了他，给他吃的，给他烤干了衣服，在我家的腐竹厂（离开村庄）住了两个晚上，他身上还有短枪。我堂叔李闻长是个保长，知道我藏了游击队员，对我说："你小心呀！连你全家都杀埋呀！"为这个问题，我十分害怕，故于1946年年初便离开家乡到广州谋生。至于团长黄仕聪怎么被捕的，我不了解，后来听说他被国民党杀害了。

本文根据梁金、莫二陈、陈松等六位同志回忆资料整理

梁扳谈选保长和被捕的一些情况

1944年7月,小洞上三村保长梁锐卸任后,谁也不愿意替国民党当局效力,这个保长的位置就一直空着,到1945年5月间,国民党更楼当局为了有效地管控小洞,强迫小洞上三村一定要选出保长来。

梁扳说,当时158师及更楼反动联防队以"扫荡"小洞为主,不断来"扫荡"。青壮年们跟着我们一出一入或白天返(来),夜间(出)走。敌人放出烟幕说:"你们要不要安家落户,如果要,就(必须)要选出保长来,不然你们永远都不能安家。"这番狠话被一些老人听到了,不多久就传遍了全村。1945年4月至5月间的一个晚上,全村中老年人及青壮年齐集梁氏祠堂商议此事。当时人们有多种想法,有的说:"不要听反动派吓人的鬼话,有冇保长、甲长都一个样,走为上计。"但是多数人都认为走不了,特别是那些老人、妇女,走去哪里呢?并且认为,我们村红些,无外援(按:指外村不肯收留)及生活困难等。结果即席选出我当保长,当时我极力反对,坚决不肯做,因为负责地方组织的同志(指党的上级领导)不在场,而这要经党组织的考虑研究才行,但一时又找不到负责同志商量。随后,经多方研究,几位党员同志认为自己人干比别人干好,让别人干恐怕会干坏事,但只怕我会有危险。另有一些人说:"非你干不可,谁都不能做。"有些群众很担心我的安全,说:"你做太危险！你做太危险了！"但大家亦都希望能有个稳定的环境安家落户，没有人干怎么办呢？结果推来推去，大家都要我做……随后，有地方党的负责同志来了，我将此事告诉了他，这位同志说危险性大也应该做。

梁扳接着说，我当保长为期一年，按村里的规矩，保长是轮流做的。在敌我双方穿插做保长，又以双重身份做工作是很不容易的。小洞有一伙反动派陈佐登把持着，有些事情是他们直接搞的。如有一次为国民党军队送肉、送粮，在他们这伙人眼睛盯着的恶劣环境下，我采取了死拖的办法对付。另一次，他们逼着我搞了所谓的"五户联保"，将全村人五户为一组，即一人犯事五家担当，但我村谁也没有做出这种勾当来。他们又逼我村把外围筑成铜墙铁壁，防范游击队进村，我按他们的旨意筑了，但我吩咐村里的人，在村后搞了几个可供人钻得出入得来的"猪窿"来。他们还反复交代我，如有游击队或个人回村，一定要报告，如若不报就砍头。我是不会干这种勾当的。我只是暗中注视着敌人的活动情况，如有什么动静就及时向部队报告。国民党当局的这些做法更加激起了我们对他们的仇恨，我村没有一个人向敌人屈膝投降。

下面是经过整理的梁扳谈被捉时受审的一些情况：

1945年11月，匪军（即国民党军队）又到小洞"扫荡"，当时捉去的有陈玉田、梁锐等人，同时也将我俘去，借口说我包庇共产党、游击队，说是"有匪不报"，将我们押到更楼乡公所（156师467团一个营的营部里），把我们几个人关在同一间屋里。两三天里将我们逐个拉出去提审讯问。拉我去审讯时，先来个下马威，说有人证实我是共产党和游击队员。还恐吓我说："黄仕聪已招供了，说你是他的助手。"不管敌人怎样讯问，我一概不予承认。适值此时，黄仕聪被捕押回更楼，他们就使出阴招，企图引诱我上当，带我到黄仕聪的面前对质，我进敌人办公室时，看见黄仕聪穿身国民党的军装，手提公文包，坐在敌军办公室的一张大木椅上，我们虽然碰面但都显得十分冷静，若无其事地装作互相不认识的样子。当敌人见到这样的场面时，竟然暴跳如雷，大骂我们两个人。此时，我一句话都不说,而黄仕聪则大义凛然,挺起身来讲话,说:"你们总不懂得我们共产党人的光明磊落,两军相对,一胜一负是必然的事,胜者当然骄傲,败者是准备牺牲的。现在未到这一时刻,我还要做工作。如果他(用手指着我)是共产党人,我不仅认识他,而且还要组织他来学习为什么被捕,好好提高战略战术思想。"黄仕聪的一番话,我已心领神会。当黄仕聪说到这里时,那些匪军就七手八脚将我推到了外边,敌人的阴谋破产了。见到黄仕聪的这一面,竟然是我们的永别。

我在更楼被押扣了两三天,就被村中的父老兄弟保了回家。

附:梁炳新后来回忆说:"梁扳、梁锐等被捉的当天晚上,我村召开了中老年群众会议,商议筹款保人的问题,梁运苟(运利)、梁任、梁志伦等几个老人家主持会议,议题:一是如何筹款;二是如何救人。大家都十分担心梁扳会不会被扣留,如果梁扳保不回来的话,事情就会更加难办,大家都忧心忡忡。会议决定第二天一早就派人到更楼圩打探消息,找熟人问清情况。派谁去的现在已经忘记了。"

本文根据梁扳同志回忆资料整理

我们没停止过武装斗争

陈 励

青年时,我本来是个无知的农民。抗战时,我们村陈定来发动我参加革命。当时他对我们几个青年说:"你们不是想学点手艺,找出路么,跟我学泥水吧!我保证教会你们。"我们几个人很心急,问定叔要学多少时间。他说:"别人要三年才出师,我嘛,要个把月就够了。"在学建筑的过程中,他讲革命道理,我们的思想开了窍。后来我们才明白,他是通过学泥水的形式发动贫苦农民参加革命。那时,我们并不知道他是共产党员。

当时,有许多同志来小洞工作,我们幼稚无知,不理解。如邓宝钻、李利等同志,教我们唱革命歌曲,成立抗先队,许多合理的事他们都支持。他们讲抗日,宣传共产党好,宣传统一战线……我们心里虽明白政府不允许这些,但总觉得他们都是好人,是站在穷人一边,替我们办事的。记得李利离开小洞时,我去送行,一直送到合水。邓宝钻、李利走后,小陈(指郑桥)来。他当时以贩卖药材的客商身份入小洞,一到就找定叔。那时我不明白党的关系,还以为他是定叔的朋友。

小陈到小洞后,和定叔一起发动农民抗租运动。地主催租时,我们一致对付,交劣谷、湿谷。地主联合到国民党政府告我们,要打官司了。我们有陈汝棠支持,把官司打赢了,判按原来办法交租。地主不服,后来又用钱贿赂当局,妄想勾结起来压我们。那时小洞人民团结一致，凑钱买枪自卫。当时群情激奋，都说官逼民反，要打就打吧。果然不久后，国民党派兵入小洞，要捉拿为首抗租的人。我们闻讯立即登山。他们无可奈何，不敢下手，溜了回去。

抗租斗争的胜利，进一步鼓舞了小洞群众。国民党乡长来抽壮丁，我们也不怕，敢顶撞他。国民党更楼警所鱼肉乡民，群众痛恨他。一次，日本鬼子过境，警所十多人逃到小洞，经塘花入，住黎壁塘，我们全缴了他们的枪。枪支多是"单击"，有十多支。我们认为，国民党坏主要是他们的头目坏，那班警员，我们并不为难他们。

沈鸿光他们那个水雷队来到合水"清乡"，鬼头引线到处抢老百姓的财物。后来。沈鸿光起义了，被共产党发动去打国民党县长钟歧。打钟歧，骨干是小洞、平塘两村的民兵，泽河也算主力。三个中队，其余各乡都有人参加。

我参加部队后，被编入三团二连，我们班长叫叶金土，是水雷队起义过来的。

1945年1月发生蕉山战斗，我没有参加，随三团返高明来。刘田夫、郑锦波和谢立全会师后，我奉命带机枪班过两阳。我们在冯叔家乡七堡见到刘田夫。那时158师到处围追我人民武装，我们的处境是困难的。以后打了春湾银行，开了谷仓，情况好转，我们班又奉调回高明合水。以后，再返两阳。

塱底战斗。国民党158师，还有反动的地方杂牌军，总共4000人左右来袭击我们。我们只有800多人，整整打了一天。突围出来，我们牺牲五六十人。这次战斗，我带一个班顶后勤，守一个山头。国民党军怕死，他们妄图从我们这山头冲过去，多次冲击，均被我们击败，最后只好狼狈逃走。

塱底战斗后，我们兵分三路到新兴、阳春、恩平。我们过阳春那边，谢汝良拉了个训练班同我们一起走。队伍长，前头吃了饭，后续部队来到时，饭吃光了，每人只吃到个芋头。谢汝良是明城人，他哥哥做国民党军的团长，他当过兵，有些军事素养，而且他是跟共产党的，所以过来当连长。

蕉山战斗。司令员梁鸿钧牺牲了。我听说他是冲过田垌开阔地时，中了敌人机枪而阵亡的，也不知正确否。黄余悦是蕉山战斗突围出来的，他清楚这事。我们班返合水时也打过一场仗，那是从良村出发去打合水圩，这次战斗的情况可问黎汝坤同志。

部队部分北撤，我们有几十人留下。许多地方的人员都分散回乡或隐蔽下来，武装斗争停止了。我们初时也把20多支枪藏了起来，后来大家觉得不行，就又集中起来，有40多人，拿起武器到处打游击，打反动地方团队，打国民党军队。我们属中共两阳县工委领导，基本上没停止过武装斗争，直到本地解放。

解放战争时，我们主动出击国民党军。当时，敌人很疯狂，四处"扫荡"，曾经放火烧山，妄图把我们烧死，斗争是艰苦的。大军南下广东的消息传来，我们那时人数虽不多，但也坚决打击溃败的国民党军。第一次遇上解放军时，还打了一场"误仗"。当时有同志发现对河来了"黄衣大汉"，大家认为是败退的国民党军，战斗就打响了。后来，觉得这支"敌军"特别顽强。他们冲过河后，我们被俘了一个战士，被缴了支机枪。我们觉得力量悬殊，便退出战斗。好在被俘的战士过去，才弄清真相，事后很快会师了。解放军同志说："未见过这么顽强的地方武装，原来是自己的队伍。"我们说："如果不打这仗，会早两个钟头去追击蒋匪。"我们熟路，派了一个班带路，去截击退到阳江的国民党军队。

1979年6月4日

本文摘自中共高明党史研究室《高明党史资料》第二辑（第123页）

战争年代的小洞妇女

梁扳 罗鉴泉

革命战争年代,党在小洞不仅培养和造就了一大批革命志士;同时也教育和培养了一大批妇女积极分子。1939年一批妇女积极分子加入了党组织,成为这个地区妇女运动的骨干力量。在这些骨干分子的带动下,不少妇女参加了力社、妇抗会、抗先队和妇女会组织。她们团结广大妇女,支援部队,掩护同志,鼓励亲人投身革命,在抗日战争和解放战争中做出显著的贡献。

一、支援抗日救国

那是1939年年初,抗日战争进入相持阶段,驻高明县的广东省动员委员会战时工作队(又称"省抗先队")130队,会同二区妇抗会负责人黎进友、阮柳梧等进驻小洞。她们通过举办夜校、识字班等形式,发动青年参加"抗先队",并在文选楼庄严地成立了"抗先小洞分队"。女青年陈妹、陈二娥、陈五妹、陈趁等,毅然冲破种种束缚,带头参加了"抗先队"。陈意、仇羡真等20多名抗先队员深入各村演出抗日歌曲和话剧等文艺节目,大力宣传抗日救亡。在革命斗争中,党组织十分关心妇女的成长,先后培养仇羡真等女青年参加了中国共产党。

1944年,日军进犯高明。小洞党支部根据上级的指示,组织起自己的武装队伍,成立抗日自卫队,展开抗日斗争。后来,党支部把抗日自卫队改编为常备队。她们日夜放哨，侦察敌情，进行作战训练。当时不少妇女纷纷鼓励丈夫、儿子参军，积极地为抗日出力。常备队经常要集中训练，集中行动，这显然增加了经费开支。为了解决经费困难，曾彩等十多位妇女发起募捐，贡献出番薯、芋头、蔬菜等食材，为常备队提供补给。同年年底，高明二区人民行政委员会在小洞宣布成立，并举行庆祝典礼。小洞妇女主动承担了庆祝典礼的后勤工作，黎丽英、阮香、李润好等发动妇女星夜磨米，巧制传统的条粉（濑粉）送给同志们；并组成服务小组，热情接待代表，为大会烧水、煮饭，安排住宿。

二、支持亲人参军

1944年11月上旬，高明人民抗日游击队第三大队（后改为第三团）成立。下旬，珠江纵队政治部在小洞举办妇女干部学习班，培养妇女骨干；同时，号召广大青年参加武装斗争，壮大抗日队伍。小洞妇女听到这一消息后，纷纷鼓励亲人参军。黎四欣然送女儿陈少参加学习班，梁伯母也送女儿梁莉参加学习班。在她们的带动下，短期内，小洞就有七八十位妇女送儿女、丈夫参加部队或学习班。她们送亲人参军后，除了负担家务劳动外，还要负担农事生产劳动，以及开荒扩种，筹集粮食支援部队等。

1944年冬，国民党顽军不断"围剿"合水地区，妄图扑灭游击根据地的革命烈火。同年年底，敌县长陈斗宿纠集158师、国民兵团、鹤山黄柏森及高要廖强等部近千人（按：2000余人）"围剿"小洞，进行惨无人道的烧、杀、抢活动。小洞乡被烧毁房屋386间，被抢耕牛26头，生猪300多头，三鸟一大批，衣物和粮食被洗劫一空，打死、烧死村民7人。顽军的这次"围剿"，受害最惨的是黎四一家：她的两间房子被烧毁，细婶被敌人抓走，小女陈兰还是小孩，也被抓去审讯，她的丈夫遭多方追捕。但是，在疯狂的敌人面前，小洞妇女并没有被吓倒，她们继续战斗,而且更加顽强。扫荡之后不久,黎四又把大女儿陈少送去参加部队。还多方鼓励女儿服从组织需要,认真做好工作。当部队转移到外县去,陈少奉命留在当地工作。1945年5月,合成长岗医疗站被敌人破坏,陈少和余杰明、蔡英等同志,率领十多个伤病员转移到小洞杨梅山,以后在平塘、瑶村等地之间不断转移。因隐蔽地点接近小洞,陈少有时也回家看望,但黎四每次都鼓励女儿,常说:"不要挂虑家庭,安心去吧!"

　　黎四经常热情接待来往住宿的同志。她的警惕性很高,每日都抽出时间,提着竹篓,装作拾猪粪,到处探听风声,做警卫工作。一次,陈少为抢救伤病员回到小洞,住在陈励生的家里。机警的黎四,天刚蒙蒙亮就到村边拾猪粪察看情况了。她看到敌军已包围了塘角村,便马上回来通知女儿转移,但敌人已闯进村子,来不及突围。黎四的家已大部分被敌军烧毁,只剩下一间小小的厨房,如果敌人进来就看得一清二楚,她情急智生,立即扛来一把木梯,让女儿攀到屋顶,隐藏在夹缝里,然后故意把门敞开,佯装等待敌人入屋搜查。果然,敌人闯进厨房来了,一无所获,便转到邻屋搜查去了。她就这样机智地掩护女儿脱险。1946年9月8日,敌军又来"围剿"小洞,扬言"要活捉'共匪'",还威胁说:"如不交出'共匪',就封屋、抄家。"当敌人闯进黎四家里搜查时,她像往常一样,泰然处之,敌人用刺刀指着她吆喝:"你的丈夫、女儿去哪里?"她镇定地说:"他们外出做工,不知去了哪里。"敌人搜查不出什么,恶狠狠地骂:"你家都是'共匪',你是'匪婆'。"于是,敌人把她抓去更楼,接着又押到明城的监狱里。黎四虽然受尽敌人的严刑拷打与威迫折磨,但她无所畏惧,坚强不屈,始终没有向敌人吐露女儿和游击队的去向。她被保释回来后,更加热爱自己的部队,又毅然送二女儿陈兰到部队去。

　　类似黎四这样全心全意支持革命的妇女又何止一个!曾彩的事迹也十分感人。曾彩的丈夫叫陈定,是个老交通员,她的家是个政治交通联络站,经常有许多同志来往住宿。早期就有李守纯、陈春霖、郑桥、冯华等领导同志常到她家里活动。在情况紧急时,有些同志还到她家里隐蔽,有的一住就是一个多月。为了掩护和接待同志们,她一向不辞劳苦,不是烧开水,就是煮饭菜,或者安顿同志住宿。平时,她还负起家里的全部生产任务,让丈夫更好地工作。在那艰苦的岁月里,同志们的吃饭都成问题,她和丈夫向组织建议:小洞有5亩"鬼田",传说谁耕谁倒霉,已经丢荒了,如果由党支部筹集些钱,以低价买过来,由我们耕种,每年收获的谷物,可以解决部分困难。党支部接纳了这个好主意,就买了这5亩田。曾彩又认为5亩田太少,她抽自己的1亩田送给公家,这样她就为革命多耕种6亩田。她亲耕力锄,起早摸黑,风里来雨里去,为的就是多打粮食,好献给部队。曾彩对革命满怀信心,百折不挠。1945年,她的丈夫陈定同志壮烈牺牲了,她满怀悲愤地埋葬了丈夫的尸体,又肩负起她丈夫的事业。她已上了年纪,体力开始衰退,家境愈加困苦,但她十分坚强,迎难而上,还承担起为冯华同志抚养侄儿冯水养的责任,把水养当作自己的亲生儿子。经过多年的艰苦劳动,她终于把水养抚养成人。新中国成立后她又送水养参加了人民解放军。

小洞广大妇女广泛支持革命,积极响应地下党的号召,1945年,我部队攻取鹤山靖村敌人粮仓,陈有、黄珍、黄灶等众多妇女迅速跟随工作同志,星夜赶到靖村,往返步行30多公里,把一批粮食挑回小洞,送给子弟兵。同年,我部攻取更楼敌人粮仓,又是小洞妇女首先赶来抢运的。

三、机警掩护同志

小洞妇女不畏凶险,机警掩护同志脱险,是远近传颂的事迹。

1945年5月间,国民党158师、保八大队和地方团队又一次联合"围剿"小洞。当时,有个叫崔婵的女同志来不及转移,被困在梁二新家里。小洞军屯村妇女黄清和黎秋谷得知后,迅速跑到梁二新家里,替她梳妆假髻,换上农妇衣服,

小洞风云
XiaoDong FengYun

又让她挎上个茶篓，扮得和当地农妇一个模样，然后带着她巧妙地避过敌人的搜查，安全撤出村外。

梁好经常接待来工作的同志，又多次掩护同志脱险，令人钦佩。1945年间，余美同志生了婴孩，在梁好家养病。她千方百计寻医找药，才把余美的病治好，又多方购肉买姜给余美补养身体，可是余美的身体还没有完全复原，敌军又来"扫荡"，她来不及转移。情况十分危急，梁好迅速给余美穿上自己结婚时穿的那套纱绸衣服，又为她梳妆假髻，戴上黑色竹帽，扮成农妇模样。她们装作婆婆陪同媳妇往外医病，乘敌人搜查的空隙，神不知鬼不觉地离开了村子，使余美母子安全脱险。后来，余美背着孩子从合水取道新兴往肇庆，途中不幸被敌人抓去，关禁在肇庆监狱里，不久就英勇牺牲了。梁好听到这个不幸的消息，心里非常悲愤，这更激发她坚定不移地支持革命的决心。梁好也是一个义务交通员，经常以回娘家探亲做掩护，帮助同志带信到军屯村交通站。

又如黄灶，她家境清贫，年轻守寡，抚育一个女儿。由于长期生活在社会最底层，她渴望早日得解放。一天晚上，黄灶像往常一样，摸黑上山探察动静，她发现几个陌生人，连喝几声，对方都不吱声。她认为可疑，立即跑回村，向陈苟报告，赶快做好疏散工作。第二天清晨，敌军果然包围了小洞，幸无损失。又一次，长住小洞的黄志明（陈春霖爱人）和儿子要到白洞找部队，梁瑞意自告奋勇，护送她母子俩去。由于路途遥远，到达白洞村时天色已黑，部队也撤离村庄上山隐蔽了，她就陪着黄同志母子在白洞村里暂宿一夜。第二天部队回村后，她才放心返回小洞。

1949年的一天清晨，小洞妇女黄灶出外挑水，发现村外有敌军埋伏，很快就要进入村子。她迅速跑回家里，只见住在她家的谢丽娟同志避无可避。在这危急关头，她果断地叫谢同志隐身在厨房的灶台底下，用山草遮挡，她自己则蹲在灶旁，不慌不忙地梳洗头发。敌军进来见是破烂的房子，胡乱地搜查了一阵子便溜走了。谢同志果然暂时脱险了。但敌军仍在村中封房搜查,大发雷霆,恐吓威迫群众,扬言一定要交出"共匪"来,情况越来越危急,而隐蔽在她家里的谢同志还未来得及撤出村子,她心急如焚,生怕谢同志落入敌手。为了掩护谢同志安全撤离村子,她警惕地在门外探察一会儿后,便回到房间,替谢同志梳妆假髻,叫她改穿农妇衣服,手提竹笠,扮作往田间去摘瓜菜的模样,然后引着谢同志从小巷到小路,终于使谢同志安全撤出村外。

1949年8月,中共中央华南分局发布《告广东人民书》,号召坚持对敌斗争的广东人民武装和广东人民,动员一切力量,协助人民解放军解放广东全境。高明县工委为了迎接解放大军的到来,要求二区组织民兵担任战勤任务,迅速筹集大批粮食和准备柴草。小洞妇女在妇女会的带领下,纷纷参加了支前工作,积极上山砍柴、割草,日以继夜磨米,做了大量的准备工作,迎接南下大军的到来。

本文摘自高明县妇女联合会、中共高明县委党史办公室编的《沧江女儿》

革命低潮时的一段经历[1]

陈 松

  1945年10月底与黄仕聪在新兴森村附近被敌人打散后失去了联系，自己就偷偷地回到高明老香山上的一间庙里。在这段时期，因敌情紧张，环境恶劣，我在1945年11月底奉伍真和叶同志的指示复员回家乡隐蔽（和陈革一道，比陈荣早一天复员）。就回到自己家在禾仓岗的果园，躲在侧边的烟寮菜园里隐蔽，不敢见妻子儿女，果园离家约5里路，每天由父亲送饭，经过3个月之后，当地联防队解散了，我才敢回家帮手种田。一个月后，陈光在新兴良田交通站派人送信来才恢复了联络。后来，由陈光介绍去见郑靖华之后返回小洞。1947年4月份恢复地下党活动，和金伯一起在小洞建立交通站。

1953年11月

---

[1] 题目为编者所加。

北撤后留下同志及办小农场的经过

梁光明

1946年部队北撤后，高明地区根据上级党组织的决定，留下12位同志坚持地下斗争。依我的回忆，记得的有：梁文华、黄就、梁光明、梁波、叶琪、胡珠林、许飞（中山人）、黄××（高要人）。黎荣德好像也是其中一个。记得当时这一决定，是梁文华在合成月山排交通站亲自宣布的。

当时我们手上只有400元左右，连两天的伙食也难维持，怎么办？我们没有被困难吓倒，一方面上山烧炭卖，食野菜维持生活；另一方面袭击国民党更楼圩警所，抢枪夺粮解决部分供给。同时，我又回到乡下向地主借粮解决部分供给。当时的生活是十分艰苦的，斗争也是艰险的。那时，我有段时间回到家乡，隐蔽在一个棺材氹里头，上边用松木支撑，以在地面上种菜做掩护。我的家人天天送粗粮给我吃，只有家乡几个党员才知道这件事。

1947年，我们还是"身无分文"。后来，通过开平山嘴窟（在猪乸潭附近）一个农民的介绍，相识开平水口圩一个开米铺的老板，说是来揾田耕。通过协商，那位老板同意租一批田给我们"寄耕"。就这样，我们于1947年春，在开平县东河乡山嘴窟那里住下来耕田。开平东河乡山嘴窟是个根据地。当时，党在东河乡有个负责人叫小胡，人离去后，便把党组织交给他的任务转交给我负责了。记得当时在那里寄耕，或者说开办小农场，意图是：①解决留下的12

位同志的活动经费,以利持久战,坚持斗争;②建立交通点,方便我部队来往,并为部队提供部分活动经费。

当年早造,我们佃耕了山坑田30亩,晚造扩大到60多亩。备耕时,那个老板考虑到他本身的利益,也给予我们以支持,买了两头牛给我们,我们所需的种子和开耕伙食也是他帮助解决的(后来归还本息)。当时,我和叶琪都在那里,我是农场的指导员,也是所在地东河乡地下党组织的负责人。双合老交通员李庆伯负责管钱和田间管理工作,此外还有两个小伙子,一个叫恩仔,一个叫兴仔(注:这两个小伙子是叶琪的儿子)。农忙季节,开平县水井游击母亲——长婶也主动来帮我们煮饭、晒谷,我们帮她犁田。附近贫苦农民也来支持我们,相处时间长了,他们都亲切地称我们"八叔"。

开耕后不久,叶琪又从别的地方牵来了两头耕牛,加上老板买的两头耕牛,共四头耕牛,借了当地一间闲屋,齐心合力办起了小农场。当地贫苦农民给了我们大力支持。邻村有个乡长,比较开明,也同情我们寄耕。那个老板后来了解到我们是"老八",但没有干涉我们,相反却同情支持我们,我们同他的关系也好,我们来往水口圩,也在他那间米铺出入,煮饭吃。

当年早造佃耕的30亩山坑田,总产稻谷大约6000斤;晚造60多亩,总产大约1.5万斤,除了付租谷、种子、耕牛利息外,全年剩下稻谷几千斤自己安排,对支持革命斗争起了一定的作用。1947年恢复武装斗争,同年农历九月将秋收时,我根据党组织的决定,回到新高鹤部队参加学习班后回高明地区工作。这时小农场便全部交给老交通员李庆伯负责,秋收完毕后便关闭了这个小农场。

1948年,高明发展区队,组织武装斗争,我是区队长、指导员。原来分散隐蔽的同志逐步回来集中了。这时,领导同志李法、冯燊、杨德元也来到高鹤领导斗争。

高明在鹤山云乡参加排以上干部军训班的同志有:梁光明、陈松、黎杞、梁炳新。参加政训班的有：谭秀华、谭秀卿。当时是郭大同、陈旺领队的。同我们一齐去学习的还有郭权、雷鹏、吕××。

　　陈冲（即陈耀聪）对革命有功。当时他把自己教学仅有的一点收入拿出来支持革命。他是小洞党支部的创始人之一。

1979 年 6 月

本文摘自中共高明党史研究室《高明党史资料》第二辑（第 158 页）

回忆解放战争时期在漠南一带的收税工作

原阳江县小水河、青草渡税站负责人 陈 励

我是高明县人,现年61岁,1944年5月参加革命,1945年10月到阳江工作。由于部队要搞经济给养,成立了武工队,专搞部队收入,补给部队生活。这时候大力向群众宣传党的政策,主要是扫清障碍,树立威信,建立我们税收的据点,打下我部队经济收入的基础。在1946年5月的一个夜晚,在小水河与漠阳江合口处司嘴地方,国民党当局有一个税站,在这里收取过往商船的税款。赵荣带有30多人和我们去袭击这个税站。这一次缴获七九枪十多支,子弹700多发,白银500多元,法币600元左右。经过这次袭击后,他们仍未撤走,继续在该处收税。我们7月份在牛暗部建立一个流动点,开始收税,通过统战办法通知过往商人,缴税给我们。每一载货收10~20元,圩日较多一点,每日可收得100~200元。这时候,我们直属"中国人民解放军粤中纵队第六团",我们税收组约8个人,武装队伍有50多人,活动于谭簕、岗美、金保、盘龙、横山一带,我们税收组在小水河、漠阳江沿岸,扩大武装队伍,搞经济给养。

1947年年底,我们武工组与六团同志30多人,袭击马水圩开仓济贫,这次缴获七九枪11支,分粮400担,这次粮全部分给当地农民。这时候还以武装向地主收军粮,有的交10担,有的交20担不等,一年可收取军粮3000担左右。

1947年沿着漠阳江与小水河一带,建立了税收流动据点,计

有牛暗部、泊基塘、新村仔等处。我的队伍有陈励、朱存、朱侵、麦胜昌、郑计双等八个人,专为部队收税作为部队经济给养,沿河用暗号通知商船,泊近我们处,过往旅商也乐意靠近交税。当时有米、猪、鸡、鹅、鸭,每载猪约按大数收每头两毛,猪仔每头收50钱,每担米收3毛。这是大概数,有时派人落船检查看一看。当时是由团部发下税票一式两联作为收据盖"六团"大印的,一张给客商,留一截作存根。

1947年5月左右,姚立尹带了一队人活动于金堡、潭籁、罗丹、织笼。陈库、陈风带一队人活动于阳春大八、塘坪一带。我在姚部,姚负责上下双,陈碧负责织笼塘口。陈励负责潭籁、金旦、小水河等地。漠阳江属阳春陈庚活动地区。我们这时候公开活动,当时的任务是发展武装、收粮、收税。

我们武工组发展三个人,连自己共五个人,在小水河、潭籁收税,每年六七月早造时可收得200担谷。每日可收税50多元,潭水圩日会多一点,有100元左右。潭水圩日有牛经过,每头收3角,一个月的牛税可收100多元白银,税款、粮食全部解给姚立尹队部,我们继续发展武装,部队逐渐扩展到25人送入参加姚部。

1947年11月,我部袭击河口乡公所开仓分粮,发动潭籁农民用船运谷,进行二八分成,我们得二成,八成分给农民,这次开仓分粮800担左右,另外每年还向地主收军粮也有200担。1947年12月又袭击小水河司嘴古良税站,由陈励、林厚、陈宽、黄芳、陈帮五人打入去缴六八枪12条、子弹1000发。

1948年自从打河口乡公所开仓分粮之后,树立了威信,队伍逐步扩大到50人左右,姚部成立彭湃连。我们收税组也增加了:林芳、林儒逊、林×等八人。我们就在金旦乡活动,潭籁这个地方也有牛贩经过,照样可以收得牛税。这时候《阳春日报》刊登通缉我和姚立尹的消息。

1948年3月姚部和我们税收组共50多人袭击程村粮仓,开仓救贫,分粮5000担,群众担粮也给少部分钱给我们做军费,还送生猪一头劳军,一早吃饭后,天刚亮才拉队离开程村圩。

1948年6月,我和罗充、胡斌、胡明水、周杏保五个人,开辟新区,成立区中队,队长陈励,指导员罗充,活动于程村、黄什,横山小水河一带由林芳、林儒逊负责。那时候我们继续开辟税源,宣传党的政策、做好统战工作,与那些商贩缴交"保护税"。当时流动收税点有下店、黄什、根竹山等地,每圩可收得50元左右,收税队伍有陈励、周道生、陈日观、周杏保、胡明水、叶初等人。开始建立织笼河青草渡税站、程村税站,征税对象,有织笼经九姜电船,香港电船闸坡圩渡,猪、牛、蛋、咸鱼、什货等商品。并且控制了黄什圩、程村圩,入圩征收屠宰商的屠宰税,圩日收猪仔税,这时收钱较多,每日平均有白银100多元,税款全部上交解八团①团部。

在1949年4月间,程村、黄什的土匪头殷大朗等三人,他们带有匪徒30余人,套我们"解八团"的名义,在黄什、程村一带也向商人、商贩、农民收税,我报告团部,被我部邝炎培侦察发现后,团部派人与他联系,劝他不要这样做,殷大朗不听劝告。我部共九人去袭击他们,捉住殷大朗交给团部,在黄什圩将其枪毙,其余匪徒解散了。我们当即出告示安民,树立我部威信,很受群众欢迎。当时的任务不仅收税,凡是在我们控制区,还要保护商旅安全,因此,客商都很乐意交税给我们,税收成为我部队的经济支柱。

1949年3至4月,部队见情况复杂了,加强税站队伍,派有张光、柯杰全两人加入税收队伍,在7月间,由于收入较多,两三天就要解库一次回团部,一日我刚去解款(当时白银、港币、法币等)回团部,张光等同志坚持在青草渡收税,被国民党军"围剿""扫荡",这次事件,张光、陈日观、周道生、胡明水四位同志光荣牺牲。团部见情况紧张,派我与周杏保活动于潭簕、金旦等地方继续收

---

① 即1949年2月由漠南独立大队改编成立的中国人民解放军粤中纵队第二支队第八团。

税。这时,我们队伍内有修枪组四人,油印组四人,税收组有陈励、周杏保、黄芳等五人,共13人,我们的队伍扩大了。

1949年9月我们发动金旦乡乡长梁恩、副乡长陈景新带着十余人发动武装起义,参加我们的队伍。

1949年10月新中国成立了,我搞支前工作。后派我为税捐处军代表,不久成立阳江税务局,由我担任税务局副局长。

1982年12月2日

本文摘自《珠江、粤中革命根据地——财政税收史料选编》(第452页)

陈少的一些事迹

彭 社

陈少,1944年参加革命时是一个十七八岁的小学生,起初在连队当卫生员。经过几次战斗,连队就有些伤员,领导决定在更楼柴塘建立一个伤兵医疗站。医疗站由蔡英同志负责,余杰明、陈少等是这个站的医护人员。柴塘村是高明县更楼所属的一条小山村。陈少是高明人,对本县农民特别是更楼、合水人民的生活习惯熟悉,很快就与柴塘的人民建立了深厚感情。人民群众对医疗站有了感情,就给医疗站的工作同志和伤病员带来很多方便。陈少在卫生工作上任劳任怨,她整天精心护理伤病员,寸步不离,喂茶、喂饭、倒屎倒尿、洗刷包扎物和伤员衣服,样样工作争着做,深受伤病员的好评。后来由于情况变化,上级决定把医疗站转移到山下(土名)。山下有几户寄耕的外县人,有几间用茅草盖搭的房屋。山下处于深山密林之中,敌人不易发现,但给养却十分困难。转移山下之初,原是几个医护人员同住,后来由于工作的需要,蔡英被调到别的地方去了,不时还有同志外出,仅留下陈少一个人守护几个伤病员。后来医疗站再次转移到鹤山县合成附近的长岗村。不久,被敌人发现了。敌人出动大部队向长岗村围攻搜捕。有一位姓刘的医生,不知道敌人已经进村,要出去了解情况,结果与敌人相遇,不幸被敌人乱枪杀害。陈少和医疗站十多位同志都隐蔽在一间没人居住的民房里。由于伪装得好,未被敌人发现,由此避过了凶险。

1945年春,长岗医疗站又转移到新兴县属的金鸡坑。那时的医护人员有:医生谭保芝,卫生员陈少、张兰等人。在金鸡坑医疗站收容的伤病员有严德光、罗伦等人,还有一些记不起姓名。医疗站转到金鸡坑后,形势对我们不利,敌人经常"扫荡",围山搜捕。一有情况,就要转移隐蔽伤病员,医护人员的工作就更艰苦了。尤其是我们革命队伍中出现了一个叛徒,医疗站的人员就更加危险,随时都有牺牲的可能。当叛徒梁就指引敌人来围攻搜捕时,金鸡坑的叶六不幸被捕被杀害。后来金鸡坑医疗站被迫撤销,人员又转移到新兴车岗附近的一个秘密联络站。

  陈少在医疗站工作期间,不论转移到什么地方,都积极努力,埋头苦干,工作出色。她不爱蹦蹦跳跳,正如谢立全在《挺进粤中》的《白鸽》章节内所描述的那样,不过谢同志把"陈少"误写作"陈笑"罢了。1948年9月间,陈少被调回连队工作,部队行动到哪里,她就跟到哪里;战斗到哪里,她就出现在哪里。有一次,我们部队袭击开平县的苍城镇,由于对这场战斗布置得不够周密,对敌人的火力估计不足,敌我力量悬殊,进攻了1个小时,天渐渐亮了仍未能攻入,我们的领导发出撤退的命令。我们撤退时,敌人进行反击。此时我连有数人受伤,有些伤员还未救下火线,情况十分危急。陈少她们表现得十分英勇,积极进行抢救,数名伤员被抢救出来,交同志们抬走了。剩下一位姓任的同志负了重伤,陈少上前抢救,想把他背下火线撤走。可是这个伤员身材高大,矮小的陈少无法背动,于是,陈少再召来一个卫生员一齐用被单抬把他抬走。

1985年4月21日

本文摘自中共高明党史研究室《高明党史资料》第二辑(第467页)

小洞革命事迹点滴

广州沦陷后，1939年省抗先队邓宝等与合水妇抗会阮柳红、黎进友到小洞宣传抗日，在文选楼（和平小学）成立抗先分队，下三村（小新村、塘角、悦塘）有妇女读夜校。

1945年6月的一天，国民党反动派来"扫荡"，罗灶帮助梁光明（梁甲友）化装带出村外隐蔽。是日上午9时左右，梁六给黄海等四位同志换上唐装，掩护他们出小洞往泽河村，避过了敌人的搜捕，梁六还送饭给他们。谭汉杰负伤后在小洞医治，群众对他十分关照。

1944年9月至10月间，高明县二区人民行政委员会在小洞成立，有几百名代表参加庆祝大会，黎丽英、阮香等发动妇女献出米粉、柴草。通宵达旦制濑粉招待代表。大会粮食由公尝筹集，游击队在麦边村驻扎。

1944—1949年间，国民党反动派经常来"扫荡"，群众常到外地隐蔽，财物也随人转移，有的在长坑山地建屋扎寨做隐蔽所。1949年严权发全家搬到军屯村，他的小孩在小洞出世，他的父亲也来到小洞。

1942—1944年，小洞开展抗租运动。当国民党县政府派催收员来小洞时，全村男女老少都起来，与他们做斗争，结果取得了胜利。全小洞两三年早晚两造都没有交租，我们又不让反动派拉人，清平堡坐落在小洞的租田有800多亩，以一造一亩60斤计，一年共拒交租谷96000斤。

抗日战争和解放战争时期，小洞人民在党的领导下，团结一致，将全部心思都放在人民的解放事业上。1944年小洞被国民党反动派烧光了房屋，损失严重，而人民群众的革命意志更加坚强，继续闹革命。1945年上半年（5月左右）国民党158师、保八团和地方联防队包围了小洞，崔婵（新兴人）住在梁二新家里，来不及转移，梁堂母亲和黎秋谷替崔婵化装，用茶油和旧髻梳假髻，假装到山上摘茶，带其出村，瞒过了敌人，使崔婵化险为夷。梁堂母亲常常借衣服给同志换装。李萍负责小洞交通。

本文摘自中共高明党史研究室《高明党史资料》第二辑（第399页）；据梁扳、梁六、梁炳新、梁清桂座谈记录整理

小洞革命事迹回忆

廖凤英回忆： 塘角村陈定是一个老共产党员、老交通员，他有一个儿子，因出天花死去。他代冯华养侄儿（冯水养）多年，后来冯水养参军去了。陈定妻子叫曾彩，她待同志的孩子如同亲生儿女一样。曾彩年年月月带着孩子到田里割禾、看牛、铲田基、锄荒田等。陈春霖、黄志超、黄纪合来小洞工作，在塘角村住了两三年，多次到我家。陈春霖是在皂幕山战斗牺牲的。抗先队的战工队（按：战工队即抗先队）来到文选楼学校，晚上下村宣传，有不少女青年参加抗先队和夜校学习，如陈真、陈毛、陈乌、陈五妹、陈意，她们曾是"三小"力社的积极分子，亚稔、亚赖也是积极分子。

1949年，妇女会成立。塘角村妇女会会长由我担任，全村妇女都参加妇女会；悦塘村妇女会会长陈省；新村妇女会会长黄妹仔；军屯村妇女会会长阮香；盘石村妇女会会长李润好；麦边村妇女会会长李三妹。塘角组织妇女开荒，我带头驶牛犁耙田，在红背塘种芏1.5亩，收获后发给贫苦妇女织席。

黄灶回忆： 陈定曾叫我参加部队，我当时说，我积极投身于革命，你带部队和同志来小洞，我就大力支持。一次，我和陈松母亲梁瑞意背着陈春霖的孩子去合水白洞找部队，部队已上山隐蔽，我们在白洞住了一晚，第二天早上才回来。陈松父亲在长岗办果园，种植瓜果竹木等，战争年代，许多同志到这里隐蔽。这果园距离村两公里左右。

我让出房子给部队和地下党同志办公、住宿用，自己则到叔婆（陈辉妻）家里住。我还掩护同志。谢丽娟来我家住，也到梁好家住。一次，国民党反动派来"扫荡"，我到村外挑水，观察敌人进村情况。梁好对我说："你不怕吗？"我说："怕什么！"这次，天未亮，敌人已埋伏在村边塘基。当发现敌人时，我立即通知谢丽娟躲在灶底边，用山草遮住，之后又帮她梳假髻，假装到菜园摘菜，带她出村外，向东边的小路去隐蔽。

一次，在现在信社山上的树林里，穿白衫的国民党侦察兵在山顶侦察。我也大胆去侦察敌人，我大声喝道："是谁，哪个在大便？"敌人不作声。我知道敌人有来骚扰的迹象，立即回村向陈苟报告，陈苟马上通知村民隐蔽。果然，第二天早上，敌人来围村了。

村里青年妇女经常参加磨米、运粮，支援部队。1939年，抗先队在文选楼举办夜校，有六七十个妇女参加学习，游击队破开鹤山靖村的粮仓时，全村人都去担粮，妇女也参加，如黄真、亚仙和我等，我担了五六十斤。部队破更楼的粮仓时，也有妇女去担粮。这次我负责煮饭做后勤。

陈少回忆：陈春霖，听说是东江人，最初扮水客来小洞，带上几斤虾米、鱿鱼来，他在皂幕山战斗牺牲了。1937年他的爱人黄志超（黄纪合的姐姐）在陈容家住了一年多，自己煲饭，有时用热水壶煲粥。黄志超来小洞，是我到更楼接她来的。1941年，黄志超母子俩离开小洞，由梁端、陈荫等护送到新兴县。黄纪合在小洞住了很长时间，与陈革接洽较多。

陈定牺牲时，国民党反动派通知许多青年到更楼珠塘观看。在刑场上，敌人问小洞青年是否认识陈定，并叫小洞青年枪杀陈定，但没有一个人上当，后来，敌人叫泽河联防队曾湛珍（后去香港）开枪。行刑时，陈定叫停了一下，高呼口号：

"中国共产党万岁!"陈定于 1945 年农历四月十六日牺牲,时年 58 岁。他的遗体,由陈昌安排运回小洞安葬。次年 7 月,上级给了 20 元安葬费,由陈会群代办打了一晚醮,以示缅怀。关于陈定被捕的情况:陈定被国民党兵包围在万屋村,当时他没有带枪,原有的左轮手枪和 32 发子弹放在高村,两个国民党兵扑来指住陈定,陈定怕连累群众,叫他们不要开枪。敌人把陈定捉住,后押解往新兴,由新兴押回更楼珠塘。

陈昌回忆:冯华先在屏山教学,后到巨泉教学。他到小洞时,我往巨泉替他挑行李。冯华带侄儿来陈定家抚养。中共支部曾买 6 亩田给陈定耕作,将收成供给部队同志解决粮食问题。当时,谭宝荃、李参等同志进驻小洞,到陈定家里食宿,交通站也设在陈定家里。陈定是个老交通员,经常外出送信,种田工作由定婶负责。陈定牺牲后,这些田便没有耕了。

陈定的孩子,因出天花死去。那时,陈定去了新加坡,家里写信给他,半年后他才回来。陈定参加过省港大罢工的斗争,又与沈鸿光到过东江,从事游击工作。

小洞妇女在抗日战争时期参加抗日宣传,上夜校学习和开展妇运工作,涌现出一批积极分子,如悦塘村的陈三娥、陈亚珍、陈五妹和陈妹等;塘角村有仇羡珍、陈意、陈少、陈兰等。

1938 年农历十一月十八日,小洞刚打完醮,省抗先队从更楼敲锣打鼓来到小洞,住在文选楼,组织抗先分队。这时,合水组织醒狮有三团:合水为一团,小洞为二团,水井为三团,有十多人,陈励生为总负责人,他捐有狮鼓和七星旗等。小洞成立抗先分队,黎进友、廖凤英、仇羡真、廖少连等还背有枪出入。这时,陈玉田在洋坑教学,叶琪在南村教学,李参、陈安在小洞教学。地下党同志在小洞还种植土瓜、生姜等作物。

1944 年农历九十月间,在军屯村梁家祠堂召开由各乡代表参加的大会,成立二区人民行政委员会，选出主席（区长）阮贞元。这一年是打钟歧的那一年，也是国民党158师"围剿"小洞的那一年。"倒钟"运动，小洞有几百人参加，妇女在后方负责后勤工作。是年，成立了高明县人民抗日游击队第三大队，陈妹参加了这个部队。

小洞成立武装常备队后，队员在麦边村陈家祠住。日军入侵过境时，常备队坚持日夜放哨，群众上山隐蔽。

1944年农历十一月十六日，国民党158师"围剿"小洞。前一天水雷队撤离小洞，小洞自卫队晚上放哨，并帮助水雷队把留下的枪支子弹收藏好。村里群众向红村、屏山、蛟塘等地转移隐蔽。这次158师从新兴经布社、高汉、万屋扑来。廖强部队从瑶村来，陈斗宿从更楼进犯，农历十一月二十日烧村，十一月二十一日在布社发生战斗，被我游击队袭击。

小洞在崖岭设立伤兵站，卫生员朱基龙，许多伤病员到这里医治。水雷队余仕章在攻打国民党区公所时受伤，抬到陈定家医治一个多月，陈定往新兴买药回来为他医治。郑靖华在塘角村炮楼养病也有一段时间。

1945年更楼联防队许多人包围小洞，进行所谓"清乡"，村背后岗哨封锁着，陈妹在家来不及逃脱，入了厕所躲避，后被抓去更楼吉受村大坪杀害。

本文摘自中共高明党史研究室《高明党史资料》第二辑（第401页）；据廖凤英、黄灶、陈少、陈昌座谈记录整理

陈少、梁好口述

陈少口述： 陈妹是在 1944 年 9 月至 10 月间，即是年 10 月举办妇干班之前参加部队的。

1946 年，打陈斗宿后，我母亲和罗灶、蛇塘叶三被国民党反动派抓去明城坐牢。当时是拉到更楼圩，用谷艇载去明城。母亲被捉去，当时我不知情况。后来问她，她说，当时敌人追问说："你女儿当'共匪'，你丈夫去了哪里？"母亲什么也没说。母亲被捕，父亲被迫逃到台山亲戚家里隐蔽。母亲在明城坐监时，敌人又审问她几次，追问她女儿、丈夫去了哪里，但母亲始终说不知道。后来，用谷保释她回来。她在 1982 年 12 月去世。母亲没有文化，但她大力支持革命。国民党 158 师烧毁了房屋，她没有被吓倒，反而大力支持我参加部队。我参加妇女干部班结束后，被组织分配当卫生员。部队转往台山、鹤山时，她也支持我随部队去，无论部队工作怎么艰苦，她都支持我。1945 年农历四月底或五月初，合成长岗医疗站被破坏，胡达权、胡珠林的交通站撤走了。我和张同志、蔡明、黄狗子、黄步文、余杰明等带着伤病员回到小洞附近黄金坑的大山杨梅山隐蔽了一晚，无水无饭。第二晚，黄步文带一些人去瑶村，我带伤员和蔡明、黄禾仔离开小洞去平塘。我回小洞找梁金，他不在交通站，就到陈革家住下。晚间回塘角村不容易，因为晚上早把闸门关上，村周围簕竹丛生，很难钻进。我母亲知道我在晚间回来，就预先以拾猪粪为掩护，巡查观察村里四周的篱竹，找到一个牲畜进出的缺口，并将情况告诉我。于是，我回到村后山坐到12时才按照母亲发现的地点进村，母亲晚上则在家等候我。第二天，隔几间屋有个伯母问："昨晚阿少回来了吗？"母亲警惕地回答："没有呀！"这次，我在家住了一个礼拜。离开了小洞，我和交通员梁金去了新兴金鸡坑村工作，当时身上没有钱，母亲就向地主高利贷了一担谷卖了，把钱给我。临走时，母亲和父亲送行，边走边说："你不要挂虑家庭，和金伯去吧。"我随金伯到金鸡坑，过了一段时间，我又到恩平塱底工作，后来去了广州。1945年晚造割禾的时候回来。回来时，部队在合水打了一场胜仗，有些伤员在石岩底，组织上又派我到石岩底医疗站。情况紧急了，又转到新兴金鸡坑。那时敌人不断来扫荡，后来又转移到新兴车岗。这个时候，部队动员疏散。1945年农历十二月，我到开平住了一个月。敌人查户口，这里的交通站被破坏，自己硬着头皮又回到台山住了一个星期，后回小洞。这时，情况更严重，一个月内敌人来"围剿"几十次。一次，天未亮，我住在陈革家里。母亲外出拾猪屎，打听风声，看到敌人的阴影，听到村外有嘈杂声，回来通知我。怎么办呢？这时敌人封了村，逐家逐户搜查。母亲立即扛了木梯叫我爬上瓦面隐蔽。母亲故意把门打开，我心情紧张，听到很嘈杂的声音，果然敌人来搜查，但廊头小屋一无所有，就转到隔离屋陈礼家里搜查。

细姆被敌人拉去往新兴挑担十多天，后来是逃脱回来的。陈兰十四五岁时，被敌人抓去小洞军屯村祠堂关了几天。后来，被村里保长保释回来。当时，敌人审问我细姆："你丈夫去了那里？"她却说："当兵去了。"敌人就抓她去当挑夫。这时，家里耕田杂草高过禾，收入很少，生活艰苦，靠担柴卖和向地主借高利贷度日。

曾彩（陈定的妻子），1952年去世。陈定牺牲时50多岁。曾彩代冯华养侄儿，说是请来看牛的，从1941年或1942年养到新中国成立后。曾彩还把领谷会的谷献给部队。当丈夫牺牲时，她亲自去收拾尸体。悦塘村的女青年还逐家逐户捐钱捐米支持同志。

小洞的女共产党员有：陈意、陈灶、仇羡真、陈二娥、陈五妹、陈庆等。

抗战期间到小洞教学的有：谭宝荃、陈学勤、李参、黎志城、谭宝芬等，以教师身份从事地下活动。

梁好口述： 我1940年结婚。那时，小洞最积极的妇女是黄灶、廖凤英。廖凤英在"三小"读书，经常与黎进友、阮柳梧宣传抗日。那时，省抗先队来小洞20多天，举办夜校，宣传共产党的主张，发动我们军屯村男女青年读夜校，地址在明晖堂（书房），军屯村梁芬参与活动，后去了广州。

抗先队有邓宝钻、邓宝、刘丽群、阮柳红等七个女同志。她们经常来女仔屋宣传读夜校的好处。当时又成立抗先中队部，挂牌叫战工队，在梁彬屋里设中队部，梁端等参加。夜校办了十多天。军屯村两间女仔屋，一间是阿才四叔的；一间是隔壁阿尺的。两间女仔屋共有二三十个妇女参加夜校读书，夜校多数是女仔读。抗先队在夜校教唱的歌曲有：《万里长城万里长》《今天我们的世界》等。抗先队还宣传共产党的伟大和毛泽东思想，发动我们加入共产党，参加革命工作。当时，陈五妹、陈意都很积极参加活动。

…………

1948年，李法带着6岁的儿子李泉来小洞，给我抚养到1949年2月。

…………

梁莉和陈妹参加部队做炊事员，梁莉后来嫁到番禺。她们两人在1939年搞妇运活动是很积极的，烧茶、煮食、接待同志样样都干。沈鸿光水雷队起义后，到我家公的果园暂避，我只有半筒米也拿出来煮给同志吃。

1945年上半年，小洞设有一个伤兵站，许多同志经常到那里隐蔽。一次，陈松在新兴打仗受伤，不敢去别的地方医治，也不敢回塘角村自己家里疗养，只到母亲（军屯村麦秀）家里住了十多天，情况紧张就到瓦窑隆伤兵站那里去隐蔽。当时要用跌打药医治，我母亲就叫军屯村梁金水往客家人住的地方买了两次药回来。陈松服过铁打药治好了才回部队。

我又经常以回娘家做掩护，带信去军屯村交通站交给四婶（李平）。

……

我母亲叫麦秀，军屯村人，是当年的积极分子。梁娥去了阳春，其父是个交通员。罗灶、梁好都是积极分子。

本文节录自中共高明党史研究室《高明党史资料》第二辑（第 478 页）

高明更楼区掀起开荒生产热潮，小洞军屯村响起头炮，卅余村组织生产合作

更楼区农民随救荒运动后，为了改善生活，农历四月十八日，小洞、平塘、瑶村、屏山几条村农民领袖在小洞开了一个开荒生产座谈会，商量如何进行开荒生产。会场充满热情，纷纷发表意见。一个老农民说："减租减息和借粮救荒，改好我们的生活，开荒生产就能改好我们的生活了。"全体代表一致拥护他的开荒生产的主张，在四个钟头时间就商量好开荒生产计划，各代表抱了一腔热情，微笑地离开会场，回去分头发动。

小洞军屯村用捷足先登的姿态，打响了更楼区开荒生产第一炮。当座谈会闭会之即晚，该村出席座谈会代表的×叔，就抱了改好村中兄弟生活的宗旨，到处去找村中的积极分子，个别酝酿，商量开荒。他们一共商量了两天，村中的积极分子都明白了开荒生产的大义，31个积极分子自动起来组织生产合作社筹备会。这31个积极分子都是军屯村的好兄弟，他们不只希望自己的生活好，更希望全村的兄弟大家的生活都好。他们说："好，就要全村大家好，开荒生产是改好我们耕田佬生活的好办法，不单是我们31支公（按：31个男人）去开，我们还要劝全村兄弟大家来开。"第四晚，他们就召开村民生产大会，扩大组织，村民纷纷成立生产合作社，社员共达50余人。开荒生产空气充满了全军屯村，把村前30余亩洞荒田开好过来。

跟着，平塘、塘角、悦塘、际村、瑶村、白石、陀程、屏山、横村、鹅村、大幕、大塱和新圩附近之独岗、歌乐、梧桐和七乡水之坟典……30余条村纷纷起来组织生产合作社，展开生产工作。从更楼到新圩，从老区到新区，开荒生产一片热，到处农民说："这次我们开了荒地，多了生产，八九月就不愁粮荒了。"

原载《人民报》民国卅八年六月十五日第二版：本文摘自中共高明党史研究室《高明党史资料》第一辑（第114页）

打死我,我也要去参加游击队

陈六 口述

我是小洞小新村人,生于1934年9月。1948年小洞很多青年都去参加游击队,我心里痒痒的,心思思也想去,就去问父亲。但父亲说我还小,等长大了才准去(我当时只有14岁)。怎么办呢?我只好偷着去。有一天,听说军屯村的梁二英从游击队返回小洞,要带人去新兴县水台那边。我知道消息后就约好陈登、陈容一齐到军屯,结果被父亲知道了,他拿了一支枪追了出来,声言如果我要去就一枪打死我,我心想打死我,我也要去。于是,我拔腿就跑,开足马力,像离弦的箭一样,一口气跑到了军屯村。父亲追不上,拿我一点办法也没有。二英叫我到黄金坑去集合,我和陈登、陈容去到黄金坑时,梁盆、梁芳、梁敬、陈开南等七八个人已经先到了。人都到齐后,我们翻山越岭,心情十分轻松地去到了新兴水台良田陈光(陈耀聪)那里的水台东北区队。我还记得有一次准备打奄村,后来有消息说,国民党会有大批部队来增援,就放弃了打奄村。我们在新兴水台区队一年后,除梁二英、梁星等留下外,其他大部分人都回到梁光明队长的高明区队里。回来以后,梁光明说交通站需要人用,就派我回小洞交通站送信。我曾送信到良村,然后转去高汉再回到小洞。有一次我扭伤了脚,无法再去送信了。脚伤好了之后,听说明城驻有游击队,我和梁盆又去,结果有位负责的同志(听说姓古)要我们过几天再来,过了几天我找梁盆,梁盆说插完两天秧再去,等他插完秧再到明城时,部队已经转移了,我们只好返回家里。失了这次机会,我懊丧得很。

2014年10月31日上午
于小洞新村

军民鱼水情

1948年革命高潮,中国人民解放军回到革命老根据地驻扎在小洞各条村,小洞人民好像见到久别的亲人一样。部队刚驻扎好,小洞群众你一把草、我一把柴送到部队伙房,不一阵子,这些柴草就堆成了一座小山,解放军首长连声说:"回到小洞像是回到家一样。"

一个连队进驻悦塘健忠书室,解放军医疗队医生给群众看病,看到全婶的脚用烂布包着,脚显得又红又肿,细心问怎么伤着的,有几天了。原来全婶割草时割伤了脚,感染了,全叔从山里采回草药捣烂给她医治,结果越医越不好,反而流血水,脚肿起来。医生打开药箱,拿出药水帮她消毒,消毒后再用药包扎好。几天后全婶的脚消肿了,行走也方便了。陈桂儿子"乌狗"得了发冷病(农村叫作鸭仔病),病起来冷得浑身直打哆嗦,六月大热天冷得都要盖棉被,连年都发病,不能彻底治好。解放军医疗队得知后,给桂婶一些医治发冷病用的药用于给"乌狗"治病。"乌狗"自从食了解放军医生的药后,再没有犯过发冷病。为了感谢解放军,全婶、桂婶各人拿些瓜菜送到解放军的伙房,表示多谢解放军。

一天晚上,在军屯村高地塘晒谷场召开军民联欢晚会。夜幕降临,各村的男女老少便点着火把,成群结队涌到高地塘看演出。他们显得十分有纪律,一个村接一个村地挨着,沿着晒谷场围成半月形席地而坐。时间到了,主持人陈苟宣布联欢晚会开始。大家兴高采烈地报以阵阵掌声。晚会第一个节目,由和平小学演出童声合唱。歌词唱道:"我地哇啦,老百姓,解放军我们大家都是一家人,哎,欢迎你……"小学生声情并茂的嘹亮歌声,调动起了群众的情绪,大家纷纷拍手叫好,立刻将晚会推向了高潮。

轮到解放军部队演出。他们的节目是:

《百宝糖》。这些糖是解放军后勤买回片糖,经加工成为小糖粘,用纸包好,几个解放军同志出来边唱边分给群众的。歌词是:"解放军食左我的百宝糖,枪枪打中国民党,学生哥食左聪明伶俐,农民兄弟、婶母食左百宝糖,落田精神爽利,不会腰骨痛。"

《捉蝗虫》。几个解放军女战士扮作禾苗,迎风飘动,一个男的扮作蝗虫,扑向禾苗转圈,禾苗受害。后来军民合作捉蝗虫,"禾苗"同军民起舞。

话剧。"有得震无得训"①,解放军处处打胜仗,国民党兵怕得草木皆兵。放哨时用绳子将每一个兵的脚绑着,有情况就拉绳子,搞出很多笑话。后来解放军真的来了,将绳子拉起,匪兵还以为搞笑,这回真的做了解放军的俘虏了。

晚会结尾,全体解放军演员出场排成两行高唱:"我们的队伍好像一条龙,一飞飞到东,一飞飞到西,一飞飞到大山里,一飞飞回小洞中。"这时演出场响起了热烈的掌声。欢呼声和解放军战士的歌声响彻了夜空,小洞群众久久不愿回家去。

陈木生根据梁金庆、陈兆刚回忆整理

---

① 对应的普通话的意思:只有担惊受怕的份儿了。

坦然直剖胸臆

陈革同志自传摘抄

一、一般情况

（1）姓　　名：陈革

（2）本人出身：小学老师

（3）家庭成分：土改前中农，土改后贫农

（4）年　　龄：现年 47 岁

（5）籍　　贯：广东省高明县第二区小洞乡塘角村

（6）文化程度：初中师范毕业

（7）现任职务：广东省供销合作社供应经理部秘书科副科长

（8）家庭情况：（略）

二、简历：（略）

三、思想转变过程

（1）1934 年放暑假在家乡时，曾有一位邻村友人黄之锦同志常常讲红军怎样好，苏联怎样好，旧社会怎样不好。他介绍我到高明县立第三小学校（这间学校由现在广东省卫生厅厅长陈汝棠当名誉校长，里面是由党掌握的）去借书看。在那时候已开始要求进步了，对旧社会更加不满了。从此，我常常向高明县立第三小学校借书看。

（2）1935 年开始参加高明第三小学校由党领导的一切群众活动，

如执行他们办夜校的计划,及执行他们布置对群众宣传反对国民党反动政府的一切苛捐杂税等。并看了一本《光慈遗集》及一本《一条战线》的小说,思想根本被打开了,对新人生观已有了明确的认识。

(3) 1936年,思想已确立了新人生观,不但口头信仰共产党、拥护共产党,行动上、职业上都服从高明县立第三小学校党的领导人陈儒森、李守纯两同志的领导。例如,经常下乡对群众宣传反对国民党反动政府征收国防公债、金融库券、编钉门牌等工作,及组织乳虎醒狮第二团(即儿童团),借此下乡宣传,又每周执行汇报工作。当时我在高明小洞和平小学校教书,这些活动都是由李守纯同志分配的。

(4) 1937年由党领导组织"沧江剧团",在高明县全县开展抗日宣传活动,及积极在高明县二区青年抗敌同志会去团结广大青年,加强抗日运动。

(5) 经过这一连串的考验,1938年10月,经谭宝荃同志介绍,我参加了中国共产党。

四、入党入伍经过情况

(甲)入党方面

1. 入党动机

(1) 对旧社会不满,要求实现共产主义。

(2) 认为参加共产党是最光荣的,因为共产主义是消灭人剥削人、人压迫人的,当时我对人压迫人这种封建制度是最痛恨的。

(3) 认为参加共产党容易进步,容易做出大事情,容易有名誉地位。

2. 入党时间、地点及介绍人

(1) 入党时间、地点:1938年10月在广东高明县原三区巨泉坑村对面晒谷场。

(2) 介绍人:谭宝荃(已牺牲)。

3. 入党手续

与县委书记李守纯(已牺牲)进行过一次谈话,至1939年2月,黄之祯同志叫我填了一张表，并由他和谭宝荃同志在高明小洞和平小学校补行宣誓。

4. 证明人

罗超同志。我入党后曾和他及谭宝荃同志三个人成为一个（党）小组。当时罗超同志是在高明县原三区田村教书，谭宝荃同志是在高明县原三区巨泉坑村教书，我是在高明县原三区界村教书（按：三地比较靠近）。

（乙）入伍方面

1. 入伍动机及任务

1944年秋，日本鬼子在广东向西江进攻后，西江南岸有很多县份都被日本鬼子践踏过，当时我认为这就是我们党组织武装抗战的一个好机会。因此，就星夜在新兴县和平乡高村和胜堂村走难（似）的，（沿）山区，携带家眷跑回高明县小洞，经过三天艰苦曲折的道路，终于回到目的地（小洞）。那时，和叶琪同志将小洞在日本鬼子过境时群众组成的村自卫队加以调整后保持下去，并加紧政治、军事训练，结果得到冯华同志（中共高明特派员）的称赞。后来经过发动群众将高明县县长钟歧打走之后，就由郑锦波同志（按：时任中共中区副特派员）和郭大同同志（按：时在中区纵队司令部）指示高明二区及三区党员负责动员组成高明人民抗日游击队第三大队。

2. 证明人

叶琪和冯华同志。

五、重大历史事件

1. 第一次参加国民党的情况

（1）经过：1932年春（教书的第二年），在广东高要县五区二小学校教书时，曾由该区视学员麦玉鸣介绍参加国民党一次，当时只交了两张半身相片（有没有填表，记不清楚），后来什么活动都没有，没有开会，没有交党费，也没有分配工作。

（2）动机：当麦玉鸣介绍我参加国民党时，曾对我这样说过，你要取得教书的合法地位,一定要参加国民党,参加了国民党才能够负担公民课(因国民党统治时期是有公民课一科的),才能当校长……他对我说过这番话之后,我曾这样想:我由省立第七中学校转到省立第四师范学校,目的就是为了教书,同时也希望将来当上校长。当时我认为如果不参加国民党,那么我的目的就没有办法达到,同时我对国民党的认识还很模糊。因此,就第一次参加了国民党。

1932年春,我在高要县五区二小学校教书只有半年,下半年失业了,在那个时候我是闲居在家乡,与黄之锦、叶琪同志来往很密切,除了那个时候之外,直至1946年我北撤为止,也有很多时候与他们来往,或在同一个地方工作。

2. 第二次参加国民党的情形

(1) 经过:1943年在广东新兴县和平乡中心小学校教书时,因为新兴县反动政府要该校全体教职员集体参加国民党(整个新兴县都是这样的情况,而不是该校特殊的)。当时由区领导人朱任同志(据说现名叫朱乃良,时任新兴县和平乡乡公所办事员)同意参加国民党,以免暴露身份。因此,就第二次参加了国民党,该校参加的计有:校长赵焕之,教员崔志阳、女教员周妙霞(以上均为群众),女教员黄纪合(中共党员、原中共高明县委委员,妇女部部长,已牺牲)。事前集体每人交了两张相片及填了一张表,事后由该县县府寄给每人一本《三民主义问答》、一本《中国之命运》,其他什么都没有。

(2) 动机:当时的动机表现在两方面,一方面是为了避免暴露身份,另一方面思想上还有些害怕,认为参加了可以得到安全。

我第二次参加国民党的情况是经朱任同志同意的。郑桥同志(时任新兴、高明负责人)、冯华同志(时任新兴负责人)、郑锦波同志(时任中共中区副特派员)可做证明。

六、停止党活动与恢复党活动的经过情形及证明人

(1) 1943年夏季,因广东省委负责人被捕的关系(按:即粤北省委事件),曾由朱任同志在新兴县和平乡中心小学校对我宣布,今后停止组织活动,在停止

期间仍保持联系。因此,在同年七月,新兴县负责人冯庆波同志(即冯华)曾和我联系过一次,他并交给我到新兴县东城乡(距和平乡中心学校20多里)去联系一位打国技师傅梁同志(名字忘记了)的任务。

(2)1944年7月,在新兴县和平中心学校,由冯庆波(即冯华)介绍郑锦波同志到来宣布恢复党的活动。

七、社会关系(略)

八、附注(略)

1950年1月10日

关于当校长问题的补充说明

关于1936年在高明县二区小洞和平小学校当校长的问题。这间学校是私立的,用不着通过国民党什么当权(局)的,只要通过几个关心学校的农民就行了。

关于1937年至1938年当高明县立第十五短期小学(校)校长,及1939年当高明县立唐际小学校校长的问题。这两间学校都是当时广东省政府教育厅,用庚戌(按:应为庚子)赔款所设立的,学生是不收费的,教员是由教育厅(厅长许崇清)将师范学校的毕业学生委任的。经他委任并不需要什么背景,条件就是师范学校毕业的学生。现任中山大学校长许崇清清楚。

关于1942年在新兴县西睦乡中心小学校当校长及1944年在新兴县和平中心小学(校)当校长的问题,新兴县教育比较发展,同时县府教育科的督学余雁宾是个共产党员,科长林汝冀,当时比较进步。当时有一个从南洋回来而未取得关系的党员陈作楫,在新兴县教育界是有名的人,他与余雁宾、林汝冀来往很密切。当时我们就利用这种关系,争取在乡村学校的领导地位。

1950年1月13日

手不释卷、努力求学、寻求真理

梁景光自传摘抄

我生在农村,中农家庭出身,父母生有我们四兄弟。小时,家庭很困难,因为当时我们兄弟只会吃不会做,每年都要缺两三个月的粮食。靠父亲帮别人做木匠来补充粮食,生活上比一般贫雇农好些,不会十分痛苦。

8岁时父亲开始让我入私塾读书。当时正是冬季,盗贼汹涌,四处打家劫舍,我父亲觉得治安太乱,不能安居乐业。因此在家中筹集一笔本钱带我一同去香港开了一间镜架铺,生意是比较有成就的。后来我得以在香港继续读了三年多书。那时由于父亲的爱护,我养成了娇生惯养的毛病,不愿意读书,非常顽皮。

11岁时,因香港海员大罢工,我父亲没有政治意识,觉得局势混乱,就把生意放下回家耕田。当时家乡的盗贼没有过去那么汹涌,比较太平,因此回到家乡后我继续入私塾读书,受到了很深刻的封建教育及家庭教(家)训的"奋志兴家"的农民思想意识影响。他们常说:"富在深山有人寻,穷在路边无人问",存在着自私狭隘的思想,家庭观念很浓厚,羡慕他人的"兴家发业"的虚荣思想。

但是在16岁的时候,日本侵占东三省,进攻上海,农村破产加上我的家庭破落,连年稻禾失收,死了耕牛无钱购买,无法耕种,家里日渐贫困,不能继续给我读书,我失学了。因此父亲逼我和别人去做泥水散工,我做了六个月学徒,一般是很低薪的、封建剥削的痛苦生活，同时也在这年学做皮鞋四个月。后来，我觉得很辛苦，工钱少，撑不住，还不如回家耕田好。但回家后，生活也照样很辛苦。

17岁时觉得自己失学无前途，偶遇陈济棠时期第一期征兵，所谓一年期满，在黄埔和燕塘训练，我刚好适合年龄。当时思想上觉得自己无书读是很痛苦的事，想找出路又这样麻烦，谁料却上了大当，当了九个月的兵。后来陈济棠下野，所谓南北统一调回广州整编。回到广州时我趁部队生活未安定时，假借出街买东西，立即搭船回家，脱离了黑暗专制的部队生活。

回家后两年，正是抗日战争开始的时候，家庭生活条件有所好转了，我要求家里给我继续读书求学，父亲答允了。我考进了高明"三小"。这里有三四个教师是我们党的同志，与一般高小学校是不同的。以中国文学家郭沫若的著作为基础，有时上近代史及社会科学等课。我们的同学多是读私塾的，年龄也很小，同时教师们有意识地培养我们，加强对我们的教育。从此我开始仇恨国民党反动派及地主阶级剥削者，加上亲自受到的痛苦，因此这时候我手不释卷地努力求学，特别看到西北游记及新阶段和持久战相关的书，思想上有了很大的转变：一方面看课外进步书籍，加强自我学习；另一方面参加青抗会实践工作，锻炼自己。

但后来反动政府把我们的校长和教师撤换了。聘了一班拉倒车、复古教育的教师回来，不准我们下乡做抗日宣传工作，叫我们一心求学，不要这么多事，这使我们的同学很不满意。因此，我们执行抗先会的指示，起来进行罢课和坚决的斗争，直到校方答应我们做抗日宣传工作才复课。因此，陈光同志觉得我的工作积极，肯负责任，在1938年冬季介绍我填表入党（按：1939年2月，中共小洞支部通过了梁景光、梁波等人的入党申请，成为预备党员），至1939年8月转为正式党员，候补期半年。

1939年秋季，在"三小"毕业后，担任候补小组长，也在青抗会负责防空哨及支持青抗会的工作。不久"反共"逆流高潮来了。反动派要解散青抗会，不准青年进行抗日运动，四处打击抗日民主人士及捕捉进步青年，组织上叫我辞职撤退,此时正值旧历年年底。我回村过年的路上,偶遇我乡几个歹徒抢了地主恶霸罗学鹏的财物。他在农历十二月二十八日早,请了警兵到我村来捕捉歹徒,我村的青年们闻见枪声,听说打死了人,不知道发生了什么事。迅速武装起来,把警兵包围了,并缴了他们的械。后来,他们不服气,继续请民团在年卅晚包围了我村,把所有在村的人扣押起来。这个反动区长看见我在此处,值此时机即指示说我督率子弟殴打警兵,故意来打击我们青抗会的会员,将我及我村十多个人扣押送县府拘留所。全村人觉得,全村被这班歹徒连累,于是发动村民请律师与罗学鹏打起了官司。我们被扣押了三个月才被释放。

出狱后,一个星期内,由黄荣同志负责恢复了我的组织关系。不久,我被补选为支部委员,负责小洞支部宣传和组织工作。这时在本村学校教学,发展党的组织。由于党的领导,我们更加努力工作,学习进步很快。

广州沦陷后,日寇疯狂地四处轰炸和骚扰。我们发动群众组织武装,向地主、富农借粮借款救荒,购买弹药。我们成功地把工作完成。抗先队也长期在我乡驻扎,使国民党反动派察觉了我们的活动。因此,我们乡这块红色地区经常引起反动派的注意和打击。接着,"反共"高潮到来,国民党当局勒令解散抗先队。

1941年,我在古城村教学,并从事发展组织工作,下半年逆流来得更凶猛。当局到处捕捉革命知识青年,组织上立即将我调到新兴县集成乡吊马塱教学,开辟新区,并从事发展组织工作。

至1942年下半年,组织调我回村任中共小洞支部书记,主持支部工作。回村不久夏种后,我村鳌云书院及清平堡的租田最多,高明二区这班土豪劣绅把持300余亩田,田租由湿谷变干谷,加重了对农民的剥削,因此引起了农民们的激愤,要求我们领导斗争。所以,我们支部决定为了农民的利益,支持佃户要求,争取各村同情,采取合法的斗争,与这班土豪劣绅连续斗争了两三年,至1944年日寇过境为止。日寇过境时,我县各村的人看见反动政府宁愿将谷子给敌人吃,都不发给我们自己人吃,就把这些谷抢了,不留给敌人。后来县长钟歧回来向农民"开刀",要人民赔偿损失,农民忍无可忍。我们党支部为了群众的要求,发动全二区的群众开展"倒钟"运动,组织人民武装和江防队起义,发动3000个村民进攻县政府,终于把钟歧赶走了。

当时,由于我们党支部没有掌握武装斗争的经验,同时对统战工作做得不够,对各村的群众宣传教育和联系做得也不够,使大部分群众思想上出现了动摇,害怕地主的报复,加上反动派陈斗宿登台,利用种种阴谋手段进行镇压、恐吓等,导致群众逐渐分化。在这时候,上级同志坚决主张进行武装斗争,成立了高明抗日第三团,进行自卫斗争。

这时,我负责团部事务长及支部工作。由于几次战斗胜利的影响和队伍的扩大,到处都可以看到群众的抗日情绪十分高涨。后来,根据党的地方组织工作需要,我被调回地方工作。

1945年春季,当局到处强迫各村群众成立"联防自卫队",集中力量向我们部队进攻。敌强我弱,导致我方凤凰山战斗失利,新兴蕉山战斗和鹤山皂幕山战斗惨败。之后敌人四处大扫荡,捕捉我部队失散人员,组织要求我坚持善后收容工作。因当时谣言四起,情况相当混乱和复杂,自己的警惕性不够高,存在麻痹大意思想,认为敌人不会这样急速到我村"扫荡",加上与上级失去了联系,也没有很好地商量问题。在村里的一间闲屋休息一下,竟然睡熟了。到天亮听到了枪声,才知道敌人来了。此时,自己已束手无策,只有在屋里的一只禾桶里隐藏起来。但是,被敌人发现,抓了起来,幸好当时身上一切文件都没有。我作为嫌疑犯而被捕入狱,被关押在新兴监狱七个多月。在监狱里,我们部队的人有百余人被捕,其中有七八个是中共党员。

当时,日本投降之后,召开了全国政治协商会议,国共双方谈判后,政治局面稍微缓和了一些,组织上还设法暗中援助我们在狱中的同志,每人发给50元。一次,由唐雨文(即唐健)同志向我个别传达了有关政治局面的变化,(国民党当局)为了掩盖他们的政治面目,有可能释放政治犯的情况。

不久，我父亲托亲戚朋友前来保释。我出狱后两个多月，经梁文华同志审查，恢复了我的组织关系。

后来，蒋介石破坏国共谈判，挑起内战，局势趋于恶劣，由于当时形势的变化，组织上要求党的活动停止四个多月，全部采用单线联系。

1947年，政治局面逐渐好转，由于军事上需要恢复武装斗争，恢复党的组织，从"小搞"到"大搞"，我在本村教学，任支部宣传和组织委员，支持配合部队活动及开展组织工作。

1948年，组织调我到界村教学。在这一带村庄发展组织，成立支部，支持部队交通，搜集情报。

1949年1月，我被调去新高鹤总队组织的训练班学习。学习结束，7月被派到高要三区区工委，负责组织工作。开辟新区建立据点，发动群众，支持斗争。后来，成立中共三区委员会，我负责组织及领导群运工作。将近解放时，迎接南下大军，支援前线，工作繁重，我跟不上当时形势发展的需要，工作有些力不从心。同时组织上觉得我的政治文化水平不够高，没有大刀阔斧的精神，工作缩手缩脚，于1950年调我到广州的党校学习，期满后即调往东江的龙川、惠阳搞土改，担任分队长、小队长，大队部组织委员等职务。

1951年5月间，在惠阳参加土改试点工作。春耕时，为了不妨碍当地农民的农业生产工作，工作队撤回惠州总结。后来，因工作需要，组织调我回到西江地委，地委派我到郁南去搞土改工作。

1951年10月25日整理

任何情况下，立场始终不变

梁光明同志自传摘抄

一、家庭概况

（1）家庭人口：共九口人。

（2）经济情况：新中国成立前，家里有两亩地，因为人口多，土地太少，家庭生活相当困难，要租别人的田来耕种，一年除了交租和交反动政府征收的粮税外，每年只有四个月的口粮，要缺八个月的粮食。为了维持生活，只有靠全家人出卖劳动力做雇工及上山砍柴卖来维持生计，生活十分艰难……

二、参加革命前后的基本情况

（1）入党前的思想工作情况。本人从8岁入学，在本村小学读书，校长是梁佐明，教师是陈耀聪。由于家庭经济困难不能继续读书，读了三年就失学了，在家里帮助劳动，这时只有12岁左右。当时并不懂得什么事，也没有什么思想，只知道要吃饭，要生活。到了16～18岁，思想上才有了一些比较模糊的认识，认识到家庭生活的困难是因为无土地，租种别人的田，除了交租（租又重）外，所剩无几。因此，当时自己就想出去学手艺或帮别人做长工：一方面可以减轻家庭负担，另一方面，学到一门手艺也可以解决将来的生活问题。但母亲和兄弟都不同意，我最后只有继续在家耕田。

到了1937年，自己接触了一班具有进步思想的青年，如陈耀聪、黄之锦、陈励生等。在他们的教育帮助下，思想上有了初步的认识，认识到生活困难是因为无土地，同时在国民党反动派的统治下，地主阶级霸占了绝大多数的土地，对农民进行残酷剥削，使农民群众难以生存……

（2）入党后的思想工作情况。由于当时我同一批思想进步的青年关系比较好，也受到他们的影响，思想认识上有了一些提高。同时也参加了一些活动，如发动农民群众起来反对国民党政府的拉壮丁、征粮、征税，进行减租减息的斗争。经过一年多的斗争，在陈耀聪、黄之锦他们的帮助教育下，思想上对共产党的认识也加深了，由当初不知道什么是共产党，共产党代表了什么、是干什么的，到后来认识到共产党代表了广大人民群众的根本利益，是要推翻国民党的反动统治，让广大人民群众都能过上好日子的。于是，抱着一股热情去做工作，自己思想上的坚定性和工作上的积极性得到了组织的肯定。1938年9月，经陈耀聪介绍，黄之锦批准，我加入了中国共产党。

入党后，在党组织的教育和同志们的帮助下，我的政治思想水平不断提高、政治觉悟不断加强，政治立场从来没有产生过丝毫动摇，哪怕是在革命最困难或革命处于低潮时期，我的政治立场始终如一，一直坚信党的正确路线和党的领导。在这种思想的指导下，自己的工作更加积极。例如，做交通员，三更半夜去送信；积极发动农民群众起来反三征和减租减息，同国民党反动政府做坚决斗争……

（3）入伍动机。我入伍是自觉自愿的，1944年积极要求参加本村的常备队。后来，党组织曾派我去云乡接受40多天的军事训练。经过党多年的教育，我认识到革命斗争如果没有武装斗争是不行的，没有武装斗争就没有一切，革命就不能取得胜利。因此，我入伍的动机是正确的，精神是饱满的，工作是积极的，都是为了党和人民群众的利益。

（4）入伍后的思想工作情况。当初刚入伍时，由于自己在家时过惯了农民的自由散漫的生活，而部队的生活是集体生活，是有组织有纪律的：白天对学习抓得紧，晚上有时又要行军或打仗，导致休息的时间很少。这对自己当时的影响比较大。因此自己的思想曾出现了波动，想回去搞地方工作。但经过一个多月的军事训练之后，慢慢就习惯部队的生活了，由当初的不习惯到习惯，原来不正确的想法也全部克服了。在端正了思想后，自己学习能专心，工作能安心，懂得了只有学会掌握枪杆子的本领才能更好地消灭敌人，完成党交给我的任务。

（5）担任警卫员的工作情况。入伍不久，部队的领导就决定让我去担任警卫员的工作。当初我有这种想法：自己入伍时间不长，对各方面还不够熟悉，我负责警卫的领导是高明人民抗日游击队第三大队政治委员郑锦波同志，要负责这位领导的安全，自己感到责任重大，但由于我是个党员，必须无条件地接受任务，领导去哪里我就跟到哪里，总之，就是要尽力保证领导的安全。

（6）调离警卫做传令的工作。调离警卫工作后，部队派我到传令组担任组长。在做传令工作时我也是很尽心的，工作的责任心也是很强的，和同志们团结友爱，互相帮助，关系十分融洽……在战争年代，做传令工作有时也很危险，因为在战场上为了把领导的指示传达下去，就要不断地在战场上跑来跑去。如，1945年1月1日的癞狗山战斗，我部同国民党158师473团激战，从早上8点开始打到晚上7点多。我部有多个同志受了伤，部队没有担架队，为了把伤员送回后方救治，需要派人冲出火线回地方，组织群众将伤员送过去。领导曾派一些熟悉路线的人去，但无人有胆量去。后来领导派我去，我接受了任务。趁着夜色离开阵地，到了后方，找到党组织，组织了一批群众组成担架队，回到阵地，及时把伤员抬下火线，出色地完成了任务。又如，有时行军途中，我经常主动帮助有病或体力差的同志背行李；一些艰巨而危险的任务，自己总是冲在前面……做传令工作自己是负责的，情绪是高涨的。

（7）调离传令工作到武工组工作。1945年6月，战场情况发生了变化，需要建立武工组，组织任命我为组长。武工组的主要任务是：开辟新区，侦察敌情，为部队提供情报以及带路和护送首长等,总的来讲就是部队的开路先锋。我领受任务后,积极活动,主动侦察敌情,在开辟新区时还与当地的群众取得密切联系,为发展新的游击根据地打下基础,使我们的部队每到一个新的地区都能得到群众的拥护和帮助……武工组既然是开路先锋,那么就会随时遇到危险,要做好不惜牺牲自己生命的准备。1945年11月,有一天,我带领四名队员回到小洞执行分散隐蔽任务时,遭到敌人的偷袭,我们顽强地与敌人展开战斗,我虽然不幸负了伤,但成功地摆脱了敌人的追捕。后来,在同村兄弟的掩护下,藏在一个棺材窿里养了两个月的伤。伤愈后,部队就派人来接我归队了(见第二十五章甲友遇险)。

(8)部队北上后留下来坚持武装斗争。1946年部队北撤,我曾要求同部队一齐北上,但上级不同意,要我留下隐蔽,坚持敌后武装斗争。我坚决服从命令留了下来,无论在思想上或行动上,从没有发生过动摇。部队北上后只留下了12个同志在新、高、鹤一带活动,当时的环境相当恶劣和危险,经济也十分困难。我们活动的范围到处都是敌人,而且还经常受到敌人的"围剿"扫荡。当地群众被国民党军队的"三光"政策和残酷压迫吓到了,大部分群众不敢同我们接触,还有少数百姓公开说不欢迎我们到他们那里活动,怕受到牵连,埋怨我们,不支持我们。当时的阻力和压力都相当大,开展工作相当困难。经济方面也出现了问题。部队北撤后,老百姓不借、不卖粮食给我们,我们几乎弹尽粮绝,每餐只能食三两米,条件十分艰苦。我家里知道后,曾想办法凑了一些钱,让我去香港做工或做小生意。但我受党教育多年,坚守立场,婉言谢绝了家人的好意,仍然继续留下来坚持武装斗争。

为了生存,为了活下来,必须解决吃饭问题。同志们和小洞党组织一齐想办法,决定智取国民党更楼警察所。经过战斗取得了胜利,缴获了一批武器弹药和一部分金钱,暂时解决了一些经济困难,生活开始有了一些改善。后来,又打胜了几次小战斗,缴获了一些武器和财物,既解决了我们的补给,又让当地老百姓看到了我们共产党游击队存在的意义。

（9）受党委派搞小农场和组建武工队工作。1947年3月，我受组织委派，到开平县东河乡，负责开办一个小农场和筹建武工队，以支持解决部队的需要。当时到该乡工作时顾虑重重，认为自己对该乡的情况不熟悉，既要搞小农场又要发展武工队，当时只有自己一个人，连一点钱都没有，怎能搞得起呢？后来通过组织的教育和帮助，顾虑打消了，克服困难，稳定情绪，安心工作。

在搞小农场方面：去到该乡后，先和当地同情我们的人搞好关系，联络感情，然后与大多数农民群众打成一片，建立感情，取得广大群众的帮助和拥护。小农场的田地是通过当地群众的帮助，租了水口的地主邓祥记四五十亩地耕种，每亩每年交租150斤，剩下的作为自己以及部队的活动经费。除办好小农场外，我还积极发动农民群众起来成立农会，反对国民党当局的征粮，并带领群众开展减租减息运动。

在搞武工队方面：当时武工队的主要任务是开辟新区，帮助部队侦察敌情、了解敌情，及解决一部分枪支弹药和活动经费等问题。通过了解知道当地有些人比较有钱，有的人买枪用来防身。我就想办法向这些人借枪。在农会的帮助下，在该乡借到手枪27支、步枪35支和一批数不清的子弹。

小农场在开平，靠近新会，这一带是国统区，是"挺三"纵队李江的地盘，国民党军队又经常来逞威风，地主、坏蛋及有钱人又多，广大的贫雇农受到压迫，不敢起来斗争。初时，我们开展工作遇到很大困难，但不管有多少困难，只能靠自己想办法去克服。有一次，上级要求我们武工队尽快攒够5000斤大米，以解部队无米之炊的燃眉之急。当时，我接到任务后一筹莫展，自己的思想斗争很激烈，因为当时我们活动范围内的坏人不是很突出，也无地方可借。同时上级规定不能强借和乱打坏蛋，又要在短时间内解决粮食问题，怎么办？后来，我们决定去新区找坏蛋下手。经过一个星期左右找线索和侦察，终于找到了一个相当大的地主。他勾结国民党"挺三"纵队剿总司令李江,是李江麾下在当地的反共组织头目。我们摸清和掌握了他的活动规律及行动路线。一天深夜,我带着三名队员趁着夜色出发去抓人。将他抓获后,刚走出村口,村内立时响起了更锣,接着有一百多人向我们追击,他们分两面包围我们,并不断向我们射击。我们一边撤一边还击。但这个地主生烂脚不能跑快,又像死猪一样在撒野,唔肯走。我们几个队员都受党教育多年,有着英勇顽强的斗争精神,大家认为虽处在危难时刻,绝不放弃这个绝佳机会,一定要坚决完成任务。于是,两个人掩护还击,引开敌人,另两个人又扛又抬,死死地拖住这个坏蛋走,最后摆脱了敌人追击,胜利完成了任务。回到驻地迅速把这个地主交由上级处理,并报告上级说这个地主可以拿出50万元西币。后来,这个地主的家属拿来10万元西币赎人,从而解决了部队的暂时困难。在这个时期,自己的思想和工作总的是稳定和积极的。

(10)调回粤中区六支队受训的思想及工作情况。1948年部队迅速扩大发展,进入"大搞"阶段,部队建设急需军事干部。经过多年的战场考验,自己有了一定的作战经验和军事指挥能力,但军事理论水平还有待提高,还需学习受训。值此机会,我有幸参加了粤中区军事集训。这期间自己十分安心,做到不怕苦不怕累、刻苦钻研学习,努力争取尽快提高自己的军事理论水平和作战指挥能力。

(11)搞区队工作情况。1949年2月,军事训练学习结束后,上级又派我到高明地区搞区队工作,在这期间,自己的思想稳定,工作积极,斗争勇敢。最初派到高明时,我区队的人数很少,只有12个人和9支步枪,当时自己的目标只有一个,就是专心和积极把区队的工作搞好。通过一个月的努力,我区队已发展扩大到有40多人和40多支枪。后来主力部队要发展增加人员,上级就从我区队连人带枪全部调走,只留下我和一个通信员、一个炊事员,并要求我继续发展。后来经过两个月左右的时间,我区队又发展扩大到有50多人和50多支枪的规模。这时,主力部队又将我发展的区队连人带枪全部调走,同样只留下我本人和一个通信员、两个炊事员,共四个人,又指示我继续做发展工作。到了第三次,经过一个多月的发展,我区队又拥有了30多人和30多支枪,以及两挺轻机枪。后来,上级又讲需要再次把我区队连人带枪抽走,同时还是留下一个通信员及几个老兵。当时我的思想还是比较稳定的,工作也是积极的,并没有其他想法。到第四次,我区队发展到有60多人和50多支枪时,部队仍然将人员和武器全部调走。这时,自己的思想就有一些变化了,觉得自己在这么艰难曲折的环境下,辛辛苦苦发展起来的人员和枪支,大部队说调走就调走了。当时我曾提出要求:不要让我搞区队工作,把我也调回大部队算了。但上级不同意,要求我继续在区队工作,当时也遇到了一些实际困难,我的工作开始消极了,认为上级是"搵我笨",这时思想认识是不足的。后来经过上级组织的帮助教育,认识到这也是革命工作和战场形势变化的需要,为了部队的发展和整体的利益,自己做出一些牺牲又算得了什么呢?自己以前的错误想法才开始得到纠正,工作起来还是干劲十足。今天回忆起来,主要是当时自己存在着本位主义和自私狭隘的思想所致。

(12)调回高明县大队的工作思想情况。1949年10月,因工作需要,我被调回高明县大队工作,在二连担任连长。当时的主要任务是负责高明县三、六区的清匪肃特,收缴地主恶霸反革命分子的黑枪,对民间的枪支进行登记,维持地方的治安等。当时广东全省还没有全部解放,这个地方在新中国成立前土匪及国民党的残兵、特务还比较多。1949年10月间,一班国民党军残部曾对我工作队的两名区级干部等几个同志及一班负责收税的同志实施包围,我连奉命迅速到达出事地点解救同志们。一开始他们企图负隅顽抗,做垂死挣扎,被我们一举歼灭。

我连在三、六区彻底收缴坏蛋黑枪的过程中,深入发动群众配合我们一起维持治安秩序。经过两个多月的努力,肃清了当地的土匪特务恶霸,捉拿坏蛋几十人,收缴了大批武器弹药,各种长短枪上万支,机枪30多挺,手榴弹数千枚。当时我们的人员比较少,全连只有50多人,干部也没有配齐,没有指导员、没有副连长,全连只有我一个总负责。后来连队增加到100多人。

新中国成立之初,由于地方武装在隶属关系上还不明确,高明县大队到底归属粤中军分区还是西江军分区都弄不清楚,结果受两个平级武装机关领导。1950年三四月间,出现了两个军分区都来抽调人员的现象。当时高明县大队三个连队中,人员、装备等情况都差不多,但抽调人员时一连一个人都没有抽,三连抽调了一部分,而从我连抽调了大部分,留下来的12个人都是老弱、年纪小和刚投诚过来的国民党士兵。由于我有搞武装队伍的工作经验,这些我都顾全大局,从大局出发,愉快地服从。

1950年12月,我被调到县大队当参谋,干部严重缺编,政治干事、供给员、文书各一人,副政委廖荣同志都是兼职的。

1951年3月,组织安排我担任县大队副大队长(欠大队长),当时,自己在思想上产生了很大的压力,担心自己的文化水平低,能力有限,无法从事繁重的工作任务(每月要做五六个报告)。由于精神负担过重,这段时间经常失眠,后来经过一个时期的适应,慢慢就习惯了。

(13)调到高明县人民武装部的工作情况。1952年1月,我被调到高明县人民武装部担任部长。当时觉得搞人民武装工作就是搞民兵工作,低一级,没有部队的工作好做。到任五天左右,县委决定,抽调武装部全部人员下乡参加土改工作,并一再强调,一切工作都要服从土改工作。由于人民武装部归属粤中军分区负责管理,我被县委抽去搞土改,粤中军分区的领导不同意,强调从武装部调人必须经军分区首长的批准。这样弄得我两头难做,地方领导和军分区领导的意见不一致,指示不统一,自己的精神受到很大压力,工作无所适从。这种状态影响到工作,做起事来没有干劲。后来,分区党委调整了我的职务,改任军事股股长。

1952年12月,我到了河南开封陆军第65医院休养。

我没有迷失方向①

本人是广东省高明第二区小洞乡塘角村人，现年29岁，于1927年2月出生，现用名陈少，原名陈少芳，曾用名陈女（在游击队时期）。

我在1936年（9岁）入学念书，到1938年（只读了两年半），因不喜欢旧书，所以不读书了，12～16岁在家编织草席、看牛。其间，六叔（陈革）、六婶经常教育我要学好文化，念好书，将来才会有好出路。16岁那年，（我）又去读书，到17岁又念了大半年，实际只念到五年级。

读书时，很多老师，如李参、陈学勤（大幕人，1946年北撤了）等都参加了革命，这些同志很乐观，我觉得他们真好。

我读五年级时（1944年），抗日游击队在小洞开展革命活动，六叔、六婶都是革命积极分子，经常给我讲革命道理，教育我要走光明大道。我受他们的教育，退掉了封建婚姻。同年12月初，参加了中区在小洞举办的妇女骨干政治训练班集训。起初，（自己）对革命还没有什么认识，对参加革命的动机认识得不够清楚。

该训练班还没有结束，国民党军158师473团向我驻地小洞进攻，部队连夜撤离，我随部队转移到了安全的地方隐蔽。由于敌军

---

① 本文系陈少同志的自传摘抄，题目为编者所加。

势力大,我们受到包围,训练班再也办不下去,不得不提前结束了。

我被安排到(中区纵队)司令部卫生室学习卫生员护理知识,学了一段时间后,即在1944年12月去了后方医疗站护理伤病员(先后在柴塘、山下、长岗等医疗站、点)。1945年8月被派到广东人民抗日解放军司令部卫生室工作了一段时间后,到过石岩底、金鸡坑医疗站工作。

1945年农历十一月,部队分散活动,大部分同志都回到家乡分散隐蔽了。我还在新兴县廿四山车岗村护理伤员,后来接到上级有关分散活动的命令。于是,我和司徒英同志(开平赤坎人)一同去她家乡隐蔽。谁知住了一个星期,国民党到赤坎大搜捕,到处清查户口,故没法住下去了。当时,司徒英的堂妹司徒美建议我另找地方,我人生地不熟到哪里去好呢?只好到台山县公益镇新田村的细姆的外家。在那里住了一个星期,听说小洞的敌军撤退了,因而,于1945年农历十二月回家乡。但家乡的交通站已解散了,没有办法取得联系。这个时候,敌人还不断进村扫荡"围剿",凡觉得可疑的人就抓起来,毫不留情地拉去枪决。在这样的形势下,自己觉得再也不能住下去了,否则会出危险。于是立即去找陈松和六叔商量,他们建议我到广州隐蔽。于是,我于1946年6月去了广州(证明人罗祥,屏山人)。

我在广州做过好几种工作。初时在桨栏路茂生茶叶店做杂工(罗祥的朋友介绍的),后来到了一间鞋厂做杂工(是梁佐明介绍的,他当时在田村学校当校长,于1955年病逝)。这家厂在华贵东路,叫新树胶鞋厂。那时资本家剥削太厉害,生活没有办法维持,至1947年下半年到逢源路70号当家庭佣人,生活相当艰难。

当时有人介绍我与一个到了南洋的华侨结婚,但我没去。我牢牢记住六叔讲的话:"人,不论到什么地方,遇到什么环境,都要坚强,不要动摇,不要迷失方向,这样才会有前途,才会有好日子过。"因此,我在广州期间,意志是很坚强的,即使是介绍我到南洋,我也不动心,只盼望能恢复革命斗争。

幸好在1948年接到上级恢复革命斗争的通知。于是，我立即辞工，在1948年农历二月赶回部队（新高鹤解放军总队）。那时候，梁文华任总队长，我很快被分配到二连任卫生员（连长是黄步文）。1949年1月，我光荣地加入了中国共产党，介绍人是彭社，预备期为半年，按时转正。

1948年11月，我被调到独一营当卫生组组长，由于工作需要没有到营部上任，而直接到了该营的二连（连长是陈枝）。

1949年11月，被派到西江军分区第15团卫生队当一排长（连长是李婵）。

我人虽瘦小，但在护理工作上从来不怕苦、不怕脏和累，一心一意为伤员服务。

1956年2月18日

少年英雄黄福[①]

  1945年5月11日,广东人民抗日解放军督导员严尚民带领第二、第三团及独立营,出击新会前线打击日寇,班师回到皂幕山,当从开平水井回到狮山时,被国民党军追上。下午4时,发生了狮山战斗,到天黑停火。晚上,督导员严尚民在耙齿沥召开会议,为摆脱敌军的纠缠,决定分三路行动:由李超、黄国明带一部分去鹤山,陈江带一部分去新会,第三团由严尚民带领回高明。下面是黄福同志的回忆:

  黄福说,(5月19日)我们70多人转移到皂幕山对面的大田村(大约70多户人家)煮饭吃。刚要开饭时,突然发现敌人(挺三纵队300多人)从四面包围过来,我们奋力冲出重围。但由于敌人强大,只冲到半山,队伍就被敌人冲散了。我负了重伤,肠子流了出来,脚也受了伤,只得爬到密林中去隐蔽,但是还是被敌人发现了。那时我已昏迷,敌人搜查时,我还有一点知觉,后来就什么都不知道了。醒过来后,看到身边的一切东西都不见了,只看到身边有一块碗口大的石头,可能是敌人临走时,看到我伤重得像死了一样,没有再补上一枪,就用一块石头来砸我伤口,但也许没有砸中我的伤口。

[①] 本文系黄福同志的自传摘抄,题目为编者所加。

敌人离去约有一天的时候，我醒来了，觉得口干，就不顾一切地爬下山找水喝。喝完水后感觉全身乏力，十分疲惫。于是，就在山脚下睡着了。

  第二天早上7点左右醒来时，有一群担着柴去卖的老百姓路过我的身边，其中有一个姓黎的大田村人，静鸡鸡（偷偷）地把我搬到（一个）旧炭窑藏起来。往后每天都拿一点饭给我吃，同时拿点药给我敷伤口。经过一个多月的时间，我的伤口好了一点。那个老百姓就给我一个席袋和一些草药，叫我去讨饭吃。

  为了求得生存，我执着流出来一寸多长的肠子，从大田村爬到杨梅圩一带讨饭吃。其间历尽了人间的辛酸和苦楚，因无药医治，日晒雨淋，又无得食，伤口化了脓，生了蛆。过了很久，伤口才逐渐好转，但身体相当虚弱。

  1945年8月初，有一天，姐夫陈星（悦塘村人）知道了我在杨梅圩乞食，就把我领回了家，帮他放牛。

  1948年4月16日，游击队又到我村来了，我重新加入了队伍。回到部队后，我和队员们一起转战新高鹤（及粤中）地区英勇杀敌，参加过明城、宅梧、选田、金岗、布辰岭（塘面）、苍城、布茅、白石、茶头、单水口等十多次大的战斗，小的战斗就更多了。

  新中国成立后，1951年至1952年在西江一带的德庆、封川、开建、怀集等地参加"清匪反霸"剿匪作战，同样要爬大山，任务相当艰巨，生活十分艰苦。

1956年3月22日于从化温泉

坚决站在农民一边，保护群众利益[①]

我一向在家耕田，在 1943 年以前，国民党当局强迫乡村成立保甲制度，我村约定每房（族）轮流做一年。我房选择我做了一年，由 1943 年 8 月起至 1944 年 8 月止。我初期接手时，国民党强迫抽壮丁征兵。当时，我拖交征兵款，当局将我扣押去乡公所，强迫本村兄弟交齐征兵钱后，才放我回家。做保长一年，被扣押了两次，直到 1944 年 8 月日本仔过境时，趁机脱离关系（不做保长了）。就在这个时候，本村成立了抗日游击队，自己积极参加了这支队伍。1944 年农历十一月十六，陈斗宿及 158 师到小洞"扫荡"，我们的队伍离开后，国民党进村实行"三光"政策，村里很多房屋被烧了。当时，我的父亲有病，不久之后就死了。弟弟年纪还小，自己只得一边耕田，一边参加游击队的活动。1945 年农历十月，更楼乡公所及 156 师将自己扣押去更楼圩乡公所 156 师某营的营部审讯，转到宅梧团部，又转到水口师部及江门军部审讯。国民党用强迫手段打骂虐待，逼我承认，四出调查，并没有证据。国民党来我家勒索了金钱一批，稻谷千余斤，有保长梁荣栋和梁应作证，后来被解回高明监狱。1946 年农历十月家里卖去了四亩多地和一头耕牛，交足保金后由本村兄弟保了出狱。

[①] 本文系梁锐同志的自传摘抄，题目为编者所加。

回到家后,我一边耕田,同时继续暗中帮助、支持革命。1947年7月,全小洞选保长、甲长,群众又选我当副保长。当时自己不在场,我知道后不想做。群众对我讲:"你坐监牢的时候,大家决心保你回家,今天叫你做,你就(不要)推辞。"这样,我接受了群众的意见,认为群众拥护自己,而且群众提出每年补贴稻谷400斤给自己,自己就做了。做了5个月后,1947年农历十二月二十六日,罗子斌、谢式英带队,四处勒索抢劫。即使我被他们打了一顿,我还是坚持站在农民一边保护群众,站在农会的立场上,支持农会革命。

我是为了人民得解放而去参加游击队的[①]

我家里的人一直在家乡耕田,全家都拥护革命,支持革命。有不少革命人士,如肥黄、郑靖华、黄海、李伯、金伯等,经常到我家的果园(在禾仓岗)隐蔽,搞地下工作和发展革命队伍。我哥也时常带部队的人员来住,还看见父亲常常挑水果到更楼圩去卖,把换来的钱买米、面、盐、油、蔬菜等给游击队员吃。所有这些都给我留下了非常深刻的印象,对我的影响很大:这时我已确立了参加革命的想法和树立了对敌斗争的观念了。因此,还在读书时,我就非常乐意做些为革命送信、为同志送饭等工作。

每逢有同志来到果场,我就问父亲,请求他准许我去参加革命队伍。父亲总是说我年纪还小,才十二三岁,要多念些书,等长大了再去参加游击队。14岁我读完小学,十五六岁在家耕田。

17岁那年(1949年)年初,我实在等不及了,就不让家里的人知道,偷偷地跟着陈应才去大幕村入伍了(高明县大队沧江队),一直到1953年12月退伍,才回到了家乡。

我是自愿参军的,当时看到家里受地主剥削,亲眼见到国民党军及反动联防队到村里抄家勒索。所以我是怀着打倒国民党的统治,等人民翻身得解放,农民百姓有田有地了就回家的想法而去参加游击队的。

1955年6月

[①] 本文系陈恒同志的自传摘抄,题目为编者所加。

文物篇

文 选 楼

【地址】

位于广东省佛山市高明区更合镇小洞村委会塘角村东北角。

【现况】

始建于宣统年间（1910年前后），1986年10月重修。坐北向南。三开间，砖木结构的两层楼房。面宽11.1米，总进深8.3米，占地面积503平方米。镬耳封火山墙，灰塑博古脊，花岗岩石脚青砖墙。两边房有阁楼。四周有围墙保护。原为塘角村防盗护村更营。

【文物概况】

1926年7月,该处为小洞农民协会和农民自卫军活动场所,领导人陈完。

1932年年初,小洞陈姓集资办学,在此办起和平学校,聘请进步人士陈耀聪任校长。下半年,陈耀聪与陈励生、叶衍基、黄之锦结盟,成立"激鸣社",自发与土豪劣绅、贪官污吏做斗争,向旧社会制度宣战。

1935年9月,"三小"力社向周边农村扩展,小洞进步革命人士在此成立了"三小"力社小洞分社。

1936年年初,陈励生受"三小"地下党领导人李守纯的指示,回到和平学校担任校长,和陈耀聪、叶衍基、黄之锦一起,在此肩负起建据点办基地任务。

1937年七七事变爆发后,陈励生等带领小洞人民积极投身到抗日斗争中。同年秋,在此成立了合水沧江剧团小洞宣传队。两年多来,一直坚持下乡开展抗日救亡宣传活动。

和平学校旧址

"文选楼"文物保护标识碑

1938年5月,在此成立民众抗日自卫团小洞自卫中队。8月,在此成立了小洞青年抗敌同志会。

同年12月26日,中共小洞支部在此成立,支部书记为陈耀聪。

1939年1月8日,广东省动员委员会战时工作队(即广东青年抗日先锋队)130队进驻小洞,开办识字班、组织歌咏队,开展大规模轰轰烈烈的抗日救亡宣传运动,帮助小洞培养革命骨干,发展青、妇抗会组织,把小洞抗日运动推向高潮,小洞抗日根据地初步形成。3月,具有重要历史意义的中共高明县第一次代表会议在此胜利召开,会议产生了中共高明县委员会,县委书记李守纯。

5月,战争空气日渐紧张,为了抗击日军侵略,中共高明县委在此成立了一支抗日武装队伍——小洞抗日先锋队。

1939年12月,国民党顽固派掀起反共高潮,反共逆流袭向高明。县委采取"政治上反击、组织上撤退"的应变措施,县委书记及一批共产党员在此隐蔽,以教师身份做掩护,领导全县开展革命斗争。

1944年9月27日,黄之锦、陈励生代表中共高明地方组织在此主持召开倒钟四村(泽河、平塘、小洞、瑶村)联盟会议,并签订了盟约。

文选楼是高明地区近代农民革命重要历史事件的活动场所之一，对研究中共高明党史有重要价值。

　　1957年，文选楼被高明县人民政府确定为"抗日根据地"。2006年10月，被佛山市人民政府列为佛山市文物保护单位。

附一　文选楼重修记

　　文选楼建于清末,是两幢锅耳脊两层楼房。设有围墙。为我县重点保护的革命历史文物。

　　文选楼是我乡人民从事革命活动的阵地。一九二五年六月,县农协筹委主任兼三区农协主任阮贞元,曾在此楼召开农民大会,建立小洞农协会和农民自卫军。一九三一年,陈革、陈光在文选楼筹办和平学校,兴学育人。一九三二年至一九三七年黄之锦、陈光、陈革、叶琪等以文选楼为阵地,先后建立了"激鸣社"和力社分社等群众组织,开展反帝反封建活动。一九三八年,地下党领导人李守纯到小洞开展革命活动,发展党员,建立小洞党支部。同年,黄纪合到和平小学任教。同年冬,广东省支委会战时工作队(按:应为"广东省动员委员会战时工作队")一三〇队,由李利率队到本乡开展抗日救亡活动,在文选楼建立小洞青妇抗会,并于一九三九年春组织抗日先锋队。一九三九年三、四月间,具有历史意义的中国共产党高明第一次代表会议在文选楼召开,李守纯、罗范群、陈春霖等出席会议。罗范群在会议传达了党的六中全会精神,会上选举李守纯为县委书记和中共高明县委的领导机构。同年冬,县委书记龙世雄在文选楼和平学校举办了党训班。一九四〇年,县委书记黄文康到和平学校任教,举办了女党员学习班。一九四二年至一九四四年间,郑桥、冯华、郑锦波等先后来到小洞开展革命活动,在文选楼举办了党员骨干学习班,为扩大革命队伍培养和输送了一批骨干力量。

　　在抗日战争和解放战争的漫长岁月里,文选楼几经沧桑,曾受到国民党反动派放火焚烧,加上年久失修楼体残损,今年,县人民政府拨出专款,全面修葺,使文选楼得以恢复原貌。

际此文选楼重修落成之时,爰立此记,以敬前辈,激励后人。

合水区小洞乡人民政府
一九八六年十月一日

文选楼重修记碑

附二 有关《文选楼重修记》的说明

今把模糊不清的《文选楼重修记》碑记,经过认真辨识,始将全文抄录下来。但看到有些地方记述的内容与史实不太相符,我想可能是当年重修文选楼的时候,由于缺少全面的历史资料,及对一些历史事件记忆不清等原因造成的吧?这在所难免。现把有关部分做一些说明。

(1)《重修记》记载的小洞农民协会和农民自卫军的成立时间与阮贞元同志的说法不一样。

阮贞元同志说:"1924年国民党改组后,开始实行联俄、联共、扶助农工三大政策。从此,高明率先在合水蛇塘村开展了农民运动。不久,广东省农民协会西江办事处委(任)冯从龙、区振先、曾汉翘等为高明县农民协会筹备员。1926年7月,国民党广东省党部(委)任冯从龙(共产党员)、区振先、阮贞元、曾汉翘等为国民党高明县党部筹备员。冯从龙到高明后,在明城东门圩崇报祠设立国民党高明县党部筹备处。这样,我们既掌握了农民协会的领导机构,又掌握了国民党的领导机构,更加便利于公开大搞群众组织和开展农民运动。这时高明农协筹委进行分工,广泛开展建立农协的工作。冯从龙负责更楼区(二区)兼明城区(一区),以更楼区为重点;阮贞元负责合水区(三区);曾汉翘负责杨梅区(四区)兼西安区(五区),以杨梅区为重点;三洲区(六区)未开展……

我县各地参加了农会的计有:合水区——蛇塘、布社为先,随之有水井洞、官山、旺田头、龙湾、滩底、塘花等村。蛇塘、布社村约有90%的农民参加……更楼区——平塘、小洞、歌乐先,随有泽河、屏山等村。平塘、小洞有90%的农民参加……

各地骨干，记忆的不多，蛇塘是阮娣、阮旭源、阮光等，水井洞李利、平塘黄开、小洞陈完、杨梅邓灿廷……"①

按阮贞元的说法，小洞农民协会和农民自卫军的成立时间，应该在1926年7月之后。

（2）《重修记》上说的两个群众组织，经查证都有具体的成立时间。

"激鸣社"是自发的群众组织。1932年下半年，陈耀聪（即陈光）发起结盟倡议，陈革、叶琪、黄之锦积极响应而成立的组织。

力社小洞分社是党的外围组织"三小"力社的分支组织。1935年8月，地下党领导人陈勉恕总结"三小"力社的经验教训，提出深入农村发动和组织农民，扩大力社，推动抗日救亡运动，并号召大家加入"三小"力社，回到教学点成立力社分社。陈耀聪、陈革等小洞进步教师响应党的号召，把力社这面光辉旗帜扛回小洞，使力社在小洞大地上生了根、开了花、结了果。

（3）"三小"地下党领导人李守纯同志，早在1935年秋冬已到过小洞巡视、指导小洞人民开展革命斗争了，1937年，还深入到军屯村，在明晖堂给陈耀聪、梁清贵、梁培、梁扳等进步青年上过党课。

（4）小洞抗日先锋队产生在中共高明县委成立后。1939年5月，李利接替李守纯任县委书记，与县常委、主管武装工作的李洪等，根据抗日形势，为了迎接战斗，决定先在小洞建立一支抗日武装队伍。

李利说："五六月间，李守纯同志调走了。走前，陈春霖和他一同来召开县委常委会，传达上级指示，安排我继续留下，并负责县委的全面工作……

---

① 摘自《高明党史资料》第1辑（第161~162页）《大革命时期高明农运的回顾》，阮贞元写于1959年8月10日。

关于当时成立小洞抗先组织的问题。我们130队到合水后……由于当时李守纯认为我们不要急于成立抗先组织，二区青妇抗已有了群众基础，也基本为我掌握，帮助他们搞好就行。所以我们一直没有考虑组织抗先队问题。后来，由于形势发展，战争空气日渐紧张，敌人再到鹤山进攻粤中西江的可能性更大。为了迎接战斗，必须要有武装队伍的准备，在抗战中，可用抗先的名义与各地抗先队互通情报，互相支持，我们经过再三考虑，先在小洞成立抗先组织，由李洪负责这方面的工作。小洞抗先队的组成，对小洞青年是一次很大的锻炼，加强了他们战备观念和培养了他们有组织行动……"①

  李洪（李觉民）同志在1983年11月30日《我参加中共高明县委工作概况》一文②也说："1939年5月，日军再次侵犯鹤山沙坪一带，并有侵犯西江沿岸的企图。党组织决定，由李利负责在小洞乡组成'抗先队'名义领导武装斗争……"

  （5）根据郑桥同志1980年8月12日回忆和冯华同志1982年12月11日回忆③可知。1941年春至1944年间，上级领导先后住在小洞领导全县人民开展革命斗争活动的有：陈春霖（中共中区组织部长、兼中共高明县委书记）；郑桥（中共高明县特派员）；冯华（中共高明县特派员）；郑锦波（中共中区副特派员、高明人民抗日游击队第三大队政治委员）。

---

  ① 摘自《高明党史资料》第1辑，李利《回忆在高明工作的一些情况》一文。
  ② 见《高明党史资料》第1辑（第404页）。
  ③ 见《高明党史资料》第2辑（第24、26、32页）。

梁氏宗祠

"高明人民抗日游击队第三大队旧址"文物保护单位标识碑

【地址】

高明人民抗日游击队第三大队旧址（即梁氏宗祠），位于广东省佛山市高明区更合镇小洞村委会军屯村东侧。

【现况】

始建于清道光十年（1830）前后。坐南向北，三间两进，占地面积约1335平方米，建筑面积505平方米。主体建筑：面宽10.5米，总进深20.4米，面积214.2平方米。镬耳封火山墙，灰塑博古脊，青砖墙。曾多次修缮，2014年3月重新修葺，现仍保留清代广府建筑风格。

【文物概况】

1942年夏至1944年8月，小洞人民以此作为主战场，开展了两年多"抗租保佃，誓死保卫佃耕权"斗争。

1944年9月11日，日军过境高明向广西进犯。当晚，小洞近500名群众在此召开抗击日寇入侵大会，即席成立了300多人的抗日武装自卫大队，推举叶衍基任总指挥、梁芬任副总指挥。日军过境后，中共小洞支部决定保留一支常备武装，对自卫大队做出调整，从中挑选21人组成小洞武装常备队，由叶衍基负责军事训练，陈励生负责政治教育。这支队伍按上级"把武装常备队办成军校一样，培养武装斗争骨干"的指示，进行了为期三个月的脱产训练。

11月10日，以小洞武装常备队为基础建立起来的高明人民抗日游击队第三大队在此举行成立大会，大队长黄仕聪，政治委员郑锦波。1945年1月20日，改编为广东人民抗日解放军第三团，团长黄仕聪，政治委员郑锦波（先）、陈春霖（后）。司令部设于此处。

高明人民抗日游击队第三大队成立时，中区纵队司令员林锵云同志一行曾到此处视察工作。

12月22日至25日，高明县第二区人民行政委员会代表会议在此举行。中区纵队政治部主任刘田夫亲自起草施政纲领，并在会上做报告。代表一致通过了"抗日、团结、民主、进步"的施政纲领和第二区人民行政委员会的组织章程；

决定小洞梁氏宗祠为第二区人民行政委员会址；选举产生了第二区人民行政委员会的领导人，阮贞元为主席（区长），陈殿超（陈权）为副主席（副区长），黄之锦、陈励生、谭宝荃、黄懋忠等十多人为委员。

该处真实反映了中共中区、中共高明地方组织在抗日战争时期领导高明人民开展抗日武装斗争、建立抗日民主政权的一段历史。

1957年，该村被高明县人民政府确定为"抗日根据地"。2010年8月13日，被佛山市高明区人民政府确定为高明区文物保护单位。

革命烈士纪念堂

【地址】

位于广东省佛山市高明区更合镇小洞村委会新村后山岗西南端。

【现况】

1971年年初奠基,1973年冬落成。坐东北向西南。前为三层砖混结构楼房,后为砖瓦木结构平房。面阔21.5米,总进深53.7米,建筑面积1567平方米。占地面积约2802平方米。

【文物概况】

小洞是抗日根据地、革命老区。是中共高明地方组织、地方武装和地方政权建立的地方,是高明地区革命斗争重要活动场所之一。

1926年7月,这里已成立了农民协会和农民自卫军,90%的农民参加了农民协会组织。

1932年下半年,这里出现了进步团体"激鸣社",自发与土豪劣绅、贪官污吏做斗争,向旧社会制度宣战。

1935年9月,党的外围组织"三小"力社小洞分社在这里落地生根,小洞人民肩负起党的使命,用了三年时间,初步建成了抗日根据地。

1939年3月,具有重要历史意义的中共高明第一次代表会议在此胜利召开,产生了中共高明县委员会。

革命烈士纪念堂

1942年夏,党领导小洞人民开展了两年多"抗租保佃、誓死保卫佃耕权"斗争,取得了经济、政治双胜利。

1944年9月,抗日斗争进入高潮。小洞人民高举抗日武装大旗,在此成立了小洞抗日武装自卫大队、小洞武装常备队。

11月10日,高明人民抗日游击队第三大队在此举行成立大会。

12月22～25日,高明县第二区人民行政委员会在此成立。

1947年2月,恢复公开武装斗争以来,小洞人民积极开展反"三征"斗争,并参加破仓分粮、借粮救荒、借枪自卫、减租减息、巩固老区等一系列斗争,最后,获得彻底解放，翻身做了主人。

在抗日战争和解放战争中，小洞有70%以上的群众直接或间接参加了革命。59人加入了中国共产党（其中，抗日战争时期32人，解放战争时期27人），近150人参军上战场（其中，抗日战争时期50多人，解放战争时期90多人），涌现出了许许多多英雄人物和英雄事迹，为中国人民的解放事业做出了很大贡献。在这艰苦卓绝的年代里，小洞人民做出了很大的牺牲，先后遭到国民党反动派数十次疯狂"围剿"和残酷镇压，饱受"烧、杀、抢"三光政策的荼毒，十多人被枪杀、烧死，48人被捕入狱，20多人被打伤致残，约200人被羁押审讯，300多间房屋被焚毁，一大批粮食、财物、家禽牲畜被掠夺，损失极为惨重。

为缅怀革命先烈，纪念在小洞发生的一系列革命活动及事迹，纪念小洞人民用鲜血和生命谱写的光辉历史，彰显革命精神，小洞人民经多方筹措、集资及政府资助，建此纪念堂。

小洞革命烈士纪念堂是革命传统教育基地，是研究高明近代革命历史的实物资料。

2010年8月13日，小洞革命烈士纪念堂被佛山市高明区人民政府公布为高明区文物保护单位。

附三　革命时期小洞历年被捕（害）人员名单

被捕			被害		坐牢		出狱时间	被捕理由
姓名	时间	地点	时间	地点	时长	地点		
陈革	1937年2月	塘角村	—	—	3-4天	更楼区公所	1937年2月中旬	反催粮
梁景光、梁志伦、梁光、梁芬、梁任、梁潮、梁润晚、梁学燊、梁儒林、梁义昌、梁锡祥等16人	1940年2月7日（除夕）	军屯村			3个半月	明城监狱	1940年5月下旬	督率子弟围殴警察
陈定、梁佐明、黄杰等3人	1943年4月	军屯村			4-5天	更楼区公所	1943年4月	带领佃户抗租
梁锐	1943年9月	军屯村			5-6天	更楼区公所	1943年9月	拖交征兵款
梁锐	1944年2月	军屯村			3-4天	更楼区公所	1944年2月	拒绝按交租新规签字
梁莉	1945年2月22日	蕉山村			10个月	新兴监狱	1945年12月	蕉山战斗
陈三苟	1945年5月13日	更楼圩	1945年5月17日	吉受大坪	4天	更楼联防队		拒绝供出游击队活动
陈定	1945年5月29日	万屋、石贝之间山坑	1945年6月6日	珠塘大坪	9天	国民党473团珠塘临时监狱		参加共产党活动
陈骚	1945年5月29日	塘角村	—	—	20多天	473团珠塘监狱	6月下旬	疑为游击队员
陈妹	1945年5月31日	悦塘村	1945年6月7日	吉受大坪	7天			游击队员
陈文	1945年5月31日	塘角村			7个半月	先押珠塘473团监狱，后押新兴监狱	1945年12月	疑为游击队员
梁景光	1945年5月31日	军屯村			7个半月		1945年12月下旬	疑为游击队员
陈昌、陈良、陈南、陈达元、陈棯、陈元、陈风海等7人	1945年6月上旬	塘角村			约半个月	473团珠塘临时监狱	1945年6月下旬交款担保出狱	疑为游击队员
陈次	1945年6月上旬	麦边村			半个月			
陈棠	1945年6月15日	塘角村			10多天			
黎四	1946年9月8日	塘角村			5个多月	明城监狱	1947年2月	通辑犯家属
罗灶	1946年9月8日	军屯村			4个多月		1947年1月	
陈玉田	1945年11月	塘角村			13个月	先后押到467团更楼营部、宅梧团部、水口师部、江门军部、明城监狱	1946年12月	疑为"共党"分子
陈超元	1945年11月	塘角村			8个月		1946年6月	五户联保受牵连
陈家	1945年11月	塘角村			6个月		1946年3月死在狱中	
陈良、陈江	1945年11月	塘角村			8个月		1946年6月	
梁锐		军屯村			13个月			疑为游击队员
梁扳		军屯村			2天	467团更楼营部	1945年11月	保长受牵连
梁波	1947年2月	宅梧矮岭			2年4个月	先后押到明城、肇庆监狱，后到广州刑事法庭	1949年4月	疑为"共党"分子

革命烈士纪念碑

革命烈士纪念碑

【地址】

位于广东省佛山市高明区更合镇小洞村委会新村后山革命烈士纪念堂前的广场中央。

【现况】

20世纪50年代中期,此碑建于军屯村斜对面的大角小山岗顶部,碑上刻有陈定、陈妹、陈光烈士名字。后于1971年搬迁至现址重建。坐西南向东北。占地面积约400平方米。

该纪念碑高约7米,由底座和碑身组成,砖混结构。底座为四方体,边长3.7米,高0.57米。碑身为四棱锥体状,分上、下两部分。下部正面镶嵌一块雕刻着"烈士碑志"的黑色大理石,记载着陈定、陈妹两位烈士的革命事迹,其他三面各镶嵌一块雕刻着"毛主席语录"的黑色大理石。上部正面和背面都塑有"革命烈士永垂不朽"八个大字。碑顶竖立着一个红色五角星。

小洞革命烈士纪念碑,已成为革命传统教育史料。2010年8月13日,被佛山市高明区人民政府公布为高明区文物保护单位。

大奎阁

大奎阁

【地址】

位于广东省佛山市高明区更合镇小洞村委会北偏东回马岭山脚下秀丽的山水田园间，俗称"文笔"，为民间风水塔。

【现况】

始建于清道光元年（1821）之前，七社共建，民国十年（1921）重修。午向。呈平面六角形的两层仿楼阁式空心砖塔，塔顶为陶质葫芦顶，檐口为黄釉琉璃瓦当，青砖墙，塔高10米。

首层边长2.56米，墙厚0.63米，面积13.5平方米。有木构踏跺。正门门楣上方镶嵌着一块长1.78米、宽0.5米，雕刻有"凤起蛟腾"四个字的花岗岩石匾。檐下塑有宽0.5米的六组花卉植物图案及诗句。

二层正面有一圆窗，上方呈品字形塑有"大奎阁"三个字，两侧塑有一副楹联，上联"奎光辉七社"，下联"灵秀毓群英"。檐下绘有六组飞禽走兽、花鸟鱼虫之类彩绘图案（现已剥落）。

塔右前方约10米处，有一直径为5～7米椭圆形洗笔池（现已毁）。

【文物概况】

1921年重修时，在原基础上采用民间传统工艺，从底部往上，层层加厚加固，造工精细，质量上乘，达到了坚实稳固的目的。其是目前高明地区保存较完整的一座别具一格的风水砖塔，具有一定的历史价值和艺术价值。

2010年10月13日，大奎阁被佛山市高明区人民政府公布为高明区文物保护单位。

【参加维修人员名单】

麦边村：李旺

盘石村：黄森、黄子芳

军屯村：梁润光、梁广

塘角村：陈耀天、？

新村：陈亨、陈居

悦塘村：陈佐登、陈经

明晖堂

明晖堂

【地址】

位于广东省佛山市高明区更合镇小洞村委会军屯村村后面。

【现况】

建于清道光二十年（1840）前后，坐南向北。三开间，面阔16米，总进深16米，建筑面积296平方米。正面为青砖墙，后为夯土墙砖瓦木结构房屋。曾于1988年左右进行部分修葺，东侧间于2017年倒塌，其余部分仍基本保持原貌。

【文物概况】

从 1935 年 9 月起,小洞人民革命斗争的发动者陈耀聪长驻该村,以此处为据点,深入到群众中宣传革命道理,潜心培养了一批革命骨干。

1936 年至 1937 年间,中共"三小"支部书记李守纯、组织委员黄之祯和黄仕聪多次来到此处,给陈耀聪、梁清贵、梁培、梁才、梁扳、梁甲友、梁六、梁炳新等先进分子上党课,增加他们的关于党的基本知识,提高他们的阶级觉悟,使这些青年成为小洞首批加入党组织的共产党员。

1942 年夏至 1944 年 8 月,党领导小洞人民开展"抗租保佃,誓死保卫佃耕权"斗争。这里是这场斗争的临时指挥所。

1944 年 10 月至 12 月,中共高明地方组织接连组织"倒钟"运动、建立地方武装和地方政权时,中区纵队政治部主任刘田夫、中区副特派员郑锦波、中共高明特派员冯华等领导同志在此组织部署工作。这里成了临时指挥部。

1946 年 9 月至 10 月间,中共高明特派员到此接收和恢复中共小洞支部组织关系。此后,这里成为中共小洞支部领导小洞人民开展反"三征"、破仓分粮、借粮救荒、减租减息和建立乡村政权的主要活动地方。

明晖堂曾是小洞人民革命斗争活动场所之一,是研究小洞人民革命斗争史的实物资料。

震兴庙

震兴庙

【地址】

位于小洞军屯村下关,"甲位"(见光绪二十年《高明县志》点注本,卷十六杂志篇庵堂庙宇)。即在军屯村村东侧首位,距梁氏宗祠70~80米处。

【现况】

始建于清道光元年(1821)之前。坐南向北。青砖墙,砖瓦木结构二进庙宇。总面阔7.3米,总进深10.0米,建筑面积73平方米。东侧建有一间6.2米×3.0米更房,庙与更房之间有一条宽约

0.7米的冷巷隔开，且有侧门连通。民国二十二年岁次孟冬吉旦（1933年12月）重修。1956年下半年，改建做校舍，破坏了原貌，只保留正门"震兴庙"三个字及维修日期，字迹仍清晰可辨。

【文物概况】

震兴庙是一间北帝庙，供奉一尊真武大帝（又称玄天上帝、玄武大帝等，全称真武荡魔大帝）木雕像（60厘米×90厘米）。民间传说真武大帝形象威武，其身长百尺，披散着头发，金锁甲胄，脚下踏着五色灵龟，按剑而立，眼如电光，身边侍立着龟蛇二将及记录着三界功过、善恶的金童玉女。

震兴庙

据本族作霖梁公于 1920 年上半年修谱记载,小洞历年均有举办多项民间传统活动的习俗,如北帝会、丰登会、灯会、文昌会(在塘角文昌宫)、圣会和七社建醮(俗称"做功德",逢 10 年一次,1948 年农历十月为最后一次)等活动。

每年农历三月三是真武大帝诞辰的日子。新中国成立前,举办北帝会(即北帝诞)是村中不可缺少的一项祀神庆典。当天,村民举行设醮肃拜、北帝巡游、演戏酬神、北帝坐祠堂等仪式,进行一系列隆重而热烈的贺诞活动。

震兴庙偏离民居,较为僻静、隐蔽。抗日战争和解放战争期间,中共小洞支部曾把此处作为革命活动场所之一。1949 年 5 月,高明二区建立人民政权后,曾在此处印制及发行粮税代用券。1957 年后,这里先后做过小洞小学课室、商店和医疗卫生站。

粮税代用券样式

小洞风云
——红色革命史

XiaoDong FengYun

中共小洞村委员会 编

·广州·

目录

烈士篇

陈三苟烈士简介 ……………………………………………… 3

陈定烈士生平简介 …………………………………………… 6

忆陈定同志二三事 …………………………………………… 11

怀念陈定、陈妹二烈士 ……………………………………… 12

把青春献给人民的解放事业

  ——记革命烈士陈妹 ……………………………… 15

陈妹烈士生平简介 …………………………………………… 18

陈妹烈士的一生 ……………………………………………… 25

为人民得解放,愿把头颅抛

  ——陈三娥忆陈妹被杀害经过 …………………… 28

陈耀聪(陈光)烈士生平简介 ……………………………… 31

小洞人民永远怀念您

  ——忆小洞人民为陈光同志举行的隆重葬礼 ………… 38

人物篇

陈革同志生平简介……………………………………43

叶琪同志生平简介……………………………………51

黄之锦同志生平简介…………………………………61

梁清贵同志生平简介…………………………………69

梁培同志生平简介……………………………………72

梁才同志生平简介……………………………………74

梁扳同志生平简介……………………………………77

梁光明同志生平简介…………………………………82

梁炳新同志生平简介…………………………………89

梁六同志生平简介……………………………………92

陈会群同志生平简介…………………………………95

梁波同志生平简介……………………………………98

梁金同志生平简介……………………………………104

梁景光同志生平简介 …………………………… 110

陈松同志生平简介 ……………………………… 116

陈意同志生平简介 ……………………………… 121

陈二娥同志生平简介 …………………………… 124

陈五妹同志生平简介 …………………………… 127

陈三娥同志生平简介 …………………………… 131

陈灶同志生平简介 ……………………………… 136

陈庆同志生平简介 ……………………………… 138

陈趁同志生平简介 ……………………………… 140

梁端同志生平简介 ……………………………… 144

陈荫同志生平简介 ……………………………… 148

黄荣同志生平简介 ……………………………… 151

仇羡真同志生平简介 …………………………… 155

梁莉同志生平简介 ……………………………… 159

陈荣同志生平简介 ……………………………… 164

梁奴同志生平简介 ……………………………… 168

陈苟同志生平简介……172

陈虾同志生平简介……176

陈翰同志生平简介……180

梁锐同志生平简介……184

陈根同志生平简介……189

陈励同志生平简介……192

陈少同志生平简介……198

梁欧新同志生平简介……206

梁汝扳同志生平简介……209

梁锡祥同志生平简介……213

李开同志生平简介……215

李胜同志生平简介……218

陈新同志生平简介……221

陈祐同志生平简介……224

陈添同志生平简介……228

黄福同志生平简介……232

黄来仔同志生平简介 ……………………………… 237

陈庚同志生平简介 ………………………………… 241

陈元基同志生平简介 ……………………………… 243

陈新同志生平简介 ………………………………… 245

陈森同志生平简介 ………………………………… 248

梁就同志生平简介 ………………………………… 251

梁植森同志生平简介 ……………………………… 253

罗瑞莲同志生平简介 ……………………………… 255

梁星同志生平简介 ………………………………… 258

梁二英同志生平简介 ……………………………… 260

陈田同志生平简介 ………………………………… 262

陈登同志生平简介 ………………………………… 264

陈容同志生平简介 ………………………………… 267

梁拉同志生平简介 ………………………………… 269

梁芬同志生平简介 ………………………………… 271

梁湛同志生平简介 ………………………………… 273

麦三同志生平简介 …………………………………… 275

许珍彩同志生平简介 ………………………………… 277

陈开南同志生平简介 ………………………………… 279

梁娥同志生平简介 …………………………………… 282

陈兰同志生平简介 …………………………………… 285

陈月娥同志生平简介 ………………………………… 288

陈贵同志生平简介 …………………………………… 290

梁国元同志生平简介 ………………………………… 292

梁恩同志生平简介 …………………………………… 294

梁芳同志生平简介 …………………………………… 296

梁秋同志生平简介 …………………………………… 299

梁敬同志生平简介 …………………………………… 302

梁义新同志生平简介 ………………………………… 305

陈应才同志生平简介 ………………………………… 307

陈清同志生平简介 …………………………………… 310

梁水棠同志生平简介 ………………………………… 312

陈沃初同志生平简介 …………………………………………… 314

梁连同志生平简介 ……………………………………………… 317

陈明同志生平简介 ……………………………………………… 319

陈恒同志生平简介 ……………………………………………… 321

陈财同志生平简介 ……………………………………………… 324

梁庆祥同志生平简介 …………………………………………… 326

梁荣枝同志生平简介 …………………………………………… 328

梁照同志生平简介 ……………………………………………… 330

小洞革命大事记 ………………………………………………… 333

参考文献 ………………………………………………………… 346

后记 ……………………………………………………………… 347

烈士篇

陈三苟① 烈士简介

陈三苟

　　陈三苟同志生于小洞塘角村的一个穷苦农民家庭里。因为家穷，读了不到三年书，就回家看牛、耕田，做其他农活了。

　　1935年9月，小洞掀起了轰轰烈烈的革命运动，大多数群众纷纷起来闹革命，受革命形势影响，陈三苟全家都拥护和支持革命。哥哥陈苟秘密加入了党组织，弟弟陈荣参加了游击队，他本人也是积极分子，经常参加反压迫反剥削反苛捐杂税等斗争，还经常参与送信、送情报以及掩护革命同志等活动。

　　1944年年底开始，国民党军队及地方反动联防队经常进入小洞抗日

---

① 陈三苟（1914年—1945年5月），男，汉族，初小文化，高明区更合镇小洞塘角村人。20世纪70年代被追认为革命烈士（见广东省民政厅编《广东省革命烈士英名录》第七卷，1982年版）。

根据地，展开疯狂的大扫荡行动，大肆捕捉革命人士和游击队员。弟弟陈荣被列为缉捕对象。陈三苟和他父亲受到牵连，也被更楼联防队盯上，成为敌人重点监视和打击的对象之一。

  1945年5月13日（农历四月初二），陈三苟家里没有油盐了。他按父亲的吩咐，装了两箩半稻谷，挑去更楼圩卖掉换了钱，走进一间杂货铺买了些油盐。当他满心欢喜地走出店铺，正要往家里赶的时候，突然，听到身后有人大声叫喊："捉住前面那个单眼的小洞人。"陈三苟立刻明白过来，原来自己已被敌人盯上了。于是，加快脚步转入横街，拼命向过罗丹的桥头奔跑，想甩掉敌人。快到桥头时，他临时改变主意，迅速闪进一家熟人开的缸瓦铺躲了起来。陈三苟前脚刚进去，抓捕他的那班人后脚就赶到了。他们不顾店主的极力阻拦，凶神恶煞地直接冲入缸瓦铺搜查，不多时就把陈三苟捉住带走了。

  店主认得抓陈三苟的这帮家伙是更楼联防队的人，他扯住一名小头目小声打探："为什么在光天化日之下抓人，陈三苟到底犯了什么事？"这个小头目神秘兮兮地向店主透露："陈三苟'通共'，常为'共匪'办事，我们早把他盯上了，这是梁子珍的命令。"

  陈三苟被捉的消息传回小洞塘角村，陈三苟父亲对国民党的恶行恨得咬牙切齿，马上找多位兄弟商量解救办法。大家认为要马上准备些赎金，第二天去赎人。次日，陈三苟父亲派了几位兄弟，带上赎金到了更楼联防队接洽，要求放人，却遭到了更楼联防队的一番训斥。几位兄弟还听到冰冷刺耳的话语："上头有令，不准放走陈三苟，他全家'通匪'，同政府作对，弟弟还去参加游击队，这次是专门拿陈三苟的人头来祭旗的。"到联防队担保的几位兄弟听到了这番话，心都凉透了，十分绝望。

  之后，敌人对陈三苟进行了严酷的审问，企图从陈三苟的嘴里得到一些有关小洞地下党的消息。可是，陈三苟宁死不屈，绝不透露党的秘密。反而大骂梁子珍一伙作恶多端、残害百姓。梁子珍等被骂得狗血淋头，恼羞成怒。这个双手沾满了人民鲜血的梁子珍，竟然手令拿无辜的陈三苟"祭旗"。

5月17日（农历四月初六），陈三苟被国民党反动当局押到更楼吉受大坪残忍地杀害了，时年只有31岁。

本文由陈三苟侄儿陈强口述，梁诚金整理

陈定① 烈士生平简介

陈定

陈定同志出生于小洞塘角村的一个贫苦农民家庭里，年少时当过泥水工学徒，出师后成为一名出色的泥水师傅，曾与同行结伴到处承接建筑工程。

1925年，在广州加入了行业工会组织，6月参加了省港大罢工。1927年12月，参加广州起义，起义失败后回家乡务农。

1932年下半年，与陈励生、陈耀聪、叶琪、黄之锦等来往非常密切，支持陈耀聪等人结盟成立"激鸣社"的革命行动。

---

① 陈定（1887年—1945年6月），又名陈家祥。男，汉族，初小文化，高明区更合镇小洞塘角村人。1935年9月参加革命，1938年12月加入中国共产党；1945年6月6日，在更楼珠塘大坪遭国民党杀害，被追认为革命烈士。

1935年9月,加入"三小"力社小洞分社,积极协助陈耀聪发展力社组织,带头参加反抽壮丁、反钉门牌、反催粮、反苛捐杂税等斗争,并积极投身到抗日救亡运动中去。

1936年,按分工全力协助陈耀聪培养革命骨干。同时积极协助陈励生(陈革)开办夜校,成立醒狮队伍。年底,参加了小洞进步教师陈励生、陈耀聪、叶琪、梁佐明、陈耀基等组织小洞人民第一次同国民党当局进行的反催粮斗争。

1937年5月,参加了"三小"地下党领导的,由叶琪、黄之锦带头发动组织的更合地区80多条村庄组成的"饥民请愿团"。被选为23名代表之一,代表3000多农民到高明县府请愿,向当局要粮赈济灾民。

1938年5月,带头加入民众自卫团小洞中队和青年抗敌同志会组织。12月,由陈励生介绍加入中国共产党。

1939年1月,广东省动员委员会战时工作队(即"广东青年抗日先锋队")130队进驻小洞,开展大规模轰轰烈烈的抗日救亡宣传活动。陈定积极协助130队工作,主动发动塘角村男女青年参加夜校学习和加入青、妇抗会组织,培养了陈赖、陈荣等30多名进步青年,引导他们走上革命的道路。5、6月(农历四月)和梁扳、陈松等一起,协助陈励生领导小洞人民进行"封江自救、虎口夺粮"斗争,带领上百群众追截已运出去的粮食,在镇江庙附近夺回了2000多斤稻谷。

下半年,新兴县水台布茅、布凌两村的梁、陈两姓发生尖锐的宗族矛盾,几乎发生械斗。为了支持新兴县水台地区开展革命活动,应布凌力社社员、革命骨干分子陈康林等的要求,中共小洞支部派陈定代表小洞梁、陈两姓族兄弟前往调解。陈定深入了解情况后,对布茅、布凌两姓兄弟动之以情、晓之以理,细致地做了大量的说服工作,提醒他们切莫上少数坏人的当,做出亲者痛、仇者快的行为,促使梁、陈两村兄弟和好,尖锐的矛盾得到了平息,避免了一场流血事件的发生。

10月，接任塘角村党小组组长，参加了县委书记龙世雄在和平学校举办的党员训练班学习。

1940年10月至1942年6月间，因受国民党顽固派反共逆流的冲击，上级党组织把已暴露身份的中共更楼区委委员叶琪、陈励生，小洞支部书记陈耀聪、支部委员梁景光、梁清贵等调离小洞，转移到新兴县各地隐蔽。陈定、梁扳肩负起革命担子，主动同驻在小洞开展革命活动的县委领导人黄文康、陈春霖、郑桥等同志秘密联系，接受党的指示，带领小洞的共产党员继续坚持地下活动。

1941年春，中共中区特委兼中共高明县委书记的陈春霖携妻儿来到高明，住在小洞塘角村。当时国民党顽固派掀起了新的反共高潮，时局日趋逆转，形势十分险恶，经济相当困难。为了使上级领导安心开展工作，陈定对领导的生活及安全方面考虑得十分细致和周到。当看到陈春霖只有几个月的儿子因缺乏营养而面黄肌瘦时，十分揪心，马上发动党小组的成员捐助。在陈定的号召下，党小组的成员、塘角村的群众纷纷伸出援手，使陈春霖儿子营养不足的难题得到了解决。为了使郑桥有一个合法的身份做掩护，陈定亲自跑更楼安太乡公所，为郑桥冒领了一个"陈安"的身份。为了解决领导的吃饭和活动经费，陈定主动承耕五亩"鬼田"，鬼田收成所得和自己的一亩收成所得，全数交给党组织。一次，陈春霖要出远门参加一个重要会议，可是身上分文，陈定知道后，立即把自己家的牛牵去卖掉，将得款交到陈春霖的手上，才使陈春霖得以成行。此外，每逢领导召开会议或会见客人时，陈定夫妇都必定出来站岗放哨，时刻保护领导及同志们的安全。

1942年夏，高明县县长钟歧刚上任不久，便勾结更楼鳌云书院清平堡、永义堂的地主豪绅，在秋收前，向佃户颁布实行"三改"新规，即把以往的收租惯例"临田议租、登门收租、湿谷过秤"改为"定租、送租、干谷过秤"，并声称"抗租者剥夺佃耕权"。当局的这一做法，直接侵害了广大佃户的利益，激起了广大佃户的不满，遭到了广大佃户的反对。陈定收集了广大佃户的意见，及时向县委书记做了汇报。郑桥十分重视，决定把这件事作为最大的斗争来抓。紧急从新兴县抽调梁景光返回小洞主持支部工作，吸纳陈定、梁扳、陈会群为支部委员，健全支部领导作用。在郑桥的直接指导下，小洞人民团结一心，坚持了近三年的"抗租保佃，誓死保卫佃耕权"斗争。在整个斗争过程中，陈定始终站在斗争的第一线，起着主心骨的作用。他大胆揭露钟歧一伙的阴谋，与当局辩理，为佃户的利益据理力争。当局理屈词穷、恼羞成怒，诬陷陈定"造反"，把敢于出头的陈定、梁佐明、黄杰三人捆绑、关押起来。陈定被释放出来后，仍然站在斗争最前线，不怕坐牢，不惧恐吓，带领群众与国民党当局及当地的土豪劣绅展开了多次反复激烈的较量，为取得这场斗争的胜利，鼓舞群众的斗志和信心起到了重要的作用。

1944年9月，日军过境高明，陈定积极支持和协助叶琪成立300多人的小洞抗日武装自卫大队，随时抵御日军的入侵。日军过境后，又密切配合叶琪、陈励生将小洞抗日武装自卫大队加以调整，创建了一支有21人的常备武装队伍——小洞武装常备队。并带头加入这支队伍，不顾自己已经57岁了，仍与年轻的队员一起坚持参加全脱产训练3个月。其间，积极参加"倒钟"运动，为打倒钟歧做了大量的群众工作。10月23、24日和小洞武装常备队一起，加入"倒钟"主力队伍，势如破竹地攻陷了明城钟歧的老巢。11月10日，加入了高明人民抗日游击队，被安排到第三大队（后为第三团）小洞交通总站担任交通员工作，专门与中区纵队司令部（后为广东人民抗日解放军司令部）直接联系的特殊交通员（高明特派员冯华称为政治交通员）。在执行任务过程中，常常担着灰斗扮作"泥水佬"，或拿着牛鞭扮成"牛贩佬"，活跃在新高鹤地区的皂幕山、老香山之间，甚至到达新会、新兴、台山等地，为保持第三团司令部与广东人民抗日解放军司令部之间的联系做出了非凡的贡献。

1945年2月后，国民党实施第二期"清剿"行动，调集了上万兵力对粤中地区的广东人民抗日解放军展开了大规模的疯狂进攻。5月中旬,第三团在皂幕山战斗中失利,大部分战士被打散。司令部督导组指导员郭标命令各基层组织,负责收容第三团失散战士及伤病员。陈定执行上级的指示,到处联络失散的同志,5月下旬,到万屋寻找失散的战士。29日天亮时,被敌人包围,因撤退不及,在万屋与石贝之间的山坑不幸被捕,被押到更楼珠塘村的158师473团临时指挥部监禁。在监禁期间,敌军耍尽各种阴谋手段,陈定始终坚贞不屈,绝不向敌人低头,绝不出卖革命和同志。直到6月6日,敌军仍对陈定束手无策,将陈定押到更楼珠塘大坪杀害。

陈定同志秉性刚强、行侠仗义、乐于助人。为革命具有大公无私、不怕牺牲的高贵品格,深受小洞人民群众的爱戴,是小洞人民革命的骨干之一。

本文根据陈定同志亲属提供资料及部分革命前辈回忆文章资料整理

忆陈定同志二三事

中共高明特派员·郑 桥

1941年春,我第一次与陈定见面,知道他没有儿女,我对他说:"有的同志难以抚养儿女,可否送个给你作为你的儿女抚养?"他说:"共产党员以天下为己任,四海为家,别的同志的儿女,我可以代为抚养,不一定作为我个人的儿女。只要我死后,党能为我在坟前立个碑,写上共产党员陈定之墓,我就心满意足了。"我听了,很受感动,陈定对我们的生活甚为关心,在艰苦的年月里,我们穿衣吃饭都成为一个大问题。陈定对我提出,你们的生活要想点办法,小洞有几亩"鬼田",据说,谁耕了这"鬼田"谁就倒霉。现在丢荒了,请组织筹些钱,以低价买过来,由我来耕,我是不信鬼、不信邪的,可将每年收获的谷物补贴你们的生活。后来,由小洞党支部及其他方面筹了些钱,买了这几亩田过来,并由陈定耕种,他将每年收获的谷物交给党组织。当时,陈春霖的家庭安置在陈定的家里,陈定也是尽心尽力照顾。这是多么高尚的情操啊!陈定于1945年农历四月不幸被敌逮捕,临刑时高呼"中国共产党万岁!"陈定烈士,无愧于共产党员的光荣称号。

本文节选自中共高明市委党史研究室《高明党史资料》第二辑(第30页)

怀念陈定、陈妹二烈士

梁景光

一、关于陈定烈士的回忆

陈定出身于贫农家庭，是一个勤劳的人，念过两年书。少年时候就当泥水学徒，出师后在广州成为一个颇为出色的泥水师傅，组织一班同行承接建筑工程。他那时候较有威望，曾参加过大革命时期的工人运动，去惠州打军阀陈炯明，白色恐怖时退回县城和农村，进行建筑工作，最后回到家乡半耕半工。陈定生前有四个小孩，因为痘疫传染，四个小孩都染上痘疫（天花），一天死了两个，他用一箩担担去埋葬。不久连剩下的两个小孩也死掉了。他们的遭遇很悲惨，夫妇两人抱头痛哭，哭声撕肝裂胆。二人心灰意冷，感到做人已无希望。七七卢沟桥事变爆发后，全国抗日救国总动员，兴起抗战高潮。到处有宣传队进行宣传，尤其是我们"三小"学校共产党组织，发动群众扩大宣传教育，提高群众思想认识，经常派同学夜间宣传，李守纯深入穷乡僻壤的小洞进行抗日宣传。那时，陈定从生活无出路的沉沦中觉醒过来，思考怎样为国家出力，打倒日本帝国主义，建立自由幸福的新中国。他积极参加抗日救国宣传活动，不辞劳苦地工作。经过考验，他在1938年光荣地参加中国共产党，逐渐从丧子的悲痛失望中走了出来，同时也教育自己的爱人不要悲观。他们夫妻俩和睦友爱，视每个同志若兄弟姐妹，积极帮助每一个同志解决困难。尤其是陈春霖和郑桥住在小洞塘角村时,他对领导同志及其亲属照顾周到。他们夫妻俩是如何维持生活的呢?办法是租了祖尝田(按:一说是"鬼田")五亩多,及自己一亩合计六亩田耕种。群众看到他们二人耕那么多田,说:"定叔,你无仔无女,耕这么多田干什么?"他激昂地说:"全小洞的儿女都是我的儿女。"

1939年上半年,省抗先队130队在小洞文选楼成立分队。陈定发动青少年群众参加抗先分队。同时协助陈励生开办夜校,建立群众抗日宣传阵地,不断地联系群众,教育群众。群众有什么事情都找他商量解决。他在群众中威信很高,讲阶级教育群众很爱听。1939年夏季,组织见他耕田太辛苦,调冯华侄儿冯水养帮忙耕田,以减轻负担。

1939年下半年,新兴县布茅、布凌两村梁姓与陈姓因琐事争吵几乎发生械斗,而小洞陈、梁两姓都有,中共小洞支部派陈定为代表前往调解。最终他圆满地解决了问题,使梁、陈两姓避免了一场械斗。

1942年,鳌云书院清平堡发生田租斗争,更楼圩的地头蛇要小洞交的干谷无杂质,群众甚为愤怒。中共小洞支部决定支持反对"地头蛇"的残酷剥削,维护群众利益,开展田租斗争,陈定积极与"地头蛇"论理。"地头蛇"理屈词穷,蛮横地把陈定、梁佐明拘留在国民党区公所。陈定他们毫不动摇,后被释放回家。

1944年7月,日寇为了打通湘桂线,沿着粤中、西江向广西梧州进犯。9月11日,日寇进犯高明县境时,他积极发动群众做好武装自卫,保护人民生命财产安全。同时,教育群众防止敌人破坏,组织扶老携幼小组有计划地进山躲避。日寇过境后,国民党高明县长钟歧回来"清乡""清奸",更合地区的群众很愤怒。当时,中共地下党领导各乡力量,联合各阶层人士进行"倒钟"。陈定积极发动群众参加武装队伍,进攻明城,赶走钟歧。后来成立高明人民抗日游击队第三大队和第二区人民政权,他负责与上级领导同志进行交通联系。那时候,国民党反动派调158师及其他地方团队进攻小洞,粤中纵队司令部从鹤山宅梧挺进屏山。陈定从此负责联系司令部,日夜扑在联络交通的艰巨工作上。自从我们部队在蕉山战斗和皂幕山战斗失败后,敌158师和地方反动团队对我进行"扫荡""围剿",陈定由于在万屋、高汉、石贝隐蔽时转移不及,被敌人逮捕。那时皂幕山战斗失败后,被捕的同志都被押解去珠塘监禁。当敌人对陈定进行审讯时,问陈定是不是共产党员,他供认不讳:"是的,你有你的主义,我有我的主义,大家应该共同抗日。"并说:"小洞的事都是我陈定搞起来的,与小洞群众无关,不要乱抓小洞群众,不要冤枉他们。"敌人束手无策,便于1945年农历四月下旬把陈定同志押到更楼珠塘大坪开大会,并将他枪杀。就义前他高呼口号:"中国共产党万岁!"当时在会场的广大群众十分悲愤,下决心要为陈定同志报仇。

二、关于陈妹烈士的回忆

陈妹的家庭是十分贫困的,受地主残酷剥削,家人过着食不果腹的艰苦生活。1938年,她参加妇抗会,进行宣传活动,不久抗先队到小洞宣传抗日救国,同时在塘角文选楼成立抗先分队部,继续开设夜校读书识字班。陈妹积极参加并且发动其他群众参加。

历史上,高明县的女孩子一般10岁左右,父母就给她们订婚。与陈妹订婚的泽河村的男方已去南洋,没有回来。男方家想用一只生鸡来代替新郎结婚,陈妹坚决拒绝,宁死不嫁。那时候,高明县人民抗日游击队第三大队成立,陈妹积极参加,做炊事员工作。后部队在蕉山战斗中被敌人打散。陈妹回到家中,待联系归队。怎料在1945年农历四月中旬,国民党158师来"扫荡",到小洞乱抓群众,陈妹因被恶霸出卖而被捕。当她被解去珠塘监禁受审时,不管敌人问什么,她都闭口不言。尽管敌人十分狡猾,她都毫不动摇,宁死不屈。之后英勇就义,就义时高呼:"共产党万岁!"

本文摘自中共高明市委党史研究室《高明党史资料》第二辑(第440页),有删节

把青春献给人民的解放事业
——记革命烈士陈妹

叶琪 陈少 罗鉴泉

高明县合水区的小洞，是抗日战争时期的红色根据地。它包括塘角村、军屯村、盘石村、麦边村、悦塘村、新村 6 条村庄。这里四面环山，土地贫瘠，有 300 多户农家，祖祖辈辈在地主的盘剥下过着终年辛劳、不得温饱的生活。

1936 年间，我县地下党领导人李守纯同志，派遣"三小"毕业生陈励生回到小洞和平小学教书，开展革命活动。为提高农民文化水平，宣传革命理论，便在和平学校开办夜校，悦塘村贫苦家庭的女青年陈妹，是第一批参加夜校的人。

1938 年冬，抗日的烽火越烧越旺，省抗先队 130 队到达高明，开展抗日救国宣传活动。翌年年初，130 队会同二区"妇抗会"的同志进驻小洞，在文选楼成立抗先分队，并举办夜校识字班。陈妹和村里的青年一起积极参加学习，认识到共产党是穷人的大救星，只有跟着党闹革命，才能翻身得解放，妇女才有出头的日子。于是她带头加入抗先队，投身宣传抗日活动，还参加本乡的抗租斗争活动。1939 年冬，县委书记黄文康同志到小洞和平小学任教，开展革命活动。陈妹经常往返离家有六七公里远的集市，帮助地下党的同志购买日常生活用品，有时还把自己家的蔬菜、番薯和其他杂粮送给他们充饥。1941 年间，中区特委陈春霖携妻黄志超（黄杰明）

并襁褓中的孩子来到小洞,陈妹毫不迟疑地把家里准备用来孵小鸡的蛋送给黄姐补养身子。

1944年11月,高明人民抗日游击队第三大队(后改为第三团)成立。珠江纵队挺进部队政治部在小洞举办了妇女干部学习班,谭秀华同志负责指导。陈妹经过谭秀华的动员,参加了部队,担任炊事员的工作。她对工作极其负责,起早摸黑,不怕劳累。她常常背着沉重的炊具随着部队转战各地。每到一个地方,她总是密切联系群众,依靠群众,顺便做宣传工作。例如,部队驻扎到更楼千岁、云良等村庄,部队一进村,陈妹便带着同志们到各家各户,向群众做宣传工作,得到千岁和云良村陈连彩、陈琼等妇女群众的热情支持。同时,做好后勤工作,帮助部队准备煮饭烧水的柴草和炊具。当三团驻扎在高明与鹤山接壤的屏山、小洞一带时,陈妹每天往返五六公里到更楼圩购买瓜菜和挑运粮食。她常常打扮成农村妇女去赶集,一次又一次地避过敌人的哨兵检查,出色地完成了任务。1945年年初,国民党158师473团及地方团队1000多人,向小洞、平塘游击区大肆"扫荡",又兵分四路"围剿"我军,在癞狗山战斗中,第一、第三团500多人,坚守阵地,多次击溃敌人的疯狂进攻。陈妹参加了这次战斗,不顾猛烈的炮火的轰击,坚持煮饭,送茶水,直至战斗结束。

1945年5月30日,陈妹积劳患病回家医治。不料第二天凌晨,国民党顽固派保安第八大队及地方反动团队到小洞"围剿"。天亮时敌人进村,大肆抢掠,到处搜查我抗日战士。陈妹被困在家里,来不及转移,只好躲藏在一间破烂的放草灰的屋内。她的母亲用山草将她盖住,以做隐蔽。后被村里反动分子陈佐登告密,陈妹不幸被捕。她十多岁的弟弟陈牛也被敌人捆绑在祠堂的顶梁柱上,被枪头撞晕,倒在地上。当天,陈妹被押解到更楼及国民党顽军158师驻地。监禁期间,敌人对陈妹进行多次审讯,严刑拷打,威逼利诱,妄图从她口中得出我党我军的活动情况,但陈妹宁死不屈,始终没有吐露一点实情。敌人黔驴技穷,恼羞成怒,于6月7日下午,把她押到更楼圩附近的大坪枪杀了。就义时,陈妹同志大义凛然,视死如归,表现了大无畏的英雄气概。陈妹同志壮烈牺牲时,年仅19岁。她的一生是短暂的,但她高尚的革命品德永远为后人所敬佩,小洞人民在陈妹烈士的碑志中写道:"共产党员(追认)陈妹同志赤肝义胆,为党为人民的解放事业献出宝贵的生命,她的壮烈事迹,可歌可泣,不愧为中华民族的优秀女儿。"

本文摘自高明县妇联、中共高明市委党史办公室《沧江女儿》(第58页)

陈妹① 烈士生平简介

陈妹

  陈妹同志生于小洞悦塘村的一个十分贫寒的家庭里。6岁时父亲因病去世，留下她、母亲及弟弟陈牛，全凭母亲上山割草砍柴卖钱度日，日子过得相当艰难。"穷人的孩子早当家。"陈妹自小十分懂事，除了带好弟弟外，还做家务，学会了编织草席贴补家用。

  1936年年初，陈励生奉"三小"地下党领导人李守纯的指示，回到小洞和平学校开办夜校，培养革命骨干。为了发展和培养妇女骨干，陈励生动员悦塘村陈三娥等四名女青年去夜校读书。过了不久，11岁的陈

---

① 陈妹（1926年5月—1945年6月），女，汉族，初小文化，高明区更合镇小洞悦塘村人。1939年11月参加革命；1945年6月惨遭杀害，被追认为中国共产党正式党员，革命烈士。

妹知道了陈三娥等到和平学校上夜校读书的事，也跟着这些大姐姐到夜校读书识字，一直坚持了好几年。其间，她曾经跟随沧江剧团小洞演出队下乡进行抗日救亡宣传，也经常跟随大姐姐们一起参加力社小洞分社组织的反苛捐杂税的斗争。通过几年读书识字和革命思想的熏陶，陈妹认识了不少字，懂得了不少革命道理，坚定了跟着共产党走的坚定信念。

  1939年1月，省抗先队130队进驻小洞，轰轰烈烈地开展大规模的抗日救亡宣传活动，帮助中共小洞支部培养革命骨干；发展青、妇抗会组织；开办识字班，向群众灌输革命道理；成立歌咏队，以唱歌形式激励民众的抗战热情，鼓舞群众的抗战信心。陈妹加入了130队与沧江剧团小洞演出队联合组成的歌咏队，积极到各村庄表演，和民众打成一片，增进与群众的阶级感情。

  同年10月，国民党顽固派实行"溶共、防共、限共、反共"政策，反共逆流开始向高明袭来。中共高明县委做出"政治上反击，组织上撤退"的应变策略。刚接任县委书记的黄文康和李参、陈学勤等一批共产党员转入地下，先后被安排到小洞和平学校教书，以教师的职业作掩护开展革命活动。他们在各方面都受到了一定的限制，生活上遇到了不少困难。陈妹知道和平学校的教师都是好人，时时关心他们的生活，主动为他们做些力所能及的工作，经常去更楼圩场、集市替他们购买食物及一些生活用品，甚至把家中的瓜菜、杂粮送给和平学校的老师，帮助他们解决生活上的困难。

  1941年春，中共中区特委陈春霖携妻黄志超（黄志明）及儿子来到小洞，住在塘角村，领导高明开展革命活动。当时环境十分恶劣，生活条件相当艰苦，他们连饭都吃不饱。陈春霖夫妇刚出生不久的儿子正嗷嗷待哺，育儿成了大问题。塘角村党小组组长陈定。党员仇羡真发动党员想办法请大家捐助。陈妹知道后，毫不迟疑地把家中用来孵小鸡的鸡蛋全部送给黄姐。后来，悦塘村陈三娥发起了织席卖钱接济黄姐的育儿活动。大家考虑到陈妹家境贫寒，瞒着不让她参加，但此事还是被她知道了,她非参加不可,且态度十分坚决。陈三娥等姐妹只好向她做出让步,让她一起参加活动,大家共同帮助黄姐他们渡过育儿难关。

1944年10月,中共中区在鹤山县云乡举办党员训练班。中共小洞支部把上进心强、思想好、积极肯干的陈妹作为入党培养对象,送到了云乡党员训练班学习。

同年12月初,中区纵队政治部在小洞举办中区妇女骨干训练班。该队副指导员谭秀华动员陈妹参加部队。父母此前把陈妹许配给泽河村石龙坊的一男子。这个时候,男家前来催婚。因"新郎"去了外埠(外国),他们想用一只生鸡代替新郎与陈妹拜堂成亲,尽快把陈妹娶过门去,免得日后夜长梦多。陈妹知道后十分反感,立即同陈三娥等姐妹商量,表示自己"决心参加部队,绝不嫁入泽河这个人的家门"。陈妹敢于摆脱封建婚姻制度桎梏的想法,得到了姐妹们的大力支持。陈妹将抗婚的情况向谭秀华做了汇报,并希望加入部队。随即到高明人民抗日游击队第三大队报到,乐意接受部队的安排,愉快地当起了炊事员,然后回家说服母亲婉拒这门亲事。男方知道陈妹参加游击队的决心不变,只好解除了婚约。

12月29日夜,高明人民抗日游击队司令部获悉,国民党军158师473团及高要廖强部连夜从新兴和高要向合水方向移动,判断敌军将对小洞抗日根据地采取较大的军事行动。为避其锐气,部队做出了连夜撤离小洞的决定,半夜时分,陈妹随第三大队撤出小洞,转移到了更楼蛟塘村。

1945年1月1日,中区纵队副司令员谢立全亲自部署,在更楼马律后山一带高地设下埋伏,等待158师473团入瓮。不出所料,"158贼"果然上当,随后发生了癫狗山战斗。陈妹从早到晚在后方忙着烧水做饭,冒着炮火送水送饭,在后方、前方之间穿梭,保证指战员们能全天喝得上水,吃得上饭,直到战斗结束。5日,还在布社参加了活捉黄道遵的战斗。

1月28日,高明人民抗日游击队第三大队从小洞开到鹤山县宅梧靖村,参加了广东人民抗日解放军成立大会,部队进行了改编,第三大队改编为第三团。陈妹从第三大队调到广东人民抗日解放军司令部当运输员兼炊事员。

2月20日(正月初八),广东人民抗日解放军司令部机关率主力第一团500余人星夜从小洞出发,挺进恩(平)、阳(春),建立云雾山抗日根据地。

2月21日天亮,部队进入新兴岩头村就地隐蔽。傍晚,部队在大雨中出发,准备"顺手牵羊"奔袭新兴城。当部队行进至东城东利嘴村时,侦察员报告说城内的兵力加强了,部队决定放弃攻打新兴城。司令部机关及主力一团绕着山路,往蕉山村方向南进。这一夜,雨下个不停,战士们被雨水淋得全身湿透,冷风吹来寒风刺骨,人员困乏不堪,加上天黑路滑,行军速度相当缓慢,当所有人员到达蕉山村时,已是22日中午时分了。陈妹行军中背着沉重的炊具,一路跌跌撞撞,浑身都是泥水。为了能让部队在前方宿营点吃上饭,她顾不得那么多了,仍然咬紧牙关,艰难地奋力向前赶路。22日清晨赶到蕉山村。她没有歇一口气,喝一口水,马上架起炉灶烧姜汤、做米饭,尽快让首长和战士们驱寒及填饱肚子,补充体力。

22日早晨,还在高明巨泉、大洞一带"扫荡"的国民党军158师473团代理团长黄韬远,探得我军已向新兴转移,马上意识到大事不妙,立即下令急行军回师新兴县城"救驾"。中午抵达新兴靖安乡都律村休息做饭。这时,靖安乡乡长董洪才向黄韬远报告了我军在蕉山村的动向,并派董七做向导。下午4时左右,473团及地方民团600多人进入蕉山村范围,立即兵分三路抢占有利位置,迅速把蕉山村包围起来。其先头部队身穿蓑衣、头戴竹帽,扮成农民从村北头入村偷袭。我军哨兵发觉敌人后立即开枪。敌人近在咫尺,形势万分危急!参谋长谢立全等部队领导立刻指挥部队奋起反击。顷刻,山上山下、村里村外枪炮声响成一片。我军将士浴血奋战,拼死夺下了山头,抢占制高点,连续多次击退了敌人的进攻，并组成猛烈的交叉火力网压制敌人，掩护司令部机关首长、政工及后勤人员向东南方的大山撤退。

当枪声响起的那一刻，总务科的炊事员、运输员，在副科长的带领下，临危不惧，仅用10分钟时间，把身上的证件、伙食账单、宣传品等全部销毁，向群众借来衣服，化装成农民、农妇模样，跟上部队向外冲去。第一次没有成功，他们立即退回村内，装扮成逃难的老百姓，继续拼死往外跑。这次陈妹等六人冲了出去，脱离了虎口；另有三人被俘，身陷囹圄；二人藏匿脱险。

由于部队连续在雨夜中行军，以及遭遇了蕉山战斗，很多女战士都染上了疟疾，陈妹也不能幸免。随后一段时间里虽然得到医治，但仍未见好转。为了不拖累部队，影响部队的行动，陈妹经部队领导同意，暂时离开了部队，返回家乡治病。

陈妹烈士被捕经过

5月30日，陈妹回到家乡。这段时间，正是国民党当局派出大批军队和地方反动联防队进入小洞，大肆搜捕革命人士和三团失散人员，实行血腥镇压、制造白色恐怖的时候。第二天（5月31日）凌晨，广东省保警第八大队和谢锡芬带领的更楼反动联防队，泽河反动联防队，在同一时间，分别将悦塘村、塘角村和军屯村围得水泄不通。陈妹刚回到家乡，身体极度虚弱，腹泻不止，疲惫不堪，没有办法转移出村外隐蔽。这天天还未亮，她母亲只好把她扶到一间放草木灰的破屋里，用厚厚的山草盖住藏好，以躲避敌人的搜查。

天亮后，更楼联防队开始涌入悦塘村，挨家挨户搜查，一无所获。敌人收兵号响起，敌兵纷纷去晒谷场集合，列队完毕，正要撤出小洞。此时，左手执猪屎簸箕、右手持猪屎夹的反动恶霸陈佐登急匆匆地赶到晒谷场，走到谢锡芬面前，一边嘀咕，一边用猪屎夹顺着陈妹藏身的地方指去。谢锡芬会意，马上指挥全部人马扑向陈妹藏身的地方，将破屋包围起来，几个士兵进入破屋，用刺刀挑开了山草，陈妹暴露了。一个敌兵向前抓着陈妹的辫子就往外拖，陈妹头上的假辫子因此脱落。这个敌兵因用力过猛，几乎跌倒在地上。站在一旁的小头目见是位束短发的，便认定是"女八路"，得意地发出一阵狰狞的狂笑，喝令迅速把陈妹拿下。几个敌兵七手八脚把陈妹五花大绑，结结实实地捆了起来。

谢锡芬见拿下了陈妹，手上有证据，想教训村民一番，恐吓村民要"安分守己"。他下令将陈妹押到健忠书房门前，派一些士兵去捉陈妹母亲和弟弟陈牛到健忠书房来，又派其余士兵把全村男女老少赶到健忠书房门前的空地上。当一队士兵将陈妹的弟弟陈牛押到健忠书房时，头目谢锡芬为了给陈妹及村民来个下马威，走上前去对陈牛就是一顿拳打脚踢；另一个敌兵在旁做帮凶，用枪托撞击陈牛，把陈牛打得头昏眼花，几乎昏死过去。施暴完毕，他们把陈妹姐弟俩一同绑在健忠书房窗户的铁条上示众。

谢锡芬见全村人都到齐了，开始训话，恐吓村民，手指着陈妹说"谁去搞共产党，当游击队，这就是这样的下场"，等等。训完一通后，谢锡芬狡诈地对陈妹的母亲说："姐弟俩只能要一个，你要女儿呢？还是要儿子呢？"这时，村民压抑多时的怒火一下爆发了，纷纷指责敌人手段残忍，连不懂事的孩子都不放过，责备联防队连贼匪都不如，等等。陈佐登怕事情闹大，出来假惺惺地求情："牛仔年少，还不懂事，把他放了算啦。"谢锡芬看见陈佐登出来打圆场，且时间又不早了，于是做个顺水人情，说："看在陈佐登的面上，今天就算啦。"宣布把陈牛放了。

11点多，更楼联防队押着陈妹到了更楼，几小时后，又把陈妹押到更楼珠塘村的158师473团临时指挥所。和当天上午被捕的梁景光、陈文监禁在珠塘临时监狱的同一间屋里。陈妹遭到多次提审,面对严刑拷打、威胁利诱,她始终坚贞不屈、严守秘密,从不吐露任何消息,绝不向敌人低头。敌人使尽了各种手段,却拿她一点办法都没有。由于被指认为游击队员,473团决定枪杀陈妹,并贴出了对陈妹行刑的布告。6月7日下午(农历四月下旬),陈妹在更楼吉受大坪惨遭杀害,为革命献出了年轻而宝贵的生命。

陈妹11岁开始接受革命思想教育,从小追求革命真理,树立了跟共产党走的坚定信念。她在革命斗争实践中,养成了关心同志,在工作上刻苦耐劳、任劳任怨的优秀品格,最难能可贵的是她,对革命赤胆忠心,具有坚贞不屈、大公无私的大无畏革命精神,是一位坚强的无产阶级革命战士。

本文根据革命前辈回忆文章和陈三娥同志回忆提供资料整理

陈妹烈士的一生

陈 少

    陈妹是一个优秀的中国共产主义战士，她的一生是革命的一生，为了中华民族的解放事业献出了宝贵的生命。她那艰苦奋斗和英勇不屈的革命精神永远值得我们学习。

    陈妹于1922年农历八月（按：应为1926年5月）出生在高明县小洞悦塘村的一个贫苦农民家庭。在那万恶的旧社会，她一家受尽压迫剥削，过着饥寒交迫的艰辛生活。尤其，她是一个穷人家女孩子，更给人看不起。但是，在这穷苦艰难的家庭中，她养成了劳动人民勤劳的优秀品质。她热爱劳动，放牛、种地、打柴、割草、推磨和编织草席，样样都干，把劳动所得供给家庭使用，还常常把编织的草席和打来的柴草挑到圩镇去卖，换回一些家常必需品，维持一家四口的生活。

    当时，高明县合水是一个革命活动较早的地区。1935年11月，陈勉恕和李守纯等共产党员就在这里进行革命活动。他俩以小学教师的身份在高明县立第三小学任教，暗中开展党的工作，先从学校内部，然后扩展到农村，以合法公开的形式大办农村夜校，招收农村青年入学，灌输革命思想。陈妹和其他一些青年妇女就是在这时参加夜校读书的。可是，当时农村的封建势力很大，到处散布流言蜚语，破坏妇女进入夜校读书。陈妹没有被这些恶言恶语吓倒，她冲破封建势力,坚持到夜校读书,接受革命的洗礼。她在夜校读了几年,从中学习了很多革命道理,明白了穷苦人民受"三座大山"压迫剥削而得不到温饱的道理,认识到中国共产党才是穷苦人民的大救星。在党的教育下,她的政治觉悟不断提高。

陈妹敢于同封建包办婚姻制度决裂。她从小就由父母作主与泽河的一个男子订下婚约。16岁那年,男方屡屡提出结婚,但遭到陈妹的坚决反对。1944年她18岁时,男方再次提出结婚。陈妹坚决拒绝,并说服母亲解除了婚约,毅然加入了高明人民抗日游击队第三大队,成为一位英勇的抗日女战士。

陈妹热爱党,关心同志,表现出舍己为人的高贵品质。1939年冬天,党在小洞举办一期党员训练班,有些同志离开家乡,经济困难,不便回家吃饭。陈妹知道这个情况后,就想方设法动员悦塘村的几位姐妹,把自己节约下来的白米送到党训班,以解决党员训练班学员的膳食问题。事情虽小,但意义重大,体现了陈妹一心为党的精神。

1944年10月,粤中区党委根据形势发展的需要,决定在鹤山县云乡举办党员训练班,培养大批女党员干部。小洞党支部选派了陈妹等三名党员培养对象参加了这次集训。当时作为农村妇女,她很少出远门,离开家乡确有很多困难。但陈妹不怕任何困难,愉快地服从了党的安排,到云乡参加党员训练班。通过这次受训,陈妹不但懂得更多革命道理,而且革命意志更加坚定了。1944年11月,高明建立了人民抗日游击队第三大队(后改为第三团),开展对敌武装斗争,陈妹参加了这个部队。领导分配她负责炊事工作,她愉快地接受了任务。在随队过程中,曾参加几次战斗,千方百计保证部队能吃上饭,喝上水,体现了一个战士的革命情怀。

1945年1月29日,广东人民抗日解放军成立,陈妹被抽调到司令部当运输员和炊事员,2月22日参加了蕉山战斗。在前往蕉山时,整夜下着大雨,加上疲劳过度，身体抵抗力下降，同大多数女同志一样，她不幸染上疟疾，久医不愈，经批准5月30日回到家乡养病。不料，第二天凌晨，国民党广东省保安第八大队和反动的地方团队共数百人，对小洞进行"围剿"搜捕，分别包围了悦塘村、塘角村和军屯村。当时陈妹来不及转移，隐蔽在村中的一间草屋里，不料被本村恶霸陈佐登（新中国成立后被处决）发现，向敌人告密，陈妹不幸被捕。

陈妹与被捕的陈文、梁景光一起，被押到更楼珠塘村国民党158师473团临时指挥部。敌人对陈妹进行威迫利诱，软硬兼施，希望能从陈妹口中得到我党的活动情报。陈妹英勇不屈，不给敌人一句真实的口供，绝不供出我们一个同志的姓名，敌人的一切阴谋诡计都归于失败。最后，敌人对她严刑拷打，妄想迫使她低头屈服。但陈妹在敌人面前经得起严峻的考验，誓不屈服，与敌人展开了面对面的斗争，表现了一个革命者忠于党的钢铁般的坚强意志。1945年6月7日下午，陈妹在更楼吉受大坪惨遭杀害，献出了年轻的生命。

中华民族的解放，中国革命的胜利，是无数革命烈士抛头颅、洒热血换来的，陈妹就是其中的一个。在举国上下同心同德建设我们伟大的社会主义祖国时，我们缅怀革命的先烈。陈妹同志永远活在我们的心中！陈妹烈士永垂不朽！

1982年6月27日

本文摘自中共高明市委党史研究室《高明党史资料》第二辑（第443页），有删节

为人民得解放，
愿把头颅抛
——陈三娥忆陈妹被杀害经过

我们跟着共产党闹革命，是随时准备抛头颅洒热血的，早已把自己的生死置之度外了。为求得人民解放，愿把头颅抛，陈妹就是这样的一个人。

陈妹虽然出身贫寒，但自小很懂事。1936年年初，我村几个女青年参加了和平学校夜校的学习，接受革命思想教育。那时只有11岁的陈妹知道后，也跟着我们一起去夜校上课。她进步很快，懂得了只有跟着共产党闹革命，穷人才有翻身日子的道理。

1944年10月，陈妹成为入党培养对象，被送到中共中区在鹤山云乡的党员训练班学习。回来后，冲破旧社会封建包办婚姻制度的枷锁，毅然参加了部队，参加过癫狗山战斗和蕉山战斗。

1945年2月22日在蕉山战斗突围后，陈妹不幸染上疟疾，久治不愈。为了不拖累部队行动，经上级批准，她暂时离开部队返回家乡治病。

5月30日，陈妹回到了家乡，不料在第二天（31日）凌晨，广东省保安第八大队、更楼反动联防队、泽河反动联防队包围了小洞，将悦塘村、塘角村和军屯村围得水泄不通。陈妹身体极度虚弱，根本无法向外转移。陈妹被恶霸陈佐登出卖，不幸被捕。这天上午，被捕的还有塘角村的陈文、军屯村的梁景光。他们被押到更楼反动联防队，几小时后，再押往158师473团设立的珠塘村临时监狱，囚禁在同一间房屋里。

陈佐登指认陈妹是"共匪"。473团决定大开杀戒，于6月5日贴出布告。布告明示，定于6月7日下午，在更楼吉受大坪对陈妹行刑，并通知各村、乡驱赶村民前往观看。

6日上午，小洞党组织指示我、陈五妹、陈趁三人想办法在7日下午接近陈妹，看看陈妹有什么要说的。我们三人接到任务后，进行了研究和策划，还到现场踩了点，实地观察地形，最后选定在敌人从珠塘押解陈妹到吉受大坪必经的更楼牛头湾旁边小山丘位置，争取近距离与陈妹接触。

7日中午过后，我们提前进入牛头湾旁的小山丘密林中隐蔽。不久，过来了很多国民党兵，在沿线布哨设置警戒，十步一个岗，百步一个哨，戒备非常森严。随后，看见远远一队人马押着陈妹走了过来。当距离十多丈远时，我们看见陈妹挺直腰，抬起头，直视前方，十分镇定地往前走。这时，我们慢慢地站了起来，距离越来越近了，陈妹看到了我们，轻轻地向我们点头，传递眼色。当她接近小山丘时，我们清楚地听到陈妹向押解士兵提出要到小山丘树林解手的要求。可能押解的士兵也看见我们在小山丘站立，便厉声喝止："不准去，就地解决！"很遗憾，我们的计划落空了。陈妹被押着走了过去。我们很懊丧，只好迈着沉重的脚步，一声不吭地跟着被赶去观看行刑的人群后面，走到了吉受大坪刑场。在刑场上，四周布满了如临大敌的国民党士兵，气氛十分紧张。只见陈妹挺起胸，高昂着头，毫无惧色，一副视死如归的样子，镇定自若地屹立在人们的面前。我们听到不少老百姓发出感叹："这个小洞妹仔真了不起，咁细个（这么年轻）就唔怕死！""跟昨天在珠塘被枪杀的那个小洞人一样，咁镇定，唔怕死！""共产党人为革命都系咁样，唔怕死！"等等。

过了不久，当局宣布行刑时间到，发出了枪杀令，只见那敌人士兵举枪向陈妹射出了罪恶的子弹。两声枪响之后，陈妹倒下去了，献出了19岁年轻宝贵的生命。

  8日清早，小洞支部一同志找到我，交给我3枚银圆，叫我去找屏山支部的罗同志商量处理陈妹的身后事。我不敢怠慢，和陈趁一起赶去屏山村找到罗同志。罗同志二话不说便去了更楼圩，出面找花子寮的丐帮（这些丐帮曾为游击队提供了不少情报）。帮主十分爽快地答应下来。下午3时许，丐帮派了几个人到吉受大坪，就地埋葬了陈妹的尸体，并在坟上立了一块木牌。

  新中国成立初期，为缅怀革命先烈，小洞人民在大角为陈定烈士、陈妹烈士、陈光（陈耀聪）烈士建坟立碑。1971年8月将三烈士的墓迁到小洞革命烈士纪念堂前，并为他们立起了一座烈士纪念碑。

2015年6月

本文由陈木生采访记录，梁诚金整理

陈耀聪①（陈光）烈士生平简介

陈耀聪

陈耀聪同志出生于贫苦家庭，家中主要靠父亲在圩场卖肉，及做土医生替人治病赚钱养家糊口。

1917年开始在家乡私塾念书，1922年考入高明县立第一高等小学校就读。其间结识乡里叶琪和黄之锦等，并结为好友，成为有志向、有理想、有抱负的有志青年。从小还练得一手好毛笔字。

1925年至1928年，毕业后回到家乡小洞军屯村宏育学校教书。从

---

① 陈耀聪（1907年6月—1952年5月），又名：陈光、陈蔚铨。男，汉族，初中文化，高明区更合镇小洞新村人。1934年4月，参加革命；1938年8月，加入中国共产党；1952年5月，在新兴县卫生院病故，年仅45岁。被追认为革命烈士（新兴荣牺字〇〇〇〇一号，见《广东省革命烈士英名录》第七卷）。

这个时候起,他在传授文化知识的同时,十分注重对学生道德、品行的教育,以独到的眼光从少年中培养人才和骨干。在该校三年间,为该村培育出一批正直向上的好苗子。

1929年,经同学黄之锦介绍,应聘到新创办的更楼平塘益智小学任教。该校是由曾经参加广州起义的进步人士黄懋忠先生创办并亲任校长的学校。他因而有机会认识黄懋忠先生,开始接触进步思想,并受其影响,经常与朝夕相处的黄之锦一起探索革命道理,逐步增强了革命意识。他在该校任教时,提笔写下了"益智小学"的牌匾,署名为"陈若愚"(此匾现仍悬挂在平塘益智小学旧址)。

1931年,受聘于鹤山县四堡小学。其间,当地恶霸、城狐社鼠的校董刘某横行乡里、鱼肉百姓、草菅人命,激起民愤。陈耀聪对刘某的种种恶行十分愤慨。陈耀聪正气凛然,拔刀相助,为群众出谋划策,对刘某的儿子实施"剽心"行动,取得了成功,迫使恶霸刘某有所收敛,为百姓出了一口气。

1932年,小洞陈姓人家由公尝资助,在小洞文选楼办起了和平学校,陈耀聪被聘为首任校长。当时社会风气十分恶劣,更楼、合水地区的土豪劣绅、贪官污吏横行霸道,民不聊生。陈耀聪对这种社会制度十分不满,为了打击土豪劣绅,铲除贪官污吏,解救穷苦民众于水深火热之中。下半年,他向陈励生、叶琪、黄之锦发起了结盟倡议,得到了他们的积极响应。他们共同成立了小洞"激鸣社",自发地走上了反抗黑暗统治的道路。他们制定了纲领,排了座次:大哥陈励生,二哥陈耀聪,三哥叶琪,四弟黄之锦。他们采取多种形式和方法,开展了一系列宣传活动,揭露国民党反动派的反动本质,抨击国民党统治的黑暗、腐败与无能,向一切恶势力开火,向旧社会制度宣战。

1933年,陈耀聪与同样失业的叶琪、黄之锦三人休戚与共,举债在小洞办起"扩桓林"农业生产组织,在塘角村高塘坑种些瓜果菜蔬等农作物,冀望在农业生产中谋求发展,支撑"激鸣社"的活动经费,但没有取得成功。

1934年春的一天,失望中的叶琪去合水赶圩,偶遇正在合水圩场进行宣传活动的"三小"力社社员黄仕聪。叶琪向黄仕聪介绍了"激鸣社"情况,黄仕聪把陈耀聪、叶琪、黄之锦引进了"三小",他们三人认识了共产党员李守纯同志。经李守纯的启发,陈耀聪豁然开朗,看到了黎明的曙光,他坚信跟着共产党,就能走上光明和胜利之路。从此,他走上了革命的道路。

1935年8月,"三小"地下党领导人陈勉恕整顿力社,推进抗日救亡运动,在合水召开附近的农村小学教师会议,号召大家参加力社。陈耀聪参加了这次会议,报名加入了"三小"力社组织。按照党的指示回到小洞,和陈励生、叶琪、黄之锦、梁佐明等一起,立即办起了力社小洞分社。年末,接受了"三小"地下党领导人李守纯同志交给的在小洞建立革命据点的任务。

1936年、1937年,陈耀聪分别在盘石村和军屯村教学,全力投入到建立革命据点工作中,在主抓力社小洞分社的组织发展和培养革命骨干工作中,长期深入群众,广泛和群众结交朋友。在物色、培养骨干方面下足了工夫,反复、细致、耐心地做好骨干分子的思想工作。陈励生、叶琪、黄之锦密切配合,把小洞建成革命根据地,培养了十多名革命中坚力量和一批革命积极分子,为后来发展吸收党员,建立小洞党组织打下了良好的基础。

1938年8月,县工委组织委员黄之祯、更楼区组织干事黄之锦按照县工委发展党组织的要求,首先在小洞发展吸收有文化、威信高、思想进步的陈耀聪加入共产党。陈耀聪以敏锐的眼光,从9月至11月,在他最熟悉的军屯村,把已经培养成熟,符合党员条件的梁清贵、梁培、梁才、梁扳、梁甲友、梁六、梁炳新七人先后吸收加入了党组织。

同年12月26日晚,一个伸手不见五指的夜里,黄之锦、陈耀聪、陈励生、梁清贵等聚集在军屯村对面山岗(土名高地塘)的高脚秆堆下召开党员会议,会上黄之锦宣布了县工委批准中共小洞支部成立的决定,并推选陈耀聪担任首任支部书记。

　　陈耀聪在小洞发展吸收党员的同时,在他受聘教书的罗丹村,以同样的方法开展革命活动,相继发展、吸收了李灼、梁继荣等七八人入党,并于1939年年初成立了罗丹党支部。陈耀聪先后在小洞、罗丹培养发展了十多名共产党员,为中共高明党组织的建立和发展立下了头功。

　　1939年1月,陈耀聪积极协助进驻小洞的省抗先队130队,在小洞发展青、妇抗会组织,培养了大批革命骨干。

　　3月底,中共高明县第一次代表会议在更楼小洞文选楼召开,陈耀聪代表小洞党支部光荣地出席了这次会议。

　　年末,受党组织的安排,陈耀聪回到小洞和平学校教书,接任小洞支部书记职务(前任陈励生调到中共更楼区担任委员),继续领导小洞人民开展革命斗争。

　　1940年2月,在他的主持下,小洞支部吸收了六人加入了党的组织,9月中旬,陈耀聪指导成立的中共罗丹支部遭国民党更楼区分部破坏。

　　1941年1月,国民党顽固派反共逆流更加猖獗,四处搜捕革命人士。3月,党组织为了陈耀聪的安全,把他调离小洞,安排转移到新兴县水台杜村小学隐蔽。叶琪为他改名陈光。

　　陈光以革命为己任,牢记党的嘱托和县委书记李守纯关于建立革命据点的一贯思想。进入杜村不久,陈光就与在新兴县水台南村教书的叶琪商量,定出了先在杜村、南村站稳脚跟,建立抗日游击根据地;然后逐步向整个水台地区扩展,把水台地区建成抗日游击区的长远规划。陈光在实施过程中,始终积极贯彻"隐蔽精干、长期埋伏、积蓄力量、以待时机"的方针,认真开展勤学、勤业、勤交友的"三勤"活动,经过长达九年的艰苦努力,终于实现了预定目标。

　　陈光进入杜村之初,认真总结在小洞建立根据地的经验,吸取罗丹支部受到破坏的教训,结合本地的实际情况,采取稳扎稳打、步步推进的策略。1941年年底就在杜村站稳了脚跟。1942年2月，成立了杜村党小组。1944年4月，成立了中共杜村支部，接着，指导杜村建立具有政权性质的农民协会，成立武装组织"更夫队"，及三个群众互助组织（"婚姻互助会""长生会""永寿会"）。同年冬，中区纵队挺进粤中，在杜村建立了交通站，任命陈光为站长。陈光花了四年心血，初步把杜村建成了抗日游击根据地，成为水台地区人民革命的一面旗帜。

1945年，陈光除在杜村负责交通站工作和继续巩固杜村根据地外，开始实施向外扩展计划，把杜村的党员骨干分派到水台地区的十多条村庄，开展革命活动，点燃革命火种。到年底，将水台东片基本连成一片，开创了革命斗争新局面。

1946年，部队北撤，革命进入低潮。中共高明特派员梁文华指示陈光，仍留在杜村隐蔽。陈光在确保"隐蔽精干"的前提下，从"积蓄力量"方面考虑，继续按预定向外扩展的计划，应聘到良田小学教书。白天在良田秘密建立革命活动基地，夜间返回杜村指导杜村支部工作。由于陈光无私、爱民、摩顶放踵，而且方法对头、措施得当，很快在良田建立起了良好的群众基础，使良田成为又一个可靠的革命活动基地。在分散坚持武装斗争时，这里曾是中共新高鹤特派员梁文华、中共高明特派员郑靖华及叶琪武工组经常活动的重要据点之一。

1947年，中共高明设立区组织机构。上半年，陈光是中共更楼区的领导人，下半年是中共合成、水台区的负责人。同年2月，新高鹤地区恢复公开武装斗争，进入"小搞"阶段。是时，国民党实行"三征"暴政，各地粮荒严重，民众求粮急切，纷纷要求破仓分粮，解除饥荒。中共高明特派员郑靖华和陈光、黎洪平体恤民艰，顺从民意，决定攻打水台粮仓，开仓分粮，帮助群众度荒。陈光参与了组织攻打水台粮仓的全过程，他充当先锋，出谋划策，组织严谨。6月15日深夜，一举成功攻破水台粮仓，为在水台地区打响了恢复公开武装斗争第一枪做出了积极的贡献。

1948年3月,粤中区武装斗争由"小搞"进入"大搞"阶段,中共新高鹤区工委成立。为了适应形势发展,区工委对所属活动区进行了调整,新设立了开(平)鹤(山)新(兴)边区工委,水台地区从高明划归开鹤新边区工委管辖,陈光任水台区负责人。

3月27日,新高鹤人民解放军总队在陈光建立的基地良田小学(学典陈公祠)成立。新高鹤总队成立后,陈光带领水台人民大展拳脚,水台地区以反"三征"为中心的武装斗争进入一个新的发展时期。二三月奄村、布凌党小组成立,接着水台区武工队成立,并在区内陆续建立农民协会和民兵组织。到8月,全区建立农会28个,入会农户1250多户,占总户数的80%,民兵总人数约450人。

7月16日,发动和带领水台人民积极支援三村(奄村、棠下、布茅)战斗,致使当地地主把持的基层政权瘫痪,削弱了国民党在水台地区的统治地位。

下半年,陈光带领水台人民大力开展减租减息运动,使反"三征"斗争更为活跃,更有成效。10月,中共广南分委、军分委,决定对中区部分地方组织和辖区进行调整,撤销开鹤新边区工委,设立新(兴)恩(平)开(平)中心县委,水台地区划归新恩开中心县委领导。

1949年2月,新恩开中心县委撤销,恢复历史建制,水台地区划归中共新兴县东北区委领导。两次调整变更,上级组织仍委任陈光为水台区负责人,这对于稳定水台地区局势、巩固老区建设发挥了积极作用。

1949年10月,新兴县解放,陈光先后担任二区区长、新兴县民政科副科长兼一区区长、民政科科长等职务。

1952年5月,陈光因长期为革命工作积劳成疾,医治无效,在新兴县卫生院去世。陈光从1941年3月进入杜村,直至1949年10月新兴县解放,植根于水台开展革命活动长达九年,与水台人民打成一片,建立了深厚感情,在群众中享有极高的威望,在水台是家喻户晓的人物,深受水台人民的爱戴。水台人民得知陈光去世的消息极为悲痛,强烈要求政府追认陈光为革命烈士。新兴县人民政府以"新兴荣牺字〇〇〇〇一号"文报备上级获得批准。

陈光同志逝世后,新兴县人民政府派出干部及武装小组,护送陈光烈士的灵柩返回家乡。途经水台布茅时,应水台人民的要求,把陈光烈士灵柩停放在布茅小学,供水台人民瞻仰,向陈光烈士告别。小洞人民得知陈光去世,十分悲痛。200多人前往约4里外的鸡公坪迎接陈光烈士回归故里。小洞党支部、乡政府和人民怀着悲痛的心情,为小洞革命的发起者、组织者、领导者陈光烈士举行隆重葬礼,以慰革命先烈英灵。

陈耀聪同志是"三小"革命摇篮培育出来的优秀骨干。他聪明睿智,深谋远略,是一位有理想、有抱负、有远见、眼光独到的儒将。他擅长培养人才,是小洞人民和新兴县水台人民革命斗争的发起者、组织者和领导者之一。

本文综合叶琪、黄之锦、梁光明、梁扳等同志的档案资料,以及梁庆祥、原杜村支部书记冯汉同志的回忆资料整理

小洞人民永远怀念您
——忆小洞人民为陈光同志举行的隆重葬礼

1952年5月,小洞的一颗革命之星坠落。中共小洞党支部创始人之一的陈光(陈耀聪)同志在新兴县病逝的消息传来,小洞沉浸在悲痛之中。

小洞乡成立了治丧小组,决定接陈光同志回小洞安葬,派出梁佐明等十多位乡亲到新兴县接陈光同志的灵柩回家。回程时,新兴县人民政府派出了一个班的战士武装护送。当陈光同志的灵柩回到小洞地界时,小洞党支部、乡政府组织了小洞群众及学生100多人前往村外约5里路的鸡公坪迎接小洞人民敬爱的陈光同志归家。迎接队伍怀着沉重的心情,一路上默默地为为了革命奋斗一生的陈光同志洒下了伤心的眼泪。

按当地的习俗,族人为陈光同志设置了灵堂,供人们瞻仰吊唁,并举行了送别仪式。陈光同志生前的革命战友、小洞民众怀着崇敬心情,纷纷来到灵堂瞻仰陈光遗容,吊唁小洞人民的优秀儿子。

下葬当天,按照陈光同志生前的遗愿,小洞乡治丧小组精心选择了送葬路线,让他在曾经奋斗过的地方再走一回,与心心相印的人民做最后的告别。首先从养育他的地方新村出发,沿高地塘西北侧缓步向西南行走,到达大众山的西侧停留,让陈光向西南看看他曾任教过的盘石村和麦边村。约一刻钟起程,来到高地塘停留,让陈光看看他首次任教、并长时间在此开展革命活动的军屯村。然后,送葬队伍向东朝塘角村走去，快到文选楼时，送葬队伍放慢了脚步，由西向东缓缓地从和平学校门前通过，让陈光看看他在此结盟成立"激鸣社"、并成为小洞人民革命斗争心脏的文选楼最后一眼。过了文选楼不远，送葬队伍折向北，路经蛇山嘴，让陈光看到他老祖宗植桂陈公开基的悦塘村。送葬队伍绕行一周后，返回新村闸口稍作停留，再到山上墓地安葬。

  当陈光灵柩到达大众山西侧、高地塘、文选楼、蛇山嘴等地点前，各村群众早已提前到达上述地点守候，自发向陈光烈士做最后一次鞠躬敬礼。

  参加送葬队伍除亲属外，有同在一个战壕里作战的战友，有持枪的民兵，有学生，还有自愿参加的群众，有300人之多。他们排着长长的队伍，为陈光同志送别最后一程。人们一路噙着满眶泪水，为痛失革命先贤、革命的引路人和中共小洞支部首任书记啜泣不止，痛心不已。

  最后，在下葬做诀别时，墓地前枪声、鞭炮声齐鸣。人们在悲恸、在哭泣，尤其那些与他一起奋战过的战友们，扑通跪地，泪流满面地与他作别，愿陈光同志一路走好，永远安息！

  陈光同志，小洞人民永远怀念您！

本文由梁诚金访问整理

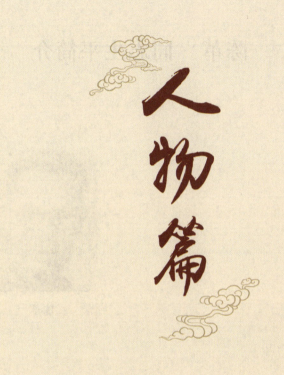

人物篇

陈革^① 同志生平简介

陈革

  1917年2月至1927年2月，分别在高明二区小洞、高要洞口、高明更楼念私塾。1928年3月在肇庆广东省立第七中学读书，1929年9月在肇庆广东省立第四师范学校读书。1931年至1932年7月在高要渡头小学和五区二小教书。

  1932年下半年失业在家。当时，更楼、合水地区的土豪劣绅、贪官污吏横行霸道。陈励生非常痛恨人剥削人的社会，积极响应陈耀聪结盟倡议，同陈耀聪、叶琪、黄之锦四人成立小洞"激鸣社"组织。排定了

---

① 陈革（1907年4月—1988年10月），字会光，又名陈之铭；曾用名陈励生（在高明时用）、陈敬超（在新兴时用）。男，汉族，高中文化，高明区更合镇小洞塘角村人。1934年8月参加革命；1938年10月加入中国共产党；1971年7月退休，1981年3月改离休，享受处级待遇。

座次,依次是:大哥陈励生,二哥陈耀聪,三哥叶琪,四弟黄之锦。他们以反土豪劣绅、反压迫、反剥削、铲除贪官污吏为宗旨,自发走上反抗黑暗统治的道路,经常利用标语、口号、漫画等形式,到更楼、合水圩场及周边乡村散发宣传品、张贴大小字报,向旧社会制度宣战。

1933年在鹤山县合成双石乡鼎新小学教书,1934年在鹤山县址山白米田、横水教书。

1934年暑假期间,已接触"三小"革命活动的黄之锦来到小洞塘角村,和正在休假的陈励生进行了一次长时间的促膝谈心。黄之锦向他讲述一些俄国革命如何成功,国民党如何腐败等情况。二人一起探讨社会、制度、理想等问题。黄之锦还提出"我们要争取做一个进步青年"的要求,并介绍陈励生到"三小"借一些进步书籍看。从这个时候起,陈励生"已开始要求进步,对旧社会更加不满。从此,常常到高明县立第三小学去借书看"(陈励生语),潜心研究革命理论。

1935年在鹤山县合成双石乡洋坑小学教书。接受"三小"地下党的领导,积极参加"三小"地下党领导的一系列活动。他在自传中写道:"1935年开始参加高明县立第三小学校由党领导的一切群众活动,执行他们办夜校的计划,执行他们布置的对群众宣传、反对国民党反动政府的一切苛捐杂税等的任务。还看《光慈遗集》及《一条战线》等书,思想门户被根本打开了,对新的人生观已有了明确的认识。"

同年8月,"三小"地下党领导人陈勉恕决定把力社组织扩展到广大农村,推进抗日救亡运动。在合水召开附近农村教师会议,号召大家参加力社,回去教学点成立力社分社。陈励生参加了会议,加入了"三小"力社,被指定负责"三小"力社的宣传工作。会议结束后立即回到小洞协助陈耀聪成立力社小洞分社。接着,马不停蹄地赶回合成双石乡开办夜校,把合成一带的群众发动起来,成立力社双石分社。

1936年年初,回到小洞和平小学担任校长,和陈耀聪、叶琪、黄之锦一起,肩负起在小洞建据点、办基地的任务。把全副精力投入到开办夜校、成立乳虎醒狮团开展抗日救亡宣传、培养革命骨干等工作,以及发动群众开展反剥削反压迫斗争中去。他在自传中写道:"1936年,已确立了新的人生观,不但思想上信仰共产党、拥护共产党,而且在行动上、职业上都服从高明县立第三小学党的领导人陈儒森、李守纯两同志的领导。例如:经常下乡对群众宣传反对国民党反动政府征收国防公债、金融库券,编钉门牌等工作;组织乳虎醒狮第二团(即儿童团)下乡宣传等活动都执行每周汇报制度。当时,我在高明小洞和平学校教书的工作,就是李守纯同志分配的。"同年农历十二月下旬,在新年即将来临之际,国民党征粮队谢子明带领12名征收人员,荷枪实弹闯入小洞,强迫征粮。陈励生和陈耀聪、叶琪、梁佐明、陈耀基等进步教师,第一次组织小洞农民起来反抗国民党征粮的斗争,取得了胜利,维护了农民的利益。

1937年2月至1938年12月,在合水界村高明县立第15短期小学(用庚子赔款开设的短期学校)教书,任校长。

1937年年初,积极参加"三小"护校斗争。七七事变爆发,日寇全面侵华,全国掀起抗战高潮。是年秋,"三小"成立沧江剧团。他是剧团主要成员和负责人之一,并回小洞成立了20多人组成的宣传队,自编、自导及组织排练节目,夜以继日地开展抗日救亡宣传活动。带领队员走遍了更楼、合水、合成、水台、鳌头等地几十条村庄,唤起了人民大众的抗日热情。

1938年5月,合水成立青年抗敌同志会,他成为青抗会执委。他回小洞发动青年成立青、妇抗会组织。同年10月,经过一连串事件的锻炼和考验后,在合水巨泉村对面晒谷场,经谭宝荃介绍,他加入中国共产党。再经中共高明工委书记李守纯谈话后,1939年2月在和平学校,在黄之祯、谭宝荃的监督下,补行宣誓仪式，他成为一名朝气蓬勃、立场坚定的正式的共产党员。

1939年1月8日，到更楼圩接李冲带领的省抗先队130队进驻小洞，积极协助省抗先队130队在小洞开展大规模轰轰烈烈的抗日救亡宣传活动，发展青、妇抗会组织，培养了大批骨干，为建立小洞抗日游击根据地打下了牢固坚实的群众基础。

1939年2月，在高明县立唐际小学教书，任校长。他积极协助中共高明县工委筹备党代表会议，和小洞党支部一起，为党代会的召开做了大量的准备工作。3月，光荣地出席中共高明县第一次代表会议，被推选为县委部门干事。

5月至6月间（农历四月），与陈定、梁扳、陈松等一起，组织小洞人民实行"封江自救，虎口夺粮"斗争，制止当局伙同更楼富商杏春园、同泰号强运大米外售，牟取暴利的行为。由于方法对头，坚持合情、合理、合法的斗争方式，截回运走的2000多斤稻谷。把部分分给了农户后，又卖了1000多斤，将所得款项购买了一批枪支弹药，用来装备刚建立的小洞抗日先锋队（武装组织）。

6月中旬至10月中旬，出任中共小洞支部书记兼塘角党小组组长。10月，县委设立区委机构，其中中共更楼区委书记黄仕聪，委员叶琪、陈励生。陈励生分管宣传工作和兼管中共小洞支部和罗丹支部的工作。同时与黄仕聪、叶琪在更楼圩办起"群利源"运馆，以搞托运业务做掩护，秘密开展地下活动。

1940年清明节前，黄仕聪已去了东江学习军事。而"群利源"运馆由于人手少，货源少，缺资金，因此，经组织指示歇业。陈励生只好回家帮忙打理杂货店。

1940年8月，国民党顽固派反共逆流猖獗袭来，陈励生受到国民党当局监视。县委书记黄文康将他调到西江特委，安排到广宁县工作。在去广宁途中遇劫，全部东西被抢光，在当地农民的护送下，10月上旬回到家乡。

1941年1月，反共逆流更加猖獗。在县委组织安排下，陈励生去了新兴县隐蔽，先后在西睦乡舍村培英小学及和平乡中心（高村）小学任校长、教导主任。

　　1944年9月，日军过境高明。11日，黄仕聪来到小洞，找黄之锦、叶琪商量。他们当即决定分别在平塘、小洞成立抗日武装，抗击日寇侵犯。当晚，小洞成立了有300多人的抗日武装自卫大队。日军过境后，如何处理小洞的抗日武装存留问题，叶琪专门征求陈耀聪和陈励生的意见。陈励生接到通知后，认为："日本鬼子从广东向西进攻后，西江南岸有很多县份都被日本鬼子践踏过，这个时候正是我们党组织武装抗日的好时机。"于是携带家眷连夜从新兴和平乡高村胜堂往小洞赶。回到小洞，马上和叶琪等把小洞抗日武装自卫队加以调整，建立了一支21人的常备武装——小洞武装常备队，将抗日武装力量保存下来，并加强政治教育和军事训练，得到了中共高明特派员冯华的赞许。冯华提出要把这支队伍办成军校的样子。这支常备队由叶琪任队长，负责军事训练，陈励生负责政治教育。他们排除一切困难，遵照上级的指示展开了为期3个月的脱产训练。经过3个月的严格训练，这支队伍的政治、军事素质有了很大的提高。

　　9月17日，日军过境后，高明发动了一场声势浩大、震惊南粤的"倒钟"运动。陈励生是这场运动的主要策划者和组织者之一。其间，他深入各乡村发动群众，说服群众不要向国民党高明当局低头屈服，坚决不向当局赔偿，多次到瑶村为瑶村人民撑腰打气。

　　9月27日，同黄之锦一起主持了在小洞文选楼举行的四村联盟会议，订立了盟约。10月16日，在更楼成立了"倒钟"委员会，当选为委员。

　　10月24日，攻打明城县府时，率领一路主力队伍，由明城城南木田村，渡过沧江河直捣县府老巢，赶跑了钟歧，取得了"倒钟"斗争的胜利。

　　11月10日，以小洞武装常备队为基础，高明人民抗日游击队第三大队在小洞成立。被任命为政工队队长。12月22至25日，高明二区人民行政委员会在小洞成立，当选为委员。

12月30日，国民党对皂幕山抗日根据地实施第一期进攻，调集国民党正规军158师473团，高要廖强部、鹤山黄柏森部及高明国民兵团共2000多人，深入抗日游击根据地腹部小洞，进行第三次"扫荡"行动。第三大队获悉敌人的行动后，避其锐气，连夜撤离小洞。陈励生和叶琪等临危受命，留下组织群众撤离疏散。由于指挥得当，出色地完成了任务，避免遭受更大的损失。

1945年元旦清晨，受命带领一支小分队回小洞滋扰敌军。出色地引诱敌军主力473团进入我军的伏击圈，为中区纵队主力部队及第三大队击溃敌军创造了战机。

元月3日，158师473团及高要廖强部撤出小洞，受命和中区纵队政治部杨基同志一起，代表上级回到小洞慰问群众，组织小洞人民重建家园。此后，带领政工队活跃在各乡村间，鼓舞战士、群众的士气和斗志，在重建和斗争中发挥了重要的作用。

1945年5月，三团在皂幕山战斗中失利。国民党军队和高明当局疯狂展开大搜捕行动，发布通缉令，悬红捉拿被打散的三团干部、战士。陈励生、叶琪、黄之锦等均被列入黑名单，通缉令上标明悬赏50万元花红捉拿陈励生。小洞一投机分子到塘角村向群众散布说："共产党的日子不会长了，现在政府出花红50万元通缉陈励生，谁捉到他就有50万元了，这笔钱咁好揾都唔做！"陈励生则泰然处之，并没有被吓倒。

同年10月，部队分散活动，陈励生、叶琪、黄之锦等三团部分干部、战士，在合成、水台地区隐蔽，仍然坚持斗争。

1946年5月下旬，陈励生接到北撤命令。鉴于反动派历来穷凶极恶、阴险毒辣，他料到当局必定会使出向自己的妻儿下毒手这一招数，在临行前做了妥善安排，把妻儿送到合成川塘李丁伯处躲藏起来。不出所料，白露这天早晨，国民党反动联防队,突然闯进塘角村,捕捉他的妻子未果,转而对他的哥嫂和侄女进行迫害。捉了他的三嫂黎四、五哥陈棠到明城监狱,把他年纪尚幼的侄女陈兰关押在梁氏祠堂审问了三天,企图迫使陈励生就范。可是,国民党当局的如意算盘打错了。

1946年7月5日,陈励生奉命北撤到了山东烟台解放区。先后在华东野战军(以下简称"华野")俘管处任副队长;华野训练处三大队任排长、指导员;两广纵队干部队任支部委员;华野十纵政治部、教导团任干事;两广纵队政治部代科长、三团政治处宣教股任副股长等职务。

1950年3月,在广东军区江防部队政治部任秘书。

1950年11月,从部队转业到地方工作。

1951年,在广州建华贸易公司任副经理。

1951年12月起,先后在广东省供销合作社日杂科、储运科、秘书科、运输科、总务科任副科长。

1958年3月,他要求从事自己最熟悉和最热爱的教书育人的事业,得到批准后回到高鹤县第四中学,为家乡培养人才,担任校长(其间兼任鹤山高明工农大学副校长)职务。

1961年11月后,任高鹤县第四中学专职党支部书记。

1971年7月,退休,1981年3月改离休。1983年7月开始享受正处级待遇。

离休后,陈革致力于家乡建设,关心青少年成长,不辞劳苦,曾两次主持编写小洞革命历史;提议并参与了小洞革命烈士纪念堂和纪念碑建设;捐献了1万多元建成小洞小学图书馆,并为该图书馆捐赠了一批图书。

陈革同志是"三小"革命摇篮培育出来的优秀骨干。他一生光明磊落,对革命忠心耿耿。他有较高的政治觉悟和理论水平,有较强的组织能力。他善于宣传工作、发动群众,既是宣传工作的主将,又是小洞人民革命斗争的发起者、组织者和领导者之一。

在抗日战争和解放战争期间,他的直系旁系亲属中多人先后走上了革命道路,其中10人加入了中国共产党,占小洞党员总数的1/6。

本文根据高明区档案馆陈革同志个人档案资料整理

叶琪① 同志生平简介

叶琪

  叶琪同志出生在一个比较殷实的家庭，家底主要是父亲和叔父多年打拼得来的。他来到这个世界时父亲已经48岁了，是家中的独苗，被父母及家人视如珍宝。

  1919年，10岁才在家乡读私塾，1922年考入高明县立第一高等小学读书。读书时，与陈耀聪、黄之锦有共同志趣，结为好友，成为正直向上的青年。毕业后，由于父母包办婚姻，他在重压之下被迫完婚。

  1926年至1927年再读专馆，念了两年"经"书，本想继续读一年，

---

① 叶琪（1909年2月—1983年2月），字浩祥，乳名叶长弟，又名叶衍基。男，汉族，初中文化，高明区更合镇小洞盘石村人。1934年4月参加革命；1937年10月加入中国共产党；1970年退休，1982年10月改离休。

但由于父亲年迈，家中失去劳动力，家道中落，经济每况愈下，他不得已中断学业。1928年，步入教师职业生涯，在本乡私塾教书。1932年才走出小洞，到鹤山县选田小学任教。

就在这一年（1932年），家中发生变故，父亲去世，叶琪不得不卖地、借债以安葬父亲。不久，那些债主逼上门来，由于家庭败落，常遭人家白眼，这些都深深地刺痛他的心，使他切身体会到人生的辛酸苦辣，激起了他对那些恶霸地主、土豪劣绅的刻骨仇恨。下半年，为了摆脱受人欺负的日子，他毅然响应陈耀聪的结社倡议，加盟小洞"激鸣社"这个组织。在这个组织里他排第三。

1933年，因是家中唯一的男儿，他不能从事教育而得操持家庭，守住那几亩地。同时，他还想法子与失业中的陈耀聪、黄之锦一起，举债在小洞办起"扩桓林"农业生产组织，在塘角村的高塘坑种些瓜果菜蔬等农作物，冀望从农业生产中谋得发展，然而没有获得成功。但他还梦想有朝一日财运亨通、飞黄腾达，做一个有钱有势的人。他时常会外出去走一走，寻找机会，碰碰运气。

1934年4月，他去合水圩碰运气。路过合水圩场时，遇见一个年轻人在宣传抗日救国、反苛捐杂税等道理。他靠前驻足倾听，听着听着入了迷。年轻人演讲完毕，他与跟前这位年轻人聊了起来，方知对方是"三小"力社社员、平塘村的黄仕聪。分手时，黄仕聪邀约他有空到"三小"走一走，聊聊天。之后，叶琪便经常到"三小"找黄仕聪谈心，黄仕聪每次都给他讲许多革命道理。在黄仕聪的循循善诱下，他豁然开朗，打开了思想大门。叶琪把"三小"的见闻和收获一一说给了二哥陈耀聪和四弟黄之锦听。并带他们两人到"三小"与黄仕聪见面。此后，他们三人成了"三小"的常客。

同年5月至6月，他重整旗鼓，振作精神，重新走上教学岗位，到了离"三小"约50里地的新兴县水台南村教书。每逢礼拜天，他必定要到"三小"来。他觉得自己几天不到"三小"，心里就痒痒的，浑身不舒服。

1935年8月,"三小"力社在陈勉恕的主导下,决定深入农村发动和组织农民,扩大力社,推进抗日救亡运动。在合水召开了一次农村教师会议,号召大家参加力社,回去教学点成立力社分社。叶琪参加了这次会议,加入了"三小"力社,成为力社的一员,被安排到"三小"力社宣传部门工作。会议结束后,立即回小洞协助陈耀聪成立力社小洞分社。接着,马不停蹄赶回南村,和黄之锦一起发动群众,成立力社南村分社。并和在附近合成洋坑教书的陈励生相互呼应,以公开的形式办起夜校,大力开展抗日救亡宣传运动和反苛捐杂税斗争。年末,接受了"三小"地下党领导人李守纯交给的协助陈耀聪、陈励生在小洞建立革命据点的任务。

　　1936年中秋节期间,鹤山县宅梧十多名国民党税警来到离南村只有几里地的合成吉塘村(1935年陈励生曾在该村开办夜校,群众觉悟有了很大的提高)催税勒索,遭到群众围攻,被缴了枪。国民党驻四邑教导师第三团团长梁公福(水台人),生怕家乡也如此闹事,即派人回水台彻查对水台的影响,预防"暴民"闹事。南村管村中公尝账目的"师爷秤"陈伟太,害怕追查祸及自己,便在村中散布:"大家要注意啊!叶先生要赤化南村啦!"煽动大家把夜校油印的课本烧掉。为了保护革命力量,组织决定令叶琪撤离南村。

　　1937年年初,被派到更楼云良宏灿小学教书,在该村开办夜校,开展抗日救亡活动及大力培养革命骨干。三四月间,积极参加了"三小"罢课护校斗争。同年6月,更楼合水地区大闹春荒,"三小"党组织抓住这个机会,发动群众搞合法斗争。经历了多次革命实践锻炼的叶琪说:"自己有了胆量,敢于同国民党当局作正面斗争。""1937年6月间,我和黄之锦一起鼓动更楼、合水80多条村庄,3000多人,组成饥民请愿团向政府当局要粮,自己担任团长。当然啦!背后有黄仕聪、阮海田、阮曼、阮贞元、谭宝荃、黄之祯等人做参谋。"

　　7月1日,"饥民请愿团"在更楼忠义祠门前举行二三百人誓师集会。叶琪、黄之锦等毫不惧怕20多名国民党武装警察的监视，轮流上台痛骂国民党反动暴政祸国殃民，不顾农民死活的罪行。会后，叶琪、黄之锦率领23名代表高举请愿旗帜去高明县府请愿，要求赈灾救济，却得到当局"无粮可发"的冷淡回应。气愤的代表当晚回到更楼圩，再去安太乡乡公所，痛骂乡长陆秉礼，指责当局对民众生死漠不关心、置之不理的态度。这次活动激起了民愤，造成了很大的影响，收到了较好的宣传效果。

通过这次斗争，他明白了不少道理，认识到"个人的力量是渺小的"，坚信"中国共产党是光明的指路明灯"。其思想产生了飞跃，信仰更加坚定，逐步走向成熟。

同年10月（农历九月初九），经黄仕聪介绍，在李守纯、黄仕聪的监誓下，宣誓加入了中国共产党。叶琪说："我入党后，非常高兴，好像入了天堂一样"，"工作起来浑身是劲，哪怕是通宵达旦地做，也不感到疲劳"，并表示"决心终身革命，奋斗到底"。

七七事变爆发，日本全面侵华，全国掀起了抗战高潮。10月，他加入了最有兴趣的、能进行发动群众和抗日救亡宣传活动的沧江剧团，成为剧团的主要成员之一。经常随沧江剧团小洞演出队一起下乡宣传，开展抗日救亡运动。

1938年3月，受中共高明县工委书记李守纯同志派遣，专司与广东省民众抗日自卫团统率委员会派到高明县民众抗日自卫团任中尉政训员的梁中琛（中共党员）的沟通联络工作。5月，任更楼安太乡民众抗日自卫大队副大队长。

7月至10月初，受党指派参加国民党第七教导队在高要县19区举办的民众自卫团军事干部集训。10月，受党指派，打入高明县民众自卫团集结大队，任一中队的中队长。一中队和驻在石岐村、由陈耀基任中队长的二中队一起，担负西江西岸海口村至苏村河段沿线的防守任务。

1939年2月，国民党高明当局为达到控制武装队伍的目的，把民众自卫团改国民兵团,并清除异己分子;3月,叶琪被撤去中队长职务。

3月底,叶琪光荣地出席中共高明县第一次代表会议,被任命为县委部门干事。

5月,日军再次侵入鹤山县朱六合,逼近高明。为准备战斗,县委决定先在小洞建立一支抗日武装队伍——小洞抗日先锋队。叶琪积极协助县委常委李洪(负责武装)进行组建工作,并负责组织这支队伍开展了三个月的军事训练。

10月,中共高明设立区级机构。其中,中共更楼区委书记黄仕聪,委员叶琪(负责武装工作,兼管屏山、云良支部,平塘小组),委员陈励生(负责宣传工作,兼管小洞、罗丹支部)。同月,与黄仕聪、陈励生一起在更楼圩办起"群利源"运馆,以搞运输托运工作为掩护进行地下活动。

1940年3月下旬(清明节前),奉上级组织指示,"群利源"运馆歇业,返回和平学校教书。9月13日(农历八月十二日)晚,主持召集罗丹支部在罗丹桥高田坪花生地开会时,被国民党更楼分部负责人梁子珍及狗腿子梁桂芬循迹发现,因而暴露,受到监视,罗丹支部被破坏。

10月6日(农历九月初六),接黄仕聪通知到平塘,黄仕聪叫叶琪马上离开小洞。当晚,叶琪连夜到了新兴县水台南村隐蔽。紧接着收到通知,到开平赤坎参加粤中区举办的党员训练班学习。受训一个月后,返回南村教书至1942年年底。其间在1941年9月患上肺病,并逐渐加重,但仍然坚持教学,开办夜校,培养骨干。

1943年年初,接受组织的建议,回到家乡休养疗病。在养病期间积极参与小洞进行的抗租保佃、反夺永佃权的斗争。

1944年9月10日夜,日军过境,从南海九江渡过西江,进至西岸。11日早晨,黄仕聪来到小洞,向黄之锦、叶琪通报日军犯境消息,一起商讨对应办法。决定分别在平塘、小洞成立武装队伍,进行抗击自卫。黄仕聪、黄之锦离去后,他立即找陈定、梁扳等人研究，定于当夜在军屯梁氏宗祠召开成立抗日武装的群众大会。是夜，小洞四五百群众参加了会议，当即有300多人报名，小洞抗日武装自卫大队由此组建起来。叶琪被推选为大队长，梁芬为副大队长。

队伍组织起来了，接下来怎么办？叶琪通过政治交通员，在合水水井村找到了中区副特派员郑锦波同志。叶琪汇报了小洞成立抗日武装的具体情况，得到了郑锦波的充分肯定。郑锦波与叶琪商量，做出了打开平塘官府粮仓，把粮食分给群众，部分留作军粮的决定。事毕，叶琪赶回平塘找黄仕聪、黄之锦，发动群众，打开了平塘粮仓，搬光了7万多斤存粮。回到小洞后，组织自卫队队员分别在观音座、飞鹰岭、狮子岭等处挖掘堑壕，构筑临时工事。其间，还带领部分自卫队员夜袭黎壁塘，缴获了藏在该处的国民党更楼警察的武器。

日军离境后，为小洞抗日武装自卫大队的存留问题，叶琪专程去新兴杜村找陈光商量，并去信征求陈励生的意见。他们达成了把抗日武装队伍保存下来的共识。在不辞艰辛及时赶回家乡的陈励生的坚决主张和协助下，他们把小洞抗日武装自卫大队加以调整，创建了一支由21人组成的常备武装队伍——小洞武装常备队。队长叶琪负责军事，副队长陈励生负责政治教育，并加强这支队伍的政治教育和军事训练工作。此举得到中共高明县特派员冯华的同意及大力支持，提出要把这支队伍办成军校的样子。叶琪、陈励生遵照上级的指示，排除一切困难，安排队伍进行了为期三个月的脱产训练，使队伍的政治素质和军事素质都有了很大的提高，在"倒钟"攻打县府时成为攻城生力军。人民抗日游击队第三大队即是以这支队伍为班底的。

9月17日，日军离境。第二天，国民党高明县县长钟歧下令"清乡""清奸"，缉拿组织开仓"抢粮"及参与"盗抢"物资、枪械人员（包括黄仕聪、叶琪、黄之锦在内）110余人，强迫参与"抢粮"的农民要全部交还出来。钟歧的倒行逆施激起了高明人民的极大愤慨，官逼民反，引发了一场声势浩大的"倒钟"运动。

叶琪是这场运动的组织者和策划者之一。其间,他深入各乡村发动群众,多次到瑶村,为瑶村群众打气,说服群众,绝不赔偿,绝不向当局低头屈服。

10月23日5时,率领小洞武装常备队、自卫队员和群众100多人与黄仕聪率领的平塘武装队伍,以凌厉攻势端掉更楼警察所,扫清攻城外围的障碍,顺利到达新圩集结。

10月24日,攻城战斗打响。叶琪率领一路"倒钟"大军,挥师东进,直逼城西,抢占新市,堵住钟歧的西逃去路。紧接着,与陈励生一路队伍互相配合,直捣黄龙,攻陷县府,取得"倒钟"胜利。

11月10日,高明人民抗日游击队第三大队在小洞军屯梁氏宗祠成立,叶琪担任二连(黄河连)连长。

11月16日,组织发动小洞200多名自卫队员及青年,配合第三大队在纱帽岗至塘花地段埋伏,阻击并粉碎了高要廖强部率领300余人进攻小洞的图谋,迫使廖强部退至洞口。是夜,第三大队趁廖强部立足未稳,乘胜追击,偷袭洞口。廖强部措手不及,成为釜底游鱼,只得慌忙朝白土方向溃散逃命。

12月30日(农历十一月十六日),国民党军对皂幕山根据地实施"第一期"进攻,调集正规军158师473团,和高要廖强部、鹤山黄柏森部及高明县国民兵团2000余人,深入抗日游击根据地腹地——小洞,进行第三次"扫荡"行动。第三大队获悉敌人动向后,避其锐气,连夜撤离小洞。叶琪、陈励生等临危受命,留下组织群众撤离疏散。叶琪等迅速做出判断,果断指挥,出色圆满地完成掩护群众疏散的任务。接着,率领部分小洞常备队员机智地跳出敌人的包围圈,到达癫狗山执行设伏任务。

1945年1月1日,在中区纵队副司令员谢立全的指挥下,中区纵队主力第一大队及第三大队,取得了癫狗山伏击战斗的胜利。这仗刚打完,中区纵队首长判断,473团极有可能窜回新兴县城休整及补充兵员、弹药,果断命令所属部队星夜赶到473团返回新兴必经之路的布社附近设伏守候，叶琪、胡达权负责带领中区纵队直属连90多人，经合成转移到凤凰山的大洞村宿营时，侦悉新兴县保警一个排驻在南村。1月3日，叶琪带队侦察。入夜，率队突袭南村祠堂和延香堂敌保警宿营点，出其不意地毙敌两人，俘敌20余人，不到半个小时就结束了战斗。1月5日，天亮前进入布社伏击地段，配合中区纵队主力团，打了一个漂亮的伏击战，活捉了158师473团团长黄道遵。

20日，广东人民抗日解放军成立。28日（腊月十五），高明人民抗日游击队第三大队从小洞开往宅梧靖村接受改编。1945年1月，第三大队编入广东人民抗日解放军第三团序列，叶琪改任第三团侦察组组长。续后带领第三团侦察员转战粤中各地，深入敌营，探取大量准确情报。

1945年2月，国民党第七战区司令长官余汉谋及35集团军副司令兼信宜指挥所主任朱晖日直接部署，制订了第二期"清剿"计划，调集上万兵力对粤中地区的广东人民抗日解放军实施凶猛的新攻势。

5月中旬，第三团在皂幕山战斗中失利被打散。158师及国民党高明地方团队，实行"五户联保"，控制"共匪"活动，悬红通缉"奸匪"，天天出动搜捕第三团失散人员和革命人士。叶琪、陈励生、黄之锦均被列入通缉名单之中。叶琪、陈励生、黄之锦和部分第三团人员，分别在合成、南村、杜村一带分散隐蔽。国民党当局则耍尽各种花招，采取软硬兼施的手段，如收买、恐吓、威胁、抓人等，企图软化叶琪，使他屈服。开始，通过连襟廖之衮的妻子去做叶琪妻子的工作，用金钱粮食作为补偿，叫叶琪放弃革命，未果。随后，则派泽河曾日如反动联防队拉走他家的大水牛，叶琪亦不为所动。当局见不奏效，又派反动联防队捉他两个年纪尚幼的儿子当人质。1946年初夏的一个早上，曾日如联防队来到盘石村直闯叶琪的家，见不着他的两个儿子，就不动声色地去找甲长叶青引路，到"佬仔屋"去查找。到了"佬仔屋"，叫醒孩子一个个查问，被叶青识破了诡计。当联防队问到叶琪的两个儿子的下落时,叶青镇定地将他两兄弟认作自己的儿子,这样才蒙混过了关。叶青考虑到这些联防队是不会就此罢休的,当即向梁扳报告。梁扳找到了陈松,陈松当天护送叶琪的两个儿子去了合成,安置在月山排的一户人家照看,使当局的阴谋落空。

1946年6月,革命低潮。上级决定,部队北撤山东烟台,除留下少数人员坚持武装自卫斗争外,其他人员转业、复员自谋职业。叶琪坚决服从命令,留下坚持武装自卫斗争,任武工组组长,负责带领一个组,以合成为基地,在更楼、水台、宅梧、双桥、白水带等地开展活动。6月中旬,为了解决留下来坚持的武装人员的吃饭问题,叶琪指挥了智取更楼警察所的战斗。在斗争最艰苦的时候,他旧病复发,几度吐血,仍时常忍痛来回奔跑七八十里地,一刻也没有停止战斗,最后硬是挺了过来。

1947年2月,恢复公开武装斗争后,加入了高鹤武装基干队,参与组织指挥了三打合水、二打更楼及新兴水台三村(奄村、棠下、布茅)战斗等多次军事行动。

1948年2月,为了迎接"大搞",和冯志谦率领高鹤县基干队一个班,开到新(会)开(平)鹤(山)边区活动,组织成立起武工队(代号平等队)。3月27日,新高鹤人民解放军总队成立,叶琪任副总队长。4月,兼中区(高)要(高)明边县工委委员,要明部队团长,驰骋在西江南岸地区,执行"饮马西江"的重要任务。9月任中共要明新(兴)边工委委员,要明部队团长。

1949年1月,中共高要县工委成立,叶琪任县工委委员,要南部队团长。7月,中国人民解放军粤中纵队成立,要南部队改编为粤中纵队第六支队第18团,叶琪任团长。10月20日,高要解放,他带领18团开进肇庆接管政权,任高要县公安局局长。

1952年4月,被停职审查并处分,后被错误加罪入狱。1954年1月起,先后在高要县粮食局、高要县金渡公社任一般干部至退休。

1980年10月,高要县人民法院宣判叶琪无罪并恢复个人名誉。1981年1月,中共肇庆市纪律检查委员会决定,恢复叶琪党员权利,撤销对其的一切处分。

叶琪同志是"三小"革命摇篮培育出来的优秀骨干,在党的培养教育下,逐步成为一个坚定的革命者。他在抗战中学习斗争,大胆创建抗日武装队伍,在解放战争中千锤百炼,成为优秀指挥员。他能文能武,长于军事,是小洞人民革命斗争和新兴水台人民革命斗争的发起者、组织者和领导者之一。

本文根据高要市委组织部档案室叶琪同志个人档案资料整理

黄之锦[①] 同志生平简介

黄之锦

黄之锦同志出生于家道中落的家庭，生活比较贫困。1917年开始入私塾及初等国民小学读书，1923年起就读高明县立第一高等小学，此时，认识了同乡陈耀聪和叶琪，因志趣相投，结为好友，成为正直上进的青年。高小毕业后，因家庭经济困难，失去了继续升学的机会。

1929年，参加广州起义的进步人士黄懋忠先生，在家乡平塘村开办益智小学，黄之锦与陈耀聪一起被聘为该校老师，受黄懋忠先生影响，

---

① 黄之锦（1909年3月—2001年5月），又名社贵、志端，曾用名黄国平（在新兴时）、黄国荣（在阳江时）。男，汉族，初中文化，高明区更合镇平塘村人。1934年4月参加革命；1937年10月加入中国共产党；1975年11月退休，1983年10月改离休，享受厅局级待遇。

开始接触进步思想，与陈耀聪经常探求革命理想。

1932年下半年，出于对当地土豪劣绅横行、贪官污吏成风的黑暗社会的痛恨，积极响应陈耀聪发起的结盟倡议，和陈耀聪、陈励生、叶琪共同成立了小洞"激鸣社"（大哥陈励生，二哥陈耀聪，三哥叶琪，四弟黄之锦），自发地走上了反抗黑暗统治的道路。采取多种形式和方法，开展宣传活动，揭露国民党的反动本质，抨击国民党政府的腐败无能。

1933年上半年，与同失业的陈耀聪、叶琪三人举债在小洞办起了"扩桓林"农业生产组织，在小洞塘角村的高塘坑种瓜果蔬菜之类农作物，冀望从农业生产中谋求发展，增加经济收入，支撑"激鸣社"的活动经费，但没有取得成功。

1933年5月至1934年4月，经阮贞元介绍在高明二区（更楼）乡公所警卫班当班长。

1934年4月，在合水吉田村教书时，由叶琪介绍走进高明县立第三小学，接受地下党组织的教育，经常参加"三小"的活动，开始走上了革命道路。在李守纯等同志的教育下，初步树立起对共产主义的信仰。暑假时专程来到小洞塘角村，找陈励生促膝长谈，介绍自己在"三小"的所见所闻，共同探讨社会、制度、理想等问题。提出怎样学习，怎样爱国爱民，怎样做一个受人民爱戴的人物的建议。他提议陈励生到"三小"走走，借些书看看，一起走革命道路。同年10月至次年7月，因病在家休养。

1935年8月，病愈后，到了新兴县水台南村帮助叶琪上课。正值此时，"三小"力社扩展到附近的乡村。和叶琪一起参加了由"三小"地下党领导人陈勉恕主持，在合水召开的教师会议。会上陈勉恕号召大家参加力社，要求大家回教学点办力社分社。黄之锦加入了"三小"力社分社，同叶琪回到南村，以南村为据点，建起包括有布冷、布凌等村群众参加的力社南村分社。同时开办夜校，培养骨干，开展抗日救亡和反苛捐杂税等活动。年末，接受县工委书记李守纯交给的协助陈耀聪、陈励生在小洞建立革命据点的任务。

1936年至1937年，在合水高村小学教书，先后与阮海天、廖举安、谭宝荃等共事。经常利用夜间或星期天，到附近乡村开展抗日救亡宣传活动和反苛捐杂税斗争。

1937年6月，更楼、合水地区大闹春荒。"三小"地下党组织抓住这个机会，发动群众搞合法斗争，黄之锦和叶琪在阮海天、黄仕聪、阮曼、阮贞元、谭宝荃、黄之祯等的支持与协助下，出面到更合80多条村鼓动群众，组织3000多农民群众组成"饥民请愿团"向当局要粮。

7月1日（农历五月二十三日），"饥民请愿团"在更楼圩忠义祠门前广场举行有二三百人参加的誓师集会。黄之锦、叶琪不顾大批警察的监视，从容上台痛骂国民党的反动暴政、不顾民众死活的罪行。会后，黄之锦、叶琪率领选出的23名代表，高举着请愿旗帜，到高明县府请愿，要求赈灾，救济饥民。尽管费尽口舌，但是只得到当局冷淡的回应，说是"无粮可发"。当晚，黄之锦、叶琪率领代表再去安太乡乡公所，痛骂乡长陆秉礼，指责当局对人民群众的疾苦采取漠不关心、置之不理的态度。

七七事变爆发，日寇全面侵华，全国掀起了抗战高潮。同年10月（农历九月初九），经阮海天介绍，由李守纯、黄仕聪监誓，黄之锦宣誓加入了中国共产党。同月，合水成立沧江剧团，其成为剧团主要成员之一。经常在星期天回小洞，与陈励生、叶琪一起带领小洞演出队到更楼、合水、合成、水台等几十条乡村演讲，宣传党的抗日救国主张和民族抗日统一战线方针政策。

1938年2月至8月，在"三小"教学，5月加入青抗会组织，任执委。下半年，受党组织派遣回到更楼二区任自卫团普训第二大队书记。同时被指定为二区组织干事，从事发展党组织的工作，先后指导建立起小洞、屏山、云良、罗丹四个党支部和平塘一个党小组，发展党员30多人。

1939年2月至8月，加入中共高明组织的抗日流动剧团，继续到各圩镇乡村，参加演出话剧、演讲等，开展抗日救亡宣传活动。3月底，光荣地出席了中共高明县委在小洞文选楼召开的第一次代表会议，被推选为县委组织部门干事。

  9月，受李守纯同志派遣，打入国民党高明国民兵团第二中队，当特务长。利用工作之便在该中队发展党员，建立党支部，任支部书记。直到1942年年底，钟歧安插爪牙进入二中队，将二中队长陈耀基撤职时，他才离开高明国民兵团。

  1943年年初，因无法找到职业，回到家乡平塘村。黄仕聪对黄之锦说："黄×这个保长太坏，要一个自己的人做保长。"黄之锦因而做了一年平塘村的保长，利用保长身份掩护，从事革命活动。

  1944年2月，到小洞军屯村小学教书。他一直关注着小洞正在进行的抗租保佃、反夺永佃权这场斗争。一方面教育党员、群众如何同当局进行说理斗争；另一方面鼓动佃户坚决不要交租以反抗。为小洞人民出谋划策，与军屯村的群众商量，用找律师打官司的方法，争取更多人的同情和支持，扩大影响，力抗当局蛮横无理迫害广大佃户的做法。为小洞人民取得抗租保佃、反夺永佃权斗争的胜利发挥了积极的作用。

  1944年9月11日早晨，黄仕聪从平塘村来到小洞，向黄之锦、叶琪通报前一夜获悉日军已进犯西岸的消息，商量应对办法。他们三人决定，在平塘、小洞分别成立抗日武装队伍进行自卫。几天后，叶琪通过政治交通员，到合水水井向中共中区副特派员郑锦波汇报小洞成立抗日武装自卫大队的具体情况。郑锦波赞成小洞的做法，并同叶琪商量，决定打开平塘官府粮仓。叶琪赶回平塘和黄仕聪、黄之锦一起发动群众打开了平塘粮仓，搬光了7万多斤粮食，除部分留作军粮外，其余分给了群众。

  9月17日，日军离境后，黄之锦深入了解社会情况，多方收集信息，详细准确掌握当时的社会状况。18日，亲自获悉国民党高明当局的"清乡""清奸"计划及其内容。内容要点是：一，凡参加抢粮的群众，必须如数偿还全部粮食；二，缉拿参与组织抢粮和物资、收缴警察武器的为首分子共110多人（水雷队起义时搜到了这份黑名单，其中包括黄仕聪、黄之锦、叶琪）。中下旬，获悉当局派教育科科长麦戒欺、国民党党部书记谢子明杀气腾腾地闯入瑶村，强令瑶村限期赔偿800万元（折谷约26000担）的损失。黄之锦做出当局的矛头直指共产党和革命群众的判断，看穿了当局即将动刀枪下毒手、摧残老百姓的阴谋。在这危急时刻，黄之锦根据掌握的情况，综合分析群众的意见，认为，必须组织农民武装，采取以"暴"抗"暴"的办法，才能粉碎国民党当局"清乡""清奸"的阴谋。他设计好了一套周详的"以党的抗日民族统一战线方针政策"为主线的行动计划。

9月24日晚，黄之锦向住在小洞塘角村的中共中区副特派员郑锦波做了详细汇报。次日上午，郑锦波找到黄之锦、陈励生、叶琪等进一步商量，叶琪表示，按黄之锦的想法去做，不愁搞不起来。在高明人民惨遭日军蹂躏的怒火未消，又遭钟歧挥刀砍杀的关键时刻，郑锦波因势利导，当机立断，下决心组织群众进行抗暴斗争，以此拉开了高明人民"倒钟"运动的帷幕。

在中共中区副特派员郑锦波和中共高明特派员冯华的直接指挥领导下，黄之锦主持策划组织了这场"倒钟"运动，将这场运动一步步引向深入，从而使之走向胜利。25日下午，奉命到泽河村做通了实力派曾襄廷的工作，27日，在小洞文选楼和陈励生主持订立"四村联盟"协约。紧接着，与黄仕聪、陈励生、叶琪、谭宝荃、陈权、曾日东等深入各村鼓动群众与当局抗争，并分头去各村做通当地实力派、开明士绅、知名人士的工作，逐一争取他们站到"倒钟"阵营里。10月16日，请曾襄廷出面召集会议成立"联防委员会"（实质就是"倒钟"委员会）。按照党的主张，设立自卫总队和各个组织机构。次日在平塘村新厅正式办公。黄之锦与黄仕聪、曾日东、陈励生、叶琪等共产党员列举钟歧的十大罪状，作为声讨钟歧的檄文，并将这些檄文分发到各乡村张贴、散发。他们再一次下乡深入发动群众，宣传抗暴形势，揭露钟歧"清乡""清奸"阴谋，将各村乡人民群众的"倒钟"热潮推向新的高潮。

21日上午，在郑锦波、冯华带领下，与黄仕聪、陈励生参加了合水地区的"倒钟"会议，介绍"倒钟"形势和"倒钟"部署。另一边，在黄仕聪、陈励生、叶琪、曾日如等的主持下，紧张地组织武装队伍，筹集武器弹药、粮草，做好战前一切准备。

21日下午，黄之锦接到蛇塘村阮辜带送来水雷队在合水起义的消息，与陈励生、叶琪简短碰头研究后，向郑锦波报告。郑锦波为了证实起义消息的可靠性，决定派面目较灰（未曾暴露身份之意）的黄之锦去合水看一看，摸清情况。黄之锦接受任务后，再与陈励生、叶琪商量，认为带上梁佐明和梁光明等几名常备队员一同前往打探消息较为稳妥。

当晚，黄之锦、梁佐明和梁光明几名常备队员到合水乡公所附近，布置常备队员在周围警戒后，入内找沈鸿光了解起义内情。谈话中，得知沈起义的真实意图，知道沈还在东江地区参加过游击队。黄之锦问沈在东江游击队是否认识有个叫阮海田的人时，沈立即高兴起来说："阮海天（田）是我们的中队长，我是副中队长。好了！我找了很久的队伍，今天总算找到了。"还问："你们这里有没有游击队？"黄之锦从谈话中证实沈起义不假，于是答道："有。"沈表示答应加入队伍。黄之锦了解情况后，立即回小洞向郑锦波汇报说："水雷队起义确有此事。"郑锦波知道后，指示"设法把这支队伍拉过来"。22日，派梁景光、陈玉田去合水跟沈鸿光谈判。郑锦波获知水雷队愿意接受党的领导后，23日，由黄之锦、梁景光、梁光明等陪同，到合水纱帽岗与沈鸿光会面商谈。下午在郑锦波的带领下，沈鸿光把水雷队拉入小洞。沈鸿光派蔡忠带领一个小队手持黄之锦的字条，前往新圩向黄仕聪报到，加入攻打明城的队伍。

11月10日，高明人民抗日游击队第三大队成立，黄之锦在大队部任过一段时间副官后,转到地方做群众运动工作,负责筹集粮草、组织兵源等,有时和侦察组长叶琪侦察敌情,有时和政工队长陈励生一起深入各乡村做宣传群众、发动群众的工作。

12月22日至25日,出席高明二区人民行政委员会成立大会,当选为二区人民行政委员会委员。

1945年5月中旬后,国民党反动派对高明抗日游击区轮番扫荡,既疯狂又毒辣,除动用军队(156师、158师)穷追猛打外,还组织地方反动武装实行"五户联保"等政策,悬赏、缉捕革命同志,形势相当险恶。黄之锦、陈励生、叶琪等人是高明当局的通缉对象。在上级的安排下,黄之锦等到合成、水台、南村、杜村一带隐蔽。

1946年5月底,接梁文华的通知,到新兴县坝塘小学教书,隐蔽待命(此时改名叫黄国平),随时到良田协助陈光建立基地。8月,郑靖华调任高明县特派员,黄之锦奉命到开平三埠接郑靖华安全到达合成双合后,去阳江县城接手搞工运(区组织)工作(此时改名黄国荣)。直至1948年12月调回高明。

1948年12月,任中共高明县工委委员,兼二区区委书记、区长。

1949年10月,任高明县政府秘书科科长兼人民银行行长。

1950年6月,任二区区委书记。

1951年4月,任中共高明县委组织部长。

1952年5月,任高明、鹤山县(合署办公)副县长兼人民法院院长。

1954年2月,任广东省交通厅计划科副科长;7月,任华南分局交通运输部基建处科长;10月,在中共中央第五中级党校学习。

1955年8月,任广州民生轮船公司监察室主任。

1957年1月,任国家交通监察局广州办事处秘书科科长。

1958年2月,任怀集县委委员,兼怀集大坑山林场党支部书记。

1959年6月，任广州量具刃具厂副厂长。

1961年1月，任广州市五一机械厂副厂长；11月，任中共广州市芳村区委常委、副区长。

1962年6月，在广州市郊区等候分配工作。

1962年11月至1975年11月，任广州市东山区人民法院院长。

1983年10月，离休。

黄之锦同志是"三小"革命摇篮培育出来的优秀骨干，革命意志坚定，有较强的政治理论水平和政策水平及组织能力。他多谋善断，善于出谋划策，是小洞人民革命的发起者、组织者和领导者之一。

本文根据广州市档案馆黄之锦同志个人档案资料整理

梁清贵① 同志生平简介

梁清贵同志出生于小洞军屯村一个贫寒的农民家庭，因为家穷，只读了两年私塾就回家耕田了。

1925年开始，在进步教师陈耀聪多年的启发教育下，思想逐渐走向进步。

1935年9月，"三小"力社组织扩展到农村，小洞成立了力社小洞分社。梁清贵被陈耀聪发展，加入了力社小洞分社，参加了力社小洞分社的各项活动。他积极协助陈耀聪发展力社社员，培养革命骨干，带头参加抗日救亡运动及反抽壮丁、反钉门牌、反催粮、反苛捐杂税等各项斗争。几年间，多次接受中共高明县工委书记李守纯、工委组织部部长黄之祯的党课教育，思想觉悟有了很大的提高，成为小洞革命的骨干分子。

1937年6月，大力支持和协助叶衍基、黄之锦组织的"饥民请愿"斗争。多次发动组织小洞群众参加会议，听取叶衍基的宣传动员报告。

1937年七七卢沟桥事变爆发，日寇发动全面侵华战争，全国迅速掀起了抗战热潮。是年秋，合水"三小"成立沧江剧团，该团主要负责人之一的陈励生，马上赶回小洞组成沧江剧团小洞宣传队，开展抗日宣传

---

① 梁清贵（1912年—？），男，汉族，初小文化，高明区更合镇小洞军屯村人。1935年9月参加革命；1938年9月加入中国共产党。

活动。梁清贵接受委派，负责这支队伍的管理工作，积极投身到抗日救国运动中，和队员一起利用夜间在和平学校排练节目，周六则由陈励生、叶琪、黄之锦带队下乡宣传。几年来翻山越岭，跋山涉水，不辞劳苦地走遍了高明更楼、合水、鹤山合成、新兴水台、高要鳌头等地区二三十条村庄，为唤醒民众抗日做出了自己的贡献。

1938年5月，带头加入了民众抗日自卫团小洞中队，积极投身到守土抗日工作中。接着，又加入了小洞青抗会。

同年9月，由于工作积极，斗争坚决，立场坚定，由陈耀聪同志介绍加入了中国共产党，成为小洞早期的党员之一。

12月26日夜晚，参加了由更楼区组织干事黄之锦主持，有陈耀聪、陈励生等参加的中共小洞支部成立会议，成为首届中共小洞支部委员。

1939年1月，省抗先队130队进驻小洞，开展大规模轰轰烈烈的抗日救国宣传活动。梁清贵大力协助130队在军屯村开展工作，配合组织开办识字班，培养革命骨干，发展青、妇抗会等，宣传工作取得了良好的效果。5月，加入了中共高明县委先在小洞成立的抗日武装队伍——小洞抗日先锋队。5月至6月（农历四月）间，参加了中共小洞支部陈励生组织的"封江自救、虎口夺粮"斗争。10月转入地下活动。

1940年夏，国民党顽固派反共逆流袭来，党的活动转入地下，军屯村党小组采取灵活措施，转变活动形式，成立了军屯村老耕队武装自卫组织，打着自卫的旗号进行地下秘密活动。梁清贵加入了老耕队，参加站岗放哨护村、习艺练武、开垦荒山、植树造林、种植作物、建立山场等活动。

1941年年初，顽固派反共逆流更加猖獗，梁清贵因身份暴露，受到国民党当局的通缉，被组织安排到外地隐蔽后失去了联系，至今仍然毫无音讯。

梁清贵同志较早参加革命活动,思想进步,革命意志坚定,是中共小洞支部委员和小洞人民革命斗争的骨干分子之一。

本文根据梁清贵同志亲属提供资料整理

梁培① 同志生平简介

梁培同志出生于小洞军屯村的一个贫苦农民家庭。10岁入学，在军屯宏育学校读了两年书后，一直在家耕田。读书期间，受到进步人士梁佐明的思想启蒙，尤其是得到陈耀聪的启发和长期的帮助教育，觉悟不断提高，思想逐渐走向进步。

1935年9月，"三小"力社扩展到了农村，陈耀聪、陈励生等在小洞成立了力社小洞分社。梁培被陈耀聪吸收入力社小洞分社。自此，大力协助陈耀聪发展力社组织、吸收力社社员、培养革命骨干，并参加了力社小洞分社组织的一系列活动，积极投身到抗日救亡运动和反苛捐杂税、反催粮、反钉门牌、反抽壮丁等各项斗争中去。几年间，曾多次参加中共高明县工委书记李守纯、工委组织部长黄之祯的党课教育，觉悟有了很大提高，思想有了很大进步，成为小洞革命的骨干分子。

1937年6月，积极响应"三小"党组织的号召，带头并发动小洞群众加入由叶衍基、黄之锦组织的"饥民请愿团"。7月1日作为代表之一，代表小洞人民和更合地区3000多人民，前往高明县府请愿，向政府要粮赈济饥民。

1938年5月带头加入民众抗日自卫团小洞中队，参加小洞青抗会，积极投身到抗日救亡工作中去。

---

① 梁培（1914—1942年），男，汉族，初小文化，高明区更合镇小洞军屯村人。1935年9月参加革命，1938年9月加入中国共产党。

同年9月（农历八月），由于工作积极，斗争坚决，立场坚定，在经受了几年的斗争锻炼和考验后，符合入党的条件，由陈耀聪介绍，加入了中国共产党，成为小洞首批党员之一。

1939年1月，省抗先队130队进驻小洞，开展大规模轰轰烈烈的抗日救国宣传运动。梁培积极配合130队的工作，在军屯村协助组织开设夜校，开办识字班，动员男女青年到夜校读书识字，接受革命思想教育，并大力培养革命骨干，吸收青年加入青、妇抗会，为提高群众思想觉悟、打牢群众基础做了大量的工作。

5月，加入了中共高明县工委首先在小洞成立的抗日武装队伍——小洞抗日先锋队。5月至6月（农历四月）参与了中共小洞支部陈励生组织的"封江自救、虎口夺粮"斗争。10月后转入地下活动。

1940年夏，国民党顽固派反共逆流袭来，党的活动转入地下，军屯村党小组也转变活动形式，成立了军屯村老耕队自卫组织，打着这一旗号进行地下活动。梁培加入了老耕队，参加站岗放哨护村、习艺练武、开垦荒山、植树造林、种植作物、建立山场等活动。

1942年，他染上了天花，因缺医少药，不幸病逝。

梁培同志较早参加革命活动，思想进步，革命意志坚定，斗争坚决，是小洞人民革命斗争的骨干之一。

本文根据梁培同志亲属提供资料整理

梁才① 同志生平简介

梁才同志出生于小洞军屯村一个贫苦农民家庭，10岁入学，只读了三年书就回家耕田了。

1925年开始与进步人士教师陈耀聪接触，在陈耀聪的教育影响下，成为一名思想进步的青年和革命苗子。

1935年9月，"三小"力社组织扩展到了农村，小洞成立了力社小洞分社，他被陈耀聪发展吸收加入了小洞分社，参加了力社小洞分社的各项活动。他积极协助陈耀聪发展力社社员和培养革命骨干，带头参加抗日救亡活动，参加了反抽壮丁、反钉门牌、反催粮、反苛捐杂税等各项斗争。几年间，多次参加中共高明县工委书记李守纯、工委组织部长黄之祯的党课教育，思想觉悟不断得到提高，成为小洞革命的骨干分子。

1937年6月，参加了叶衍基、黄之锦组织的"饥民请愿"斗争，多次协助陈耀聪组织小洞群众参加会议及叶衍基的宣传工作。

1938年5月，带头加入民众抗日自卫团小洞中队，积极投身到守土抗日工作中，接着加入由小洞地下党组织领导的小洞青抗会。

同年9月，由于立场坚定、斗争坚决及工作积极，由陈耀聪介绍，加入了中国共产党，成为小洞首批党员之一。

---

① 梁才（1913年6月—1995年12月），字其林，男，汉族，初小文化，高明区更合镇小洞军屯村人。1935年9月参加革命，1938年9月加入中国共产党。

1939年1月,省抗先队130队进驻小洞,开展大规模轰轰烈烈的抗日救国宣传活动。梁才积极配合130队和军屯村党小组的工作,动员村里男女青年参加识字班,读书识字;大力培养革命骨干,发展青年加入青、妇抗会组织。3月,奉命到新会、开平交界处接中共中区特委书记罗范群、组织部部长陈春霖、武装部部长冯扬武、妇女部部长谭本基以及黄纪合等同志安全抵达小洞文选楼,指导中共高明县第一次代表会议的召开。

5月,加入中共高明县委首先在小洞成立的抗日武装——小洞抗日先锋队,并参加了三个月的军事训练。五六月间,参加了中共小洞支部陈励生组织的"封江自救、虎口夺粮"斗争。

1940年夏,国民党顽固派反共逆流袭来,党的活动转入地下,军屯村党小组转变活动形式,成立了军屯村老耕队,打着这一旗号进行地下活动。梁才加入了老耕队,参加了站岗放哨护村、习艺练武、垦荒造林、种植作物、建立山场等活动。

1942年夏,参加了中共小洞支部领导小洞人民进行的为期近三年的"抗租保佃,誓死保卫佃耕权"斗争,坚决执行支部决议,带领群众进行合理合法的斗争,鼓动佃户坚决不交租,抵制当局的所谓"三改"新规,为夺取斗争胜利做了大量工作。

1944年9月,日军西进,过境高明。小洞人民决心奋起自卫反击,于11日晚成立了小洞抗日武装自卫大队,梁才一马当先,带头加入了自卫大队,次日起便参加了紧张的军事训练以及组织群众疏散等工作。

10月,加入了声势浩大的"倒钟"行列,参加了23、24日攻打县府明城的战斗。11月10日,加入了高明人民抗日游击队第三大队,参加了小洞交通站工作,专司与大队政委郑锦波的联络工作。

同年12月下旬,奉命和参加妇女骨干学习班的吴汀同志(恩平人)一起,带着刘田夫的亲笔重要信件,安全顺利地送到在恩平的中区特委周天行手上〔信件内容是通知周天行派人过高明,为广东人民抗日解放军司令机关及主力一团挺进恩平和两阳(阳春、阳江),开辟云雾山根据地当向导〕。完成任务返程,到高汉、万屋附近,被围剿小洞的国民党军158师473团逮住,梁才一口咬定自己是打长工的,才被释放回家。

1945年5月中旬,第三团在皂幕山战斗失利,国民党军大肆"围剿"小洞,在血雨腥风的恐怖日子里,梁才始终坚守党的立场,没有被气势汹汹的敌人所吓倒,而是坚定地与敌人斗争到底。

1946年革命进入低潮,他与组织失去了联系。

梁才同志思想进步、工作踏实、诚实可靠,是小洞人民革命的先进分子和最早一批共产党员之一。

本文根据梁才同志亲属提供资料整理

梁扳① 同志生平简介

梁扳

梁扳同志出生于小洞军屯村一个穷苦农民家庭。1925年入学，在小洞军屯村宏育学校读书。1928年，因家境困难辍学，回家种地。

1935年9月，"三小"力社扩展到农村，由陈耀聪介绍加入力社小洞分社。此后，协助陈耀聪发展力社社员，参加反苛捐杂税、反催粮、反钉门牌等一系列斗争。

1936年至1937年间，县工委书记李守纯、工委组织部黄之祯等几次秘密来到军屯村，给梁扳等七名青年上党课。在革命思想的熏陶下，梁

---

① 梁扳（1913年8月—2007年7月），又名梁郁婵，曾用名：梁迪。男，汉族，初小文化，高明区更合镇小洞军屯村人。1935年9月参加革命，1938年9月加入中国共产党；1971年11月退休，1982年5月改离休，享受处级待遇。

扳成长为进步青年,革命的积极分子。

1938年5月,小洞人民抗日热情高涨,梁扳加入了民众抗日自卫团小洞中队,被推选为副中队长,接着又带头加入了青抗会组织。

9月,由陈耀聪介绍加入了中国共产党。12月26日中共小洞支部成立,设立军屯、塘角两个党小组,梁扳出任军屯村党小组组长。

1939年1月,省抗先队130队进驻小洞,开展轰轰烈烈的抗日救亡宣传活动。梁扳主动配合130队在军屯村开办夜校,发展青、妇抗会组织,培养革命骨干等活动,把军屯村的抗战热情推向了新的高潮。5月至6月间,与陈定、陈松等积极协助陈励生组织领导小洞人民开展"封江自救、虎口夺粮"斗争。

1940年夏,国民党顽固派反共逆流袭来,党的活动转入地下,军屯村党小组转变活动形式,成立了军屯村老耕队自卫组织,并打着这一旗号进行地下活动。梁扳加入了老耕队,参加站岗放哨护村、习艺练武、垦荒造林、种植作物、建立山场等活动。

1941年年初,反共逆流更加猖獗。中共小洞支部一班人陈耀聪、陈励生、叶琪、梁清贵、梁景光等因身份暴露,先后被组织安排撤离小洞,到异地安置隐蔽。梁扳、陈定主动承担起革命重任,先后秘密与住在小洞的县委领导人黄文康、陈春霖、郑桥保持单线联系,接受党的指示,带领小洞党员坚持开展地下革命活动。

1942年入夏,钟歧刚上任高明县长,就勾结更楼清平堡永义堂,打破以往收租惯例,实行"三改"新规,激起了广大佃户的义愤。梁扳、陈定集中群众的意见,及时向县委书记反映汇报。郑桥把抗租保佃、反夺永佃权当作当前最大的斗争,立即采取措施,从新兴县急调梁景光回小洞主持小洞支部工作,吸纳梁扳、陈定、陈会群为支部委员,领导小洞人民进行"抗租保佃、誓死保卫佃耕权"斗争。在斗争中,梁扳充分调动群众的积极性,讲究斗争策略,坚持说理的方式,带领小洞人民坚持了近三年不懈的斗争,为取得最后的胜利发挥了重要作用。

1944年9月,日军西进,过境高明。梁扳坚决支持叶琪、陈励生成立抗日武装进行抗日自卫及保留抗日武装队伍的主张,积极协助成立小洞抗日武装自卫大队和创建小洞武装常备队工作。10月,积极发动群众参加"倒钟"运动,并多次随同陈励生、叶琪深入瑶村宣传发动群众,为瑶村人民撑腰打气。11月10日,高明人民抗日游击队第三大队在军屯村梁氏宗祠成立时,动员青年参军,说服村中父老把村的自卫武器献给第三大队。同时,卖掉自己的耕牛,并将得款送给部队购买枪支弹药。12月22日至25日,高明县二区人民行政委员会代表大会在军屯村梁氏宗祠召开时,组织全村群众做了大量的准备工作,把会场布置、代表食宿、安全保卫等工作安排得妥妥帖帖,保证了代表会议的顺利召开。

12月30日,国民党军158师473团及各地方团队2000余人"围剿"小洞时,奉命组织群众疏散,负责带领军屯村十多名常备队和自卫队员经分水坳,到敌军"进剿"小洞的主要方向,占据飞鹰岭阻击敌军,为掩护群众撤离赢得了时间。

1945年5月中旬,第三团在皂幕山战斗失利后,国民党军及地方反动联防队轮番进入小洞进行"清剿""扫荡",大肆搜捕三团失散人员和革命人士。当局为了有效控制小洞,6月,派何汝凡进入小洞督战,整顿保甲制度,实行"五户联保",威逼上三村选出空缺了一年的保长。梁扳接受大多数村民的推举出任保长。在任职期间,巧妙与敌方周旋,对"上级"布置的工作任务采取消极的态度,经常用"拖""推"的办法敷衍对付。但对何汝凡下令围村筑闸这一件事,则认真执行,亲临现场督战,吩咐村民在隐蔽处做好伪装,筑暗道,巧设机关,方便游击队员自由出入。11月,因叛徒出卖,三团战士梁锐在村里被捕,梁扳受到牵连,以"包庇共军、有匪不报"的罪名一同被押解到更楼,关在国民党军156师467团某营营部受审。敌人玩弄花招,梁扳被拉去与被捕关押在更楼的三团团长黄仕聪当面对质,企图引诱梁扳落网。梁扳沉着冷静应对,致使敌人的阴谋破产。

1946年,革命处于低潮阶段部队北撤后,留下坚持武装斗争的武工队发生了经济困难，陷入断粮断炊的困境。梁扳为之所急，多方设法筹粮，从公尝借粮给武工队的同志们度日。6月上旬，与回村找粮的武工队员梁甲友、梁波定出计策，做出了智取更楼警所的决定。他们分头行动做通在更楼警所当差的同乡兄弟梁根的工作。在梁根的密切配合下，夜袭更楼警所取得成功，缴获一些武器、金器和物品，暂时解决了留下来坚持斗争的武装人员没有饭吃的燃眉之急。

9月至10月间，新任中共高明县特派员郑靖华来到小洞，接收党的组织关系，恢复了中共小洞支部活动，梁扳任小洞党支部书记。

1947年2月，新高鹤地区恢复公开的武装斗争，领导小洞人民积极开展反"三征"斗争。农历七月，提议上级派出穷人求生队捕捉恶霸陈佐登，罚没陈佐登的浮财，打压了以恶霸陈佐登为首的小洞反动势力的威风及嚣张气焰，使小洞开展反"三征"的工作更加顺利。下半年，在上级工作队的帮助下，小洞成立了农民协会，梁扳任会长。

1948年，小洞以自然村为单位分建农会，梁扳任军屯村农会会长兼军屯村村长，带领村民进行借粮救荒和减租减息运动。9月至11月主持小洞支部会议发展党员，吸收了七人加入了中国共产党。

1949年10月，高明解放。11月，任中共新民乡（含小洞、瑶村、古城、广建）党支部书记，副乡长。

1950年8月，任高明二区（更楼、合水）农协负责人。

1951年3月，参加土改工作，任高明三区区委副书记、六区副区长。

1952年3月，任高明六区（西安）区长。

1953年1月，任高明县卫生科科长。

1954年6月，在地区干部学校学习。

1959年，任宅梧公社卫生队及堂马卫生院负责人。

1961年6月，任高鹤县卫生科副科长。

1963年5月,任高鹤县工人疗养院院长。

1968年11月,在高鹤县干部学校学习。

1969年8月,任高鹤县招待所所长。

梁扳同志长期扎根于小洞本土,进行了艰苦的地下革命活动,信心坚定,是小洞人民革命的中坚分子和领导人之一。

本文根据高明区档案馆梁扳同志个人档案资料整理

梁光明① 同志生平简介

梁光明

梁光明同志出生于小洞军屯村一个穷苦农民家庭。全家只有两亩薄田，生活十分艰苦。

1927年开始在军屯村宏育学校读书。因家庭经济困难，只读了三年就不得不辍学，回家帮忙干活，以减轻家庭的负担。

1935年9月，他和陈耀聪、陈励生、黄之锦等进步青年走到了一起，加入了力社小洞分社。思想逐渐起了变化，对革命开始有了新的认识。

1936年至1937年间，力社小洞分社蓬勃发展，他积极投身到反抽壮

---

① 梁光明（1914年12月—1990年7月），又名梁甲友，曾用名梁光。男，汉族，高小文化，高明区更合镇小洞军屯村人。1935年9月参加革命；1938年10月加入中国共产党；1983年12月离休，享受县处级待遇，三等乙级伤残军人。

丁、反钉门牌、反催粮及反苛捐杂税等各项斗争中。曾几次在明晖堂聆听了李守纯、黄之祯等人的党课教育，思想认识上有了飞跃的发展。

1937年6月，加入"饥民请愿团"，向当局要粮赈济饥民的斗争。七七事变爆发，日寇发动全面侵华战争，全国迅速掀起了抗战热潮。是年秋，合水"三小"成立了沧江剧团。该团的负责人陈励生赶回小洞，组织了沧江剧团小洞宣传队，开展抗日宣传工作。他积极投身到抗日救亡运动中，加入沧江剧团小洞宣传队，利用夜间在文选楼排练节目，周六与宣传队员一起下乡进行宣传活动。几年来翻山越岭，跋山涉水，不辞劳苦地走遍了高明更楼、合水、鹤山合成，新兴水台，高要鳌头等地二三十条村庄进行演出，为唤醒民众抗日做出了自己的贡献。

1938年5月，先后加入了高明民众自卫团小洞中队和青抗会组织。10月，因革命意志坚定，斗争坚决，工作积极，由陈耀聪、黄之锦介绍加入了中国共产党。

1939年1月，省抗先队130队进驻小洞，开展大规模轰轰烈烈的抗日救亡宣传活动。他积极协助130队在军屯村开设夜校，动员男女青年参加夜校的读书识字、唱歌等活动，接受革命思想教育。协助党小组培养革命骨干和吸收青年加入青、妇抗会组织，为提高群众思想觉悟、打牢群众基础做了大量工作。5月，加入了中共高明县委首先在小洞成立的抗日武装组织——小洞抗日先锋队，并参加了三个月的军事集训。5月至6月（农历四月），参加了小洞支部组织领导的"封江自救、虎口夺粮"斗争。

1940年夏，国民党顽固派反共逆流袭来，党的活动转入地下，军屯村党小组转变活动形式，成立了军屯村老耕队武装自卫组织，并打着这一旗号进行地下活动。梁光明加入了老耕队，参加站岗放哨护村、习武练艺、开垦荒山、植树造林、种植作物、建立山场等活动。

1942年夏，参加了中共小洞支部领导小洞人民进行为期近三年的"抗租保佃，誓死保卫佃耕权"斗争，坚决执行支部决议，带领群众进行合理合法斗争，鼓动佃户坚决不交租，抵制当局的所谓"三改"新规，为夺取斗争的胜利做了大量工作。

1944年9月，日军进犯广西，过境高明。11日晚，小洞支部组织成立抗日武装自卫大队，梁光明当即带头加入了自卫大队。当自卫大队做出调整时，又积极自愿报名加入了小洞武装常备队，任小队长，并参加了为期三个月的全脱产军事训练。其间，还参加了"倒钟"运动。10月23日5时先攻克更楼警察所后，随即赶到新圩集结，次日（24日），担任主攻任务，攻陷县城。由于在"倒钟"战斗中表现积极勇敢，被党组织派到鹤山云乡参加粤中区举办的军事骨干集训班学习了40天，结束后回到广东人民抗日解放军第三大队担任政委郑锦波的警卫员。12月下旬，改任第三大队传令组组长。

1945年元旦，参加了癫狗山伏击战斗。在阵地上，冒着敌人的炮火，不顾危险和劳累，不断穿梭在各个山头阵地之间，准确传达部队首长的命令。

在残酷的战斗中，有些战士不幸中弹受了重伤，流血不止，急需转移到后方紧急救治。但是，阵地前方四周都是敌人，当为了抢救受伤战士的生命而处在两难当中的上级首长做出了派人到后方组织担架队的决定时，梁光明不顾自己的安危，勇敢地站出来，自告奋勇要求担此任务。首长同意后，立即动身，机智地穿过敌阵，赶到后方组织了担架队赶回阵地，及时地把伤员安全地撤下火线。后来随第三团转战于皂幕山、老香山之间各县，并参加了布社伏击战，旱冲突围战，夜袭白土、羚羊峡打日军电船，攻打明城战斗，纱帽岗伏击战斗和风门坳遭遇战等大小战斗十多次，表现得十分英勇顽强。

6月21日，广东人民抗日解放军政治部刘田夫同志在老香山榄坑主持召开了第二、第三团干部会议。24日9时许，遭到敌人700多人袭击。我部立即突围转移，辗转到达了水台白水塱（现三合村）继续开会。刘田夫即席宣布成立粤中第一支武装工作队（简称"武工队"），队长黄德赐，副队长伍真，梁光明担任其中一个武工组的组长,留在老香山地区坚持内线斗争。

10月底,第三团团长黄仕聪被捕后,国民党军158师对老香山展开大规模的搜索行动,形势相当险恶。为了保存力量,上级指示在老香山坚持内线斗争的武工队分散活动,梁光明奉命带领的武工组返回家乡隐蔽。一天晚上,他们回到小洞境内一条山坑水坪山,夜宿坑内的烟寮。次日凌晨,泽河曾日如反动联防队包围了他们,5时左右被警觉的梁光明发现,他立即叫醒队友向山上突围。当冲到半山时,被敌人乱枪扫射的子弹擦伤了左侧头皮。他忍着疼痛,拼命地钻进蕨林里躲藏起来,摆脱了敌人的抓捕。最终,在群众的帮助下,回到村里附近的一个"棺材窿"养伤。在他养伤期间,国民党当局多次派出人员对他进行搜捕,但在乡亲的掩护下他化险为夷,待伤口痊愈后立即归队。

1946年6月,部队北撤。他坚决服从命令,和梁文华、叶琪、梁波等13人留下来,与梁波带领一个武工组,以开平水井为基地,在开平东河乡、鹤山云乡、址山等地一带活动。当时,国民党当局实行残酷的"三征"政策和"五户联保"制度。在国民党的高压统治下,很多群众不敢接近武工队。武工队无法借到粮食,几乎到了断粮的境地。在这个相当困难的时刻,家人知道了他的处境,都为他担心,千方百计筹得一些钱,劝他去香港躲避,但受党教育多年的梁光明立场十分坚定,婉言谢绝家人的好意,仍然坚持留下来和同志们一起共同奋战,共渡难关。在此期间,梁光明和梁波一起,几次回到家乡筹粮,得到了小洞党支部同志的帮助和支持,解决了部分粮食问题。但长期回家乡要粮终究不是个办法,怎么办呢?他和梁波、陈松回到家乡同梁扳、陈会群等党支部的同志商量,提出了袭击更楼警察所,以解决经济及武器装备来源的想法,得到了大家的赞同。他们做通了在更楼警察所当差的兄弟梁根的工作。6月中旬的一天深夜,在梁根的密切配合下,武工队由叶琪指挥,袭击更楼警所,梁光明、黄就、许飞三人奋勇当先,冲入警察所,俘敌20多人,缴获20多支枪、几两黄金和几万元旧币,暂时解决了武工队的补给困难问题。

1947年2月,新高鹤地区恢复公开武装斗争,实行"小搞",高鹤基干队发展到50多人。为了解决部队人员的吃饭问题,部队领导决定开办小农场,进行生产自给。3月,梁光明奉命到开平县东河乡山嘴窟开办小农场。开始时只有他一个人,连一分钱都没有,怎么办呢?困难没有吓倒这条硬汉,他以坚强的意志和毅力,积极想办法。先与当地的群众联络感情,和群众打成一片,在当地农民群众的帮助下,租下地主四五十亩田耕种,除每亩每年交150斤租外,剩下的交给部队作为经费,迅速地打开了农场的局面。在开办小农场时,还积极发动群众组织农会,领导群众开展反"三征"斗争。

梁光明既懂种庄稼,又懂做群众工作,同时还是一个出色的军事指挥员。同年11月,上级指示大力发展武装,他被派到开平东河乡一带搞武工组工作,任武工组组长。负责开辟新区,侦察敌情,协助部队解决枪支弹药、筹集军粮和活动经费等任务。得到当地农会的大力帮助和支持,他在该地区的活动如鱼得水、游刃有余,很快借得手枪27支、步枪35支和一大批子弹,并送到了高鹤基干队手中。

1948年4月至5月间,上级要求梁光明在短时间内征集5000斤大米,以解决部队的燃眉之急。他带领武工组去新区找线索,了解到一个与粤中剿共司令李江勾结的反动组织头目。于是派出人员侦察,摸清了这个头目的活动规律后,一天深夜,他带领三名队员,趁着夜色,冒着危险将其抓获,连拖带拉地带回驻地,交给了上级。最后逼其家人拿出2万元西币(民国时期当地流通的一种货币)赎人,在10天之内,完成了上级交给的解决5000斤大米的任务。

8月,粤中地区恢复公开武装斗争,进入了"大搞"阶段。部队不断扩充兵员,需要大批军事干部,他被调去粤中集训队参加军事集训。集训期间,他自知责任重大,下决心刻苦学习军事,努力提高自己的组织指挥能力。

1949年春,中共高明县工委成立后,立即组织武装部队,成立了县大队。更楼区组织一个中队，名叫沧江队（后改为二中队），梁光明调回高明，担任该中队队长。其间，中队队伍不断扩大，并为主力部队输送兵源和武器装备，努力完成上级交给的任务。

5月，梁光明和苏国光、严权发一起，率队出击明城龙潭村，擒获特务陆永忠，震动了高明当局。

7月，中国人民解放军粤中纵队成立，高明县大队编入粤中纵队第六支队，二中队改编入为六支独立第七营二连，代号为红豹连。

8月，率领红豹连及更合地区400多名民兵，协同独一营和叶琪率领的18团大鹏连，围歼困缩在白石的敌保警二师师长张剑峰率领的一个加强营800多人的战斗，成功地堵住了敌军往东南方向逃窜的企图，出色地完成了战斗任务。

10月19日，高明解放，率队进驻明城，紧接着进驻三区（三洲）、六区（西安），执行清匪肃特维持治安的任务。刚进入三、六区时，敌情复杂，治安环境恶劣，一些土匪、特务及国民党军残部进行负隅顽抗，伺机报复，做垂死挣扎。一天，一股国民党军残部及匪特包围了三区下乡工作的两名区级干部及收税员十多人，企图杀害我方人员。梁光明率领部队火速赶往出事地点，控制了局势，击退了敌人，解救了我方人员。在执行清匪肃特任务过程中，严格执行党的政策，严厉打击敌人，在三个月内肃清了特务、恶霸和国民党的残余势力，收缴了长短枪一万多支、机枪30多挺、手榴弹数千枚，圆满地完成了清匪肃特的任务。

1950年12月，先后任高明县大队参谋、副大队长职务。

1952年1月，先后任高明县人民武装部部长，军事股股长职务。

1952年12月，到河南省开封陆军65医院休养。

1954年3月，转业调任肇庆镇任副镇长。

1955年8月，任高要县交通科科长。

1956年9月，到广东省文化干部学校学习。

1958年12月，任江门专署机电处科长。

1960年11月，在肇庆地区畜牧场劳动。

1961年8月至1983年12月，分别在肇庆地区生产资料公司、肇庆地区五金交电化工公司任经理、书记。

梁光明同志一心跟着党走的立场始终不变，作战勇敢，是一名优秀的指挥员和小洞人民革命的骨干之一。

本文根据肇庆市人社局人事档案室梁光明同志个人档案资料整理

梁炳新① 同志生平简介

梁炳新

梁炳新同志出生于小洞军屯村一个贫苦农民家庭。只读了3年书，10岁时就回家看牛耕田了。

1935年9月，加入"三小"力社小洞分社，成为力社小洞分社社员。自此参加小洞分社组织的反抽壮丁、反钉门牌及反苛捐杂税等斗争。1936年至1937年间，几次接受李守纯、黄之祯的党课教育，成为村中的革命积极分子。

1937年5月，参加了"饥民请愿团"斗争。七七卢沟桥事变爆发，

---

① 梁炳新（1916年—1997年7月），又名梁炳申。男，汉族，初小文化，高明区更合镇小洞军屯村人。1935年9月参加革命，1938年10月加入中国共产党；1978年7月退休，1984年2月改离休，享受科级待遇。

日本发动全面侵华战争，全国迅速掀起了抗战热潮。是年秋，合水"三小"成立了沧江剧团，负责人之一的陈励生赶回小洞组成沧江剧团小洞演出队，开展抗日宣传活动。梁炳新积极投身到抗日救国运动中，和队员一起利用夜间在和平学校排练节目，周六则由陈励生、叶琪、黄之锦带队下乡宣传。几年来，翻山越岭，跋山涉水，不辞劳苦地走遍了高明更楼，合水，鹤山合成，新兴水台，高要鳌头等二三十条村庄进行演出，为唤醒民众抗日做出了自己的贡献。

1938年5月，带头加入民众抗日自卫团小洞中队和青年抗敌同志会组织；10月，由陈耀聪介绍加入了中国共产党。

1939年1月，省抗先队130队进驻小洞，开展大规模轰轰烈烈的抗日救国宣传活动。梁炳新积极配合130队的工作，在军屯村协助组织开设夜校，动员男女青年去夜校读书识字，接受革命思想教育，大力培养革命骨干；吸收青年加入青、妇抗会组织，为提高群众思想觉悟，打牢群众基础做了大量工作。5月，加入中共高明县委在小洞成立的抗日武装组织——小洞抗日先锋队，参加了三个月的军事训练。5月至6月间，参加了中共小洞支部组织领导的"封江自救、虎口夺粮"等斗争。

1940年夏，国民党顽固派反共逆流袭来，党的活动转入地下，军屯村党小组转变活动形式，成立了军屯村老耕队自卫组织，打着这一旗号进行地下活动。梁炳新加入了老耕队，参加站岗放哨护村、习艺练武、开垦荒山、植树造林、种植作物、建立山场等活动。

1942年夏，参加中共小洞支部领导小洞人民进行为期近三年的"抗租保佃，誓死保卫佃耕权"斗争。坚决执行党支部决议，带领群众进行合理合法的斗争，鼓动佃户坚决不交租，抵制当局的所谓"三改"新规，为夺取斗争胜利做了大量工作。

1944年9月，日军过境，带头加入小洞抗日武装自卫大队，随后自愿报名加入小洞武装常备队，进行了三个月的全脱产训练。其间，随队参加"倒钟"攻打明城战斗。11月加入高明人民抗日游击队第三大队，被选派到云乡参加粤中区军事训练班学习40天。后来一直随第三大队（三团）转战在新高鹤地区，参加了多场战斗。

1945年10月，部队分散活动时，疏散回乡进行隐蔽活动。

1946年6月，复员回乡一边从事耕种，一边坚持地下活动。

1947年2月，新高鹤地区恢复公开武装斗争，中共小洞支部恢复组织活动，继续站出来开展革命工作，参加反"三征"斗争。9月，参与了策划捕捉反动恶霸陈佐登的行动计划。下半年小洞成立农会，任农会委员。

1948年，小洞以自然村为单位成立农会，梁炳新任军屯村农会主席，领导村民进行"双减"运动。

1949年11月，高明解放后任军屯村干部。

1951年5月，先后在更楼供销社任总务，合水供销社任副主任。

1955年5月，任明城食品公司业务股股长。

1957年7月，任高鹤县商业局业务员。

1959年4月，任高鹤县食品公司三洲调拨站站长。

1961年1月，任高鹤县商业局农场场长。

1963年11月，先后在高鹤县糖烟酒公司任业务员、高鹤县沙坪镇食品厂任仓管员。

梁炳新同志革命意志坚定，是小洞人民革命的骨干和早期的共产党员之一。

本文根据鹤山市委组织部档案室梁炳新个人档案资料整理

梁六^① 同志生平简介

梁六

  梁六同志出生于小洞军屯村一个贫苦农民家庭。1924 年开始只读了 3 年书，就退学回家看牛、耕田，1933 年至 1936 年替别人打长工或打短工。

  1935 年 9 月，加入"三小"力社小洞分社，在家一边耕田，一边参加革命活动。参加了反抽壮丁、反钉门牌、反催粮和反苛捐杂税等斗争，以及协助陈耀聪在村中发展力社社员和培养革命骨干。

  1936 年至 1937 年间，曾多次参加李守纯、黄之祯的党课学习，接受

---

① 梁六（1913 年—1989 年 1 月），又名梁维邦。男，汉族，初小文化，高明区更合镇小洞军屯村人。1935 年 9 月参加革命；1938 年 10 月加入中国共产党；1977 年 2 月退休，1983 年 6 月改离休，享受正科级待遇。

革命思想教育，思想觉悟不断得到提高，成为小洞革命骨干分子。

1938年5月，积极投身到抗日救亡运动中去，加入民众抗日自卫团小洞中队及小洞青年抗敌同志会组织。10月，由陈耀聪、梁光明介绍加入了中国共产党，其间曾担任过交通员。

1939年1月，省抗先队130队进驻小洞，开展大规模轰轰烈烈的抗日救国宣传活动。梁六积极配合130队的工作，协助开设夜校，动员男女青年去夜校读书识字，接受革命思想教育，大力培养革命骨干；发展吸收青年加入青、妇抗会组织，为提高群众思想觉悟、打牢群众基础做了大量工作。5月至6月间参加小洞党支部组织领导的"封江自救、虎口夺粮"斗争。

1940年夏，国民党顽固派反共逆流袭来，党的活动转入地下。军屯村党小组转变活动形式，成立了军屯村老耕队。梁六加入了这支队伍，参加站岗放哨护村、习艺练武、开荒造林、种植作物、建立山场等活动。

1942年夏，参加了中共小洞支部领导小洞人民进行的为期近三年的"抗租保佃，誓死保卫佃耕权"斗争。坚决执行支部决议，带领群众进行合理合法的斗争，鼓动佃户坚决不交租，抵制当局的所谓"三改"新规，为夺取斗争的胜利做了大量工作。

1944年9月，日军过境高明时，带头加入小洞组织成立的抗日武装自卫大队，同时参与了"倒钟"运动，并随队参加了攻打明城的战斗。

1945年，在村中进行群运工作，组织村民做好部队的给养、发动青年参军等工作。还多次掩护游击队员撤退。6月被敌人捉去，受到逼供审讯和严刑拷打，他始终没有泄密及暴露身份。被释放回来后，一直潜伏隐蔽下来坚持斗争，等待革命时机的到来。

1947年2月后，新高鹤地区恢复公开武装斗争，中共小洞支部恢复活动，他立即参加了以反"三征"为中心的革命斗争。下半年，在上级派来的干部指导下，参与了建立农会的工作，成为村农会委员。

1948年上半年，参加了借粮救荒、建立民兵组织等工作。下半年，除参加减租减息工作外，还负责动员青年参军及兼任筹粮队的工作。

1949年，继续带领群众开展"双减"和筹粮活动，下半年还参加了废债和迎接南下大军支前等工作。

1950年起，任村干部。

1959年，被抽调到合水公社菜场组任组长。

1960年3月起，被派到高鹤县物资局做仓储保管员。

梁六同志对革命忠心耿耿，诚实可靠，意志坚定，是小洞人民革命的骨干和小洞军屯最早的党员之一。

本文根据高明区档案馆梁六同志个人档案资料整理

陈会群① 同志生平简介

陈会群

陈会群同志出生于小洞塘角村一个贫苦农民家庭。家庭经济十分困难，只念了三年书，便回家家看牛、耕田。

1935年9月，加入"三小"力社小洞分社，积极协助陈耀聪发展力社组织，吸纳力社社员，参加力社小洞分社组织的反钉门牌、反催粮和反苛捐杂税等各项斗争。

1937年5月，参加了"饥民请愿团"斗争。是年秋，加入沧江剧团小洞演出队。经常利用夜间在和平学校参加排练节目，逢周六夜晚随队下乡进行抗日救亡宣传，走遍了平塘、屏山、合成、水台、布社、水井

---

① 陈会群（1917年1月—1996年10月），又名陈歪。男，汉族，初小文化，高明区更合镇小洞塘角村人。1935年9月参加革命，1938年12月加入中国共产党。

等二三十条村庄。

1938年5月,加入了民众抗日自卫团小洞中队和小洞青抗会组织。12月,由陈励生介绍加入了中国共产党。

1939年1月,省抗先队130队进驻小洞,开展大规模轰轰烈烈的抗日救亡宣传活动,陈会群积极协助130队和小洞党支部工作,发动塘角村的男女青年入夜校读书,加入青抗会组织,在村中培养了20多名革命积极分子,为提高群众思想觉悟做了大量工作。

5月,加入了中共高明县委首先在小洞成立的第一支抗日武装队伍——小洞抗日先锋队,并参加了三个月的军事训练。5月至6月(农历四月)间,参加了小洞党支部陈励生等组织的"封江自救、虎口夺粮"斗争。10月,国民党顽固派反共逆流波及高明,后转入地下活动。

1942年夏,国民党高明县县长钟歧刚上任,即勾结把持鳌云书院清平堡的豪绅,实行"三改"新规,严酷压榨农民。中共高明县委书记郑桥从新兴县抽调梁景光返回小洞主持小洞支部的工作,吸纳陈会群、陈定、梁扳为支部委员,加强小洞党支部的力量,领导小洞人民进行"抗租保佃,誓死保卫佃耕权"斗争。在近三年的斗争中,陈会群紧密依靠群众,带领塘角村的积极分子,和广大群众团结在党支部周围,发挥了骨干核心作用,为取得斗争胜利做出了应有的贡献。

1944年9月,日军过境高明时,陈会群坚决支持成立小洞抗日武装队伍,积极协助叶琪、陈励生组建小洞抗日武装自卫大队和小洞武装常备队。带头加入"倒钟"运动行列,参加攻城战斗。11月10日,高明人民抗日游击队第三大队成立时,积极发动塘角村青年参军。11月16日,参加了纱帽岗至塘花一线阻击战斗和夜袭洞口的战斗。随后,在小洞根据地为部队筹粮、送信、带路等,做了大量群众运动工作。

1945年5月中旬,三团在皂幕山战斗中失利,国民党军及高明地方团队把小洞作为"清剿"重点,轮番进入小洞搜捕捉人,陈会群被当局列为通缉对象之一。为了躲避敌人的追捕及袭击,从这个时候起,他长期藏匿在附近的深山老林中,晚上才出来参加秘密活动。他虽然过着东躲西藏的艰难日子,却丝毫没有动摇对革命的坚定信念。

1946年9月至10月间,中共高明县特派员郑靖华来小洞接收党组织关系以后,他秘密联络党员,逐个找党员谈心,很快重新把塘角村党小组组织起来,恢复了党的活动,并在村中物色了多名骨干分子,为恢复革命斗争做好了准备。

1947年2月,新高鹤地区恢复公开武装斗争,中共小洞支部正式恢复活动。陈会群任支部委员,带领小洞人民开展以反"三征"为中心的革命斗争,参与了组织小洞穷人求生队和挑粮队伍,以及策划捕捉陈佐登等多项工作,下半年被选为小洞农会委员。

1948年上半年,领导群众开展借粮渡荒、建立民兵组织等活动;下半年带领群众广泛开展减租减息运动。

1949年上半年,继续带领群众开展"双减"工作和巩固老区的建设;下半年领导群众进行废债,发动群众做好迎接大军南下支前的工作。

高明解放后,一直在家务农,曾当过乡、村干部。

陈会群同志长期坚持地下活动,一贯保持党员的革命本色,是小洞人民革命的骨干之一。

本文根据陈会群同志亲属提供资料整理

梁波① 同志生平简介

梁波同志出生于小洞军屯村一个贫苦农民家庭。1924年在小洞军屯村宏育学校读书，1932年后回家种田。

1935年9月，加入了"三小"力社小洞分社，开始参加力社小洞分社组织的一系列活动，如反抽壮丁、反钉门牌、反催粮及反苛捐杂税等各项斗争。

1937年5月，加入了"饥民请愿团"斗争。七七事变爆发，日寇发动全面侵华战争，全国掀起了抗战热潮。是年秋，合水"三小"成立了沧江剧团，负责人之一的陈励生回到小洞组成了沧江剧团小洞演出队，开展抗日宣传活动。梁波积极投身到抗日救国运动中，和队员们一起排练节目，下乡宣传演出。几年来，翻山越岭、跋山涉水、不辞劳苦地走遍了高明更楼、合水、鹤山合成、新兴水台，高要鳌头等地区二三十条村庄，为唤醒民众抗日做出了自己的贡献。

1938年5月，带头加入民众自卫团小洞中队和小洞青抗会组织。8月，被吸收为党员发展对象。

1939年1月，省抗先队130队进驻小洞，开展大规模轰轰烈烈的抗日救亡宣传活动。梁波积极协助130队工作，发动军屯村的青年男女入夜校学习，辅导青年学习文化，向群众讲解革命道理，为提高群众的思想

---

① 梁波（1917年6月—1979年7月），又名梁鉴波，曾用名梁胜。男，汉族，初中文化，高明区更合镇小洞军屯村人。1935年9月参加革命；1939年2月加入中国共产党。

觉悟、打好群众基础做了很多工作。2月,他参党条件成熟,经谭宝荃介绍,由陈耀聪监誓,成为中国共产党党员。

5月,他加入了中共高明县委首先在小洞成立的第一支抗日武装队伍——小洞抗日先锋队,参加了三个月的军事训练。5月至6月间(农历四月)参加了小洞党支部陈励生组织的"封江自救、虎口夺粮"斗争。

1940年夏,国民党顽固派反共逆流袭来,党的活动转入地下,军屯村党小组转变活动形式,成立军屯村老耕队武装自卫组织,并打着这一旗号进行地下活动。梁波加入了老耕队,参加轮流护村放哨、习艺练武、垦荒造林、种植作物、建立山场等活动。

1942年夏,在中共高明县委书记郑桥的直接指导下,中共小洞支部领导小洞人民进行了近三年的"抗租保佃,誓死保卫佃耕权"斗争。梁波积极参加了这场斗争,在斗争中,坚决执行党支部决定,带领群众与当局展开合法合理的斗争,鼓动群众坚决不交租,抵制当局实行的"三改"新规,为取得这场斗争胜利做了大量工作。

1944年9月,日军进犯广西过境高明。11日夜,梁波带头加入小洞抗日武装自卫大队,随时准备抗击日寇的入侵。中旬,小洞党支部决定将小洞抗日武装自卫大队加以调整,保留一支精干的抗日武装常备队伍——小洞武装常备队。梁波主动请缨,得到批准加入了这支队伍,并坚持参加了三个月的全脱产训练。训练期间,积极投身到"倒钟"运动中。10月23、24日先后参加了攻克更楼警所和攻陷县府明城的战斗行动。11月10日,随小洞武装常备队编入高明人民抗日游击队第三大队。16日参加了纱帽岗至塘花一线阻击廖强部入侵的战斗;当晚,又参与了夜袭洞口战斗。12月29日晚,获悉国民党军158师473团及各县团队"围剿"小洞的消息,随第三大队连夜撤离小洞,转移到更楼蛟塘村。

1945年1月1日,参加了由中区纵队副司令员谢立全直接指挥的癫狗山战斗。

5日,参加了布社活捉敌473团团长黄道遵的伏击战。1月28日,随第三大队从小洞开到宅梧靖村,29日,见证了广东人民抗日解放军成立,第三大队被编入广东人民抗日解放军第三团序列的过程。部队改编为第三团后,先担任班长,后任团部手枪组组长,参加过旱冲突围,夜袭白土、羚羊峡打日本电船,攻打明城,香山(榄坑)突围,攻击纱帽岗、风门坳遭遇战等十多次大小战斗,经受了考验,是勇敢坚强的战士。

  1945年6月底,榄坑战斗后,广东人民抗日解放军政治部主任刘田夫即席决定,成立粤中第一支武工队,梁波和梁光明等小洞战士随武工队留在老香山一带坚持斗争。

  1946年1月30日(腊月二十八),新高鹤特派员梁文华来到老香山石岩底村附近的一座山神庙武工队驻地履职。组织决定由梁波担任梁文华的警卫员兼负责联络员工作,为了方便梁文华联系基层及到各地接收党的组织关系,先派梁波跟随金伯(梁金,小洞交通站负责人)熟悉高明各地基层组织的情况,然后,再由梁波以保卫的形式,陪护梁文华到各地接收组织关系。梁波在金伯的带领下,日夜兼程,很快就记清了各个点的路线、接头地点、暗号和接头人姓名等情况。在4月底前安全保护梁文华接收完全县的组织关系,重新恢复了高明各地党的组织活动。5月19日,受命和沙朗一起,到开平赤坎安全把李进阶接到老香山武工队驻地,传达上级关于北撤的精神。6月,坚决服从上级命令,留下来坚持武装斗争,和梁光明等一起以开平水井为基地,在开平东河、鹤山云乡一带坚持武装斗争,并负责分管武工队的财粮工作。当时,斗争环境十分艰苦恶劣,经济陷入了困境,武工队已揭不开锅,吃饭成了问题。6月上旬,梁波、梁光明接受上级的指示,回家乡跟小洞党支部商量,想办法解决吃饭问题。他们两人回到家乡与党支部的同志反复研究,认为智取更楼警察所可以搞到一些物资和经费。在得到上级的同意后,找到在更楼警察所当差的梁根兄弟,共同商讨端掉更楼警察所的方案。6月中旬的一天夜晚，在叶琪的指挥下，从合成月塘出发，经黄金坑、小洞，按预定方案偷袭了更楼警察所，俘虏敌人20名，缴获20多支枪、几两黄金和外币几万元，暂时解决了武工队的经济困难问题。

1947年春节期间，受新高鹤特派员梁文华的派遣，代表党组织到开平东河乡一带慰问分散隐蔽的地方同志。返程时经过白区合成矮岭圩，被版村的反动联防队队员麦满拦住检查，因被怀疑与一宗抢劫案有牵连而被捕。先后被押至高明、肇庆监狱囚禁，遭到国民党西江专署、广东省高等法院第六分院严酷审讯长达两年。其间虽然受尽磨难，但从未暴露自己的身份，更没有出卖组织和同志。

1949年1月，被押解到广州特种刑事法庭（为屠杀共产党人和爱国进步人士而设立的特种审判机关）继续审判。梁波始终坚持党的立场，严守党的机密，没有向国民党当局透露任何信息。4月，因天津和北平先期解放，国民党假意和平谈判，撤销全国四个特种刑事法庭，一律释放政治犯，梁波被押回高明监狱看管。他随即写信回家，请家人设法找到组织，展开积极的营救工作。家人变卖了一头耕牛、四亩多田地和2000多斤稻谷及其他家产，交足保金后，4月底由保长梁锐祥（梁锐）、梁汝扳（运利）保领回家。7月由新高鹤地委书记周天行、组织部部长冯光、18团政委李法审查批准，恢复了党的组织关系。接着被派到高要二区开辟新区工作，任区工委委员（其间参加粤中区司令部政工班学习）。

1949年10月20日，高要县解放，12月任高要二区副区长。

1950年2月，参加广东革命干部学校学习；10月，参加广东省土改工作团在龙川、惠阳的土改工作。

1951年5月，被派到郁南县任土改队队长，郁南四区区委委员、队长。

1953年1月，先后任郁南二区、一区区委书记。

1954年6月，任郁南县委组织部副部长。

1955年5月，任郁南县委委员、组织部部长。

1955年7月,任郁南县副县长。

1956年8月,任郁南县委常委、合作部部长。

1959年1月,任罗定县委常委、农村工作部部长。

1960年3月,任江门专署林业局副局长。

1961年4月,任郁南县委常委、农村工作部部长。

1966年8月,被停职审查。

1970年1月,被遣送回家乡务农。

1971年4月,平反后恢复工作,任郁南县财办副主任。

1979年7月,逝世。

梁波同志对革命忠心耿耿,立场坚定,是小洞人民革命的骨干之一。

【附:粤中区党委组织部关于梁波历史问题结论】

梁波,男,现年三十七岁,广东高鹤县人,家庭成份中农,个人出身农民。一九三九年二月参加中国共产党,一九四四年八月参队,现任郁南县委组织部部长。

梁波同志于一九四七年一月在高鹤地区武工组工作,由领导同志梁文华派到鹤山县双桥村去慰劳当时分散隐蔽于开平水井的地方同志,中途经过白区(国民党控制区)高明矮岭圩被版村乡自卫班检查,因受抢劫案牵连被捕。曾解到高明伪县府,伪西江专署,伪高等法院第六分院,广州伪特种刑事法庭等。虽经数次审问,但根据证明材料审查梁同志未有自首变节,表现坚决。而至一九四九年四月,因天津、北平解放,国民党假意和平谈判,在全国撤销四个伪特种刑事法庭,一律政治犯释放,因而梁同志由广州伪特种刑事法庭解回本县(高明)看守所。梁写信回家叫家人来担保。当时由梁锐祥(伪保长)和梁汝扳保领回家。只办保领书,并无其他手续(有许飞、杜广、梁文华、梁锐祥证明)。梁同志回家后,即到部队参加工作。在同年七八月间,由新高鹤地委负责同志周天行、冯光审查,经李法同志恢复其组织关系（有李法同志证明）。根据证明材料分析，我们认为梁同志被捕是因抢劫案牵连，在被捕期间，虽然数次审问，但根据证明材料审查，梁被捕后，我地下党交通站的同志未有任何破坏和损失。因此，梁同志未有自首变节和暴露党的秘密。一九四七年七八月间恢复组织关系是清楚的。可承认其前段党籍。

粤中区党委组织部（盖章）

一九五五年四月二十五日

本文根据肇庆市委组织部档案室梁波同志个人档案资料整理

梁金① 同志生平简介

梁金

梁金（人称"金伯"）同志出生于越南，后返回小洞军屯村生活。12岁才入学读书，因为家穷，只读了三年书，就回家看牛和帮家里干农活了。

1935年9月，"三小"力社扩展到农村，小洞成立了力社小洞分社，金伯加入了这个组织，开始从事革命活动。参加了力社小洞分社组织的反抽壮丁、反钉门牌、反催粮和反苛捐杂税等各项斗争。

1937年年初，开始担任不脱产的交通员工作，经常送信、送情报到

---

① 梁金（1909年10月—1996年4月），字启芳，人称"金伯"。男，汉族，初小文化，高明区更合镇小洞军屯村人。1935年9月参加革命；1939年11月加入中国共产党；1971年11月退休，1982年7月改离休，享受正科级待遇。

各地的秘密联络点,合水、水井洞和明城冲坑坪是他常去的地方。6月,他参加了"三小"地下党领导的,由叶琪、黄之锦发动组织的"饥民请愿团"活动,代表小洞人民和其他23名代表一起到高明县府请愿,向当局要粮,救济饥民。

1938年5月,他积极响应抗战号召,加入了民众抗日自卫团小洞中队,积极投身到抗日运动中。同年冬,中共高明县工委筹备中共高明县第一次代表会议,金伯担负了繁忙的送信工作,奔走于水井洞、布社、巨泉、合水、更楼、平塘、屏山和明城冲坑坪等秘密联络点之间,为会议召开付出了辛勤的汗水。

1939年1月,省抗先队130队进驻小洞,开展大规模轰轰烈烈的抗日救亡宣传活动。他积极协助130队的工作,发动村里的男女青年去夜校读书识字,接受革命思想教育,向群众讲解革命道理,为提高群众思想觉悟做了很多工作。5月,加入了中共高明县委在小洞成立的抗日武装组织——小洞抗日先锋队,参加了三个月的军事训练。5月至6月间(农历四月)参加了中共小洞支部陈励生发动组织小洞人民进行的"封江自救、虎口夺粮"斗争。11月,经梁光明、梁六介绍,小洞党支部书记陈耀聪接收,成为中共党员。

1940年夏,国民党顽固派反共逆流袭来,党的活动转入地下,军屯村党小组转变活动形式,成立了军屯村老耕队武装自卫组织,打着这一旗号进行地下活动。金伯加入了老耕队,参加站岗放哨护村、习艺练武、开垦荒山、植树造林、种植果树及其他作物等活动。

1942年夏,参加了中共小洞支部领导小洞人民进行了近三年的"抗租保佃,誓死保卫佃耕权"斗争,坚决支持支部决议,同小洞人民群众站在一起,与当局展开合法合理的斗争,鼓动群众坚决不交租,抵制当局实行的"三改"新规,为取得这场斗争的胜利做了大量工作。

1944年9月,日军进犯广西人过境高明时,他加入了小洞抗日武装自卫大队。10月投身到"倒钟"运动中;同月24日,参加了攻打明城的战斗。11月10日,高明人民抗日游击队成立，接着建立起了小洞交通站，金伯被任命为小洞交通站负责人，交通站就设在他的家里。金伯一心扑在交通站的工作上，对交通站的建设和安全殚精竭虑，对交通站的人员配置、物色、挑选、教育培养等下足了工夫，为确保交通站的顺畅、安全想了很多办法，把小洞交通站建设成为一支特别能战斗、作风过硬的交通站。金伯既是指挥员，又是战斗员，他数年如一日地日夜兼程，奔走于根据地、游击队驻地和30多个交通站点之间传递情报，及时、准确地把情报送到目的地，出色地完成任务，被第三大队副大队长沈鸿光誉为"铁脚交通王"。

1945年年初，在新兴捉到特务，获得上级2000斤稻谷的奖励。2月，国民党军对中区实施第二期"清剿"行动，调集上万兵力对付广东人民抗日解放军。在这种恶劣的环境下，为了保证交通畅顺，金伯不怕艰难险阻，冒着生命危险，来回穿梭于敌人严密的封锁线上。在这一年里，凭着机智勇敢，几次死里逃生，粉碎了敌人的阴谋诡计。

5月中旬，广东人民抗日解放军第三团在皂幕山战斗失利，战士被打散，国民党当局立即派出大批力量搜捕我方的失散人员和革命人士，小洞恶霸陈佐登积极配合当局捉拿陈定、金伯等。同月24日晚，派出的暗探秘密跟踪金伯至麦边村井田甘蔗园，连夜又赶到更楼圩向反动联防队报告，次日凌晨，暗探带联防队到井田，包围蔗园。4～5时，看守蔗园的陈惠枝起来解手（当晚金伯吩咐他们提高警惕，每小时起来一次观察周围情况）时，发现大顶的山岗上站了很多敌人，马上叫醒金伯、陈森、邝继来、李秋。金伯按陈森指点，钻进蔗林，向西方向跑到疯佬墩旧炭窑躲藏，陈森等人留下对付敌人。金伯得以安全脱险。

6月下旬，广东人民抗日解放军司令部及主力第一团过了恩平以后，在新兴县白水塱设立了交通站，以便连结第二、三团及地方组织的联络，金伯、罗连贵是该站的驻点交通员，分别负责合水线和更楼线的联系。约7月中旬，他们两人来到白水塱交通站，向该站负责人谭炳献反映了更合地区敌情紧张、无法立足、寸步难行等情况。谭炳献把他们安排住下后，去了恩平，向司令部报告，请示办法。谭炳献还没有回来，有个叫羌作仪的叛徒带着自卫队，直奔白水塱，企图捉拿谭炳献。金伯和罗连贵因事前不知道出了叛徒，遭到突然袭击，金伯机智地应对，撤出村外，安全脱险。

从白水塱交通站脱险回来后，小洞已被敌人封锁控制，金伯就以棉花山石场（梁欧新开设的）为据点，进行秘密活动。10月25日晚，得到陈光（不是小洞的陈光）的情报，方知黄仕聪团长带一班人从新兴里洞返回北鹤（即金鸡坑）交通站时被敌人冲散了。

同年11月，梁甲友（光明）带领武工组共五人回小洞执行分散任务，一晚夜宿水坪山烟寮时，遭泽河反动联防队包围袭击，其中队员牛王就（绰号）被捉，经不起酷刑，变节出卖革命同志。一天，这名叛徒带领敌人尾随执行任务的金伯。在井坑、金鸡坑的路上，金伯发现背后有盯梢，机警地甩掉了敌人，又一次脱险。可是叛徒领着敌人直奔金鸡坑，捉了交通站负责人叶六（一个月后，叶六在新兴稔村英勇就义）。

1946年春节刚过，新任新高鹤特派员梁文华，为了能够尽快恢复高明各基层党组织的活动，决定先由金伯带梁波熟悉高明各基层党组织的情况，再由梁波以武装保卫的形式，保护梁文华去各点接收各基层点的组织关系，全面恢复高明党组织的活动。金伯愉快地接受了任务，带着梁波走遍了每一个基层点，将各基层点的情况向梁波介绍得清清楚楚，使梁文华较顺利地接收了高明地下党组织的关系，为打开工作局面创造了有利的条件。金伯完成了该项任务不久，国民党当局展开了新一轮清剿行动，严格清查小洞的每一个角落。金伯早已被列入通缉对象，处境非常危险，再也没有办法在小洞立足了。在与上级失去联系，找不到组织的情况下，金伯不得已离开了小洞。3月13日，通过梁芬（彬扬）的介绍，金伯去了高要县闸坡村兴通家当了一名种烟工，以躲避敌人的追捕。10月15日返回小洞找组织时,小洞局势依然十分紧张,没有办法回到村里落脚,只好到禾仓岗陈宽伯的果园隐蔽。白天上山砍柴、割草,捆绑好后放在山脚下,由金姊接担,担到更楼圩场卖钱以维持家庭日常开支。

1947年2月,新高鹤恢复公开武装斗争。不久,在新兴县水台良田的陈光(陈耀聪)派交通员送来信件,恢复了与党的联络。同在果园隐蔽的陈松,也在4月初接到通知,到合成云罗窝村,面见高明县特派员郑靖华,接受党的指示。4月初,根据上级的指示,金伯与陈松一起重新恢复了小洞交通站,再任交通站负责人。又驰骋在高明、鹤山、新兴等地三四十个交通站点之间。农历七月下旬,为了粉碎恶霸陈佐登勾结国民党在小洞推行的"抽丁联防剿匪计划",打击陈佐登的嚣张气焰,清算其一贯与人民为敌的罪行,中共小洞支部做出了捕捉陈佐登的设想。一天夜里,派金伯向上级请示。金伯二话不说,马上摸黑赶路,翻山越岭,经过四个多小时的跋涉,到了合成云罗窝村,向中共高明特派员郑靖华做了汇报请示,得到郑靖华的认可。金伯带着上级的指示,连夜赶回小洞军屯村梁氏宗祠,与在这里等候的梁扳、陈松、梁炳新等一起商量研究捕捉陈佐登的行动计划。农历八月初,上级派来了十多名全副武装的穷人求生队队员,顺利地捕捉了陈佐登,没收了其浮财。

1948年春,高明地区着手组织武装队伍,发动群众借枪,号召复员战士归队,动员青年参军,成立武装队伍,进行武装斗争。金伯在小洞发动群众借来了十多支长、短枪,并把革命低潮时藏在家里阁楼的三支枪和子弹一箩交给了高明基干队(代号信义队)。5月下旬,随高明基干队参加了攻打三洲石岩头战斗。作战中,他机智灵活,英勇杀敌,获功受奖10元。5月底茶山战斗后,他奉命回到小洞交通总站任站长。

8月后,新高鹤解放军总队大量扩军,军需的来源已发展到要在游击区设置税站,通过收税,保障部队的给养。上级决定在合水地区设立税务总站,金伯又多了一项收税的工作任务。他头脑灵活、胆子大、讲政策、守信用，慢慢赢得了绝大多数群众的信任。由于收惯了税，人脉也广起来，连地主看见盖有他私章的条子，都会乖乖地把税交齐，甚至可以借钱、借粮、借枪，还可以赊账。新高鹤解放军总队总队长梁文华看见金伯收税驾轻就熟，感叹地对金伯说："金伯你这样等于印银纸啦！你咁大胆！"金伯笑着回答："同志们急着用，我也只好采取这个办法了！"金伯兼职收税工作直到高明解放为止。

1949年12月，先后被派到县人民政府传达室当传达员、电话所当话务员。

1950年9月，被安排到县贸易公司当业务员。

1951年6月，被派到西安塘肚搞土改工作。

1951年12月，任高明对川茶场总务。

1953年11月，先后在合水粮站、三洲粮站、明城粮食局任业务员。

1959年11月，先后在明城医院、高明人民医院当外科医生。

梁金同志是小洞人民革命的骨干之一，他不图名不图利，一心扑在革命工作上，在小洞人民群众中享有很高的声望。

本文根据高明区档案馆梁金同志个人档案资料整理

梁景光[①] 同志生平简介

梁景光

梁景光同志出生于小洞军屯村一个农民家庭。8岁在家乡私塾念书。不久，家乡盗贼四起，局势混乱，由父亲带到香港读书。11岁时，香港时局动荡，父亲又带他回家乡念私塾。

1931年，日本侵略我国东三省，全国经济衰落萧条，加上天灾，庄稼连年失收，家庭经济完全陷入困境，梁景光因而失学，被迫去当了六个月的泥水工学徒和四个月皮鞋匠学徒。1932年，广东军阀陈济棠搞了所谓的"国民革命军第一期征兵"。梁景光因苦于找不到出路而报名当

[①] 梁景光（1915年8月—1992年12月），字其斌，又名梁见，曾用名梁庆洪。男，汉族，初中文化，高明区更合镇小洞军屯村人。1937年参加革命；1939年2月加入中国共产党；1983年12月离休，享受处级待遇。

了九个月的兵，在广州郊区黄埔、燕塘等地接受军事训练。后来由于陈济棠下野，部队调回市区内整编，梁景光便瞄准时机，趁乱溜走，偷偷搭船回到家乡，脱离了这支专制的队伍。

1937年2月，家中经济稍有好转，他便请求父亲让自己继续上学，以完成高级小学的学业，得到应允。他幸运地踏入高明县立第三小学的求学之路。在校学习的课程有以抗战初期郭沫若的著作为基础的课、近代史及社会科学等，他由此接触到前所未有的新文化、新思想的教育。在老师们有意识的培养教育和革命思想的熏陶下，他立下了为推翻国民党反动统治而努力学习的誓愿。并以此为动力，一方面，如饥似渴地饱览群书，手不释卷地研读革命理论；另一方面，积极参加"三小"的一系列革命实践活动，如积极参加护校斗争，带头加入青抗会组织，主动下乡参加抗日救亡宣传及陪同李守纯同志到小洞巡视工作等，样样工作冲锋在前，十分积极且负责，斗争十分坚决，成为"三小"的积极分子之一。

在"三小"这所革命熔炉里经过两年的锤炼，其思想产生了很大变化，思想觉悟不断提高，逐步走向成熟。因此，于1939年2月被吸收为共产党员。

1939年秋，在"三小"毕业后，留在合水青抗会队部负责后勤工作，同时担任合水范围的防空哨任务。

1940年年初，国民党顽固派反共逆流袭来，高明当局下令取缔抗日组织，不准青年参加抗日，四处打击抗日民主人士及捕捉进步青年。

2月4日（农历大年廿七），梁景光奉组织指示撤退，回到家乡。2月5日（农历大年廿八），明城恶霸罗学鹏怀疑军屯村有人劫了他的财物，于是请来合水警察闯入军屯村捉人，并开枪打死了一个村民。村里一班青年听见枪声迅速集合，围住警察，卸下了他们的武器。

突然发生这样的大事，军屯小组马上找小洞支部书记陈耀聪、更楼区委委员叶琪和陈励生，一同到文选楼向县委书记黄文康同志（时在和平学校教学）请示处理办法，因黄文康书记外出，无法与上级取得联系。

2月7日（农历大年三十）晚，罗学鹏请来40多名全副武装的高明和合水警察（合水区区长罗家区也来了），气势汹汹地来到军屯村进行报复。把在村约40名男人驱赶到祠堂逐个盘问。区长罗家区发现梁景光在场（梁景光在合水圩开展抗日宣传时已与罗家区认识），便一口咬定梁景光"督率子弟殴打警察"，将事情说成是青抗会有组织的行为，趁机诬陷青抗会，下令把梁景光、梁光（保长）、梁任、梁朝、梁芬、梁志伦、梁锡祥、梁学池（闰晚）、梁学燊、梁义昌、梁儒林等16人铐起来，2月8日（农历大年初一），将他们送进了明城监狱。

陈耀聪、陈励生、叶琪认为，这本是一宗刑事案件，而合水区区长罗家区却将案件诬为青抗会所为，这样，事件性质完全变了。在反共逆流充斥的情况下，如果任由高明当局处理，这16人有可能凶多吉少，对革命极为不利。只有按事件本来的面目处理，才会对我有利。为了掌握斗争主动权，小洞支部责成军屯小组，由村出面赶快请律师和恶霸罗学鹏打官司。后来军屯村发动全村请律师打赢了这场官司。这16人坐了三个多月牢后，被全部释放回了家。

梁景光出狱后约半个月，由县委书记黄荣（黄文康）恢复了组织关系，安排在村里教书。不久任小洞党支部委员，具体负责宣传工作。

1941年年初，被组织转移安排到古城村教书，培养革命骨干，发展党员，进行地下活动。下半年，国民党顽固派反共逆流来得更加凶猛，到处通缉逮捕革命知识青年。7月中旬，一天下午放学后，他突然接到一封"你已被通缉，即去新兴吊马塱小学"的密件，便草草地扒了几口饭，拎了些行李，连招呼也顾不上打，就匆匆上路。赶到目的地接上了暗号，由冯庆波（冯华）带到三叉坑小学。后经介绍才知道，这间小学是中共新兴县委机关所在地，冯庆波是新兴县委组织负责人。并得知谭宝荃同志已先于他到达这里隐蔽。不久，谢冰同志也转移到了这里。他在这间小学教书期间曾任支部委员。

1942年夏，高明县县长钟歧上任不久，看中了更楼鳌云书院清平堡在平塘、小洞等地的800百多亩田产，企图从中大捞一把，勾结把持鳌云书院清平堡的豪绅，打破以往收租的惯例，实行"三改"新规，即将"临田议租改为定租，登门收租改为送租，湿谷过秤改为干谷过秤"，并声称："抗租者剥夺佃耕权。"这种加重佃户负担、进一步剥削佃户的做法，激起了小洞广大佃户的义愤，遭到广大佃户的抗议。时任中共高明县委书记的郑桥，把维护农民的利益、组织农民抗租保佃当作最大的斗争。

8月，从新兴县急调梁景光回小洞负责支部工作。梁景光接到调令，深感责任重大，马上赶回小洞，增补陈定、梁扳、陈会群为支部委员，重组小洞党支部。接着，深入到群众中去了解情况，广泛听取佃户的意见，经过反复思考研究，抓住关键核心，提出了三点主张：①以广大佃户为主力军，努力争取中间层与落后农民的同情和支持，团结一切可以团结的力量，理直气壮地领导这场斗争；②坚持以说理为主，讲究策略，有利、有节地进行合法斗争；③要求所有佃户必须一条心，坚决不交租，同当局抗争到底。提出"宁愿灶头生草，也不按新例交租""誓死保护佃耕权"等口号。上述这些主张和口号深得人心，得到了小洞人民的坚决拥护。在县委书记郑桥的直接指导下，中共小洞支部和小洞人民团结一条心，拧成了一股绳，最终取得了抗租保佃的彻底胜利。在这场斗争中，梁景光起到了重要的作用。

1943年3月，奉组织指派到屏山教学，出任中共屏山支部组织委员，协助做好因"抓赌"事件遗留下来的善后工作和巩固屏山支部、交通站工作。梁景光坚决执行党的方针政策，做了大量的群众工作，逐渐使屏山群众的情绪稳定下来，打好了群众基础，恢复和发挥屏山村在革命斗争中的地位和作用。

1944年11月10日，高明人民抗日游击队第三大队成立，需从地方抽调部分党员加入部队做骨干，搭建部队架构。梁景光坚决服从命令，义不容辞地加入了第三大队的行列,先任第三大队一连指导员,后任大队部副官。1945年1月,调回地方,加强和巩固小洞根据地后方工作。

1945年5月中旬,第三团在皂幕山战斗失利,失散战士遭国民党军及反动联防队追剿搜捕。司令部督导组指导员郭标命令各地基层党组织,负责收容三团失散战士及伤病员。梁景光奉上级指示,坚持在小洞做收容善后工作。5月30日晚,在村里一间闲屋休息,5月31日(农历四月二十日)凌晨,敌保八队及更楼、泽河反动联防队同时包围了军屯村、塘角村和悦塘村。天亮后,将全部村民赶到祠堂(空地)集中,进行威吓盘问"谁是共产党员、游击队员"。同时,派出大部分兵力逐家逐户搜查。梁景光躲在闲屋里,被敌兵黄保清发现捉住。当天同时被捕的有悦塘村陈妹、塘角村陈文。他们三人被押到更楼逗留了几个小时,后被押到珠塘的158师473团临时监狱,关在同一间屋里。此屋还关有先前被捉的陈骚和随后被捉的陈昌、陈良、陈南、陈达元、陈稔、陈元、陈次、陈凤海、陈棠等小洞人(陈定和罗湛源等疑为共产党员,则被关在另一间屋)。6月10日(农历五月初一),敌人将梁景光、陈文、罗湛源、吴文耀、罗烂仔、罗新枝和彭焕两兄弟等十多名重犯,押解到新兴县监狱,梁景光关进了"信"字仓。入狱不久,便与狱中党组织负责人唐雨文(即唐健,在蕉山战斗被捕)建立了单线联系。在坐牢期间,受尽酷刑和折磨。梁景光大义凛然,坚贞不屈,始终没有向敌人低头屈服,更没有出卖组织和同志,还配合组织勉励和教育狱友坚定革命意志、严守党的秘密等。

国共"双十协定"签定后,政治局势有所缓和,有可能释放政治犯。狱中党组织负责人唐雨文授意梁景光,有可能的话可叫家人前来保释。他的父亲梁志伦得到组织批准和征得家人同意后,卖去四亩五分地、一头耕牛和2000多斤稻谷,多方托人联系,几经周折,始在肇庆广东第三行政看察区专员公署弄到保释条,梁景光才得以在1945年12月中下旬被保释出狱。

梁景光出狱后在家养伤，三个多月后，即1946年3月中旬，其通过了中共新高鹤特派员梁文华的组织审查，恢复了组织关系，并在村里教书。

1948年2月，被派到合水界村教学，负责界村附近一带发展党组织，以及担任收集情报、支持交通站等工作。上半年，在界村发展吸收了罗邦、罗仲辉、罗学殷等人加入了党的组织，建立了党小组。下半年，发展多名党员，成立了党支部。

同年12月中旬，被派到新高鹤人民解放军总队参加组织训练班学习。

1949年7月，学习后，被派到高要县三区（白土一带）开辟新区，任三区工委委员，负责组织工作。

1950年2月，被派到广东省革命干部学校学习；10月，调到惠阳地区搞土改工作，先后担任分队长、小队长及大队部组织委员。

1951年5月，调回西江地委，前往郁南县任土改队队长。

1952年12月，调任罗定六区区党委委员、土改队队长。

1955年5月，在佛山粤中区党校学习。

1956年7月，任罗定县六区党委副书记。

1958年4月，任罗定县太平中学校长；8月，任罗定县泗纶炼铁厂支部委员；11月，任广东仪表厂秘书科副科长。

1961年10月，任肇庆专区收购站站长。

1963年11月，任肇庆专区外贸局业务科副科长。

1973年7月，任肇庆地区土产进出口公司副经理。

梁景光同志对工作极其负责，是一位铁骨铮铮、立场坚定的革命者，不愧为"三小"培养出来的优秀学生，是小洞人民革命的骨干和领导者之一。

本文根据肇庆市商务局组织人事档案室梁景光同志个人档案资料整理

陈松[①] 同志生平简介

陈松

陈松同志出生于小洞塘角村一个贫苦农民家庭。8岁开始读私塾，三年后转入和平学校读书。高小毕业后，到更楼横村外婆家看牛。

在和平学校读书期间，得到了陈耀聪等进步教师的启蒙教育，接触了革命思想。

1936年下半年，加入了陈励生在塘角村组织的醒狮队（后改称为小洞乳虎醒狮二团），经常下乡进行抗日宣传，从中接受了革命思想教育，

---

① 陈松（1921年2月—2002年11月），曾用名陈显。男，汉族，高小文化，高明区更合镇小洞塘角村人。1937年8月参加革命；1939年10月加入中国共产党；1981年1月离休，享受处级待遇。1993年5月荣获中华人民共和国司法部授予的一级金星荣誉奖章一枚。

觉悟逐渐得到提高。

1937年七七事变爆发,日寇全面侵华。是年秋,"三小"地下党组织在合水成立了沧江剧团,负责人之一的陈励生回到小洞也成立了沧江剧团小洞演出队。陈松加入了演出队,投身到抗日救亡运动中。他身兼两职,白天练舞狮技艺,晚上和队员们一起在文选楼排练节目,逢周六晚由陈励生、叶琪、黄之锦带领下乡宣传。几年来,翻山越岭、跋山涉水、不辞劳苦地走遍了高明更楼、合水,鹤山合成,新兴水台,高要鳌头等二三十条村庄,为唤醒民众抗日做出了自己的贡献。

1938年5月,响应政府民众抗日自卫团统率委员会抗战号召,带头加入了民众抗日自卫团小洞中队,并参加了军事训练。接着,加入了由中共高明县工委领导下的小洞青抗会组织。

1939年1月,省抗先队130队进驻小洞,开展大规模轰轰烈烈的抗日救国宣传活动。陈松积极协助130队和塘角村党小组工作,发动男女青年参加识字班,介绍男女青年加入小洞青、妇抗会组织;并加入了由小洞演出队与130队联合组成的歌咏队,以歌唱形式宣传政策,教育群众。

同年5月,加入了中共高明县委首先在小洞成立的抗日武装队伍——小洞抗日先锋队,参加了三个月的军事训练。5月至6月(农历四月),协助中共小洞支部陈励生组织的"封江自救、虎口夺粮"斗争。

10月,陈松在几年的革命斗争中胆量足,够魄力,敢于斗争,办事干练,经受住了考验,符合入党条件,由陈励生、陈定介绍加入了中国共产党。

1942年夏,参加了中共小洞支部领导小洞人民进行为期近三年的"抗租保佃,誓死保卫佃耕权"斗争,坚决执行支部决议,带领群众进行合法合理的斗争,鼓动佃户坚决不交租,抵制当局的所谓"三改"新规,为夺取斗争胜利做了大量工作。

1944年9月,日军过境高明向广西进犯。小洞人民奋起抵抗,11日夜,即席成立了小洞抗日武装自卫大队，陈松立即报名加入了这支队伍。次日起，就投入到紧张的军事训练、构筑工事、挖掘堑壕、组织群众疏散等工作中去。日军过境后，自愿报名加入了小洞武装常备队，任小队长，参加了三个月的全脱产训练。10月，加入了声势浩大的"倒钟"行列，参加了23、24日攻打县城明城的战斗。

同年11月初，被安排到鹤山县云乡抗日根据地参加了40天的军事集训。训练结束后，回到第三大队，任小队长。

1945年1月1日，参加了癫狗山战斗。5日参加了布社伏击战，活捉了敌473团团长黄道遵。同月，第三大队改编为广东人民抗日解放军第三团，被调入团部手枪组当战士。2月中旬起，担任第三团政委陈春霖的警卫员，8月后改任三团二连事务长。在三团的一年里，参加了大小战斗十余次。在战斗中机智灵活，英勇果敢，表现出色。11月中旬后，部队分散活动，陈松留在老香山地区隐蔽。

1946年年初，革命进入低潮。奉上级指示复员回到家乡，一直在禾仓岗自己家的果园，躲在烟寮里隐蔽，每天均由父亲陈宽送饭送水。过了三四个月后，形势稍有缓和，才在白天出来帮助家里种地。其间，有一天，泽河反动联防队企图捉叶琪（衍基）两个年幼儿子做人质。为了保护革命后代，陈松冒着生命危险，迅速把叶琪（衍基）的两个儿子安全送到了合成月山排，安排在一户老农家里抚养。

同年9月至10月间，陈光（陈耀聪）在水台良田派交通员送信来到禾仓岗，得知新任中共高明县特派员郑靖华要到小洞接收党组织关系的消息，陈松立即找到梁扳商量，做好了一切安排。不久，郑靖华秘密来到小洞军屯村的明晖堂，顺利地接收了小洞的党组织关系，指示小洞马上恢复中共小洞支部的活动。陈松协助小洞支部，秘密串联塘角村的党员骨干，在村里物色了一批立场坚定，经得起考验的青年骨干，为恢复斗争做好了充分准备。

1947年2月，粤中新高鹤地区恢复公开武装斗争，实行"小搞"。陈松接到上级指示后,立即配合塘角村党小组,找已物色好的青年骨干谈心,使塘角村的十多名党员及青年骨干勇敢地站了出来,带领群众迅速开展了以反"三征"为中心的革命斗争。

5月的一天,接到陈光通知,陈松马上赶到良田,在陈光的引领下,到了合成云罗窝村,面见中共高明县特派员郑靖华,接受了回小洞重新建立交通站、组织成立穷人求生队,并物色了40多名群众、随时准备参加开仓分粮等三项任务。陈松马不停蹄赶回小洞向支部汇报后,一件件抓落实,先与金伯共同研究恢复交通站,接着把十多名穷人求生队队员和40多名挑粮队伍也迅速落到实处。6月15日,接到号令,带领小洞十多名穷人求生队队员和40多名挑粮群众,按时到达合成云罗窝村,参加了攻打水台粮仓、开仓分粮的行动。

同年9月,参加了部署捕捉恶霸陈佐登工作,带领父亲陈宽和陈祐到悦塘村侦察,配合高明穷人求生队,一举擒拿陈佐登,收缴了陈佐登的浮财,打击了地主恶霸的嚣张气焰,使小洞乃至更楼二区的反"三征"工作得以顺利开展。

1948年年初,新高鹤地区武装斗争进入"大搞"阶段,中共高明地方组织在高明穷人求生队的基础上,着手组建高明武装队伍。陈松遵照上级大搞武装的指示,和金伯一起在小洞发动群众参队、借枪。在春节后的十多天时间里,动员了小洞青年十多人加入,借得十多支枪,一齐把队伍拉到更楼柴塘,参加了高明基干队成立大会。基干队代号为信义队,归属新高鹤人民解放军总队建制。上级任命陈松为队长,参加了攻打四堡、三洲石岩头、茶山等战斗。8月,高明基干队一部分上调总队主力雄狮连,另一部分充实到要明边部队湖南连。

8月,在高汉任交通站站长,负责周边十多个网点的情报收集、交换、传递工作。10月,部队不断扩大,军需的来源发展到需要设置税站。新高鹤工委做出了建立税收机构的决定,在合水地区设立税务总站,管辖合水、更楼、合成、杨梅地区,任命陈松为总站站长,站设合水陆村(后迁到大围村)。

1949年10月，调回战斗部队参加接收县城工作，在高明军管会财政科任助理员。

1950年1月，任高明县税务征稽股股长。

1950年10月，任高明县公安局侦察劳改股股长。

1951年2月，高明、鹤山两县党政机关合署办公，任公安执行股股长；其间，曾担任佛山沙堤机场建设民工大队副大队长。

1952年3月，在武汉中南公安干部学校学习一年。

1953年2月，任中共高明县委委员、高明县公安局副局长。

1956年1月，在粤中区公安处地委"肃反"办公室劳改所任所长。

1957年10月，在高明县建设西安劳改场并留任场长。

1958年7月，任顺德仙塘农场场长。

1959年4月，先后在惠阳县平潭、三水县大崚山、南海县象岗煤矿任矿长。

1965年9月，在鹤山县营顶劳改场任场长（1965年曾到北京政法干部学校学习），直至退休。

陈松同志革命意志坚定，对党对人民忠心耿耿，处事果断、办事干练，是小洞人民革命的骨干之一。

本文根据江门市监狱人事档案室陈松同志个人档案资料整理

陈意① 同志生平简介

陈意

  陈意同志出生于小洞塘角村的一个贫苦农民家庭。由于封建社会重男轻女思想的影响和家庭经济困难等原因，从小失去了上学的机会。懂事后，做些家务农活，并学会编织草席卖钱帮补家用。

  1936年年初，陈励生奉"三小"地下党领导人李守纯的指示，回到小洞和平学校开办夜校，培养革命骨干，建立革命根据地。为了打破封建思想束缚，使妇女得到解放，陈励生决定招收一些妇女青年到夜校读书，培养一批妇女骨干。他首先教育自己的侄女陈意要学好文化知识，启发她只有走革命道路，才是唯一出路等道理。陈意接受了六叔的教导，

---

  ① 陈意（1919年8月—2001年8月），女，汉族，初小文化，高明区更合镇小洞塘角村人。1937年10月参加革命，1939年11月加入中国共产党。

勇敢地冲破封建思想牢笼，和同村姐妹陈庆、陈灶一起，报名进入和平学校夜校，接受革命思想的教育，成为小洞有史以来第一批入学读书识字的女青年。接着，在六叔的授意下，和陈庆、陈灶一起到悦塘村女仔屋串门聊天，动员了陈二娥、陈三娥、陈五妹、陈趁等加入和平学校读书识字的行列。

1937年七七卢沟桥事变爆发，日本发动全面侵华战争，全国迅速掀起了抗战热潮。是年秋，"三小"地下党组织在合水成立了沧江剧团，该团主要负责人之一陈励生，马上赶回小洞和平学校，成立了沧江剧团小洞演出队。陈意带头加入了小洞演出队，积极投身到抗日救国运动中，经常利用夜间在和平学校排练节目，逢周六晚由陈励生、叶琪、黄之锦等带领下乡进行宣传。几年来，翻山越岭、跋山涉水、不辞劳苦地走遍了高明更楼、合水，鹤山合成，新兴水台，高要鳌头等地二三十个村庄，开展抗日救国宣传，为唤醒民众抗日热情贡献了自己的力量。

1939年1月，省抗先队130队进驻小洞，开展大规模轰轰烈烈的抗日救亡宣传活动。陈意紧密配合130队的工作，加入了妇抗会组织，参加了130队和小洞演出队联合组成的歌咏队，带动群众大唱抗日革命歌曲，激励群众的抗战信心，鼓舞群众的抗战斗志，和队员一起，把抗日救国宣传活动搞得热火朝天，深入人心。

陈意参加革命工作几年来，思想进步很快，工作表现十分积极，经考验符合入党条件，11月，由陈励生介绍，光荣地加入了中国共产党，成为小洞第一批加入党组织的女青年之一。

1941年春，在国民党顽固派反共逆流最猖獗、斗争环境最恶劣的时候，中共中区特委陈春霖携妻黄志超（黄杰明）及儿子来到小洞塘角村住了下来，领导高明人民开展革命斗争。当时生活条件相当艰苦，他们连饭都吃不饱。刚出生不久的孩子正嗷嗷待哺，育儿成了个大问题。这种境遇被塘角村党小组组长陈定和党员仇羡真知道了。他们二人商量，要求大家设法捐助。陈意马上回家取了些油盐米直接送到了黄姐（陈春霖妻子）手上，后来还加入了悦塘村陈三娥织席卖钱接济黄姐渡育儿难关的活动，帮助黄姐他们解决了困难，渡过了育儿关。

1942年夏，坚决支持小洞党支部领导小洞人民进行的"抗租保佃，誓死保卫佃耕权"的斗争，坚定地执行党支部的决议，发动群众开展合理合法斗争，鼓动佃户坚决不交租，抵制当局的所谓"三改"新规，为夺取这场斗争胜利做了不少工作。同年，嫁到了泽河村。

陈意同志是小洞人民革命的骨干之一，在党的教育下，走上了革命道路，成为小洞妇女中参加革命以及加入党组织的第一人。她冲破封建思想束缚，为小洞妇女解放起到了带头和促进作用。

本文根据陈意同志亲属及陈三娥提供资料整理

陈二娥[1] 同志生平简介

陈二娥

  陈二娥同志出生于小洞悦塘村的一个贫苦农民家庭。受封建社会重男轻女思想的影响及家庭经济困难等原因，得不到上学读书的机会，稍懂事便做些家务与农活，并学会了编织草席卖钱帮补家用。

  1936年年初，陈励生奉"三小"地下党领导人李守纯的指示，回到和平学校开办夜校，培养革命骨干，建立革命根据地。为了解放妇女，打破封建社会思想束缚，陈励生决定招收一些女青年进入夜校读书，培养一批妇女骨干，并授意侄女陈意到悦塘村女仔屋发动女青年入夜校读书。陈二娥和同村姐妹陈三娥、陈五妹、陈趁一起，冲破封建思想牢笼，

---

  [1] 陈二娥（1918—1949年），女，汉族，初小文化，高明区更合镇小洞悦塘村人。1937年10月参加革命；1939年11月加入中国共产党。

不顾流言蜚语,结伴进入和平学校夜校,读书识字,接受革命思想教育。通过学习,她们懂得了不少革命道理,思想觉悟不断提高。

1937年,七七卢沟桥事变爆发,日寇发动全面侵华战争,全国迅速掀起了抗战热潮。是年秋,"三小"地下党组织在合水成立沧江剧团,该团主要负责人之一陈励生马上赶回小洞,成立沧江剧团小洞演出队。陈二娥加入了这支队伍,积极投身到抗日救国运动中,经常利用夜间在和平学校排练节目,逢周六晚,由陈励生、叶琪、黄之锦带领下乡宣传。几年来,翻山越岭、跋山涉水、不辞劳苦地走遍了高明更楼、合水,鹤山合成,新兴水台,高要鳌头等地区二三十条村庄,为抗日救亡宣传,唤醒民众抗战热情做出了自己的贡献。

1939年1月,省抗先队130队进驻小洞,开展大规模轰轰烈烈的抗日救亡宣传活动。陈二娥密切配合130队工作,加入了妇抗会组织和130队与小洞演出队联合组成的歌咏队,带领群众大唱抗日革命歌曲,激励青年投身到抗日救国运动中,鼓舞了群众斗志,和队员一起把抗日宣传运动搞得热火朝天。

陈二娥参加革命几年来,思想觉悟有了很大的提高,工作中不怕苦不怕累,表现得十分积极,符合入党条件。11月,由陈励生介绍,光荣地加入了中国共产党,成为小洞第一批入党的女青年之一。

1941年春,在国民党顽固派反共逆流最猖獗、环境最恶劣的时候,中共中区特委陈春霖携妻黄志超(黄杰明)及儿子来到小洞塘角村领导高明人民开展革命斗争。当时条件相当艰苦,生活十分困难,他们连饭都吃不饱。刚出生不久的儿子正嗷嗷待哺,育儿就成了个大问题。这般境遇被塘角村党小组长陈定和党员仇羡真知道了,他们二人商量,要求大家想办法捐助。陈二娥响应党小组号召,毫不犹豫从家中取了些食物送给了黄姐,并支持陈三娥发起的织席卖钱接济黄姐的活动,帮助黄姐他们解决了困难,渡过了育儿关。

1942年夏,支持中共小洞支部领导小洞人民进行近三年的"抗租保佃,誓死保卫佃耕权"斗争。坚决执行党支部决议,带领群众开展合理合法的斗争,鼓动佃户坚决不交租，抵制当局的所谓"三改"新规，为夺取这场斗争胜利做了不少工作。

1944年11月、12月，高明人民抗日游击队第三大队、高明二区人民行政委员会先后在小洞成立。陈二娥服从支部工作安排，带动小洞妇女努力为大会做好一切后勤准备工作，热情接待来自四面八方的代表，让代表们安心参加会议，使会议顺利召开，圆满结束。

1944年11月起，国民党军对抗日根据地实施第一期"清剿"行动。农历十一月十六日，调集158师473团及各地方团队共2000余人，深入根据地腹地小洞进行第三次疯狂进攻。当天早上，悦塘村的四名女共产党员，在危难时刻勇敢地站了出来，组织指挥群众撤离疏散。陈二娥与陈五妹带领一路群众及时冲出了敌人的封锁线，跃出了敌人的包围圈，撤到了安全地带，保护了群众的生命安全，在战火中起到了一名共产党员的先锋模范作用。

1945年5月中旬后，革命逐渐进入低潮，奉组织指示隐蔽，潜伏下来，等待时机。

1946年，嫁到白石村。

陈二娥同志是小洞人民革命的骨干之一，在党的教育下，走上了革命道路，成长为一名革命战士。难能可贵的是，其敢于冲破封建思想的束缚，为小洞妇女解放起到了带头和促进作用。

本文根据陈三娥同志提供资料整理

陈五妹① 同志生平简介

　　陈五妹同志出生于小洞悦塘村一个反动恶霸的家庭。家庭条件优裕，但受封建社会重男轻女的思想影响，得不到上学的机会，懂事后与同村女孩子一起住在女仔屋，学会编织草席及做家务劳动。

　　1936年年初，陈励生奉"三小"地下党负责人李守纯指示，回到小洞和平学校开办夜校，大力培养革命骨干，建立革命根据地。为了妇女解放事业，陈励生决定招收一些女青年到夜校读书，培养一批妇女骨干，并授意侄女陈意到悦塘村女仔屋，动员该村女青年到夜校读书识字。陈五妹同陈二娥、陈三娥、陈趁结伴到和平学校夜校学习，渐渐对学习产生了浓厚兴趣。她的父亲陈佐登知道自己的女儿去夜校读书后，怕她被共产党"赤化"，百般阻挠。陈五妹早已立下读书识字、接受革命思想教育的决心，于是勇敢地起来与父亲抗争，巧用"撒泼、分食、赌气"等计策，成功地迫使陈佐登答应自己继续读书。

　　1937年，七七卢沟桥事变爆发，日寇发动全面侵华战争，全国掀起了抗战热潮。是年秋，合水"三小"成立了沧江剧团，该团主要负责人之一陈励生马上赶回小洞，成立了沧江剧团小洞演出队。陈五妹加入了这支队伍，积极投身到抗日救国运动中去，经常利用夜间在和平学校排练节目，逢周六晚由陈励生、叶琪、黄之锦带领下乡宣传。几年来，翻

---

　　① 陈五妹（1917年—？），女，汉族，初小文化，高明区更合镇小洞悦塘村人。1937年10月参加革命；1939年11月加入中国共产党。

山越岭、跋山涉水、不辞劳苦地走遍了高明更楼、合水、鹤山合成、新兴水台、高要鳌头等地区二三十条村庄进行抗日救国宣传，为唤醒民众参加抗战做出了自己的贡献。

1939年1月，省抗先队130队进驻小洞，开展大规模轰轰烈烈的抗日救亡宣传活动。陈五妹积极配合130队工作，带头参加了妇抗会组织，和130队与小洞演出队联合组成的歌咏队进行歌咏表演，带领群众大唱抗日革命歌曲，激励青年投身到抗日救国运动中去，把宣传运动搞得热火朝天，深入人心。

6月至7月间，县委妇女委员黄纪合从平塘回到小洞，加强小洞根据地的妇女工作。时任小洞党支部书记的陈励生安排黄纪合同志吃在陈三娥家，住在女仔屋，以表姐妹相称做掩护开展工作。陈五妹巧妙配合黄纪合和陈三娥，使村中、大人小孩确信黄纪合是陈三娥的表姐，从而打消了一些人的疑心，使黄纪合能堂堂正正地开展工作。

陈五妹自参加革命后，思想进步很快，敢于同恶霸父亲决裂，立场完全站在劳苦大众一边。经过考察和考验，符合入党条件，11月，由陈励生介绍，光荣地加入了中国共产党，成为小洞第一批入党的女青年之一。

1941年春，在国民党顽固派反共逆流最猖獗、环境最恶劣的时候，中共中区特委陈春霖携妻黄志超（黄杰明）及儿子来到小洞领导高明人民开展革命斗争。当时条件相当艰苦，生活十分困难，他们连饭都吃不饱。刚出生不久的孩子正嗷嗷待哺，育儿就成了大问题。这般境况被塘角村党小组长陈定和党员仇羡真知道了，他们二人商量要求大家想办法捐助。陈五妹二话不说，每天都从家里"偷"一些油、盐、米、蛋等食物送到黄姐的手上。有一次，利用替家里舂米的机会，装满一袋米，先放在女仔屋，随后逐天给黄姐送去。还参加了陈三娥发起的织席卖钱接济黄姐育儿的活动，无私地把自己织席所得全部捐了出来，使黄姐他们渡过了育儿难关。

1942年夏，积极支持中共小洞支部领导小洞人民进行抗租保佃、反夺永佃权的斗争，坚决执行支部决议，带领群众开展合理合法的斗争，鼓动佃户坚决不交租，抵制当局的所谓"三改"新规，为夺取斗争胜利做了不少工作。

1944年11、12月，高明人民抗日游击队第三大队、高明二区人民行政委员会先后在小洞成立。陈五妹和小洞妇女一起，努力为大会做好一切后勤准备工作，热情接待来自四面八方的代表，让代表们安心参加会议，使会议顺利召开、圆满结束。

1944年11月起，国民党军对粤中区抗日根据地实施第一期"清剿"行动。农历十一月十六日，调集了敌人158师473团及各地方团队共2000余人，深入根据地腹地小洞进行第三次疯狂进攻。当天早上，悦塘村四位女共产党员，在危难时刻勇敢地站出来，组织指挥群众撤离疏散。陈五妹与陈二娥带领一路群众及时冲出了敌人的火力封锁线，跃出了敌人的包围圈，撤到了安全地带，保护了群众的生命安全，在战火中起到了共产党员的模范带头作用。

1945年5月中下旬，革命渐入低潮，国民党军及地方团队四处搜捕革命人士，轮番闯入小洞捉人。31日，陈妹被捕。几天后贴出布告，公布将于6月7日下午在吉受大坪对陈妹行刑。小洞党组织临时指示陈五妹、陈三娥、陈趁当天到达现场了解情况，并设法与陈妹取得联系。陈五妹三人经过策划，在6月7日午后提前赶到珠塘至吉受大坪的必经之路，更楼圩南端出口牛头湾旁的小山坡隐蔽守候，找准时机与陈妹碰头联系。

不久，她们果然看见一队国民党兵押着陈妹路经此处，但因敌人戒备森严，彼此没有办法近距离碰上头说上话，只能离十多米远互递眼色、点头示意。陈五妹三人只好怀着悲痛的心情，跟随被赶去"看热闹"的群众到了刑场，目睹陈妹被开枪杀害、英勇就义的场面。回家后对父亲陈佐登十分憎恨，多次规劝陈佐登不要再做国民党的走狗，不要再与人民为敌，父女间爆发了激烈的冲突。陈五妹站在人民的立场上,当众揭露了陈佐登出卖陈妹的事实,义正词严地指出了陈佐登犯下的滔天罪行,使陈佐登哑口无言,吓得面如土色。

1946年,陈五妹嫁到了白石村。

陈五妹同志在党的教育下走上了革命道路,成为小洞人民革命的骨干之一,她为小洞妇女解放事业做了榜样。更难能可贵的是,她完全站在人民的正确立场上,敢于同反动父亲决裂,具有忠诚于革命的高尚品质。

本文根据陈三娥同志提供资料整理

陈三娥① 同志生平简介

陈三娥

陈三娥同志出生于悦塘村的一个贫苦农民家庭。由于旧社会重男轻女的封建思想的影响及家庭经济困难等原因,得不到上学念书的机会,懂事起就做家务并学会了织席,以帮补家用,减轻家庭压力。

1936年年初,陈励生奉"三小"地下党领导人李守纯的指示,回到小洞和平学校开办夜校,培养革命骨干,建立革命根据地。为了解放小洞妇女,陈励生决定招收一些女青年到夜校读书,培养一批妇女骨干。他授意侄女陈意到悦塘村女仔屋,动员该村女青年到和平学校夜校读书

---

① 陈三娥(1923年3月—2019年2月1日),又名陈秀英。女,汉族,初小文化,高明区更合镇小洞悦塘村人。1937年10月参加革命;1940年2月加入中国共产党;革命低潮时,与党组织失去了联系,1953年重新入党,1979年9月退休。

识字。不满 14 岁的陈三娥与同村姐妹结伴到和平学校夜校读书,接受革命思想教育,一直坚持了好几年。

1937 年,七七卢沟桥事变爆发,日寇发动全面侵华战争,全国迅速掀起了抗战热潮。是年秋,合水"三小"成立了沧江剧团,该团主要负责人之一陈励生马上赶回小洞,成立了沧江剧团小洞演出队,开展抗日宣传活动。陈三娥加入了这支队伍,积极投身到抗日救国运动中,经常利用夜间和队员们一起在和平学校排练节目到深夜,时常一边织席一边背台词,尽快熟记剧目;每逢周六晚由陈励生、叶琪、黄之锦带队下乡宣传。几年来,翻山越岭、跋山涉水、不辞劳苦地走遍了高明更楼、合水,鹤山合成,新兴水台,高要鳌头等地区二三十条村庄,为唤醒民众抗日做出了自己的贡献。

1939 年 1 月,省抗先队 130 队进驻小洞,开展大规模轰轰烈烈的抗日救国宣传活动。陈三娥积极配合 130 队工作,带头加入妇抗会组织,参加 130 队与小洞演出队联合组成的歌咏队进行歌咏表演宣传,带领群众大唱革命歌曲,激励群众抗战信心和斗志,把宣传活动搞得有声有色,热火朝天,深入人心。

六七月间,县委妇女委员黄纪合调到小洞,加强小洞根据地的妇女工作。时任小洞党支部书记陈励生出于对黄纪合同志的安全和工作考虑,要求陈三娥以表姐妹的身份相称,把黄纪合接回家里吃住,协助及掩护黄纪合开展工作。陈三娥愉快地接受了任务,巧妙地做出了安排,做好了多方面的工作,在家庭的密切配合下,保护了黄纪合的身份没有泄露出去,使村里的人确信黄纪合就是陈三娥的表姐无疑。

几年来,陈三娥在党的教育下,思想觉悟提高很快,经受了多次考验,符合了入党的条件。1940 年 2 月,由陈励生介绍,她光荣地加入了中国共产党,成为小洞党支部年龄较小的女党员之一。

1941年春,在国民党顽固派反共逆流最猖獗、环境最恶劣的时候,中共中区特委陈春霖携妻黄志超(黄杰明)及儿子来到小洞塘角村领导高明人民开展革命斗争。当时条件相当艰苦,生活十分困难,他们连饭都吃不饱。刚出生不久的孩子正嗷嗷待哺,育儿成了个大问题。这般境况被塘角党小组组长陈定和党员仇羡真知道了,他们一人碰头商量,要求大家想办法捐助。陈三娥毫不犹豫,马上从家里取了些油、盐、米、酱等食物,送给黄姐。陈三娥觉得这样做只能暂时解决问题,却不是长久之计。她向女仔屋姐妹们建议,认为大家一起织席卖钱来接济黄姐育儿才是长久的办法,这些建议得到了姐妹们的赞同,大家就一齐动手织席卖钱,帮助黄姐他们渡过了育儿关。

1942年,她积极支持中共小洞支部领导小洞人民进行近三年的"抗租保佃,誓死保卫佃耕权"斗争,坚决执行支部决议,鼓动佃户坚决不交租,抵制当局所谓"三改"新规,为夺取斗争胜利做了不少工作。

1944年11、12月,高明人民抗日游击队第三大队,高明县二区人民行政委员会先后在小洞成立,陈三娥服从党支部分工,组织小洞妇女努力为大会做好一切后勤服务工作,热情接待来自四面八方的代表,让代表们安心参加会议,使会议顺利召开,圆满结束。

1944年11月开始,国民党军对粤中区抗日根据地展开了第一期"清剿"行动。农历十一月十六日,调集了158师473团及各地方团队2000余人,深入抗日根据地的腹地小洞进行第三次疯狂进攻。当天早上,悦塘村的四名女共产党员在危急关头勇敢地站出来,果断组织指挥群众撤离疏散。陈三娥、陈趁带领一路群众及时冲出了敌人火力封锁线,跳出了敌人的包围圈,撤到了安全地带,保护了群众的生命安全,在战斗中起到了共产党员的中流砥柱作用。

1945年5月中旬,第三团在皂幕山战斗中失利被打散,国民党军队及地方团队四处搜捕三团失散战士和革命人士,轮番闯入小洞捉人。31 日,陈妹被捕,几天后贴出了布告,公布将于 6 月 7 日下午,在吉受大坪对陈妹行刑。小洞党支部临时指示陈三娥、陈五妹、陈趁当天到达现场了解情况,并设法与陈妹取得联系。陈三娥等三人经过策划,在 6 月 7 日午后,提前赶到珠塘至吉受大坪的必经之路更楼圩南端出口牛头湾旁的小山坡隐蔽守候,准备找时机与陈妹碰头联系。不久,她们看见一队国民党兵押着陈妹路经此处,但因敌人戒备森严,没有办法近距离碰上头说上话,只能离十多米远处互递眼色,相互点头示意。陈三娥三人只好怀着悲痛的心情,跟随被驱赶去"看热闹"的群众到刑场,目睹陈妹被国民党开枪杀害,英勇就义的场面。

1946 年 8 月,中共高明县特派员郑靖华到任不久,便深入各地接收基层党组织关系,恢复党的活动。9 月至 10 月间要来小洞进行接收工作,小洞党支部委员梁扳选派陈三娥负责接送、接待上级领导人的任务。当时,革命还处在低潮,到处还笼罩在白色恐怖之中,陈三娥没有退缩,毫不迟疑地接受了任务,果敢机智地在约定的时间,去到合水圩,与水井洞李同志对上暗号,把郑靖华接回了小洞,安置住了一晚。次日上午,把郑靖华带到明晖堂与小洞党组织碰头开会。第三天上午,又把郑靖华送到更楼圩,安全交给了屏山村的罗同志。陈三娥在执行任务中,机智灵活,胆大心细,出色地完成这次光荣任务。

1951 年 1 月,被派到高明二区(更楼)平塘乡搞土改工作。

1952 年 5 月,被调到二区妇联工作。

1954 年 2 月,被调到鹤山沙坪百货公司任组长。

1955 年年初,被调到鹤山县食品公司任经理。

1957 年年初,被调回沙坪百货公司任经理、主任等职直至退休。

陈三娥同志是小洞人民革命的骨干之一。她敢于冲破封建社会思想的束缚,大胆接受革命思想,努力为党的事业而奋斗,为小洞妇女解放事业做了光辉的榜样。

本文根据鹤山市劳动保障局人事档案室陈三娥同志个人档案资料整理

陈灶① 同志生平简介

陈灶同志出生于小洞塘角村的一个贫苦农民家庭。由于受旧社会封建思想重男轻女的影响及家庭经济困难等原因，从小得不到入学读书机会，稍懂事后就学会编织草席卖钱帮补家用；同时做些家务与农活，以减轻家庭负担。

1936年年初，陈励生奉"三小"地下党领导人李守纯的指示，回到小洞和平小学开办夜校，培养革命骨干，建立革命根据地。为了解放小洞妇女，决定招收一些女青年进入夜校读书，培养一批妇女骨干，并授意自己的侄女陈意在村中物色一些女青年入读夜校。陈灶在陈意的帮助下，冲破旧思想的束缚，不顾流言蜚语，坚定地报名进入和平小学夜校读书，接受革命思想教育，还陪同陈意到悦塘村的女仔屋做发动工作，动员了陈三娥等几名女青年加入到和平小学夜校读书的队伍中来。

1937年七七卢沟桥事变爆发，日寇发动全面侵华战争，全国迅速掀起了抗战热潮。是年秋，"三小"地下党组织在合水成立了沧江剧团。该团的主要负责人之一陈励生马上赶回小洞，成立了沧江剧团小洞演出队。陈灶加入了这支队伍，积极投身到抗日运动中，经常利用夜间在和平学校排练节目，逢周六晚由陈励生、叶琪、黄之锦带领下乡宣传。几年来，翻山越岭、跋山涉水、不辞劳苦地走遍了高明更楼、合水，鹤山

---

① 陈灶（1918年—？），女，汉族，初小文化，高明区更合镇小洞塘角村人。1937年10月参加革命；1940年2月加入中国共产党。

合成，新兴水台，高要鳌头等地二三十条村庄，为唤醒民众投身到抗战运动中做出了自己的贡献。

1939年1月，省抗先队130队进驻小洞，开展大规模轰轰烈烈的抗日救亡宣传运动。陈灶积极配合130队工作，加入了小洞妇抗会组织和130队与小洞演出队联合组成的歌咏队，下到各乡村进行歌咏演出，并带领群众大唱抗日革命歌曲，激励青年投身到抗日救国运动中，鼓舞群众的抗战信心和斗志，和队员一起把抗日宣传运动搞得热火朝天，深入人心。

1940年2月，通过在夜校的学习和革命实践，陈灶的思想觉悟不断提高，在几年的抗日宣传工作中表现积极，由陈意、陈定介绍，光荣地加入了中国共产党，成为小洞又一批入党的女青年之一。

1941年上半年，陈灶主动加入悦塘村陈三娥等发起的织席卖钱接济黄姐（陈春霖妻子）的活动，帮助黄姐他们解决了困难，渡过了育儿难关。

1942年夏，坚决支持小洞党支部领导的"抗租保佃，誓死保卫佃耕权"的斗争。坚定地执行党支部决议，发动群众开展合理合法的斗争，鼓动佃户坚决不交租，坚决抵制当局的所谓"三改"新规，誓死保卫佃耕权。

1943年，嫁到瑶村。

陈灶同志是小洞人民革命斗争的骨干力量之一，她敢于冲破封建思想的束缚，走上了革命的道路，为小洞妇女解放事业做了贡献。

本文根据陈少同志回忆文章及陈三娥同志提供资料整理

陈庆① 同志生平简介

陈庆同志出生于小洞塘角村的一个贫苦农民家庭。由于受旧社会重男轻女封建思想影响及家庭经济困难等原因,得不到入学读书的机会,从懂事后就学会了编织草席卖钱,帮补家用;做些家务与农活,替家庭减轻负担。

1936年年初,陈励生奉"三小"地下党领导人李守纯的指示,回到小洞和平学校开办夜校,培养革命骨干,建立革命根据地。为了解放妇女,决定招收一些女青年进入夜校读书,并培养一批妇女骨干。他授意自己的侄女陈意在村中物色一些女青年入读夜校。陈庆在陈意的帮助下,冲破旧思想的束缚,不顾流言蜚语,坚定地报名进入和平学校夜校读书,接受革命思想教育,还陪同陈意到悦塘村女仔屋做发动工作,动员陈三娥等几名女青年加入到和平学校夜校读书的队伍中来。

1937年七七卢沟桥事变爆发,日寇发动全面侵华战争,全国迅速掀起了抗战热潮。是年秋,"三小"地下党组织在合水成立了沧江剧团,该团主要负责人之一陈励生马上赶回小洞组成了沧江剧团小洞演出队。陈庆加入了这支队伍,积极投身到抗日运动中去,经常利用夜间在和平学校排练节目,逢周六晚由陈励生、叶琪、黄之锦带领下乡宣传。几年来翻山越岭、不辞劳苦地走遍了高明更楼、合水,鹤山合成,新兴水台,高要鳌头等二三十条村庄,为唤醒民众投身到抗战运动中做出了自己的

---

① 陈庆(1917年—?),女,汉族,初小文化,高明区更合镇小洞塘角村人。1937年10月参加革命,1940年2月加入中国共产党。

贡献。

1939年1月，省抗先队130队进驻小洞，开展大规模轰轰烈烈的抗日救亡宣传运动。陈庆积极配合130队工作，加入了小洞妇抗会组织及130队与小洞演出队联合组成的歌咏队，下到各乡村进行歌咏演出，并带领群众大唱革命歌曲，激励青年投身到抗日救国的运动中，鼓舞群众的抗战信心和斗志，和队员一起把抗日宣传运动搞得热火朝天，深入人心。

1940年2月，陈庆几年来在革命斗争中思想不断进步，觉悟不断提高，工作表现积极，由陈意、陈定介绍，光荣地加入了中国共产党，成为小洞又一批入党的女青年之一。

1941年上半年，主动加入悦塘村陈三娥发起的织席卖钱接济黄姐（陈春霖妻子）的活动，帮助黄姐解决了困难，渡过了育儿难关。

1942年夏，坚决支持小洞党支部领导的"抗租保佃，誓死保卫佃耕权"的斗争，坚定执行党支部决议，发动群众开展合理合法斗争，鼓动佃户坚决不交租，坚决抵制当局的所谓"三改"新规，誓死保卫佃耕权。

1943年，嫁到高要县洞口。

陈庆同志是小洞人民革命的骨干分子之一，敢于冲破封建思想束缚，走上了革命的道路，光荣地成为中国共产党员，为小洞的妇女解放事业做了贡献。

本文根据陈少同志回忆文章及陈三娥同志提供资料整理

陈趁① 同志生平简介

陈趁

  陈趁同志，原名陈玲，出生于高要县活道镇首岭村一个十分贫寒的农民家庭。在她不满六岁的时候，父亲染病，尽管借债医治，可还是被病魔夺走了性命，丢下了母亲和她姐弟以及一笔阎王债就走了。他们孤儿寡母失去了依靠，往后的日子过得十分凄惨，除经常受冻挨饿外，还常遭别人白眼。更可恶的是，那凶狠毒辣的债主天天上门逼债，扬言要拆墙封屋，她们受尽了欺凌和侮辱。在走投无路的时候，母亲不得已忍痛割爱，狠心地把一双儿女卖与别人换钱还债。

  悦塘村陈经夫妇悉闻陈玲的身世和遭遇后，怀着怜悯与同情赶往首

---

  ① 陈趁（1924年—？），原名：陈玲。女，汉族，初小文化，生于高要首岭村，长在高明更合镇小洞悦塘村。1937年10月参加革命；1940年2月加入中国共产党。

岭，见这小姑娘聪明伶俐、乖巧懂事，就决定收作养女，带回家改名陈趁。陈趁十分乖巧，陈经夫妇更把她视作掌上明珠，百般呵护养育成人。她很争气，很勤快，自小就学会了做家务和编织草席，讨人喜欢。

1936年年初，陈励生奉"三小"地下党负责人李守纯的指示，回到小洞和平学校开办夜校，培养革命骨干，建立革命根据地。为了解放小洞妇女，决定招收一批女青年到夜校读书，培养一批妇女骨干，并授意侄女陈意到悦塘村女仔屋，动员该村女青年到和平学校读书识字。不满13岁的陈趁不甘落后，与同屋的姐姐们结伴来到和平学校，入夜校读书，接受革命思想教育，一直坚持了好几年。

1937年，七七卢沟桥事变爆发，日本发动全面侵华战争，全国迅速掀起了抗战热潮。是年秋，合水"三小"成立了沧江剧团。该团主要负责人之一的陈励生马上赶回小洞，成立了沧江剧团小洞演出队。陈趁加入了这支队伍，积极投身到抗日救国运动中去，经常利用夜间在和平学校排练节目，并抓紧一切时间边织席边背台词，逢周六晚由陈励生、叶琪、黄之锦带队下乡宣传。她记忆力强，口齿伶俐，咬字清晰，台词和对白运用恰当自如，加上长得眉清目秀，形象甜美，被推选担任报幕员的工作。无论是在演出前或是在演出后，她都细心地把道具收拾得妥妥当当，做到一件不漏，被黄之锦笑称为"管家婆"。几年来，翻山越岭、跋山涉水、不辞劳苦地走遍了高明更楼、合水，鹤山合成，新兴水台，高要鳌头等二三十条村庄，进行抗日救国宣传，为唤醒民众投入到抗战中做出了一定的贡献。

1939年1月，省抗先队130队进驻小洞，开展大规模轰轰烈烈的抗日宣传活动。陈趁积极配合130队的工作，带头加入妇抗会，参加130队与小洞演出队联合组成的歌咏队，进行歌咏表演宣传，带领群众大唱革命歌曲，激励群众抗战信心，和队员一起把这次宣传运动搞得热火朝天，深入人心。

几年来，陈趁在党的教育下，思想觉悟不断提高，进步很快，工作积极肯干，不怕苦,不怕累,表现突出。1940年2月,由陈励生介绍,光荣地加入了中国共产党,成为小洞支部年龄最小的共产党员。

1941年春,在国民党顽固派反共逆流最猖獗、环境最恶劣的时候,中共中区特委陈春霖携妻黄志超(黄杰明)及儿子来到小洞塘角村领导高明人民开展革命斗争。当时生活十分困难,条件相当艰苦,他们连饭都吃不饱。刚出生不久的孩子正嗷嗷待哺,育儿成了大问题。这般境况被塘角村党小组组长陈定、党员仇羡真知道了。他们二人碰头商量,要求大家想办法捐助。陈趁一声不响,赶紧跑回家,取了些油、盐、米就往黄姐处送,后又响应陈三娥发起的织席卖钱接济活动,帮助黄姐他们解决了困难,渡过了育儿关。

1942年夏,陈趁积极支持中共小洞支部领导小洞人民进行近三年的"抗租保佃,誓死保卫佃耕权"斗争,坚决执行支部决议,带领群众开展合理合法的斗争,鼓动佃户坚决不交租,抵制当局的所谓"三改"新规,为夺取斗争胜利做了不少工作。

1944年11、12月,高明人民抗日游击队第三大队、高明二区人民行政委员会先后在小洞成立。陈趁服从支部安排,带领小洞妇女努力为大会做好一切后勤服务工作,热情接待来自四面八方的代表,让代表们安心参加会议,使会议顺利召开,圆满结束。

1944年11月开始,国民党军对粤中区抗日根据地展开了第一期"清剿"行动。农历十一月十六日,调集了158师473团及各地方民团2000余人深入根据地腹地小洞进行第三次疯狂进攻。当日早上,悦塘村的四名女共产党员在危难时刻站了出来,果断地组织指挥群众撤离疏散。陈趁、陈三娥带领一路群众及时冲出了敌人的火力封锁线,跃出了敌人的包围圈,撤到了安全地带,保护了群众的生命安全,在战火中起到了一名共产党员的应有作用。

1945年5月中旬,第三团在皂幕山战斗中失利,被打散,国民党军及地方团队，轮番闯入小洞搜捕第三团失散战士和革命人士。31日，陈妹被捕，几天后贴出布告，公布6月7日下午，在吉受大坪对陈妹行刑。党组织临时指示陈趁、陈三娥、陈五妹当天下午到达现场了解情况，必要时设法与陈妹取得联系。通过精心策划，6月7日午后，她们赶到珠塘至吉受大坪的必经之路——更楼圩南端出口牛头湾附近的小山坡隐蔽守候，准备找准时机与陈妹碰头取得联系。不久，她们看见一队国民党兵押着陈妹路经此处，但因警戒森严，她们没有办法与陈妹碰上头，说上话，只能互递眼色，轻轻点头示意。陈趁三人只能怀着十分悲愤的心情，跟随被驱赶去"看热闹"的人群到刑场，目睹陈妹被国民党杀害的场面。

　　1946年，陈趁嫁到宅布。

　　陈趁同志是小洞人民革命的骨干之一。她大胆接受革命思想教育，敢于冲破封建思想的束缚，走上了革命的道路，成为一名革命战士，为小洞妇女的解放事业树立了光辉的榜样。

本文根据陈三娥同志及亲属提供资料整理

梁端① 同志生平简介

梁端

梁端同志生于小洞军屯村的一个贫苦农民家庭。1925年至1931年在军屯村宏育学校念书,在陈耀聪、梁佐明的培养教育下,初步树立了革命思想,成为一棵革命苗子。

1936年年初,"三小"力社已在小洞深深扎根,农民运动如火如荼,蓬勃发展。梁端加入力社小洞分社,参加了力社小洞分社组织领导的反抽壮丁、反钉门牌、反催粮及反苛捐杂税等一系列斗争。

1937年,七七卢沟桥事变爆发,日本发动全面侵华战争,全国迅速

---

① 梁端(1918年3月—1992年2月),字茂林。男,汉族,高小文化,高明区更合镇小洞军屯村人。1936年年初参加革命;1940年2月加入中国共产党;1971年12月退休,1982年改离休,享受正科级待遇。

掀起了抗战热潮。"三小"地下党组织在合水成立了沧江剧团。该团主要负责人之一的陈励生马上赶回小洞，组织成立了沧江剧团小洞演出队。梁端被选到这支演出队，加入抗日救亡宣传队伍，和其他队员一起，经常利用夜间在和平学校排练节目，逢周六晚则由陈励生、叶琪、黄之锦带领，下乡进行抗日救亡宣传。几年来，翻山越岭、跋山涉水，足迹踏遍了更楼、合水、鹤山合成，新兴水台，高要鳌头等地二三十条村庄的山山水水，为唤醒民众投身到抗战运动中做出了自己的贡献。

1938年5月，全国抗战形势一浪高过一浪，高明民众抗日自卫团统率委员会发文，要求各地以乡为单位成立民众自卫中队组织，小洞很快成立了民众自卫中队。梁端响应抗日号召，加入到这支队伍中。随后，还参加了地下党领导的小洞青年抗敌同志会。

1939年1月8日，省抗先队130队进驻小洞，开展了20多天大规模轰轰烈烈的抗日救亡宣传活动。梁端积极配合130队工作，按照组织分工，负责安排军屯村50多名男女青年入读夜校识字班的工作，组织青年们参加各项活动。同时，加入了130队和沧江剧团小洞演出队联合组成的歌咏队，深入各村庄进行表演，带领群众大唱革命歌曲，以歌声宣传群众，激励群众抗战热情，鼓舞群众的斗志。

5月，加入了中共高明县委在小洞成立的抗日武装队伍——小洞抗日先锋队，并参加了三个月的军事训练。

5月至6月（农历四月）间，参加了小洞党支部陈励生组织的"封江自救、虎口夺粮"斗争。

1940年2月，梁端在多年的革命斗争中表现积极，经受了斗争考验，由陈耀聪介绍加入了中国共产党。

1940年夏，国民党顽固派反共逆流袭来，军屯村党小组根据上级指示，转变活动形式，成立了军屯村老耕队武装自卫组织，进行地下秘密活动。梁端加入了老耕队,负责轮流站岗放哨护村任务及参加习艺练武等活动。为了减轻百姓的经济负担,参加开垦荒山、植树造林、种瓜种果及其他经济作物,建立山场,发展经济等工作。

1942年夏,坚决执行中共小洞支部的决定,参加了小洞近三年的"抗租保佃,誓死保卫佃耕权"斗争,带领群众与当局展开合理合法斗争,鼓动群众坚决不交租,坚决抵制当局实施的所谓"三改"新规,誓死保卫佃耕权。

1944年9月,日军进犯广西过境高明。11日晚,小洞人民齐集军屯村梁氏宗祠,召开成立小洞抗日武装自卫大队的群众大会,当即有300多人报名,梁端就是其中的一名,自此成为小洞抗日武装自卫大队队员。日军过境后,小洞党支部对自卫大队做出调整,保留了一支常备武装队伍,梁端自愿加入小洞武装常备队,并参加了三个月的脱产军事训练。其间,积极参加"倒钟"运动及攻打明城县府的战斗。

11月10日,随小洞武装常备队一起编入新成立的高明人民抗日游击队第三大队(后改编为广东人民抗日解放军第三团),担任二连司务长,一直跟随部队转战各地,为保障连队吃得上饭、开得动,做出了最大的努力。

1945年11月,革命进入低潮,部队分散活动,他回到家乡隐蔽。其间遭到国民党当局通缉,不得不离开家乡暂避风头,去广州西关石榴巷九记菜摊,帮人卖菜来维持生计。

1946年8月初,梁端从广州回到家乡,准备继续参加革命斗争。但国民党军队及地方反动联防队还不断进入小洞,大肆进行搜捕行动,小洞仍然笼罩在白色恐怖之中。在这种情况下,只好到离村十多里外的连滩石(土名)的山场里安营扎寨,坚持隐蔽斗争。

1947年2月,新高鹤地区恢复公开武装斗争,中共小洞支部恢复了组织活动。梁端及时回到村里参加以反"三征"为中心的革命斗争。下半年,小洞建立了农会,梁端担任农会委员，负责筹粮队工作，积极筹措粮饷供给部队。

1948年，除了负责筹粮外，还带领群众开展减租减息运动。在1947年至1948年间，国民党当局还时常进入小洞搜捕。为了防止敌人突然袭击，梁端仍然同过去一样基本在野外过夜，白天回村坚持参加革命工作。

1949年，兼负责村学校总务工作。

1950年4月，先后担任更楼、合水供销社副主任，其间，于1951年1月和1954年10月两次到广东省供销合作社干部学校参加业务学习。

1955年2月，先后担任合水、更楼供销社主任。

1963年1月，任高鹤县外贸局业务股股长。

1963年7月，任杨梅供销社主任。

1964年9月，任高鹤县土产公司三洲站经理。

1966年5月，任高鹤县明城食品厂党支部书记直到退休。

梁端同志是小洞人民革命的骨干之一。他立场坚定，一贯保持实事求是、艰苦奋斗的优良作风。

本文根据高明区档案馆梁端同志个人档案资料整理

陈荫① 同志生平简介

陈荫

    陈荫同志出生于小洞塘角村的一个贫苦农民家庭。因家贫，10岁时才进入文选楼和平学校读书，后因交不起学费，只得辍学回家看牛。他虽然只读了四年书，但在陈耀聪等进步教师的教育下，在他年少的心灵里已留下了革命思想的烙印。14岁时学会耕作，后来常常跟着三叔外出去做泥水散工。

    1937年七七事变爆发，日寇发动全面侵华战争，全国迅速掀起了抗战热潮。高明"三小"地下党组织在合水成立了沧江剧团，该团主要负

---

① 陈荫（1922年5月—2019年1月16日），字国基。男，汉族，高小文化，高明区更合镇小洞塘角村人。1937年10月参加革命；1942年5月加入中国共产党；1981年6月退休，1983年9月改离休，享受处级待遇。

责人之一的陈励生马上赶回小洞，成立了沧江剧团小洞演出队。15岁的他听从地下党的召唤，积极加入这支抗日救亡宣传队伍，和其他队员一起，经常利用夜间在文选楼和平学校排练节目，逢周六晚则由陈励生、叶琪、黄之锦带领下乡进行抗日救亡宣传。几年来翻山越岭、跋山涉水、不辞劳苦，踏遍了更楼、合水，鹤山合成，新兴水台，高要鳌头等地区二三十条村庄的山山水水，为唤醒民众投身抗战运动做出了自己的贡献。

1939年1月8日，省抗先队130队进驻小洞，开展了20多天大规模轰轰烈烈的抗日救亡宣传活动。陈荫加入了130队与沧江剧团小洞演出队联合组成的歌咏队，深入各村庄进行表演，带领群众大唱抗日革命歌曲，以歌声宣传群众，激励群众的抗战热情，鼓舞群众的抗战斗志。

1939年间，日军常常出动飞机对高明地区狂轰滥炸。为使和平学校的师生免遭轰炸伤亡，小洞党组织在文选楼附近设立了防空警戒哨。陈荫负责防空警戒任务，做好一旦遇袭，立即组织师生疏散的准备。

1941年9月4日（农历七月十三日），他和梁端一起奉组织安排，担任护送革命同志的任务，安全地把黄志超（黄杰明，中共党员）母子护送到新兴县县城的一间书屋里，出色地完成了这次护送任务。

1942年5月，鉴于陈荫同志工作踏实肯干，诚实可靠，经过考验，符合入党条件，经陈定介绍，由中共小洞支部组织委员梁景光监誓，于军屯村兰雪堂书屋举行了宣誓仪式，光荣地加入了中国共产党。

接着，参加了中共小洞支部领导的"抗租保佃，誓死保卫佃耕权"斗争。在斗争中，坚决贯彻党支部决议，带领群众与当局展开合理合法的斗争，鼓动群众不交租，抵制当局实施的所谓"三改"新规，誓死保卫佃耕权。

1944年2月，梁荫服从党组织的安排，到新兴县和平中心小学做炊事员工作，密切配合和掩护陈励生坚持隐蔽活动。同年9月，日军过境高明时，梁荫返回家乡参加"倒钟"运动。

11月10日，高明人民抗日游击队第三大队成立，在小洞建立了交通站。陈荫担任交通员，一直参加送信、送情报的工作。

1945年5月底后，小洞进入革命低潮，陈定、陈妹、陈三苟被杀，陈文、陈昌、梁景光等十多人被捕。面对白色恐怖，陈荫坚守信念、坚定立场，一直潜伏在家乡，坚持地下隐蔽斗争，等待时机到来。

1947年2月，新高鹤地区恢复公开武装斗争。中共小洞支部恢复活动，在党支部领导下，陈荫参加了以反"三征"为中心的革命斗争。下半年，小洞建立了农会组织，他担任农会委员工作。

1948年后，小洞分开自然村成立农会组织，陈荫一直任塘角村农会委员，主管财务会计工作，同时带领群众开展双减（减租减息）工作。

1949年，参与了丈量田地、登记田亩、清理账目、实行废债等工作。

1950年1月，参加土改工作，任统计员，负责丈量田亩等。

1950年6月，在小洞行政村供销点任供销员。

1953年1月，在二区（更楼）供销社矮岭站任供销员。

1955年1月，在更楼供销社百货门市部任售货员。

1958年3月，在合水供销社生产资料、日杂门市部任组长。

陈荫同志是小洞人民革命的骨干之一。他对革命忠心耿耿，兢兢业业，一贯保持实事求是、艰苦奋斗的优良作风。

本文根据高明区组织部档案室陈荫同志个人档案资料整理

黄荣[①] 同志生平简介

黄荣同志出生于小洞盘石村一个贫苦农民家庭。在清政府腐败统治下，社会动荡，治安混乱，盗贼四起，打家劫舍事件多如牛毛，小洞百姓饱受劫掠之苦。为了保护家园，出于自卫目的，盘石村村民自发组队进行自卫，常常组织青少年、儿童习武练艺，形成了一股风气，代代相传。受此影响，黄荣自幼痴迷武术，天天潜心研习苦练，练成了一个膀大腰圆、力大无穷的壮汉，成为小洞武艺超群之人。10岁入读私塾，两年后回家看牛耕田。

1935年8月，"三小"力社扩展到了农村，陈耀聪等带头在小洞成立了力社小洞分社。次年，陈耀聪应聘到盘石村教书，趁此机会在该村培养革命骨干，发展力社社员，先后介绍了黄荣多人加入了力社小洞分社。黄荣积极参加了小洞分社组织的反抽壮丁、反钉门牌、反苛捐杂税等一系列斗争。

1936年下半年，在陈耀聪的鼓动下，黄荣带头联合麦边村共同成立了醒狮队，参加了陈励生带领的乳虎醒狮二团下乡开展宣传活动。

1937年10月，加入沧江剧团小洞演出队，专司武术功夫表演。几年来，深入更楼平塘、屏山，合水布社、水井，鹤山合成，新兴水台，高要鳌头等地进行抗日救亡宣传活动，从中接受革命思想教育，提高了思想觉悟。

---

① 黄荣（1899年12月—1983年8月），又名黄四。男，汉族，初小文化，高明区更合镇小洞盘石村人。1937年10月参加革命；1968年退休回到家乡居住。

1938年5月,全国掀起了抗战高潮,高明县民众抗日自卫团统率委员会下发公文,要求各乡村成立抗日自卫组织。小洞在中共地下党的积极发动下,迅速成立了民众抗日自卫团小洞中队,黄荣积极投身到抗日救亡运动中,加入小洞中队,参加了三个月的军事训练。

1939年5月,战事日渐紧张,日军再次入侵鹤山,进攻粤中、西江的可能性较大。为迎接战斗,中共高明县委先在小洞建立起一支由党领导的抗日武装队伍——小洞抗日先锋队。黄荣加入了这支队伍,参加了三个月的军事训练。5月至6月间,参加了中共小洞支部陈励生组织的"封江自救、虎口夺粮"斗争。

1941年春,国民党顽固派掀起新一轮反共高潮,高明当局积极推行反共政策,进一步打击抗日力量,四处搜捕革命人士。黄荣在过往的革命活动中敢于出头与国民党当局做坚决斗争,成了当局的眼中钉,遭到通缉。为了躲避敌人的追捕,他离开了小洞到处躲藏,最后到了肇庆,进入一家武馆学艺,经过一年多的潜心修炼,武艺大有长进。

1944年8月,惊闻日军即将入侵肇庆,进犯广西的消息,国民党当局不战而退,拱手让出了肇庆。当地民众逼迫纷纷离开,逃避战乱。在这种情况下,黄荣只好返回家乡。9月,日军果然分两路过境高明,经肇庆进犯广西。小洞人民决心抗击日军犯境,11日晚成立了小洞抗日武装自卫大队,黄荣争先报名加入了这支队伍。次日,便开始参加了军事训练以及组织群众撤离工作。10月,高明发生了威震南粤的"倒钟"运动。24日,在攻城战斗正酣之际,11时他奉命给刚起义的水雷队带路,从小洞出发,到明城支援"倒钟"攻城大军的战斗。

11月10日,高明人民抗日游击队第三大队在小洞成立,在他的强烈要求及积极争取下,加入了第三大队,当了一名战士,是年45岁,是队伍中年龄最大的一个。11月16日,参加了纱帽岗至塘花的阻击战和夜袭洞口战斗,击溃了敌高要廖强部。

12月30日早上,国民党军158师473团疯狂进攻小洞。黄荣领命带领盘石、麦边小分队,进入落塘偷鸡坳抗击敌人,迟滞敌军行动,为掩护群众疏散撤离赢得了时间。

1945年1月1日,参加了癫狗山伏击战斗,打退了疯狂进攻小洞的158师473团和廖强部。1月3日(农历十一月二十日)盘踞在小洞的国民党军因企图歼灭我第三大队未遂,反而在癫狗山遭到我军的伏击而损兵折将。473团团长黄道遵竟丧心病狂,下令放火焚烧小洞进行报复。黄昏时分撤出小洞时,黄荣的家首当其冲遭到焚烧。紧接着,叶琪家以及黄荣叔伯兄弟的家统统被烧光。黄荣没有被反动派的暴行吓倒,而是更加坚定地跟随第三大队转战粤中新高鹤地区,参加了大小战斗十多次。

1946年革命进入低潮,他遵照上级指示,复员回乡自谋职业。刚回到家乡却遭到当局的通缉追捕,不得不东躲西藏。一度到香港谋生,因人生地不熟,没有办法找到工作,生活陷入困境。又返回家乡,被迫藏匿于藻坑的深山老林中,搭起茅棚住了下来。他开垦荒山,开出几亩梯田,种粮、种瓜、种菜,还筑起几亩山塘养鱼,过起了自给自足的生活。每当思念亲人的时候,利用夜晚入黑后,才回到家中看望妻子、女儿、叔伯兄弟,当夜又赶回深山里的"家"中。

1947年2月,粤中新高鹤地区恢复公开武装斗争,实行"小搞",小洞恢复了革命活动,重新建立了交通站,他回家的次数才多了起来,有时还到外面走动一下。

1948年2月,进入"大搞"阶段。中共高明地方组织发动群众借枪,组织武装队伍,进行武装斗争。4月,成立高明基干队(新高鹤人民解放军总队信义队),陈松当队长。黄荣得知消息后,立即归队,加入了高明基干队,参加了攻打四堡战斗、三洲石岩头战斗和茶山的战斗。8月,高明基干队一部分队员分派到新高鹤总队独一营。黄荣等另一部分队员被分派到要明部队湖南连当战士。

1949年1月,湖南连改称长江连,2月改称珠江连,黄荣在该连当副班长。

同年7月,新高鹤总队编入中国人民解放军序列,改称粤中纵队六支队,黄荣所在部编为18团大鹏连,他在该连当副班长。

10月,大鹏连整连调入粤中纵队六支队组建成独五营,他在大鹏连当副班长。

1949年11月,部队整编归属广东军区粤中军分区新会县大队。

1950年11月退伍,被安排到江门市沙仔尾粮食加工厂工作。

本文根据黄荣同志亲属提供资料整理

仇羡真① 同志生平简介

仇羡真

  仇羡真同志出生在更楼地区一个穷困的家庭里，因生活所迫，被丢弃于更楼圩场。更楼吉受村一个仇姓富裕人家将她抱回家中做养女。视她如己出，除供她吃饱穿暖外，还供她上学读书。

  1936年9月，读完初小后，被送到高明县立第三小学读高小。在这所培养革命骨干的摇篮里，接受革命思想教育，成为一名有革命理想的青年。在校期间，她参加了"三小"组织的一系列活动，经常和同学一起下乡进行抗日救国宣传和抗日募捐活动。

---

① 仇羡真（1913年10月—2005年1月），女，汉族，高小文化，高明区更合镇小洞塘角村人。1938年5月参加革命；1940年2月加入中国共产党。

1937年年初，加入了"三小"护校运动，勇敢地参加罢课示威活动，迫使县府做出了让步，使"三小"阵地仍然掌握在中共地下党人的手里。

1938年5月，加入了合水妇抗会组织。曾在"三小"领导人刘北航、陈殿钊的带领下，深入抗日前线慰问抗日部队。

1938年冬，与陈励生志同道合，结成连理。来到小洞后，立即融入小洞人民革命斗争中，主动与广大妇女结交朋友，向妇女灌输革命思想，教育和启发女青年走革命道路。

1939年1月，省抗先队130队进驻小洞，开展大规模轰轰烈烈的抗日救国宣传活动。仇羡真积极配合130队工作，发动女青年入夜校读书，接受革命思想教育，鼓励女青年加入小洞妇抗会组织。

6月至7月间，县委妇女委员黄纪合调到小洞，加强了小洞根据地的妇女工作。仇羡真积极配合黄纪合开展妇女工作，为小洞妇女解放事业做出了贡献。

1940年2月，经受住了党的考验，加入了中国共产党，参加了小洞地下党组织的活动。

1941年3月，中共中区特委陈春霖携妻黄志超（黄杰明）及儿子来到小洞，住在塘角村，领导高明人民开展革命斗争。当时环境十分恶劣，生活条件极差，他们连饭都吃不饱。陈春霖夫妇刚出生不久的孩子正嗷嗷待哺，育儿成了个大问题。仇羡真得知这一情况后，马上与党小组组长陈定商量，发动党员捐助，解决了陈春霖夫妇的育儿困难。后来，还与悦塘村陈三娥等几位女党员商量，想出了编织草席卖钱的办法，帮助黄姐他们渡过了育儿的难关。下半年，仇羡真配合党组织保护革命骨干力量，先后去到新兴县和睦乡舍村培英小学及和平乡中心小学工作，掩护丈夫陈励生隐蔽。

1944年9月，大力支持陈励生组建小洞抗日武装队伍的想法，不顾艰难险阻，及时赶回家乡，挑起家庭全部担子，让丈夫放心地把精力全部投入到抗日队伍的建设和"倒钟"运动的组织工作中去。除此之外，还积极发动青年参军参战，组织妇女为高明二区人民行政委员会代表会议做了大量的后勤工作。

1945年5月中旬，三团在皂幕山战斗中失利后，白色恐怖随即笼罩了整个小洞大地。国民党军队及地方反动联防队日夜轮番闯进小洞进行大规模的搜捕行动，一批革命人士被当局列为"通缉犯"。陈励生更是首当其冲，成为当局悬红50万元的要犯。在这险恶的形势下，仇羡真虽然过着担惊受怕、东躲西藏、颠沛流离的日子，但是她毫不畏惧，始终坚定地支持丈夫，顽强地与敌人展开不屈的斗争。

1946年6月，革命处于低潮，形势日益险恶。为防止家眷落入敌人魔爪，陈励生即将北撤之前，仇羡真带着孩子离井别乡，去了鹤山县合成月山，在川塘村李丁伯家隐藏。

白露（9月8日）这天，国民党一班爪牙荷枪实弹，闯入小洞塘角村，指名道姓要捉拿仇羡真而没有捉到，便捉了他们家的三嫂黎四、五哥陈棠入狱顶替。

1947年2月，新高鹤地区恢复公开武装斗争，中共小洞支部恢复了组织活动，领导人民以反"三征"为中心的武装斗争，形势有所好转。下半年建立了小洞农会组织，群众日子稍微安定了些。

1948年年初，为了让孩子有读书学习的机会，小洞把复办学校提上了议事日程。仇羡真得到消息后，不顾安危，毅然回家乡担任教师，为小洞培养人才出力。其间恢复党籍，参加中共小洞支部的组织活动。

1949年10月，小洞解放后，在小洞小学担任教师。

1952年年初，被调到广东省供销合作总社供应经理部仓库工作。

1958年3月,回到高鹤四中(明城)后,响应国家下放号召,离开了工作岗位。

仇羡真是小洞人民革命的骨干之一。她革命意志坚定,不仅大力支持、积极协助丈夫从事革命事业,自己也为小洞妇女解放事业做了大量工作与积极的贡献。

本文根据仇羡真同志亲属提供资料整理

梁莉① 同志生平简介

梁莉同志出生于小洞军屯村的一个贫苦农民家庭。因为家穷及受"女子无才便是德"的封建思想影响,得不到入学读书的机会,和广大劳动妇女一样,深受封建婚姻制度的压迫和毒害,十多岁时就"受父母之命,媒妁之言",被许配给一个自己不相识的人,15岁就早早被逼迫嫁入悦塘村的夫家了。婚后两年,还未真正落家,丈夫却染病不治去世了,她年纪轻轻就成了寡妇。在封建思想"贞节"观念的禁锢下,只得待在夫家过起"守妇道"的日子。她怨自己的命不好,挣扎过、绝望过。

1937年,梁莉到悦塘村住下来时,她住的对面就是陈三娥等几个姑娘住的女仔屋。她发现这些姑娘经常一到夜间就外出,有时深夜才回来,很好奇,找了个借口接近这些姑娘探个究竟。她开始主动跟姑娘们拉家常,谈天说地,慢慢地才知道姑娘们很早已去和平学校上夜校读书识字、接受革命思想教育了。这群姑娘见这位嫂嫂也是穷人家出身,心地善良,就给她讲一些革命道理,还鼓励她要冲破封建思想的束缚,走革命道路等。她的思想产生了变化,逐渐向革命靠拢。

1937年秋,全国掀起了抗战热潮。看到女仔屋的姑娘们加入了沧江剧团小洞演出队,每晚抓紧时间排练节目,经常下乡进行抗日救亡宣传演出,无拘无束地投身到抗日救国运动中去,梁莉羡慕极了。受她们的

---

① 梁莉(1920年—?),女,汉族,初小文化,高明区更合镇小洞军屯村。1939年11月参加革命。

感染,她再也按捺不住了,也想投身到抗日救国的运动中。她鼓起勇气,先去征求思想进步的叔父梁佐明、梁金的意见,忐忑不安地把自己的想法告诉他们,出乎意料的是,两位叔父不但支持她的想法,还鼓励她冲破封建思想的束缚,积极投身到革命斗争中去。她喜出望外,打消了那些所谓"贞节操守"的顾虑,开始加入革命行列。此后,经常接受秘密送信、送情报等任务。

1939年1月,省抗先队130队进驻小洞,开展轰轰烈烈的抗日救亡宣传活动,帮助中共小洞支部培养革命骨干,发展青、妇抗会组织,开办识字班,向群众传播革命思想;组织歌咏队,以歌唱的形式宣传。梁莉不怕闲言碎语,顶住压力,积极参加了识字班,接受革命思想教育,加入了妇抗会组织,思想觉悟上了一层楼。

1944年12月初,中区纵队政治部在小洞举办妇女骨干学习班,参加人数40多人。梁莉是小洞支部入党培养对象,被选派参加了这期学习班学习。这期学习班原计划学习1个月,但还不到20天,国民党军158师及高要、高明、鹤山等地方团队共2000余人"围剿""扫荡"小洞抗日根据地,学习班大部分队员于12月29日深夜转移到高村隐蔽,后又转到与新兴县交界的五镰坑活动。这时情况有所变化,组织上决定让未暴露的学员分散回乡隐蔽,小洞参加学习班的学员梁莉、陈少被分配到部队工作。梁莉被安排在中区纵队(后改编为广东人民抗日解放军)司令部当运输员。

1945年2月20日(正月初八),广东人民抗日解放军司令部机关率一团500余人,星夜从小洞出发,挺进恩(平)阳(春),建立云雾山抗日根据地。2月21日天亮,部队进入新兴岩头村就地隐蔽。傍晚,部队在大雨中出发,准备"顺手牵羊"拿下新兴城。进至东城东利嘴时,侦察员报告,城内兵力加强,部队放弃了攻打新兴城的决定。司令部机关及主力一团绕着山路南进,往蕉山村方向进发。这一夜雨下个不停,战士们被雨水淋得全身湿透,冷风吹来,寒风刺骨,加上天黑路滑,人员困乏,行军速度相当缓慢,当所有人员到达蕉山村时,已是22日中午时分了。梁莉在这整夜行军中,背着炊具和弹药,在坎坷泥泞的小路和田埂摸黑前进,不顾饥寒交袭,身体困倦,22日清晨赶到了蕉山村。放下行装,立即动手架起锅灶,烧姜汤、热水为首长、战士们驱寒除冻。接着马不停蹄地洗米做饭,争取尽早让首长和战士们吃上饭,填饱肚子,补充体力。

2月22日早晨,还在高明巨泉、大洞一带"扫荡"的国民党158师473团代理团长黄韬远,探得我军向新兴移动,马上意识到大事不妙,立即给部队下令,急行军回师新兴城救驾。中午抵达靖安乡都律村休息吃饭。这时,靖安乡董洪才向黄韬远报告了我军在蕉山村的动向,并派董七做向导。下午4时左右,473团及地方民团600多人进入蕉山村范围,立即兵分三路抢占有利位置,迅速把蕉山村包围起来。其先头部队身穿蓑衣、头戴竹帽扮成农民,从村北头入村偷袭。我军哨兵发觉敌人立即开枪,敌人近在咫尺,情势万分危急!参谋长谢立全等部队领导立即指挥部队奋起反击。顷刻间,山上山下,村里村外枪炮声响成一片。我军将士浴血奋战,拼死抢占山头,夺下制高点,连续多次击退敌人的进攻,并组成猛烈的交叉火力网压制敌人,掩护司令部机关首长和政工及后勤人员向东南方向的大山撤退。当枪声响起那一刻,总务科的炊事员、运输员在副科长的带领下,临危不惧,用不到10分钟把身边的证件、伙食账单、宣传品等全部销毁,向群众借来衣服化装成农民、农妇的样子,跟上部队向外冲去。第一次没有成功,立即退回村内,装扮成逃难的老百姓,继续拼死往外跑。这次有六人冲出虎口,二人藏匿脱险,三人被俘,梁莉因此身陷囹圄。

翌日(23日),我军约70名被俘人员在敌人的押解下来到新兴县坝塘村,后被当作"政治犯"寄押在新兴城南的新兴监狱。梁莉等七名女俘房囚禁在"良"字仓(女监仓)。司令部书记员唐贞一进仓就同凤凰山战斗被俘先入住该仓的黄志桓交换意见,及时和被俘人员逐个谈心,研究口供,统一口径。梁莉的口供定为"部队运输员,名叫李丽"。在狱中,梁莉与同仓的女同志一条心,在女监仓临时党支部的领导下,坚决服从领导,自觉遵守纪律,团结互助,在敌人的威逼利诱下绝不屈服,坚决严守部队的秘密,始终保持革命气节和革命战士的英雄本色。

1945年8月15日,日本投降,抗战胜利。在全国要求和平民主、释放一切政治犯的强烈呼声下,国民党广东第三行政督察区专员公署迫于压力,宣布"有家长亲自担保,或有新兴本地保、甲长担保,或有新兴本地店铺担保的可以释放"的规定。梁莉的叔父梁佐明,哥哥梁堂得知消息后,卖了一头大耕牛筹足经费,在中秋节前到了新兴监狱把梁莉保释回家。

梁莉出狱后,革命处在低潮阶段,形势恶劣,家乡笼罩在白色恐怖之中。国民党军队及反动联防队随时都会进入小洞搜捕捉人。梁莉的身份已经暴露,如仍留在家乡恐怕凶多吉少!考虑到这些情况,叔父梁佐明把她带到广州暂时隐蔽,待形势好转时再回家乡参加革命活动。为了解决生活问题,梁佐明通过朋友帮助,替她找到了一份保姆的工作。不料,梁莉来到一个国民党军官的家里做保姆,她只好硬着头皮做下去,并时刻提醒自己要"守口如瓶"。其间,她曾想回家乡参加革命工作,另外怕时间久了说漏了嘴而危害革命,因此几次向主人提出辞工,可是都脱不了身,原因是这家的小男孩与她寸步不离,跟她比自己的亲妈还要亲。

1949年10月初,广州即将解放,这个国民党军官要逃往香港,这家的儿子不肯去,要跟梁莉留在广州。军官太太三番四次请求梁莉一同去香港,梁莉看在孩子的分上,只得同意去香港。在港期间,她认识了一位番禺籍的工人,他们情投意合,结为连理。直到这个国民党军官家的孩子上学,她才得以脱身,夫妻俩返回丈夫的原籍生活。

梁莉由于离开家乡的时间过长,与组织失去了联系。至20世纪80年代初,梁莉的儿子要入党,当地党组织来小洞调查时,她的丈夫、子女才知道梁莉原来有这么一段参加革命的经历。

梁莉同志是小洞人民革命斗争的骨干之一。她敢于反抗封建思想的束缚,毅然参加革命,为小洞妇女做了榜样。在狱中,她坚贞不屈,不泄露秘密,保持革命气节,表现出革命战士的优秀本色,为革命做出了贡献。

本文根据梁莉同志亲属及陈三娥同志回忆提供资料整理

陈荣① 同志生平简介

陈荣

陈荣同志出生于小洞塘角村一个贫苦农民家庭。9岁读私塾，1932年转入小洞和平学校就读，1935年高小毕业后回家耕田。在和平学校读书期间受陈耀聪等进步教师启蒙，开始懂得了一些革命道理，思想逐渐进步。

1936年年初，陈励生奉命回到小洞和平学校开展革命活动。下半年，首先在塘角村成立儿童醒狮队（后组成小洞乳虎醒狮二团），以群众喜闻乐见的形式，深入各乡村宣传革命道理，展开抗日救亡运动。陈荣加入了这支醒狮队，在下乡宣传活动中，不断接受革命道理的教育，慢慢

---

① 陈荣（1921年9月—2004年6月），男，汉族，初中文化，高明区更合镇小洞塘角村人。1942年8月参加革命；1948年8月加入中国共产党；1989年11月离休，享受正处级待遇。

成为一名思想活跃的骨干分子。

1937年,七七事变爆发,日本全面侵华。是年秋,"三小"地下党组织在合水成立了沧江剧团。该团负责人之一的陈励生回到小洞,也成立了沧江剧团小洞演出队,陈荣加入了演出队,专门表演醒狮和武术功夫,积极投身到抗日救国运动中。逢周六晚由陈励生、叶衍基、黄之锦带领下乡宣传。几年来,翻山越岭、跋山涉水、不辞劳苦地走遍了高明的更楼、合水,鹤山合成,新兴水台,高要鳌头等地二三十条村乡,为唤醒民众抗日做出了自己的贡献。

1938年5月,响应政府发出的抗日号召,加入了民众抗日自卫团小洞中队,并参加了军事训练。

1939年1月,省抗先队130队进驻小洞,开展大规模轰轰烈烈的抗日救国宣传活动。帮助中共小洞支部开办识字班,成立歌咏队,培养革命骨干和发展青、妇抗会组织。陈荣作为塘角村党小组的培养对象,被安排到识字班学习。在20多天的学习中,陈荣与抗先队员结下了深厚的阶级感情,思想觉悟也有了较大的提高,成了村中的积极分子。

1942年,经陈定多年的教育,他决心走革命道路,要求陈定介绍他加入革命队伍。8月,陈定把他带到新会子山村,让他加入了当地的地下组织,自此陈荣当上了交通员。

1944年5月,加入新(会)鹤(山)边区成立的新鹤大队和10月成立的新鹤人民抗日游击队第二大队。11月中,听闻家乡也建立了游击队,返回家乡加入了高明人民抗日游击队第三大队。

1945年1月1日,参加了癫狗山战斗,接着参加了布社伏击战,此后,跟随第三团转战于新高鹤地区,参加了十多次战斗。下半年,奉命担任三团团长黄仕聪的警卫员。同年10月24日,第三团开往恩平塱底,驰援广东抗日解放军司令部作战,不料,途经新兴里洞风门坳时,遇到敌军156师700余人的阻击,激战数小时后,三团方摆脱敌人。当时黄仕聪脚肿有病,无法跟上队伍,团部派出八九名战士护送黄仕聪团长回新兴北鹤金鸡坑医疗站养伤治病。黄仕聪团长派出陈荣、陈松等三人担任尖兵,在前边搜索前进。25日,回到新兴县森村附近一座叫山猪劣的大山时,又与敌156师一部相遇,护送队伍被敌军打散。敌军随即对山猪劣展开搜索,陈荣逃过了敌人的搜捕,利用黑夜走出了险恶地界。26日,回到小洞向金伯汇报情况。此时,陈荣还不知道团长黄仕聪已经被捕的消息。11月下旬以后,陈荣按照上级部署,分散在老香山一带隐蔽。

1946年初,革命进入低潮,奉上级命令,复员回到家乡,在禾仓岗山场隐蔽,坚持斗争。

1947年2月,新高鹤地区恢复公开武装斗争,5月接到上级通知,立即归队,加入了在开(平)鹤(山)边活动的梁文超武工组。

1947年9月,被调往新恩人民保乡大队当队员。

1948年4月,广阳地区七团成立,在七团独立排任排长。

1949年2月,被调到广阳支队七团三连(珠江连)任副连长。

1949年8月,在粤中纵队军事训练队参加集训,任区队长。

1949年10月,在粤中纵队广阳二支队七团东北连任连长。

1949年11月,在西江军分区新兴县大队任中队长。

1950年7月,在西江军分区教导队参加军事集训。

1950年11月,在西江军分区封川县武装部当参谋。

1952年3月,在西江军分区"三反"轮训队、"镇反"队工作。

1952年9月,在西江军分区德庆县武装部任副部长。

1954年3月,在中南军区训练团二营八连集训。

1954年7月,转业到广州市第36中学任教导处副主任。

1962年7月,在广州市卫生局肥料公司任副科长。

1963年7月，在广州市芳村工人医院任副科长。

1964年8月，在广州市花县"四清"工作团下属工作队当片长。

1966年9月，被调往广州市精神病院任副科长，后被提升为副处级干部。

本文根据广州市卫生局人事档案室陈荣同志个人档案资料整理

梁奴^① 同志生平简介

梁奴同志出生于小洞军屯村的一个穷苦农民家庭，祖祖辈辈以耕田为生，因为家穷，只念了两年私塾就回家看牛了，长大成人后，挑起当家的担子，成为一个老实地道的农民。

1935年9月，"三小"力社在小洞扎了根，小洞人民革命兴起，以陈耀聪为首的革命人士，深入各乡村大力发展力社社员，常常深入农户与穷苦的青年农民促膝谈心，传播革命思想。梁奴从这个时候开始接受革命思想教育，在革命思想的熏陶下，逐渐走向进步。

1939年1月，省抗先队130队进驻小洞，展开大规模轰轰烈烈的抗日救亡宣传活动。军屯村党小组坚决执行130队和中共小洞支部的部署，大力培养和发展革命骨干，将思想进步的梁奴列为培养对象，安排他到夜校识字班学习，吸收他加入小洞青抗会组织等。通过教育，梁奴要求进步的思想迫切，思想觉悟大为提高，成为一名革命骨干分子。

1940年夏，国民党顽固派反共逆流袭来，军屯党小组转变活动形式，成立老耕队，打着自卫护村的旗号进行地下秘密活动。党小组吸收梁奴入队。他在站岗放哨护村、习艺练武和垦山造林等工作中得到进一步锻炼提高，成为一名坚定的革命分子。

---

① 梁奴（1907年10月—1977年1月），字才栋。男，汉族，初小文化，高明区更合镇小洞军屯村人。1943年5月加入中国共产党，同年参加革命工作。

1942年夏，中共小洞支部领导小洞人民进行"抗租保佃，誓死保卫佃耕权"斗争。梁奴坚决执行党支部决议，大胆带领群众与当局展开合法合理的斗争，鼓动群众坚决不交租，抵制当局的所谓"三改"新规。在"誓死保卫佃耕权"斗争中，起到了骨干分子的作用。

1943年5月，梁奴在几年来的革命斗争中经受了考验，尤其在"抗租保佃，誓死保卫佃耕权"的斗争中表现出色，起到了模范带头作用，光荣地被吸收为中国共产党党员。

1944年9月，日军分两路进犯广西过境高明。11日晚，小洞成立了抗日武装自卫大队，当晚有300多人报了名，梁奴就是其中的一员。10月，高明开展了声势浩大的"倒钟"运动，梁奴加入了攻打县府明城的战斗。11月10日，高明人民抗日游击队第三大队在军屯村祠堂成立，梁奴把自己家的耕牛卖掉，将钱全部献给第三大队，用于购买枪支弹药。12月22日至25日，高明二区人民行政委员会代表会议在军屯村梁氏宗祠召开，梁奴组织村民忙前忙后，为大会日夜操劳，做了不少工作。

12月30日（农历十一月十六），国民党军158师473团及高要、高明、鹤山等地方团队共2000余人，深入小洞抗日根据地，实施第一期"清剿"行动的第三次疯狂进攻。梁奴执行党支部的指示，将全部精力投入到组织群众撤离疏散中，却无暇顾及自己家，未及把自己年幼的女儿撤出，以致她在国民党军放火烧屋时被大火活活烧死。当敌人撤离后，他强忍悲痛，带领村民投入到重建家园的工作中。

1945年，按照党的指示，梁奴留在抗日基地，坚持做好后方工作，全力巩固后方基地建设。5月中旬后，国民党当局不断派出大批军队和地方反动武装队伍闯进小洞，对小洞革命实行血腥镇压，大肆搜捕革命人士和革命群众，制造白色恐怖。在这血雨腥风的日子里,梁奴没有被吓倒,而是一边想方设法掩护同志,保护群众;一边转入地下隐蔽,潜伏下来,保存力量,等待时机恢复斗争。

1946年9至10月间,中共高明特派员郑靖华来到小洞接收组织关系,中共小洞支部恢复了活动,梁奴与组织取得联系。

1947年2月,新高鹤地区恢复公开武装斗争,梁奴在党支部的领导下,参加了以反"三征"为中心的革命斗争。下半年,在上级组织的帮助下,小洞率先成立了农会组织,梁奴担任农会委员。

1948年春,小洞以自然村分建农会,梁奴任军屯村农会副会长,组织农民实行借粮救荒工作,扶持赤贫户,救济荒户。下半年,组织群众开展大规模的减租减息运动。

1949年,小洞党组织继续抓好"双减"工作,同时着重抓好巩固老区工作,并在小洞农会的基础上成立贫农协会组织;梁奴担任小洞贫协委员,同时兼任军屯村副村长。8月接上级实行废债的指示,带领群众废除一切租约及债务,当场销毁一切不合理的契约,彻底砸碎了强加在农民头上的枷锁。10月,接上级通知,组织群众做好迎接南下大军的支前工作。18日组织群众连夜做好准备,19日早上,组织村民准备了充足的干粮和饮用水,在高地塘设点,迎送从合水途经小洞,向宅梧方向追击敌军的左路南下大军二野40师指战员。自此,小洞人民彻底得到解放。

1950年,任乡干部兼村互助组组长。

1954年,先后任小洞初级农业合作社社长,小洞高级农业合作社社长。

1958年,任小洞大队干部兼小洞林场场长,把小洞林场建成广东省林业先进单位。

1960年3月,任高鹤县物资局仓库管理员。

1964年,任小洞林场场长。

1965年起,在家务农。

梁奴同志是小洞人民革命的骨干分子之一。他意志坚定,踏实肯干,一贯保持实事求是、艰苦奋斗的优良作风,为革命做出了很大贡献。

本文根据梁奴同志亲属提供资料整理

陈苟[1] 同志生平简介

陈苟同志生于小洞塘角村的一个贫苦农民家庭，因为家穷，只读了三年私塾就回家看牛耕田了。

1935年9月，"三小"力社扩展到了农村，力社小洞分社在小洞扎下了根。从此，这个组织带领小洞人民展开了一系列反剥削、反压迫及反苛捐杂税等斗争。陈苟深受影响，逐渐向力社靠拢，积极参加力社活动，思想觉悟有所提高，成为一名革命积极分子。

1938年5月，抗日烽火燃遍祖国大地，高明民众抗日自卫团统率委员会动员全民抗战，并下发公文，要求各地以乡为单位成立抗日自卫武装组织。小洞人民在地下党组织的发动下，迅速成立了民众抗日自卫团小洞中队。陈苟满怀一腔热血响应号召，当即报名加入这支队伍，积极投身到抗日运动中。

1939年1月，省抗先队130队进驻小洞，开展轰轰烈烈的抗日救亡宣传活动。陈苟等被列为革命骨干培养对象之一。在塘角村党小组陈定、陈会群的安排下，参加了夜校识字班学习，并被吸收为小洞青抗会成员，接受党的教育和培养。陈苟通过学习，成长很快，思想觉悟有了很大提高。5月加入了中共高明县委首先在小洞成立的抗日武装队伍——小洞抗日先锋队，并参加了三个月的军事训练。5月至6月（农历四月）间，

---

[1] 陈苟（1908—1977年），字德禢，又名：陈维兴。男，汉族，初小文化，高明区更合镇小洞塘角村人。1943年5月加入中国共产党；同年参加革命。

参加了中共小洞支部陈励生组织的"封江自救、虎口夺粮"斗争。

1942年夏,中共小洞支部领导小洞人民进行了近三年的"抗租保佃,誓死保卫佃耕权"斗争。陈苟冲锋在前,坚定地站在斗争第一线,坚决执行党支部决议,带领群众与当局展开合理合法斗争,鼓动群众坚决不交租,抵制当局的所谓"三改"新规,誓死保卫佃耕权。

1943年初夏,被选为下三村保长,他利用保长的合法身份,巧妙与当局展开周旋。同年冬,与梁锐等一起代表小洞的两个保到高明县府请愿,要求当局在田租问题上按惯例行事。

1943年5月,陈苟经受了多年的地下革命斗争考验,尤其在这次"抗租保佃,誓死保卫佃耕权"斗争中表现得十分出色,起到了模范带头作用,在群众中树立了威信,具备了入党条件,经陈定介绍,光荣地加入了中国共产党。

1944年5月,有一天,国民党当局派出征稽处主任姚某带领30多名荷枪实弹的催粮队队员进入小洞,声言要解决田租问题。陈苟执行党支部的部署,以保长的身份布置下三村200多名村民集合在蛇山嘴,与集合在大角的上三村二三百名村民相呼应,起到了震慑催粮队不敢下手残害人民的作用,保证抗租保佃斗争的顺利进行。

1944年9月,日军分两路进犯广西过境高明。11日晚,中共小洞支部召开了群众大会,当晚有300多人报了名,随即成立了小洞人民抗日武装自卫大队。陈苟也报了名成为其中一员,被编入塘角村担任分队长。次日起,带领该分队日夜巡逻放哨、开展军事训练、到观音座挖掘堑壕构筑防御工事等,做好抗击日军的准备。

10月,参加了声势浩大的"倒钟"运动,带领部分自卫队队员参加了攻打县府明城的战斗。11月16日,带领下三村100多名自卫队员,协同高明人民抗日游击队第三大队在纱帽岗至塘花地段击退了来犯的高要廖强部300余人。是夜,率领自卫队员和第三大队一起乘胜追击，在洞口夜袭击溃了廖强部。

12月30日（农历十一月十六），国民党军158师473团及高要、高明、鹤山等地方团队共2000余人，深入小洞抗日根据地实施第一期"清剿"行动的第三次疯狂进攻。陈苟坚决执行命令，负责带领一个分队于30日早晨东出佛坳，迅速占领观音座等制高点。9时许，依托工事多次击退了敌人的进攻，迟缓了敌军行动，完成了掩护群众撤离疏散的任务。

1945年1月3日黄昏，敌军撤出小洞，放火焚烧村庄，陈苟迅速返回村，组织群众扑火。后来按上级的指示及安排，留在村里组织村民重建家园，坚持做好后方各项工作，全力巩固后方基地。

5月中旬后，国民党当局不断派出大批军队和地方反动武装队伍闯进小洞，实行血腥镇压，大肆搜捕革命人士和革命群众，威胁群众，制造白色恐怖。在这血雨腥风的日子里，他的弟弟陈三苟被杀害。但陈苟没有被吓倒，仍然发挥共产党员的模范作用，一边设法保护群众，营救群众，与敌人展开顽强斗争；一边转入地下隐蔽。为了保存实力，长期躲藏在荒郊野岭的深山密林中，潜伏下来，等待时机。

1946年9至10月间，中共高明特派员郑靖华来到小洞接收组织关系，中共小洞支部恢复了活动，陈苟与组织联系上了。

1947年2月，新高鹤地区恢复公开武装斗争。陈苟在党支部的领导下，带领塘角村党小组和村民开展以反"三征"为中心的革命斗争。他加入了穷人求生队，参加了水台开仓分粮的斗争。下半年，在上级的帮助下，小洞率先成立了农会组织，陈苟担任农会副会长。

1948年春，小洞分自然村建立农会，陈苟为塘角村农会会长，组织村民借粮渡荒，扶持赤贫，救济饥民。受中共更楼区委指示，带领穷人求生队，配合更楼区工作队，到罗丹、马律等地打击恶霸分子，使当地顺利开展借粮救荒工作。下半年，全面铺开减租减息工作，带领群众开展大规模"双减"运动。

1949年，以巩固老区工作为中心任务，继续抓好"双减"工作，并在农会的基础上成立贫农协会。陈苟担任小洞贫协委员兼塘角村村长。8月，按上级"废债"指示，组织群众实行废债工作，废除了一切不合理的租约及债务，当众烧毁一切不合理的契约，使广大劳苦民众得到彻底解放。10月，按上级通知，做好迎接南下大军的支前工作。18日，连夜组织群众做好各项准备，19日早上，在村旁设茶水站和摆放干粮，组织群众迎送途经塘角村向宅梧方向追击敌军的二野40师南下大军。自此，小洞得到了彻底的解放。

高明解放后，他一直在村、乡任干部及在家乡务农。

陈苟同志是小洞人民革命斗争的中坚分子之一。他意志坚定，长期坚守在家乡开展地下革命斗争，经受了革命斗争的考验，为革命事业做出了很大贡献。

本文根据陈苟同志亲属提供资料整理

陈虾[1] 同志生平简介

陈虾同志出生于小洞塘角村的一个贫苦农民家庭。10岁开始读书，因为家穷只念了两年书就辍学回家看牛干农活了。

1929年应召参军，加入了国民革命军第十九路军服兵役，参加了不少战斗，经受过战斗的洗礼。

1936年退役回到家乡时，"三小"力社小洞分社正在小洞如火如荼地开展革命活动。具有正义感的陈虾身受感染，立即投身到力社小洞分社组织的反抽壮丁、反钉门牌、反催粮及反苛捐杂税等一系列斗争中，成为活跃分子之一。

1938年5月，抗日烽火燃遍祖国大地，高明民众抗日自卫团统率委员会动员全民抗战，并下发公文，要求各地以乡为单位，成立抗日武装自卫组织。小洞人民在地下党的发动下，迅速成立了民众抗日自卫团小洞中队，陈虾怀着一腔热血当即报名加入了这支队伍，积极投身到抗日救国运动中。他当过兵，打过仗，有一定的军事知识和作战经验，被群众一致推举担任民众自卫团小洞中队中队长，在地下党组织的支持下，主持过多次军事训练活动。

1939年1月，省抗先队130队进驻小洞，开展大规模轰轰烈烈的抗日救亡宣传活动。陈虾被列入骨干培养对象之一，在陈定、陈会群的组

---

[1] 陈虾（1910年3月—1973年5月），又名陈明普。男，汉族，初小文化，高明区更合镇小洞塘角村人。1943年5月加入中国共产党，同月参加革命。

织安排下,参加了夜校识字班学习,并被吸收为小洞青抗会会员。通过党的培养教育,思想觉悟有了很大的提高,成了一名革命骨干分子。

5月,加入了中共高明县委首先在小洞成立的抗日武装队伍——小洞抗日先锋队,参加了三个月的军事训练。

5至6月(农历四月)间,参加了中共小洞支部陈励生组织的"封江自救、虎口夺粮"斗争。

1942年夏,中共小洞支部领导小洞人民进行近三年的"抗租保佃,誓死保卫佃耕权"斗争。陈虾坚定地站在斗争第一线,坚决执行党支部决议,大胆带领群众与当局展开合理合法斗争,鼓动群众坚决不交租,抵制当局的所谓"三改"新规,誓死保卫佃耕权。

1943年5月,陈虾经受了多年的革命斗争考验,立场坚定,尤其在"抗租保佃,誓死保卫佃耕权"这场斗争中表现出色,起到了模范带头作用,具备和符合入党条件,经陈定、陈会群介绍,光荣地加入了中国共产党。

1944年9月,日军分两路过境高明进犯广西。11日晚,中共小洞支部召开群众大会,当晚有300多人报了名,即席成立了小洞人民抗日武装自卫大队。陈虾也报了名,成为其中一员,被编入塘角村分队担任分队长。次日起,就带领该分队队员日夜巡逻放哨,开展军事训练,到观音座挖掘堑壕、构筑防御工事,做好抗击日军的准备工作。

10月,参加了声势浩大的"倒钟"运动,带领部分自卫队员参加攻打县府明城的战斗。

11月16日,带领下三村100多名自卫队员,协同高明人民抗日游击队第三大队,在纱帽岗至塘花地段击退了来犯的高要廖强部300多人。是夜,率领自卫队员和第三大队一起乘胜追击,夜袭洞口,击溃了廖强部。

12月30日(农历十一月十六日),国民党军158师473团及高要、高明、鹤山等地方团队共2000余人,深入小洞抗日根据地实施第一期"清剿"行动的第三次疯狂进攻。陈虾坚决执行命令,和下三村十多名自卫队员,30日早晨,东出佛坳,迅速占领观音座等制高点,9时许,依托工事多次击退敌人的进攻,迟滞了敌军的行动,完成了掩护群众撤离疏散的任务。

1945年1月3日黄昏,敌军撤出小洞,放火焚烧村庄。陈虾等迅速回村组织群众扑火。灾后,按照上级指示及安排,留在村里组织村民重建家园,坚持做好后方各项工作,全力巩固后方基地。

5月中旬后,国民党当局不断派出大批军队和地方反动武装闯进小洞,实行血腥镇压,大肆搜捕革命人士和革命群众,威胁群众,制造白色恐怖。在这血雨腥风的日子里,陈虾没有被吓倒,仍然起到一名共产党员的作用。他一边设法保护群众,营救群众,与敌展开坚决的斗争;一边转入地下隐蔽,长期躲藏在郊野深山密林中,潜伏下来,保存实力,等待时机。

1946年9月至10月间,中共高明特派员郑靖华来到小洞接收组织关系,中共小洞支部恢复了活动,陈虾与党组织联系上了。

1947年2月,新高鹤地区恢复公开武装斗争。陈虾在党支部的领导下,带领塘角村村民,开展以反"三征"为中心的革命斗争。他加入了穷人求生队,参加了水台开仓分粮斗争。下半年,在上级的帮助下,小洞率先成立了农会组织,陈虾任小洞农会委员。

1948年春,小洞分自然村建立农会,陈虾担任塘角村农会委员,组织群众借粮渡荒,扶持赤贫,做好救济饥荒户等工作。受中共更楼区委指示,曾配合更楼区工作队到罗丹、马律等地打击恶霸分子,使当地顺利开展借粮救荒工作。下半年,带领群众减租减息,开展大规模的"双减"运动。

1949年,以巩固老区为中心,继续抓好"双减"工作,同时在农会的基础上成立贫农协会组织,担任村贫协会员兼副村长。8月,按上级指示实行"废债",

带领村民清理账目,废除一切不合理的租约、契约和债务,解除了广大劳苦大众的精神枷锁。10月,接上级通知,做好迎接南下大军的支前工作。19日上午,组织群众在村旁设站迎送途经小洞向宅梧方向追击敌军的我二野40师南下大军。自此,小洞得到了彻底解放。高明解放后,一直任村乡干部。

1958年至1963年曾到合水公社五业场工作。

陈虾同志是小洞人民革命的中坚分子之一。他革命意志坚定,长期坚守在地方坚持地下斗争,经受住了革命斗争考验,为革命事业做出了很大的贡献。

本文根据陈虾同志亲属提供资料整理

陈翰① 同志生平简介

陈翰同志生于小洞塘角村的一个贫苦农民家庭。只读了两三年书就回家帮忙看牛了。他自小好动，对功夫十分有兴趣，经过苦练，刀、枪、棍、棒等武艺及拳法样样精通，成为一名护村防贼的好手。

1935年9月，"三小"力社蓬勃发展，力社组织在小洞深深地扎下根来。1936年年初，陈励生奉中共高明县委书记李守纯的指示，回到小洞和平学校教书，开办夜校，并率先在塘角村成立乳虎醒狮队，经常下乡开展抗日救亡宣传活动。陈翰被挑选为队员之一，随队参加宣传，受革命思想影响，成为一名思想进步的活跃分子。

1938年5月，抗日烽火燃遍全国，高明民众抗日自卫团统率委员会动员全民抗战并下发公文，要求各地以乡为单位成立抗日自卫组织。小洞人民在中共地下党组织的发动下，迅速成立了民众抗日自卫团小洞中队。爱国青年陈翰满怀一腔热血，立即报名，加入了这支队伍，积极投身到抗日救国的运动中去。

1939年1月，省抗先队130队进驻小洞，开展大规模轰轰烈烈的抗日救亡宣传活动，帮助中共小洞支部培养青年骨干，发展青、妇抗会组织，办识字班，成立歌咏队，宣传革命思想等。陈翰被列为青年骨干培养对象之一，在塘角村党小组陈定、陈会群的组织安排下，参加了识字班，

---

① 陈翰（1909年1月—1973年4月），字惠朝。男，汉族，初小文化，高明区更合镇塘角村人。1943年5加入中国共产党，同年参加革命。

并加入了小洞青抗会组织。通过这些活动,他的思想觉悟有了很大提高,成为一名革命骨干分子。

5月,加入了中共高明县委首先在小洞成立的抗日武装队伍——小洞抗日先锋队,参加了三个月的军事训练。

5月至6月(农历四月)间,参加了中共小洞支部陈励生组织的"封江自救、虎口夺粮"斗争。

1942年夏,中共小洞支部领导小洞人民进行了近三年的"抗租保佃,誓死保卫佃耕权"斗争。陈翰勇字当头,始终站在斗争第一线,坚决执行支部决议,积极带领群众与当局展开合法合理斗争,鼓动群众坚决不交租,抵制当局所谓"三改"新规,誓死保卫佃户的佃耕权。

1943年5月,陈翰经受了多年的地下革命斗争考验,尤其在"抗租保佃,誓死保卫佃耕权"斗争中表现出色,起到了模范带头作用,具备了入党条件,经陈定、陈会群介绍,光荣地加入了中国共产党。

1944年9月,日军分两路过境高明进犯广西。中共小洞支部决定成立小洞人民抗日武装自卫大队,抗击日军过境,保卫家园。11日晚,召开成立大会,当即有300多人报了名。陈翰就是其中之一,被编入塘角分队,担任负责人,带领自卫队队员日夜加强巡逻、开展军事训练活动,还带领自卫队队员到观音座挖掘堑壕、构筑防御工事等,随时准备抗击日寇的入侵。

10月,参加了声势浩大的"倒钟"运动。24日,加入了攻打县府明城的战斗。

11月16日,和下三村100多名自卫队队员一起,协同高明人民抗日游击队第三大队在纱帽岗至塘花地段伏击战斗,击退了来犯的高要廖强部300余人。是夜,又与第三大队一起,乘胜追击,夜袭洞口,击溃了廖强部。

12月30日(农历十一月十六日)国民党军158师473团及高要、高明、鹤山等地方团队共2000多人,深入小洞抗日根据地,实施第一期"清剿"行动的第三次疯狂进攻。陈翰坚决服从命令，30日早晨，东出佛坳，迅速占领观音座等制高点，依托工事顽强地阻击敌人多次进攻，迟滞了敌军的行动，完成了掩护群众撤离疏散的任务。

1945年1月3日黄昏，敌军撤出小洞，放火焚烧村庄，小洞顿时成了一片火海。陈翰及时赶回村里，组织群众救火，将损失控制在最低限度。在后来的日子里，服从组织安排，留在村里，带领群众重建家园，做好后方各项工作，全力巩固后方基地建设。5月中旬后，国民党当局不断派出大批军队和地方反动武装闯进小洞，大肆搜捕革命人士和革命群众，实行血腥镇压，威胁群众，制造白色恐怖。在这血雨腥风的日子里，陈翰没有被吓倒，仍然起着共产党员的模范作用。他一边设法保护群众，营救群众；一边转入地下隐蔽，长期躲藏在野外密林中潜伏下来，保存实力，等待时机，随时准备恢复武装斗争。

1946年9至10月间，中共高明县委特派员郑靖华来到小洞接收组织关系，中共小洞支部恢复活动，陈翰与党组织联系上了。

1947年2月，新高鹤地区恢复公开武装斗争，陈翰在党支部的领导下，带领村民开展以反"三征"为中心的革命斗争。他加入了穷人求生队，参加了水台开仓分粮斗争。下半年，在上级的帮助下，小洞率先成立了农会组织，陈翰担任农会委员。

1948年春，小洞分自然村建立农会，陈翰任塘角村农会委员，带领和组织农民借粮渡荒，扶持赤贫，救济饥户。受中共更楼区委指示，曾配合更楼区工作队到罗丹、马律等地打击恶霸分子，使当地顺利开展了借粮救荒工作。下半年，带领群众减租减息，开展大规模的"双减"运动。

1949年，以巩固老区为中心，继续抓好"双减"工作。同时在农会的基础上组织成立贫协会组织，担任村贫协副会长。8月，按上级指示实行"废债"工作，带动村民清理账目，解除一切不合理的租约和债务，当众烧毁一切不合理契约，使劳苦大众得到彻底解放。10月,按上级通知,组织群众筹集粮饷,准备柴草,做好迎接南下大军的支前工作。19日上午,组织村民备足干粮设立茶水站,迎送途经小洞向宅梧方向追击敌军的我二野40师南下大军。自此,小洞得到了彻底解放。

高明解放后,曾任村、乡干部,带领农民群众搞农业生产。

陈翰同志是小洞人民革命的骨干之一。他革命意志坚定,不图名利,长期坚守在小洞这方热土上,坚持地下斗争,经受了革命斗争的考验,为革命做出了很大的贡献。

本文根据陈翰同志亲属提供资料整理

梁锐[①] 同志生平简介

梁锐

  梁锐同志出生于小洞军屯村的一个穷苦农民家庭。9岁开始读书，自幼聪明好学，受崇武精神影响，非常喜好武术，从小天天刻苦练习武功，刀枪棍棒之类样样精通，练就了一身过硬的本领，后来成为当地小有名气的武术教练。

  1936年，"三小"力社在小洞生根，陈励生奉命回乡开办夜校，培养骨干，建立据点。通过多种办法宣传革命思想，提高群众的思想觉悟。下半年，充分利用群众喜闻乐见的传统醒狮表演项目，在小洞选拔了一

---

  ① 梁锐（1918年12月—1991年9月），字俊杰，又名梁锐祥。男，汉族，高小文化，高明区更合镇小洞军屯村人。1944年9月参加革命；1978年退休；1982年改离休，享受正科级待遇。

些武艺超群的青年组成一支醒狮队伍（后由"三小"统一命名为小洞乳虎醒狮二团），为开展抗日救国和反压迫反剥削宣传活动服务。梁锐受邀加入了这支队伍，经常随队到更楼平塘、屏山，合水布社、水井，鹤山合成，新兴水台等地开展抗日救亡宣传活动。其间，耳闻目睹了活动经过，受到了教育，懂得了不少革命道理，"同广大劳苦大众站在一起"的想法在他的脑海中渐渐地扎下了根。

1938年5月，全国掀起了抗战热潮，高明民众抗日自卫团统率委员会动员全民抗战，下发公文要求各地以乡为单位，成立民众抗日自卫组织。小洞人民在地下党的发动下，迅速成立了民众抗日自卫团小洞中队。梁锐满怀一腔热血报名参加了民众抗日自卫团小洞中队，积极投身到抗日运动中去。

1939年1月，省抗先队130队进驻小洞，开展大规模轰轰烈烈的抗日救亡宣传活动，帮助小洞培养革命骨干：发展青、妇抗会组织；还开办识字班，向群众灌输革命思想；成立歌咏队，以歌唱的形式激励民众的抗日斗志，鼓舞群众的信心。梁锐参加了识字班，加入了青抗会组织。

5月至6月（农历四月）间，梁锐参加了小洞党支部陈励生组织的"封江自救、虎口夺粮"斗争，到镇江庙把运走卖的稻谷截了回来，负责将部分稻谷卖掉，把款项交给小洞抗日团体购回武器弹药，装备小洞抗日先锋队。

1942年夏，中共小洞支部领导小洞人民进行"抗租保佃，誓死保卫佃耕权"斗争，梁锐拥护和支持支部主张，和广大佃户站在一起，积极参加了这次斗争。

1943年7月，按轮流当保长的村规，梁锐当上了保长。他利用这一身份保护群众利益，坚定地执行党支部决议，坚定地带领群众与当局展开论理斗争，号召和鼓动群众团结一心，坚决不交租，抵制当局的"三改"新规，誓死保卫佃耕权。是年冬天，梁锐、陈苟等代表小洞的两个保到明城县府请愿，理直气壮地表达佃户的主张，要求当局按惯例收租，解决田租问题，平息佃户的怒火。可是，当局一意孤行，置群众的利益于不顾。梁锐、陈苟回去后，将当局的冷漠态度一一告知群众,再次鼓动佃户"一粒谷的租都不要交",得到群众的热烈响应。在这一年里,他积极想办法掩护地下党的活动,极力反对当局的征兵抽丁政策,故意拖延交纳征兵款等等,因而引起了当局不满。当局以"征兵不力""庇护共党"等罪名,把他捉走,关押在区公所。

1944年2月,当局见小洞去年一粒谷都没有缴纳,专门召开了有关田租问题的会议。小洞的两位保长梁锐、陈苟到会,会上梁锐再次申明,农民按"三改"新规交租确实有困难等理由,要求当局仍然按惯例收租。区长伍某某却强词夺理,不顾农民的死活,拿出"保证交租"的协议书,威胁梁锐、陈苟在"协议书"上签字,梁锐顶住压力拒签,令伍区长面上无光,下不了台。他立即下令关押梁锐。即使被关押,梁锐也没有在协议书上画押。伍区长实在拿梁锐没有办法,又怕引起小洞民众暴动,几天后就将梁锐释放回家。

5月的一天,国民党高明县征稽处主任姚某带领二三十名荷枪实弹的催粮队闯入小洞,扬言要用武力征服小洞,解决田租问题。梁锐坚决执行小洞党支部的行动部署,一边通知有关人员到祠堂开会,一边通知农民暂时不要下田劳作。并组织100多人到军屯村祠堂对面山包集结待命,见机行事,做好应变准备。

1944年9月,日军进犯广西,过境高明。11日晚,小洞群众在军屯村祠堂召开成立抗日武装自卫大队会议。当即有300多人报了名,梁锐也不甘落后,立即报名加入了小洞抗日武装自卫大队。日军过境后,梁锐自愿加入小洞武装常备队,参加了三个月的全脱产训练。梁锐被委派负责伙食管理工作。他任劳任怨,想尽一切办法搞好生活管理,以当保长的影响力,积极筹粮筹款,以"抗战"的名义到乡公所要了一笔现金和一些枪支弹药,为常备队解决了资金来源和武器不足的问题。

11月10日,高明人民抗日游击队第三大队成立。梁锐顾不上父亲重病在身(不久就去世了)、弟弟年幼、家庭缺少劳力等因素,强烈要求加入第三大队,乐于接受安排,担任一连司务长。当部队有作战任务时,立即随队出征,战斗间隙,部队休整时,抓紧时间回家耕作,一边打仗一边耕田,做到打仗耕田两不误,一直坚持到部队分散活动为止。

1945年10月底,中共中区根据形势做出决定,各部队回原活动区域以班、组为单位分散活动。梁锐回到家乡,一边耕作一边隐蔽。11月初,有一天,叛徒牛王就带着国民党军156师467团某营及更楼反动联防队来到小洞盘石、军屯、塘角,专程捉拿叶衍基、梁甲友、黄荣、梁锐、陈玉田等。结果把梁锐、陈玉田、梁扳(当保长受到牵连,两天后被保释回家)、陈家、陈江、陈良、陈超元(四人受"五户连保"牵连)逮捕,押送到467团某营驻更楼圩的营部审讯。几天后,先后押解到467团驻鹤山宅梧团部,156师驻开平单水口师部,64军驻江门军部等地,遭到层层严刑逼供、打骂等虐待。任敌人耍尽各种手段,梁锐都拒不交待。国民党当局曾四出调查,却找不出真凭实据。在64军军部羁押一周后,把他们押解返高明监狱,交由高明当局处理。其间,国民党调查人员曾上门到梁锐家勒索了一些钱财和1000多斤稻谷。

1946年10月,军屯村的父老乡亲决心将梁锐保释出来,凑了一部分钱,加上梁锐家卖了四亩多地和一头耕牛,向狱方交足了保释金后,才把梁锐保释出狱。梁锐出狱后,一如既往地继续为革命出力。

1947年6月,村里又进行一年一度的保甲长选举。村民们认为梁锐是一个值得信赖的人,一致推选他当副保长。选举时,梁锐不在场,他知道村民们选出自己当副保长后,想推辞不做。但想到群众对自己的信任,群众的利益需要保护时,他认为不能辜负乡亲们的好意,便答应当这个副保长。

农历十二月二十六日,新年快要到了,各家各户置办了一些年货,准备迎接新年的到来。国民党当局打起了阴险毒辣的算盘:一是趁游击队员回家过年时来个一网打尽;二是趁村民已办好年货大捞一把。

当日,省保警14团团长罗子斌及更楼联防队谢式英带领大队人马,突然出现在小洞,对小洞的每个角落实行了拉网式的严密搜查,搜了半天工夫,却连个游击队员的影子也见不着。即便这样,但那班"刮民党"士兵从农民家里刮来的财物已可以堆成一座小山了。搜查完毕,当罗子斌下令,要把刮来的财物挑走时,站在一旁的梁锐觉得不能眼睁睁地让农民辛苦一年得来的东西就这样被"刮民党"抢走,于是发动群众出来阻拦。因搜不到游击队员,原本已经十分懊丧的罗子斌,看见梁锐居然敢在"太岁"头上动土,立即火冒三丈,喝令士兵把梁锐毒打了一顿。梁锐一身正气的举动和敢于反抗的精神,令小洞人民十分敬佩。他赢得了民心,小洞人民尊称他为"白皮红心"的保长。

1948年2月,群众认为梁锐当保长,对人民、对革命都有利,推选他当正保长。他在这个位置上,利用合法身份,大力支持农会工作,积极配合开展减租减息运动。

高明解放后,他曾先后在如下单位工作过:

1949年10月,在高明财经所、高明三洲粮仓工作。

1950年4月,在高明贸易公司工作。

1950年8月,参加10区、11区土改。

1951年11月,任高明10区财粮所助理。

1953年3月,在高明贸易公司工作。

1954年10月,在合水供销社工作。

1958年1月,驻合水公社巨塘村工作队。

1958年8月,"大跃进"时期在大沙烧炭。

1958年12月至退休前,在峰江水泥厂工作。

梁锐同志是小洞人民革命斗争的骨干力量之一,他忠直正派,一身正气,坚决站在人民一边,保护群众利益,受到人民群众的尊敬和爱戴,被群众称为"白皮红心"的保长。

本文根据高明区档案馆梁锐同志个人档案资料整理

陈根① 同志生平简介

陈根

陈根同志出生于小洞新村一个贫苦农民家庭。因为家穷,至 12 岁才有机会读书,但只读了三年就辍学了。从 15 岁开始连续当了四年长工,后来回到家乡耕田务农,家庭经济十分困难,生活过得相当艰苦。

陈根生长在小洞抗日革命根据地,长期在革命的环境里受到革命思想的教育和影响,思想觉悟不断提高,逐渐走向进步,变成一名积极上进的青年,进而成为一名革命积极分子。

1942 年,因诚实可靠,一心为群众办实事,得到了群众信任,被举

---

① 陈根(1921 年 6 月—2011 年 12 月),男,汉族,高小文化,高明区更合镇小洞新村人。1944 年 9 月参加革命工作,1954 年 5 月加入中国共产党,1983 年 4 月退休。

荐当了七个月副保长,并参加了抗租保佃斗争。

1944年9月11日,日军过境高明。小洞成立了抗日武装自卫大队抗击日军的侵略。陈根加入了小洞抗日武装自卫大队,后期又加入了小洞武装常备队,参加了脱产训练。

10月,参加了"倒钟"运动。24日加入攻打县府明城战斗行列,赶跑了钟歧,打开了监狱,救出了"犯人";打开了粮仓,救济了穷苦百姓。

1944年11月10日,高明人民抗日游击队第三大队成立。11月16日,国民党当局十分害怕,派出廖强率高要自卫大队300多人围攻小洞,妄图把第三大队扼杀在摇篮中。第三大队司令部得悉敌人企图后,组织第三大队和小洞抗日武装自卫队200多人,在纱帽岗至塘花一带设伏阻击敌人进攻。是日,陈根和新村十多名自卫队队员参加了这场战斗,击退了廖强部队的进攻。12月30日,国民党军158师473团围剿小洞时,积极组织村民疏散撤离隐蔽;473团撤离后,主动带领群众劫后重建。

1945年11月,国民党当局疯狂镇压革命,大规模搜捕革命人士和游击队员。陈根等许多革命积极分子受到了当局的通缉。他和游击队员梁佐明、梁芬、陈骚、罗伦等十多人一起到广州隐蔽。为了解决生活问题,在广州做了两年多的人力车夫。

1947年11月,得悉家乡恢复了公开的武装斗争,从广州返回家乡,参加了中共小洞支部领导的反"三征"斗争。

1948年年初,小洞分开自然村成立农会组织,受中共小洞支部委派担任新村农会会长,领导本村群众开展借粮救荒、减租减息运动。

1949年5月至6月间,小洞各自然村建立起了村级政权,陈根同时兼任村长职务,带领群众清理田亩、账目、契约,实行废债;以及做好支前准备,迎接大军南下的工作。

1950年,继续担任农会会长兼村长,带领农民分田地,搞好农业生产。

1951年8月,调派到更楼二区任农民协会委员。

1952年2月,在高明古水、杨梅、西安搞土改,任土改工作队队员;1952年11月,在更楼(二区)白石乡搞土改,任副队长。

1953年4月,在合水(三区)任农民协会委员。

1954年8月,在合水区委任副书记。

1957年1月,任合水高村乡党支部书记。

1958年9月,在高鹤县合水公社当干部。

1959年12月,在高鹤县更楼公社任经管会任委员。

1960年8月,在高鹤县金钩畜牧场任场长。

1963年8月,先后在高鹤县桃源公社富岗大队、古劳公社茶山大队搞社教工作。

1964年6月,在高鹤县双合公社版村大队搞爱国教育。

1964年8月,在中山县古镇公社岗东搞"四清"工作,任"四清"工作队副队长。

1970年1月,在高鹤县水泥制件厂当干部。

1971年1月,在国营四堡林场任副场长。

1983年5月,退休。

陈根深受小洞人民风起云涌革命斗争的影响,自当副保长起,积极投身到革命洪流中,先后加入了小洞抗日武装自卫大队、小洞武装常备队,参加过阻击战斗和组织村民疏散。1945年11月,因受到通缉撤至广州隐蔽。1947年冬,返回家乡领导村民恢复公开武装斗争。陈根是小洞人民革命的骨干之一。

本文根据江门市林业局人事档案室陈根同志个人档案资料整理

陈励① 同志生平简介

陈励

陈励同志出生于小洞塘角村的一个贫苦农民家庭。7岁入学,因没钱交学费,只读了一年就辍学了。9岁时,父亲去世,家里典押了两亩地,得白银80元,才得以把丧事办完。父亲去世后,兄弟俩年幼,无力耕种,全凭舅父来帮忙耕作。

1932年和平学校成立,才有机会入学读了三年书。15岁学会了犁田种地,接过了舅父的班,成了这个家庭的顶梁柱,把这个家撑了起来。他闲时上山砍柴拿去卖,有时跟着大人出去做泥水杂工来维持家计,日

---

① 陈励(1921年9月—1994年6月),又名陈赖。男,汉族,高小文化,高明区更合镇小洞塘角村人。1944年9月参加革命;1945年11月加入中国共产党。1985年3月离休,享受处级待遇。

子过得非常艰难。

1935年年末，小洞燃起了革命烽火。"三小"力社小洞分社在小洞蓬勃发展。陈耀聪、陈励生等进步人士通过各种活动发动农民闹革命，陈定也在塘角村带领群众进行反压迫、反剥削斗争，并培养革命骨干。他以招收泥水建筑学徒为名接触青年，吸收一班青年学习泥水建筑手艺。在传艺的过程中，不断讲解革命道理，启发引导青年走革命道路。时间长了，这班年轻人的思想慢慢开了窍，自愿参加力社小洞分社组织的活动。经陈定教育过的青年都成了进步青年，陈励就是其中的一个。

1938年5月，全国掀起了抗战高潮，高明民众抗日自卫团统率委员会动员全民抗战，下发公文要求各地以乡为单位成立民众抗日自卫组织。小洞人民在地下党的发动下，迅速成立了民众抗日自卫团小洞中队。陈励怀着一腔热血报名参加了这个组织，积极投身到抗日运动中去。

1939年1月，省抗先队130队进驻小洞，开展轰轰烈烈的抗日救亡宣传活动，帮助小洞培养革命骨干，发展青、妇抗会组织；还开办识字班，向群众灌输革命思想；成立歌咏队，以歌唱形式激励民众的抗战热情，鼓舞群众的斗志和士气。陈励参加了识字班，与130队队长李利、副队长洪文亮结成朋友。在他们的引导下，经过短短的20多天的学习，思想进步很快。李利还介绍陈励加入了小洞青抗会。春节前，130队接到通知，要离开小洞，陈励等塘角村青年把李利、洪文亮、邓宝钻等抗先队队员送了一程又一程，一直送到合水圩才依依惜别。

同年5月，中共高明县委做出决定，首先在小洞建立一支抗日武装——小洞抗日先锋队。陈励加入了这支队伍，参加了三个月的军事训练。

5月至6月间，参加了中共小洞支部陈励生组织的"封江自救、虎口夺粮"斗争，到镇江庙把豪绅运走计划卖高价的粮食截了回来。

1942年夏开始，中共小洞支部领导小洞人民进行了近三年的"抗租保佃、誓死保卫佃耕权"斗争。陈励坚决拥护支持小洞支部的决议,与当局展开合理合法的斗争,坚决不交租,抵制当局实施的所谓"三改"新规,誓死保卫佃耕权。

1944年9月,日军过境高明向广西进犯。11日晚,陈励和小洞四五百群众一起来到军屯村祠堂,参加小洞抗日武装自卫大队成立会议,当即报名成为小洞抗日武装自卫大队队员。会后积极投入到紧张的军事训练中,参加了在观音座修筑工事、挖掘堑壕等备战工作,还参与了缴获躲在犁壁塘的国民党警察枪械的行动。

10月,参加了声势浩大的"倒钟"运动。23、24日加入了攻打明城的战斗。

11月10日,高明人民抗日游击队第三大队成立,陈励加入了这支队伍。服从组织安排,在小洞交通站当了一名不脱产的交通员。

1945年2月中旬,由于身份暴露,受到国民党当局通缉,要求调回战斗部队,得到批准,被安排在三团一连重机枪班当副班长。蕉山战斗(发生在2月22日,大年初十)后,奉命带领重机枪班到恩平塱底报到,被编入主力一团二连,4月参加了打春湾银行战斗。不久后回到三团。10月上旬,再奉调去两阳,加入驻恩平塱底整训的主力一团二连。

10月22日凌晨,国民党64军156师467团、468团,广东保警第八队及恩平、开平、阳春、阳江、新兴五县地方团队共3000余人,分六路向恩平塱底整训的广东人民抗日解放军大举进攻。在危急之际,陈励奉命带领重机枪班殿后,守住山头,担负掩护大部队突围撤退的任务。他身先士卒,带领全班浴血奋战,坚守阵地,以猛烈的火力击退了敌军的多次进攻。是日夜间,终于掩护大部队胜利地突出重围,完成了阻击的任务,大部队安全地转移到了新兴。

10月底,中共中区做出了决定,各部队回原活动区,以班、组为单位分散隐蔽坚持斗争。陈励一个小组到了两阳地区的织箕、佛仔村、旱田村等地隐蔽,以卖私盐做掩护,坚持下来,保存实力。

同年11月,陈励以无私无畏,英勇作战,立场坚定,处处表现出革命战士的英雄本色，经黄兴同志介绍，光荣地加入了中国共产党。

1946年4月，中共两阳地方组织根据中区特委"集结武装进行斗争"的指示，迅速行动起来，分散活动的30多人马上集中在一起，挖出埋藏的枪支，进行自卫斗争。陈励坚决服从命令，立即归队，拿起武器，在春南、轮水一带活动。

5月的一个晚上，在武工队长赵荣的带领下，参加了袭击小水河与漠阳江交汇处的国民党司嘴税站战斗。

7月，两阳工委为解决部队给养及保护商旅往来安全，决定在漠阳江新埠与古良之间的牛暗埠以"忠义堂"名义设立流动收税点。陈励坚决服从安排，到该站点收税兼临时负责人，带领收税组的五位同志通过统战办法，广泛宣传党的政策，做通商户工作，为部队收税打开了局面。后来，此站改名为漠阳江税站。陈励为负责人（武工组长），人员发展到八个人，并正式以中国人民解放军粤中纵队第二支队第六团税站的名义收税。

1947年3月，两阳地区恢复公开武装斗争，春南武工队成立。陈励为武工组长，负责在谭篢、金旦、小水河等地发展武装，同时带领八名收税员继续在牛暗埠、泊基塘、新仔村一带收税。

11月，陈励率领春南武工队四名队员，在内线的协助下袭击古良税站。一枪未发，冲入站内缴获日式新步枪12支、子弹1200多发。同月，配合春南武工队其他组，袭击河口乡公所，破坏河口粮库，开仓济贫分粮200多担。月底，春南武工队扩编，改名澎湃队。

12月4日，配合六团袭击马水圩，开仓分粮，发动谭篢群众用船运走稻谷800担，缴获长、短枪16支。

1948年3月，澎湃队扩编成漠南大队，陈励被派到程村开辟新区，成立程村区中队任中队长，在程村黄什、横山小水河一带活动。6月，部队决定在织篢、程村、闸坡水运交通咽喉部位建立青草渡税站，任命陈励为负责人。通过全体收税人员的努力，很快站稳了脚跟，部队收到了可观的税款。

1949年4月，陈励在青草渡税站时刻保持高度警惕，密切注意敌人动向，及时发现了程村、黄什一带有一伙匪贼出没，假借"解八团"的名义，冒充青草渡税站负责人的头衔，向过往的商人商贩和农民收税进行勒索。陈励马上查清贼首殷大朗一伙30余人等情况。一边向团部报告，一边劝告、制止殷大朗的不轨行为。经多次劝阻，殷大朗仍然我行我素，继续作恶，激起民愤。陈励奉团部指示，带领武工组九人，迅速抓住殷大朗，押到黄什圩，当众公审后即行枪毙。此举保护了商户的利益，受到了人民群众的拍手欢迎，从而树立了我党我军的威信。

后来，上级考虑到青草渡税站周边的国民党军警及敌视我军的反动势力对青草渡税站这块肥肉早已虎视眈眈，垂涎三尺，情况复杂，决定向青草渡税站加派了人手，任命得力干部澎湃连连长张启光当站长（陈励任支部书记兼副站长），加强税站的领导工作。

7月下旬的一天黄昏，组织安排陈励带叶初解款到团部，站长张启光带队留下收税。起行时，正、副站长两位挚友互相叮咛："行动要特加小心。"陈励殷切地对站长说："敌情紧张时就暂时歇一歇吧！"说完就把大笔白银、外币夹藏在身上，动身前往。陈励等秘密穿越敌人的重重封锁线，冒死将钱银安全送到团部。陈励走后，张启光站长为了给部队多收一分钱，天天照常带领税站的同志出航收税。一天，八人分乘两艘小艇，一前一后穿梭在织箦河上执勤，不料遭到一艘埋伏在伪装成载着生猪等货场的大船上的敌军的突然袭击，霎时，河面弹雨纷飞，水花四溅，张启光指挥税务人员与大船上的敌军顽强血战时，被早已埋伏在岸上的敌军疯狂扫射。张站长等四人身中数枪，倒在血泊中，壮烈牺牲。

为了防止敌军更大规模的扫荡，避免不必要的损失，八团指示陈励收税组暂时撤出青草渡税站，转移到谭箂、金旦一带的小水河税站，继续执行收税任务。

9月，陈励在抓好税站工作的同时，找准机会对金旦乡乡长梁恩、副乡长陈景新展开政治攻势,劝解他们认清形势,弃暗投明。经反复深入地做思想工作,争取了他们带领十多名人员举行武装起义,投奔人民解放军队伍。

10月,迎接大军南下,组织支前工作。27日,被派驻阳江县税捐处组织接收工作。

1949年10月,任阳江县政府出纳。

1949年12月,任阳江县税捐处处长。

1956年6月,任阳江县税务局副局长。

1958年1月,任阳江县白沙乡乡长。

1958年9月,任阳江县平岗公社财务部部长。

1959年6月,任阳江县双堤公社党委副书记。

1962年3月,任阳江县农机局副局长。

1963年5月,任阳江县农机站党支部书记。

1966年6月,因"文化大革命"爆发"靠边站"。

1969年9月,任阳江县"五七干校"副主任。

1972年6月,任阳江县林业局局长。

1979年2月,任阳江县财办副主任。

陈励同志是小洞和两阳地区人民革命斗争的骨干之一。他一生为了革命无私无畏,兢兢业业,尤其在解放战争期间,一直战斗在两阳的漠阳江、青草渡和小水河税站的岗位上,既是指挥员、战斗员,又是收税员,一边收税一边打仗,为解决部队的给养,壮大和发展部队力量做出了很大的贡献。

本文根据阳江市委组织部档案室陈励同志个人档案资料整理

陈少[①]同志生平简介

陈少

  陈少同志出生于小洞塘角村的一个贫苦农民家庭。9岁开始入学读书,因不喜欢"四书五经"一类的古书,读了两年半就弃学回家看牛了。在家看牛的日子里,六叔、六婶(陈励生夫妇)时常劝导她,只有读好书、学好文化才有前途的道理。16岁的她懂事了,便听从六叔、六婶的建议,重新走进和平学校继续读书。其间,六叔还经常教育她,要走光明大道才有出路的道理,启发她树立革命理想,引导她走革命道路。

  1944年11月,她17岁那年,日军过境高明,小洞燃起了抗日烽火,

---

  ① 陈少(1927年2月—2012年6月),原名陈少芳,曾用名陈女。女,汉族,高小文化,高明区更合镇小洞塘角村人。1944年11月参加革命;1949年1月加入中国共产党;1983年3月离休,享受处级待遇。

先后成立了抗日武装自卫大队、武装常备队和高明人民抗日游击队第三大队。村里的革命如火如荼，年轻人积极行动起来，踊跃参加抗日队伍，奔向抗日前线。小洞发生的一切，她看在眼里，内心触动很大。她想跟村里的年轻人一样加入革命队伍。"自己个子瘦小，还像个小姑娘一样，队伍会收下我吗？"她带着这些疑虑，鼓起勇气，试着把自己的想法告诉六叔。六叔听后赞扬她有志气，答应帮她联系。过了几天，陈少接到了参加中区纵队在小洞举办的妇女骨干训练班学习的通知。

12月初，她高高兴兴地到妇女骨干训练班正式报到。这个班参加训练的学员有40人左右，由谭本基同志（罗范群同志爱人）担任指导员，谭秀华同志担任副指导员，谭秀馨是她的班长。报到后，班长交给她一项接人的任务。她带着班长的便条，一个人走小路到了塱锦村，把便条交到了何少霞同志的手上。何少霞展开纸条，看到是要她到巨泉坑小学代课，于是马上收拾了些简单行李，跟着陈少起行。她们边走边说，不知不觉，何少霞被带到小洞塘角村的一间小楼里。这时何少霞才知道是来小洞参加妇女骨干训练班学习的。这期妇女训练班的学习内容有《论持久战》《湖南农民运动考察报告》、妇女工作知识和群众工作方法等。陈少在训练班里如饥似渴地学习，不懂就问，弄懂了不少东西，尤其在有关妇女解放的知识方面有了深刻的体会。她以实际行动与封建社会旧婚姻制度决裂，大胆地推掉了"父母之命、媒妁之言"订下的婚约，彻底抛弃了封建婚姻的束缚。

训练班学习了大约20天时，得悉国民党军158师473团及各县地方团队共2000余人，于12月30日大举进攻小洞的消息。29日晚，这个班连夜撤出小洞，陈少跟随一部分学员转移到了高村隐蔽，后又转移到与新兴交界的五镰坑。因国民党军连续不断地到处扫荡，这期训练班不得不提前结束了。

1945年1月，陈少被安排到中区纵队司令部卫生室学习，主要学习一些基本护理常识和护理操作。学习结束后，被分派到更楼柴塘医疗站，开始了一段艰险曲折的人生历程。柴塘医疗站位于更楼屏山村附近雷公坑顶的大山深处，是中区纵队司令部建立和直接领导的、成立较早、时间较长的一个固定医疗大站，是高明、鹤山两县的中心站。陈少一到柴塘医疗站马上进入状态，投入到紧张的护理工作中。她不畏艰辛，样样工作抢着干，细心周到地护理伤员，成为伤病员的贴心人。她与村民打成一片，结下了深厚情谊，这给护理工作带来了很大的方便。有一段时间，陈少一个人坚守在柴塘附近山下分站，担负起护理几个重伤员的任务，直至伤员好转出院为止。

5月下旬，抗日解放军第三团在皂幕山战斗失利后，国民党军出动64军156、158师及地方团队，疯狂实施搜捕行动，四出捕捉三团失散的战士和伤员，形势十分紧张，柴塘医疗站面临险境。医疗站和屏山党支部果断做出决定，把十多名伤员转移到安全的地方。在一个漆黑的夜晚（在5月20日前后），陈少等医护人员和屏山村党支部书记罗湛源带领十多个村民一起护送伤员紧急转移。他们有的抬，有的扶，行走在偏僻的、杂草丛生的山间小道上，穿过布满荆棘的密林，踏着泥泞缓缓地行进，爬过了花石坑、金头两座大山，走了三个多小时，才安全到达鹤山合成月山排的一条山沟——长岗医疗站。

长岗医疗站地处鹤山县月山排，是一个比较独立的、受地方组织管理的大站，在附近的四条村设有小站，伤员们被分散安置在小站护理。从柴塘转过来的伤员，在胡珠林的指挥下，很快得到妥善安排，在各个点上安心住下来养伤，医护人员也定下心来，专心为伤员治疗护理。由于伤员分散在各个小站，所以陈少她们一天到晚必须在山野里到处转，给伤员送这送那，轮流打针换药。陈少总是踏踏实实，默不作声，埋头苦干。这样度过了一个月左右。

6月下旬，国民党正规军、泽河反动联防队、泗合自卫队和保安队经常到合成地区进行扫荡，企图活捉广东人民抗日解放军受伤的人员。23日，医疗站负责人刘永常到山上各点巡诊医治伤员，从山上下来，在回去的路上突然遇上泽河反动联防队的伏击,刘军医当场牺牲了。长岗医疗站遇袭遭到破坏,不能继续下去了。陈少、蔡明、余杰明、张同志、黄步文、黄和仔等带领伤员紧急撤退,由陈少带路向小洞黄金坑方向转移。他们抄小道,穿密林,翻越牙鹰寨、飞雁山,秘密地到达了小洞境内的一座大山杨梅山,在大山深处过了一夜。第二天晚上,他们分开两组离开这座大山,黄步文、余杰明带一部分人去瑶村,陈少、蔡明、黄和仔带另一部分人去平塘村。安排妥当后,派陈少回去小洞交通站,向金伯报告情况,不巧,金伯外出执行任务未归。金伯回来了解情况后,马上与上级联系。过了一个星期,陈少由金伯带到金鸡坑医疗站开始了新的战斗。

金鸡坑医疗站地处高明、高要、新兴交界的大山深处,在新兴北鹤地界内,是抗日解放军司令部的又一个固定医疗站,站设在安伯家。这里同时也建有交通站,站设在叶六家。两个站是第三大队成立后建立的。

8月上旬,陈少从金鸡坑站调到恩平塱底抗日解放军司令部卫生室工作。一段时间后,到广州执行临时任务。从广州回来已是晚造收割稻谷的时候了。陈少刚从广州回来就接到去石岩底临时医疗站护理伤员的任务,立即又开始了紧张的工作。在这里养伤的严德光、罗伦等几位同志,是参加了6月24日香山突围战斗、9月19日纱帽岗战斗和石壁岭战斗的伤员。陈少来到这个临时医疗站工作约半个月,又遇到国民党军队的大规模搜捕行动。他们出动大批军警及地方团队日夜搜山,石岩底医疗站面临的处境相当危险,在这里疗伤的人员不得不转移到金鸡坑医疗站。

11月中下旬,牛王就被捕叛变,带着国民党特务专门跟踪小洞交通站的金伯。有一天下午,金伯跟往常一样,到金鸡坑交通站执行任务,中途走到香山附近时,发现背后有人跟踪,便兜兜转转,机灵地甩掉了这些尾巴。牛王就发现监视的目标消失得无影无踪,于是带领特务径直跑到金鸡坑交通站,捉了站长叶六(一个月后,叶六在新兴县稔村被杀害)。牛王就并不知道安伯家还有一个医疗站,以及分散在附近养伤的伤员,所以医疗站没有受到破坏。但是,自叛徒带领敌人破坏了这个交通站后,这个地方就引起了当局的特别注意。

12月中旬,有一天,金鸡坑的伙伯得到敌人即将前来围剿的紧急情报,马上和医务人员、安伯、叶八商量。伙伯认为,医疗站虽然只剩下罗医生、司徒英、陈少和伤员严德光(其他伤员已伤愈归队)四人,但还是转移到安全的地方较好,免得落入敌人魔掌;建议立即转移到新兴县车岗附近的交通联络站去。大家采纳了伙伯的意见,由伙伯引路,马上出发。陈少、司徒英扮成未出过门的农村姑娘,当快要接近东城圩时,遇到了敌自卫队的盘查。陈少、司徒英低下头默默不语,装成羞答答的样子。伙伯用新兴本地话对应,巧妙地应付了过去。他们顺利地过了关,一路平安抵达车岗交通联络站。

1945年12月,革命进入低潮,部队早已以班、组为单位分散活动了,陈少和司徒英还在金鸡坑、车岗护理伤员。当她们接到分散活动的通知时,已经是1946年1月中旬了。陈少犯难了,怎么办呢?家乡是国民党搜捕的重点目标,回家乡隐蔽肯定行不通。陈少把有家归不得的情况告诉了司徒英,司徒英很热心,提议陈少到自己开平赤坎的家去。陈少觉得只好这么办了。怎知在司徒英家才住了一个星期,国民党当局就开始了大清查行动,对每家每户的户口都要来一个彻底清查。连日来风声越来越紧,为了不连累司徒英一家,陈少做出必须得走的决定。她从来没有到过开平这个地方,对这一带人生地不熟,走去哪里呢?想来想去,想到了细妈在台山的外家。她告别了司徒英,边走边问,好不容易找到了台山县公益新田村,见到了细妈的外家人,向他们说明来意,得到细妈外家人的收留。陈少在这里住了约一星期,听说家乡那边的敌军已经撤走了,便放心回到家乡。

陈少回到家乡,先去交通站向金伯报到,可是交通站撤退了,也不知道金伯的去向。跟组织断了联系,她感到茫然不知所措。更糟糕的是,家乡的形势十分严峻,敌人更加猖狂,隔三差五进村清剿扫荡。凡是觉得可疑的人,就立即抓起来,拉去枪毙,整个小洞仍然笼罩在一片白色恐怖中。她在家的日子里特别小心,随时提防着敌人。她母亲黎四为了女儿的安全也操碎了心,特别多了个心眼,每天大清早就起来,到村边走一趟,打探村外有什么动静,看看村外有什么风声。一天,天还未亮,黎四照常到村边察看,听到村外人声嘈杂,知道敌人要封村抓人了。在这危急关头,黎四十分镇定,回家通知陈少。她沉着地搬来木梯,走到1945年1月3日被158师烧塌了的只剩下半截的廊头旁边,一边把木梯架在墙上,一边向陈少递眼色。陈少会意,马上爬了上去,伏在廊头的瓦面上。黎四故意把门打开,才搬走木梯离开。陈少趴在瓦面上,心情十分紧张,动都不敢动一下。她眼睛四处张望,注视着敌人的动向。不久,敌人的吆喝声由远及近。又过了一会儿,看见抄家的敌人向自己的家奔来了。这时,陈少紧贴瓦面,屏住呼吸,目不转睛地盯着敌人的一举一动。当抄家的敌人来到她家门口时,看见屋内空荡荡的,什么东西也没有,敌人连门也没有进就往隔壁的陈礼家搜查去了。陈少这才舒了一口气。这天,敌人把塘角村抄了个底朝天才走。敌人走后,黎四搬来木梯让陈少下来。陈少险些落入虎口,幸运地躲过了一劫。她觉得再也不能待在家里了,不然迟早会被敌人捉住。她去找隐蔽在禾仓岗的陈励生、陈松商量,陈励生、陈松建议她去广州暂时躲避,待形势好转后再回来。

1946年6月,陈少抱定"留得青山在,不怕无柴烧"的想法,采纳了陈励生和陈松的建议,去广州隐蔽。为了生计,她干了几种工作。开始,通过罗祥的朋友介绍,先到浆栏路茂生茶叶店当杂工。但由于工钱极少,入不敷出,根本生活不下去,辞工。后由梁佐明介绍,到华贵东路新树胶鞋厂做杂工。这家厂的厂主对工人压榨很厉害,工时长,工钱少,也没有办法维持生计。1947年下半年,再到逢源路70号当家庭佣工,但工钱多不了多少,日子过得还是相当艰难。

在广州期间,陈少结识了不少街坊、工友,其中有些交情较深,曾经有一位热心肠的朋友,认为陈少明事理,人缘好,既聪明又勤快,就介绍一位在南洋的华侨男子给陈少,还说:"嫁到南洋那边你就不用受苦了,可以享清福了。"陈少听后思绪万千,往事一齐涌上心头。"人,不论到什么地方,也不论遇到什么环境,都要坚强,不要动摇,不要迷失方向。"六叔的话在她的耳边回荡。家被烧,母亲和五叔被捉去坐牢;屋被封,迫得父亲有家归不得,细母被抓去当挑夫,年幼的妹妹被关押3天……家人受尽国民党当局摧残的情景一件件浮现在她的眼前。她认为家仇未报,还不是去享清福的时候,只盼望早日回到革命队伍,向反动派讨还血债。她婉言谢绝了那位热心肠的朋友的好意,没有嫁到南洋去。

1948年2月,终于盼来了通知归队的好消息。她立即辞工,赶回部队。先在新高鹤人民解放军总队要明部队二连(代号博爱队)当卫生员。10月,调到新高鹤人民解放军总队独一营当卫生组组长。跟随部队转战各地,参加了十多次大小战斗,在火线上抢救伤员,表现得十分英勇顽强。

1949年1月,历经抗日战争和解放战争多年的战斗考验锻炼,成为一位立场坚定,忠于革命的白衣战士。经彭社、黄策安介绍,光荣地加入了中国共产党。

1949年7月,任粤中纵队六支队独一营卫生组组长。

1949年11月,任西江军分区15团卫生排排长。

1950年7月,在高明卫生院当护士。

1951年6月,在广东省保健院当学员。

1952年5月,任高明卫生院妇幼保健院主任。

1952年9月,在高明县公安局当卫生员。

1953年3月,和丈夫彭社在驻博罗县小金口的中国人民解放军0952部队当护士。

1955年1月,在高明县人民医院任护士长。

1959年3月，任潭山医院院长。

1960年1月，任高鹤药材公司副经理。

1960年9月，任高鹤县人民医院党支部书记、副院长。

1961年9月，任古劳卫生院院长。

1970年9月，任更楼、合水卫生院院长。

1974年5月，任古劳卫生院院长。

1979年1月，任高鹤县卫生学校党支部书记、校长。

陈少同志是在抗日战争和解放战争的战火中成长起来的一名坚强的白衣战士，是小洞人民的优秀儿女。她恪尽职守，一心一意为伤病员服务，挽救了不少革命同志的生命，为革命做出了很大的贡献。

本文根据高明区档案馆陈少同志个人档案资料整理

梁欧新[①] 同志生平简介

  梁欧新同志出生于小洞军屯村一个贫苦农民家庭。曾读过三年书，自幼天资聪颖。长大后，凭着自己灵活的头脑和勤奋，在祖业（自开砖瓦窑）的基础上，逐步拓展，先后在更楼圩开办一家"四邑旅店"，在棉花山办起了一间做石碓（舂米用具）、石柱的工艺石厂，日子渐渐好了起来。梁欧新是一位性格豪放、侠肝义胆的汉子，一直遵"义气行前、忠义在先"为座右铭，讲义气，守信用，赢得了不少人的信任和尊重。同时，他也结识了许多三教九流的朋友，人脉广，门路宽。后来他还专门收留散落各地的乞丐集中住在更楼圩旁的一个叫花子寮的地方，成了远近闻名的"丐帮帮主"。他利用自身的条件，为革命做了别人不可替代的贡献。

  1944年9月，日军过境高明向广西进犯。小洞人民先后成立了小洞抗日武装自卫大队和小洞武装常备队。1944年11月10日，高明人民抗日游击队第三大队在小洞成立。接着，在各地建立起了一批交通站和医疗站网点，小洞成为交通总站，上级任命金伯为负责人，总站就设在金伯的家里。金伯为交通站的建设呕心沥血，殚精竭虑，花了很多心思，想了很多办法。其中，为了能及时掌握敌人的动向，搞到更多准确的情报，金伯想在更楼圩国民党当局的眼皮底下设立一个收集情报的据点。金伯平日早已对梁欧新的情况了如指掌，认为发挥他的特长和优势，办成这

  [①] 梁欧新（1892年—1951年5月），字兆权。男，汉族，初小文化，高明区更合镇小洞军屯村人。1944年11月参加革命。

个情报收集点是完全有可能的。于是,金伯直截了当找欧新面谈。当梁欧新知道金伯的用意后,爽快地一口答应下来,表示愿意扛起收集情报这副担子,十分乐意无偿提供四邑旅店作为设立据点的场地。金伯对他的深明大义大喜过望,便立即趁热打铁,与梁欧新进一步商议建立情报据点的具体细节,并做了详细周密的计划。聘用在更楼圩以卖肉为生、有文化、字写得好的梁锡祥入店当伙计,让他以当伙计的名义负责写情报工作。派苦大仇深、机智敏捷、只有16岁的麦边村李胜专门来店负责取情报等。他们两人商量妥当后,很快便开展了工作。自此,梁欧新走上了革命道路。

在收集情报过程中,梁欧新充分发挥自身优势,千方百计地混入敌人内部,加强与上层人物及有关人员的密切接触,与下层人员"称兄道弟",与他们混得更加熟络。他从上述这些人口中探得消息后,回到店里,及时向梁锡祥口述,让梁锡祥做记录,整理成文,然后秘密交给李胜,由李胜转交给金伯。除此之外,他还把乞丐分散到各处,借以获取有价值的情报。除了做好情报搜集工作外,他还急部队所急,多次受命,不辞劳苦地穿梭于敌区,用双腿往返于开平、鹤山、台山、赤溪、斗门、中山之间,及时地为抗日解放军三团采购回急需的枪支弹药和药品。

1946年,革命进入了低潮,局势十分紧张,形势相当险恶。金伯受到国民党当局的通缉,与上级失去了联系。他再也没有办法在小洞站住脚,不得不到外地躲避敌人的追捕。梁欧新和梁锡祥、李胜不露声色地潜伏下来,等待时机。即使在白色恐怖的日子里,梁欧新仍然暗中掩护革命同志,不顾自己的安危,把分散回家的武工组组员陈松的手枪埋藏在自己家中。

1947年2月,粤中新高鹤地区恢复公开武装斗争,小洞恢复了革命活动。4月初,陈松接到指令,去合成云罗窝村面见中共高明特派员郑靖华,受命回到小洞和金伯一起重新建立起小洞交通站。梁欧新等三人接到金伯的通知,立即归队,重操旧业，恢复了为部队搜集情报的工作，有时还兼做交通员，扮作牛贩，四处外出送信，送情报。他在隐蔽战线上一直坚持战斗直到解放为止。

高明刚解放，有一些不明就里的人，向人民政府报告，说梁欧新和国民党官员吹吹拍拍，有通敌之嫌。于是，梁欧新受到羁押审查，后来查无实据，被放了回来，但没有做出定论。事实究竟如何？金伯回忆说："梁欧新（小洞军屯人）、李胜（麦边人），他们负责秘密工作，两人暗中和我联系，协助我。灼利（即梁锡祥）是在更楼塘开旅店作掩护。"① 陈礼（1948年4月在布社交通分站当站长）回忆说："我在分站，站址设在布社新村黎新九屋……那时我们同小洞交通站有联系，当时小洞交通站的负责人是李平（萍），交通员是梁新（即梁欧新）。1948年8月，我被调去更楼搞财粮工作后，由陈松接任该站站长工作。"②

本文根据梁欧新同志亲属提供资料及部分革命前辈回忆文章资料整理

---

① 摘自《高明党史资料》第二辑（第345页）。
② 摘自《高明党史资料》第二辑（第327页）。

梁汝扳[①] 同志生平简介

梁汝扳同志出生于小洞军屯村的一个贫苦农民家庭。10岁开始入学读书，13岁回家学耕田种地。

1935年9月，"三小"力社扩展到农村，小洞成立力社分社。经陈耀聪介绍，梁汝扳加入了这个组织。积极参加力社小洞分社组织的反苛捐杂税、反钉门牌、反土豪劣绅、反贪官污吏等一系列斗争。

1936年年初，陈励生、陈耀聪等受上级党组织的指示，在小洞建立革命据点，开展革命活动。梁汝扳与思想开明的梁志伦、梁任等老一辈大力支持在村中开办夜校，并打破封建社会重男轻女的旧观念，动员了20多名女学生入夜校读书识字，成为村中有史以来最先鼓动妇女上学的人之一。

1939年1月，省抗先队进驻小洞，开展轰轰烈烈的抗日救国宣传活动，帮助小洞开办识字班，发展抗日组织和培养革命骨干。梁汝扳趁抗先队进村的机会，到处发动青壮年参加识字班读书活动，还全力支持筹办工作，促成了妇女识字班开班，使村中30多名女青年有了读书识字、接受革命思想教育和学习文化的机会。

1942年夏开始，在小洞近三年的"抗租保佃，誓死保卫佃耕权"斗争中，不断给广大佃户撑腰打气，鼓励佃户团结一心，坚持不向地

---

① 梁汝扳（1889年8月—1961年5月），又名梁运利。男，汉族，初小文化，高明区更合镇小洞军屯村人。1944年11月参加革命；1953年11月加入中国共产党。

主交租，抵制当局的所谓"三改"新规，为夺取抗租保佃、保卫佃耕权斗争的胜利发挥了积极的作用。

1944年9月，日军向广西进犯，过境高明，激起小洞人民义愤。11日晚，近500名义愤填膺的小洞群众，在梁氏宗祠举行集会，决定成立小洞抗日武装自卫大队。55岁的梁汝扳同300多名青壮年一起，立即报名参加抗日自卫准备工作，迎击日军的入侵。

1944年11月10日，高明人民抗日游击队第三大队在小洞成立。接着在各地建立了一批交通站和医疗站网点，其中，小洞为交通总站，总站设在金伯家，上级任命金伯为负责人。金伯为交通站的建设殚精竭虑，煞费苦心，在村里物色了他最熟悉的思想进步、立场坚定、老成持重以及经得起考验的梁汝扳、梁欧新、梁锡祥等长者出马，为交通站做秘密工作，并根据各人的特长做了分工。梁汝扳担任长期、固定交通员，负责送信工作。梁汝扳当即表示服从组织安排，十分乐意接受这个光荣而艰巨的任务，并在实际行动中表现出极大的热情和责任担当。

他自接受任务以来，无论白天黑夜，还是刮风下雨，都服从命令，随叫随到，长年奔走在平塘、屏山、新兴、杜村、高村、万屋、布社、水井等地之间的交通线上。他沉着稳重，严守秘密，从不叫苦，从不计较个人得失，每次都能出色地完成送信任务，成为金伯最信赖的交通员之一。

1945年5月中旬，第三团在皂幕山战斗失利后，国民党当局加紧了对新高鹤地区实行封锁。在这险恶的形势下，他沉着应对，机智巧妙地冲破敌人的层层封锁线，每次都出色地躲过敌人的严密搜查，把信件送到目的地。

1945年11月的一天，因叛徒出卖，国民党军队、更楼联防队进入小洞，捉走了梁扳、梁锐、陈玉田等人，关押在更楼。当晚，梁汝扳与梁志伦、梁任等几位老人家主动出面，召集村中兄弟，主持召开如何保释革命同志梁扳、梁锐的会议。次日，冒着"通共"的危险，派人到更楼圩打探消息，并与国民党当局交涉，两天后把梁汝扳保释了出来。

1946年年初，革命进入低潮，局势十分紧张，形势相当严峻。金伯受到国民党当局通缉，再也没办法在小洞站住脚，交通站也与上级中断了联系。在这种情况下，梁汝扳、梁欧新、梁锡祥等没有暴露交通员的身份，而是潜伏下来，进行隐蔽，保存力量。

1947年2月，粤中新高鹤地区恢复公开武装斗争。4月，陈松接到通知，到合成云罗窝村见中共高明特派员郑靖华同志，当面接受回小洞和金伯重建交通站的任务。陈松、金伯迅速召回原班人马重建起交通站。梁汝扳接到通知后，服从召唤，立即归队，做回老本行，从此又活跃在新高鹤地区。后来，还增加了瑶村、古城、鹤嘴、界村等多个交通点。在执行比较重要的任务的时候，他有时还带上儿子梁德良一同前往。他认为这样做有三点好处：一是起到掩护、伪装自己的作用，达到隐蔽的目的；二是因自己上了年纪，途中可以有个照应；三是可以锻炼下一代的胆识，培养接班人。由于他立志革命，勇于担当，不怕牺牲，在交通站岗位上一直干到小洞解放。

1949年，小洞成立贫农协会组织，梁汝扳当选为贫协委员。为巩固老区政权做了很多工作。3月的一天，国民党军队突击包围了军屯村，大肆搜捕游击队员。在这危急关头，金婶、阮香立即帮助交通员李平化装成农村媳妇，由阮香带李平迅速到梁汝扳家中。梁汝扳心领神会，冒着杀头的危险，让李平留在家中，假扮成夫妻骗过了敌人的搜查，使李平安然脱离了危险，保护了革命同志。

4月，坐了两年四个月监狱的游击队员梁波，从广州刑事法庭被押解回高明监狱，写信回家要求派人来担保出狱。梁汝扳二话没说，随即展开营救工作。找保长梁锐和家人商量营救办法，组织卖牛、卖地等筹款活动，最后与梁锐一起赶到明城办理担保手续，把梁波保释回家。

5月中旬，梁汝扳积极响应上级关于改善农民生活的号召，带头和村里的21个积极分子成立生产合作社筹备组；并再次发动群众，组成了50多人的生产合作社，掀起开荒热潮，率先在更楼区打响了开荒的第一炮。在短短的时间里，开出了30多亩地，赶在夏种前插上了秧，多种粮食支援前线，受到粤中区临委的嘉奖，并在粤中《人民报》上发文予以表扬。

1951年，参加土改工作。

1953年，任军屯村互助合作组成员，11月加入了中国共产党。

1954年，任新民乡（包括小洞、瑶村、广建、古城）党支部委员兼小洞初级农业合作组领导成员。

1956年，任小洞乡高级农业合作社领导成员。

1958年，任小洞上三村（麦边、盘石、军屯）联队党支部书记。

1960年1月，任合水公社党委委员，小洞大队代党支部书记。

梁汝扳同志是小洞人民革命斗争的骨干，早在1925年至1928年时，就与在军屯宏育学校教书的进步教师陈耀聪交上了朋友。长期受陈耀聪进步思想的启发和影响，成为村里老一辈人当中觉悟高、思想进步和比较开明的人士之一。

本文根据梁汝扳同志亲属提供资料整理

梁锡祥① 同志生平简介

梁锡祥

梁锡祥同志出生于佛山的一个艺人家庭。父亲在佛山一粤剧戏班司敲锣打鼓铙钹之职,生活较为清贫。梁锡祥念了6年书,长大后以做柴(风)炉为生,闲时好学,练得一手好字。

1938年10月21日广州沦陷,不久日军侵占了佛山等地,他不得不举家逃回家乡。由于无田无地,又不会耕作,只好重操旧业,做起柴炉的生意。结果业绩不佳,于是,另起炉灶,在更楼圩开设肉档(铺号为灼利),以卖猪肉为生。

1944年11月10日,中共高明县地方组织在小洞成立了高明人民抗

---

① 梁锡祥(1893—1975年),字天朝。男,汉族,初小文化,高明区更合镇小洞军屯村人。1944年11月参加革命;1952年4月退伍。

日游击队第三大队,并在各地建立了一批交通联络站和伤兵医疗站网点。小洞是第三大队的大本营,司令部设在军屯村的梁氏宗祠,交通总站就设在祠堂隔壁梁金(金伯)的家,上级任命金伯为交通站负责人。为了搞到敌人更多的情报,金伯大胆地在更楼圩的国民党更楼分部眼皮底下安插了眼线,将梁欧新在更楼圩开的四邑旅店作为搜集敌人情报的据点,挑选梁锡祥入旅店当伙计,让其以店员的身份作为掩护做秘密交通工作。金伯要求他坚守秘密,对外绝对不能透露任何消息以及暴露身份,要做好长期潜伏的打算。梁锡祥欣然接受了金伯安排的重要任务,走上了革命的道路。他严守交通纪律,时刻保持高度的革命警惕性,做到内紧外松,工作做得缜密细致,机警地接待和掩护了一批批交通人员,从来没有引起敌人的注意和怀疑,确保了接转情报的安全畅通。

1945年10月,形势十分恶劣,革命进入低潮阶段。梁锡祥遵照金伯的通知,偃旗息鼓,暂停活动,坚持隐蔽,潜伏下来,保存了革命力量。

1947年4月,金伯和陈松接到特派员郑靖华的指示,恢复了小洞交通总站的工作,梁锡祥重新归队,在更楼四邑旅店恢复了搜集情报的工作,直到高明解放为止。

1949年10月,被安排到西江军分区高明县大队当司务长。

1951年10月,被调往粤中军分区第18团当司务长。

1952年4月17日,退伍,时59岁。

梁锡祥同志是小洞人民革命斗争的骨干之一。他忠厚朴实,诚实可靠,从不计较个人的得失,在隐蔽战线上做了许多工作,为人民解放做出了很大贡献。

本文根据高明区档案馆梁锡祥同志个人档案资料及亲属提供资料整理

李开[1] 同志生平简介

李开

  李开同志出生于小洞麦边村的一个贫苦农民家庭。10岁开始读书，18岁学会种地，之后在家耕田，其间在1939年轮做了一年保长。

  1944年9月，日军过境高明。为了抗击日寇入侵，保卫自己的家园，11日晚，中共小洞支部在军屯村梁氏宗祠召开群众大会，会上通报了日军入侵动态，紧急动员群众组成抗日武装，坚决抗击日寇入侵，得到了广大群众的坚决拥护和热烈响应，当即有300多名青壮年报了名，即席成立了小洞抗日武装自卫大队。李开积极报了名，成为抗日武装自卫大队

---

[1] 李开（1917年2月—1997年8月），男，汉族，初中文化，高明区更合镇小洞麦边村人。1944年11月参加革命；1948年11月加入中国共产党；1978年7月退休；1983年5月改离休，享受正科级待遇。

一员，参加了自卫大队组织的军事训练、站岗放哨、侦察敌情及组织群众疏散隐蔽等活动。

10月，参加了声势浩大的"倒钟"运动，23、24日加入了攻打明城战斗行列。

11月10日，高明人民抗日游击队第三大队在小洞成立，引起了国民党顽固派的极端仇视。16日，派出廖强部率领高要自卫大队300余人进攻小洞，妄图把第三大队消灭在摇篮之中。李开等200多名小洞抗日自卫队员积极配合第三大队，在合水纱帽岗至塘花地段之间的山地进行阻击，使廖强部受挫，退至洞口。是夜，李开等几十名小洞抗日自卫队员随第三大队，乘廖强部立足未稳，奔袭洞口，迫使廖强部向白土方向溃散逃窜，彻底打败了敌人的阴谋。

12月22日至25日，高明二区人民行政委员会在小洞召开代表会议，李开组织麦边村村民积极做好各项接待工作；带领抗日自卫队员日夜站岗放哨，为会议做好安全保卫工作，保证了会议的顺利召开。

12月30日，国民党军158师473团及各地方团队疯狂进攻小洞，李开负责组织麦边村群众迅速撤离疏散。敌人撤走后，及时组织群众进行劫后重建工作。

革命低潮阶段，多次组织群众掩护革命同志到麦边村隐蔽，为保护革命同志做了很多工作。

1947年2月，新高鹤地区恢复公开武装斗争，游击队伍不断壮大。为了保障部队的粮食供给，中共小洞支部执行上级指示，专门成立了筹粮队。李开就是筹粮队的一员，几年来负责收田租、筹措军粮、保管粮食及组织运粮等工作。下半年，小洞成立了农会组织，李开担任农会委员。

1948年初，按上级指示，小洞以自然村分别建立农会组织。李开被选为麦边村农会会长。下半年，组织领导麦边村民开展减租减息运动。

11月，李开经受多年革命斗争的磨练和考验，入党条件已经成熟，经梁扳介绍，光荣地加入了中国共产党。

1949年，小洞成立贫农协会，李开任贫协委员；同时担任麦边村村长职务，带领群众做好巩固老区的工作。

1950年，继续担任麦边村村长。

1951年，参加土改工作；4月参加江门农业干部培训。

1953年，任麦边村互助合作组组长。

1954年，任新民乡（包括小洞、瑶村、广建、古城）党支部委员兼互助合作组联组组长；年末，任中共新民乡党支部书记兼小洞初级农业互助合作社社长。

1955年5月，任中共小洞乡党支部书记（专职脱产）。

1956年8月，任小洞高级农业合作社社长。

1957年11月，任合水大乡副乡长。

1958年7月，任合水公社党委委员；10月至12月到佛山党校学习。

1959年1月，任合水公社党委委员，公社独居石厂厂长。

1960年5月，任合水公社党委委员，小洞大队党支部书记。

1964年，任合水公社党委委员，主管林业工作。

1969年4月，任合水食品站站长。

1976年2月，任高鹤县食品公司良种鸡场场长。

李开同志是小洞人民革命的骨干之一。他实事求是，大公无私，工作踏实，一贯保持艰苦奋斗的优良作风。

本文根据高明区档案馆李开同志个人档案资料整理

李胜①同志生平简介

李胜

  李胜同志出生于小洞麦边村的一个穷苦农民家庭。年幼丧父，家里十分贫穷，只读了两年书。11岁开始在军屯村打了两年长工，13岁又在塘角村打了两年长工，15岁时将四年打工积蓄下来的钱购买了两亩六分地，才真正有了属于自己的田地。除耕好自己的地外，还要替别人当半雇工，生活十分艰苦。

  1944年9月，日军过境高明。为了抗击日寇入侵，保卫自己的家园，11日晚，中共小洞支部在军屯村梁氏宗祠召开群众大会。会上通报了日

---

  ① 李胜（1927年8月—2012年8月），男，汉族，初小文化，高明区更合镇小洞麦边村人。1944年11月参加革命；1956年8月加入中国共产党；1988年4月退休，享受科级待遇。

军入侵动态，紧急动员群众组织抗日武装进行坚决抗击，得到广大群众的坚决拥护和热烈响应，当即有300多青壮年报了名，即席成立了小洞抗日武装自卫大队。李胜积极报了名，成了抗日武装自卫队成员，参加了自卫大队组织的军事训练、站岗放哨、侦察敌情及组织群众疏散隐蔽等活动。

10月，参加了声势浩大的"倒钟"运动。23、24日加入攻打明城的战斗行列。

11月10日，高明人民抗日游击队第三大队在小洞成立，引起了国民党顽固派的极端仇视。16日派出国民党高要自卫大队300余人，由廖强率领围攻小洞，妄图把第三大队消灭在摇篮中。李胜等200多名小洞抗日自卫队员积极配合第三大队，在合水纱帽岗至塘花地段之间的山地进行阻击，使廖强部受挫，退至洞口。当夜，李胜等几十名小洞抗日自卫队员随第三大队，乘廖强部立足未稳，奔袭洞口。迫使廖强部向高要白土方向溃散逃窜，粉碎了敌人的阴谋。

第三大队成立不久，接着在小洞及各地建立了一批交通站和医疗站，小洞为交通总站。李胜被挑选为交通联络员之一，被分配与梁欧新搭档，秘密与金伯联系，将梁欧新在敌营中所获取到的大量情报暗中传递给金伯。在多年的地下交通工作中，严守秘密和交通纪律，从未暴露身份，灵活机智地完成了各项工作任务。

1946年在革命低潮阶段，潜伏下来，保存了革命力量，还经常掩护革命同志，协助游击队员到麦边村隐蔽。

1947年4月，恢复建立小洞交通站，重新归队，与梁欧新搭档，成为秘密联络员，一直至当地解放。

1950年，任高明新民乡（包括小洞、瑶村、广建、古城等）副乡长。

1954年，任合水供销社副主任。

1960年，任合水公社党委委员。

1963年，任更楼公社党委委员、副社长。

1966年，任西安公社党委委员、副社长。

1970 年，任高鹤四堡林场场长。

1972 年，任更楼公社党委常委、革委会副主任。

1975 年，任高鹤县金钩农场副主任。

1976 年，任合成华侨农场副科长。

1980 年，任合成华侨农场农业生产公司副经理。

李胜同志是小洞人民革命的骨干之一。他诚实可靠，长期坚持地下秘密活动，不为名不为利，兢兢业业在隐蔽战线上做了大量的工作。

本文根据鹤山市委组织部档案室李胜同志个人档案资料整理

陈新^① 同志生平简介

陈新同志出生于小洞塘角村一个贫苦农民家庭。因家里十分贫穷,只读了两年私塾,就回到家里看牛,学耕田种地了。

1935年8月,"三小"力社扩展到了农村,小洞成立了力社小洞分社。随后陈耀聪、陈励生、叶琪、黄之锦等奉"三小"地下党指示,在小洞建立了革命根据地,开展革命活动。他们带领小洞群众进行了反苛捐杂税、反抽壮丁、反钉门牌、反催粮等一系列斗争,使陈新深受影响,看清了方向,思想产生了积极的变化,逐渐向革命队伍靠拢。

1938年5月,全国掀起抗战高潮,高明民众自卫团统率委员会下发公文,要求各乡村组织抗日自卫队伍。小洞地下组织积极发动群众,迅速成立了民众抗日自卫团小洞中队。陈新毅然加入了这支队伍,积极投身到抗日运动中。

1939年1月,省抗先队进驻小洞,开展大规模轰轰烈烈的抗日救国宣传活动,陈新在塘角村党小组的安排下,参加了识字班学习,接受革命思想教育,在陈定、陈会群的教育帮助下,思想水平有了很大提高。

5月至6月(农历四月)积极参加了中共小洞支部陈励生组织的"封江自救、虎口夺粮"斗争。

1942年夏,参加了中共小洞支部领导的近三年的"抗租保佃,誓死

---

① 陈新(1902—1976),男,汉族,初小文化,高明区更合镇小洞塘角村人。1944年11月参加革命;1948年9月加入中国共产党。

保卫佃耕权"斗争。他敢于站在斗争的前列,带头与当局展开合理合法的斗争,鼓动佃户坚决不交租,抵制当局所谓"三改"新规,誓死保卫佃耕权,在这场斗争中,他经受了很大的锻炼。

1944年9月,日军进犯广西过境高明。11日晚,小洞人民为抗击日军侵犯,召开群众大会,即席成立了小洞抗日武装自卫大队,陈新当即报名加入了这支队伍。次日,便投入紧张的备战中,参加了军事训练、构筑工事、挖掘堑壕、组织群众疏散隐蔽等活动。

10月,加入"倒钟"行列,参加了23、24日捣毁更楼警察所和攻打明城的战斗。

11月16日,和小洞抗日武装自卫大队200多名队员一起,配合高明人民抗日游击队第三大队,在合水纱帽岗至塘花地段,击退了国民党军高要廖强部300多人的进攻。是夜,加入了夜袭洞口战斗,迫使廖强部丢盔弃甲,慌忙向白土方向溃散。

12月30日(农历十一月十六日)国民党当局实施第一期"清剿"第三次进攻抗日根据地,调集158师473团、高要廖强部、鹤山黄柏森部、高明国民兵团共2000余人疯狂扫荡小洞。当日清晨,陈新负责组织村民向南疏散,带领群众撤至陇村、横村、屏山等安全地带,使群众损失减至最低。

1945年1月1日,参加了癫狗山战斗,冒着敌人的炮火为作战部队运送弹药,并负责送饭、送水到阵地上以及抢运伤员等工作。此次躲避国民党"围剿"时,他的妻子在陇村附近遭遇敌人的扫射,腿部被流弹击中,弹头留在腿内,后被抬回文选楼,由部队卫生员取出弹头。陈新因以大局为重,忙于组织群众进行劫后重建工作,很少回到家中照顾受伤的妻子。

1945年5月中旬,三团在皂幕山战斗失利后,国民党军队及地方反动联防队隔三差五进入小洞"扫荡",四处搜捕游击队员和地下党工作者,枪杀了陈三苟、陈定、陈妹,捉走了十多人并投入监狱。在这白色恐怖的日子里,在恶劣环境下,陈新不但没有被吓倒,反而坚定立场,坚守信念,积极设法掩护同志和营救入狱同志；同时为了保存力量，坚决执行上级关于隐蔽精干、等待时机的指示，晚上躲在荒郊野岭过夜，白天回村带领群众坚持地下斗争。

1947年2月，粤中新高鹤地区恢复公开武装斗争，小洞恢复了革命活动。陈新坚决服从党的召唤，马上站了出来，带头参加开展以反"三征"为中心的革命斗争。5月至6月间，受了枪伤的妻子去世，家中留下了三个未成年的儿女和眼睛瞎了的母亲。但为了革命工作，他连家也顾不上，所有家务只好落在12岁女儿的身上。他还遵照上级的指示，多次前往罗丹、马律等村庄，协助当地群众打击恶霸土豪梁子珍、彭锦芬的反动嚣张气焰，鼓舞群众的士气，促进了更楼二区反"三征"工作的深入发展。

1948年，小洞按自然村分别建立农会组织，他被选为塘角村农会委员，带领群众借粮渡荒，建立民兵组织。下半年，领导群众开展大规模的减租减息运动。

同年9月，在经受了多年的锻炼和考验后，已具备了入党条件，经陈翰、陈维兴（陈苟）介绍，在中秋节次日晚上，由中共高明县工委书记郑靖华监誓，在陈翰、陈维兴的见证下，庄严宣誓加入了中国共产党。

1949年继续带领群众开展"双减"工作，做好巩固老区的建设工作。8月，组织群众清理账目，实行废债，废除了一切不合理的契约和债务，彻底砸碎了强加在人民头上的精神枷锁。10月，接上级指示做好迎接南下大军的支前工作。

当地解放后，在家乡参加土改工作和参加社会主义农村建设。

陈新同志是小洞人民革命的骨干之一。他立场稳、意志坚、不怕苦、不怕难，一切以大局为重，在革命斗争中起到了先锋模范作用。

本文根据陈新同志亲属提供资料整理

陈祐① 同志生平简介

陈祐

  陈祐同志出生于小洞塘角村一个贫苦农民家庭，排行第二。8 岁入学读书，14 岁回家耕田。1920 年前后，其父因家庭人口多，经济压力大，带着大儿子外出谋生，漂泊于南洋打工。家庭的担子便落在了他的身上。1925 年，为了减轻家庭沉重的经济负担，他筹措了一些资金，在家乡开了一家叫"广记"的杂货店，经济才慢慢有了起色。10 年后兼营起了大米加工生意，基本支撑起了家庭的开销。

  早在 1932 年就默默支持陈励生、陈耀聪、叶衍基、黄之锦结盟成立

---

  ① 陈祐（1892 年—1971 年 8 月），字会尧，又名陈励兴。男，汉族，高小文化，高明区更合镇小洞塘角村人。1944 年 11 月参加革命；1948 年 4 月加入中国共产党；1963 年退休。

的"激鸣社"，自发组织起来与贪官污吏、土豪劣绅做斗争。1936年，陈励生受李守纯指示，回到小洞和平学校开展革命活动。来小洞指导工作的"三小"地下党领导人李守纯，经常到陈祐家搭伙吃饭。从那时候起，陈祐就与李守纯结为好友。在李守纯的启发引导下，陈祐对革命工作有了深入的了解和认识，更加坚定地支持革命。

1939年年初，李守纯在小洞主持筹备中共高明第一次代表会议期间，在生活方面得到了陈祐无私的帮助与照顾。

1944年11月10日，高明人民抗日游击队第三大队（后改编为广东人民抗日解放军第三团）在小洞成立，并经常驻扎在小洞抗日根据地休整训练。为了保证部队能吃得上饭，陈祐都会马上组织人力，日夜加班加点，不计报酬地担负起部队的粮食加工任务。

1946年，革命处于低潮，国民党部队和反动联防队轮番进入小洞"清剿""扫荡"，制造白色恐怖。用尽各种手段迫害陈祐的家人，悬赏50万元缉捕他的六弟陈励生，到处抓捕他的侄女陈少。白露那天，大批国民党军队及反动联防队气势汹汹地进入塘角村捉拿他的六弟妇仇羡真和侄女陈少，未果，却把他的三弟媳黎四、五弟陈棠抓到明城监狱顶罪，还封了三弟陈能的屋，迫得三弟有家归不得。面对穷凶极恶的国民党反动派，陈祐没有被吓倒，没有向敌人低头屈服，而是坚决与反动派斗争到底。同时想尽一切办法，倾尽所能力保三弟媳和五弟出狱。

1947年2月，新高鹤地区恢复公开武装斗争，实行"小搞"。中共小洞支部恢复了活动，重新建立了交通站，开展了以反"三征"为中心的革命斗争。陈祐主动向组织靠拢，积极与陈松取得联系，表达了要加入党组织的要求。正当小洞人民开展反"三征"斗争之时，恶霸陈佐登却顽固推行当局的"抽丁联防剿匪计划"，激起了小洞人民的愤慨。受到水台开仓分粮的鼓舞，小洞群众纷纷提出惩处恶霸陈佐登的要求。中共小洞支部采纳了群众的意见，决定对陈佐登实施抓捕行动。为了摸清陈佐登的情况，陈松找陈祐商量计策，陈祐提出由他到悦塘上门收谷，雇请陈宽、陈松父子做挑夫，一齐前往侦察的建议。陈松认为这样做不会引起陈佐登的疑心，方案可行。农历七月底的一天，十多名高明穷人求生队队员已陆续到了禾仓岗陈宽伯的果园隐蔽。陈祐、陈宽、陈松按原来商量好的办法行事，到了悦塘村，把陈佐登的情况搞得一清二楚，返回禾仓岗果园向穷人求生队做了详细汇报。第二天晚上，由陈宽伯做向导，带领穷人求生队直奔悦塘村，迅速包围了陈佐登的家，顺利地捕捉了陈佐登。

　　1948年年初，新高鹤地区武装斗争进入"大搞"阶段。3月27日，新高鹤人民解放军总队成立，部队不断扩编，力量一天天壮大，粮食给养随之增加。为了解决部队吃饭问题，上级指示小洞成立筹粮队。陈祐坚决服从组织安排，义不容辞地加入了筹粮队。回家立即关掉杂货店，脱产为部队筹粮碾米。在筹粮工作中，充分发挥自身优势，主动献计献策，成了筹粮队的骨干。一次，接上级要求在四五天内筹到800斤大米送到部队的任务。在他的指挥下，克服了一切困难，依靠群众筹到稻谷后，随即合理安排人力物力，日夜加班碾米，很快保质按量提前将800斤大米交给了部队。他就是这样一个人，每次都尽心尽力、毫不含糊地完成上级交给他的任务。

　　同年4月下旬，鉴于陈祐同志一贯真心实意支持拥护革命，勤勤恳恳为革命工作，诚实可靠，革命意志坚定，具有不怕牺牲的精神和大公无私的品格，经受了多年的革命斗争考验，符合入党条件，经由陈良柏介绍，加入了中国共产党。

　　他在小洞筹粮队工作，一直坚持到当地解放。

　　1949年12月，作为业务骨干被派到了高明二区（更楼）供销社当业务员。

　　1951年1月，到新圩歌乐参加土改工作。

1952年1月,在高明二区供销社当业务员。

1958年5月,在高鹤县更楼公社供销社当业务员。

1963年,退休。

陈祐同志是小洞人民革命斗争的骨干之一。他思想比较开明,一贯拥护共产党,支持六弟陈励生的革命行动,鼓励兄弟、侄儿、侄女走革命道路。

本文根据高明区档案馆陈祐同志个人档案资料整理

陈添[1] 同志生平简介

陈添

  陈添同志出生于小洞塘角村一个贫苦农民的家庭。10岁入学读书，只读了三年就回家看牛耕田了。

  1936年年初，他入学读书时，正是陈励生奉命回到小洞和平学校，以教书的名义开展革命活动，建立小洞革命根据地的时候。陈励生通过群众喜闻乐见的醒狮表演等形式，在群众中宣传革命思想，提高广大群众的思想觉悟。下半年，在塘角村成立少年儿童醒狮队（后称小洞乳虎醒狮二团），陈添加入了这支队伍，和陈松、陈荣、陈安等20多人一起，在陈励生等的带领下经常下乡进行宣传。在几年的宣传活动中，接受了

---

  [1] 陈添（1926年9月—2006年12月），又名陈仲群。男，汉族，初小文化，高明区更合镇小洞塘角村人。1944年11月参加革命；1948年9月加入中国共产党。

革命思想教育，逐渐懂得了不少革命道理。

在往后的日子里，小洞人民开展了轰轰烈烈的抗日救国活动。省抗先队进驻小洞开展大规模抗日救国宣传，及小洞人民近三年"抗租保佃，誓死保卫佃耕权"斗争等一系列革命活动，一直伴随着他的成长，使他亲身感受到小洞人民的革命斗争精神。在革命思想的熏陶下，他的脑海里被深深地烙下了红色的印记。随着年龄的增长，懂得的革命道理就越多，到1944年的时候，他已经是一个思想觉悟较高的进步青年了。

1944年9月，日军过境高明向广西进犯。11日晚，小洞人民举行成立抗日武装自卫会议，陈添一马当先，立即报名加入了小洞抗日武装自卫大队。次日开始，便投入到紧张的军事训练中，加入到观音座构筑工事、挖掘堑壕等抗日自卫准备工作中。10月，加入了"倒钟"行列，23日、24日参加了攻打明城的战斗。11月16日，和小洞抗日武装自卫队200多人，配合高明人民抗日游击队第三大队，在合水纱帽岗至塘花地段，击退了国民党军高要廖强部300多人的进攻。当晚，加入了夜袭洞口的战斗，迫使廖强部向白土方向溃散。

同月的一天，在陈定的带领下，他与小洞50多名自卫队员一起，趁着月色赶到鹤山白水带搬运枪支弹药，于次日安全运回小洞，将枪支弹药及时送到第三大队的战士手中。

12月22日至25日，高明县二区人民行政委员会在小洞举行成立会议。其间，陈添参加了日夜站岗放哨工作，确保了代表的安全和会议的顺利召开。

同月30日（农历十一月十六日），国民党当局实施第一期"清剿"的第三次进攻抗日根据地行动，调集了158师473团、高要廖强部、鹤山黄柏森部、高明县国民兵团共2000多人，疯狂"扫荡"小洞。陈添坚决服从命令，同下三村十多名自卫队员，在陈松的带领下，当天清晨东出佛坳，进入观音座阵地，顽强地阻击敌人，为掩护群众撤离疏散赢得了宝贵的时间。

1945年1月1日，参加了癫狗山战斗。冒着敌人的炮火。把弹药物资送到阵地上，并参加了抢运伤员的工作。3日黄昏，158师473团撤离小洞，陈添当晚立即赶回家乡参加扑火工作，随后参加了劫后重建和巩固抗日根据地的工作。

1946年，革命处于低潮，在白色恐怖的日子里，陈添立场坚定，遵照上级"隐蔽精干，长期埋伏，积蓄力量，以待时机"的指示精神，长年躲藏在荒郊野岭密林中坚持隐蔽斗争，较好地保存了骨干力量。

1947年2月，粤中新高鹤地区恢复公开武装斗争，中共小洞支部恢复活动。陈添听从党的召唤，迅速站了出来，参加了中共小洞领导的以反"三征"为中心的革命斗争。他加入了高明县穷人求生队，参加了水台开仓分粮斗争，后来按照上级的部署，配合更楼区工作队到罗丹、马律等村打击土豪劣绅、恶霸梁子珍、彭锦芬的反动嚣张气焰，鼓舞了更楼地区群众开展反"三征"斗争士气，促进了全区反"三征"斗争的深入发展。

1948年，小洞分自然村建立农会组织，陈添被选为塘角村农会副会长，带领村民借粮渡荒，以及建立民兵组织，下半年领导群众广泛开展减租减息运动。

同年9月，陈添经受了多年革命斗争的锻炼和考验，已符合入党条件，经陈翰、陈维兴（陈苟）介绍，中秋节的次日（9月18日）晚上，由中共高明县工委书记郑靖华监誓，在陈翰、陈维兴的见证下，于塘角村南侧一个草堆旁庄重宣誓，加入了党组织，成为一名正式的中国共产党党员。

1949年，继续带领群众开展"双减"以及巩固老区的建设。8月，组织群众清理账目，实行废债，废除一切不合理的契约及债务，彻底砸碎了强加在人民头上的精神枷锁，为建立新生的人民政权奠定了基础。10月，执行上级指示，发动群众做好迎接大军南下的支前准备工作。

1950年，一直在家乡务农。土改时，在"左倾"思想的影响下，受到了不公正的对待，家庭被错误划为"地主"成分，政治权利被完全剥夺，精神上受到沉重打击。但他仍然坚定对党忠诚的信念,把自己的政治生命看得十分重要,长期为自己的政治名誉积极申诉。然而,直到离开人世那一刻,他还在等待恢复名誉,承认他的中国共产党员党籍,还他历史清白。

　　陈添同志是小洞人民革命斗争的骨干之一。他从小听党话,跟党走,长期坚持地下革命斗争。对党忠心耿耿,为革命出生入死,无私地献出了自己的宝贵青春。

本文根据陈添同志亲属提供资料及陈荫、陈新、陈森等同志提供证明材料整理

黄福① 同志生平简介

黄福

　　黄福同志出生于小洞盘石村的一个贫寒农民家庭。3岁父亲去世，6岁母亲亡故。姐姐出嫁后，家中留下无依无靠的两兄弟，平时靠姐姐接济和邻居施舍度日，黄福7岁多就开始替别人放牛，以挣一口饭吃。

　　1945年3月，10岁多的他在同村比他大三岁的黄来仔的带领下，偷偷去了宅梧，找到广东人民抗日解放军第二团，向部队同志诉说自己的悲惨遭遇，央求部队收留他们。广东人民抗日解放军第二团团长、政委见他们身世可怜，参军决心很大，于是，留他俩在独立营营部当勤务员

---

　　① 黄福（1934年10月—1983年4月），男，汉族，初中文化，高明区更合镇小洞盘石村人。1945年3月参加广东人民抗日解放军；1972年5月加入中国共产党。

和通信员。

黄福参加部队还不到三个月,就跟随抗日解放军第二、第三团及独立营到新会前线打击日军。5月11日,从开平水井回师高明、鹤山途中,在狮山被国民党军158师473团和"挺五"纵队何志坚部尾随追上,下午4时,在水井黄桐坑发生了狮山战斗,天黑停火。是夜,广东人民抗日解放军撤至耙齿沥召开紧急会议,研究摆脱敌军围追的策略。为了缩小目标,决定分开行动。

5月12日,第二团及独立营开赴江会前线,途经古猛宿营时,遭"挺五"陈仕倍大队、"挺三"刘登大队和鹤山"鹤卫队"夹攻。为了避免打消耗战,由团长卢德耀、连长曹广带领主力排掩护,大队伍才得以安全转移。古猛战斗后,经白水带爬高山,钻密林,兜兜转转向井头圩方向突破,力图甩掉尾随的敌军。

5月19日下午,第二团及独立营到达皂幕山北麓对面的大田村,休息做饭。刚准备吃饭的时候,突然发现国民党鹤山顽军何柏部三四百人从四面八方包围过来。营长李超马上组织突围,指挥部队向东杀出了一条血路,迅速登山占领高地,准备从水口经云岗顶突围,向新圩方向撤退。由于敌人兵力强大,火力猛烈,抗日解放军独立营冲到半山时,被敌人打散了。在半山,黄福不幸被敌人的子弹射穿了肚皮,肠子流了出来,身负重伤倒在地上。他强忍剧烈疼痛,用尽全身力气往树丛爬去,钻进密林藏了起来,但还是被追赶上来的敌人发现。敌人搜身时,黄福还有一些知觉,接着便不由自主地进入昏迷状态,渐渐的什么也不知道了。敌人临走时检查黄福是否断了气,用一块碗口般大小的石头向他的伤口砸了过去,结果黄福还是一动不动,敌人以为黄福真的死去了,便没有再向他补上一枪。

大约过了一天,黄福渐渐苏醒过来。睁开眼睛时,发现自己的东西全都不见了,只看见身旁有一块碗口般大小的石头。此刻,他顿感喉咙干燥,口渴难忍,便不顾一切地拼命往山下爬去找水喝。到了山脚下的水沟边,伏下身子大口大口地喝了起来。喝饱水,爬回山边时,全身乏力、疲惫不堪,昏昏沉沉地倒在山边呼呼大睡起来。

当黄福睡醒时,已经是第三天的早上7点多了。这时他看见了一群老百姓挑着柴草从他不远处走过。后来有一位慈祥的老者路过,走到黄福跟前,看见黄福的肠子流了出来,就知道发生什么事了,关切地问起黄福受伤的经过。当了解到黄福是一名小游击队员时,被黄福的坚强意志所感动,非常同情他的遭遇,偷偷地扶着黄福去到一个废弃了的炭窑里,将黄福藏了起来。往后每天都拿些饭来给黄福吃,带些草药帮黄福敷伤口。这样过了一个多月,黄福的脚不痛了,肚子的伤口也愈合了一些。一天,长者用一个席袋装了几碗饭,拿了很多草药来,难为情地对黄福说:"小游击队员,实在对不起了,你到杨梅圩讨饭去吧!"黄福十分理解长者的难处,知道长者是冒着很大的风险救下自己,克服了很大的阻力照顾自己这么长时间,已经很不容易了。于是,劝长者不必自责,自己一定会坚强地活下去,并请长者留名,以便日后回来报答救命之恩。但长者不肯留名,他们含着眼泪,依依不舍地道别。

黄福怀着强烈的求生欲望,开始了一场生与死的搏斗。他手执流出来一寸多的肠子,慢慢地向前移动,离开了废旧的炭窑。花了大半天的工夫,耗尽了全身的力气,好不容易才到了七八里远的井头圩。一打听才知道,这里离杨梅圩还有30多里地,但他没有退缩,歇息一夜后,咬咬牙继续走向目的地。沿途停停歇歇,饿了摘些野菜野果充饥,累了就躺下休息,以坚强的毅力走了好几天,才到了杨梅圩。

杨梅圩与鹤山相邻,是一个较为贫穷落后的地方。黄福初来乍到,人生地不熟,一切都显得十分陌生。他住的是街角屋檐下,任凭风吹雨打、日晒雨淋,日夜伴随他的是饥肠辘辘和蚊叮虫咬。五月天,潮湿闷热,多雨,蚊蝇滋生,致使流出来的肠子感染加剧,逐渐化浓、腐烂、发臭、长蛆,让他特别难受。但即使在这样恶劣的环境下,黄福也没有失去信心,仍然顽强地乞讨下去,争取活下来,盼望早日康复,去报仇雪恨。

黄福在杨梅圩行乞的日子久了，慢慢被人们所熟悉。他那坚韧不拔的意志感动了不少人，赢得了人们的称赞，很多人向他伸出了援手。有一段日子，他在圩内一赌档前行乞，引起了档主的注意。档主发现这个乞讨少年正直、懂事、有骨气，于是收留黄福在档内做煮茶煲水的工作，供他饭吃，让他住在店内。黄福结束了在杨梅圩两个多月颠沛流离、居无定所的乞讨日子。尽管身体还十分虚弱，但他尽心尽力干好煮水斟茶、扫地、擦桌椅等杂活，博得了档主的欢心。档主舍得花钱给他买药治疗伤口，黄福的伤才一天天好起来，虚弱的身体也渐渐得到了恢复。

1945年7月，黄福在大田村打仗负伤、流落在杨梅圩乞讨、被赌档主人收留的消息传回小洞悦塘村姐姐和姐夫的耳朵里。姐夫陈星马上赶到杨梅圩，在赌档里见到了黄福。陈星靠近黄福，用一木棍捅了捅黄福，使了个眼色，示意黄福离开这里，跟自己回家去。黄福会意，给档主打了个招呼，便跟着姐夫回到了悦塘村，替别人看牛，连续看了两年多。

1948年4月16日，陈松队长带领新高鹤人民解放军总队高明基干队（代号信义队）回到小洞，黄福知道报仇雪恨的机会来了，马上跟黄来仔商量，两人重新归队，加入了高明基干队。接着，参加了5月25日打三洲石岩头的战斗和5月27日的茶山战斗。下半年，随高明基干队部分队员并入了新高鹤总队直属队一连，参加了7月的二打三洲战斗、7月16日的新兴水台三村（奋村、布茅、棠下）战斗和9月30日的布辰岭战斗。

1949年，参加了1月10日的选田战斗、1月15日的明城战斗、2月20日的宅梧战斗、3月9日的袭击苍城战斗和6月14日的金岗战斗。7月，黄福所在部队改编为中国人民解放军粤中纵队六支队独一营一连（代号红狮连），8月参加了白石战斗。

黄福归队以来，在作战中机智勇敢，参加了十多次较大的战斗和很多次小的战斗。

1949年10月新中国成立后,黄福随所在连队编入西江军分区15团机炮连当战士,在西江流域一带的德庆、封川、开建和怀集等县参加剿匪清霸行动。经常随部队爬大山围剿土匪,任务相当艰巨,生活十分艰苦,战斗之激烈程度,并不亚于解放战争。最后,部队肃清了土匪。

1953年5月,被调往广东省公安总队45团五连当副班长。

1953年6月,被调到广东省委政治保卫队当队员。

1956年2月,荣获解放奖章一枚(章号8938,证号广字44333)。

1956年3月20日,退伍(中国人民解放军公安军广州市总队签发命令),回家探亲时,专程到杨梅大田村寻访那位长者,细问之下,才知道长者名叫黎带。黄福当面报答了黎带当年的救命之恩,实现了一个心愿。

1957年11月,在省民政厅老区工作队当队员。

1959年12月,在省林业厅流溪河林业学校当职员。

1961年11月,任高鹤县三洲税务所专管员。

1962年8月,任更楼税务所专管员。

1971年至1975年(1972年除外),光荣地出席了高鹤县先进代表会议,1973年出席佛山地区先进代表会议。

黄福同志是小洞人民的优秀儿子,少年英雄。他10岁参加抗日,14岁重归部队参加解放战争,是小洞参加革命队伍的同志中年龄最小的一个。他有坚韧不拔的精神,顽强的意志,在战场上机智勇敢,有一股不怕苦不怕死的气概,体现了革命战士的英雄本色。

本文根据高明区档案馆黄福同志个人档案资料整理

黄来仔① 同志生平简介

黄来仔

黄来仔出生在顺德龙江涌口村，生长在一个六口之家，虽然并不富足，但一家人平静安宁。1938年10月，广州沦陷。随即，他的家乡也遭到了日军飞机的狂轰滥炸，平静的生活从此被彻底打破，家里的房屋被夷为平地。10月23日，家园被日军占领，他们成了无家可归的难民。不久，操心过度的父亲离世，他们彷徨无措，失去了依靠。在衣食无着、饥寒交迫的情况下，为了活命，一家五口只好沿途行乞，投靠香港的姨家。为了混口饭吃，八岁的来仔只得在香港的街头替人擦鞋度日。

1941年12月，日军进攻香港，敌机天天在上空盘旋轰炸，日子过

---

① 黄来仔（1932年—2011年2月），男，初小文化，高明区更合镇小洞盘石村人。1945年3月，参加广东人民抗日解放军；1958年3月，加入中国共产党。

得十分不太平。26日,香港沦陷,他们定居香港的梦想被击得粉碎。不得已,他们只得沿路行乞返回家乡。回到家一看,被损毁了的家,已被疯长的杂草布满,草长得比人还高,根本无处落脚。无奈之下,他们又一次离开家乡,流浪到未被日军占领的高明山区更楼圩和合水圩一带。在更合这个穷乡僻壤,人们的生活极度贫困,能拿得出东西施舍的人少之又少,加上从各地逃难到此地的行乞者众多,根本不可能满足行乞者的果腹之需。1942年冬,黄来仔的母亲在饥寒交迫中冻死在更楼圩的一棵大树脚下。

失去了母亲的四个未成年的兄妹十分可怜,人们都无法再忍心看下去。有一好心人不愿看见他们兄妹白白饿死冻死,四处找人收留他们。他们兄妹命不该绝,黄来仔、哥哥和妹妹分别被小洞盘石村三户人家收留了,他最小的弟弟也被平塘村一户人家收留了。

黄来仔到了新家后,12岁才上学,只读了一年书,13岁就到了石贝村打起长工来了;1944年年底,他忍受不了欺凌,跑了回家。

1945年2月中下旬左右的一个傍晚,小洞交通站负责人找到黄来仔,要他送信到宅梧圩附近的部队,来仔愉快地接受任务。他连夜出发,按时把信送到了目的地,出色地完成了任务。

这次送信到部队,黄来仔算是长了见识:在这个大家庭里,他看见了年纪比自己还小的小八路,他们之间的关系十分融洽,犹如亲兄弟一般温暖。这些都使他的心很不平静,有了参加部队的想法。他回到家,找了同村的黄福商量。两人一拍即合,决定投奔部队去。同年3月的一天,他们瞒着家人,偷偷地去宅梧找到部队,央求部队收留他们。广东人民抗日解放军第二团领导见他们身世可怜,参军决心大,便留他们在独立营营部当勤务员和通信员。

黄来仔参加部队才两个多月,就跟随广东人民抗日解放军第二、第三团及独立营出击新会到抗日前线打击日军了。5月11日,部队从开平水井回师高明、鹤山途中，在狮山被国民党军 158 师 473 团及"挺五"何志坚部尾随追上；下午 4 时发生了狮山战斗，天黑才停火。是夜，广东人民抗日解放军撤至耙齿沥召开战地紧急会议，研究部队摆脱敌军围追的策略。为了缩小目标，决定兵分两路行动。

5 月 12 日，第二团及独立营开赴江会前线，途经古猛宿营时，遭敌"挺五""挺三"和鹤山"鹤卫队"夹攻，经激烈战斗，才得以安全转移。古猛战斗后，5 月 19 日下午，独立营行至皂幕山对开的大田村休息做饭，刚准备吃饭，突然发现国民党鹤山顽军何柏部队三四百人从四面八方包围过来。李超营长马上组织部队迅速登山突围，指挥部队向东杀出一条血路。因敌人兵力多火力猛烈，我军冲到大半山时，就被敌人打散。黄来仔不顾一切，拼命跟上了大部队，从水口经云岗顶突出了重围，向井头新圩方向撤退。经历此次战斗考验，黄来仔因年龄太小，跟不上部队行动，下半年被劝退返回家乡。从 1946 年至 1948 年年初，又替别人打了两年长工。

1948 年 4 月 16 日，陈松带领新高鹤人民解放军总队高明基干队（代号信义队）回到小洞活动。黄来仔同黄福一起重新归队，加入了高明基干队。接着，参加了 5 月 25 日的打三洲石岩头战斗及 5 月 27 日的茶山战斗。下半年，随高鹤基干队部分队员编入新高鹤人民解放军总队，黄来仔被分到司令部当勤务员。

1949 年 7 月，新高鹤人民解放军总队改编为中国人民解放军粤中纵队六支队，黄来仔在六支队队部当通信员。

1949 年 11 月，部队整编，黄来仔被编入西江军分区 15 团团部当通信员。

1951 年 2 月，在西江军分区第 13 团侦察排当侦察员，7 月被提升为副班长，9 月参加了该团训练队的集训。

1952 年 7 月，在中南军区独立团二营当侦察员。

1953 年 5 月起，在广东公安团二营当侦察员；其间 7 月至 10 月在广东省公安总队侦察训练队参加集训。

1953 年 11 月，调往中国人民解放军第 55 军 144 师 46 团九连当战士。

1955年10月3日,被授予解放奖章一枚(军区司令员陈再道、军区政治委员王任重、师长霍成中、师政治委员卢继昌签发)。

1956年8月,在洛阳步兵学校参加集训,被编入七连当学员。

1957年7月,在第五步兵预备役军官学校参加集训,7月21日被批准为预备役少尉军官军衔(干令字006号);8月5日,被确认战时可任步兵排排长职务(第五步兵预备学校干部处)。

1957年9月,退伍回乡,曾在高明县兵役局、高鹤县合水公社武装部当干事。后来,回到小洞大队民兵营当营长。

黄来仔同志是小洞人民的优秀儿女之一,他14岁参加广东人民抗日解放军,16岁重新归队参加解放战争,是小洞参加革命队伍中年龄较小的一个。在战场上作战勇敢,共参加作战15次,为消灭国民党反动派,为解放事业做了很大的贡献。

本文根据高明区档案馆黄来仔个人档案及亲属提供资料整理

陈庚[①] 同志生平简介

陈庚同志出生于小洞塘角村的一个贫苦农民家庭。家境十分贫寒，因此没上过一天学、读过一天书。8岁就跟着母亲上山砍柴割草了，14岁去给别人看牛、打短工，日子过得相当艰难。

陈庚生于革命根据地，长在革命环境里，耳闻目睹小洞人民开展革命斗争的经过，长期受到革命思想的教育及影响，渐渐懂得了不少革命道理，为他日后走上革命道路打下了良好的思想基础。

1947年2月，新高鹤地区恢复公开的武装斗争，实行"小搞"。中共高明地方组织成立了穷人求生队，在小洞重建了交通站，陈庚积极响应青年参军的号召，加入了穷人求生队，同时参加了小洞交通站的送信工作，成为恢复公开武装斗争以来，小洞最早加入革命队伍的青年之一。

1948年2月，新高鹤革命斗争进入"大搞"阶段，中共高明地方组织根据斗争形势需要，建立起了武装队伍，成立了高明基干队（隶属新高鹤人民解放军总队领导，代号为信义队），任命陈松为队长。陈庚跟随陈松加入了高明基干队，参加了攻打四堡的战斗、三洲石岩头战斗和茶山反击战等战斗。下半年，高明基干队奉命编入战斗主力队伍，一部分队员并入新高鹤总队直属基干队，一部分归属要明部队湖南连，陈庚被分派到新高鹤总队基干队当战士。10月被调到开鹤新部队绿星队当战

---

① 陈庚（1931年2月—2006年11月），男，汉族，不识字，高明区更合镇小洞塘角村人。1947年3月参军入伍，1953年12月退伍，回乡参加建设。

士。12月，被分配到粤中分委（代号泰山）政治部当保卫员。

1949年1月，在粤中青年干训班当警卫员；10月被派到粤中临时区党委支前司令部当警卫员。

1950年2月，参加粤中教导队"小鬼班"学习，任班长；4月在粤中军分区警卫连当战士。

1951年4月，在粤中军分区后勤部当战士。

1952年6月，在粤中军分区后勤部当副班长。

1952年10月，在粤西军邮局当交通员。

1953年4月，在广东省公安总队某团三营九连当副班长。

1953年12月，由解放军粤西军分区关防批准退伍回乡参加农村建设。

1991年3月，入住高明区光荣院养老。

本文根据高明区档案馆陈庚同志个人档案资料整理

陈元基^① 同志生平简介

  陈元基同志出生于小洞塘角村的一个自耕农家庭。10 岁入读和平学校，就读期间，正是我党李参、陈学勤、黄文康、叶琪等多名革命干部先后在和平学校任教的时候。他们不断向学生灌输革命思想，倾力培养革命苗子，在陈元基幼小的心灵中播下了革命的种子。他长在革命的大家庭里，有多名叔伯、兄妹参加了革命，耳濡目染他们的革命思想和行动。随着年龄的增长，他懂得的革命道理越来越多，为他日后走上革命道路打下了基础。

  1947 年 2 月，新高鹤地区恢复公开武装斗争，实行"小搞"，中共高明地方组织成立了穷人求生队，中共小洞支部恢复活动，重建了交通站。陈元基积极响应青年参军的号召，加入了穷人求生队，同时参加了小洞交通站的送信工作，成为恢复公开武装斗争以来，小洞最早加入革命队伍的青年之一。

  1948 年 3 月，新高鹤革命斗争进入"大搞"阶段，中共高明地方组织根据上级指示，4 月成立了武装基干队（编入新高鹤人民解放军总队，代号信义队），任命陈松为队长。陈元基跟随陈松加入了高明基干队，担任陈松的勤务员。参加了攻打四堡的战斗、三洲石岩头战斗和茶山反击战等战斗。8 月，跟随陈松到万屋、石背交通站兼做交通员工作。10 月，

---

  ① 陈元基（1928 年 9 月—1979 年 7 月），男，汉族，高小文化，高明区更合镇小洞塘角村人。1947 年 4 月参加革命，1948 年 11 月加入中国共产党。

部队不断增员,军需的来源已发展到了游击区,需要设置税站,在合水地区设立了税务总站。总站设在陆村(后迁到大围村),负责人陈松。陈元基跟随陈松到合水税务总站工作(税务人员均属武装编制)。

1948年11月,经过近两年的革命斗争锻炼和考验,被吸收加入了中国共产党。

1949年10月,跟随陈松入城参加接收工作,在军管会当勤务员。

1950年10月,家里分得了田地,父亲又上了年纪,因家庭劳动力不足,要求回乡参加家乡建设。

之后先后担任过村干部、大队干部和小洞林场场长等。

本文根据陈元基同志亲属提供资料整理

陈新[①] 同志生平简介

陈新

陈新同志出生于小洞塘角村一个贫寒农民家庭。幼年丧父，孤儿寡母，生活没有着落，没饭吃，没衣穿，一直在饥寒交迫的贫困线上挣扎，生活相当凄惨。同村的陈会云夫妇十分同情他的遭遇，把他收作义子，让他有一口饭吃，他才保住了性命。

1936年，他进入和平学校读了三年书，在这段时间里，正是陈励生等革命同志在和平学校教书、开展革命活动的时候。陈新在三年的学习过程中，接受了革命思想的教育，开始懂得了一些革命道理，成为一名

---

① 陈新（1927年10月—2008年2月），字建基。男，汉族，初小文化，高明区更合镇小洞塘角村人。1947年4月参加革命；1948年11月加入中国共产党；1987年12月离休，享受正科级待遇。

正直上进的少年。

1939年至1940年初，日军经常出动飞机，到处狂轰滥炸。小洞地下党组织为了保障和平学校师生的安全，在和平学校附近设立了防空哨。不足12岁的陈新积极要求参加防空哨的工作，轮流担任防空值班任务。

1944年9月，日军过境高明向广西进犯。小洞人民决心奋起抗击。11日晚，召开群众大会，即席成立了小洞抗日武装自卫大队。陈新当即报名加入了这支队伍。次日，便投入了紧张的军事训练中。参加了观音座构筑工事、挖掘堑壕以及组织群众疏散等工作。10月，加入了"倒钟"行列，24日参加了攻打明城战斗。11月16日，和小洞抗日武装自卫大队200多人一起，配合高明人民抗日游击队第三大队，在合水纱帽岗至塘花地段伏击国民党高要廖强部，击退了廖强部300多人的进攻。当晚，又参加了夜袭洞口的战斗。

12月30日（农历十一月十六日），国民党军158师473团、高要廖强部、鹤山黄柏森部及高明国民兵团2000余人疯狂"围剿"小洞。当天早晨，陈新等十多人，东出佛坳，迅速占领观音座等制高点，阻击敌人的进攻，延缓了敌人的行动，为小洞群众撤离疏散赢得了时间。

1945年1月3日傍晚，国民党军撤出小洞时，放火焚烧村庄。陈新积极协助塘角村党小组迅速组织群众，及时赶回村里展开了扑火工作，随后全力投入了村里的劫后重建。5月中旬，第三团在皂幕山战斗失利，敌人加紧了对小洞的搜捕"围剿"行动，小洞笼罩在白色恐怖中。在恶劣的环境下，陈新不顾个人安危，仍然多次完成了交通站交给他的送信、送情报任务。

1946年，革命进入了低潮阶段，反动派更疯狂地残害小洞人民，塘角村饱受国民党军队和反动联防队的轮番"清剿""扫荡"之苦。陈三苟、陈定先后遭到杀害，十多名村民被投进监狱。陈新却毫不惧怕、毫不退缩，在一次敌人的严呵斥责审问中，表现得大义凛然，遭到了敌人凶狠的拳打脚踢，腰部被敌人用枪托撞成重伤，即便如此，他都没有向敌人低头屈服，毅然坚守革命秘密，绝不出卖革命同志。

1947年2月,新高鹤地区恢复了公开武装斗争,中共小洞支部恢复了活动。陈新听从党的召唤,勇敢地站了出来,立即投入到地下党的革命活动中,积极带领群众开展以反"三征"为中心的革命斗争,加入了高明穷人求生队,成为小洞革命斗争的新生力量和骨干之一。

1948年3月,新高鹤武装斗争进入"大搞"阶段。年初,小洞按自然村分别成立农会组织,陈新被选为塘角村农会副会长。他大胆带领村民开展借粮渡荒和建立民兵组织工作。下半年,按照上级部署,领导村民全面铺开大规模的减租减息工作。同年11月,陈新在经受了多年的革命斗争锻炼和考验后,符合入党的条件,经陈虾、陈翰介绍,加入中国共产党。在同月的一天,在高明县工委书记郑靖华监誓下,参加了在军屯村祠堂由中共小洞支部主持举行的多名新党员入党宣誓仪式。

1949年,继续带领群众开展"双减"、田亩调查、废债等多项巩固革命老区的工作。

1950年,任村干部。

1951年,参加家乡土改工作。

1952年8月,调到高明县木材公司工作。

1958年后,先后担任高鹤县三洲木材站站长,高鹤县林业局副局长兼木材公司副经理等职。

"文化大革命"后期,担任对川茶场革命委员会委员。

"文化大革命"结束后,先后担任高鹤县物资局副局长,中共佛山地区驻广州联络处委员会委员等职务。

1982年4月,高鹤分县后,担任高明县林业局副局长,兼县木材公司副经理职务。

1986年3月,担任高明县林业局局级巡视员。

本文根据高明区农业渔业畜牧局人事档案室陈新同志个人档案资料整理

陈森[①] 同志生平简介

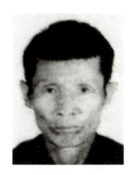

陈森

陈森同志出生于小洞塘角村一个贫苦农民家庭。家庭条件虽然十分困难,但他的父母还是节衣缩食,咬紧牙关供他读书,从8岁开始至13岁,他读了六年书,直到小学毕业。

他入学读书时,正好遇上小洞陈姓人家合伙开办和平学校,首聘进步教师陈耀聪当校长,实行新思想办学方针。1936年又赶上陈励生奉命回和平学校当校长开展革命的机会,从而接触到新思想和受到革命思想的熏陶,逐渐懂得了不少革命道理,成为一个思想进步的少年。

---

① 陈森(1924年10月—2005年7月),字登朝。男,汉族,高小文化,高明区更合镇小洞塘角村人。1947年4月参加革命;1948年11月加入中国共产党。

小学毕业后,他回到家里耕田时,小洞大地已经燃起了熊熊的革命烈火,革命事业如火如荼,逐渐进入了高潮。他先后目睹了小洞人民组成"饥民请愿团",成立民众抗日自卫中队的经过和省抗先队130队进驻小洞开展大规模轰轰烈烈抗日救国宣传运动的过程,这些活动给他留下了深刻的印象;同时得到了陈定、陈会群等共产党员的培养教育,思想进步很快,成为村中有志的知识青年。

1942年夏,初次参与了中共小洞支部领导的近三年的"抗租保佃,誓死保卫佃耕权"斗争,和广大佃户站在一起,抵制当局的所谓"三改"新规,得到了很大的锻炼。

1944年9月,日军向广西进犯,过境高明。小洞人民决心奋起抵抗。于11日晚成立了小洞抗日武装自卫大队。陈森当即报名加入了这支队伍。次日,便投入到紧张的军事训练中,参加构筑工事、挖掘堑壕、组织群众疏散等工作。

10月,加入了"倒钟"行列,24日参加了攻打明城的战斗。11月16日,和小洞抗日武装自卫大队200多人一起,配合高明人民抗日游击队第三大队,在合水纱帽岗至塘花地段伏击国民党高要廖强部,击退了廖强部300多人的进攻,当晚又参加了夜袭洞口的战斗。

12月30日(农历十一月十六日),国民党军158师473团、高要廖强部、鹤山黄柏森部及高明国民兵团2000余人疯狂"围剿"小洞。当日早晨他协助塘角村党小组组织村民疏散,指挥群众到禾仓岗、陇村、横村、屏山等安全地带,使群众的生命财产损失减少到最低限度。

1945年1月3日傍晚,国民党军队撤出小洞时,放火焚烧村庄,陈森迅速赶回村里,协助组织群众进行灭火工作,随后参加了村里的劫后重建和巩固抗日后方基地等工作。

5月下旬起,革命逐渐进入低潮,国民党当局不断派出大批军队和反动联防队进入小洞,残酷地镇压人民。塘角村受到的苦难极为深重,陈三苟、陈定先后被杀害，十多名村民先后被投进明城或新兴的监狱。在这血雨腥风的日子里，面对凶神恶煞的敌人，年轻的陈森没有被敌人吓倒，没有丧失革命斗志，而是坚定地站稳了立场，经受了严峻的考验。

1947年2月，新高鹤地区恢复公开的武装斗争，中共小洞支部恢复了活动。陈森听从党的召唤，勇敢地站了出来，立即投入到革命活动中，带头参加了以反"三征"为中心的革命斗争，成了村里的新生力量和主要骨干之一。

1948年年初，新高鹤武装斗争进入"大搞"阶段。小洞按自然村分别成立了农会组织，陈森成为村农会委员，专管账目，并协助农会开展借粮渡荒和建立民兵组织的工作。下半年进行减租减息运动，他把账目算得清清楚楚，为顺利开展"双减"运动提供了准确依据。

同年11月，陈森在经受了多年的锻炼和考验后，符合入党条件，经陈苟、陈翰介绍，加入了中国共产党；并在同月的一天，在中共高明县工委书记郑靖华的监誓下，参加了在军屯村祠堂举行的多名新党员入党宣誓仪式。

1949年，负责"双减"的账目管理。六七月按上级要求完成了田亩调查工作，为"双减"和征收公粮提供了合理的依据，并做了充分准备。8月，参与了废债工作，对一些债券、契约一一核实清理，为农会废除不合理的债券提供了准确的证据。高明解放后，担任村干部，负责村的财会工作，参与了分田分地等土改工作。

1956年，被派到农业银行小洞信用合作社工作。

1962年年底，受"左"倾路线"唯成分论"的影响，被辞退在信用社的工作。

1963年年初，转到小洞大队当会计，9月"小四清"时，被清理回家务农。

1981年6月，党的十一届六中全会后，"左"倾错误路线得到纠正，陈森同志的家庭成分问题得到澄清，恢复了名誉。

本文根据高明区档案馆陈森同志个人档案资料整理

梁就① 同志生平简介

梁就

  梁就同志出生于小洞军屯村的一个殷实家庭。9岁开始入学读书，直至鳌云书院毕业，受到较好的教育，具有一定的文化知识，毕业后回家耕田。

  1944年11月10日，高明人民抗日游击队第三大队成立，司令部设在军屯村梁氏祠堂。接着在各地建立了一批交通站网点，梁金（金伯）为小洞交通站负责人。金伯专门挑选了一批信得过的人当交通员，特别挑选了梁就的父亲梁欧新做自己的秘密联络员，主要从事收集敌人的情

---

① 梁就（1921年8月—2008年5月），字家扬。男，汉族，初中文化，高明区更合镇小洞军屯村人。1947年4月参加革命；1947年11月加入中国共产党；1999年享受"堡垒户"补贴。

报工作及为部队购买枪支弹药等。梁就常常目睹父亲为革命奔忙,把购回来的枪支弹药藏于家中。尤其在革命低潮时,冒着杀头的危险,把陈松的左轮手枪藏在家里。父亲所做的一切对他的影响极大。后来,他主动帮助父亲藏枪支、埋弹药、协助父亲送信等,经受了在隐蔽战线的锻炼和考验,成为一名"编外"的见习交通员。

1947年2月,新高鹤地区恢复公开的武装斗争,实行"小搞",中共小洞支部恢复了活动。4月,奉中共高明特派员郑靖华指示,陈松、金伯在小洞重建了小洞交通站。他们两人决定再请梁欧新出山,同时挑选梁就到交通站,负责缮写情报工作,父子二人成了交通线上的父子兵。11月,经过军屯党小组多年的培养和考验,已符合和具备入党条件,加入了中国共产党。梁就入党后,一直在交通站工作,参加军屯村党小组活动,直到高明解放。

1950年至1953年,参加了土改工作,主要负责财务及账目部分的工作。

1955年后,先后担任小洞初级农业合作社和高级农业合作社的财务会计,曾被选为中共小洞支部委员。

1960年10月后,回家乡务农。

本文根据梁就同志亲属提供资料整理

梁植森① 同志生平简介

梁植森

  梁植森同志出生于越南西贡。其父亲于 1920 年前后离乡别井到安南谋生，经过一番打拼，置有一些家业，家庭生活较为宽裕。他出生不久，他们举家回到家乡定居，7 岁时进入学堂读书，在鳌云书院毕业，受过较好的教育，掌握了一定的文化知识。在读书期间，受进步人士梁佐明、革命人士梁景光的教育及影响，耳闻目睹了村中开展革命活动的情况，受到很大触动，思想倾向革命，成为进步的学生。

  1947 年 4 月，在鳌云书院毕业后回到家乡耕田时，刚好遇上新高鹤

---

  ① 梁植森（1929 年 6 月—2012 年 5 月），男，汉族，初中文化，高明区更合镇小洞军屯村人。1947 年 4 月参加革命；1948 年 1 月加入中国共产党；1948 年 6 月参军入伍；1989 年 9 月离休，享受处级待遇。

地区恢复公开的武装斗争,小洞重新建立了交通站。他被金伯选中,加入小洞交通站负责抄写情报工作。

1948年1月,经过军屯村党小组的培养教育,加上他在交通站的工作表现出色,能够保守秘密,立场坚定鲜明,经得起考验,具备了入党条件。因此,党支部决定吸收他加入中国共产党,他由此成为小洞最年轻的共产党员之一。6月,部队扩编,需从地方抽调一批党员、骨干充实部队。梁植森被调去要明部队高要二区武工队。

1949年5月,任高要二区武工组副组长;8月,任中国人民解放军粤中纵队六支队独立七营文书;11月,任西江军分区高明县大队文书。

1951年12月,退伍,任高明六区团委副书记。

1953年4月,任高明三区区委副书记;5月,任高明县团委副书记。

1955年3月,任粤中区组织部组织科副科长。

1957年4月,任开建县委组织部部长。

1958年9月起,任封开县委副书记。其间1959年3月至8月参加省委党校学习。

1962年9月,任封开县罗董公社党委书记。

1964年3月,任封开县委常委,组织部部长。

1966年10月,任封开县长岗公社副社长。

1973年11月,调往云浮硫铁矿集团,先后任铁路运输副大队长、基建科副科长、调度室副主任、选矿厂筹建处副主任。

1980年10月,任云浮硫铁矿集团生活服务公司副主任、经理。

1984年1月,退居二线。

1989年9月,离休。

本文根据云浮硫铁矿集团公司人事档案室梁植森同志个人档案资料整理

罗瑞莲① 同志生平简介

罗瑞莲
(梁光明同志的爱人)

　　罗瑞莲同志出生于高明更楼屏山村的一个殷实的家庭。由于受到封建社会"男尊女卑"思想的影响，只读了三年书，就在家里做家务。到10岁左右，受"父母之命、媒妁之言"，被许配给了一个年纪比自己大十多岁不相识的男人。嫁入夫家后，做牛做马，被当作婢女使用，还时常遭到打骂，受尽虐待。最不能忍受的是丈夫不久又纳妾，把她晾到一边。罗瑞莲不甘凌辱，奋起反抗封建婚姻，与丈夫解除婚约，回了娘家。

　　1935年9月，"三小"力社扩展到了屏山。从此，屏山村人民在地下党的带领下闹起了革命，人民群众的觉悟不断提高。1939年3月成立

---

　　① 罗瑞莲（1922年2月—2005年12月），女，汉族，初小文化，高明区更合镇军屯村人。1947年2月参加革命工作；1947年6月加入中国共产党。

了党支部。1944年11月建立了交通站和医疗站，成为新高鹤地区重要的革命据点之一。罗瑞莲目睹了屏山村人民群众开展革命活动的经过，思想受到了很大影响，逐渐认识到只有走革命道路，才是唯一正确的生路。

1944年至1945年间，参加了屏山村一些革命活动。

1945年冬，革命进入低潮，但她并没有动摇走革命道路的决心。

1947年2月，中共广东区委决定放手发动群众，恢复公开的武装斗争。中共更楼区委负责组织及妇女工作的何少霞深入屏山村开展群众运动及妇女工作。在她的教育帮助下，罗瑞莲积极投身到革命斗争中去，传递情报，救护伤员，到女仔屋发动妇女群众开展革命活动，同时积极向党组织提出入党申请。由于工作积极，表现出色，经过考察，符合入党条件，于1947年6月，由罗湛源、何少霞介绍加入了中国共产党。

1948年下半年，高明地方党组织的中心工作是"巩固老区、开辟新区，以农村包围城市"。为了加强党建工作，壮大党的力量，不断派出人员到各乡村开展工作，大力发展党员。罗瑞莲受组织委派，到陇村、横村、新围等地开展工作。她到女仔屋联系妇女，向她们宣传党的方针政策，发动她们起来反对封建礼教，动员她们一起做交通员以及到部队当卫生员，同时积极发展新党员。通过罗瑞莲做工作，陇村随后成立了党支部。

1948年8月的一天，谭家骏、罗瑞莲、苏女等五人工作组到新围村开展工作时，不幸被敌人包围。在突围时谭家骏不幸牺牲，苏女被捕，罗瑞莲等三个同志在群众的掩护下脱了险。当时罗瑞莲头上扎了两条辫子，被一位老太太冒着生命危险把她认作自己的女儿，才得以脱险。

1949年1月，部队扩编，急需大批护理人员。罗瑞莲作为骨干被派到新高鹤解放军总队伤兵休养所当护士。

1952年6月，在高明县人民医院当护士。

1954年5月，随丈夫梁光明调到肇庆在高要专区人民医院（后为肇庆地区第一人民医院）当护士。

1958年4月，中央号召全国各地展开以妇女为主的"勤俭建国、勤俭持家"运动。罗瑞莲作为一名共产党员，响应党的号召带头退职回家。

1971年2月，肇庆市北区成立卫生院，任北区卫生院筹建处负责人，肇庆市北区卫生院改为肇庆市端州区红十字会医院后一直在该院工作。

1982年8月，退休。

罗瑞莲同志对革命工作兢兢业业，不图名不图利，一心一意为党的事业而勤奋工作，是屏山及小洞在革命斗争时期的优秀儿女之一。

本文根据罗瑞莲同志亲属提供资料整理

梁星① 同志生平简介

梁星

梁星同志出生于小洞军屯村的一个穷苦农民家庭。家里十分贫困，至11岁才有机会上学读书，后因没有钱交学费，只读了两年就回家看牛耕田了。

1943年3月，当局抽壮丁，因家穷，哥哥梁根被迫代替别人去国民党军队当兵。家里的耕作任务就压到了他身上，他成了家中的主要劳动力。

1946年6月至7月间，梁星到了更楼某村当长工时，遭到别人暗算

---

① 梁星（1921年6月—2010年12月），男，汉族，初小文化，高明区更合镇小洞军屯村人。1947年4月参加革命；1953年6月从税务部门离职；1999年12月享受"堡垒户"补贴。

和陷害。由于势单力薄，有口难辩，梁星干脆一走了之，躲到了新兴杜村。陈光把他安排到附近村庄一户人家做帮工。

1947年2月，新高鹤地区恢复公开武装斗争，实行"小搞"。4月，中共高明县特派员郑靖华同陈光等商量，组织群众拿起枪杆子，实行开仓分粮。梁星加入了水台地区穷人求生队，参加了6月15日的水台开仓分粮斗争。后来追随陈光加入武工组，以良田为据点，活跃在各村庄，开展武装斗争。

1948年3月，新高鹤地区公开武装斗争进入"大搞"阶段。27日，新高鹤人民解放军总队在良田（学典陈公祠）成立。梁星为筹备成立总队做了不少工作，见证了总队成立的全过程。接着水台武工组迅速扩大成武工队，梁星成为该队的骨干之一。

7月16日，积极配合、协助新高鹤人民解放军总队主力部队攻打国民党在新兴水台地区的顽固据点——奄村、棠下、布茅三村的战斗，沉重打击了当地反动势力，迫使当地恶霸纷纷逃离本乡。

在三村战斗后，梁星认为在大部队作战爽快、威风，要求参加大部队。陈光对他说："地方工作更需要你这样的骨干。"于是耐心做通了他的工作。此后，梁星一直安心留在水台地区武工队（后为东北区武工队），一直跟随陈光在水台、合成一带活动：发动群众，开展以反"三征"为中心的武装斗争，帮助农民建立农会、发展民兵组织、大力开展减租减息等工作，直到新兴解放。

1949年11月，在新兴县二区担任保卫工作。

1950年5月，被分配到新兴县工商税务部门工作。

1953年6月，离职回乡参加家乡建设。

本文根据梁星同志亲属及水台农群、南村老同志提供资料整理

梁二英[①] 同志生平简介

梁二英

梁二英同志出生于小洞军屯村的一个穷苦农民家庭。8岁入学读书，13岁回家看牛耕田及替别人打短工。

1944年9月，日军过境高明，小洞人民掀起抗战高潮，先后成立了抗日武装自卫大队、武装常备队和高明人民抗日游击队第三大队。梁二英年纪虽小，但很机灵，受抗战热潮的影响，积极参加送信、放哨等工作。

1947年2月，新高鹤地区恢复公开的武装斗争，党组织动员复员战士归队，号召青年参军。8月，梁二英积极响应号召，加入了要明边彭社

---

① 梁二英（1930年6月— ），又名梁仪英，男，汉族，高小文化，高明区更合镇小洞军屯村人。1947年8月参军入伍；1952年7月退伍；1986年12月离休，享受副处级待遇。

的武工组。

1948年3月，新高鹤地区革命斗争进入"大搞"阶段，新高鹤人民解放军总队成立，彭社领导的武工队编入要明部队，活跃于高明、高要、新兴交界的老香山地区，有力地打击了敌人。该武工组被命名为要明快速武工队。5月，在要明部队团部手枪组任战士。10月，参加了新高鹤总队爆破训练班集训。12月，又参加了粤中青年干训班学习。

1949年1月，调到广阳二支队东北区武工组支援新兴县东北区的武装斗争。4月，被派到新兴县平原游击队武工组。7月，广阳二支队七团改称为中国人民解放军粤中纵队二支队七团，仍在新兴县平原游击队武工组。

1949年11月，新兴县解放，部队整编，被编入西江军分区新兴县大队当战士。

1950年2月，参加广东军区军政大学学习。5月学习结束后，回到新兴县大队任副排长。10月，调往华南军区13团三营七连任副排长。

1951年11月，参加西江军分区教导队集训，在二中队当学员。

1952年7月，退伍，被分配到鹤山县合成教书。

1954年，因压缩编制，回乡参加家乡建设。

梁二英同志是新高鹤地区恢复公开武装斗争以来，小洞参军入伍较早的青年之一。在部队（武工组）期间，参加过大小战斗六次，在作战中英勇顽强，机智灵活，表现出色。

本文根据高明区档案馆及鹤山市委组织部老干局梁二英同志个人档案资料整理

陈田[①] 同志生平简介

陈田

陈田同志出生于小洞塘角村一个贫苦农民家庭。因为家穷，只上了两年学，就回家看牛了。

1947年2月，新高鹤恢复公开的武装斗争。4月，陈松、金伯按上级指示，恢复小洞交通站。8月，交通站的工作任务增多，工作量增大，急需增加多名交通员。金伯经多方考虑，为达到掩人耳目的目的，专门招收了几名机灵的男孩子当交通员。陈田头脑灵活，胆子较大，对周边环境比较熟悉，经陈松、金伯考察试用后，陈田（此时不足11岁）符合条件，被招收加入小洞交通站，和江仔拍档参加送信工作。

---

① 陈田（1936年—2015年7月），男，汉族，初小文化，高明区更合镇小洞塘角村人。1947年8月参加革命；1952年2月退伍，回家务农。

陈田加入交通站后，吃苦耐劳，做到不怕苦、不怕死，坚守纪律，严守秘密，多次巧妙地骗过敌人，把情报安全送达目的地。在两年多的交通送信中无一差错，出色圆满地完成了任务。

1949年10月19日，高明解放，小洞交通站完成了历史使命。陈田和梁锡祥等转入部队，被安排在西江军分区高明县大队当勤务员。

1951年2月，被抽调到粤中军分区18团某连当勤务员。

1952年2月，因自己年龄小，主动申请退伍，得到批准，回到家乡务农。

本文根据采访陈田同志本人及亲属提供资料整理

陈登① 同志生平简介

陈登

陈登同志出生于小洞新村的一个贫苦农民家庭。8岁读书，13岁回家看牛，15岁学会耕田。

1944年11月至1947年10月，到高要县横江巨头村帮别人耕田，1947年10月，转到更楼泽河村帮外婆家耕田。他生长在根据地，在革命思想熏陶和小洞人民革命氛围影响下，思想倾向于进步。

1948年3月，新高鹤区工委根据中共中央香港分局"放手大搞武装斗争"的指示，成立了新高鹤人民解放军总队，并向全区青年发出踊跃

---

① 陈登（1930年7月—2001年9月），又名陈子登，男，汉族，高小文化，高明区更合镇小洞新村人。1948年3月参军入伍；1950年5月加入中国共产党；1990年离休，享受处级待遇。

报名参军的号召。水台区领导人陈光坚决执行上级指示,立即组建水台区队,委托小洞交通站发动青年到水台参军,小洞交通站给予大力支持,深入各村庄动员青年到水台参军。陈登得知此消息后,从更楼泽河村跑回小洞,立即到交通站报了名。过了两天,陈登和陈容、陈六等七八个人依时到了军屯村祠堂集合,由梁二英带路,于当天下午到达水台良田,加入了水台区武工队。

1949年2月,粤中分委对中区一些地区原属地进行调整,恢复历史建制。水台地区划归新兴县管辖,在水台区武工队的高明籍战士回到高明县大队,陈登被编入了沧江队(后称二中队)当战士。7月,高明县大队改编为人民解放军粤中纵队六支队独七营,陈登先后在该营一连(黑豹连)当战士、通信员。11月,独七营改编为西江军分区高明县大队,陈登在该大队一连当班长。

1951年2月,被调往粤西军分区18团警卫连当班长。11月,被调往中南军区独四团警卫连当班长。

1953年1月,先后在中南军区训练团六连、五连、八连当副排长;9月被授予少尉军衔(广干字第43号)。

1955年2月,退伍,3月任小洞乡党支部书记。

1956年6月,任高明百货公司三洲站站长。

1957年4月,在广东省商业干校学习。

1957年11月,在高明商业局合水营业部及五金公司当主任。

1958年9月,任高鹤县官迳煤矿党支部书记、矿长。

1961年10月,任高鹤县沙坪机械厂党支部书记。

1963年3月,任高鹤县电动排灌站党支部书记。

1964年3月,任高鹤县机电局副局长。

1969年1月,任高鹤县松柏煤矿党支部书记、主任。

1973年2月,任高鹤县工业局党支部书记、副局长、局长。

1978年8月，任高鹤县二轻局局长。

1981年1月，任高明县经委副主任。

1984年5月，任高明县人大常委办公室主任。

1987年3月，任高明县建设委员会主任，党组书记。

陈登同志在部队时立小功四次，1983年、1984年立大功各一次。他热爱家乡，关心家乡建设，尤其为建成小洞革命烈士纪念堂出了不少力，做出了不少贡献。

本文根据高明区建设局人事档案室陈登同志个人档案资料整理

陈容① 同志生平简介

陈容

  陈容同志出生于小洞新村的一个贫苦农民家庭。8岁入学读书，三年后就回家看牛和耕田了。他生长在革命根据地，目睹了小洞人民开展革命活动的情况，长期受革命思想的教育和影响，思想倾向进步。

  1948年3月，新高鹤区工委根据中共香港分局"放手大搞武装斗争"的指示，成立了新高鹤人民解放军总队，向全区青年发出踊跃报名参军的号召。水台区领导人陈光坚决执行上级指示，立即组织水台区队，委托小洞交通站发动青年到水台参军。小洞交通站予以大力支持，深入各村

---

  ① 陈容（1928年2月— ），男，汉族，高小文化，高明区更合镇小洞新村人。1948年3月参军入伍；1950年3月加入中国共产党；1983年9月离休，享受副处级待遇。

庄动员青年到水台区参军。陈容得知消息后，立即到交通站报了名。过了两天，陈容和陈登、陈六等七八个人依时到军屯村祠堂集合，由梁二英带路，于当天下午到达水台良田，加入了水台区武工队。

1949年2月，粤中分委对中区一些地区按原属地进行调整，恢复历史建制，水台地区划归新兴县管辖。在水台区武工队的高明籍战士可回到高明县大队。陈容被分配到县大队当通信员。7月，高明县大队改编为中国人民解放军粤中纵队六支队独七营，陈容在营部当通信员。11月，部队整编，独七营改编为西江军分区高明县大队，陈容在县大队当通信员。

1950年10月，被调往鹤山县大队当警卫班班长。

1951年9月，被调往粤中军分区新会县公安大队当班长。

1955年2月，退伍。

1955年3月，任高明县小洞乡乡长。

1955年5月，任合水乡（大乡）团委书记。

1959年10月，任更楼公社团委书记。

1960年11月，任西安公社武装部长。

1966年8月，任合水公社武装部长。

1972年5月，任更楼深水步纸厂副主任。

1978年11月，任合成华侨农场电珠厂副厂长。

本文根据鹤山市委组织部档案室陈容同志个人档案资料整理

梁拉① 同志生平简介

梁拉

  梁拉同志出生于小洞军屯村一个贫寒的农民家庭。11 岁才有机会入学读书。但只读了两年，因无钱交学费，便失学回家做农活了。之后，父母先后亡故，姐姐出嫁，留下了他一个人孤苦伶仃，十分凄凉。

  1944 年 9 月，日军进犯广西过境高明，小洞人民奋起抗击，掀起了抗战热潮，先后成立了小洞抗日武装自卫大队和小洞武装常备队。接着高明人民抗日游击队第三大队在小洞成立，出现了青年踊跃报名参军上前线的热烈场面。小洞人民抗战的精神，对开始懂事的梁拉产生了很大

---

  ① 梁拉（1928 年 11 月—1996 年 10 月），又名梁朝芬，男，汉族，初小文化，高明区更合镇小洞军屯村人。1948 年 8 月参军入伍；在部队时加入了中国共产党；1956 年 6 月退伍。

的影响。同年10月16日，他亲身经历了躲避国民党反动派"围剿""扫荡"的过程，亲眼看见了国民党军队将枪口对准了抗日游击队，对小洞抗日根据地进行烧、杀、抢的罪行。亲临其境，让他看清了国民党反动派的嘴脸，激起了他对反动派的刻骨仇恨，他开始觉醒了。

1947年2月，粤中新高鹤地区恢复公开的武装斗争，小洞恢复了革命活动，重建了交通站，开展了以反"三征"为中心的武装斗争。下半年建立农会。不少复员战士陆续归队、青年参军等，对他的鼓舞很大，使他有了参加革命队伍的念头。

1948年，新高鹤武装斗争进入"大搞"阶段。3月，成立了新高鹤人民解放军总队；4月，高明基干队（信义队）成立。随后，部队不断扩编，号召区内青年踊跃报名参军，小洞交通站金伯深入各农户，一家家做工作。还专门找到梁拉，动员他参军。早想加入革命队伍的他马上报了名，并得到了批准，8月的一天，他加入了新高鹤解放军总队直属基干队（广东队），成为一名战士，参加了布辰岭战斗。

1949年1月，所在连队改称新高鹤总队雄狮连（4月后隶属总队独一营），参加了选田、明城、宅梧、金岗等多次战斗。7月，粤中区所属部队编入中国人民解放军序列，所在连队改称粤中纵队六支队独一营一连。8月，参加了白石战斗。11月，部队整编，编入广东军区西江军分区15团某连当战士，在西江流域的德庆、封川、开建、怀集、梧州等地参加剿匪作战。

1953年5月，被调往广东省公安总队某连当副班长。

1956年6月退伍，后曾被安排到封开县工作，因水土不服返回家乡务农。

本文根据梁拉同志亲属提供资料整理

梁芬① 同志生平简介

梁芬

梁芬同志出生于安南（越南）的西贡地区。其父亲因生活所迫，约于1920年前后，跟随哥哥一起离乡别井，到安南谋生。经过一番努力拼搏，小有积蓄，回到家乡娶妻完婚后，带着娇妻前往安南继续打拼。分别于1929年和1931年育得两子，其乐融融。后来安南时局动荡不安，为免于祸及，梁芬兄弟俩由母亲带返家乡定居。

梁芬回到家乡后，10岁那年进入村里学校读书，一直接受校长梁佐明和共产党员梁景光等进步人士的教育，思想倾向进步，为日后走上革命道路打下了思想基础。

---

① 梁芬（1929年2月—1983年3月），男，汉族，高小文化，高明区更合镇小洞军屯村人。1948年8月参军入伍；1949年9月加入共青团；1956年3月退伍。

1948年,新高鹤地区武装斗争进入放手"大搞"阶段,新高鹤区工委根据斗争形势发展,大量扩编人民武装队伍,号召全区青年踊跃报名参军。交通站金伯在村里深入发动青年参军参战。梁芬兄弟俩在革命根据地长大,有一定的觉悟,深知只有推翻国民党的反动统治,人民才能翻身得解放的道理,他们积极响应号召,一同前往交通站报名,要求参军入伍。金伯看见他们兄弟齐来报名,既高兴又犯难,高兴的是兄弟一齐上阵,难的是他们都去参军了,家里的田地谁来耕种?母亲谁来养活?金伯只好用"两丁抽一"的办法,费了很多口舌做说服工作,才把弟弟劝服留了下来,只批准梁芬一人去参军。8月,梁芬带上简单的行李,愉快地加入了新高鹤人民解放军总队直属基干队(后改称为雄狮连),成为一名战士。

  1949年1月,梁芬所在连队改称雄狮连(4月隶属总队独一营)参加了单水口、选田、明城、宅梧、苍城、金岗等较大的战斗。7月,新高鹤人民解放军总队直属队改编为人民解放军粤中纵队六支队独一营,梁芬在二连当战士,参加了白石战斗。11月,部队整编,六支队独一营二连编入西江军分区15团八连,梁芬在该连当战士,部队马上转战德庆、封川、开建、怀集、梧州等地进行剿匪清霸战斗。

  1950年11月,被调往华南军区13团一连当战士,继续在开建、怀集等西江一带剿匪清霸。

  1953年12月,被调往中国人民解放军第55军431团三营炮连,当战士。

  1954年10月,在第55军431团三营11连当战士。

  1955年1月,在第55军431团三营炮连当战士。

  1956年3月,退伍回乡。

本文根据高明区档案馆梁芬同志个人档案资料整理

梁湛① 同志生平简介

梁湛同志出生于小洞军屯村一个十分贫寒的农民家庭。十多岁后才入学读书，只读了两年就回家看牛耕田了。他是家中的独苗，在十四五岁的时候，父母先后离他而去，剩下他一个人孤苦伶仃，生活极为凄凉。

1947年2月，新高鹤地区恢复公开的武装斗争，小洞也恢复了革命活动，重建了交通站，开展了以反"三征"为中心的武装斗争。下半年，建立了农会组织，村里的复员战士陆续归队，不少青年踊跃报名参军，对梁湛产生了很大的影响，使他燃起了对新生活的希望。

1948年3月，新高鹤武装斗争进入"大搞"阶段。同月，新高鹤人民解放军总队成立。4月，高明基干队（信义队）成立。随后，部队不断扩编，号召区内青年踊跃参军。小洞交通站金伯深入家家户户动员青年参军上前线。梁湛积极响应号召，愉快地报了名。8月的一天，同村里几个青年一起，加入新高鹤总队直属基干队（广东队），成为一名解放军战士。9月30日，参加了布辰岭战斗。

1949年1月，所在连队改称为雄狮连（4月隶属总队独一营），参加了选田、明城、宅梧、金岗等多次战斗。7月，粤中部队编入中国人民解放军序列，新高鹤解放军总队改编为粤中纵队六支队，梁湛在独一营一

---

① 梁湛（1930—1953），男，汉族，初小文化，高明区更合镇小洞军屯村人。1948年8月参军入伍；1951年6月因病退伍。

连当战士,参加了白石战斗。11月,部队整编,被编入广东军区西江军分区15团某连当战士,在西江流域的德庆、封川、开建、怀集、梧州等地参加剿匪作战。

1951年6月,因病退伍,回家乡养病。

本文根据采访村中老人提供资料整理

麦三① 同志生平简介

麦三

麦三同志出生于小洞盘石村的一个贫苦农民家庭。8岁入学读书，因无钱交学费，10岁辍学，只得回家看牛耕田。他生长在小洞革命根据地，从小目睹小洞人民开展革命活动的情况，长期受到革命思想的教育和影响，思想比较进步，倾向革命，为日后走上革命道路打下了思想基础。

1948年农历八月二十七日，他参军的愿望十分迫切。约上黄金水、陈次等三人，经黄金坑到达新兴县水台良田，找到陈光，自愿要求参加游击队，受到陈光的热情接待。陈光安排他在新兴县水台良田交通站当交

---

① 麦三（1926年2月—2011年3月），又名麦志光，男，汉族，高小文化，高明区更合镇小洞盘石村人。1948年9月参军入伍；1949年10月加入中国共产党；1989年8月离休，享受科级待遇。

通员，兼做收税员的工作。12月，转入作战部队，成为新高鹤人民解放军总队要明部队湖南连（代号为大别山连，后改为长江连、珠江连）的一名战士，参加了单水口、云卓面、明城、苍城等战斗。

1949年7月，部队改编为中国人民解放军粤中纵队第六支队第18团，在三营海燕连当战士，参加了塱鹤、新兴江、狮子牙等战斗。10月，麦三在多次战斗中作战勇敢，机智灵活，不怕苦、不怕牺牲，经连长兼指导员阮明、副连长陈泽介绍，加入了中国共产党。12月，部队整编，被编入西江军分区高要县大队，先后任班长、见习排长、排长职务。

1951年7月，在华南军区军政干部学校学习。

1952年10月，任高要县二区武装部参谋。

1958年12月，在广西南宁第467速成学校学习。

1960年6月，任高要县兵役局参谋。

1964年8月，任高要县武装部民兵科副科长。

1966年4月，转业到高要县食品公司，任指导员。

1969年8月，任高要县人民银行副行长。

1970年3月，在高要县"五七干校"劳动。8月，在高要县工交服务站当干部。

1971年6月，任高要县真空泵厂副厂长。

1974年5月，任高要县劳动局副局长。

本文根据高要市委组织部档案室麦三同志个人档案资料整理

许珍彩^① 同志生平简介

许珍彩

许珍彩同志出生于台山县水步镇永成村的一个贫苦农民家庭。因受封建社会重男轻女思想的影响以及家庭经济困难等原因,从未进入过学校读书。她自懂事起,只能在家放牛及做家务活等。

1943年春,日军进犯开平、台山,致使四邑地区遭到战火威胁,趋于半沦陷状态。在日军的铁蹄下,人民过着牛马不如的日子,生活在水深火热之中。当地人民为了自己的儿女有口饭吃,不至于饿死或被炸死,纷纷逃避战火,将儿女卖(或送)到新兴山区。十一二岁的许珍彩就是在这种情况下被父母忍痛卖到新兴坝塘的一户富裕人家做婢女的。

---

① 许珍彩(1932年5月—),女,汉族,初小文化,高明区更合镇小洞军屯村人。1948年8月参加革命。1954年5月加入共青团。1982年8月离休,现享受副处级待遇。

坝塘是新兴地区的革命摇篮。1940年时，已由共产党员在该村办起了兴育学校，开展抗日救亡运动，广泛深入向群众传播革命思想，后来，该村曾一度成为新兴县委所在地。许珍彩来到该村后，受到革命思想的教育和影响，成了进步青年，盼望着有一天去参加革命队伍。

1948年8月的一天晚上，她和所在村的几名进步女青年偷偷地离开坝塘直奔新兴县城，找到了党组织，加入了革命队伍。她先后做过交通员、卫生护理员等工作，还到过新兴天堂游击区游击队训练班做炊事员和勤杂工作。

1949年11月，新兴县解放后，被调入新兴县委会做勤杂员工作。

1950年12月，在新兴县四区参加土改工作。

1952年11月，土改结束后，到新兴县火柴厂当工人。

1954年5月，被调到宝安县平湖粮所当售货员。

本文根据深圳市龙岗区委组织部档案室许珍彩同志个人档案资料及本人提供资料整理

陈开南[①] 同志生平简介

陈开南

  陈开南同志出生于小洞塘角村的一个贫苦农民家庭。10岁入学读书，14岁回家耕田。

  在读书期间，受革命思想的教育和影响，思想比较进步。才回家耕了一年田，就想到部队去，参加游击队的愿望十分迫切。

  1948年10月，家乡号召青年参军，16岁的他立即自愿报名，到新兴县水台加入了水台区武工队。

  1949年2月，被调回高明县大队沧江队（后为二中队）当战士。

---

① 陈开南（1933年10月—　），曾用名陈开。男，汉族，初中文化，高明区更合镇小洞塘角村人。1948年10月参军入伍，1953年4月加入中国共产党；1993年10月离休，享受处级待遇。

6月,全队除连长、通信员和一名炊事员外,全部被抽调到新高鹤总队独一营组建醒狮连,陈开南到了该连当战士。7月,改编为中国人民解放军粤中纵队六支队独一营,在二连当战士。11月,部队整编,调回西江军分区高明县大队一连当战士。

1950年6月,被调入高明军管会、县委会当警卫员。

1951年11月,在高明县人委当收发员。

1952年7月,在西岸乡参加土改工作,任土改委员会副主任。

1953年4月,任中共高鹤县委机要员。

1954年6月,任中共鹤山县委机要员。

1955年1月,在中共鹤山县纪检会任干事。

1959年1月,在中共高鹤县委任机关行政总支书记。

1960年2月,任高鹤县人委人事科科长。

1961年9月,任共青团高鹤县委书记。

1967年1月,在高鹤县临时生产指挥部任委员。

1968年3月,在高鹤县革委会文教卫办任负责人。

1969年1月,任高鹤县沙坪镇革委会主任。

1970年5月,任中共高鹤县第三届委员会委员。10月,赴韶关大宝山矿任佛山三线民兵二团副政委。

1971年12月,任高鹤县革委会政工组副组长。

1972年12月,任高鹤县沙坪镇革委会主任、党组书记。

1974年10月,任高鹤县工交办副主任、党组成员,兼高鹤县氮肥厂党委书记。

1979年3月,任中共高鹤县工交办政治部副主任、党委委员。

1980年2月,任高明县委组织部部长。

1982年7月后,任高明县第六、七、八届人大常委会副主任、党委委员。

本文根据高明区委组织部档案室陈开南同志个人档案资料整理

梁娥[①]同志生平简介

梁娥

　　梁娥同志出生于小洞军屯村的一个殷实家庭。但由于受封建社会"女子无才便是德"以及轻视妇女思想的毒害，她根本得不到上学读书的机会，从小只得待在家中做些家务活，如织席、耕田等。

　　1939年1月，广东省抗日先锋队130队进驻小洞，开展大规模轰轰烈烈的抗日救亡宣传活动。抗先队员进村开办识字班，吸收女青年参加读书活动，使军屯村的女青年有了读书的机会。梁娥与村里30多名女青年一起报名参加了学习，加入了小洞妇抗会。在短短的20多天里接受了

---

　　① 梁娥（1925年9月— ），女，汉族，初小文化，高明区更合镇小洞军屯村人。1948年10月参军入伍；1949年6月加入中国共产党；1984年6月离休，享受科级待遇。

革命思想教育，认识了不少字，懂得了不少革命道理。

梁娥自17岁起，就目睹了父亲在1944年冬加入小洞交通站做秘密工作时，为游击队购买枪支弹药；1946年革命低潮时，不顾危险，把游击队员的短枪藏在家里；1947年4月恢复公开的武装斗争时，父亲归队为交通站工作等过程。这对她的思想产生了很大的影响，为她后来走上革命道路埋下了伏笔。

1948年10月，有一天，新高鹤人民解放军总队独一营二连来到小洞，驻扎在离梁娥家仅隔一间屋的本隆祖大厅邸（供奉本隆梁公的大屋）里。梁娥见到了该连卫生员陈少，得知陈少的妹妹陈兰、沙村的罗莲英准备加入部队的消息。正是这个时候，她知道了家里正为她操办亲事，梁娥不想做盲婚哑嫁的封建婚姻制度的牺牲品，遂产生了参军的念头。一天夜里，趁连队撤离出发的时候，她捡了几件换洗衣服，背着家人偷偷地追赶连队，参加部队去了。

开始，她被安排在独一营一连当炊事员。不久，连队在万屋村驻扎，正好遇见送信到万屋交通站的父亲，父女相见很是高兴。这次见面，她并不觉得父亲有埋怨自己偷着跑出来参加部队之意，这才放下心来，安心搞好部队的炊事工作。空闲时，她经常协助陈少护理伤员，向陈少学习一些护理知识。

1949年3月，被派往新高鹤人民解放军总队休养所学习护理知识，当上了护理员。

1949年10月，在粤中纵队六支队开平三埠新昌休养所当护士。同月中下旬，国民党军向海南岛方向节节败退，受到南下野战军的追击。梁娥和休养所的同志一起，先后到鹤山金岗、宅梧等地，及时收容受伤的南下大军伤员回休养所进行治理。

1950年1月,休养所从新昌迁到江门,改名粤中军分区江门休养所;同月,在江门北街参加土改学习班学习;11月,在阳春县一区(龙岩乡)参加土改工作,当卫生员。

  1953年2月退伍,被分配到阳春县人民医院当护士。

  1956年3月,被调到阳春县春湾医院先后当护士、药剂员。

本文根据访问梁娥同志本人提供的资料整理

陈兰① 同志生平简介

陈兰

  陈兰同志出生于小洞塘角村一个经济较好的大家庭。后因经济陷入困境，只读了三年书就回家了。她年纪虽小，但很懂事，为了减轻家庭负担，很早就学会了织席、看牛、割草、砍柴及下田插秧、收割等农活了。

  在她懂事的时候，小洞已燃起了革命烽火，建立了抗日根据地。她是在革命环境和革命大家庭里成长的，长期耳濡目染，受革命思想的熏陶，逐渐懂得了不少革命道理；尤其是在六叔陈励生的教育和姐姐陈少的影响下，很早就已树立了加入革命队伍、走革命道路的理想。

---

  ① 陈兰（1929年9月—2000年9月），原名陈兰芳。女，汉族，高小文化，高明区更合镇小洞塘角村人。1948年10月参军入伍；1949年5月加入中国共产党；1984年7月离休，享受科级待遇。

在成长的道路上，她遭受过敌人的迫害，经历过不少的磨难。1944年12月30日，她跟随大人跑到深山老林中露宿了几天，躲避国民党的"围剿"，备受饥饿和寒冷的侵扰。返家时，目睹自己家被焚毁的惨状。

1945年5月下旬后，塘角村饱受国民党当局轮番"清乡""扫荡"，她眼见村中多名叔伯被捉进监狱，耳闻陈定、陈三苟被杀害的经过。特别令她铭记于心的是发生在1946年白露这一天的事情，大批国民党军队、反动联防队来到塘角村缉捕六婶仇羡真（共产党员、陈励生妻子）和姐姐陈少未果，却捉去了母亲黎四、五叔陈棠到明城监狱顶罪以及封了自己的家，逼得父亲有家归不得。而敌人连她也不放过，将她押到军屯村祠堂连续审问了三天。面对凶残的敌人的审讯，她什么都不说，敌人拿她毫无办法，只得放她回家。在那血雨腥风的日子里，她将这一笔笔新仇旧恨默默地埋藏在心底，等待长大后参加游击队，跟国民党反动派算账。

1948年10月，她终于等来了参军入伍的机会。一天，新高鹤人民解放军总队独一营二连开进了小洞，驻扎在军屯村本隆祖的大厅邸（供奉本隆梁公的大屋），时任独一营卫生组组长的陈少也随队回到小洞。陈少抽空回到塘角村看望父母和亲人。刚见面，陈兰就迫不及待地要求姐姐带她到部队去。她的要求得到了全家人的支持。经连长陈枝同意后，在一个夜里，陈兰和梁娥、罗莲英一起，跟着连队离开小洞参军入伍了。一开始，陈兰在新高鹤解放军总队独一营二连做后勤工作。

1949年6月，被调到新建的独一营醒狮连当炊事员；7月，醒狮连改编为中国人民解放军粤中纵队六支队独一营二连；11月，被安排到新会县委工作。

1950年5月，在粤中区革命干部学校做后勤工作；10月，在粤西公学做后勤工作。

1953年3月，在阳春县公安局负责文秘收发工作。

1954年9月,在阳春县林业局当收发员。

1955年12月,在阳春县春城旅店当服务员。

1958年2月,下放到两阳莫地峒农场劳动。

1959年2月,在两阳旅店当服务员。

1960年4月,在阳春春湾海岛棉场任副队长;9月,在阳春县林业局当收发员。

1961年4月,在阳春县副食品公司门市部任负责人。

1963年4月,在阳春县商业局糖烟酒公司门市部任负责人。

1984年7月,离休。

本文根据阳春市商业局人事档案室陈兰同志个人档案资料整理

陈月娥[1] 同志生平简介

陈月娥
（叶琪同志的爱人）

陈月娥同志出生于新兴县台安（水台）乡南村的一个贫苦农民家庭。受旧社会"女子无才便是德"及重男轻女封建思想的影响，她完全得不到入学读书的机会，只好一直在家做些家务活及耕田种地。

1940年10月，叶琪（叶衍基）重返南村教学，开展革命活动，在南村开办夜校培养革命骨干等。陈月娥和村里的一些女青年冲破封建思想束缚，积极到夜校读书，接受革命思想教育，思想不断进步，成了村中

---

[1] 陈月娥（1920年4月—2010年6月），女，汉族，初小文化，高明区更合镇小洞盘石村人。1948年10月参军入伍；1952年7月受叶琪同志错误冤案牵连，被处理回家；1978年2月平反；1982年9月改离休，享受科级待遇。

的积极分子。

1947年2月，新高鹤地区恢复公开的武装斗争，实行"小搞"。陈光领导的水台地区武工组开进南村，她协助武工组进行了一些秘密活动，并经常到良田交通站取得联系。

1948年3月27日，新高鹤人民解放军总队在离她的家乡南村不远的良田成立，并号召青年踊跃报名参军。10月，她终于甩开思想包袱，毅然投身到革命队伍中，成为水台区的一名武工队队员。

1949年2月至6月，她被挑选到泰山（广南军分委）卫生训练班参加学习，学到了一些基本护理常识，掌握了一些医疗技术知识；7月，被分配到人民解放军粤中纵队六支队18团卫生队当卫生员，跟随18团的大鹏连、飞鹰连和海燕连转战高要南部地区，参加战场抢救伤员和护理伤员的工作；11月，被调到西江军分区高要县公安队当卫生员。

1950年5月，转业到高要县公安局肇庆北区派出所当干部，同年与叶琪结为连理。

1952年7月，受叶琪所谓错误牵连，被开除公职，遣送回高明县小洞。

1978年2月，平反，改作退休处理。

1982年9月，改离休。

本文根据高要市委组织部档案室陈月娥同志个人档案资料整理

陈贵[1] 同志生平简介

陈贵

陈贵同志出生于小洞塘角村一个贫苦的农民家庭。10岁入学读书，14岁就回家放牛耕田了。在和平小学读书期间，已接受革命思想的教育。他在革命的环境中长大，深受革命的影响，思想觉悟不断提高，成为积极向上的有志青年。

1948年10月，高明恢复公开的武装斗争，进入"大搞"阶段，新高鹤成立了人民解放军总队。部队不断扩编壮大，号召广大青年踊跃报名参军。年仅16岁的陈贵积极响应，主动报名参军入伍，加入了新兴县水台区武工队。

---

[1] 陈贵（1932年5月—2015年11月），男，汉族，初小文化，高明区更合镇小洞塘角村人。1948年10月参军入伍；1986年12月退休。

1949年2月,中共广南分委、军分委对中区部分地方组织和辖区进行了调整,恢复历史建制,把水台地区划归新兴县委领导,高明籍战士可自愿回到高明。陈贵回到了高明县大队沧江队(二中队),当战士。6月,新高鹤人民解放军总队扩编,成立了独一营醒狮连,陈贵与高明县大队二中队的绝大部分战士被抽调到独一营组成的醒狮连,当战士。7月,所在连队改编为中国人民解放军粤中纵队六支队独一营二连,参加了白石等战斗。11月,所在部队改编为广东军区西江军分区第15团,他在某连当战士,参加了在西江流域一带的剿匪战斗。

1950年11月,所在部队改编为华南军区第13团,他在某连当战士,在罗定、云浮、郁南等地继续参加剿匪工作。

1953年,调到中南军区电台当通信员。

1954年,在广东省公安总队某连当战士。

1956年,退伍,被安排到高明劳改场工作。报到后不到一个月,就被派去押送犯人前往黑龙江省密山县劳改农场,并留在了农场担任管教人员。

1958年,劳改场更名为857农场,在15队担任管教工作。在开发北大荒(黑龙江垦区)的宏伟事业中,保持和发扬了人民解放军的优良传统,长期奋斗,奉献了自己宝贵的青春。

1986年12月,退休。

本文根据黑龙江省密山市857农场及陈贵亲属提供资料整理

梁国元[①] 同志生平简介

梁国元

    梁国元同志出生于安南（越南）的西贡地区。于1920年前后，其父亲因生活所迫，离乡别井到了安南谋生。当他三四岁时，为躲避战乱，由母亲带领，同弟弟一起回到家乡定居。回到家乡不久，母亲不幸染病去世，留下他和3岁的弟弟。在不得已的情况下，兄弟俩被送到布练村外婆家，由舅父抚养成人。他只读了两三年书就帮助舅父看牛做农活了。十七八岁时，被迫加入了布练村由廖湘洲把持的联防队。

    1945年至1946年间，国民党军到处抓壮丁，实行两丁抽一，梁国元

---

① 梁国元（1924年3月—1996年4月），乳名梁二祥。男，汉族，初小文化，高明区更合镇小洞军屯村人。1948年10月起义，加入中国人民解放军；1950年1月加入中国共产党，1951年7月退伍。

不幸被抽中，被捉去，在国民党军第35集团军某部当了一名士兵。

1946年6月26日，国民党撕毁停战协定，悍然大举进攻我中原解放区，北方战事吃紧。国民党从广东抽调了大批军队北上，梁国元无奈随之到了中原战场；后至华东地区，准备与人民解放军决战。

1948年10月，其所在部队被我军包围，在我军强大的政治攻势下，该部弃暗投明，举行起义。梁国元义无反顾地加入人民解放军的行列，回到了人民子弟兵队伍，被编到中国人民解放军第27军80师239团二营机炮连当战士。11月，参加了淮海战役，在作战中机智灵活。在一次作战中，依托暗道架起重机枪，以猛烈的火力封锁通道，杀死击伤敌人百余人。在另一次战斗中，他的左腿被敌人的子弹从左至右穿过，但他坚持不下火线，直到胜利。在短短的两年时间里，他表现相当出色，三次获得三等功，四次获得四等功。

1950年1月，他积极要求入党，部队根据他的表现，吸收他加入了中国共产党。同时被提升为副班长，年末担任了党小组组长。

1951年2月，被调往第27军军部留守处、妇女干部学校警通连当副班长。

1951年7月，退伍，被安排在高明合水供销社当职工。后来自动离职，回到家乡务农。

本文根据高明区档案馆梁国元同志个人档案资料整理

梁恩① 同志生平简介

梁恩同志出生于小洞军屯村的一个贫苦农民家庭。10岁才入学读书，只读了三年书就回家看牛耕田了。

1943年9月，国民党军队征兵抽丁，塘角村一户人家的青年被抽中，要求梁恩来顶替。梁恩看到自己家里实在太穷，便答应了别人的要求，成为国民党第七战区第35集团军某部的一名坦克兵。

1946年6月，国民党撕毁停战协议，悍然发动内战。中原战事吃紧，国民党从广东抽调大批正规部队北上，梁恩随之到了中原作战，后随部队至华东地区。

1948年10月，梁恩所在的国民党第35集团军坦克部队在淮海地区的一个村庄被人民解放军围困。一天夜里，梁恩和同姓的云浮籍班长在村外值岗。班长轻声对梁恩说："我们被解放军包围好几天了，生死未卜，不如逃到解放军那边去吧"！梁恩说："如果被长官发现了，要遭枪毙的呀"！班长说："迟早都要死，不如赌一把，或许还可以有一条生路呢！"梁恩说："好！听你的，我们趁早快点走吧！"。于是，和班长一起偷偷离开了哨位，摸黑走了20多里路，找到解放军部队，被编入列，参加了淮海战役。1950年6月，解放军组建装甲兵部队，梁恩被分派到坦克第三

---

① 梁恩（1926年—2008年11月），男，汉族，初小文化，高明区更合镇小洞军屯村人。1948年10月起义，加入中国人民解放军；1957年2月退伍，1992年11月退休。

师当战士，成为中国人民解放军装甲兵的一员，在坦克连队中成为一名技术过硬的骨干。

1951年3月1日，中央军委下令装甲兵部队入朝作战。装甲兵司令部决定，所属部队分三批入朝轮战。

1952年6月，梁恩所在连队奉命第二批赴朝作战。先后参加了1952年的秋季战术反击战和1953年的夏季反击战，配合步兵歼灭了大批敌军有生力量，出色地完成了轮战作战任务。

1957年2月退伍，被安排在高鹤县合水公社农机站当技术人员（据他的女儿说，梁恩曾把自己的经历和作战经过详细写于纸上，可惜因保管不善，资料全部散失）。

本文根据梁恩同志亲属及梁胜提供资料整理

梁芳① 同志生平简介

梁芳

梁芳同志出生于小洞军屯村的一个贫苦农民家庭。11岁开始读书，读了三年就回家看牛耕田了。他在读书期间，受到进步人士梁佐明、中共党员梁景光等进步教师的教育，以及受哥哥（梁波，小洞早期中共地下党员）的影响，思想进步，从懂事起就树立了走革命道路的信念。

1948年3月，新高鹤地区恢复公开的武装斗争，进入"大搞"阶段。很多复员战士陆续归队，青年踊跃参军。可是他加入游击队的愿望却无法实现，原因是哥哥已加入革命队伍，而他年纪尚小，且家中缺少劳动

---

① 梁芳（1927年7月—2009年5月），又名：梁鉴清，男，汉族，初小文化，高明区更合镇小洞军屯村人。1948年11月参军入伍；1950年7月加入中国共产党；1989年3月离休，享受副处级待遇。

力，所以得不到交通站金伯的批准，入伍的愿望多次落空。但他一直在等待时机，寻找机会实现自己的梦想。

同年10月，小洞举行每十年一次的七社建醮（俗称"做功德"）活动。活动期间，他秘密串联梁义新、梁敬、梁秋、陈应才等青年，商量投奔游击队的事宜，多方探听游击队的去向。一连多个晚上碰头，研究计策。最后大家认为，只要找到在新兴良田教书的陈光（小洞人），就一定能够找到游击队，实现参军入伍的理想。于是他们决定到良田找陈光去。为了免被家人知道而拖后腿，以及避开敌人的盘查，他们选择了夜间行动，采取走小路、走山路、抄近路的办法，准备翻越黄金坑，穿过飞雁山和牙鹰寨，通过马山，绕过南村，奔向良田。还约定做完功德后的一个晚上9时在军屯村西侧沙稔园集合。

约定出发的这天晚上，天公不作美，下起了小雨。梁芳还是依约按时前往集合点。大家见面后，不改初衷，决定冒雨出发。快到黄金坑时，天突然下起了滂沱大雨。瓢泼的雨水把他们全身都浇透了，他们只得在黄金坑村停下来躲雨，此时零时已过。大雨过后，大家热情不减，仍然在伸手不见五指的黑夜里摸索前进。一路上披荆斩棘，深一脚、浅一脚，不知摔了多少跤，他们都全然不顾，爬起来继续往前走。过了一山又一山，走了一程又一程，终于在次日上午安全到达了目的地——良田，找到了陈光。在陈光的安排下，梁芳等人加入了新兴水台东北区队，成为战士。

1949年2月，中共广南分委、军分委对中区部分地方组织和辖区做出了调整，恢复历史建制，把水台地区划归新兴县委领导，高明籍的战士可自愿回到高明县。梁芳回到了新高鹤人民解放军总队高明县大队延川队（一连）当战士。7月，高明县大队改编为中国人民解放军粤中纵队六支队独七营，梁芳被调到该营一连（黑豹连）当副班长。11月，部队整编为西江军分区高明县大队，梁芳在一连当班长。

1950年7月,调到广州装甲团一连五车当机枪手。10月,到装甲兵第一坦克学校学习坦克驾驶技术。

1951年12月,学习结束,被分配到装甲第223团坦克三连二车当驾驶员。

1954年1月,被调往北京军区第69军28师坦克团三连先后当驾驶员、排长、副指导员、指导员。

1955年9月,被授予少尉军衔;1960年5月,被授予中尉军衔;1963年8月,被授予上尉军衔。

1964年9月,在北京军区第69军28师坦克团政治处当助理员。

1966年3月,转业到斗门县公安局政教室。

1968年5月,任斗门县六乡公社保卫组组长。

1972年5月,任斗门县白蕉公社拖拉机站支部书记。

1973年1月,任斗门县农机公司经理,支部书记。

1987年1月,离休。

本文根据珠海市斗门区委组织部档案室梁芳同志个人档案资料及陈应才同志提供资料整理

梁秋① 同志生平简介

梁秋

  梁秋同志出生于小洞军屯村的一个殷实家庭。8岁开始读书，1945年小学毕业后，回家耕田。

  在校读书期间，接受进步人士梁佐明、中共党员梁景光等进步教师的革命思想教育，懂得了一些革命道理。他从小在小洞革命根据地的环境下长大，曾经耳闻目睹了小洞人民开展革命斗争的过程。小洞人民英勇斗争的精神对他产生了积极的影响，使他思想上逐步走向成熟，成为一名正直向上的进步青年。

---

  ① 梁秋（1931年8月—2008年7月），男，汉族，高明区更合镇小洞军屯村人。1948年11月参军入伍；1950年2月加入中国共产党；1986年11月离休，享受处级待遇。

1948年3月,新高鹤地区恢复公开武装斗争,进入"大搞"阶段。小洞青年掀起了一股参军热潮,许多复员战士纷纷归队,一批批热血青年积极响应号召,踊跃报名加入子弟兵队伍。到下半年,已有几十人投奔游击队。在这种形势的激励下,梁秋立下誓愿,决心要加入游击队。

同年10月,小洞举行每十年一次的七社建醮(俗称"做功德")活动。活动期间,他秘密联络梁义新、梁敬、梁芳、陈应才等青年,商量投奔游击队事宜,多方打探游击队的消息。一连几个晚上碰头,商讨计策,最后大家认为只要找到在新兴良田教书的陈光(小洞人),就一定能够找到游击队,实现参军入伍的理想。于是,他们决定前往良田。为了不被家人知道而扯后腿以及避开敌人的盘查,他们决定在夜间行动。采取走小路、走山路、抄近路的办法,准备翻越黄金坑,穿过飞雁山和牙鹰寨,通过马山,绕过南村,奔向良田。还约定了做完功德后的一晚,在军屯村西侧沙稔园集合。

约定出发的这天晚上,天公不作美,下起了小雨,梁秋依约按时到达集合点。大家见面后,不改初衷,决定冒雨出发。快到黄金坑村时,天突然下起倾盆大雨。滂沱的大雨把他们全身都淋透了,他们只得在黄金坑村停下来避雨,此时零时已过。大雨过后,大家热情不减,仍然在伸手不见五指的黑夜里摸索前进。一路上披荆斩棘,深一脚、浅一脚,不知摔了多少跤,他们都全然不顾,爬起来继续往前走。过了一山又一山,走了一程又一程,终于在次日上午安全到达了目的地——良田,找到了陈光。在陈光的安排下,梁秋等加入了新兴水台东北区队,当了战士。梁秋和梁义新、陈开南等分在一个班。

1949年2月,中共广南分委、军分委对中区部分地方组织和辖区做出了调整,恢复历史建制,把水台地区划归新兴县领导,高明籍的战士可自愿回到高明县。4月,梁秋回到了新高鹤人民解放军总队高明县大队延川队(一中队),当战士。7月,部队改编,被编为中国人民解放军粤中纵队六支队独七营黑豹连，当战士。11月，部队整编，被编入西江军分区高明县大队一连，当战士。

1950年2月，被调到西江军分区高明县大队二连，当班长；同月，因工作积极，表现出色，经梁光明同志介绍加入了中国共产党。

1951年9月，到粤中军区教导大队三队参加集训学习。

1952年6月，被调入中国人民解放军高炮533团八连，当班长，并入朝作战，至1953年10月凯旋回国。

1953年11月，在高炮533团三营营部当班长。

1955年9月，在高炮533团七连当副排长。

1956年6月，在高炮533团七连当副指导员。

1959年3月，在高炮536团五连当副指导员。

1959年9月，在高炮536团政治处当青年干事。

1960年5月，在高炮536团六连当指导员。

1961年11月，在高炮536团政治处当干事。

1962年10月，在高炮536团汽车连当指导员。

1965年3月，在高炮13师政治部当干事。

1969年11月，在高炮13师后勤部当政治协理员。

1972年4月，在兰州空军"五七干校"当副班长。

1972年10月，在高炮13师后勤部当政治协理员。

在部队期间，他勤奋学习，刻苦钻研，多次被评为积极分子，喜报频频传回家乡。

1975年3月，转业到佛山国营南海糖厂，先后任车间支部副书记、书记；1984年6月，任南海糖厂行政科科长。

本文根据南海区老干局人事室梁秋同志个人档案资料及陈应才同志提供资料整理

梁敬[1] 同志生平简介

梁敬

梁敬同志出生于小洞军屯村的一个贫苦农民家庭。全家七八口人，只有两亩多地，生活十分困苦。他是家中唯一的孙子，因为家里实在太穷，也只能够供他读三年书，之后他就回家看牛，帮助做些农活了。他在读书期间，曾受到进步人士梁佐明、中共党员梁景光等进步教师的教育，受二叔梁光明（小洞早期中共党员、游击队员）的影响，思想进步。

1945年11月，二叔梁甲友带领武工组回小洞执行任务，不幸在水坪山遇袭受伤，被抬回村附近的河基养伤，不料又遭到叛徒带着敌人暗探和反动联防队搜捕。为了二叔的安全，他协助父亲在江缅㗑自家的菜园

---

[1] 梁敬（1929年9月—2006年10月），男，汉族，初小文化，高明区更合镇小洞军屯村人。1948年11月参军入伍；1952年7月退伍，享受退伍军人优抚补贴。

里挖了个"棺材窿",把二叔藏在洞里养伤。他守口如瓶,从不向外泄露消息,还经常给二叔送水送饭,直到二叔伤愈归队。

1948年3月,新高鹤地区恢复公开武装斗争,进入"大搞"阶段。交通站动员复员战士归队,号召青年参军。他多次到交通站报名要求参军,都得不到批准,只好把参军的愿望埋在心底,等待时机。

同年10月,小洞举行每十年一次的七社建醮(俗称"做功德")活动。活动期间,他秘密联络梁二新、梁秋、梁芳、陈应才等青年聚在一起,商量投奔游击队的事宜。大家多方探听游击队的下落,一连几个晚上都碰头,互通信息、想办法、找计策,商量如何去找游击队。最后,大家认为,只要找到在新兴良田教书的陈光(小洞人),就一定能够找到游击队,实现参军入伍的愿望。为了不被家人知道而拖后腿以及避开敌人的盘查,他们选择了在夜间行动,采取走小路、走山路、抄近路的办法,确定了翻越黄金坑,穿过飞雁山和牙鹰寨,通过马山,绕过南村,奔向良田的路线。还约定了做完功德后的一晚,在军屯村西侧沙稔园集合。

出发的这天晚上,天公不作美,下起了小雨。梁敬依约按时到达集合点,大家见面后,不改初衷,决定冒雨出发。快到黄金坑村时,天突然下起滂沱大雨,瓢泼的雨水把他们全身都浇透了,他们只得在黄金坑村停下来躲雨。此时,零时已过。大雨过后,大家热情不减,仍然在伸手不见五指的黑夜里摸索前进,一路上披荆斩棘,深一脚、浅一脚,不知摔倒了多少遍,但他们都全然不顾,爬起来继续往前走,过了一山又一山,走了一程又一程,终于在次日上午安全到达了目的地——良田,找到了陈光。在陈光的安排下,梁敬等人加入了新兴水台东北区队,当了一名战士。

1949年2月,中共广南分委、军分委对中区部分地方组织和辖区做了调整,恢复历史建制,把水台地区划归新兴县委领导。高明籍战士可自愿回到高明县,梁敬回到了新高鹤人民解放军总队高明县大队沧江队（二中队），当战士。7月，高明县大队改编为中国人民解放军粤中纵队六支队独七营，梁敬在该营红豹连（二连）当战士。11月，部队进行整编，独七营改编为西江军分区高明县大队，梁敬在该大队二连当副班长。

1950年1月，被调往西江军分区15团二营六连当班长。8月，参加西江军分区15团教导队军事集训队学习。11月，被分配到华南军区13团一营二连当班长。

1952年1月，被调往西江军分区云浮县大队当班长。

1952年7月，退伍，被安排到三洲粮站工作。

本文根据高明区档案馆梁敬同志个人档案资料及陈应才同志提供资料整理

梁义新① 同志生平简介

梁义新同志出生于小洞军屯村的一个贫苦农民家庭。因为家里穷，只读了三年书就回家看牛耕田了。他生长在革命根据地，从小受到了革命思想的教育和影响，具有一定的阶级觉悟，思想比较进步。

1945年5月至6月间，上级从新兴县派来了一位叫崔婵的女同志来到交通站，协助金伯工作，安排住在梁义新家。梁义新曾多次担任过送信、送情报任务，开始接触革命工作。受崔婵的教育影响，思想发生了变化，渐渐倾向革命。

同年11月初的一天，他到水坪山放牛，遇到身负重伤的抗日解放军武工组梁甲友，立即跑回村里叫来了梁奴、梁庚友等四人，把甲友转移到安全的地方救治。

1948年3月，新高鹤地区公开恢复武装斗争，进入"大搞"阶段，青年踊跃参军。他日夜盼望参军的愿望却无法实现。原因是哥哥加入了革命队伍，家中缺少劳动力，交通站金伯没有批准他入伍。但他没有灰心，一直在寻找参军机会。

同年10月，小洞举行每十年一次的七社建醮（俗称"做功德"）活动。活动期间，他秘密串联梁敬、梁芳、梁秋、陈应才等青年，商量投奔游

---

① 梁义新（1923年—1966年年初），又名梁二新。男，汉族，初小文化，高明区更合镇小洞军屯村人。1948年11月参军入伍；1950年11月退伍，回家乡参加建设。

击队的事宜,多方探听游击队的去向,寻找游击队的办法,一连多天碰头研究。大家认为,只要找到在新兴良田教书的陈光(小洞人)。就一定能够找到游击队,实现参军的梦想。为了不被家人发现及拖后腿以及避开敌人的盘查,他们选择了夜间走小路、走山路、抄近路,翻越黄金坑,穿过飞雁山和牙鹰寨,通过马山,绕过南村,奔向良田这条路线,还定下了出发的时间和地点。

　　约定出发的这天晚上,天公不作美,下起小雨来。梁义新依约按时到达了集合点。大家见面后,不改初衷,决定冒雨出发。快到黄金坑时,天突然下起了滂沱大雨。瓢泼的雨水把他们全身都浇透了,他们只得在黄金坑村停下来躲雨,此时,零时已过。大雨过后,大家热情不减,仍然在伸手不见五指的黑夜里摸索前进。一路上披荆斩棘,深一脚,浅一脚,不知摔了多少跤,他们都全然不顾,爬起来继续走。过了一山又一山,走了一程又一程,终于在次日上午安全到达了目的地——良田,找到了陈光。在陈光的安排下,梁义新等人加入了新兴水台东北区队,成为战士。

　　1949年1月,在新兴县水台区队当班长,同班还有梁秋、陈开南、陈沃初等小洞人。2月,中共广南分委、军分委对中区部分地方组织和辖区做出了调整,恢复历史建制,把水台地区划归新兴县委领导,高明籍战士可自愿回到高明。梁义新回到了新高鹤人民解放军总队高明县大队沧江队(二中队),当班长。7月,高明县大队改编为中国人民解放军粤中纵队六支队独七营,梁义新在独七营红豹连(二连),当班长。11月,独七营改编为西江军分区高明县大队,梁义新在该大队二连当班长。

　　梁义新在部队两年的时间里,作战勇敢,共参加了五次比较大的战斗,为人民的解放事业立下了战功。

　　1950年11月,在高明县大队退伍,回到家乡参加社会主义建设。

本文根据高明区档案馆梁义新同志个人档案资料及访问陈应才同志提供的资料整理

陈应才① 同志生平简介

陈应才

  陈应才同志出生于小洞塘角村的一个十分贫寒的农民家庭。在他出生后还不到一个月父亲去世，一家三口的重担全压在母亲一个人身上，日子过得相当凄凉。到十多岁了，他才有机会上学，但只读了两年书，就回家看牛，下地做农活了。

  陈应才生长在小洞革命根据地的环境里，自幼受到革命思想的教育和影响，耳闻目睹小洞人民开展革命斗争的经过。思想倾向革命，有一定的阶级觉悟。

---

  ① 陈应才（1929年4月—   ），男，汉族，初小文化，高明区更合镇小洞塘角村人。1948年11月参军入伍；1953年12月退伍，照顾年迈的母亲并参加建设；1955年5月加入中国共产党，现享受退伍军人优抚补贴。

1948年3月，新高鹤地区恢复公开武装斗争，进入"大搞"阶段，交通站动员复员战士归队，号召青年参军。他积极响应报名要求参军，却遭到母亲的阻拦，说哥哥得了重病，家中缺少劳动力。他只好把参军的强烈愿望暂时搁置下来，等待机会，见机行事。

  同年10月，小洞举行每十年一次的七社建醮（俗称"做功德"）活动。活动期间，他秘密联络梁二新、梁敬、梁秋、梁芳等青年，商量投奔游击队的事宜，多方探听游击队的去向，以及如何才能找到游击队的办法。一连多天晚上碰头，研究计策。最后，大家认为，只要找到在新兴良田教书的陈光（小洞人），就一定能够找到游击队，实现参军入伍的愿望。为了不被家人知道后扯后腿以及避开敌人的盘查，他们选择了在夜间行动。采取走小路、走山路、抄近路的办法，准备翻越黄金坑，穿过飞雁山和牙鹰寨，通过马山，绕过南村，奔向良田。约定了做完功德后的一晚，在军屯村西侧沙稔园集合。

  约定出发的这天晚上，天公不作美，下起小雨来。陈应才依约按时到达了集合地点。大家见面后不改初衷，决定冒雨出发。快到黄金坑村时，天突然下起了倾盆大雨。滂沱大雨把他们全身都浇透了，他们只得在黄金坑村停下来躲雨，此时零时已过。大雨过后，大家热情不减，仍然在伸手不见五指的黑夜里摸索前进。一路上披荆斩棘，深一脚、浅一脚，不知摔了多少跤，他们全然不顾，爬起来继续往前走。过了一山又一山，走了一程又一程，终于在次日上午安全到达了目的地——良田，找到了陈光。在陈光的安排下，陈应才他们加入了新兴水台东北区队，当了战士。

  1949年2月，中共广南分委、军分委对部分地方组织和辖区做出了调整，恢复历史建制，把水台地区划归新兴县领导。高明籍的战士可自愿回到高明县，陈应才回到了新高鹤人民解放军总队高明县大队沧江队（二中队），当战士。6月，被抽调到新高鹤人民解放军总队独一营醒狮连，当机枪手，参加了收复金岗战斗。

7月，新高鹤部队改编为中国人民解放军粤中纵队六支队，陈应才在独一营一连当机枪手，参加了明城和白石战斗。11月，部队整编，被编入了西江军分区15团一营三连，当机枪手，参加西江一带的剿匪战斗。

1950年1月，调到西江军分区15团二连，当机枪手。12月，被调往华南军区13团二连，当机枪手。

1952年11月，被调往中南军区独立三团二营五连，当战士。

1953年5月，被调往广东省公安总队某团二营五连，当战士。9月，参加广东省公安总队军训队集训。11月，参加粤中军区训练队学习。12月，退伍回乡，照顾年老体弱多病的母亲，参加农村集体生产劳动。

1955年5月，发挥退伍军人的作用，工作积极，经陈会群介绍加入了中国共产党。

本文根据高明区档案馆陈应才同志个人档案资料及陈应才同志本人提供资料整理

陈清^① 同志生平简介

陈清

　　陈清同志出生于小洞塘角村的一个穷苦农民家庭。8岁至10岁在家看牛。11岁读书。后因家里太穷，没有钱交学费，不得不辍学回家，再做看牛郎，并开始学做农活。18岁时外出打工，生活极其艰难。

　　陈清自小生长在小洞革命根据地的环境中，耳闻目睹了小洞人民开展革命斗争的一些事实经过，从而受到了深刻的影响和教育。其站在人民的立场上，同情革命，倾向革命，有了一定的思想觉悟。

　　1948年2月起，新高鹤地区革命斗争进入"大搞"阶段，中共高明

---

　　① 陈清（1928年10月—2016年5月），男，汉族，初小文化，高明区更合镇小洞塘角村人。1949年2月参军入伍；1951年2月加入共青团；1954年11月退伍；1990年10月退休。

地方组织发动群众,大搞武装斗争。4月,成立了高明基干队(信义队),广泛号召青年踊跃报名参军。小洞青年掀起了参军热潮,陆续已有六七十人参军入伍,这对陈清触动很大。经过一段时间的掂量,他下定了决心,参加游击队去。

1949年农历正月初三,他一个人直接跑到军屯村,找到金伯的家,向金伯提出加入游击队的要求。金伯对他的举动大加赞扬,并立即开具了一封介绍信交给他,交代他当天务必赶到更楼中山村,向梁光同志报到。陈清手持金伯的介绍信赶回家里,拣了一些简单行装,然后一口气赶到中山村,见到了梁光,加入了新高鹤人民解放军总队高明县大队沧江队(后改称二中队),当了一名战士。

1949年6月,新高鹤人民解放军总队独一营从高明县大队沧江队抽调了大部分战士,组建成独一营醒狮连,陈清被抽调到该连当勤务员。7月,新高鹤人民解放军总队被编入中国人民解放军序列,编为粤中纵队六支队,陈清被派到独一营营部当勤务员。11月,部队整编,陈清被调回西江军分区高明县大队一连当战士。

1951年2月,在西江军分区高明县大队一连当副班长。9月,被抽调到粤中军分区新会县大队当战士。

1952年2月,转至粤中军分区人武部当战士。5月,在华南军区干校四中队当战士。8月,在中南军区广东干校当战士。

1954年9月,在中南军区训练团二营六连当战士。

1954年11月,退伍,先后被分配到明城峰江水泥厂、明城官迳煤矿、合水公社香山农科所、合水公社水电站等单位工作。

本文根据高明区档案馆陈清同志个人档案资料及访问本人提供资料整理

梁水棠[①] 同志生平简介

梁水棠同志出生于小洞军屯村的一个十分贫困的农民家庭。10岁入学读书，16岁回家耕田。在校读书期间，已开始接受进步人士梁佐明、中共党员梁景光等进步教师的革命思想教育，懂得了一些革命道理。他从小在小洞革命根据地的环境里长大，耳闻目睹了小洞人民开展革命斗争的过程。小洞人民英勇斗争的精神对他产生了积极影响，使他从思想上同情革命、支持革命，逐步走向革命，成为一名正直上进的青年。

1947年2月起，新高鹤地区恢复公开武装斗争。在实行"小搞"到"大搞"期间，小洞青年掀起了一股参军热潮，许多复员战士纷纷归队，一批批热血青年积极响应号召，踊跃报名加入了子弟兵队伍。到1948年下半年，已有六七十人奔向了游击队。在这大好形势的激励下，刚从学校出来、只有17岁的梁水棠再也坐不住了，他下定决心要去参加游击队。

1949年春节期间，他主动征求叔父梁扳的意见，得到了梁扳的大力支持。过完春节，他高高兴兴地跟着回家过年的武工队战士梁植森，到了高要县鳌头、横江一带，加入了新高鹤人民解放军总队要南部队高要二区武工组，成为一名游击队战士。6月，回到新高鹤人民解放军总队高明县大队二中队〔7月改编为中国人民解放军粤中纵队六支队独七营（红

[①] 梁水棠（1932年6月—2003年10月），男，汉族，高小文化，高明区更合镇小洞军屯村人。1949年2月参军入伍；1950年1月加入共青团；1956年2月退伍。

豹连）〕当战士，参加了白石战斗。11月，部队整编，他被编入被西江军分区高明县大队，在县大队部当通信员。

  1951年11月，被调到粤中军分区劳改连当战士。

  1952年11月，在粤西公安大队直属三队当副班长。

  1955年8月，在公安军内卫47团6连当副班长。

  1956年2月，退伍，被安排到高鹤县农机三厂工作。

本文根据高明区档案馆梁水棠同志个人档案资料整理

陈沃初① 同志生平简介

陈沃初

    陈沃初同志出生于小洞麦边村的一个贫苦农民家庭。8岁入学读书，一个多月后，父亲得了重病卧床不起，他只好停学回家照顾父亲，至6月中父亲去世。为父亲医病、办丧事，用光了家中的全部积蓄，家里再也没钱供他读书了。后来，他跟着母亲上山割草去卖，换取一点点钱来糊口。那时的穷人多，上街卖柴草的人也多。柴草价贱得很，一担柴草还换不到一个烧饼。因而，时常要沿街讨饭乞食。再往后，靠到处去给别人打零工、做散工来度日，生活过得十分凄惨。

---

① 陈沃初（1928年12月— ），又名陈淼。男，汉族，初小文化，高明区更合镇小洞麦边村人。1949年农历正月十五日参军入伍；1952年11月退伍；1953年6月二次参军，1957年6月退伍；1956年11月加入中国共产党。

陈沃初从小生活在革命根据地,长期受到革命思想的影响与熏陶,思想上发生了从同情革命、倾向革命到支持革命,最后到参加革命的转变。十六七岁时,和陈惠枝、邝继来、李秋等看守甘蔗园,每夜都住在井田蔗田的茅棚里。同时,担负起保护交通站金伯安全(自建立交通站起,金伯基本每天晚上都在这里睡觉)的责任,使金伯在这里安心地度过每一个夜晚。

1945年5月中旬,抗日解放军第三团在皂幕山战斗中失利,国民党当局派出大批军队及反动联防队轮番进入小洞,大肆搜捕三团失散战士和革命人士。5月24日夜里,陈沃初四人按照金伯的特别嘱咐,每一个小时轮流起来观察周围动静。25日凌晨4时左右,陈惠枝发现500米外的大顶山岗上有很多人向茅棚扑过来。在这千钧一发的时刻,陈沃初镇定地指点金伯钻进蔗林,向西走去约200米处疯佬墩的旧炭窑隐蔽藏身,他们四人则留在茅棚里从容应对敌人,掩护金伯安全脱险。不一会儿,更楼反动联防队就围了过来,大声喝斥:"不准动!"然后,便七手八脚把茅棚的里里外外翻了个底朝天,却没有发现金伯的踪影。联防队就以"通匪"的罪名把陈沃初他们四人抓了起来,押往更楼。当走过了山顶山时,一名联防队员嫌陈森走得慢,认为他在故意拖延时间,便恶狠狠地用枪托撞向陈沃初的腰部。当快要走到大众山时,麦边村的邝苟、陈次、李标等从后边赶了上来,要求联防队放人,邝苟等好说歹说,费尽了口舌,联防队碍于熟人的情面,才把陈沃初他们四人放回家。

1949年农历正月十五日,一心想参加游击队的陈沃初,趁着游击队员梁二英回家过年返回部队的机会,约上梁坤、梁盆、邝达文等,跟着梁二英经黄金坑、东坑到达新兴水台布茅。吃完午饭后,转到布冷村,加入新兴水台东北区武工队,成为战士,与早前入伍的小洞人梁义新(班长)、梁秋、陈开南等同在一个班。

1949年7月,所在部队改编为中国人民解放军广阳二支队七团,陈沃初仍在新兴东北区武工队。11月,部队整编,在新兴的部队编入西江军分区新兴县公安大队,陈沃初在公安大队当战士。

1952年11月,退伍,回到家乡参加土改,负责丈量和统计登记工作。

1953年6月,响应祖国"抗美援朝、保家卫国"的号召,自愿报名应征,参加中国人民志愿军,先到中山县集中训练2个月。8月,部队正准备开赴鸭绿江入朝作战的时候,接到上级暂缓赴朝、移师海南岛的命令。陈沃初所在部队旋即乘火车奔赴海南岛,加入中国人民解放军中南军区第43军132师395团三支队三分队,当战士,后被提拔为上士班长,并于1956年11月19日,由黄国忠介绍加入了中国共产党。

1957年6月,退伍,回到家乡,在小洞高级社任干部。

1958年9月,到台山县矿场当矿工。

1959年5月,在合水公社菜场当职工。

1959年11月,在高鹤县官迳煤矿当职工。

1961年,被派到高鹤县供电局架线班(高压线)当工人。

1961年10月,国家实行压缩政策,下放回到家乡务农。

本文根据高明区档案馆陈沃初同志个人档案资料及访问本人提供资料整理

梁连① 同志生平简介

梁连

梁连同志出生于小洞军屯村的一个殷实家庭。10 岁开始读书，读了五年小学，16 岁回家看牛做农活。在读小学期间，受过进步人士梁佐明、中共党员梁景光等进步教师的革命思想教育，懂得了一些革命道理；同时在小洞革命根据地的环境下长大，耳闻目睹了小洞人民开展革命斗争的过程，深受小洞人民英勇斗争的影响，思想倾向革命，树立了正确的人生观，成为一名进步的青年。

1947 年 2 月起，新高鹤地区恢复了公开武装斗争，从"小搞"进入"大

---

① 梁连（1931 年 5 月—2001 年 10 月），又名梁连兴。男，汉族，初中文化，高明区更合镇小洞军屯村人。1949 年 2 月参军入伍；1950 年 4 月加入共青团；1984 年 11 月离休，享受科级待遇。

搞"。小洞的复员战士纷纷归队，青年积极响应号召踊跃报名参军，到1948年已有六七十人入伍。武装斗争出现了大好形势，梁连不甘落后，主动到交通站报名，要求参加游击队。在金伯的指点下，梁连于1949年2月到了新兴县水台良田，找到了陈光，加入了新兴水台东北区武工队。7月，水台东北区武工队被编入人民解放军序列，改称粤中纵队广阳二支队七团新兴县独立大队东北区武工队。11月，被调入西江军分区新兴县公安大队，当班长。

1952年1月，退伍，转到新兴县公安局当办事员。

1954年5月，被调到宝安县公安局从事谍报工作。

1957年2月，在宝安县粮食局工作。

1958年，在深圳外贸进出口公司工作。

1963年，在深圳平湖供销社工作。

本文根据深圳市龙岗区委组织部档案室梁连同志个人档案资料整理

陈明[①] 同志生平简介

陈明同志出生于小洞塘角村一个贫困的农民家庭。10岁才有机会进入学堂读书。因为家穷，只读了两年就辍学回家看牛了。16岁开始替别人耕田，主要靠外出打工出卖劳动力来挣口饭吃。在20岁前后，父母先后亡故，剩下他一人孤零零过日子，生活十分凄凉。

1938年5月，陈明加入了民众抗日自卫团小洞中队，参加了一些军事训练活动。

1939年1月，省抗先队130队进驻小洞，开展轰轰烈烈的抗日救国宣传活动。在陈定、陈会群的安排下，他在识字班学习，接受革命思想教育。在短短的20多天里，认了一些字，懂得了一些革命道理，思想逐渐走向进步。

1944年9月，日军向广西进犯过境高明。小洞人民奋起抗击，于11日夜成立了小洞抗日武装自卫大队，陈明当即报名加入了这支队伍。次日，便投入到紧张的军事训练中，参加构筑工事、挖掘堑壕等工作。10月，加入了"倒钟"行列，24日参加了攻打明城的战斗。11月16日，和小洞武装自卫队200多名队员，配合高明人民抗日游击队第三大队，在合水纱帽岗至塘花地段击退了高要廖强部300多人的进攻。当夜，随队加入了袭击洞口的战斗，迫使廖强部向白土方向溃散。

---

① 陈明（1913年8月—1978年），男，汉族，初小文化，高明区更合镇小洞塘角村人。1949年2月参军入伍；1952年4月退伍。

1949年2月，参军入伍，在高明县大队沧江队（二中队）当战士。6月，新高鹤解放军总队从高明县大队沧江队抽调大部分战士到独一营组建醒狮连，陈明被调到该连当战士。7月，新高鹤人民解放军总队改编为中国人民解放军粤中纵队六支队，在独一营二连当战士。11月，部队整编，被编入西江军分区15团一营，在营部当司号员。

1950年9月，在华南军区独立第13团一营营部当炊事员。

1951年12月，在华南军区独立第13团二连当战士。

1952年4月，退伍，被安排到合水公社革命烈士纪念堂任管理员。

本文根据高明区档案馆陈明同志个人档案资料整理

陈恒① 同志生平简介

陈恒

  陈恒同志出生于小洞塘角村的一个贫苦农民家庭。9岁开始读书，15岁回家看牛，帮助家里做农活。

  陈恒自小在革命家庭中长大，接触了很多革命同志，一直以来受到革命思想的熏陶，思想进步，一心向往革命。他在自传中写道："1945年后，有不少革命同志来到我家的果园（在禾仓岗）隐蔽，哥哥陈松也时常带部队的同志来开展革命活动，对我的影响甚大，从这时起已经确立了参加革命的思想了。""我在念书时，已经常参加送信、送饭等工

---

  ① 陈恒（1933年1月—1981年8月），又名陈耀光。男，汉族，初中文化，高明区更合镇小洞塘角村人。1949年4月参军入伍；1950年4月加入中国共产党；1953年12月退伍。

作了,还看见父亲(陈宽)常常担生果去更楼圩卖,卖后用钱买回些米、面、肉菜等给游击队员吃。""我在十二三岁时,看见有同志来果场时,就吵着要去参加游击队。父亲总是耐心地对我说,参加游击队也要有文化才行呀!你年纪还小,要先念好书,多念书。因此,我只好用心读完到小学毕业,在家耕了一年田,那时,我参加游击队的想法是非常迫切的。"

1949年4月20日,陈应才从部队回村为哥哥奔丧,陈恒急切地找到陈应才,要求陈应才归队时带他去参加游击队,陈应才答应走时带上他。于是,陈恒就紧紧地盯住陈应才的一举一动。22日,当陈应才返回部队时,他就瞒着家人,偷偷地跟在陈应才的后面,一直到更楼的大幕村,加入新高鹤人民解放军总队高明县大队二中队(原沧江队),当了一名战士。他说:"我是自愿参军的,因家里受尽了地主剥削,国民党常常来勒索,我是本着要打倒国民党统治、人民得解放后有田有地了就回家的想法,而去参加游击队的。"

1949年6月,由于形势发展相当快,新高鹤总队独一营急需扩编队伍,因而从高明县大队红豹连(原二中队)抽调大部分战士到独一营组建醒狮连,陈恒随队来到该连当战士。7月,独一营醒狮连改编为中国人民解放军粤中纵队六支队独一营二连(原醒狮连),陈恒在该连当通信员。11月,部队整编,陈恒被编入西江军分区15团一营当通信员。

1950年4月,部队在德庆县剿匪时,经刘国选、余海东两同志介绍,陈恒光荣地加入了中国共产党。

1951年10月,被调往华南军区第13团政治处当警卫员。

1952年1月,在华南军区第13团警通连当副班长。9月起,在华南军区独立团三营机炮连当副班长;其间,1953年一月参加党员轮训。

1953年5月,在广东省公安总队某团二营警通连当副班长。11月,在粤中军区训练队参加集训(已提为班长)。12月退伍,次年4月任小洞乡党支部书记。

1955年3月,任合水区委组织干事(5月至7月参加了粤中区党校学习)。7月,任高明县委组织部组织干事。

1956年8月,任高明县人委人事科副科长。

1957年8月,在佛山专署文化干校学习。

1959年9月,在高鹤县大沙公社当党群书记。

1960年10月,在高鹤县人委卫生科任科长。

1965年8月,任高鹤县财贸政治部副部长。

1970年5月,任佛山地委党校总务科副科长。

1973年1月,任高鹤县财贸办副主任。

本文根据高明区档案馆陈恒同志个人档案资料整理

陈财[①] 同志生平简介

陈财

陈财同志出生于小洞悦塘村的一个贫苦农民家庭。8岁在家看牛，15岁才有机会读书，只读了两年就回家耕田了。

1940年7月，国民党高明国民兵团招兵买马，进入国民兵团二中队，当了二中队长陈耀基（中共党员，奉党组织安排打入国民党内部，受中队内秘密党支部书记黄之锦领导）的勤务员。驻守在苏村、灵龟塔、三洲一带，抗击日军侵犯。

1942年12月，陈耀基被国民党当局撤职，二中队内党组织同时撤退，陈财跟着离队，回到家乡耕田。

---

① 陈财（1922年8月—1991年6月），又名陈彩新，男，汉族，高小文化，高明区更合镇小洞悦塘村人。1949年4月参军入伍；1949年8月加入中国共产党；1983年10月离休，享受处级待遇。

1945年，曾代替陈星甲长参加过保甲长集训。

1948年3月，因生活所迫，到广州宝华路做过三个月的人力车夫，后来回家耕田。

1949年4月，响应青年参军号召，跟随陈荣到新兴县加入了广阳二支队七团珠江连，成为一名战士。8月，参加人民解放军粤中纵队军事训练队集训；集训期间由高林介绍加入了中国共产党。11月，部队整编，在西江军分区新兴县大队先后任班长、排长；

1950年11月，在西江军分区15团三营八连任排长。

1951年1月，在广州市公安总队二团四连任副连长；其间1月至5月参加公安总队军事集训。

1952年1月，参加广州市公安总队文化速成学校学习。12月，参加广州市公安总队轮训队集训。

1953年5月，在广州市公安总队二团三连任副连长。8月，在广州市公安总队二团二连任副连长。

1955年6月，被授予中尉军衔。

1957年1月，转业到高明县人委当办事员。

1958年10月，任高鹤县工交第二副局长，军田矿场水泥厂厂长、党支部书记。

1959年11月，任高鹤县明城公社党委副书记。

1961年6月，任高鹤县新塘公社党委副书记。

1962年7月，任高鹤县民兵连（脱产）连长。12月，到高鹤县供销合作社。

1964年，被提拔为副主任兼人事股股长。

1968年9月，在高鹤县"五七干校"当学员。

1970年2月，在高鹤县保卫组收容所被审查。

1971年2月，任高鹤县杰洲糖纸厂副主任、党支部书记。

本文根据鹤山市委组织部档案室陈财同志个人档案资料整理

梁庆祥[①] 同志生平简介

梁庆祥

梁庆祥同志出生于小洞军屯村一个殷实的家庭。7岁开始读书，17岁在更楼鳌云书院毕业，受到过较好的教育。他在村里读小学期间曾接受过小洞革命的发起者陈耀聪、进步人士梁佐明、中共党员梁景光等进步教师的教育，懂得一些革命道理，耳闻目睹了小洞人民开展革命斗争的过程，受到很大的影响，思想倾向革命，具有一定的思想觉悟，成为一名进步的青年学生。

1947年7月，中学毕业，回到家乡。在党组织的指引和教育下，乐意接受革命，走上了革命道路，主动参与革命活动，经常到小洞交通站

[①] 梁庆祥（1930年5月— ），男，汉族，初中文化，高明区更合镇小洞军屯村人。1949年5月参军入伍；1950年3月加入中国共产党；1991年5月离休，享受处级待遇。

帮助抄写情报，并做到严格遵守党的纪律、保守党的秘密。在近两年的时间里经受了革命斗争的锻炼和考验，出色地完成了党交给他的工作任务。

1949年4月至5月间，中共小洞党组织获悉，国民党当局的通缉名单中出现有小洞军屯村梁庆祥、梁荣枝等人的名字。为了他们的安全，中共小洞支部迅速采取措施，及时将他们撤离小洞。在5月的一天凌晨4时许，安排他们从大田㘵钻出围村的簕竹林"猪窿"，去到村外的沙稔园，由梁芳接应，把他们带到更楼平塘村的部队临时驻地。梁庆祥就此正式参军入伍，加入了新高鹤人民解放军总队高明县大队（7月改编为粤中纵队六支队独七营），接着，被分配到罗林交通站当负责人。9月，调回粤中纵队六支队独七营当文书。11月，部队整编，在西江军分区高明县大队当文书。

1950年3月，由于工作积极，思想稳定，进步较快，经得起考验，具备入党条件，经梁光明介绍，加入了中国共产党。6月，参加粤中教导大队学习。

1951年1月，在江门北街参加土改学习班学习。5月，被分配到阳春县土改队春湾分队参加土改工作。

1953年3月，在阳春县五区（松柏）任区委副书记。

1955年8月，在阳春县六区（河塱）任区委书记。

1957年2月，在阳春县石望乡（大乡）任党支部书记。

1958年2月，在阳春县农机一厂任厂长、党支部副书记。

1961年8月，在阳春县拖拉机站任党支部书记。

1966年6月，在阳春县农机二厂任副厂长。

1970年2月，在阳春县农机局任副局长。

1980年1月，在阳春县二轻局任局长。

1982年1月，在阳春县安监所任所长。

1986年12月，在阳春县交警大队任教导员。

本文根据访问梁庆祥同志本人提供资料整理

梁荣枝[①] 同志生平简介

梁荣枝

梁荣枝同志出生于小洞军屯村一个殷实的家庭。12岁开始先后在小洞、更楼县立四小读小学，19岁到更楼鳌云书院读初中。在小洞读书期间，接受过进步人士梁佐明、中共党员梁景光等进步教师的教育，懂得了一些革命道理。同时耳闻目睹了小洞人民开展革命斗争的过程，受到了很大的影响，思想倾向革命，有一定的思想觉悟，成为一名要求进步的青年学生。

1947年4月，新高鹤地区恢复公开武装斗争，小洞重新建立了交通站。由于工作任务繁重、人员少，且缺少有知识、有文化的人。为了便于开

---

① 梁荣枝（1929年10月—2014年3月），又名梁福利，男，汉族，初中文化，高明区更合镇小洞军屯村人。1949年5月参军入伍；1989年12月离休，享受正科级待遇。

展工作，准确地完成交通情报任务，中共小洞支部决定在学生中培养和挑选人员。梁荣枝经金伯多次做思想工作和培养教育，于同年七八月开始接受和承担交通站抄写情报的任务。凡到周末，均秘密来到交通站帮助工作。其严格遵守纪律，保守党的秘密，经受了锻炼和考验，出色地完成了交通站交给的任务。

1949年4月至5月间，小洞党组织获悉，国民党当局的通缉名单中出现了小洞军屯村的梁荣枝、梁庆祥的名字。为了他们的安全，中共小洞支部迅速采取措施，及时把他们两人撤出小洞。在5月的一天凌晨4时许，安排他们两人从大田𤲞钻出围村的簕竹林"猪窿"，去到村外的沙稔园，由梁芳接应，把他们两人带到更楼平塘村部队的临时驻地。梁荣枝就此正式参军入伍，加入了新高鹤人民解放军总队高明县大队（7月改编为粤中纵队六支队独七营）沧江队（二中队），成为一名战士。10月，被抽调到高明二区人民政府，迎接大军南下，搞支前工作。11月，被调派到高明县人民政府机关当缮写员。

1950年10月，担任高明县土改委员会缮写员。

1951年5月，参加粤中土改团，到开平县参加土改工作，任资料员。

1953年10月，留任开平县税务局当缮写员。

1958年2月，下放到开平县张桥乡劳动。

1959年6月，在开平县税务系统任专管员、会计员。

1961年12月，在江门粤中区党校参加税务专业会计班学习。

1962年10月，调往恩平县税务系统任专管员、会计员。

1968年10月，在恩平东安公社搞"斗、批、改"运动，当队员。

1969年10月，在恩平县"五七干校"劳动。

1970年8月，被错误批斗，被"勒令"退职回家乡。

1973年2月，平反，被安排到恩平县交通局民运站当办事员。

1981年1月，被调到高明县明城税务所任专管员。

1983年1月，在高明税务局当办事员。

本文根据高明区国税局人事档案室梁荣枝个人档案及访问本人提供资料整理

梁照① 同志生平简介

梁照

  梁照同志出生于小洞军屯村的一个贫苦农民家庭。9岁入学读书，14岁小学毕业后回家耕田。在校读书期间，已开始接受进步人士梁佐明、中共党员梁景光等进步教师的革命思想教育，懂得了一些革命道理。他从小在小洞革命根据地环境中长大，耳闻目睹了小洞人民开展革命斗争的过程。小洞人民英勇斗争的精神对他产生了积极的影响，使他自觉地站在人民群众一边，思想上同情和支持革命，是一位正直向上的进步青年。

  1947年2月起，新高鹤地区恢复公开武装斗争，在实行"小搞"到"大

---

  ① 梁照（1932年8月—2005年5月），又名梁荣，男，汉族，初中文化，高明区更合镇小洞军屯村人。1949年6月参军入伍；1950年6月加入中国共产党；1992年7月退休，享受正科级待遇。

搞"期间，小洞青年掀起了一股参军热潮，许多复员战士纷纷归队，一批批热血青年积极响应号召，踊跃报名加入了子弟兵队伍。到1949年下半年，已有80多人投奔了游击队。在这种形势的激励下，他下定决心要参加游击队。

1949年6月，新高鹤人民解放军总队高明县大队二中队的绝大部分战士被抽调到总队独一营，组建成醒狮连。中队长梁光明只得重新招兵买马，回到村里动员适龄青年参军，17岁的梁照当即报名，加入高明县大队二中队，成为一名战士。7月，部队整编，被编入中国人民解放军粤中纵队六支队独七营红豹连当战士。8月，参加了白石战斗。11月，部队整编，被编入西江军分区高明县大队二连当战士。

1950年6月，由于工作积极，表现出色，经梁光明同志介绍加入了中国共产党。

1951年10月，被调往粤中军分区二连当班长。

1952年7月，到广东省公安总队速成学校参加集训学习。

1953年6月，在湛江专区信宜县公安大队当班长；其间，在1957年1月荣立三等功一次。

1958年11月，在湛江专区高州县公安大队当班长；1959年2月，被提升为副排长。

1960年8月，在湛江专区公安支队三中队任排长。

1961年1月，在广东省公安总队七团七中队任副指导员；1962年5月，被授予少尉军衔。

1962年11月，在广东省公安总队七团六连任副指导员。

1963年11月，在广东省公安总队七团政治处任干事。

1964年2月，在广东省公安总队七团七连任指导员；5月，被授予中尉军衔。

1965年1月，在广州军区守备118团六连任指导员；其间，1967年3月至1968年8月在化州县工交战线参加"三支两军"工作。

1969年5月,在广州军区守备118团卫生队任指导员。

1971年4月,在广州军区守备118团司令部任协理员。

1978年10月,转业,被安排在佛山农机公司任副经理。

1991年7月,在佛山农机公司任正科级调研员。

本文根据佛山市国资委人事档案室梁照同志个人档案资料整理

小洞革命大事记

土地革命时期

1931 年

小洞陈姓人家决定,由祖尝出资筹办学校。校址选在塘角村更营(即炮楼);聘请陈耀聪为首任校长;接受陈耀聪提议将更营改称"文选楼",学校名称为"和平学校"。

1932 年

年初,和平学校正式开学。下半年,陈耀聪向陈励生、叶衍基、黄之锦发起结盟倡议,共同成立"激鸣社"。

1934 年

春,"激鸣社"四兄弟在合水"三小"找到了中共地下党组织,积极参与"三小"一系列革命活动。

1935 年

8月,党组织负责人陈勉恕来到"三小",主持召开合水附近乡村教师会议,号召大家加入"三小"力社,并各自回到教学点成立力社分社。陈耀聪、陈励生、叶衍基、黄之锦等小洞教师参加了会议,回来后成立力社小洞分社,在短期内发展了30多名社员。

1936 年

年初,陈励生遵照党组织负责人李守纯的指示,回和平学校当校长,和陈耀聪等一起在小洞办基地、建据点。

8月,中共高明县立第三小学校支部成立,书记陈勉恕(李守纯为后任)。

1937 年

春节前夕,国民党征粮大队队长谢子明带领12名荷枪实弹的兵丁闯进小洞催交公粮。以陈励生为首的小洞教师站了出来,组织农民开展反催粮斗争。

5月、6月间,叶衍基、黄之锦在"三小"地下党组织的支持下,发动更合地区80多个村庄、3000多名农民进行"饥民请愿"斗争。小洞农民积极配合,派出陈定、梁培、梁金、陈苟、梁清贵为代表,和叶衍基、黄之锦带领的"饥民请愿团"到明城县府请愿。

抗日战争时期

1937 年

七七事变爆发,日本发动全面侵华战争。小洞人民同全国人民一道掀起了抗战热潮。

8月,中共高明县工作委员会(简称"县工委")成立,书记李守纯,委员黄之祯、阮海田、黎进友。

同年秋,"三小"师生在合水成立沧江剧团,陈励生、叶衍基、黄之锦成为剧团的主要成员。负责人之一的陈励生回小洞成立一支20多人的宣传队,几年来坚持下乡开展抗日救国宣传活动。

10月,陈耀基、陈镜湖参加陈汝棠主办的第四路军看护干部训练班。

1938年

3月、4月间,广东省民众抗日自卫团统率委员会派梁钟琛(中共党员)到高明民众抗日自卫团统率委员会担任中尉政训员。县工委派出叶衍基专门与梁钟琛进行联络工作。

5月,在高明县民众抗日自卫团统率委员会的指导下,小洞成立一支80多人的民众抗日自卫中队。陈明谱任中队长,梁扳任副中队长。

同月,合水成立青年抗敌同志会(简称"青抗会")和妇女抗敌同志会(简称"妇抗会")。陈励生、叶衍基、黄之锦为青抗会执委。陈励生回小洞,组织成立小洞青抗会。

7月至10月初,县工委派出叶衍基等10多名自卫团干部,参加国民党军第七教导队在高要县第十九区举办的民众自卫团军事干部集训。

8月下旬,负责更楼区发展党组织工作的干事黄之锦,首先介绍陈耀聪加入中国共产党。陈耀聪在9月、10月、11月介绍军屯村的梁清贵、梁培、梁才、梁扳、梁炳新、梁甲友、梁六加入党组织。

10月,陈励生由谭宝荃介绍加入党组织。下旬,高明民众抗日自卫团统率委员会成立集结大队,在西江西岸一线,担负正面防御日军入侵任务。县工委派遣叶衍基、黄仕聪、谭秉国、陈耀基等多名共产党员加入集结大队。其中,叶衍基担任一中队中队长,陈耀基担任二中队中队长。

12月,陈励生介绍陈定、陈会群加入党组织。

12月26日夜,中共小洞支部成立,并设立塘角、军屯两个党小组。支部书记为陈耀聪,支部委员为陈励生(兼塘角小组长)、梁清贵,军屯小组长为梁扳。

1939年

1月8日,队长李冲带领广东省动员委员会战时工作队(即"广东青年抗日先锋队")130队13人和合水妇抗会黎进友、阮柳吾从更楼进入小洞,开展了20多天大规模轰轰烈烈的抗日救亡宣传活动。同时,还帮助小洞发展青抗会、妇抗会会员100多人,并培养了一批革命骨干,使小洞初步形成了抗日革命根据地。

2月,国民党广东当局下令各地撤销民众抗日自卫团。3月,高明当局执行上级命令取消民众抗日自卫团,将集结大队改为国民兵团,并趁机排挤共产党进步人士,将一中队中队长叶衍基和小队长黄仕聪等人撤职。

3月底,中共高明县第一次代表会议在小洞文选楼召开,选举产生了县委。县委书记李守纯,常委、组织部部长黄之祯,常委、宣传部部长李冲,委员、武装部部长李洪,委员、妇女部部长黄纪合,候补委员严权法、李合。黄之锦、陈励生、叶衍基、陈耀聪参加了第一次代表会议。陈励生、叶衍基被选派到县委有关部门工作。

5月,中共高明县委以抗先队的名义,在小洞建立起了一支30多人的抗日武装队伍。

5月、6月间,一些土豪劣绅偷偷将囤积在小洞的粮食销往外地。中共小洞支部带领群众在镇江庙截回已运走的2000斤稻谷,以低价卖给缺粮户,将所得款用于购买武器弹药,装备小洞抗先队。

6月,李守纯调往罗定,李冲接任县委书记。谭宝荃调往水井,陈励生接任小洞书记。

7月,县委把李洪调出,由中区的黄锋前来接替,同时把驻在平塘村的黄纪合调回小洞。

8月,将李冲转移安排到广州市区抗日游击第二支队(吴勤领导)司令部工作,由龙世雄接任县委书记。

9月,派黄之锦打入县国民兵团二中队当司务长,在敌人堡垒内建立党支部。

10月,龙世雄因受特务跟踪被调去西江特委当巡视员,由黄文康接任书记。

黄随即着手健全组织机构，设立明城、合水、更楼三个区级党委。其中，中共更楼区委由书记黄仕聪，委员叶衍基、陈励生组成。不久，上级派黄仕聪到东江纵队学习军事（至1940年6月返回），其间，由叶衍基代行书记职务。

11月，上级再派黄锋打入县国民兵团二中队。

年末，在罗丹村教书的陈耀聪被调回和平学校，再任中共小洞支部书记。

1940年

1月，反共逆流气势熏灼。为保存党的力量，县委书记黄文康及陈学勤等共产党员来和平学校以教书为掩护进行隐蔽。

2月4日，在合水担任防空哨的青抗队队员，奉青抗会执委负责人陈励生的指示，撤回家乡军屯村隐蔽。其间，合水警察进村"捉贼"，打死一人，遭青年围攻，被抢了枪。其后，国民党当局封锁军屯村，将梁景光、梁志伦、梁任等16人押解到明城监狱。中共小洞支部发动军屯村村民展开积极营救。三个多月后，中共小洞支部才把这些村民营救出狱。

3月，县委书记黄文康指示更楼圩的"群利源"运馆歇业，有关人员撤退隐蔽。叶衍基回到和平学校教书，陈励生在自己家的"广记"杂货店帮忙。

5月28日、6月8日，国民党高明县党部、县政府、动委会两次联合发出训令，令青年除了参加"三青团"外，不得参加其他团体，并勒令解散抗先队、青抗会。

7月，西江特委书记刘田夫来文选楼召开会议，布置抗击反共逆流工作。

9月13日夜，叶衍基召集罗丹八九名党员到郊外高田坪的花生地开会，被意外发现。散会后，李灼、梁继荣在回罗丹村途中被国民党更楼区分部负责人梁子珍派人截住并带回罗丹村碉堡审问。此后，中共罗丹支部遭到了破坏（被叶衍基称为"罗丹事件"）。

1941 年

1月,国民党反动派蓄意制造"皖南事变",掀起了第二次反共高潮。中共高明县委加快转移步伐,及时地把已暴露的同志分批安排到外地隐蔽,并把县委委员、妇女部部长黄纪合和陈励生转移到新兴西睦乡舍村的培英小学教书。

2月,把梁景光安排到古城村教书。

3月,把陈耀聪转移到新兴台安乡杜村教书,支部委员梁清贵也被安排到外地工作。

4月初,中区特委、组织部部长陈春霖带领郑桥来到小洞,接替在抗击反共逆流斗争中引起当局注意的黄文康书记。黄文康转移到台山工作。

7月,梁景光连夜转移到了新兴县集成乡三叉坑小学。不久,谢冰也被转移到了这里。至此,驻在小洞的县委领导及已暴露身份的小洞支部书记、支部委员,全部安全转移到了外地隐蔽。

1942 年

3月,转移到新兴县台安乡杜村的陈光(即陈耀聪)在当地发展冯耀、冯南兴、冯金顺加入了党组织,成立了杜村党小组,这成为台安乡的第一个党组织。

夏,新任县长钟歧拟实行不合理的收租新例,招致广大佃户的强烈反对。中共小洞支部在县委的支持下,领导小洞农民开展了"抗租保佃,誓死保卫佃耕权"的斗争。这一年秋后,没有一户按新例交租。

1943 年

3月,中共中区副特派员郑锦波来到高明(住在屏山村),负责高明、新兴的工作。同月,指示梁景光到屏山教书,加强屏山支部的工作。

4月的一天,二区当局前来小洞,企图用高压手段使小洞农民按新例交租,并把保长陈定、甲长黄杰和敢于出头的梁佐明抓走关押。小洞农民组织起来,到区公所门前示威。区公所慑于群情激愤,几天后,把陈定三人放了。这年的早造也没人交租。

1944 年

2月,中共高明特派员冯华接替有病的郑桥,被安排在巨泉教书。副特派员郑锦波被转到水井洞小学教书。

3月,二区区公所为整治田租问题,专门召集各乡保长会议,威胁农民按新例交租。未奏效。

4月,陈光在杜村发展多人加入党组织,成立了中共杜村支部,这成为水台革命斗争的一面旗帜。

9月11日,日军渡过西江,向高明进犯的消息传到小洞,中共小洞支部决定成立抗日自卫武装队,大队长为叶衍基,副大队长为梁芬。300多人报了名,被编为5个分队。

中旬,郑锦波指示叶衍基、黄仕聪、黄之锦组织群众打开平塘官府粮仓,以免落入日军手中。

17日,日军离开高明,向广西进犯。为防止敌人再度入侵,中共小洞支部建起了一支21人的小洞武装常备队。队长叶衍基负责军事工作,陈励生负责政治工作。

18日,县长钟歧下山后,立即召开"清乡""清奸"会议,向高明人民举起了屠刀。

24日晚,黄之锦来到小洞,向中区副特派员郑锦波汇报,提出组织农民抗暴,把小洞、瑶村、平塘、泽河联合起来搞统一战线,打倒钟歧的建议。

25日上午,郑锦波召集黄之锦、叶衍基、陈励生等商量"倒钟"事宜,并拍板定下"倒钟"运动。随着"倒钟"运动的进展,新例交租一事不了了之。

在随后的一个月里,中区高明特派员冯华、副特派员郑锦波坐镇小洞指挥,由黄之锦、陈励生、黄仕聪、叶衍基等高举民族抗日统一战线旗帜,按党的策略部署,使高明开展的"倒钟"运动步步深入。

10月24日,"倒钟"大军直捣明城,从四个方向攻打县府,赶跑了钟歧,取得了"倒钟"运动的辉煌胜利。

25日,郑锦波到新会向中区纵队领导汇报高明"倒钟"运动的情况,及请示建立高明人民抗日武装队伍,得到批准。

11月10日,高明人民抗日游击队第三大队(下称"第三大队")在小洞梁氏宗祠成立,大队长黄仕聪,政委郑锦波;辖长江、黄河两个连队。小洞参队人数40多人。

16日,廖强率高要自卫大队300余人进犯小洞,在纱帽岗至塘花地段遭到第三大队和小洞自卫大队伏击,败退至高要洞口。是日夜,第三大队奇袭洞口,廖强部向白土等方向溃散。

12月初,中区纵队由妇女部部长谭本基主持,在小洞举办中区妇女骨干训练班,参训人数40多人。

22—25日,在中区纵队政治部指导下,高明二区人民行政委员会在小洞梁氏宗祠成立。选举阮贞元为主席(区长)、陈殿钊为副主席(副区长)。黄之锦、陈励生、谭宝荃、黄懋忠等十多人为委员。会址设于梁氏宗祠。

30日凌晨,恩平派来的地下交通员郑靖华等四人来到万屋、石背附近,被"围剿"小洞的国民党158师473团俘房。

同日,敌军158师473团及高要、高明、鹤山等地方团队2000余人,对小洞发起了疯狂的"围剿"行动。陈励生、叶衍基等率领小洞军民进行英勇抗击,掩护绝大部分群众撤离,使损失降到最低。

1945 年

1月1日,敌军158师473团在团长黄道遵的指挥下,向平塘方向搜索,寻找第三大队的踪迹,结果中了中区纵队和第三大队在马律附近设下的伏击圈套,双方展开了癫狗山伏击战斗。敌伤亡30余人,入夜后缩回小洞。

1月3日傍晚,敌军158师473团撤出小洞。撤离时,敌军纵火焚烧村庄,300多间房屋被烧毁。

1月20日,广东人民抗日解放军通电成立。28日,第三大队从小洞开往鹤山县宅梧靖村;29日,第三大队参加广东人民抗日解放军成立大会,并接受改编,被改编为广东人民抗日解放军第三团(下称"第三团"),团长黄仕聪,政委陈春霖。小洞有近20人参军入伍。

2月20日,广东人民抗日解放军司令机关率主力第一团星夜从小洞出发,被迫向西挺进恩、阳,实现建立云雾山根据的第二步战略目标。

22日,广东人民抗日解放军司令机关及主力团行至蕉山村时,决定临时休息。下午4时许,在合水巨泉"围剿"的158师473团远途奔袭而至,兵分三路将我抗日解放军包围。抗日解放军部队仓促应战,分两路突围,损失惨重:司令员梁鸿钧等62人壮烈牺牲,70多人被俘。在这次战斗中,小洞战士陈妹突围成功,梁莉则被捕,被押到新兴监狱。

5月初,在皂幕山、老香山坚持内线作战的第二、第三团和独立营,在广东人民抗日解放军司令部督导严尚民的率领下出击江会前线打击日军。11日,从开平水井回师高明途中,在狮山被国民党军尾随追上。双方发生激战,从11日至13日,三天连续打了三场仗。第三团(欠二连)被打散,损失惨重,政委陈春霖牺牲,高明特派员冯华等被俘。

14日夜,敌军158师473团进驻珠塘村(驻期一个月),在省保警第八大队及地方反动团队的配合下,对更楼、合水、合成等地展开大规模"清剿"行动。他们轮番进入村庄,大肆围捕共产党员、抗日解放军战士和革命人士。不到一个月时间,抓了二三十人,其中小洞 14 人,被押到珠塘村临时监狱。陈定、陈妹、陈三苟三人遭杀害。梁景光、陈文等被疑为共党分子,作为重犯押往新兴监狱。

解放战争时期

1945 年

10 月 25 日,陈松、陈荣八九人从新兴里洞风门坳护送黄仕聪团长回金鸡坑医疗站养病。回到新兴东城森村附近的山猪劣大山,被 156 师 467 团打散。夜间,黄团长摸黑下山误入森村,被守闸口的敌军自卫队莫少青三人俘获。后被押往江门国民党 64 军军部,同年 12 月 13 日壮烈牺牲。

11 月初,部队以班、排分散活动。一天下午,梁甲友(又名梁光明)等五人从老香山石岩底返回家乡隐蔽。途中,被反动联防队包围,有一名队员当了俘虏。这名被俘队员经不起严刑拷打,当了叛徒。

11 月中旬,这名叛徒带领 467 团敌人来小洞,先去抓叶衍基,未遂,就转到军屯抓梁锐,去塘角抓陈玉田。军屯梁扳,塘角陈江、陈良、陈超元、陈家等因受"五户联保"的牵连,也被抓起来,先后被押到更楼、宅梧团部、单水口师部、江门军部连续受审。后没有找到证据,只好发还给高明当局处理,他们在高明监狱坐了 13 个月的牢。

1946 年

2 月,中共中区临委决定由梁文华、吴新负责新兴、高明、鹤山地区的武装斗争和地方党的工作。春节前一天,梁文华由吴新、陈励生带路,进入高明老香山履职。

3月、4月间，梁文华来到小洞接收了小洞的基层党组织关系，并审查、恢复了梁景光的组织关系。

5月，中共中区临委根据中共广东区委的北撤决定，研究决定第三团吴新、谢汝良、伍真、谭光、谢玉婵、彭士英、谭汉杰、胡达权、罗煊、罗敏聪、陈学勤、陈励生参加北撤；梁文华、叶衍基、朱养、阮明、梁光明、梁波、黎斌、黎荣德、黎康杰、黄就、胡珠林、罗连贵、许飞13人留下坚持武装斗争；其他干部、战士全部复员。

6月13日零时，叶衍基带领武工组六人，一举端掉了更楼警所。

8月，中共中区对各县的特派员做出调整，实行地、武分设，建立红、灰两个系统，把郑靖华调到高明任特派员，负责地方党组织的工作。

9月、10月间，小洞党支部与上级失去联系半年之后，迎来了特派员郑靖华前来接收和恢复组织关系。根据特派员的指示，小洞支部进行了改选，选出梁扳为书记，陈会群、陈松为委员的新的一届班子。

1947年

春节期间，梁波受新高鹤特派员梁文华派遣，代表党组织慰问在开平东河乡一带分散隐蔽的同志。在返程路过白区合成矮岭时，遭版村联防队拦截检查，无端被怀疑与一宗抢劫案有牵连，而被捕入狱长达两年四个月。

2月，公开武装斗争进入"小搞"阶段。小洞人民立即行动起来，积极开展反"三征"斗争。

3月，特派员郑靖华与陈光、黎洪平商量研究，做出了组织群众，拿起枪杆子开仓分粮的决定。

5月中旬，陈松接到通知赶到了合成云罗窝，接受特派员郑靖华交给他的建立交通站、组织"穷人求生队"和挑粮队三项任务。

6月15日，陈松接到通知，立即带领小洞"穷人求生队"和挑粮队伍前往新兴水台，配合打开了水台粮仓，挑走了粮食。

9月，小洞支部积极配合县"穷人求生队"，顺利地把恶霸陈佐登逮住，并罚没了他的浮财。

中秋节后，小洞在更楼区工作队的指导下，率先成立了农会。会长为梁扳，副会长为陈虾。

1948年

3月，武装斗争进入公开"大搞"阶段。小洞支部把"借粮渡荒、借枪自卫"作为中心工作。先对农会做了调整，以自然村为单位成立六个农会，同时，建立了民兵组织。紧接着大张旗鼓地开展借粮救荒、自枪自卫运动。

27日，新高鹤人民解放军总队在陈光办成的基地水台良田小学（学典陈公祠）成立。总队长梁文华，政委周天行，副总队长叶衍基、沈鸿光（兼参谋长），政治处主任杨德元、副主任李法。

4月，高明武装基干队在更楼柴塘成立，代号信义队，隶属新高鹤总队。队长陈松、罗湛源，指导员何少霞。小洞陈少、黄荣、黄福、黄来仔等多名复员战士响应号召立即归队。陈庚、陈元基、陈容、陈登、梁二英等十多名青年踊跃参军，最早加入新高鹤部队。

5月、6月间，新高鹤区工委从根本上巩固老区着眼，预先制定了《新高鹤双减条例》（即减租减息），在夏收来临前发到高明更楼、合水，开平水井、东河等革命老区，将其作为试点先行。下半年，小洞按修改过的双减条例，开展了轰轰烈烈的减租减息运动。

7月，根据形势发展，新高鹤区工委做出逐步扩大部队，建立主力队伍的决定。

逐渐发展、建立起十八、十九团和独立一、三、五、七营。小洞支部积极发动青年参军,先后为部队输送子弟90多人。

1949 年

5月下旬,高明按乡、区、县已先后成立各级人民政府。小洞隶属更楼二区(区长黄之锦)的新民乡(包括小洞、瑶村、古城、广建),乡长苏鹤年。小洞分自然村也建起村级政权,选出了村长。

6月,按上级工作部署,组织人力进行田亩调查,分别按田亩优劣登记造册,获取准确资料,为"双减"和征收公余粮提供了充分依据。

同月下旬,二区(更楼)在小洞军屯震兴庙印制发行"粮税代用券"。

8月,按上级关于废债的精神,组织村干部、农会干部和财会人员彻底清理债务,认真细致地核查所有契约、债券,对不合法的宣布作废,使农民彻底翻身获得解放。

10月19日,小洞组织村民分别在高地塘、文选楼设茶水站,迎送和慰劳途经小洞向宅梧方向追击溃败的国民党军的第二野战军14军40师先遣团的子弟兵。小洞由此解放,小洞人民告别了动荡不安的日子,逐渐过上了美好的生活。

参考文献

[1] 中共江门市委党史研究室. 粤中纵队史 [M]. 广州: 广东人民出版社, 2013.

[2] 中共江门市委党史研究室. 解放战争时期 新高鹤人民武装斗争史 中国人民解放军粤中纵队第六支队战斗历程 [M]. 内部资料（内部刊物准印证第 037 号）.1991.

[3] 佛山市税务局, 江门市税务局, 佛山市档案馆. 珠江、粤中革命根据地财政税收史料选编 [G]. 内部资料.1985.

[4] 中共佛山市高明区委员会. 光辉的历程: 粤中纵队和高明革命斗争史 [M]. 北京: 中共党史出版社, 2013.

[5] 中共高明市委党史研究室. 高明党史资料: 1, 2 辑 [G]. 内部资料（广东出版物印刷许可证第 18 号）.2000.

[6] 谢立全. 挺进粤中 [M]. 广州: 广东人民出版社, 1980.

[7] 中共新兴县委党史研究室. 中共新兴县党史（新民主主义革命时期）[M]. 内部资料.1994.

[8] 中共新兴县委党史研究室. 蕉山战斗特辑 [G]. 内部资料,1998.

[9] 中共高要市委党史研究室. 中国共产党: 高要地方史（新民主主义革命时期）[M]. 内部资料（粤肇印字第 2-06125 号）.2002.

[10] 中共鹤山县委党史资料征集小组办公室. 鹤山党史资料: 14, 23 期 [G]. 内部资料.1984, 1986.

后　记

　　七八十年前，小洞人民跟着中国共产党进行了长达 18 年的艰苦卓绝的革命斗争，经历了土地革命、抗日战争、解放战争三个历史时期。他们浴血奋战，历尽艰辛，为中国人民的解放事业做出了很大贡献，涌现出许许多多革命英雄人物和事迹，成就了一段荡气回肠的悲壮历史。可惜的是，记录下来的资料不多也不全，且比较零碎分散，给人一种模糊的感觉，反映不出这段历史的全貌。

　　为了使小洞人民革命斗争的光辉事迹不至于被湮没，为了使革命前辈的宝贵精神财富千秋永存，我们在中共高明区委党史研究室的鼓励支持下，在健在的革命前辈的殷切期盼下，成立了编写组，决心沿着小洞人民革命前辈斗争的足迹，广泛搜集材料，找寻他们像金子般闪光的亮点，整理编写成册。经过大家几年的共同努力，终于把小洞人民革命斗争的全过程清晰地呈现在人们的面前。

　　在几年的采写过程中，我们得到了高明、新兴、高要等地党史研究室的大力支持和帮助，以及在广州、佛山、肇庆、江门等 14 市、区（县）有关单位的组织、人事、档案等部门的密切配合下，顺利地搜集到了大量详实的原始资料。高明小洞、新兴杜村 20 多位健在的革命老同志，70 多位革命前辈的遗属、后代也毫无保留地向我们提供了充足的真实资料。在此，谨表诚挚感谢！

　　同时，还要感谢叶伟凌同志和贾茹同志在百忙之中欣然为本书润笔添色，花费了大量的心血，付出了辛勤的劳动。感谢以何文灿为代表的落户小洞的 60 多位佛山知识青年为本书的出版印刷慷慨捐资赠款。感谢陈小平兄弟继承父辈关心小洞建设、关心青年成长的意愿，为本书出版所做的一切贡献！

此书是我们抱着实事求是的态度，以忠于史实为出发点，力求做到深入调查、反复核实、援引原始资料，几经修改编写而成的。但因年代久远，革命前辈绝大部分已离我们而去；加上有些文档不够完备或有所缺失，老同志在回忆文章中的记述也互有出入；再者我们的水平有限，对当时发生的事件的理解也不够透彻，因此，本书的纰漏、缺点在所难免。有几点需要跟读者交代一下：

  （1）"人物篇"中有的人物有照片，有的无。无照片是因为在搜集资料的过程中实在找不到。但由于历史原因和客观条件，革命前辈的资料本来就不多，因此，对于有照片的予以保留。这样一来，在体例上就不够统一。

  （2）"人物篇"中有不少人物经历的事件大体相同，在编写的过程中未做处理，是由于我们想尽可能地完整呈现每个先辈的革命故事，尽力使每个先辈都拥有完整的"传记"。

  （3）有关根据口述整理的内容，如相互之间的回忆或有抵牾之处，能考证清楚的，我们在相应的地方加了按语；如实在无法考证的，则各从其说。

  以上几点说明，望读者明察。并期望读者，尤其是有关老同志的赐教指正。

《小洞风云——红色革命史》编委会

2019 年 12 月